國家古籍整理出版專項經費資助項目

集部

集部

主編
程小瀾
朱海閔
應長興

郭弘農集二卷　晉郭璞撰　附録一卷
孫廷尉集二卷　晉孫綽撰　附録一卷
陶彭澤集五卷　晉陶潛撰　附録一卷
謝康樂集八卷　劉宋謝靈運撰　附録一卷
顔光禄集五卷　劉宋顔延之撰　附録一卷
鮑參軍集六卷　劉宋鮑照撰　附録一卷
謝法曹集二卷　劉宋謝惠連撰　附録一卷
謝光禄集三卷　劉宋謝莊撰　附録一卷
謝宣城集六卷　南齊謝朓撰　附録一卷
王寧朔集四卷　南齊王融撰　附録一卷
梁武帝御製集十二卷　梁武帝蕭衍撰　附録一卷
梁昭明太子集五卷　梁蕭統撰　附録一卷
梁簡文帝御製集十六卷　梁簡文皇帝蕭綱撰　附録一卷
梁元帝御製集十卷　梁元帝蕭繹撰　附録一卷
江醴陵集十四卷　梁江淹撰　附録一卷
沈隱侯集十六卷　梁武康沈約撰　附録一卷
陶隱居集四卷　梁陶弘景撰　附録一卷
任中丞集六卷　梁任昉撰　附録一卷
王左丞集三卷　梁王僧孺撰　附録一卷
陸太常集二卷　梁陸倕撰　附録一卷
劉户曹集二卷　梁劉孝標撰　附録一卷
王詹事集二卷　梁王筠撰　附録一卷
劉秘書集二卷　梁劉孝綽撰　附録一卷
劉豫章集二卷　梁劉潛撰　附録一卷
劉庶子集二卷　梁劉孝威撰　附録一卷
庾度支集四卷　梁庾肩吾撰　附録一卷
何記室集三卷　梁何遜撰　附録一卷
吴朝請集三卷　梁吴興吴均撰　附録一卷
陳後主集三卷　陳後主陳叔寶撰
徐僕射集十卷　陳徐陵撰　附録一卷
沈侍中集三卷　陳沈炯撰　附録一卷
江令君集五卷　陳江總撰　附録一卷
張散騎集二卷　陳張正見撰　附録一卷
高令公集二卷　北魏高允撰　附録一卷
溫侍讀集二卷　北魏溫子昇撰　附録一卷
邢特進集二卷　北齊邢邵撰　附録一卷
魏特進集三卷　北齊魏收撰　附録一卷
庾開府集十六卷　北周庾信撰　附録一卷
王司空集三卷　北周王褒撰　附録一卷
隋煬帝集八卷　隋煬帝楊廣撰　附録一卷
盧武陽集三卷　隋盧思道撰　附録一卷
李懷州集二卷　隋李德林撰　附録一卷
牛奇章集三卷　隋牛弘撰　附録一卷
薛司隸集二卷　隋薛道衡撰　附録一卷

九行十八字　左右雙邊　白口
20.5×14.6 釐米
浙大＊　溫圖　嘉圖＊　天一閣＊

集 0004

漢魏六朝二十一名家集一百二十三卷

明汪士賢編
明萬曆天啓間（1573—1627）新安汪氏刻本

存十九家一百八卷

董仲舒集一卷　漢董仲舒撰
司馬長卿集一卷　漢司馬相如撰
東方先生集一卷　漢東方朔撰
揚子雲集三卷　漢揚雄撰
蔡中郎集八卷　漢蔡邕撰
曹子建集十卷　魏曹植撰
嵇中散集十卷　魏嵇康撰
阮嗣宗集二卷　魏阮籍撰
陸士衡集十卷　晉陸機撰
陸士龍文集十卷　晉陸雲撰
潘黄門集六卷　晉潘岳撰
謝康樂集四卷　劉宋謝靈運撰
謝惠連集一卷　劉宋謝惠連撰
顔延之集一卷　劉宋顔延之撰
鮑明遠集十卷　劉宋鮑照撰
任彦升集六卷　梁任昉撰
江文通文集十卷　梁江淹撰
陶貞白集二卷　梁陶弘景撰
庾開府集十二卷　北周庾信撰

九行二十字　左右雙邊　白口
20.3×14.3 釐米
浙圖＊　杭圖＊　浙大＊　天一閣＊

集 0005

漢魏諸名家集一百二十四卷附一種八卷

明萬曆十一年（1583）翁少麓刻本

董仲舒集一卷　漢董仲舒撰

集 部

總集類

叢編

集 0001

七種文選五十四卷

清儲欣編並評

清乾隆五十一年(1786)福省寶章堂刻本

存三十四卷

左傳選十四卷　存十一卷　一至十一

史記選六卷

公羊傳選一卷

穀梁傳選一卷

唐宋八大家類選十四卷　存十三卷　二至十四

國語讀本一卷　清鮑衡輯

戰國策讀本一卷　清鮑衡輯

九行二十四字　四周單邊　白口

18.2×10.3 釐米

上虞圖

集 0002

重訂七種文選五十四卷

清儲欣編並評

清乾隆五十年(1785)二南堂刻本

左傳選十四卷

公穀選四卷

國語選八卷

戰國策選四卷

西漢文選四卷

史記選六卷

唐宋八大家類選十四卷

九行二十五字　左右雙邊　白口　版心下鐫"二南堂"

浙圖

集 0003

七十二家集三百四十六卷附錄七十一卷

明張燮編

明天啓崇禎間(1621—1644)刻本

宋大夫集三卷　周宋玉撰　附錄一卷

賈長沙集三卷　漢賈誼撰　附錄一卷

司馬文園集二卷　漢司馬相如撰　附錄一卷

董膠西集二卷　漢董仲舒撰　附錄一卷

東方大中集二卷　漢東方朔撰　附錄一卷

王諫議集二卷　漢王褒撰　附錄一卷

揚侍郎集五卷　漢揚雄撰　附錄一卷

馮曲陽集二卷　漢馮衍撰　附錄一卷

班蘭臺集四卷　漢班固撰　附錄一卷

張河間集六卷　漢張衡撰　附錄一卷

蔡中郎集十二卷　漢蔡邕撰　附錄一卷

孔少府集二卷　漢孔融撰　附錄一卷

諸葛丞相集二卷　蜀諸葛亮撰　附錄一卷

魏武帝集五卷　漢曹操撰　附錄一卷

魏文帝集十卷　魏文帝曹丕撰　附錄一卷

陳思王集十卷　魏曹植撰　附錄一卷

王侍中集三卷　漢王粲撰　附錄一卷

陳記室集二卷　漢陳琳撰　附錄一卷

阮步兵集五卷　魏阮籍撰　附錄一卷

嵇中散集六卷　魏嵇康撰　附錄一卷

傅鶉觚集六卷　晉傅玄撰　附錄一卷

孫馮翊集二卷　晉孫楚撰　附錄一卷

夏侯常侍集二卷　晉夏侯湛撰　附錄一卷

潘黄門集六卷　晉潘岳撰　附錄一卷

傅中丞集四卷　晉傅咸撰　附錄一卷

潘太常集二卷　晉潘尼撰　附錄一卷

陸平原集八卷　晉陸機撰　附錄一卷

陸清河集八卷　晉陸雲撰　附錄一卷

目　錄

集　部

司馬長卿集一卷　漢司馬相如撰
東方先生集一卷　漢東方朔撰
揚子雲集三卷　漢揚雄撰
蔡中郎集八卷　漢蔡邕撰
曹子建集十卷　魏曹植撰
陶靖節集十卷　晉陶潛撰　宋湯漢等箋注
總論一卷
陸士衡集十卷　晉陸機撰
陸士龍文集十卷　晉陸雲撰
阮嗣宗集二卷　魏阮籍撰
謝康樂集四卷　劉宋謝靈運撰
庾開府集十二卷　北周庾信撰
嵇中散集十卷　魏嵇康撰
鮑明遠集十卷　劉宋鮑照撰
陶貞白集二卷　梁陶弘景撰
謝惠連集一卷　劉宋謝惠連撰
江文通文集十卷　梁江淹撰
謝宣城集五卷　南齊謝朓撰
顔延之集一卷　劉宋顔延之撰
任彥升集六卷　梁任昉撰
潘黄門集六卷　晉潘岳撰
附海瓊玉蟾先生文集六卷續集二卷　宋葛長庚撰

九行二十字　左右雙邊間四周單邊　白口

天一閣

集 0006

漢魏六朝諸家文集一百二十九卷

明刻本

董仲舒集一卷　漢董仲舒撰
司馬長卿集一卷　漢司馬相如撰
東方先生集一卷　漢東方朔撰
揚子雲集三卷　漢揚雄撰
蔡中郎集八卷　漢蔡邕撰
陶靖節集十卷　晉陶潛撰　宋湯漢等箋注
總論一卷
嵇中散集十卷　晉嵇康撰
陸士衡集十卷　晉陸機撰
曹子建集十卷　魏曹植撰
陸士龍文集十卷　晉陸雲撰
阮嗣宗集二卷　魏阮籍撰
潘黄門集六卷　晉潘岳撰
謝康樂集四卷　劉宋謝靈運撰
顔延之集一卷　劉宋顔延之撰
謝惠連集一卷　劉宋謝惠連撰
謝宣城集五卷　南齊謝朓撰
梁昭明太子文集五卷　梁蕭統撰
任彥升集六卷　梁任昉撰
江文通文集十卷　梁江淹撰
陶貞白集二卷　梁陶弘景撰
鮑明遠集十卷　劉宋鮑照撰
庾開府集十二卷　北周庾信撰

九行二十字　左右雙邊或單邊　白口

20.3×14.3 釐米

浙圖　天一閣＊

集 0007

漢魏六朝百三名家集一百十八卷

明張溥編

明婁東張氏刻本

賈長沙集一卷　漢賈誼撰
司馬文園集一卷　漢司馬相如撰
董膠西集一卷　漢董仲舒撰
東方大中集一卷　漢東方朔撰
漢褚先生集一卷　漢褚少孫撰
王諫議集一卷　漢王褒撰
漢劉中壘集一卷　漢劉向撰
揚侍郎集一卷　漢揚雄撰
漢劉子駿集一卷　漢劉歆撰
馮曲陽集一卷　漢馮衍撰
班蘭臺集一卷　漢班固撰
東漢崔亭伯集一卷　漢崔駰撰
張河間集二卷　漢張衡撰
漢蘭臺令李伯仁集一卷　漢李尤撰
東漢馬季長集一卷　漢馬融撰
東漢荀侍中集一卷　漢荀悦撰
蔡中郎集二卷　漢蔡邕撰
東漢王叔師集一卷　漢王逸撰
孔少府集一卷　漢孔融撰
諸葛丞相集一卷　蜀諸葛亮撰
魏武帝集一卷　漢曹操撰
魏文帝集二卷　魏文帝曹丕撰
陳思王集二卷　魏曹植撰
陳記室集一卷　魏陳琳撰

王侍中集一卷　魏王粲撰
魏阮元瑜集一卷　魏阮瑀撰
魏劉公幹集一卷　魏劉楨撰
魏應德璉集一卷　魏應瑒撰
魏應休璉集一卷　魏應璩撰
阮步兵集一卷　魏阮籍撰
嵇中散集一卷　魏嵇康撰
魏鍾司徒集一卷　魏鍾會撰
晉杜征南集一卷　晉杜預撰
魏荀公曾集一卷　晉荀勗撰
傅鶉觚集一卷　晉傅玄撰
晉張司空集一卷　晉張華撰
孫馮翊集一卷　晉孫楚撰
晉摯太常集一卷　晉摯虞撰
晉束廣微集一卷　晉束晳撰
夏侯常侍集一卷　晉夏侯湛撰
潘黄門集一卷　晉潘岳撰
傅中丞集一卷　晉傅咸撰
潘太常集一卷　晉潘尼撰
陸平原集二卷　晉陸機撰
陸清河集二卷　晉陸雲撰
晉成公子安集一卷　晉成公綏撰
晉張孟陽集一卷　晉張載撰
晉張景陽集一卷　晉張協撰
晉劉越石集一卷　晉劉琨撰
郭弘農集二卷　晉郭璞撰
晉王右軍集二卷　晉王羲之撰
晉王大令集一卷　晉王獻之撰
孫廷尉集一卷　晉孫綽撰
陶彭澤集一卷　晉陶潛撰
宋何衡陽集一卷　劉宋何承天撰
宋傅光禄集一卷　劉宋傅亮撰
謝康樂集二卷　劉宋謝靈運撰
顔光禄集一卷　劉宋顔延之撰
鮑參軍集二卷　劉宋鮑照撰
宋袁陽源集一卷　劉宋袁淑撰
謝法曹集一卷　劉宋謝惠連撰
謝光禄集一卷　劉宋謝莊撰
南齊竟陵王集二卷　南齊蕭子良撰
王文憲集一卷　南齊王儉撰
王寧朔集一卷　南齊王融撰
謝宣城集一卷　南齊謝朓撰
齊張長史集一卷　南齊張融撰
南齊孔詹事集一卷　南齊孔稚珪撰
梁武帝御製集一卷　梁武帝蕭衍撰
梁昭明太子集一卷　梁蕭統撰
梁簡文帝御製集二卷　梁簡文帝蕭綱撰
梁元帝集一卷　梁元帝蕭繹撰
江醴陵集二卷　梁江淹撰
沈隱侯集二卷　梁武康沈約撰
陶隱居集一卷　梁陶弘景撰
梁丘司空集一卷　梁丘遲撰
任中丞集一卷　梁任昉撰
王左丞集一卷　梁王僧孺撰
陸太常集一卷　梁陸倕撰
劉户曹集一卷　梁劉峻撰
王詹事集一卷　梁王筠撰
劉秘書集一卷　梁劉孝綽撰
劉豫章集一卷　梁劉潛撰
劉庶子集一卷　梁劉孝威撰
庾度支集一卷　梁庾肩吾撰
何記室集一卷　梁何遜撰
吴朝請集一卷　梁吴興吴均撰
陳後主集一卷　陳後主陳叔寶撰
徐僕射集一卷　陳徐陵撰
沈侍中集一卷　陳沈炯撰
江令君集一卷　陳江總撰
陳張散騎集一卷　陳張正見撰
高令公集一卷　後魏高允撰
溫侍讀集一卷　後魏溫子昇撰
邢特進集一卷　北齊邢邵撰
魏特進集一卷　北齊魏收撰
庾開府集二卷　北周庾信撰
王司空集一卷　北周王褒撰
隋煬帝集一卷　隋煬帝楊廣撰
盧武陽集一卷　隋盧思道撰
李懷州集一卷　隋李德林撰
牛奇章集一卷　隋牛弘撰
薛司隸集一卷　隋薛道衡撰

九行十八字　左右雙邊　白口
20.1×14.4 釐米

溫圖　平湖圖*　義烏圖　黄巖圖

集 0008

漢魏六朝百三名家集一百十八卷

明張溥編

明婁東張氏刻本　佚名錄清何焯批校

浙圖

集 0009

六朝詩集五十五卷

明嘉靖(1522—1566)刻本

梁武帝集一卷　梁武帝蕭衍撰

梁簡文帝集二卷　梁簡文帝蕭綱撰

梁宣帝集一卷　梁宣帝蕭詧撰

梁元帝集一卷　梁元帝蕭繹撰

後周明帝集一卷　北周明帝宇文毓撰

陳後主集一卷　陳後主陳叔寶撰

隋煬帝集一卷　隋煬帝楊廣撰

陳思王集四卷　魏曹植撰

嵇中散集一卷　魏嵇康撰

阮嗣宗集三卷　魏阮籍撰

陸士衡集七卷　晉陸機撰

陸士龍集四卷　晉陸雲撰

謝康樂集一卷　劉宋謝靈運撰

謝惠連集一卷　劉宋謝惠連撰

謝宣城集五卷　南齊謝朓撰

江文通集四卷　梁江淹撰

鮑氏集八卷　劉宋鮑照撰

梁沈約集一卷　梁武康沈約撰

梁劉孝綽集一卷　梁劉孝綽撰

梁劉孝威集一卷　梁劉孝威撰

何水部集二卷　梁何遜撰

陰常侍集一卷　梁陰鏗撰

王子淵集一卷　北周王褒撰

庾開府集二卷　北周庾信撰

十行十八字　左右雙邊　白口

17.8×12.7 釐米

浙圖　天一閣*

集 0010

六朝詩集五十五卷

明嘉靖(1522—1566)刻本　慈溪馮貞群跋

天一閣

集 0011

六朝詩集五十五卷

明嘉靖(1522—1566)刻本　嘉興沈曾植跋

存十三卷

浙博

集 0012

阮陶合集十一卷

明潘璁編

明崇禎(1628—1644)刻本

存八卷

陶靖節集八卷　晉陶潛撰

九行十八字　左右雙邊　白口

19.2×14.5 釐米

天一閣

集 0013

李卓吾先生合選陶王集四卷

明李贄編

明刻本

李卓吾批選陶淵明集二卷　晉陶潛撰

李卓吾批選王摩詰集二卷　唐王維撰

九行十九字　四周單邊　白口

20×15 釐米

紹圖　天一閣*

集 0014

陶韋合集二十卷

明萬曆(1573—1620)凌濛初刻朱墨套印本

陶靖節集八卷　晉陶潛撰　宋湯漢等箋注　總論一卷

韋蘇州集十卷拾遺一卷　唐韋應物撰　宋劉辰翁、明高棅、顧璘、楊慎、鍾惺、譚元春等評

八行十八字　四周單邊　白口

21.2×14.8 釐米

浙圖　杭圖　浙大＊

集 0015

陶李合刻九卷

明王錫衮編

明白鹿齋刻本

存四卷

陶淵明全集四卷　晉陶潛撰

七行十七字　下雙邊左右上單邊　白口

20.5×13.5 釐米

天一閣

集 0016

詩詞雜俎二十五卷

明毛晉編

明天啓崇禎間(1621—1644)毛氏汲古閣刻本

衆妙集一卷　宋永嘉趙師秀輯

蘋綃集二卷　宋李龏撰

石湖詩集一卷　宋范成大撰

月泉吟社一卷　宋吳渭輯

谷音二卷　元杜本輯

河汾諸老詩集八卷　元房祺輯

三家宫詞三卷　明毛晉輯

王建宫詞一卷　唐王建撰

花蕊夫人宫詞一卷　後蜀花蘂夫人撰

王珪宫詞一卷　宋王珪撰

二家宫詞二卷　明毛晉輯

宋徽宗宫詞一卷　宋徽宗趙佶撰

楊太后宫詞一卷　宋楊皇后撰

元宫詞一卷　明蘭雪軒主人撰

漱玉詞一卷　宋李清照撰

斷腸詞一卷　宋錢塘朱淑真撰

女紅餘志二卷　元龍輔撰

八行十九字間十八字　左右雙邊　白口

19.2×13.7 釐米

浙圖＊　杭圖＊　溫圖　嘉圖＊　天一閣＊　玉海樓＊　浙大

集 0017

十家宫詞十二卷

清倪燦編

清康熙二十八年(1689)胡介祉貞曜堂刻乾隆八年(1743)史開基重修本

宫詞三卷　宋徽宗趙佶撰

宋文安公宫詞一卷　宋宋白撰

宫詞一卷　唐王建撰

宫詞一卷　後蜀花蘂夫人撰

宫詞一卷　宋王珪撰

宫詞一卷　宋胡偉撰

宫詞一卷　後晉和凝撰

宫詞一卷　宋張公庠撰

宫詞一卷　宋王仲修撰

宫詞一卷　宋周彦質撰

十行十八字　左右雙邊　白口

17.8×13.7 釐米

浙圖

集 0018

八代文抄一百六卷

明李賓編

明末刻本

存三卷

劉蜕文抄一卷　唐劉蜕撰

蘇老泉文抄一卷　宋蘇洵撰

蘇子瞻文抄一卷　宋蘇軾撰

九行二十字　左右雙邊　白口

19.5×14.2 釐米

浙圖＊　天一閣＊

集 0019

重刻韓柳歐蘇文抄八卷

明陸粲編

明隆慶元年(1567)刻本

貞山陸先生韓文抄二卷　唐韓愈撰

貞山陸先生柳文抄二卷　唐柳宗元撰

貞山陸先生歐文抄二卷　宋歐陽修撰

貞山陸先生蘇文抄二卷　宋蘇洵等撰

十一行二十字　左右雙邊　白口

18.4×13.2 釐米

浙圖

集 0020

唐宋八大家文鈔一百四十四卷

明歸安茅坤編

明萬曆七年(1579)茅一桂刻本

唐大家韓文公文抄十六卷　唐韓愈撰

唐大家柳柳州文抄十二卷　唐柳宗元撰

宋大家歐陽文忠公文抄三十二卷　宋歐陽修撰

宋大家蘇文公文抄十卷　宋蘇洵撰

宋大家蘇文忠公文抄二十八卷　宋蘇軾撰

宋大家蘇文定公文抄二十卷　宋蘇轍撰

宋大家王文公文抄十六卷　宋王安石撰

宋大家曾文定公文抄十卷　宋曾鞏撰

九行十九字　左右雙邊　白口

20.7×14.2 釐米

浙圖　溫圖*　嘉圖*　紹圖*　天一閣　玉海樓*　浙大*

集 0021

唐宋八大家文鈔一百六十六卷

明歸安茅坤編

明崇禎元年(1628)方應祥刻本

唐大家韓文公文抄十六卷　唐韓愈撰

唐大家柳柳州文抄十二卷　唐柳宗元撰

宋大家歐陽文忠公文抄三十二卷新唐書抄二卷五代史抄二十卷　宋歐陽修撰

宋大家蘇文公文抄十卷　宋蘇洵撰

宋大家蘇文忠公文抄二十八卷　宋蘇軾撰

宋大家蘇文定公文抄二十卷　宋蘇轍撰

宋大家王文公文抄十六卷　宋王安石撰

宋大家曾文定公文抄十卷　宋曾鞏撰

九行二十字　四周單邊　白口

20.4×14.3 釐米

浙圖　天一閣*

集 0022

唐宋八大家文鈔一百六十六卷

明歸安茅坤編

明崇禎四年(1631)茅著刻本

唐大家韓文公文抄十六卷　唐韓愈撰

唐大家柳柳州文抄十二卷　唐柳宗元撰

宋大家歐陽文忠公文抄三十二卷五代史抄二十卷新唐書抄二卷　宋歐陽修撰

宋大家蘇文公文抄十卷　宋蘇洵撰

宋大家蘇文忠公文抄二十八卷　宋蘇軾撰

宋大家蘇文定公文抄二十卷　宋蘇轍撰

宋大家王文公文抄十六卷　宋王安石撰

宋大家曾文定公文抄十卷　宋曾鞏撰

九行二十字　四周單邊　白口

19.9×14.2 釐米

黄巖圖　寧圖*

集 0023

唐宋八大家文鈔一百六十六卷

明歸安茅坤編

明崇禎四年(1631)茅著刻金閶黄玉堂印本

存一百四十四卷

唐大家韓文公文抄十六卷　唐韓愈撰

唐大家柳柳州文抄十二卷　唐柳宗元撰

宋大家歐陽文忠公文抄三十二卷　宋歐陽修撰

宋大家蘇文公文抄十卷　宋蘇洵撰

宋大家蘇文忠公文抄二十八卷　宋蘇軾撰

宋大家蘇文定公文抄二十卷　宋蘇轍撰

宋大家曾文定公文抄十卷　宋曾鞏撰

宋大家王文公文抄十六卷　宋王安石撰

浙圖

集 0024

唐宋八大家文鈔選十二卷

清盧元昌編

清初(1644—1722)刻本

唐韓文公集選二卷　唐韓愈撰

唐柳柳州集選二卷　唐柳宗元撰

宋歐文忠公集選二卷　宋歐陽修撰

宋曾文定公集選一卷　宋曾鞏撰

宋王文公集選一卷　宋王安石撰

宋蘇文公集選一卷　宋蘇洵撰

宋蘇文忠公集選二卷　宋蘇軾撰

宋蘇文定公集選一卷　宋蘇轍撰

九行二十五字　四周單邊　白口

19.8×11.8 釐米

浙圖

集 0025

唐宋八大家文鈔十九卷

清張伯行編

清康熙(1662—1722)張氏正誼堂刻本

韓文公文集三卷　唐韓愈撰

柳柳州文集一卷　唐柳宗元撰

歐陽文忠公文集二卷　宋歐陽修撰

蘇文公文集一卷　宋蘇洵撰

蘇文忠公文集一卷　宋蘇軾撰

蘇文定公文集二卷　宋蘇轍撰

曾文定公文集七卷　宋曾鞏撰

王文公文集二卷　宋王安石撰

十行二十二字　四周單邊　白口　版心下鐫"正誼堂"

19.6×13.8 釐米

紹圖

集 0026

唐宋大家全集錄五十二卷首一卷

清儲欣編

清康熙(1662—1722)刻本

昌黎先生全集錄八卷　唐韓愈撰

河東先生全集錄六卷外集一卷　唐柳宗元撰

習之先生全集錄二卷　唐李翶撰

可之先生全集錄二卷　唐孫樵撰

六一居士全集錄五卷外集錄二卷　宋歐陽修撰

老泉先生全集錄五卷　宋蘇洵撰

東坡先生全集錄九卷　宋蘇軾撰

欒城先生全集錄六卷　宋蘇轍撰

南豐先生全集錄二卷　宋曾鞏撰

臨川先生全集錄四卷　宋王安石撰

九行二十五字　左右雙邊　黑口

19.4×14 釐米

浙圖　溫圖

集 0027

四大家文選八卷

明餘姚孫鑛編並評

明末刻本

韓文公集選二卷　唐韓愈撰

柳柳州集選二卷　唐柳宗元撰

歐陽文忠公集選二卷　宋歐陽修撰

蘇文忠公集選二卷　宋蘇軾撰

九行二十字　四周單邊　白口　眉上鐫評

20.7×14.8 釐米

浙圖

集 0028

唐宋八家詩五十二卷

清姚培謙編

清雍正五年(1727)遂安堂刻本

昌黎詩鈔八卷　唐韓愈撰

河東詩鈔四卷　唐柳宗元撰

廬陵詩鈔八卷　宋歐陽修撰

老泉詩鈔一卷　宋蘇洵撰

東坡詩鈔十八卷　宋蘇軾撰

欒城詩鈔四卷　宋蘇轍撰

南豐詩鈔三卷　宋曾鞏撰

半山詩鈔六卷　宋王安石撰

九行十九字　左右雙邊　粗黑口

16.3×12.2 釐米

嘉圖

集 0029

宋元詩二百八卷

明潘是仁編

明萬曆四十三年(1615)自刻本　清光緒十八年(1892)鴛湖權女□慧批校並跋

存六十卷

曾茶山詩集二卷　宋曾幾撰

陳簡齋詩集五卷　宋陳與義撰

放翁詩集八卷　宋山陰陸游撰

晞髮吟集五卷　宋謝翶撰

石屏詩集六卷　宋黄巖戴復古撰

雪巖詩集三卷　宋宋伯仁撰

戴東埜詩集五卷　宋天台戴昺撰

葦碧軒詩集四卷　宋樂清翁卷撰

清苑齋詩集四卷　宋永嘉趙師秀撰

芳蘭軒詩集五卷　宋永嘉徐照撰

二薇亭詩集四卷　宋永嘉徐璣撰

真山民詩集四卷　宋真山民撰
花蘂夫人詩集一卷　後蜀花蘂夫人撰
斷腸詩集四卷　宋錢塘朱淑真撰
九行十九字　四周單邊　白口
22.1×14.3 釐米
浙圖

集 0030
宋元詩二百七十三卷
明潘是仁編
明萬曆四十三年(1615)自刻天啓二年(1622)增修本
存一百二十二卷
嚴滄浪詩集六卷　宋嚴羽撰
王梅溪詩集六卷　宋樂清王十朋撰
石屏詩集六卷　宋黄巖戴復古撰
雪巖詩集三卷　宋宋伯仁撰
戴東埜詩集五卷　宋天台戴昺撰
元遺山詩集十卷　金元好問撰　存三卷八至十
劉靜修詩集三卷　元劉因撰
陳笏齋詩集六卷　元天台陳孚撰
貫酸齋詩集二卷　元貫雲石撰　存目錄
困學齋詩集二卷　元鮮于樞撰
松雪齋詩集七卷　元吳興趙孟頫撰
吳草廬詩集六卷　元吳澄撰
盧含雪詩集三卷　元盧亘撰
馬西如詩集三卷　元馬祖常撰
范錦江詩集五卷　元范梈撰
楊浦城詩集四卷　元楊載撰
薩天錫詩集八卷　元薩都剌撰
句曲張外史詩集六卷　元錢塘張雨撰
貢南湖詩集七卷　元貢性之撰
倪雲林詩集六卷　元倪瓚撰
張蜕庵詩集四卷　元張翥撰
泰顧北詩集一卷　元泰不花撰
李五峰詩集二卷　元樂清李孝光撰
余竹窓詩集二卷　元余闕撰
貢玩齋詩集三卷　元貢師泰撰
成柳莊詩集四卷　元成廷珪撰
陸湖峰詩集一卷　元陸景龍撰
迺前岡詩集三卷　元迺賢撰
松谷詩集二卷　元丁鶴年撰
魚軒詩集二卷　元龍從雲撰
春慵軒詩集一卷　元鄭允端撰
浙圖

集 0031
御選宋金元明四朝詩三百二卷首二卷姓名爵里十三卷
清張豫章等編
清康熙四十八年(1709)内府刻本
御選宋詩七十八卷姓名爵里二卷
御選金詩二十四卷首一卷姓名爵里一卷
御選元詩八十卷首一卷姓名爵里二卷
御選明詩一百二十卷姓名爵里八卷
十一行二十一字　左右雙邊　白口
17.2×11.7 釐米
浙圖　天一閣*

集 0032
三家詠物詩三卷
清賀光烈編
清康熙五十三年(1714)刻本
元詠物詩一卷　元謝宗可撰
明詠物詩一卷　明錢塘瞿佑撰
今詠物詩一卷　清張劭撰
十行二十一字　左右雙邊　黑口
16.7×12 釐米
天一閣

集 0033
三家詠物詩三卷
清賀光烈編
清抄本
浙圖

集 0034
劉沈合集二十卷
明阮元聲輯並評
明崇禎五年(1632)刻本
存五卷
沈隱侯集四卷　梁武康沈約撰　附錄一卷

九行二十字　四周單邊　白口
20.4×14.7 釐米
浙圖＊　溫圖＊

集 0035
初唐四子集四十八卷
明張燮編
明崇禎十三年(1640)張燮、曹荃刻本
存八卷
幽憂子集七卷　唐盧照鄰撰　附録一卷
九行十八字　左右雙邊　白口
20.1×14.6 釐米
浙大

集 0036
初唐四傑集三十七卷
清項家達編
清乾隆四十六年(1781)項氏刻本
王子安集十六卷　唐王勃撰
楊盈川集十卷　唐楊炯撰
盧昇之集七卷　唐盧照鄰撰
駱丞集四卷　唐義烏駱賓王撰
九行二十一字　四周雙邊　白口
18×13 釐米
浙圖　溫圖　上虞圖＊

集 0037
二張集四卷
明高叔嗣編
明刻本
張曲江集二卷　唐張九齡撰
張燕公集二卷　唐張説撰
十一行十八字　四周單邊　白口
18×13.7 釐米
天一閣

集 0038
韋孟全集七卷
宋劉辰翁批點　明袁宏道評
明刻本
韋蘇州集五卷　唐韋應物撰
孟襄陽集二卷　唐孟浩然撰
九行十九字　四周單邊　白口
20.7×14.8 釐米
浙圖　天一閣＊

集 0039
三唐人文集三十四卷
明毛晉編
明末毛氏汲古閣刻本
李文公集十八卷　唐李翱撰
皇甫持正集六卷　唐皇甫湜撰
孫可之集十卷　唐孫樵撰
九行十九字　左右雙邊　白口
19×14.2 釐米
天一閣

集 0040
唐三高僧詩集四十七卷
明毛晉編
明末毛氏汲古閣刻本
禪月集二十五卷補遺一卷　唐釋貫休撰
白蓮集十卷　唐釋齊己撰
杼山集十卷補遺一卷　唐釋皎然撰
八行十九字　左右雙邊　白口
19.3×13.7 釐米
天一閣＊　浙大

集 0041
唐四家詩八卷
清錢塘汪立名編
清康熙三十四年(1695)汪立名刻本
王右丞詩集二卷　唐王維撰
孟襄陽詩集二卷　唐孟浩然撰
韋蘇州詩集二卷　唐韋應物撰
柳河東詩集二卷　唐柳宗元撰
十行十九字　左右雙邊　黑口
17.6×13.5 釐米
浙圖　溫圖　平湖圖＊　天一閣＊　浙大＊

集 0042
盛唐四名家集二十四卷
明凌濛初刻朱墨套印本

王摩詰詩集七卷　唐王維撰　宋劉辰翁、明顧璘評
孟浩然詩集二卷　唐孟浩然撰　宋劉辰翁、明李夢陽評
李長吉歌詩四卷外詩集一卷　唐李賀撰　宋劉辰翁評
孟東野詩集十卷　唐孟郊撰　宋天台宋國材、劉辰翁評
八行十九字　左右雙邊　白口
20.7×14.6 釐米
浙圖　杭圖＊　嘉圖＊　天一閣＊　浙大＊

集 0043
唐人四集十二卷
明毛晉編
明崇禎(1628—1644)毛氏汲古閣刻本
歌詩編四卷集外詩一卷　唐李賀撰
唐英歌詩三卷　唐吳融撰
唐風集三卷　唐杜荀鶴撰
竇氏聯珠集一卷　唐竇常等撰
十二行二十字　左右雙邊　細黑口
19×13.7 釐米
天一閣

集 0044
五唐人詩集二十六卷
明毛晉編
明末毛氏汲古閣刻本
存十五卷
孟襄陽集三卷　唐孟浩然撰
孟東野集十卷　唐孟郊撰　附一卷
香奩集一卷　唐韓偓撰
九行十九字　左右雙邊　白口　版心下鐫“汲古閣”
18.5×14.2 釐米
浙圖＊　天一閣＊

集 0045
唐八家詩鈔不分卷
清陳明善編
清乾隆三十四年(1769)陳氏亦園刻本
存七家
李供奉詩鈔不分卷　唐李白撰
杜工部詩鈔不分卷　唐杜甫撰
王右丞詩鈔不分卷　唐王維撰
孟襄陽詩鈔不分卷　唐孟浩然撰
韋蘇州詩鈔不分卷　唐韋應物撰
柳河東詩鈔不分卷　唐柳宗元撰
李玉溪詩鈔不分卷　唐李商隱撰
九行二十一字　左右雙邊　白口
15.4×11.7 釐米
浙圖

集 0046
唐人選唐詩二十三卷
明毛晉編
明崇禎元年(1628)毛氏汲古閣刻本
御覽詩一卷　唐令狐楚輯
篋中集一卷　唐元結輯
國秀集三卷　唐芮挺章輯
河嶽英靈集三卷　唐殷璠輯
中興間氣集二卷　唐高仲武輯
搜玉小集一卷
極玄集二卷　唐姚合輯
才調集十卷　唐韋縠輯
八行十九字　左右雙邊　白口
19.2×13.6 釐米
浙圖　寧圖＊　紹圖＊　天一閣＊　浙大＊

集 0047
唐人六集四十二卷
明毛晉輯
明末毛氏汲古閣刻本
常建詩集三卷　唐常建撰　附錄一卷
韋蘇州集十卷拾遺一卷　唐韋應物撰
王建詩八卷　唐王建撰
鮑溶詩六卷集外詩一卷　唐鮑溶撰
姚少監詩集十卷　唐姚合撰
韓內翰別集一卷補遺一卷　唐韓偓撰
九行二十一字　左右雙邊　白口
19.1×13.6 釐米
浙圖＊　浙大

集 0048

唐人八家詩四十二卷

明毛晉編

明崇禎十二年(1639)毛氏汲古閣刻本

佚名批點

丁卯集二卷　唐許渾撰

甲乙集十卷　唐羅隱撰

李文山詩集三卷　唐李群玉撰

碧雲集三卷　唐李中撰

李義山集三卷　唐李商隱撰

薛許昌詩集十卷　唐薛能撰

長江集十卷　唐賈島撰

臺閣集一卷　唐李嘉祐撰

十二行二十字　左右雙邊　黑口

19.4×13.6 釐米

浙大

集 0049

唐人八家詩四十二卷

明毛晉編

明崇禎十二年(1639)毛氏汲古閣刻本

浙圖*　天一閣*

集 0050

十家唐詩十二卷

明畢效欽編

明萬曆(1573—1620)畢懋謙刻本

初唐

李嶠詩集一卷　唐李嶠撰

張説詩集二卷　唐張説撰

張九齡詩集二卷　唐張九齡撰

蘇頲詩集一卷　唐蘇頲撰

盛唐

儲光羲詩集一卷　唐儲光羲撰

李頎詩集一卷　唐李頎撰

常建詩集一卷　唐常建撰

崔顥詩集一卷　唐崔顥撰

王昌齡詩集一卷　唐王昌齡撰

祖詠詩集一卷　唐祖詠撰

九行十九字　四周雙邊　白口

20.6×13.9 釐米

浙圖

集 0051

唐十子詩十四卷

明王準編

明嘉靖二十六年(1547)王準刻本

存八卷

常建詩集三卷　唐常建撰

郎士元詩集一卷　唐郎士元撰

嚴維詩集一卷　唐嚴維撰

劉義詩集三卷　唐劉義撰

十行十八字　左右雙邊　白口

17×12.8 釐米

天一閣

集 0052

十二家唐詩二十四卷

明永嘉張遜業編

明嘉靖三十一年(1552)黄埻東壁圖書府刻本

王勃集二卷　唐王勃撰

楊炯集二卷　唐楊炯撰

盧照鄰集二卷　唐盧照鄰撰

駱賓王集二卷　唐義烏駱賓王撰

陳子昂集二卷　唐陳子昂撰

杜審言集二卷　唐杜審言撰

沈佺期集二卷　唐沈佺期撰

宋之問集二卷　唐宋之問撰

孟浩然集二卷　唐孟浩然撰

王摩詰集二卷　唐王維撰

高常侍集二卷　唐高適撰

岑嘉州集二卷　唐岑參撰

九行十九字　四周雙邊　白口

18.3×13 釐米

浙圖*　杭圖*　紹圖*　天一閣*

集 0053

唐十二家詩四十九卷

明刻本

王勃集二卷　唐王勃撰

楊炯集二卷　唐楊炯撰
盧照鄰集二卷　唐盧照鄰撰
駱賓王集二卷　唐義烏駱賓王撰
陳伯玉集二卷　唐陳子昂撰
杜審言集二卷　唐杜審言撰
沈雲卿集三卷　唐沈佺期撰
宋之問集二卷　唐宋之問撰
王摩詰集十卷　唐王維撰
孟浩然集四卷　唐孟浩然撰
高常侍集十卷　唐高適撰
岑嘉州集八卷　唐岑參撰
十行十八字　左右雙邊　白口
17.9×12.8 釐米
浙圖＊　溫圖　天一閣＊

集 0054

前唐十二家詩二十四卷

明許自昌編

明萬曆三十一年(1603)霏玉軒刻本

存二卷

岑嘉州集二卷　唐岑參撰
九行十九字　左右雙邊　白口
22×14.4 釐米
天一閣

集 0055

前唐十二家詩二十四卷

明許自昌編

明鄭能瑯嬛齋刻本

王勃集二卷　唐王勃撰
楊炯集二卷　唐楊炯撰
盧照鄰集二卷　唐盧照鄰撰
駱賓王集二卷　唐義烏駱賓王撰
陳子昂集二卷　唐陳子昂撰
杜審言集二卷　唐杜審言撰
沈佺期集二卷　唐沈佺期撰
宋之問集二卷　唐宋之問撰
孟浩然集二卷　唐孟浩然撰
王摩詰集二卷　唐王維撰
高常侍集二卷　唐高適撰
岑嘉州集二卷　唐岑參撰
九行十九字　四周單邊　白口
22.4×14.2 釐米
浙圖

集 0056

中唐十二家詩集七十八卷

明蔣孝編

明嘉靖二十九年(1550)蔣孝刻本

存三十五卷

毗陵集三卷　唐獨孤及撰
唐錢起詩集十卷　唐錢塘錢起撰
唐孫集賢詩集一卷　唐孫逖撰
唐崔補闕詩集一卷　唐崔峒撰
唐張司業詩集六卷　唐張籍撰
唐王建詩集八卷　唐王建撰
唐劉賓客詩集六卷　唐劉禹錫撰
十行二十字　左右雙邊　白口
19.2×14.7 釐米
浙圖＊　天一閣＊

集 0057

中唐八大家詩集八卷

明朱之蕃編

明萬曆(1573—1620)刻本

毗陵詩集一卷　唐獨孤及撰
唐孫集賢詩集一卷　唐孫逖撰
唐劉賓客外集一卷　唐劉禹錫撰
唐盧户部詩集一卷　唐盧綸撰
唐張司業詩集一卷　唐張籍撰
唐王建詩集一卷　唐王建撰
唐賈浪仙長江詩集一卷　唐賈島撰
唐李義山詩集一卷　唐李商隱撰
八行十九字　四周雙邊　白口
21.8×14.5 釐米
浙大

集 0058

晚唐十二家詩集十二卷

明朱之蕃編

明萬曆四十六年(1618)刻本

存二卷

卷二　雲臺編一卷　唐鄭谷撰

卷三　許渾丁卯詩集一卷　唐許渾撰
九行十九字　左右雙邊　白口
21.1×14.5 釐米
浙圖

集 0059
十種唐詩選十七卷
清王士禛編
清康熙(1662—1722)刻本
河嶽英靈集選一卷　唐殷璠輯
中興間氣集選一卷　唐高仲武輯
國秀集選一卷　唐芮挺章輯
篋中集選一卷　唐元結輯
搜玉集選一卷　唐□□輯
御覽詩集選一卷　唐令狐楚輯
極玄集選一卷　唐姚合輯
又玄集選一卷　唐韋莊輯
才調集選三卷　唐韋縠輯
唐文粹詩選六卷　宋吳興姚鉉輯
附唐賢三昧集三卷　清王士禛輯
十行十九字　左右雙邊　黑口
17×13.4 釐米
浙大　寧圖＊　溫圖

集 0060
十種唐詩選十七卷
清王士禛編
清康熙(1662—1722)刻本　清張陶唐批並跋　符璋批點
溫圖

集 0061
十種唐詩選十七卷
清王士禛編
清康熙(1662—1722)羅延齋刻本
十行十九字　左右雙邊　黑口
16.5×13.4 釐米
寧圖

集 0062
唐詩二十六家五十卷
明黃貫曾編
明嘉靖三十三年(1554)黃氏浮玉山房刻本
存四十一卷
李嶠集三卷　唐李嶠撰
蘇廷碩集二卷　唐蘇頲撰
虞世南集一卷　唐餘姚虞世南撰
許敬宗集一卷　唐許敬宗撰
李頎集三卷　唐李頎撰
王昌齡集二卷　唐王昌齡撰
崔顥集二卷　唐崔顥撰
崔曙集一卷　唐崔曙撰
祖詠集一卷　唐祖詠撰
常建集二卷　唐常建撰
嚴武集一卷　唐嚴武撰
權德輿集二卷　唐權德輿撰
司空曙集二卷　唐司空曙撰　存一卷　上
皇甫冉集三卷　唐皇甫冉撰
皇甫曾集二卷　唐皇甫曾撰
韓君平集二卷　唐韓翃撰
武元衡集三卷　唐武元衡撰
李嘉祐集二卷　唐李嘉祐撰
耿湋集二卷　唐耿湋撰
秦隱君集一卷　唐秦系撰
郎士元集二卷　唐郎士元撰
包何集一卷　唐包何撰
包佶集一卷　唐包佶撰
十行十九字　左右雙邊　白口
19×14.6 釐米
浙圖＊　天一閣＊　浙大＊

集 0063
唐人集□□種□□卷
明銅活字印本
存一百五十六卷
唐太宗皇帝集二卷　唐太宗李世民撰
許敬宗集一卷　唐許敬宗撰
虞世南集一卷　唐餘姚虞世南撰
盧照鄰集二卷　唐盧照鄰撰
張九齡集六卷　唐張九齡撰

楊炯集二卷　唐楊炯撰
王勃集二卷　唐王勃撰
李嶠集三卷　唐李嶠撰
杜審言集二卷　唐杜審言撰
蘇廷碩集二卷　唐蘇頲撰
駱賓王集二卷　唐義烏駱賓王撰
陳子昂集二卷　唐陳子昂撰
張説之集八卷　唐張説撰
沈佺期集四卷　唐沈佺期撰
孫逖集一卷　唐孫逖撰
唐玄宗皇帝集二卷　唐玄宗李隆基撰
王摩詰集六卷　唐王維撰
崔顥集二卷　唐崔顥撰
祖詠集一卷　唐祖詠撰
李頎集三卷　唐李頎撰
儲光羲集五卷　唐儲光羲撰
常建集二卷　唐常建撰
劉隨州集十卷　唐劉長卿撰
崔曙集一卷　唐崔曙撰
孟浩然集三卷　唐孟浩然撰
韋蘇州集十卷　唐韋應物撰
岑嘉州集八卷　唐岑參撰
包佶集一卷　唐包佶撰
李嘉祐集二卷　唐李嘉祐撰
包何集一卷　唐包何撰
皇甫曾集二卷　唐皇甫曾撰
高常侍集八卷　唐高適撰
錢考功集十卷　唐錢塘錢起撰
韓君平集三卷　唐韓翃撰
郎士元集二卷　唐郎士元撰
皇甫冉集三卷　唐皇甫冉撰
秦隱君集一卷　唐秦系撰
嚴維集二卷　唐嚴維撰
顧況集二卷　唐顧況撰
耿湋集三卷　唐耿湋撰
戴叔倫集二卷　唐戴叔倫撰
盧綸集六卷　唐盧綸撰
李益集二卷　唐李益撰
李端集四卷　唐李端撰
司空曙集二卷　唐司空曙撰
武元衡集三卷　唐武元衡撰
權德輿集二卷　唐權德輿撰
羊士諤集二卷　唐羊士諤撰

九行十七字　左右雙邊　細黑口
19×12.8 釐米
天一閣＊　浙大＊

集 0064

唐百家詩一百七十一卷
明朱警編
唐詩品一卷
明徐獻忠撰
明嘉靖十九年(1540)刻本
存十二卷
盧照鄰集二卷　唐盧照鄰撰
沈雲卿集二卷　唐沈佺期撰
宋之問集二卷　唐宋之問撰
張九齡集六卷　唐張九齡撰
十行十八字　左右雙邊　白口
17.7×12.9 釐米
杭圖＊　浙大＊

集 0065

唐百家詩一百七十一卷
明朱警編
唐詩品一卷
明徐獻忠撰
明嘉靖十九年(1540)刻本　長興王修校並跋
存十四卷
唐太宗文皇帝集一卷　唐太宗李世民撰
許敬宗集一卷　唐許敬宗撰
楊炯集二卷　唐楊炯撰
李端詩集三卷　唐李端撰
郎士元詩集一卷　唐郎士元撰
唐李推官披沙集六卷〔卷四至六配抄本〕　唐李咸用撰
浙圖

集 0066

唐詩百名家全集三百二十六卷
明席啓寓編
清康熙(1662—1722)席氏琴川書屋自刻本

存二百三十九卷

皇甫御史詩集一卷補遺一卷　唐皇甫曾撰
毗陵集三卷　唐獨孤及撰
韋蘇州集十卷拾遺一卷　唐韋應物撰
郎刺史詩集一卷　唐郎士元撰
嚴正文詩集一卷　唐嚴維撰
顧逋翁詩集四卷　唐顧況撰
耿拾遺詩集一卷　唐耿湋撰
昌黎先生詩集十卷外集一卷遺詩一卷　唐韓愈撰
柳河東先生詩集三卷　唐柳宗元撰
張司業詩集八卷拾遺一卷附錄一卷　唐張籍撰
孟東野詩集十卷　唐孟郊撰
王建詩集十卷　唐王建撰
權文公詩集十卷　唐權德輿撰
于鵠詩集一卷　唐于鵠撰
楊少尹詩集一卷　唐楊巨源撰
歐陽助教詩集一卷　唐歐陽詹撰
鮑溶詩集六卷補遺一卷　唐鮑溶撰
呂衡州詩集二卷補遺一卷　唐呂溫撰
張祜詩集二卷　唐張祜撰
李衛公詩集一卷　唐李德裕撰
追昔遊詩集三卷　唐李紳撰
姚少監詩集十卷　唐姚合撰
樊川集六卷補遺一卷　唐杜牧撰
李商隱詩集三卷　唐李商隱撰
溫庭筠詩集七卷集外詩一卷別集一卷　唐溫庭筠撰
李遠詩集一卷　唐李遠撰
丁卯詩集二卷續集一卷續補一卷集外遺詩一卷　唐許渾撰
渭南詩集二卷　唐趙嘏撰
會昌進士詩集一卷補遺一卷　唐馬戴撰
喻鳧詩集一卷　唐喻鳧撰
唐姚鵠詩集一卷　唐姚鵠撰
黎岳集一卷　唐李頻撰
項斯詩集一卷　唐項斯撰
段成式詩一卷　唐段成式撰
顧非熊詩集一卷　唐顧非熊撰
唐鄭嵎詩一卷　唐鄭嵎撰
唐隱居詩一卷　唐唐球撰
李群玉詩集三卷後集五卷補遺一卷　唐李群玉撰
曹祠部詩集二卷補遺一卷　唐曹鄴撰
儲嗣宗詩集一卷　唐儲嗣宗撰
司馬扎先輩詩集一卷　唐司馬扎撰
鹿門詩集三卷拾遺一卷續補詩一卷　唐唐彥謙撰
賈浪仙長江集十卷　唐賈島撰
陳嵩伯詩集一卷　唐陳陶撰
李昌符詩集一卷　唐李昌符撰
張喬詩集四卷　唐張喬撰
羅鄴詩集一卷　唐羅鄴撰
元英先生詩集十卷　唐方干撰
甲乙集十卷補遺一卷　唐羅隱撰
于鄴詩集一卷　唐于鄴撰
于濆詩集一卷　唐于濆撰
文化集一卷　唐許棠撰
許琳詩集一卷　唐許琳撰
邵謁詩集一卷　唐邵謁撰
周見素詩集一卷　唐周朴撰
司空表聖詩三卷　唐司空圖撰
章碣詩集一卷　唐章碣撰
秦韜玉詩集一卷　唐秦韜玉撰
雲臺編三卷　唐鄭谷撰
李才江詩集三卷　唐李洞撰
韓內翰香奩集三卷　唐韓偓撰
韓翰林詩集一卷　唐韓偓撰
唐英歌詩三卷　唐吳融撰
杜荀鶴文集三卷　唐杜荀鶴撰
浣花集十卷補遺一卷　唐韋莊撰

十行十八字　左右雙邊　白口
16.8×13.5釐米

溫圖

集0067

唐詩四種四卷

明武林楊肇祉編
明萬曆四十六年(1618)盛芸閣李乾宇刻本

唐詩名媛集一卷
唐詩花卉集一卷
唐詩香奩集一卷
唐詩觀妓集一卷

又名唐詩豔逸品
八行十八字　四周單邊　白口
21.1×13.2 釐米
浙圖

集 0068
唐詩豔逸品四卷
明武林楊肇祉編
明天啓元年(1621)閔一栻刻朱墨套印本
唐詩名媛集一卷
唐詩香奩集一卷
唐詩觀妓集一卷
唐詩名花集一卷
八行十八字　四周單邊　白口
20.5×14.6 釐米
浙圖　杭圖＊

集 0069
李杜全集八十四卷
明鮑松編
明正德八年(1513)自刻本
存三十卷
李翰林集三十卷　唐李白撰
十行二十字　四周單邊　白口
18.4×13.3 釐米
天一閣

集 0070
李杜全集八十四卷
明鮑松編
明正德八年(1513)自刻本　清丁耀亢跋
李翰林集三十卷　唐李白撰
杜工部集五十卷外集一卷文集二卷　唐杜甫撰　年譜一卷　宋趙子櫟撰
浙大

集 0071
李杜全集四十八卷
明許自昌編
明萬曆三十年(1602)許自昌刻本
分類補註李太白詩二十五卷　唐李白撰　宋楊齊賢集注　元蕭士贇補注　年譜一卷　宋薛仲邕撰
集千家註杜工部詩集二十卷文集二卷　唐杜甫撰
九行二十字　左右雙邊　白口
22.2×15 釐米
浙圖　杭圖＊　寧圖＊　溫圖　黄巖圖＊　天一閣　玉海樓＊　浙大

集 0072
李杜全集四十八卷
明許自昌編
明萬曆三十年(1602)許自昌刻汪復初印本
玉海樓

集 0073
合刻分體李杜全集一百二十卷
明劉世教編
明萬曆四十年(1612)刻本
李翰林全集四十二卷目錄四卷　唐李白撰　年譜一卷　宋薛仲邕撰
杜工部全集六十六卷目錄六卷　唐杜甫撰　年譜一卷　宋黄鶴撰
九行十八字　左右雙邊　白口
20.3×14.8 釐米
浙圖＊　浙大

集 0074
李杜全集四十二卷
明錢塘聞啓祥編
明崇禎二年(1629)聞啓祥刻本
存二十卷
杜子美詩集二十卷　唐杜甫撰　宋劉辰翁評點
九行二十字　四周單邊間左右雙邊　白口
20.5×14 釐米
天一閣

集 0075

李杜詩選十一卷

明張含編　明楊慎等評

明刻朱墨套印本

李詩選五卷　唐李白撰

杜詩選六卷　唐杜甫撰

八行十八字　四周單邊　白口

20.3×14.7 釐米

浙圖　嘉圖＊　天一閣＊　浙大＊

集 0076

載雲舫詩畊四卷

清閔奕仕輯

清康熙二十年(1681)稿本

唐杜拾遺子美詩選二卷　唐杜甫撰

唐李供奉太白詩選二卷　唐李白撰

浙圖

集 0077

韓柳文一百卷

明游居敬編

明嘉靖十六年(1537)游居敬刻本

韓文四十卷外集十卷遺集一卷　唐韓愈撰　集傳一卷

柳文四十三卷别集二卷外集二卷　唐柳宗元撰　附録一卷

十一行二十二字　左右雙邊　白口

19×13.2 釐米

浙圖　黄巖圖　天一閣＊　浙大

集 0078

韓柳文一百卷

明游居敬編

明嘉靖三十五年(1556)莫如士刻本

韓文四十卷外集十卷遺集一卷　唐韓愈撰　集傳一卷

柳文四十三卷别集二卷外集二卷　唐柳宗元撰　附録一卷

十一行二十二字　左右雙邊　白口

19×13.2 釐米

浙圖＊　浙博　天一閣＊

集 0079

韓柳全集一百四卷

明秀水蔣之翹編並注

明崇禎六年(1633)蔣氏三徑草堂刻本

唐韓昌黎集四十卷外集十卷遺文一卷　唐韓愈撰　明蔣之翹輯注　附録一卷

唐柳河東集四十五卷遺文一卷外集五卷　唐柳宗元撰　明蔣之翹輯注　附録一卷

九行十七字　左右雙邊　白口

19.3×13.4 釐米

浙圖　溫圖　黄巖圖　天一閣

集 0080

王荆石先生批評韓柳文二十二卷

明刻本

存十二卷

王荆石先生批評柳文十二卷　唐柳宗元撰　明王錫爵等評

九行十九字　四周單邊　白口　眉上鐫評

21.9×15.4 釐米

浙圖

集 0081

韓柳合刻八卷

明會稽陸夢龍編並評

明崇禎(1628—1644)刻本

韓昌黎集選四卷　唐韓愈撰

柳柳州集選四卷　唐柳宗元撰

九行二十字　四周單邊　白口　眉上鐫評

20×14.2 釐米

浙圖

集 0082

韓文杜律二卷

明郭正域編並評

明閔齊伋刻套印本

韓文一卷　唐韓愈撰　明萬曆四十五年(1617)閔齊伋刻朱墨套印本

杜子美七言律一卷　唐杜甫撰　明閔齊伋刻三色套印本

八行十八字　四周單邊　白口

20.1×15.2 釐米
浙圖＊　杭圖＊　天一閣＊

集 0083

韓柳文八卷

清何焯評點
清康熙(1662—1722)刻本
唐韓文公文五卷　唐韓愈撰
唐柳柳州文三卷　唐柳宗元撰
九行二十四字　左右雙邊　白口
溫圖

集 0084

元白長慶集一百四十一卷

明馬元調編
明萬曆三十二年至三十四年(1604—1606)馬元調魚樂軒刻本
元氏長慶集六十卷補遺六卷附錄一卷　唐元稹撰
白氏長慶集七十一卷目錄二卷附錄一卷　唐白居易撰
十行二十一字　左右雙邊　白口
21×14.7 釐米
浙圖　寧圖＊　溫圖＊　紹圖＊　浙博　天一閣＊　浙大

集 0085

陸魯望皮襲美二先生集合刻三十八卷

明許自昌編
明萬曆(1573—1620)許自昌刻本
唐甫里先生集二十卷　唐陸龜蒙撰
唐皮日休文藪十卷皮從事倡酬詩八卷　唐皮日休撰
九行二十字　左右雙邊　白口
21.5×14.5 釐米
天一閣

集 0086

唐文呂選十三卷

清石門呂留良輯　清董采評點
清康熙四十三年(1704)困學闇刻本
唐韓文公文五卷　唐韓愈撰
唐柳柳州文三卷　唐柳宗元撰
唐杜樊川文三卷　唐杜牧撰
唐李文公文二卷　唐李牧撰
十行二十四字　左右雙邊　白口
20.8×13.8 釐米
浙圖

集 0087

王韋合刻十六卷

明項絪編
清康熙(1662—1722)項氏玉淵堂刻本
王摩詰集六卷　唐王維撰
韋蘇州集十卷　唐韋應物撰
十一行二十一字　四周單邊　白口
17.7×13.6 釐米
浙圖＊　浙大＊

集 0088

江湖小集□卷

宋錢塘陳起編
明抄本
存十四卷
靜佳乙稿一卷　宋朱繼芳撰
靜佳龍尋稿一卷　宋朱繼芳撰
雅林小稿一卷　宋王琮撰
適安藏拙餘稿二卷　宋武衍撰
山居存稿一卷　宋陳必復撰
北窓詩稿一卷　宋余觀復撰
心游摘稿一卷　宋劉翼撰
融春小編一卷　宋海鹽許棐撰
梅屋第三稿一卷　宋海鹽許棐撰
梅屋第四稿一卷　宋海鹽許棐撰
雪林删餘一卷　宋張至龍撰
癖摘小集一卷　宋金華杜旃撰
竹溪十一稿一卷　宋林希元撰
七行十四字　無格
浙大

集 0089

宋詩鈔初集九十五卷

清石門呂留良、石門吳之振、石門吳爾堯

編

清康熙十年(1671)吳氏鑑古堂刻本

騎省集鈔一卷　宋徐鉉撰

小畜集鈔一卷　宋王禹偁撰

滄浪集鈔一卷　宋蘇舜欽撰

和靖詩鈔一卷　宋林逋撰

安陽集鈔一卷　宋韓琦撰

乖崖詩鈔一卷　宋張詠撰

清獻詩鈔一卷　宋衢州趙抃撰

武溪詩鈔一卷　宋余靖撰

徂徠詩鈔一卷　宋石介撰

南陽集鈔一卷　宋韓維撰

西塘詩鈔一卷　宋鄭俠撰

道鄉詩鈔一卷　宋鄒浩撰

宛陵詩鈔一卷　宋梅堯臣撰

文仲清江集鈔一卷　宋孔文仲撰

武仲清江集鈔一卷　宋孔武仲撰

平仲清江集鈔一卷　宋孔平仲撰

歐陽文忠詩鈔一卷　宋歐陽修撰

臨川詩鈔一卷　宋王安石撰

東坡詩鈔一卷　宋蘇軾撰

後山詩鈔一卷　宋陳師道撰

廣陵詩鈔一卷　宋王令撰

丹淵集鈔一卷　宋文同撰

襄陽詩鈔一卷　宋米芾撰

節孝詩鈔一卷　宋徐積撰

山谷詩鈔一卷　宋黄庭堅撰

宛丘詩鈔一卷　宋張耒撰

鷄肋集鈔一卷　宋晁補之撰

具茨詩鈔一卷　宋晁冲之撰

淮海詩鈔一卷　宋秦觀撰

陵陽詩鈔一卷　宋韓駒撰

江湖長翁詩鈔一卷　宋陳造撰

盱江集鈔一卷　宋李覯撰

西溪集鈔一卷　宋錢塘沈遘撰

雲巢詩鈔一卷　宋沈遼撰

龜谿集鈔一卷　宋德清沈與求撰

眉山詩鈔一卷　宋唐庚撰

建康集鈔一卷　宋烏程葉夢得撰

盧溪集鈔一卷　宋王庭珪撰

鴻慶集鈔一卷　宋孫覿撰

蘆川歸來集鈔一卷　宋張元幹撰

浮溪集鈔一卷　宋汪藻撰

簡齋詩鈔一卷　宋陳與義撰

北山小集鈔一卷　宋開化程俱撰

益公省齋藁鈔一卷益公平園續稿鈔一卷　宋周必大撰

屏山集鈔一卷　宋劉子翬撰

韋齋詩鈔一卷　宋朱松撰

玉瀾集鈔一卷　宋朱槔撰

文公集鈔一卷　宋朱熹撰

香溪集鈔一卷　宋蘭谿范浚撰

竹洲詩鈔一卷　宋吴儆撰

止齋詩鈔一卷　宋瑞安陳傅良撰

石湖詩鈔一卷　宋范成大撰

劍南詩鈔一卷　宋山陰陸游撰

誠齋江湖集鈔一卷荆溪集鈔一卷西歸集鈔一卷南海集鈔一卷朝天集鈔一卷江西道院集鈔一卷朝天續集鈔一卷江東集鈔一卷退休集鈔一卷　宋楊萬里撰

横浦詩鈔一卷　宋錢塘張九成撰

浪語集鈔一卷　宋永嘉薛季宣撰

攻媿集鈔一卷　宋鄞縣樓鑰撰

水心詩鈔一卷　宋永嘉葉適撰

艾軒詩鈔一卷　宋林光朝撰

義豐集鈔一卷　宋王阮撰

雙溪詩鈔一卷　宋王炎撰

知稼軒集鈔一卷　宋黄公度撰

漫塘詩鈔一卷　宋劉宰撰

清苑齋詩鈔一卷　宋永嘉趙師秀撰

葦碧軒詩鈔一卷　宋永嘉翁卷撰

芳蘭軒詩鈔一卷　宋永嘉徐照撰

二薇亭詩鈔一卷　宋永嘉徐璣撰

後村詩鈔一卷　宋劉克莊撰

東臯詩鈔一卷　宋戴敏撰

石屏詩鈔一卷　宋黄巖戴復古撰

農歌集鈔一卷　宋天台戴昺撰

秋崖小稿鈔一卷　宋寧海方岳撰

清雋集鈔一卷　宋鄭起撰

文山詩鈔一卷　宋文天祥撰

晞髪集鈔一卷晞髪近稿鈔一卷附天地間集一卷　宋謝翶撰並輯

先天集鈔一卷　宋許月卿撰

白石樵唱鈔一卷　宋平陽林景熙撰

山民詩鈔一卷　宋真山民撰

水雲詩鈔一卷　宋錢塘汪元量撰

隆吉詩鈔一卷　宋梁棟撰
潛齋詩鈔一卷　宋淳安何夢桂撰
參寥詩鈔一卷　宋釋道潛撰
石門詩鈔一卷　宋釋惠洪撰
花蕊詩鈔一卷　後蜀費氏撰
十二行二十二字　左右雙邊　黑口
17.6×13.8 釐米
浙圖＊　溫圖　嘉圖　黄巖圖＊

集 0090
宋十五家詩選十六卷
清海寧陳訏編
清康熙三十二年(1693)刻本
宛陵詩選一卷　宋梅堯臣撰
廬陵詩選一卷　宋歐陽修撰
南豐詩選一卷　宋曾鞏撰
臨川詩選一卷　宋王安石撰
東坡詩選一卷　宋蘇軾撰
欒城詩選一卷　宋蘇轍撰
山谷詩選一卷　宋黄庭堅撰
石湖詩選一卷　宋范成大撰
劍南詩選二卷　宋山陰陸游撰
誠齋詩選一卷　宋楊萬里撰
梅溪詩選一卷　宋樂清王十朋撰
朱子詩選一卷　宋朱熹撰
菊礀詩選一卷　宋餘姚高翥撰
秋崖詩選一卷　宋寧海方岳撰
文山詩選一卷　宋文天祥撰
十一行二十二字　左右雙邊
19.3×14.2 釐米
浙圖　溫圖　平湖圖＊

集 0091
宋四名家詩鈔二十七卷
清海寧周之鱗、仁和柴升編
清康熙(1662—1722)刻有文堂印本
東坡先生詩鈔七卷　宋蘇軾撰
山谷先生詩鈔七卷　宋黄庭堅撰
石湖先生詩鈔六卷　宋范成大撰
放翁先生詩鈔七卷　宋山陰陸游撰
十行二十一字　左右雙邊　黑口
18.5×14.3 釐米
浙圖　嘉圖＊

集 0092
宋百家詩存二十卷
清嘉善曹庭棟編
清乾隆六年(1741)曹氏二六書堂刻本
弖一
慶湖集一卷　宋賀鑄撰
東觀集一卷　宋魏野撰
弖二
穆參軍集一卷　宋穆修撰
景文詩集一卷　宋宋祁撰
伐檀集一卷　宋黄庶撰
公是集一卷　宋劉敞撰
陳副使遺藁一卷　宋陳泊撰
弖三
傳家集一卷　宋司馬光撰
文潞公集一卷　宋文彦博撰
無爲集一卷　宋楊傑撰
弖四
鄱陽集一卷　宋彭汝礪撰
樂靜居士集一卷　宋李昭玘撰
姑溪集一卷　宋李之儀撰
弖五
青山集一卷　宋郭祥正撰
倚松老人集一卷　宋饒節撰
弖六
龍雲集一卷　宋劉弇撰
紫薇集一卷　宋吕本中撰
竹友集一卷　宋謝薖撰
棣華館小集一卷　宋楊甲撰
弖七
西渡詩集一卷　宋洪炎撰
竹谿集一卷　宋李彌遜撰
松隱集一卷　宋曹勛撰
弖八
雅林小藁一卷　宋王琮撰
醉軒集一卷　宋姚孝錫撰
傅忠肅集一卷　宋傅察撰
華陽集一卷　宋張綱撰
苕溪集一卷　宋歸安劉一止撰
栟櫚集一卷　宋鄧肅撰

弓九

雪溪集一卷　宋王銍撰

網山月魚集一卷　宋林亦之撰

太倉稊米集一卷　宋周紫芝撰

洺水集一卷　宋程珌撰

漁溪詩藁一卷　宋仁和俞桂撰

弓十

樂軒集一卷　宋陳藻撰

歸愚集一卷　宋葛立方撰

默堂集一卷　宋陳淵撰

秋堂遺藁一卷　宋江山柴望撰

于湖集一卷　宋張孝祥撰

小山集一卷　宋劉翰撰

弓十一

蠹齋鉛刀編一卷　宋周孚撰

雪窗小藁一卷　宋張良臣撰

臞翁集一卷　宋敖陶孫撰

巽齋小集一卷　宋危稹撰

龍洲道人集一卷　宋劉過撰

梅屋吟藁一卷　宋鄒登龍撰

弓十二

招山小集一卷　宋劉仙倫撰

皇荂曲一卷　宋鄧林撰

順適堂吟藁一卷　宋葉茵撰

玉楮集一卷　宋岳珂撰

弓十三

野谷詩集一卷　宋趙汝鐩撰

白石道人集一卷　宋姜夔撰

靜佳詩集一卷　宋朱繼芳撰

鷗渚微吟一卷　宋趙崇鉘撰

弓十四

翠微南征錄一卷　宋華岳撰

秋江烟草一卷　宋張弋撰

檜庭吟藁一卷　宋葛起耕撰

沃州鴈山吟一卷　宋新昌呂聲之撰

橘潭詩藁一卷　宋錢塘何應龍撰

杜清獻集一卷　宋黄巖杜範撰

芸居乙藁一卷　宋錢塘陳起撰

山居存藁一卷　宋陳必復撰

弓十五

方泉集一卷　宋周文璞撰

方壺存藁一卷　宋汪莘撰

雪林删餘一卷　宋張至龍撰

端平集一卷　宋周弼撰

庸齋小集一卷　宋沈説撰

露香拾藁一卷　宋黄大受撰

弓十六

雪篷詩藁一卷　宋嵊縣姚鏞撰

東齋小集一卷　宋陳鑒之撰

竹莊小藁一卷　宋胡仲參撰

散藁一卷　宋利登撰

適安藏拙餘藁一卷　宋武衍撰

芸隱詩集一卷　宋施樞撰

竹溪詩集一卷　宋林希逸撰

弓十七

無懷小集一卷　宋山陰葛天民撰

抱拙小藁一卷　宋趙希楷撰

華谷集一卷　宋嚴粲撰

瓜廬集一卷　宋永嘉薛師石撰

吾竹小藁一卷　宋衢州毛珝撰

雪坡小藁一卷　宋羅與之撰

雲泉詩集一卷　宋永嘉薛嵎撰

弓十八

靖逸小藁一卷　宋葉紹翁撰

斗野支藁一卷　宋張蘊撰

端隱吟藁一卷　宋林尚仁撰

實齋詠梅集一卷　宋開化張道洽撰

梅屋集一卷　宋海鹽許棐撰

雪磯叢藁一卷　宋樂雷發撰

癖齋小集一卷　宋金華杜旃撰

弓十九

可齋詩藁一卷　宋嘉興李曾伯撰

學吟一卷　宋朱南杰撰

竹所吟藁一卷　宋徐集孫撰

野趣有聲畫一卷　元楊公遠撰

佩韋齋集一卷　宋平陽俞德鄰撰

西麓詩藁一卷　宋四明陳允平撰

弓二十

菊潭詩集一卷　宋吴興吴仲孚撰

古梅吟稿一卷　宋吴龍翰撰

月洞吟一卷　宋遂昌王鎡撰

滄州集一卷　宋羅公升撰

柳塘外集一卷　宋釋道璨撰

采芝集一卷　宋釋斯植撰

十一行二十一字　左右雙邊　白口

17.2×13.1 釐米

浙圖　嘉圖　上虞圖　德清博

集 0093

南宋群賢小集補遺十五卷

清抄本

燕堂詩藁一卷　宋趙公豫撰

竹溪集一卷　宋李彌遜撰

棠湖詩藁一卷　宋岳珂撰

柳塘外集二卷　宋釋道璨撰

艇齋詩鈔一卷　宋曾季貍撰

北山律式二卷　宋開化程俱撰

雲莊詩集一卷　宋劉爚撰

棣華館小集一卷　宋楊甲撰

蕙菴詩藁一卷　宋何耕撰

西渡集一卷　宋洪炎撰

志道集一卷　宋顧禧撰

林湖遺藁一卷　宋高鵬飛撰

江村遺藁一卷　宋高選撰

浙圖

集 0094

南宋四家律選五卷

清彭元瑞編

清知聖道齋抄本　仁和王存善跋

陸放翁詩二卷　宋山陰陸游撰

范石湖詩一卷　宋范成大撰

楊誠齋詩一卷　宋楊萬里撰

劉後村詩一卷　宋劉克莊撰

浙圖

集 0095

蘇黄尺牘九卷

明萬曆(1573—1620)刻本　佚名批校

東坡尺牘五卷　宋蘇軾撰

山谷尺牘四卷　宋黄庭堅撰

九行十八字　左右雙邊　白口

20.3×14 釐米

浙圖

集 0096

蘇黄題跋十二卷

明楊鶴編

明刻本

蘇東坡題跋雜書六卷　宋蘇軾撰

黄山谷題跋書後六卷　宋黄庭堅撰

九行十九字　四周單邊　白口

20.7×14 釐米

浙圖　杭圖*　天一閣*

集 0097

蘇黄風流小品十六卷

明黄嘉惠編

明崇禎(1628—1644)爾如堂刻本

東坡題跋四卷東坡尺牘二卷東坡小詞二卷　宋蘇軾撰

山谷題跋四卷山谷尺牘二卷山谷小詞二卷　宋黄庭堅撰

九行十九字　四周單邊　白口　眉上鐫評

21×13.8 釐米

天一閣

集 0098

蘇門六君子文粹七十卷

明崇禎六年(1633)胡潛刻本

存五十六卷

豫章先生文粹四卷　宋黄庭堅撰

宛丘先生文粹二十二卷　宋張耒撰

濟北先生文粹二十一卷　宋晁補之撰

後山居士文粹四卷　宋陳師道撰

濟南先生文粹五卷　宋李廌撰

九行十九字　左右雙邊　白口

19.2×13.7 釐米

浙圖*　天一閣*　浙大*

集 0099

元詩四大家二十七卷

明毛晉編

明崇禎(1628—1644)毛氏汲古閣刻本

存二十一卷

虞伯生詩八卷補遺一卷　元虞集撰

楊仲弘詩八卷　元錢塘楊載撰

范德機詩七卷　元范梈撰　存四卷　一至四

九行十九字　四周單邊　白口

21×13.2 釐米

浙圖＊　紹圖＊　天一閣＊

集 0100

元人集十種五十四卷

明毛晉編

明崇禎十一年(1638)毛氏汲古閣刻本

存三十卷

遺山先生詩集二十卷　金元好問撰

玉山草堂集二卷　元顧瑛撰

寒翠集一卷　元宋旡撰

倪雲林先生詩集六卷　元倪瓚撰　附錄一卷

九行十九字　左右雙邊　白口

18.7×14.3 釐米

浙圖＊　嘉圖＊　紹圖＊　天一閣＊　玉海樓＊　浙大＊

集 0101

文瑞樓匯刻書六十一卷

清桐鄉金檀編

清康熙雍正間(1662—1735)金氏文瑞樓燕翼堂刻本

青邱高季迪先生詩集十八卷遺詩一卷　明高啓撰　清桐鄉金檀注　扣弦集一卷鳧藻集五卷　明高啓撰　高季迪先生年譜一卷　清桐鄉金檀撰　附錄一卷

清江貝先生詩集十卷文集二十卷　明貝瓊撰

巽隱程先生文集二卷詩集二卷　明程本立撰

十二行二十二字　左右雙邊　白口

18×14.5 釐米

浙圖　杭圖＊　寧圖＊　溫圖　嘉圖＊　平湖圖＊　海寧圖＊　諸暨圖＊　上虞圖＊　天一閣＊　玉海樓＊

集 0102

明初四家詩四十一卷

明陳邦瞻編

明萬曆三十七年(1609)汪汝淳刻本

存十卷

重刻張來儀靜居集四卷　明張羽撰

重刻徐幼文北郭集六卷　明徐賁撰

十行二十字　四周單邊　白口

21.4×13.8 釐米

浙大

集 0103

陳沈兩先生稿二十二卷

明陳仁錫編

明萬曆四十三年(1615)陳氏閱帆堂刻本

陳白陽集十卷　明陳淳撰　附錄一卷

石田先生集十一卷　明沈周撰

九行十九字　四周雙邊　白口

22.2×14.2 釐米

浙大

集 0104

盛明百家詩三百二十四卷

明俞憲編

明嘉靖隆慶間(1522—1572)刻本

前編

高楊張徐集三卷

高季迪集　明高啓撰

楊孟載集　明楊基撰

張來儀集　明張羽撰

徐幼文集　明徐賁撰

宋學士集一卷　明浦江宋濂撰

劉誠意伯集一卷　明青田劉基撰

林員外集一卷　明林鴻撰

袁海叟集一卷　明袁凱撰

王學士集一卷　明王達撰

王舍人集一卷　明王紱撰

浦舍人集一卷　明浦源撰

錢翰撰集一卷　明錢仲益撰

李文正公集二卷　明李東陽撰

陳白沙集一卷　明陳獻章撰

莊定山集一卷　明莊昶撰

邵文莊公集一卷　明邵寶撰

石閣老集一卷　明石珤撰

夏赤城集一卷　明夏鍭撰

秦修敬集一卷　明秦旭撰
李空同集二卷　明李夢陽撰
沈石田集一卷　明沈周撰
桑思玄集一卷　明桑悦撰
史山人集一卷　明史鑑撰
二杭詩集一卷
　杭世卿集　明杭濟撰
　杭東卿集　明杭淮撰
張伎陵集一卷　明張鳳翔撰
顧司寇集一卷　明顧璘撰
熊侍御集一卷　明熊卓撰
王渼陂集一卷　明王九思撰
王陽明集一卷　明餘姚王守仁撰
二朱詩集一卷
　朱升之集　明朱應登撰
　朱子价集　明朱曰藩撰
左中川集一卷　明左國璣撰
孫山人集一卷　明孫一元撰
何大復集二卷　明何景明撰
王浚川集一卷　明王廷相撰
康狀元集一卷　明康海撰
邊華泉集一卷　明邊貢撰
徐尚書集一卷　明徐問撰
二俞詩集一卷
　俞國昌集　明俞泰撰
　俞國光集　明俞暉撰
祝枝山集一卷　明祝允明撰
徐迪功集一卷　明徐禎卿撰
殷石川集一卷　明殷雲霄撰
孟有涯集一卷　明孟洋撰
王太僕集一卷　明王韋撰
鄭少谷集一卷　明鄭善夫撰
韓參議集一卷　明韓邦靖撰
戴學憲集一卷　明戴冠撰
方棠陵集一卷　明開化方豪撰
常評事集一卷　明常倫撰
楊升菴集一卷　明楊慎撰
張禺山集一卷　明張含撰
薛考功集一卷　明薛蕙撰
蔣南泠集一卷　明蔣山卿撰
李嵩渚集一卷　明李濂撰
王夢澤集一卷　明王廷陳撰
陳行卿集一卷　明鄞縣陳沂撰
馬西玄集一卷續集一卷　明馬汝驥撰
許少華集一卷　明許宗魯撰
許雲村集一卷　明海寧許相卿撰
黄泰泉集一卷　明黄佐撰
二周詩集一卷
　周定齋集　明周祚撰
　周浮峰集　明周沛撰
徐相公集一卷　明徐階撰
高蘇門集一卷　明高叔嗣撰
栗太行集一卷　明栗應宏撰
陸盧龍集一卷　明陸果撰
傅夢求集一卷　明傅起巖撰
蔡翰目集一卷　明蔡羽撰
文翰詔集一卷續一卷　明文徵明撰
唐伯虎集一卷　明唐寅撰
傅山人集一卷　明傅汝舟撰
王參政集一卷　明王慎中撰
華學士集一卷　明華察撰
樊南溟集一卷　明樊鵬撰
王少泉集一卷　明王格撰
陸貞山集一卷　明陸粲撰
屠漸山集一卷　明屠應峻撰
袁學憲集一卷　明袁袠撰
田豫陽集一卷　明錢塘田汝成撰
王履吉集一卷　明王寵撰
二黄集一卷
　黄五嶽集　明黄省曾撰
　黄質山集　明黄姬水撰
唐中丞集一卷　明唐順之撰
羅贊善集一卷　明羅洪先撰
沈鳳峰集一卷　明沈愷撰
陳后岡集一卷　明鄞縣陳束撰
任少海集一卷　明任瀚撰
宗室匡南詩集一卷　明朱拱榣撰
薛浮休集一卷　明薛章憲撰
張崑崙集一卷　明張詩撰
陳鳴野集一卷　明陳鶴撰
皇甫昆季集二卷
　皇甫華陽集　明皇甫沖撰
　皇甫少玄集　明皇甫涍撰
　皇甫百泉集　明皇甫汸撰
　皇甫理山集　明皇甫濂撰
續皇甫百泉集一卷　明皇甫汸撰

蔡白石集一卷續一卷　明德清蔡汝楠撰
朱鎮山集一卷　明朱衡撰
王巖潭集一卷　明王廷榦撰
孔方伯集一卷　明孔天胤撰
許茗山集一卷　明錢塘許應元撰
王祭酒集一卷　明王維楨撰
薛憲副集一卷　明薛應旂撰
陳參議集一卷　明陳鳳撰
喬三石集一卷　明喬世寧撰
王僉憲集一卷　明王問撰
馮少洲集一卷　明馮惟訥撰
侯二谷集一卷　明侯一元撰
孟衛源集一卷　明孟淮撰
吳霽寰集一卷　明孝豐吳維嶽撰
范中方集一卷　明范惟一撰
何刑侍集一卷　明何遷撰
華比部集一卷　明華雲撰
謝中丞集一卷　明謝東山撰
洪芳洲集一卷　明洪朝選撰
萬履庵集一卷　明萬士和撰
施武陵集一卷　明施漸撰
姚山人集一卷　明姚咨撰
鄧山人集一卷　明鄧儀撰
宗室武岡王集一卷　明朱顯槐撰
許長史集一卷　明許邦才撰
張王屋集一卷　明張之象撰
鄭石南集一卷　明鄭坤撰
郭山人集一卷　明郭第撰
羅山人集一卷　明羅鹿齡撰
李學憲集一卷　明李攀龍撰
王副使集一卷　明王世貞撰
李尚寶集一卷　明李先芳撰
徐龍灣集一卷　明吳興徐中行撰
吳川樓集一卷　明吳國倫撰
梁比部集一卷　明梁有譽撰
宗子相集一卷　明宗臣撰
張居來集一卷　明張佳胤撰
盧次楩集一卷　明盧柟撰
周山人集一卷　明周詩撰
謝茂秦集一卷　明謝榛撰
俞仲蔚集一卷　明俞允文撰
史文學集一卷　明史臣紀撰
王澄原集一卷　明王言撰
王上舍集一卷　明王穉登撰
張杖集一卷　明張獻翼撰
梁國子生集一卷　明梁辰魚撰
淑秀總集一卷　明郭愛等撰　明俞憲輯
俞繡峰集一卷　明俞寰撰
俞二子集一卷續一卷　明俞淵、俞沂撰
龔内監集一卷　明龔輂撰
周真人集一卷　明周思得撰
釋雪江集一卷　明釋明秀撰
釋魯山集一卷　明釋魯山撰
釋半峰集一卷　明釋果斌撰
釋同石集一卷　明釋希復撰

後編

廣中四傑集一卷
孫仲衍集　明孫蕡撰
王彦舉集　明王佐撰
黄庸之集　明黄哲撰
李仲修集　明李德撰
汪右丞集一卷　明汪廣洋撰
張翰講集一卷　明張以寧撰
倪隱君集一卷　明倪瓚撰
吳主一集一卷　明吳志淳撰
唐丹崖集一卷　明唐肅撰
王忠文公集一卷　明義烏王禕撰
趙鳴秋集一卷　明趙迪撰
郭子章集一卷　明郭奎撰
許士修集一卷　明許繼撰
華氏黄楊集一卷　明華幼武撰
解學士集一卷　明解縉撰
韓中允集一卷　明韓守益撰
二倪詩集一卷
倪維嶽集　明倪峻撰
倪汝敬集　明倪敬撰
練榜眼集一卷　明練子寧撰
姚少師集一卷　明姚廣孝撰
曾狀元集一卷　明曾棨撰
郭定襄伯集一卷　明郭登撰
王翰檢集一卷　明王偁撰
林登州集一卷　明林弼撰
高漫士集一卷　明高棅撰
王皆山集一卷　明王恭撰
聶掌教集一卷　明聶大年撰
劉忠宣公集一卷　明劉大夏撰

張東海集一卷　明張弼撰
張白齋集一卷　明張琦撰
謝文肅公集一卷　明黄巖謝鐸撰
薛檢討集一卷　明薛格撰
湯將軍集一卷　明湯胤勣撰
羅太守集一卷續集一卷　明羅柔撰
王古直集一卷　明王佐撰
錢山人集一卷　明錢文撰
顧東江集一卷　明顧清撰
秦端敏公集一卷　明秦金撰
周草庭集一卷　明周塤撰
錢太守集一卷　明海鹽錢琦撰
王方伯集一卷　明王尚絅撰
朱蕩南集一卷　明樂清朱諫撰
孫鷺沙集一卷　明孫偉撰
楊通府集一卷　明楊中撰
湛甘泉集一卷　明湛若水撰
周尚書集一卷　明周金撰
顧同府集一卷　明顧彦夫撰
陸文裕公集一卷　明陸深撰
莫南沙集一卷　明莫止撰
顧憲副集一卷　明顧可久撰
齊憲副集一卷　明齊鸞撰
王僉事集一卷　明王謳撰
鄒九峰集一卷　明鄒壁撰
敖東谷集一卷　明敖英撰
錢逸人集一卷　明錢百川撰
朱福州集一卷　明朱豹撰
張學士集一卷　明張衮撰
二浦詩集一卷
　浦文玉集　明浦瑾撰
　浦道徵集　明浦應麒撰
顧廉訪集一卷　明顧夢圭撰
張通參集一卷　明張寰撰
二謝詩集一卷
　謝野全集　明謝承舉撰
　謝與槐集　明謝少南撰
王止一集一卷　明王珂撰
續傅山人集一卷　明傅汝舟撰
潘尚書集一卷　明潘恩撰
張司馬集一卷　明鄞縣張時徹撰
蘇督撫集一卷　明蘇祐撰
田莘野集一卷　明田汝𥟖撰
續傅夢求集一卷　明傅起岩撰
孫漁人集一卷　明孫宜撰
金子有集一卷　明金大車撰
馮三石集一卷　明馮世雍撰
吳少參集一卷　明吳子孝撰
沈少參集一卷　明沈謐撰
續沈鳳峰集一卷　明沈愷撰
唐山人集一卷　明唐詩撰
續姚山人集一卷　明姚咨撰
薛兵憲集一卷　明薛甲撰
張臯副集一卷　明張意撰
沈石灣集一卷　明沈翰卿撰
姚本修集一卷　明姚廉敬撰
續黄五嶽集一卷　明黄省曾撰
陳山人集一卷　明陳鳳撰
岳山人集一卷　明岳岱撰
顧給舍集一卷　明顧存仁撰
高光州集一卷　明仁和高應冕撰
趙文學集一卷　明趙綱撰
秦封君集一卷　明秦瀚先撰
秦方伯集一卷　明秦梁撰
包侍御集一卷　明包節撰
王侍御集一卷　明王瑛撰
強德州集一卷　明強仕撰
黎瑤石集一卷　明黎民表撰
駱翰編集一卷　明武康駱文盛撰
陳隱士集一卷　明陳東川撰
陸文學集一卷　明陸九州撰
許石城集一卷　明許穀撰
舒東岡集一卷　明舒纓撰
林介山集一卷　明林應麒撰
尹洞山集一卷　明尹臺撰
溫大谷集一卷　明溫新撰
續王僉憲集一卷　明王問撰
茅副使集一卷　明歸安茅坤撰
二莫詩集一卷
　莫中江集　明莫如忠撰
　莫少江集　明莫是龍撰
曹于野集一卷　明曹大同撰
呂山人集一卷續集一卷　明鄞縣呂時臣撰
續萬履庵集一卷　明萬士和撰
龔副使集一卷　明龔秉德撰

萬總戎集一卷　明鄞縣萬表撰
何翰目集一卷　明何良俊撰
王督撫集一卷　明王崇右撰
李青霞集一卷　明李時行撰
續皇甫理山集一卷　明皇甫濂撰
劉魏比玉集一卷
劉子成集　明劉鳳撰
魏季朗集　明魏學禮撰
李武選集一卷　明李文麟撰
胡苑卿集一卷　明胡安撰
方員外集一卷　明方攸躋撰
續吳川樓集一卷　明吳國倫撰
續王鳳洲集二卷　明王世貞撰
周太僕集一卷　明周復俊撰
張周田集一卷　明張九一撰
續徐龍灣集一卷　明吳興徐中行撰
余憲副集一卷　明余應舉撰
李內翰集一卷　明李蓘撰
范中吳集一卷　明范惟丕撰
續李滄溟集一卷　明李攀龍撰
王儀部集一卷　明王世懋撰
王氏松雲集一卷　明王用章撰
沈青門集一卷　明沈仕撰
方侍御集一卷　明方新撰
沈嘉則集一卷　明鄞縣沈明臣撰
吳之山集一卷　明吳擴撰
朱仲開集一卷　明朱永年撰
張心父集一卷　明張士瀹撰
陸客集一卷　明陸弼撰
歐司訓集一卷　明歐大任撰
丁少鶴集一卷　明丁一中撰
梁中舍集一卷　明梁孜撰
金白嶼集一卷　明金鸞撰
魯藩二宗室詩集一卷　明朱健根、朱觀熰撰
馮海浮集一卷　明馮惟敏撰
李千户集一卷　明李元昭撰
徐文學集一卷　明山陰徐渭撰
顧山人集一卷　明顧聖之撰
葉客集一卷　明葉芳撰
周東田集一卷　明周□□撰
林公子集一卷　明林世璧撰
王逸人集一卷　明王崑嵛撰
李公子集一卷　明李言恭撰
王僅初集一卷　明王懋明撰
王貢士集一卷　明王淶撰
潘象安集一卷　明潘緯撰
康裕卿集一卷　明永嘉康從理撰
續王上舍集一卷　明王穉登撰
童賈集一卷　明龍游童珮撰
黄趙客集一卷　明黄道撰
朱山人集一卷　明朱察卿撰
莫公遠集一卷　明莫叔明撰
顧伯子集一卷　明顧允默撰
張文學集一卷　明張文柱撰
釋全室集一卷　明釋宗泐撰
釋夢觀集一卷　明釋守仁撰
釋方澤集一卷　明釋方澤撰
盧羽士集一卷　明盧大雅撰
章羽士集一卷　明章志宗撰
錢羽士集一卷　明錢月齡撰
楊狀元妻詩集一卷　明黄娥撰
馬氏芷居集一卷　明馬閒卿撰
孫夫人集一卷　明楊文儷撰
潘氏集一卷　明潘氏撰
續俞繡峰集一卷　明俞寰撰
續俞伯子集一卷　明俞淵撰
續俞仲子集一卷　明俞沂撰
李生集一卷　明李英撰

十行二十一字　四周單邊　白口
19.2×13.1 釐米
浙圖　天一閣*

集 0105

明詩十二家十二卷

明李心學編
明勞堪刻本

李夢陽詩一卷　明李夢陽撰
何景明詩一卷　明何景明撰
康海詩一卷　明康海撰
薛蕙詩一卷　明薛蕙撰
徐禎卿詩一卷　明徐禎卿撰
鄭繼之詩一卷　明鄭繼之撰
王廷相詩一卷　明王廷相撰
邊貢詩一卷　明邊貢撰

孫一元詩一卷　明孫一元撰
李攀龍詩一卷　明李攀龍撰
高叔嗣詩一卷　明高叔嗣撰
謝榛詩一卷　明謝榛撰
九行十八字　四周雙邊　白口
20.2×14 釐米
浙圖＊　杭圖

集 0106
秦淮四美人詩四卷
明冒愈昌編
明萬曆四十六年(1618)刻本
馬美人詩一卷　明馬守貞撰
趙美人詩集一卷　明趙彩姬撰
朱美人詩一卷　明朱無瑕撰
鄭美人詩一集一卷　明鄭如英撰
八行十八字　四周單邊　白口
浙博

集 0107
三異人文集二十二卷
明俞允諧編
明刻本
李卓吾評選方正學文集十一卷　明寧海方孝孺撰　明李贄評
李卓吾評選于節闇奏疏四卷文集一卷詩集三卷　明錢塘于謙撰　明李贄評
李卓吾評選楊椒山奏疏一卷詩集一卷文集一卷　明楊繼盛撰　明李贄評
九行二十字　四周單邊　白口
21.4×15.1 釐米
浙圖　杭圖＊

集 0108
三異人文集二十三卷
明俞允諧編
明刻本
存九卷
徐文長評于節闇奏疏四卷文集一卷詩集三卷補遺一卷　明錢塘于謙撰　明山陰徐渭評
九行二十字　四周單邊　白口
21.3×14.8 釐米
浙大

集 0109
丘海二公文集合編十六卷
清焦映漢編
清康熙四十七年(1708)刻本
丘文莊公集十卷　明丘濬撰
海忠介公集六卷　明海瑞撰
十行二十二字　四周雙邊　白口
20×14.2 釐米
天一閣

集 0110
明四家文選十四卷
明餘姚孫鑛、卜世昌等編
明刻本
子相文選二卷　明宗臣撰
子與文選二卷　明吳興徐中行撰
明卿文選六卷　明吳國倫撰
子威文選四卷　明劉鳳撰
九行二十字　四周單邊　白口
22×14.3 釐米
浙圖

集 0111
皇明十大家文選二十五卷
明烏程陸弘祚編
明刻本
存二十一卷
鳳洲文選四卷　明王世貞撰
陽明文選三卷　明餘姚王守仁撰
鹿門文選二卷　明歸安茅坤撰
槐野文選二卷　明王維楨撰
潯陽文選二卷　明董份撰
南明文選二卷　明汪道昆撰
滄溟文選二卷　明李攀龍撰
遵巖文選二卷　明王慎中撰
荊川文選二卷　明唐順之撰
九行二十字　四周單邊　白口

19.1×13.2 釐米

浙圖

集 0112

皇明五先生文雋二百四卷目錄五卷

明蘇文韓編

明天啓四年(1624)刻本

李空同集八卷　明李夢陽撰

李滄溟集七卷　明李攀龍撰

王弇州集一百十五卷　明王世貞撰

汪伯玉集三十二卷　明汪道昆撰

屠緯真集四十二卷　明鄞縣屠隆撰

九行二十字　左右雙邊　白口

21.2×13.8 釐米

浙圖

集 0113

皇明十六名家小品三十二卷

明丁允和、錢塘陸雲龍等編　明錢塘陸雲龍評

明崇禎六年(1633)崢霄館刻本

翠娛閣評選屠赤水先生小品二卷　明鄞縣屠隆撰

翠娛閣評選徐文長先生小品二卷　明山陰徐渭撰

翠娛閣評選王季重先生小品二卷　明山陰王思任撰

翠娛閣評選虞德園先生小品二卷　明錢塘虞淳熙撰

翠娛閣評選黄貞父先生小品二卷　明錢塘黄汝亨撰

翠娛閣評選董思白先生小品二卷　明董其昌撰

翠娛閣評選陳眉公先生小品二卷　明陳繼儒撰

翠娛閣評選湯若士先生小品二卷　明湯顯祖撰

翠娛閣評選張侗初先生小品二卷　明張鼐撰

翠娛閣評選陳明卿先生小品二卷　明陳仁錫撰

翠娛閣評選李本寧先生小品二卷　明李維楨撰

翠娛閣評選袁中郎先生小品二卷　明袁宏道撰

翠娛閣評選袁小修先生小品二卷　明袁中道撰

翠娛閣評選鍾伯敬先生小品二卷　明鍾惺撰

翠娛閣評選文太青先生小品二卷　明文翔鳳撰

翠娛閣評選曹能始先生小品二卷　明曹學佺撰

九行十九字　四周單邊　白口

20.5×14.1 釐米

浙圖　天一閣　浙大

集 0114

翠娛閣評選行笈必攜二十一卷

明錢塘陸雲龍編

明崇禎(1628—1644)崢霄館刻本

存十一卷

翠娛閣評選文奇四卷　明丁允和品定　明錢塘陸雲龍評注

翠娛閣評選文韻四卷　明丁允和品定　明錢塘陸雲龍評注

翠娛閣評選清語部一卷　明錢塘陸雲龍輯

翠娛閣評選格言集一卷　明錢塘陸雲龍輯

翠娛閣評選紀遊一卷　明錢塘陸雲龍輯

九行十九字　四周單邊　白口　眉上鐫評

21×14 釐米

浙圖*　天一閣*

集 0115

明八大家集七十六卷

清張汝瑚編

清康熙(1662—1722)刻本

宋文憲集十一卷　明浦江宋濂撰　溫陵書林刻

劉文成集五卷　明青田劉基撰　溫陵書林刻

方正學集十三卷　明海寧方孝儒撰　溫陵書林刻

王文成集十三卷　明餘姚王守仁撰　郢雪

書林刻
唐荆川集六卷　明唐順之撰　郢雪書林刻
王遵巖集十卷　明王慎中撰　郢雪書林刻
歸震川集十卷　明歸有光撰　郢雪書林刻
茅鹿門集八卷　明歸安茅坤撰　郢雪書林刻
十行二十字　四周單邊　白口
22.1×14.5 釐米
浙圖

集 0116
詩鈔三種三卷
清刻本　清嘉慶四年(1799)金熙泰批並跋
菉厓詩鈔一卷　明石門顧修撰
少峰詩鈔一卷　明石門施嵩撰
曉塘詩鈔一卷　明李伯猷撰
十行十九字　左右雙邊　白口
16.3×12.5 釐米
天一閣

集 0117
詩慰初集二十家二十四卷二集十家十一卷續集四家四卷
清陳允衡編
清順治(1644—1661)澄懷閣刻本
存初集十七卷　二集全　續集全
初集
四溟山人集選一卷詩説一卷　明謝榛撰
澗上集選一卷　明王留撰
射堂集選一卷　明歸安吴夢暘撰
林孝廉集選一卷　明林章撰
雪鴻集選一卷　明謝三秀撰
嶽歸堂集選一卷　明譚元春撰
溉園集選一卷　明萬時華撰
鼇峰集一卷　明徐𤊹撰
松圓浪陶集選一卷　明程嘉燧撰
嶧桐後集選一卷　明劉城撰
自娱齋集選一卷　明錢塘聞啓祥撰
蓮鬚閣集選一卷　明黎遂球撰
涉江集選一卷　明潘之恒撰
昔耶園集選一卷　明余正垣撰
唾餘集選一卷　明梅士勸撰
幾社集選一卷　明周立勳撰
二集
作朋集選二卷　明嚴調御、嚴武順、嚴勑撰
渚宫集選一卷　明王啓茂撰
潭庵集選一卷　明湯開先撰
褐塞軒集選一卷　明舒忠讜撰
樸草選一卷　明于奕正撰
天爵堂集選一卷　明鄞縣薛岡撰
棲約齋集選一卷　明汪應婁撰
時術堂集選一卷　明方其義撰
王學人遺集選一卷　明王玄度撰
棗堂集選一卷　明釋行溥撰
續集
梁一儒詩一卷　明梁一儒撰
馮明期詩一卷　明馮明期撰
沈師昌詩一卷　明沈師昌撰
楊惟休詩一卷　明楊惟休撰
十一行二十三字　四周單邊　白口
17.6×13.4 釐米
杭圖

集 0118
印止集二卷
清海寧吴昂駒編
清崔以學抄本　清海鹽崔以學批校
盧忠肅公家書一卷　明盧象昇撰
彭節愍公家書一卷　明海鹽彭期生撰
浙圖

集 0119
孫范合唱集四卷
清鄞縣范光燮編
清順治十二年(1655)刻本
潛川唱和集一卷　清鄞縣范光燮輯
嚶鳴合唱集一卷　清孫弘喆、鄞縣范光燮撰
偶吟篇一卷　清鄞縣范光燮撰
宦草一卷
八行十九字(宦草九行二十六字)　四周單邊　白口

22.1×21.1 釐米
天一閣

集 0120
八家詩選八卷
清石門吳之振編
清康熙十一年(1672)吳氏鑑古堂刻本
荔裳詩選一卷 清宋琬撰
顧菴詩選一卷 清嘉興曹爾堪撰
愚山詩選一卷 清施閏章撰
繹堂詩選一卷 清沈荃撰
西樵詩選一卷 清王士禄撰
湟榛詩選一卷 清程可則撰
阮亭詩選一卷 清王士禛撰
説巖詩選一卷 清陳廷敬撰
十二行二十二字 左右雙邊 黑口
17.7×14 釐米
浙圖

集 0121
二家詩鈔二十卷
清邵長蘅編
清康熙三十四年(1695)刻本
王氏漁洋詩鈔十二卷 清王士禛撰
宋氏綿津詩鈔八卷 清宋犖撰
十行二十一字 小字雙行三十一字 四周單邊 黑口
17.9×13.5 釐米
浙圖 嘉圖* 嵊州圖*

集 0122
國朝六家詩鈔八卷
清劉執玉輯
清乾隆三十二年(1767)詒燕樓刻本
荔裳詩鈔一卷 清宋琬撰
愚山詩鈔一卷 清施閏章撰
阮亭詩鈔二卷 清王士禛撰
秋谷詩鈔一卷 清趙執信撰
竹垞詩鈔一卷 清秀水朱彝尊撰
初白詩鈔二卷 清海寧查慎行撰
十行二十一字 左右雙邊 白口
18×13.4 釐米
浙圖 溫圖 嘉圖 平湖圖

集 0123
七子詩選十四卷
清沈德潛編
清乾隆(1736—1795)刻本
耕養齋集二卷 清王鳴盛撰
硯山堂集二卷 清吳泰來撰
履二齋集二卷 清王昶撰
聽雨樓集二卷 清黄文蓮撰
娵雅堂集二卷 清趙文哲撰
辛楣吟藁二卷 清錢大昕撰
宛委山房集二卷 清曹仁虎撰
十行十九字 左右雙邊 白口
16×12.2 釐米
嘉圖* 湖博

集 0124
二家詩六卷
清傅澤洪編
清抄本
拜鵑堂詩集四卷 清錢塘潘問奇撰
埋照集二卷 清田登撰
浙圖

集 0125
國朝三家文鈔三十二卷
清宋犖、許汝霖編
清康熙三十三年(1694)宋氏刻本
侯朝宗文鈔八卷 清侯方域撰
魏叔子文鈔十二卷 清魏禧撰
汪鈍翁文鈔十二卷 清汪琬撰
十二行二十三字 左右雙邊 黑口
18.5×14.3 釐米
浙圖 嘉圖* 諸暨圖 天一閣

集 0126
四大家文選二十二卷
清康熙(1662—1722)刻本
存六卷

侯朝宗文選六卷　清侯方域撰　清陳維崧輯
九行十八字　左右雙邊　白口
18×14 釐米
浙大

集 0127
國朝二十四家文鈔二十四卷
清徐斐然編
清乾隆六十年(1795)刻本
軫石文鈔一卷　清王猷定撰
亭林文鈔一卷　清顧炎武撰
雪苑文鈔一卷　清侯方域撰
愚山文鈔一卷　清施閏章撰
勺庭文鈔一卷　清魏禧撰
改亭文鈔一卷　清計東撰
堯峰文鈔一卷　清汪琬撰
潛庵文鈔一卷　清湯斌撰
湛園文鈔一卷　清慈溪姜宸英撰
竹垞文鈔一卷　清秀水朱彝尊撰
三魚文鈔一卷　清平湖陸隴其撰
在陸文鈔一卷　清儲欣撰
青門文鈔一卷　清邵長蘅撰
鶴舫文鈔一卷　清遂安毛際可撰
秋錦文鈔一卷　清秀水李良年撰
午亭文鈔一卷　清陳廷敬撰
丹崖文鈔一卷　清潘耒撰
稼堂文鈔一卷　清鄞縣徐文駒撰
少渠文鈔一卷　清錢塘馮景撰
望溪文鈔一卷　清方苞撰
穆堂文鈔一卷　清李紱撰
鈍叟文鈔一卷　清歸安茅星來撰
椒園文鈔一卷　清仁和沈廷芳撰
隨園文鈔一卷　清錢塘袁枚撰
十行二十一字　左右雙邊　白口
19×13.5 釐米
浙圖

通代

集 0128
昭明文選六十卷
梁蕭統輯
清抄本　佚名錄清俞瑒評　清嘉慶十九年(1814)郭祚熾跋
浙圖

集 0129
文選十二卷
梁蕭統輯
音注十二卷
明萬曆二十三年(1595)吳近仁刻本　清孫淇錄清何焯、錢陸燦評語並跋　清王式金跋
十行二十字　左右雙邊　白口
21.1×14.8 釐米
浙圖

集 0130
文選十二卷
梁蕭統輯
音注十二卷
明萬曆二十三年(1595)吳近仁刻本　佚名批校並評點
浙圖

集 0131
文選六十卷
梁蕭統輯　唐李善注
明成化二十三年(1487)唐藩朱芝址刻本　清莫友芝跋　清光緒五年(1879)莫繩孫跋
十行二十二字　四周雙邊　黑口
22.8×15.3 釐米
浙圖

集 0132
文選六十卷
梁蕭統輯　唐李善注
明嘉靖元年(1522)汪諒刻本
十行二十一字　左右雙邊　白口
20.5×13.8 釐米
浙圖

集 0133

文選六十卷

梁蕭統輯　唐李善注

明嘉靖四年(1525)晉藩養德書院刻本

十行二十二字　四周雙邊　黑口

22.8×15.1 釐米

浙圖　天一閣

集 0134

文選六十卷

梁蕭統輯　唐李善注

明末毛氏汲古閣刻本

十二行二十五字　小字雙行三十七字　左右雙邊　白口

21.7×15.3 釐米

浙圖　海寧圖

集 0135

文選六十卷

梁蕭統輯　唐李善注

明末毛氏汲古閣刻本　清何焯批校並跋

杭圖

集 0136

文選六十卷

梁蕭統輯　唐李善注

明末毛氏汲古閣刻清康熙二十五年(1686)錢士謐重修本　佚名錄清何焯、俞瑒批校並跋　清姚元之跋

浙圖

集 0137

文選六十卷

梁蕭統輯　唐李善注

明末毛氏汲古閣刻清康熙二十五年(1686)錢士謐重修本　清趙宗堡錄清何焯批校

上虞圖

集 0138

文選六十卷

梁蕭統輯　唐李善注

明末毛氏汲古閣刻清遞修本

寧圖

集 0139

文選六十卷

梁蕭統輯　唐李善注

清乾隆二十三年(1758)周氏懷德堂刻本　佚名錄清何焯批校

十二行二十五字　左右雙邊　白口

21.8×15.3 釐米

上虞圖

集 0140

文選六十卷

梁蕭統輯　唐李善注

清乾隆二十五年(1760)嵩山書屋刻本　清霞川居士錄何焯批校

十二行二十五字　小字雙行三十七字　四周單邊　白口

20.2×14.9 釐米

天一閣

集 0141

文選六十卷

梁蕭統輯　唐李善注

清乾隆二十五年(1760)刻本　清金守正錄清潘來評　清仁和孫志祖考異並跋

十二行二十五字　小字雙行三十五字　左右雙邊　白口

21.3×15.2 釐米

浙圖

集 0142

文選六十卷

梁蕭統輯　唐李善注

清乾隆二十六年(1761)文盛堂刻本

十二行二十五字　小字雙行三十七字　左右雙

邊　白口

21.5×15.2 釐米

衢博

集 0143

文選六十卷

梁蕭統輯　唐李善注

清乾隆二十七年(1762)楊氏儒纓堂刻本　佚名録清何焯、俞瑒批並跋

十二行二十五字　左右雙邊　白口

21.6×15.1 釐米

浙大

集 0144

文選六十卷

梁蕭統輯　唐李善注

清乾隆三十三年(1768)周氏光霽堂刻本　佚名録清何焯等批校

十二行二十五字　小字雙行三十五字　左右雙邊　白口

21.3×15.3 釐米

浙圖

集 0145

文選六十卷

梁蕭統輯　唐李善注

清刻本　清董增儒録清何焯批校

十二行二十五字　小字雙行三十七字　左右雙邊　白口

21.3×15.6 釐米

浙圖

集 0146

文選六十卷

梁蕭統輯　唐李善注

清刻本　劉建伯校　劉錦仁跋

十行二十五字　小字雙行三十五字　左右雙邊　白口

21.6×15.3 釐米

浙圖

集 0147

文選六十卷

梁蕭統輯　唐李善注

清刻本　秋吟録明餘姚孫鑛、清何焯等諸家評語

十二行二十五字　小字雙行三十五字　左右雙邊　白口

21.8×15.3 釐米

浙圖

集 0148

文選六十卷

梁蕭統輯　唐李善注

清同治八年(1869)金陵書局刻本　蕭山單丕校

十二行二十五字　小字雙行三十五字　左右雙邊　白口

22×15.2 釐米

浙圖

集 0149

文選六十卷

梁蕭統輯　唐李善注

清同治八年(1869)崇文書局刻本　清吳興蔣汝萍跋並録清何焯、錢陸燦評

十行二十字　四周雙邊　白口

21.1×14.2 釐米

溫圖

集 0150

文選六十卷

梁蕭統輯　唐李善注　清何焯評

清乾隆三十七年(1772)葉氏海録軒刻朱墨套印本

十二行二十五字　小字雙行三十五字　左右雙邊　白口

19.9×15.1 釐米

浙圖　寧圖　上虞圖　黄巖圖

集 0151

文選六十卷

梁蕭統輯　唐李善注　清何焯評

清乾隆三十七年(1772)葉氏海錄軒刻本

寧圖　溫圖

集 0152

文選六十卷

梁蕭統輯　唐李善注　清何焯評

清乾隆三十七年(1772)葉氏海錄軒刻本　清陳堯佐校跋並錄前賢校跋

浙圖

集 0153

六家文選六十卷

梁蕭統輯　唐李善、呂延濟、劉良、張銑、呂向、李周翰注

明嘉靖十三年至二十八年(1534—1549)袁褧嘉趣堂刻本

十一行十八字　小字雙行二十六字　左右雙邊　白口

24×18.8 釐米

浙圖*　天一閣　浙大　餘中

集 0154

六家文選六十卷

梁蕭統輯　唐李善、呂延濟、劉良、張銑、李周翰、呂向注

明丁覲刻本

十行十八字　小字雙行二十六字　四周單邊　白口

23.4×16.9 釐米

浙圖

集 0155

六臣註文選六十卷

梁蕭統輯　唐李善、呂延濟、劉良、張銑、李周翰、呂向注

明萬曆二年(1574)崔孔昕刻六年(1578)徐成位重修本

九行十八字　四周雙邊　白口

20.4×15.2 釐米

浙圖　杭圖　天一閣　寧海文

集 0156

六臣註文選六十卷

梁蕭統輯　唐李善、呂延濟、劉良、張銑、李周翰、呂向注

明潘惟時、潘惟德刻本

九行十八字　左右雙邊　白口

20.6×15.2 釐米

浙圖

集 0157

六臣註文選六十卷

梁蕭統輯　唐李善、呂延濟、劉良、張銑、李周翰、呂向注

明吳勉學刻本

十行十八字　四周單邊　白口

20.2×15.3 釐米

浙圖　杭圖

集 0158

六臣註文選六十卷

梁蕭統輯　唐李善、呂延濟、劉良、張銑、呂向、李周翰注

明刻本

十行十八字　小字雙行二十三字　四周單邊　白口

21×13.4 釐米

浙圖　嘉圖*

集 0159

六臣註文選六十卷

梁蕭統輯　唐李善、呂延濟、劉良、張銑、呂向、李周翰注

清康熙二十四年(1685)梅墅石渠閣刻本

九行十八字　左右雙邊　白口

20.4×15.5 釐米

浙圖

集 0160

文選六十卷

梁蕭統輯　唐李善、呂延濟、劉良、張銑、呂向、李周翰注

清乾隆二十四年(1759)懷德堂刻本

十二行二十五字　小字雙行三十七字　左右雙邊　白口

21.7×15.5 釐米

浙圖

集 0161

新刊文選考註十五卷後集十四卷

梁蕭統輯　唐李善、呂延濟、劉良、張銑、呂向、李周翰注

清康熙二十七年(1688)張緝宗贈言堂刻本

九行十八字　四周單邊　白口

18.8×14.2 釐米

浙大　玉海樓＊

集 0162

昭明文選六臣彙註疏解十九卷

清顧施禎輯

清康熙二十六年(1687)心耕堂刻本

八行二十二字　左右雙邊　白口

21.3×15.2 釐米

浙圖

集 0163

選詩補註八卷

元劉履撰

補遺二卷續編四卷

元劉履輯

明嘉靖三十一年(1552)顧存仁養吾堂刻本

十行十九字　左右雙邊　白口

19.1×13.8 釐米

浙圖＊　天一閣　浙大

集 0164

選詩補註八卷

元劉履撰

補遺二卷續編四卷

元劉履輯

明刻本

十行十九字　左右雙邊　白口

19.3×13.8 釐米

浙圖

集 0165

文選纂註十二卷

梁蕭統輯　明張鳳翼纂注

明萬曆(1573—1620)刻本

十一行二十三字　左右雙邊　白口

21.3×12.7 釐米

海寧圖＊　天一閣＊

集 0166

文選纂註十二卷

梁蕭統輯　明張鳳翼纂注

明萬曆(1573—1620)刻本

十一行二十二字　四周單邊　白口

18.8×12.9 釐米

温圖　浙大

集 0167

文選纂註十二卷

梁蕭統輯　明張鳳翼纂注

明萬曆(1573—1620)刻本　清秀水沈叔埏錄清秀水朱彝尊、錢塘吳農祥、何焯批校並跋

浙博

集 0168

文選纂註十二卷

梁蕭統輯　明張鳳翼纂注

明萬曆(1573—1620)刻本　符璋批點

缺二卷　四至五

温圖

集 0169

文選纂註評林十二卷

梁蕭統輯　明張鳳翼纂注

明萬曆(1573—1620)刻本

十一行二十二字　左右雙邊　白口

18.9×13 釐米

嘉圖　天台博

集 0170

文選纂註評林十二卷

梁蕭統輯　明張鳳翼纂注

明葉敬溪刻本

十一行二十字　左右雙邊　白口

23.4×15.5 釐米

溫圖

集 0171

文選纂註評林十二卷

梁蕭統輯　明張鳳翼纂注

明末刻本

十一行二十二字　四周單邊　白口

23.3×15.4 釐米

天一閣

集 0172

梁昭明文選十二卷

梁蕭統輯　明張鳳翼纂注

明刻本

九行二十字　四周單邊　白口

20.6×14.2 釐米

浙圖

集 0173

梁昭明文選十二卷

梁蕭統輯　明張鳳翼纂注

明萬曆(1573—1620)刻本

兩欄　下欄十一行二十二字　四周雙邊　白口

20.6×14.2 釐米

浙圖　紹圖

集 0174

梁昭明文選二十四卷

梁蕭統輯　明張鳳翼纂注

明天啓六年(1626)盧之頤刻本

九行二十字　四周單邊　白口

24.5×15.6 釐米

天一閣

集 0175

文選纂註評苑二十六卷

梁蕭統輯　明張鳳翼纂注　明陸弘祚輯訂

明萬曆(1573—1620)克勤齋余碧泉刻本

九行十八字　四周單邊　白口

22.3×13.9 釐米

溫圖

集 0176

新刊續補文選纂註十二卷

明陳仁輯　明張鳳翼增訂

明萬曆二十二年(1594)刻本

十一行二十二字　左右雙邊　白口

22.5×15.2 釐米

天一閣

集 0177

文選瀹註三十卷

梁蕭統輯　明餘姚孫鑛評　明烏程閔齊華瀹註

明閔氏刻清康熙二十年(1681)柯維楨重修本　佚名批校

九行十九字　四周單邊　白口

21×15.3 釐米

浙圖

集 0178

文選瀹註三十卷

梁蕭統輯　明餘姚孫鑛評　明烏程閔齊華瀹註

明崇禎七年(1634)刻本
卷端書名"孫月峰先生評文選"
九行十九字　四周單邊　白口
21.4×15.2 釐米
浙圖

集 0179
新刊文選批評前集十四卷音釋一卷後集十一卷
梁蕭統輯　明郭正域批評
明刻本
存十卷　前集一至三　六至十一　音釋一卷
九行十八字　四周雙邊　白口
18.5×13.8 釐米
紹圖

集 0180
文選章句二十八卷
梁蕭統輯　明海寧陳與郊章句
明萬曆二十五年(1597)刻本
十行二十字　左右雙邊　白口
20.7×13.8 釐米
浙圖　天一閣

集 0181
文選刪註十二卷
梁蕭統輯　明王象乾刪注
明萬曆(1573—1620)刻本
兩欄　下欄九行十八字　四周雙邊　白口
24.5×15.6 釐米
紹圖　天一閣

集 0182
選詩七卷目錄七卷
梁蕭統輯　明郭正域批點　明吴興凌濛初輯評
詩人世次爵里一卷
明凌濛初刻朱墨套印本
八行十八字　四周單邊　白口
20.6×14.8 釐米
浙圖　天一閣

集 0183
選賦六卷
梁蕭統輯　明郭正域評點
名人世次爵里一卷
明凌氏鳳笙閣朱墨套印本
八行十八字　四周單邊　白口
20.3×14.7 釐米
浙圖　天一閣

集 0184
昭明選詩初學讀本四卷
清孫人龍輯並評
清乾隆四年(1739)刻本
九行二十一字　左右雙邊　白口
17.5×11.6 釐米
浙圖

集 0185
昭明選騷初學讀本不分卷
清孫人龍輯並評
清乾隆十二年(1747)一經代授山房刻本
九行二十一字　四周單邊　白口
17.2×11.8 釐米
浙圖

集 0186
昭明文選集成六十卷
梁蕭統輯　清方廷珪評點
清乾隆三十二年(1767)方氏倣範軒刻本
九行二十二字　四周單邊　白口
21×13 釐米
中醫大

集 0187
選詩三卷
梁蕭統輯　明許宗魯重輯
明嘉靖六年(1527)劉士元、王鎣刻本

十行十八字　左右雙邊　白口
18.2×13.5 釐米
天一閣

集 0188
文選尤十四卷
梁蕭統輯　明鄒思明删訂
明天啓二年(1622)刻三色套印本
八行十八字　四周單邊　白口
20.1×14.8 釐米
浙圖　天一閣

集 0189
文選詩鈔四卷
清仁和吳學濂、沈麒禎輯
清康熙五十八年(1719)自刻本　佚名批點
十行二十字　左右雙邊　黑口
17.8×12.5 釐米
浙圖

集 0190
文選集評十五卷
清于光華輯
清乾隆三十七年(1772)刻本
九行二十四字　小字雙行同或三十六字　左右雙邊　白口
17.5×13.4 釐米
浙圖

集 0191
重訂文選集評十五卷
清于光華輯
首一卷末一卷
清乾隆四十三年(1778)啓秀堂刻本
十行二十四字　小字雙行二十四字或三十六字　左右雙邊　白口
17.6×14.7 釐米
浙圖　寧圖　海寧圖

集 0192
文選音義八卷
清余蕭客輯
清乾隆(1736—1795)刻本
存四卷　一至四
八行十九字　四周雙邊　細黑口
17×12.2 釐米
嘉圖

集 0193
文選音義八卷
清余蕭客輯
清乾隆(1736—1795)靜勝堂刻本
八行十九字　四周雙邊　綫黑口
17×12 釐米
海寧圖　玉海樓

集 0194
文選音義八卷
清余蕭客撰
清乾隆(1736—1795)靜勝堂刻本　佚名録清何焯批
浙圖

集 0195
文苑英華一千卷
宋李昉等輯
明隆慶元年(1567)胡維新、戚繼光刻本
十一行二十二字　四周單邊　白口
21.1×15.7 釐米
浙圖　溫圖*　天一閣*　浙大

集 0196
文苑英華一千卷
宋李昉等輯
明隆慶元年(1567)胡維新、戚繼光刻隆慶六年(1572)萬曆六年(1578)三十六年(1608)遞修本

浙圖

集 0197
文苑英華一千卷
宋李昉等輯
明抄本
存十卷　三十一至四十
浙圖

集 0198
文苑英華一千卷
宋李昉等輯
明抄本
存五卷　七百八十一至七百八十五
浙圖

集 0199
文苑英華選雋二十八卷
宋李昉等輯　明傅振商輯
明崇禎六年(1633)刻本
九行十八字　四周單邊　白口
21×14 釐米
寧圖

集 0200
文苑英華選六十卷
宋李昉等輯　清宫夢仁重輯
清康熙(1662—1722)思敬堂刻本
九行二十四字　左右雙邊　白口
18.1×11.3 釐米
浙圖　温圖*

集 0201
文苑英華律賦選四卷
宋李昉等輯　清錢陸燦重輯
清康熙二十五年(1686)吹藜閣銅活字印本
十行十八字　四周單邊　黑口
20.6×14.5 釐米
浙大

集 0202
古文苑二十一卷
宋章樵注
明成化十八年(1482)張世用刻本
十行十八字　四周單邊　白口
20.2×15 釐米
天一閣　浙大

集 0203
古文苑二十一卷
宋章樵注
明刻本
缺五卷　一至五
十行十八字　四周雙邊　黑口
20.5×13.8 釐米
天一閣

集 0204
文選補遺四十卷
元陳仁子輯
明刻本
十行十八字　左右雙邊　白口
21.1×14.3 釐米
浙圖　天一閣

集 0205
文選補遺四十卷
元陳仁子輯
清乾隆二年(1737)陳文煜等刻本
十行十八字　四周單邊　白口
21×14.6 釐米
上虞圖

集 0206
文選補遺四十卷首一卷
元陳仁子輯
清乾隆二年(1737)刻本
十行十八字　小字雙行二十三字　左右雙邊　白口

20.8×14.4 釐米
浙圖＊　嘉圖

集 0207
文選增定二十三卷
明大梁書院刻本
十一行二十二字　左右雙邊　白口
19.5×15 釐米
浙圖　天一閣

集 0208
廣文選八十二卷目錄二卷
明劉節輯
明嘉靖十二年(1533)侯秩刻本
缺三卷　八十　目錄二卷
十二行二十一字　左右雙邊　白口
20.9×15.9 釐米
浙圖＊　臨海博＊

集 0209
廣文選六十卷
明劉節輯
明嘉靖十六年(1537)陳蕙刻本
缺四卷　二十四至二十七
十一行二十一字　四周單邊　白口
21×14.9 釐米
浙圖＊　天一閣＊

集 0210
衡門集十五卷
明海鹽鄭履淳輯　明海鹽鄭心材續輯
明隆慶三年至萬曆十三年(1569—1585)刻本
缺二卷　一　十
十行二十字　四周單邊　白口
19.7×13.5 釐米
浙圖

集 0211
續文選十四卷
明海鹽胡震亨輯　明孫耀祖箋評
明崇禎(1628—1644)刻本
八行十八字　左右雙邊　白口
19.1×14.3 釐米
浙圖

集 0212
續文選三十二卷
明海鹽湯紹祖輯
明萬曆三十年(1602)希貴堂刻本
十行二十字　左右雙邊　白口
21.3×14.6 釐米
浙圖

集 0213
舟枕山欣賞古文辭六卷
明虎林鄭之惠輯
明童子儁、朱大章等刻本　佚名批校
存唐詩一卷
九行十八字　四周單邊　白口
21.8×14.8 釐米
浙圖

集 0214
精刻古今女史十二卷詩集八卷姓氏字里詳節一卷
明武林趙世傑輯
明崇禎(1628—1644)問奇閣刻本
九行二十字　四周單邊　白口
20.1×14.3 釐米
浙圖　天一閣

集 0215
歷代名媛遺編詩集二十六卷文集四卷詞集二卷
清翁天淇輯
稿本
寧圖

集 0216
律賦衡裁六卷
清錢塘周嘉猷、周鈖輯　清湯聘評隲

清乾隆五十三年(1788)黄金書屋刻本
十行二十一字　左右雙邊　白口
19×13.7 釐米
浙圖

集 0217
玉臺新詠十卷
陳徐陵輯
明崇禎六年(1633)趙均刻本
十五行三十字　左右雙邊　細黑口
20.8×14.2 釐米
浙大

集 0218
玉臺新詠十卷
陳徐陵輯
續五卷
明鄭玄撫輯
明嘉靖十九年(1540)鄭玄撫刻本
十行十八字　左右雙邊　白口
16.7×13.7 釐米
浙圖

集 0219
玉臺新詠十卷
陳徐陵輯
續五卷
明鄭玄撫輯
明嘉靖二十二年(1543)楊士開刻本
十行十八字　左右雙邊　白口
16.7×13 釐米
天一閣

集 0220
玉臺新詠十卷
陳徐陵輯
續四卷
明鄭玄撫輯　明袁宏道評
明天啓二年(1622)沈逢春刻本
九行十九字　四周單邊　白口
20.7×14.7 釐米
浙圖

集 0221
玉臺新詠十卷
陳徐陵輯
明末毛氏汲古閣刻本
八行十九字　左右雙邊　白口　書口下鐫"汲古閣"
19.2×13.7 釐米
浙圖

集 0222
玉臺新詠十卷
陳徐陵輯　明陳垣芳訂正
明刻本
十二行十九字　左右雙邊　綫黑口
19.2×14 釐米
浙圖

集 0223
玉臺新詠十卷
陳徐陵輯
清康熙四十六年(1707)孟璟刻本
八行十六字　左右雙邊　綫黑口
10.4×7.6 釐米
浙圖

集 0224
玉臺新詠十卷
陳徐陵輯
清康熙五十三年(1714)馮鰲硯豐齋刻本
九行十九字　四周雙邊　白口
17.1×14.2 釐米
浙大

集 0225
玉臺新詠十卷
陳徐陵輯
清康熙五十三年(1714)馮鰲硯豐齋刻乾

隆二十六年(1761)華綺重修本
浙大　溫圖*

集 0226
玉臺新詠十卷
陳徐陵輯　清吳兆宜注　清程際盛刪補
清乾隆三十九年(1774)刻本
十行二十一字　四周雙邊　白口
17.7×13.4 釐米
浙圖　溫圖　嘉圖　上虞圖

集 0227
樂府詩集一百卷目錄二卷
宋郭茂倩輯
元至正元年(1341)集慶路儒學刻本
存三卷　三十二至三十四
十一行二十字　左右雙邊　綫黑口
22.7×16 釐米
紹圖

集 0228
樂府詩集一百卷目錄二卷
宋郭茂倩輯
元至正元年(1341)集慶路儒學刻明重修本
浙圖　浙博　杭博　天一閣*　浙大*

集 0229
樂府詩集一百卷目錄二卷
宋郭茂倩輯
明末毛氏汲古閣刻本
十一行二十一字　左右雙邊　白口
18.6×14.4 釐米
浙圖　溫圖　嘉圖*

集 0230
樂府詩集一百卷目錄二卷
宋郭茂倩輯
明末毛氏汲古閣刻清康熙(1662—1722)重修本
浙大

集 0231
古樂府十卷
元左克明輯
明刻本　明鄞縣范欽批校
十二行二十一字　四周雙邊　白口
19×14.5 釐米
天一閣

集 0232
古樂府十卷
元左克明輯
明嘉靖二十三年(1544)蕭一中刻本
九行十八字　左右雙邊　白口
19.8×15 釐米
浙圖　天一閣　杭圖

集 0233
古樂府十卷
元左克明輯
明嘉靖二十九年(1550)楊巍刻本
九行十八字　左右雙邊　白口
19.7×14.5 釐米
浙圖

集 0234
古樂府十卷
元左克明輯
明刻本〔卷一至二配抄本〕
十二行二十一字　四周雙邊　白口
19.2×14.6 釐米
浙圖

集 0235
古樂府辭不分卷
清抄本
浙圖

集 0236

古詩類苑一百三十卷

明張之象輯　明俞顯卿補訂

明萬曆三十年(1602)俞顯謨等刻本

十行二十一字　左右雙邊　白口

21.1×14.3 釐米

浙圖＊　杭圖　天一閣＊

集 0237

古樂苑五十二卷前卷一卷衍錄四卷目錄二卷

明梅鼎祚輯

明萬曆十九年(1591)呂胤昌刻本

十行二十一字　左右雙邊　白口

21.3×15 釐米

浙圖

集 0238

古樂苑不分卷

明韓錫輯

明天啓五年(1625)稿本　姜亮夫跋

八行二十字　四周單邊　白口

20.5×13.2 釐米

浙大

集 0239

古詩鈔一卷

清鄞縣范光文輯

清抄本

天一閣

集 0240

樂府妙聲選十六卷

清張梁輯

清乾隆十六年(1751)陸文蔚抄本　慈溪馮孟顓跋

浙圖

集 0241

樂府廣序三十卷

清海寧朱嘉徵輯

清康熙(1662—1722)清遠堂刻本

十一行二十一字　左右雙邊　白口

18.7×14.5 釐米

浙圖

集 0242

采菽堂古詩選三十八卷補遺四卷

清仁和陳祚明輯並評

清康熙(1662—1722)刻乾隆十三年(1748)重修本

十行二十字　左右雙邊　白口

18.2×13.8 釐米

浙圖　浙大

集 0243

阮亭選古詩三十二卷

清王士禛輯

清康熙(1662—1722)天藜閣刻本

十行二十一字　左右雙邊　黑口

19.1×14 釐米

浙圖　浙大　餘中

集 0244

阮亭選古詩三十二卷

清王士禛輯

清康熙(1662—1722)天藜閣刻本　清王綱錄清吳興董熜、朱瑛評點並跋

海寧圖

集 0245

古詩箋三十二卷

清王士禛輯　清聞人倓箋

清乾隆三十一年(1766)芷蘭堂刻本

十行二十一字　左右雙邊　白口　版心下鐫“芷蘭堂”

17.1×13.6 釐米

浙圖　寧圖

集 0246

古詩箋三十二卷

清王士禛輯　清聞人倓箋

清乾隆三十一年(1766)芷蘭堂刻本　清瑞安孫衣言跋並錄清翁方綱、姚鼐批語

存三十卷　五言詩一至十七　七言詩一至七　十至十五

浙大

集 0247

古詩箋三十二卷

清王士禛輯　清聞人倓箋

清乾隆三十一年(1766)芷蘭堂刻本　佚名批注

溫圖

集 0248

古詩源十四卷

清沈德潛輯

清康熙五十八年(1719)竹嘯軒刻本

十行十九字　左右雙邊　黑口

17.4×13.8 釐米

溫圖　嘉圖　紹圖

集 0249

古詩源十四卷

清沈德潛輯

清康熙(1662—1722)刻本

十行十九字　左右雙邊　黑口

16.5×13.7 釐米

天一閣

集 0250

古詩源十四卷

清沈德潛輯

清藜照山館刻本

十行十九字　左右雙邊　黑口

17.1×12.1 釐米

寧圖　嘉圖

集 0251

樂府正義十五卷首一卷

清朱乾輯

清乾隆五十四年(1789)櫃香堂刻本

十一行二十二字　左右雙邊　白口

18.2×14.5 釐米

浙圖

集 0252

古詩選讀一卷

清慈谿張翊儁輯

稿本

十行字數不一　無格

天一閣

集 0253

古詩選三十二卷

清秋華堂抄本

十行二十二字　四周雙邊　白口

20.4×13.4 釐米

杭圖

集 0254

漢魏詩集十四卷

明劉成德輯

明正德十二年(1517)何景暘刻本

十一行二十字　左右雙邊　白口

18.1×13.6 釐米

天一閣

集 0255

漢魏詩集十四卷

明劉成德輯

明萬曆(1573—1620)陳堂刻本

十一行二十字　四周單邊　白口

18.5×13.9 釐米

浙圖

集 0256

漢魏詩紀二十卷

明馮惟訥輯

談藝錄一卷

明徐禎卿撰

明嘉靖三十八年(1559)自刻本

九行二十二字

18.8×14.2 釐米

黄巖圖

集 0257

漢魏詩紀二十卷

明馮惟訥輯

明嘉靖(1522—1566)王應璧刻本

存十卷　一至十

九行二十二字　四周單邊　白口

19×14.2 釐米

天一閣

集 0258

漢魏詩乘二十卷吳詩一卷總錄一卷

明梅鼎祚輯

明萬曆十一年(1583)劉文顯、徐家慶刻本

十行二十字　左右雙邊　白口

19.7×13.8 釐米

浙圖

集 0259

漢魏詩乘二十卷吳詩一卷總錄一卷

明梅鼎祚輯

明萬曆十一年(1583)劉文顯、徐家慶刻三十四年(1606)重修本

紹圖

集 0260

漢魏六朝詩選八卷

清季貞輯

清康熙十五年(1676)餘閒堂刻本

九行二十一字　四周雙邊　白口

20.3×13.9 釐米

浙圖　紹圖

集 0261

古今歲時雜詠四十卷

宋蒲積中輯

清抄本

十一行二十字　左右雙邊　細黑口

17.8×13.1 釐米

天一閣

集 0262

回文類聚四卷續編十卷

宋桑世昌輯　明張之象補　明朱象賢續

清康熙(1662—1722)刻本

十行十九字　左右雙邊　細黑口

15.6×11.8 釐米

天一閣

集 0263

詩準四卷詩翼四卷

宋何無適、倪希程輯

明刻本

存四卷　詩準三至四　詩翼一至二

十行十八字　左右雙邊　白口

17×12.6 釐米

天一閣

集 0264

瀛奎律髓四十九卷

元方回輯

明成化三年(1467)紫陽書院刻本

缺六卷　十七至二十二

十行二十一字　四周雙邊　黑口

20.5×13 釐米

天一閣

集 0265

紫陽方先生瀛奎律髓四十九卷

元方回輯

清康熙四十九年(1710)陳士泰刻本　佚名批

缺二卷　三十六　四十五

八行十八字　四周單邊　黑口
13.7×9.9 釐米
浙圖

集 0266
瀛奎律髓四十九卷
元方回輯
清康熙五十一年(1712)吳寶芝刻本
十行十九字　小字雙行二十八字　左右雙邊　白口
16.9×13.1 釐米
浙圖　浙大

集 0267
瀛奎律髓四十九卷
元方回輯
清康熙五十一年(1712)吳寶芝刻本　清海寧查慎行評點
黄巖圖

集 0268
瀛奎律髓四十九卷
元方回輯
清康熙五十一年(1712)吳寶芝刻本　佚名録清紀昀批
杭圖

集 0269
瀛奎律髓四十九卷
元方回輯
清康熙五十一年(1712)吳寶芝刻本　佚名批校
十行十九字　左右雙邊　白口
浙圖

集 0270
瀛奎律髓二卷
元方回輯　清海寧查慎行評點
清抄本
九行二十五字　無格
海寧圖

集 0271
風雅逸篇十卷
明楊慎評
明刻本
九行十八字　四周單邊　白口
20.5×14.1 釐米
天一閣

集 0272
四家宫詞二卷
明楊慎評
明刻本
九行十八字　四周單邊　白口　眉上鐫評
19.7×14.8 釐米
浙圖　浙大

集 0273
絶句博選五卷
明王朝雍輯
明嘉靖十五年(1536)刻本
存二卷　四至五
九行十八字　四周雙邊　白口
20×13.8 釐米
天一閣

集 0274
新刊古今名賢品彙註釋玉堂詩選八卷
明舒芬輯　明舒琛增補　明楊淙注
明萬曆七年(1579)唐氏富春堂刻本
十行二十字　四周雙邊　白口
18.5×13.3 釐米
天一閣

集 0275
詩學正宗十六卷
明浦南金輯
明嘉靖三十六年(1557)五樂堂刻本
九行十八字　左右雙邊　白口

19×13.3 釐米

浙圖

集 0276

苑詩類選三十卷

明包節輯

明嘉靖二十五年(1546)何城刻本

缺七卷　五　九至十一　二十八至三十

十行二十一字　四周單邊　白口

19×13.7 釐米

天一閣

集 0277

詩紀一百五十六卷目錄三十六卷

明馮惟訥編

明嘉靖三十七年(1558)李宋刻本

存四十七卷　四至九　十六至二十　六十四至七十二　七十八至九十七　一百十三至一百十九

九行二十一字　四周單邊　白口

18.8×13.8 釐米

天一閣

集 0278

詩紀一百三十卷前集十卷附錄一卷外集四卷別集十二卷

明馮惟訥輯

明嘉靖三十九年(1560)甄敬刻本

存一百九卷　前集全　外集全　別集全　漢一至十　魏一至九　吴一　宋一至十一　梁一至三十四　北魏一至二　北齊一至二　北周一至八　隋一至六

九行二十一字　四周單邊　白口

18.9×14.1 釐米

浙圖＊　杭圖＊

集 0279

詩紀一百三十卷前集十卷附錄一卷外集四卷別集十二卷

明馮惟訥輯

明萬曆四十一年(1613)黄承玄、馮珣刻本

存十九卷　漢一至十　魏一至九

九行十九字　左右雙邊　白口

21.4×14.4 釐米

浙圖

集 0280

詩紀一百五十六卷目錄三十六卷

明馮惟訥輯

明萬曆(1573—1620)吴琯等刻本

九行十九字　四周雙邊　白口

20.3×13.5 釐米

浙圖　溫圖　天一閣　浙大　餘中

集 0281

詩體明辯二十六卷論詩一卷

明徐師曾輯　明沈芬、沈騏箋注

清順治(1644—1661)十經樓刻本

九行二十五字　四周單邊　白口

19.8×12.2 釐米

浙圖

集 0282

八代詩乘五十卷

明梅鼎祚輯

明萬曆十一年(1583)劉文顯、徐象慶等刻三十四年(1606)寧國郡續刻本

漢魏詩乘十卷後十卷總錄一卷吴詩一卷末一卷

六朝詩乘二十七卷

總錄一卷

晉詩乘六卷

宋詩乘四卷

齊詩乘二卷

梁詩乘六卷

陳詩乘二卷

北朝詩集二卷

隋詩乘三卷

末一卷

十行二十字　左右雙邊　白口

19.8×13.9 釐米
浙圖　天一閣　浙大＊

集 0283
姑蘇新刻彤管遺編前集四卷後集十卷續集三卷附集一卷别集二卷
明會稽酈琥輯
明隆慶元年(1567)自刻本
十行十八字　四周雙邊　白口
17.5×12.8 釐米
天一閣＊　浙大＊

集 0284
詩宿二十八卷詩人考世二卷
明劉一相輯
明萬曆三十六年(1608)刻本
九行十九字　四周雙邊　白口
22.1×15.3 釐米
浙大　紹圖＊

集 0285
詩家全體十四卷
明李之用輯
明萬曆二十六年(1598)邵武府學刻本
九行二十字　四周雙邊　白口
24×15 釐米
浙圖

集 0286
詩家全體十四卷
明李之用輯
明萬曆二十六年(1598)邵武府學刻清康熙三十三年(1694)趙萃中重修本
浙圖

集 0287
詩所五十六卷歷代名氏爵里一卷
明長興臧懋循輯
明萬曆三十一年(1603)雕蟲館刻本
十行二十一字　四周單邊　白口
20.5×13.8 釐米
浙圖　天一閣

集 0288
詩所五十六卷歷代名氏爵里一卷
明長興臧懋循輯
明萬曆三十一年(1603)雕蟲館刻本　佚名批校
浙圖

集 0289
百梅一韻四卷
明汪元英輯
百花一韻一卷
明汪元英撰
明汪應鼎刻本
九行十九字　四周單邊　白口
21.5×14 釐米
浙圖

集 0290
名媛璣囊二卷
題明池上客輯
明萬曆(1573—1620)刻本
九行二十字　四周單邊　白口
19×12 釐米
浙圖　紹圖＊　海鹽博

集 0291
石倉十二代詩選□□卷
明曹學佺輯
明崇禎(1628—1644)刻本
存三百七十五卷
古詩十三卷
唐詩一百卷拾遺十卷　存九十四卷　一至六十二　七十一至一百　拾遺九至十
宋詩一百七卷　存七十四卷　五至九　三十九至一百七
元詩五十卷　存四十三卷　一至二十　二十六至四十六　四十九至五十

明詩初集八十六卷　存七十七卷　一至七十五　七十九至八十
明詩次集一百四十卷　存五十四卷　三十七至四十　四十五至四十九　五十九至六十　八十五至一百二十七
明詩三集一百卷　存三卷　八十七至八十九
明詩四集一百三十二卷　存四卷　五十六至五十九
明詩五集五十二卷　存四卷　四十六至四十九
明詩六集一百卷　存八卷　三十八至三十九　四十五至五十
楚集二十卷　存一卷　一
九行十八字　左右雙邊　白口
19×13.8 釐米
紹圖＊　天一閣＊　玉海樓＊

集 0292
石倉十二代詩選□□卷
明曹學佺輯
抄本
存檇李明人詩三十卷
浙圖

集 0293
古今女詩選六卷
明郭煒輯並評
明天啓(1621—1627)刻本
九行二十字　四周單邊　白口
20.4×14.5 釐米
浙圖

集 0294
詩歸五十一卷
明鍾惺、譚元春輯
明萬曆四十五年(1617)刻本
古詩歸十五卷
唐詩歸三十六卷
九行十八字　左右雙邊　白口
20.2×14 釐米
浙圖　天一閣＊　浙大＊

集 0295
詩歸五十一卷
明鍾惺、譚元春輯
明刻本
存十五卷
古詩歸十五卷
九行十八字　四周單邊　白口
20×15 釐米
紹圖

集 0296
詩歸五十一卷
明鍾惺、譚元春輯
明閔振業、閔振聲刻三色套印本
古詩歸十五卷
唐詩歸三十六卷
九行十八字　四周單邊　白口
20.5×15.1 釐米
浙圖　天一閣＊

集 0297
詩歸五十一卷
明鍾惺、譚元春輯
明崇禎(1628—1644)刻本
存三十一卷　古詩歸二卷　一至二　唐詩歸二十九卷　二至三十
九行二十字　四周單邊　白口
20×14.5 釐米
紹圖

集 0298
詩歸五十一卷
明鍾惺、譚元春輯　明劉敩重訂
明末刻本
十行十九字　左右雙邊　白口
20.7×14.5 釐米
浙圖＊　杭圖＊　天一閣＊

集 0299

詩歸五十一卷

明鍾惺、譚元春輯　劉斅重訂

明末刻本　佚名批校

存十五卷

古詩歸十五卷

九行十八字　四周單邊或左右雙邊　白口

20.7×14 釐米

浙圖

集 0300

名媛詩歸三十六卷

明鍾惺輯

明刻本

九行十九字　左右雙邊　白口

20.5×13.9 釐米

浙圖　溫圖＊　嘉圖

集 0301

名媛彙詩二十卷

明鄭文昂輯

明刻本

存三卷　一　四至五

九行十八字　四周單邊　白口

20.8×14.4 釐米

浙圖

集 0302

花鏡雋聲六卷

明馬嘉松輯

明天啓四年(1624)馬氏摩霄閣刻本

九行十八字　四周單邊　白口

20.1×14.3 釐米

浙圖

集 0303

詩鏡九十二卷

明檇李陸時雍輯並評

明刻本

古詩鏡三十六卷

唐詩鏡五十四卷目錄二卷

九行十八字　左右雙邊　白口

19.3×14.6 釐米

浙圖＊　紹圖＊

集 0304

扶輪集十四卷

清黄傳祖輯

明崇禎十五年(1642)刻本

九行十九字　四周單邊　白口

19.7×13.8 釐米

浙圖　嘉圖＊

集 0305

五代七言律詩不分卷

清趙臣瑗輯

清章述祖抄本　清章述祖跋

浙圖

集 0306

詩拔十八卷

清初抄本

浙圖

集 0307

宋明詩鈔不分卷

清初抄本

浙圖

集 0308

歷代詩家初集五十六卷二集八十六卷

清戴明説、范士楫、魏允升輯

清順治十三年(1656)毛氏汲古閣刻本

九行二十一字　左右雙邊　白口

19×13.4 釐米

奉化文

集 0309

歷代詩家初集五十六卷二集八十六卷

清戴明説、范士楫、魏允升輯

清順治十三年(1656)毛氏汲古閣刻重修本
上虞圖

集 0310
詩苑天聲二十二卷
清范與良輯並評
清順治十六年(1659)旋采堂刻本
十行二十二字　左右雙邊　白口
19.2×14.4 釐米
浙圖

集 0311
宋元詩會一百卷
清烏程陳焯輯
清康熙二十二年(1683)程仕刻本
十二行二十四字　左右雙邊　白口
19×14.5 釐米
浙圖

集 0312
宋金元詩永二十卷補遺二卷
清吴綺輯
清康熙十七年(1678)刻本　佚名批
九行十九字　左右雙邊　白口
17.4×13.5 釐米
溫圖

集 0313
榕村詩選八卷首一卷
清李光地輯
清雍正七年(1729)杭州臬署刻本
九行十九字　小字雙行二十九字　左右雙邊　白口
17.9×13 釐米
浙圖　紹圖

集 0314
本事詩十二卷
清徐釚輯
清康熙四十三年(1704)吴中立刻本
缺二卷　七至八
十一行二十一字　左右雙邊　白口
18.8×13.5 釐米
溫圖

集 0315
本事詩十二卷
清徐釚輯　清李本宣、李本宜增訂
清雍正(1723—1735)承芳堂刻本
十一行二十一字　左右雙邊　白口
18.9×13.5 釐米
嘉圖

集 0316
本事詩十二卷
清徐釚輯
清乾隆二十二年(1757)汪肯堂半松書屋刻本　清佚名批校
浙圖

集 0317
本事詩十二卷
清徐釚輯
清乾隆二十二年(1757)汪肯堂半松書屋刻本
十一行二十一字　左右雙邊　白口
18×13.6 釐米
浙圖　浙大

集 0318
詩倫二卷
清汪薇輯
清康熙(1662—1722)寒木堂刻本
十行十九字　四周單邊　白口
17.4×13.5 釐米
浙圖

集 0319
五朝名家七律英華不分卷
清顧有孝、王載輯

清康熙二十六年(1687)刻本
十一行二十一字　左右雙邊　黑口
17.6×13.8 釐米
浙圖

集 0320
朱絃集八卷
清宋犖輯
清抄本
浙圖

集 0321
歷代詩發四十二卷
清范大士輯並評
清康熙三十七年(1698)虛白山房刻本
十一行二十二字　四周單邊間左右雙邊　白口
19×14.5 釐米
浙圖

集 0322
詩林韶濩選二十卷
清顧嗣立輯　清周煌重輯
清乾隆(1736—1795)刻本
十行二十四字　左右雙邊　白口
19.5×13.6 釐米
浙圖　溫圖　嵊州圖

集 0323
佩文齋詠物詩選四百八十六卷
清張玉書、汪霦等輯
清康熙四十六年(1707)內府刻本
十一行二十一字　左右雙邊　白口
16.7×11.6 釐米
浙圖　黄巖圖＊　玉海樓

集 0324
御定歷代題畫詩類一百二十卷
清陳邦彥輯
清康熙四十六年(1707)內府刻本
十一行二十三字　左右雙邊　黑口
18.8×12.9 釐米
浙圖　溫圖　天一閣

集 0325
御定歷代題畫詩類一百二十卷
清陳邦彥輯
清乾隆(1736—1795)刻本
十一行二十三字　左右雙邊　黑口
18.5×12.9 釐米
天一閣

集 0326
善鳴集十二卷
清錢塘陸次雲輯
清康熙(1662—1722)蓉江懷古堂刻本
唐詩善鳴集四卷
中唐二卷
晚唐二卷補遺一卷
五代詩善鳴集一卷
宋詩善鳴集二卷
金詩善鳴集一卷
元詩善鳴集一卷
明詩善鳴集二卷
九行十九字　左右雙邊　白口
18.5×13.8 釐米
浙圖　黄巖圖＊

集 0327
香奩詩泐不分卷補四卷續五卷續補三卷
清范端昂輯
清康熙雍正間(1662—1735)鳳鳴軒刻本
八行二十五字　左右雙邊　白口
18.2×11.6 釐米
平湖圖

集 0328
詠物詩選八卷
清俞琰輯
清雍正三年(1725)寧儉堂刻本
十行二十一字　左右雙邊　黑口
16.1×12.7 釐米

浙圖　杭圖　溫圖　嘉圖＊　義烏圖

集 0329

詠物詩選註釋八卷

清俞琰輯　清易開緡、孫洊鳴注

清乾隆三十八年(1773)刻本

十行二十一字　四周雙邊　粗黑口

15×10.8 釐米

浙圖

集 0330

八代詩淘四十一卷

清張守輯

清康熙(1662—1722)刻本

九行十八字　四周單邊　白口

19.7×13.8 釐米

浙圖

集 0331

御選唐宋詩醇四十七卷目録二卷

清高宗弘曆輯

清乾隆二十四年(1759)陳弘謀刻本

九行十九字　四周單邊　白口

19.1×14.3 釐米

浙圖

集 0332

御選唐宋詩醇四十七卷

清高宗弘曆輯

清乾隆二十五年(1760)紫陽書院刻本

九行十九字　四周單邊　白口

19×14.2 釐米

寧圖　溫圖

集 0333

御選唐宋詩醇四十七卷目録二卷

清高宗弘曆輯

清乾隆(1736—1795)聚秀堂刻本

十行十九字　四周單邊　白口

12.7×9.8 釐米

義烏圖

集 0334

御選唐宋詩醇四十七卷目録二卷

清高宗弘曆輯

清遺安堂刻朱墨套印本

九行十九字　四周雙邊　白口

18.7×14 釐米

紹圖

集 0335

詩岑二十二卷

清楊梓、蕭殿颺輯

清乾隆十四年(1749)積風樓刻本

九行十八字　左右雙邊　白口

17.5×13.7 釐米

溫圖

集 0336

唐宋詩本七十六卷目録八卷

清戴第元等輯

清乾隆三十八年(1773)覽珠堂刻本

缺二卷　目録一至二

九行十九字　四周雙邊　白口

17.2×12.4 釐米

溫圖

集 0337

歷朝詩選簡金集六卷

清會稽章薇輯

清乾隆二十三年(1758)章薇滃雲山房刻本

十行二十一字　四周單邊　白口

17.4×13 釐米

浙圖

集 0338

重訂歷朝詩選簡金集八卷

清會稽章薇輯　清會稽章深重輯

清乾隆五十九年(1794)章氏刻本

十行二十一字　四周單邊　白口
17.3×13 釐米
浙圖

集 0339
五七言今體詩鈔十八卷
清姚鼐輯
清嘉慶十三年(1808)刻本　清瑞安孫衣言批
十行二十一字　左右雙邊　粗黑口
18.6×13.6 釐米
浙大

集 0340
宋金元詩選六卷
清吳翌鳳輯
清乾隆五十八年(1793)吳氏古歡堂刻本
九行十九字　左右雙邊　粗黑口
18×14 釐米
浙圖　湖博

集 0341
歷朝名媛詩詞十二卷
清陸昶輯
清乾隆三十八年(1773)紅樹樓刻本
九行十九字　左右雙邊　白口
15.8×13 釐米
浙圖　溫圖　嘉圖　平湖圖　紹圖

集 0342
歷朝七言排律遠春集三卷
清錢塘汪賢衢輯
清乾隆(1736—1795)刻本
十行二十一字　左右雙邊　白口
19×13.2 釐米
浙圖

集 0343
歷代名媛雜詠三卷
清山陰邵颿撰
清乾隆五十七年(1792)刻本
八行十八字　四周雙邊　白口
17×11.5 釐米
浙圖

集 0344
試帖詩集二十六卷首一卷末一卷
清王金英等輯　清李翊等考注
清乾隆(1736—1795)彭氏賜研堂刻本
九行十九字　左右雙邊　白口
17.5×13.1 釐米
浙圖

集 0345
歷朝制帖詩選同聲集六卷
清會稽胡浚輯注
清乾隆(1736—1795)刻本
九行十九字　左右雙邊　黑口
16.6×12.8 釐米
浙圖　衢博

集 0346
蘭山課業風騷補編二卷
清周樽輯
清乾隆五十七年(1792)刻本
九行二十二字　四周雙邊　白口
20×14.7 釐米
浙圖

集 0347
梅譜記略一卷
清李淑輯
梅譜集詠一卷
卧雪吟二卷
清李淑撰
清初刻本
19.1×13.5 釐米
浙圖

集 0348

歷朝詩選二十四卷

清胡瑩輯

清悦性山房抄本

缺一卷　六

九行二十一字　左右雙邊　白口

18×11.8 釐米

天一閣

集 0349

遼金元宫詞三卷

清陸長春輯並注

清抄本　佚名校

浙圖

集 0350

五古詩粹三卷

清符葆森輯

稿本

十一行字數不一　左右雙邊　白口

17.2×13.5 釐米

浙大

集 0351

念修堂七言詩選不分卷

清念修堂抄本　清錢塘丁丙校讀

浙圖

集 0352

分體詩鈔四卷

清蕭山任以治輯

稿本

浙圖

集 0353

閨中詩鈔一卷

清抄本

浙圖

集 0354

古賦辨體十卷

元祝堯輯

明嘉靖十一年(1532)熊爵刻本

九行二十字　四周雙邊　白口

20.7×15 釐米

浙圖　天一閣

集 0355

古賦辨體十卷

元祝堯輯

明嘉靖十六年(1537)顧可久等刻本　清道光七年(1827)胡森跋　仁和王存善跋

十行十八字　四周單邊　白口

17.4×13.4 釐米

浙圖

集 0356

古賦辨體十卷

元祝堯輯

明刻本

存五卷　六至十

九行二十字　四周雙邊　白口

20×14.8 釐米

溫圖

集 0357

賦苑八卷

明李鴻輯

明萬曆(1573—1620)刻本

十行二十字　四周單邊　白口

21.8×14.2 釐米

天一閣

集 0358

賦苑八卷

明李鴻輯

明萬曆(1573—1620)刻本　清董士錫批校並跋

缺一卷　四
浙大

集 0359
辭賦標義十八卷
明俞王言撰
明萬曆二十九年(1601)金溥刻本
兩欄　下欄六行十七字　四周單邊　白口
20×14.8 釐米
天一閣　浙大

集 0360
辭賦標義十八卷
明俞王言撰
明萬曆二十九年(1601)金溥刻本　清光緒二十一年(1895)慈谿梅一枝批注並跋
浙圖

集 0361
四六法海十二卷
明王志堅輯
明天啓七年(1627)刻本
九行二十字　四周單邊　白口
20.8×14.2 釐米
浙圖　温圖　天一閣

集 0362
四六法海十二卷
明王志堅輯
明天啓七年(1627)刻本　清錢塘丁丙批校
杭圖

集 0363
四六法海十二卷
明王志堅輯
明天啓七年(1627)刻本　佚名批校
浙圖

集 0364
四六法海十二卷
明王志堅輯
明天啓七年(1627)刻儐儒堂印本　佚名批校
浙圖

集 0365
四六法海十二卷
明王志堅輯
明天啓七年(1627)刻清載德堂印本
浙圖　義烏圖

集 0366
四六法海十二卷
明王志堅輯
明天啓七年(1627)刻清載德堂印本　佚名批校
浙大

集 0367
諸子連珠三卷
題明酣子輯
明天啓五年(1625)酣子幄刻本
連珠體一卷　漢班固等撰
演連珠評釋一卷　晉陸機撰
擬連珠一卷　明青田劉基撰
九行十八字　四周單邊　白口
20.8×14.8 釐米
浙圖

集 0368
類編古賦二十四卷
明抄本
十行二十三至二十六字　四周單邊　白口
20.2×14.1 釐米
天一閣

集 0369
歷朝賦格十五卷
清陸棻輯並評

清康熙二十五年(1686)刻本
九行十九字　四周單邊　白口
18.6×12.4 釐米
浙圖

集 0370
歷代賦鈔三十二卷
清趙維烈輯
清康熙二十五年(1686)刻本
九行二十二字　左右雙邊　白口
18.9×12.8 釐米
浙圖　溫圖

集 0371
歷朝賦楷八卷首一卷
清王修玉輯
清康熙(1662—1722)刻本
九行二十一字　四周單邊　白口
17.3×13.2 釐米
浙圖　嘉圖　寧大

集 0372
御定歷代賦彙一百四十卷外集二十卷逸句二卷補遺二十二卷目錄三卷
清海寧陳元龍輯
清康熙四十五年(1706)內府刻本
十一行二十一字　左右雙邊　黑口
19.3×14.4 釐米
浙圖*　寧圖　溫圖*　玉海樓*

集 0373
歷代賦鈔十九卷首一卷
清沈鈞德輯
清乾隆三十年(1765)然藜閣刻本
八行十七字　左右雙邊　白口
11.7×8.6 釐米
玉海樓

集 0374
賦鈔箋略十五卷
清雷琳、張杏濱撰
清乾隆三十一年(1766)刻本
九行十九字　小字雙行三十一字至三十四字不等　左右雙邊　白口
15.3×10.6 釐米
浙圖

集 0375
駢體文鈔三十一卷
清李兆洛輯
清合河康氏家塾刻本　清汪存南、陳澧、楊黼香評　仁和王存善跋
十三行二十二字　左右雙邊　黑口
18.2×13.3 釐米
浙圖

集 0376
駢體文鈔三十一卷
清李兆洛輯
清合河康氏家塾刻本　清仁和譚獻批校並跋
浙大

集 0377
駢體文鈔三十一卷
清李兆洛輯
清合河康氏家塾刻本　諸暨余重耀錄清仁和譚獻批校並跋　諸暨余重耀跋
浙圖

集 0378
駢體文鈔三十一卷
清李兆洛輯
清合河康氏家塾刻本　海寧張宗祥錄清仁和譚獻批校並跋　海寧張宗祥跋
浙圖

集 0379
駢體文鈔三十一卷
清李兆洛輯
清合河康氏家塾刻同治六年(1867)婁江

徐氏印本　清山陰平步青批校
浙圖

集 0380
駢體文鈔三十一卷
清李兆洛輯
清合河康氏家塾刻同治六年(1867)婁江徐氏印本　清徐心農錄莊士敏校
浙大

集 0381
駢體文林初目一卷
清仁和譚獻撰
清光緒十六年(1890)稿本
八行十八字　四周單邊　白口
13.8×9.2 釐米
浙大

集 0382
皇霸文紀十三卷
明梅鼎祚輯
明崇禎(1628—1644)刻本
十行二十字　左右雙邊　白口
20.7×14.3 釐米
浙圖

集 0383
東萊先生古文關鍵二卷
宋金華呂祖謙輯　宋蔡文子注　清徐樹屏考異
清華綺刻本
九行二十一字　小字雙行三十一字　左右雙邊　白口
18.5×14.6 釐米
衢博

集 0384
迂齋先生標註崇古文訣三十五卷
宋樓昉輯
明嘉靖十二年(1533)王鴻漸刻本
十行二十一字　左右雙邊　白口
19×14 釐米
浙圖

集 0385
新刊迂齋先生標注崇古文訣三十五卷
宋樓昉輯
明刻本
九行十九字　左右雙邊　白口
20.5×13.5 釐米
天一閣

集 0386
西山先生真文忠公文章正宗二十四卷
宋真德秀輯
明初刻本
十行二十一字　四周雙邊或左右雙邊　黑口
18.5×12.5 釐米
浙大

集 0387
西山先生真文忠公文章正宗二十四卷
宋真德秀輯
明正德十五年(1520)馬卿刻本
十行二十一字　四周單邊　白口
19.4×13.4 釐米
浙圖　天一閣*

集 0388
西山先生真文忠公文章正宗二十四卷
宋真德秀輯
明嘉靖十五年(1536)朱鴻漸刻本
缺二卷　十三至十四
十行二十一字　四周單邊　白口
19.3×13.2 釐米
浙圖

集 0389
西山先生真文忠公文章正宗二十四卷
宋真德秀輯

明嘉靖四十三年(1564)李豸、李磐刻本
缺二卷　二　二十四
十行十九字　左右雙邊　白口
21.3×15.6 釐米
杭圖＊　溫圖＊

集 0390
西山先生真文忠公文章正宗二十四卷續二十卷
宋真德秀輯
明嘉靖四十三年(1564)蔣氏家塾刻本
十行二十一字　左右雙邊　白口
20.2×12.8 釐米
浙圖　天一閣＊

集 0391
西山先生真文忠公文章正宗二十四卷續二十卷
宋真德秀輯
明嘉靖四十四年(1565)鍾沂刻本
存文章正宗二十四卷
十行二十一字　四周單邊　白口
21.4×14.2 釐米
浙圖

集 0392
西山先生真文忠公文章正宗二十四卷續二十卷
宋真德秀輯　明李開鄴、盛符升評
明末刻本
存續十九卷　一至十九
九行十九字　左右雙邊　白口
20.3×13.7 釐米
天一閣

集 0393
西山先生真文忠公文章正宗二十六卷
宋真德秀輯　明唐順之批點
明歸仁齋刻本
十行二十一字　四周單邊　白口
19×13.1 釐米
浙圖　浙大＊

集 0394
集錄真西山文章正宗三十卷
宋真德秀輯
明嘉靖二十三年(1544)孔天胤刻本
九行十八字　左右雙邊　白口
21×15.5 釐米
浙圖　杭圖　天一閣＊

集 0395
文章正宗復刻三十卷續十二卷
宋真德秀輯
清乾隆三十三年(1768)楊仲興刻本
十行二十一字　四周雙邊　白口
20×15.2 釐米
浙圖

集 0396
集古評釋西山真先生文章正宗二十四卷
宋真德秀輯　明唐順之批點　明錢塘俞思冲補訂
明萬曆四十六年(1618)野計齋刻本
十行二十字　四周單邊　白口
23.2×14.1 釐米
嘉圖　紹圖＊

集 0397
集古評釋西山真先生文章正宗二十四卷
宋真德秀輯　明唐順之批點　明錢塘俞思冲補訂
明容與堂刻本
十行二十字　四周單邊　白口
23.1×14.1 釐米
天一閣

集 0398
真文忠公續文章正宗二十卷
宋真德秀輯

明嘉靖二十一年(1542)晉藩刻本
十行二十一字　四周單邊　白口
19.4×13.2 釐米
浙圖　天一閣*

集 0399
真文忠公續文章正宗二十卷
宋真德秀輯
明嘉靖二十一年(1542)晉藩刻本　清嘉興張廷濟跋
浙大

集 0400
西山先生真文忠公文章正宗讀本不分卷續文章正宗讀本不分卷
宋真德秀輯　清李翰熙重輯
清康熙三十五年(1696)殖學齋刻本
九行二十五字　四周單邊　白口
20.4×11.7 釐米
浙大

集 0401
妙絶古今不分卷
宋湯漢輯
明嘉靖三十四年(1555)蕭蘭刻本
八行十七字　左右雙邊　白口
20×14 釐米
天一閣

集 0402
妙絶古今不分卷
宋湯漢輯
明刻本　清許乃普跋
八行十七字　左右雙邊　白口
侍王府

集 0403
文章軌範七卷
宋謝枋得輯
明劉氏刻本
十行二十字　四周單邊　白口
18.7×12.2 釐米
杭圖

集 0404
文章軌範七卷
宋謝枋得輯
清康熙三十三年(1694)戴許光刻本
十行二十字　左右雙邊　白口
18.7×14 釐米
海鹽博

集 0405
文章軌範七卷
宋謝枋得輯
清康熙三十三年(1694)戴許光刻本　佚名批校
浙圖

集 0406
文章軌範七卷
宋謝枋得輯
清康熙五十七年(1718)澹成堂刻本　清錢塘羅以智批校
十行二十字　左右雙邊　白口
18.5×14 釐米
浙圖

集 0407
文章軌範七卷
宋謝枋得輯
清康熙(1662—1722)寶善堂刻本
存三卷　五至七
17.4×11.9 釐米
浙圖

集 0408
文章軌範百家評注七卷
宋謝枋得輯　明歸安茅坤注　明上虞顧充集評

明刻本
十行二十三字　四周雙邊　白口
21×12.8 釐米
杭圖

集 0409
魁本大字諸儒箋解古文真寶前集十卷後集十卷
元黄堅輯
元刻本
存十卷　前集六至十　後集一至五
十一行二十一字　四周雙邊　黑口
18×11.4 釐米
紹圖

集 0410
諸儒箋解古文真寶前集十卷後集十卷
元黄堅輯
明萬曆十一年(1583)司禮監刻本
八行二十字　四周雙邊　黑口
25.4×17.6 釐米
天一閣

集 0411
文章辨體五十卷外集五卷總論一卷
明吳訥輯
明天順八年(1464)劉孜等刻本
十三行二十四字　四周雙邊　黑口
23×16.3 釐米
溫圖*　天一閣

集 0412
文章辨體五十卷外集五卷總論一卷
明吳訥輯
明嘉靖三十四年(1555)徐洛刻本
十三行二十四字　四周雙邊　白口
22.3×16.4 釐米
浙圖

集 0413
文章辨體五十卷外集五卷總論一卷
明吳訥輯
明嘉靖(1522—1566)刻本
十三行二十四字　左右雙邊　綫黑口
22.3×16.4 釐米
浙圖

集 0414
文章辨體彙選七百八十卷
明賀復徵輯
清顧氏藝海樓抄本
存五百十一卷　一百三十九至一百九十六　二百五十四至六百十　六百七十五至七百七十
浙圖

集 0415
文翰類選大成一百六十三卷
明李伯璵、馮厚輯
明成化八年(1472)淮府刻弘治十四年(1501)增刻本
存二十六卷　二十五至四十　六十三至六十六　一百二十三至一百二十四　一百三十一至一百三十二　一百三十六至一百三十七
十二行二十三字　四周雙邊或左右雙邊　黑口
22.5×15.3 釐米
天一閣

集 0416
古文精粹十卷
明成化十一年(1475)刻本
十行二十字　四周雙邊　黑口
22×15 釐米
浙圖

集 0417
古文會選三十卷
明謝朝宣輯

明弘治十二年(1499)刻本
缺十卷　十六至二十五
九行十七字　四周雙邊　黑口
18×12 釐米

天一閣

集 0418
文端集二卷
明顧璘輯
明刻本
九行十八字　四周雙邊　白口
20.6×14.5 釐米
天一閣

集 0419
文苑春秋四卷
明崔銑輯
明嘉靖十七年(1538)刻本
十行二十字　左右雙邊　白口
16.2×13.2 釐米
天一閣

集 0420
文苑春秋四卷
明崔銑輯
明末刻本
存二卷　三至四
十行二十字　左右雙邊　白口
19.2×13 釐米
天一閣

集 0421
新刊四大家文選四卷
明王坊輯
明嘉靖三十六年(1557)刻本
九行十九字　左右雙邊　白口
21.1×13.9 釐米
天一閣

集 0422
重刊全補古文會編十二卷
明黄如金輯
明嘉靖三十年(1551)吕炌雲影山堂刻本
十行十九字　左右雙邊　白口
19.1×14.6 釐米
天一閣

集 0423
秦漢文四卷
明胡纘宗輯
明趙一中刻本
缺一卷　三
十一行二十字　左右雙邊　白口
17.8×13.5 釐米
天一閣

集 0424
秦漢文八卷
明胡纘宗輯
明嘉靖二十二年(1543)程良錫刻本
九行十八字　左右雙邊　白口
18.8×14.2 釐米
浙圖　溫圖　紹圖*

集 0425
古今翰苑瓊琚十二卷
明楊慎輯　明餘姚孫鑛評
明天啓元年(1621)刻本
九行二十字　左右雙邊　白口
22.3×13.7 釐米
浙圖*　嵊州圖

集 0426
新刊林次崖先生編批點古文類鈔十二卷
明林希元輯
明龔龍、童雙泉刻本
缺四卷　一　三至四　七
九行二十一字　四周單邊　白口
17.8×12.9 釐米

天一閣

集 0427

續古文會編五卷

明錢璠輯

明東湖書院活字印本

八行二十字　左右雙邊　白口

19.5×12.5 釐米

天一閣

集 0428

古文類選十六卷

明王三省輯

明嘉靖十五年(1536)相州清慎堂刻本

十行二十字　四周單邊　白口　版心下鐫"相州清慎堂"

19.9×14.8 釐米

浙大

集 0429

文編六十四卷

明唐順之輯

明嘉靖(1522—1566)胡帛刻本

缺三十卷　一至六　十至十二　十五至十八　二十一至二十二　三十一至三十七　四十一至四十四　四十九至五十　五十九至六十

十行二十字　四周單邊　白口

19.1×13.9 釐米

天一閣

集 0430

文編六十四卷

明唐順之輯

明天啓(1621—1627)刻本

十行二十一字　四周單邊　白口

22.9×14.7 釐米

天一閣

集 0431

文編六十四卷

明唐順之輯

明天啓(1621—1627)刻本〔四庫底本〕清塘棲朱氏結一廬批校

浙圖

集 0432

荆川先生精選批點周漢名賢策論文粹十二卷

明唐順之輯並批點

明刻清重修本

十行二十二字　左右雙邊或四周單邊　白口

19×12.8 釐米

浙圖

集 0433

唐會元精選批點唐宋名賢策論文粹八卷

明唐順之輯並批點

明書林桐源胡氏刻本

十行二十字　左右雙邊　白口

19.6×14 釐米

天一閣＊　浙大

集 0434

唐會元精選諸儒文要八卷

明唐順之輯

明刻本

十行二十一字　左右雙邊　白口

20.6×14 釐米

浙圖

集 0435

唐宋元名表二卷

明胡松輯

明嘉靖二十一年(1542)刻藍印本

十行二十字　四周單邊　白口

20.7×14.5 釐米

天一閣

集 0436

唐宋元名表二卷

明胡松輯

明嘉靖二十六年(1547)刻本

存二卷　一至二

十一行二十二字　四周雙邊　白口

19×14.5 釐米

天一閣

集 0437

大家文選二十二卷

明薛甲輯

明嘉靖十八年(1539)刻本

九行二十二字　四周雙邊　黑口

22.5×16 釐米

天一閣

集 0438

大家文選二十二卷

明薛甲輯

明嘉靖四十四年(1565)刻本

十一行二十一字　四周單邊　白口

餘姚文

集 0439

秦漢魏晉文選十卷

明佘震啓、鄭玄撫輯

明嘉靖二十四年(1545)洪廷論刻本

十行十八字　左右雙邊　白口

17.2×13 釐米

浙圖　天一閣*

集 0440

歷代文選十四卷

明凌雲翼輯

明嘉靖四十年(1561)宋守志、謝教等刻本

十行二十字　左右雙邊　白口

19.7×13.8 釐米

浙圖　溫圖*　天一閣

集 0441

正續名世文宗十六卷

題明王世貞輯　明錢允治續輯　明陳繼儒校注

明萬曆四十五年(1617)刻本

九行二十字　左右雙邊　白口

22.6×14 釐米

浙大

集 0442

名世文宗二十二卷

題明王世貞輯　明鍾惺增定

明刻本　清鎮海姚燮跋

九行二十字　左右雙邊　白口　眉上鐫評

20.7×14.3 釐米

浙圖

集 0443

文則四卷

明張雲路輯

明嘉靖三十四年(1555)自刻本

九行二十二字　四周雙邊　白口

20.1×14.7 釐米

天一閣*　浙大

集 0444

小窗艷紀不分卷

明吳從先輯

明萬曆四十二年(1614)刻本

八行十八字　四周單邊　白口

21.6×13.9 釐米

天一閣

集 0445

新刊彙編秦漢精華十四卷

明汪道昆、詹惟修輯

明萬曆十三年(1585)刻本

十行二十二字　四周單邊　白口

19.8×12.8 釐米

浙圖

集 0446

秦漢六朝文十卷

明汪道昆輯　明俞王言評

明萬曆(1573—1620)刻本

九行二十字　四周單邊　白口

20.3×13.5 釐米

浙圖

集 0447

文體明辯六十一卷首一卷目錄六卷附錄十四卷目錄二卷

明徐師曾輯

明萬曆(1573—1620)游榕銅活字印本

存二卷　七至八

十行十九字　四周單邊　白口

19×13.9 釐米

天一閣

集 0448

文體明辯六十一卷首一卷目錄六卷附錄十四卷目錄二卷

明徐師曾輯

明萬曆十九年(1591)趙夢麟刻本

十行十九字　左右雙邊　白口

19.5×14 釐米

浙圖

集 0449

文體明辨四十八卷

明徐師曾輯　明沈芬、沈騏箋

明崇禎十三年(1640)刻本

九行二十五字　四周單邊　白口

20.5×11.5 釐米

浙圖＊　寧圖

集 0450

文章正論二十卷

明劉祜輯

明萬曆十九年(1591)徐圖刻本

十行二十字　四周雙邊　白口

21.1×14.2 釐米

浙圖

集 0451

古今寓言十二卷

明陳世寶、詹景鳳輯　明車大任批點

明刻本

九行二十字　四周雙邊　白口

20.1×14.5 釐米

浙圖

集 0452

古文類選十八卷

明鄭旻輯

明隆慶六年(1572)顧知類、徐宏等刻本

十行二十字　四周雙邊　白口

20×13.5 釐米

浙圖　天一閣

集 0453

文浦玄珠六卷

明穆文熙輯

明萬曆十四年(1586)沈榜刻本

兩欄　上欄十八行五字　下欄九行二十字　四周單邊　白口

23.9×13.8 釐米

浙圖

集 0454

集古文英八卷

明顧祖武輯

明嘉靖四十一年(1562)自刻本

十行十九字　左右雙邊　白口

18×13 釐米

浙圖

集 0455

書記洞詮一百十六卷目錄十卷

明梅鼎祚輯

明萬曆二十五年至二十七年(1597—

1599)玄白堂刻本
十行二十字　左右雙邊　白口
20.8×15釐米
浙圖

集 0456
新鍥溫陵鄭孩如先生約選古文四如編四卷
明鄭維嶽輯　明李光縉評
明末書林仙源堂刻本
兩欄　上欄十八行六字　下欄九行二十一字　四周單邊　白口
21.9×12.5釐米
浙圖

集 0457
續刻溫陵四太史評選古今名文珠璣八卷
明黃鳳翔等輯
明萬曆二十三年(1595)余紹崖自新齋刻本
缺三卷　一　四至五
十行二十字　四周單邊　白口　眉欄鐫注
21.4×12.6釐米
溫圖

集 0458
滑耀編四卷
明賈三近輯
明萬曆(1573—1620)刻本
十行十八字　四周雙邊　白口
19.5×14.5釐米
浙圖

集 0459
批點崇正文選十二卷
明施策輯　明朱之蕃批點
明萬曆四十二年(1614)金陵車書樓刻本
九行十九字　四周雙邊　白口
22.3×14.1釐米
浙圖

集 0460
新刊名世文宗三十卷
明胡時化輯
明萬曆七年(1579)李充實刻本
十行二十二字　四周雙邊　白口
21.8×14.2釐米
天一閣

集 0461
名世文宗三十卷談藪一卷
明胡時化輯
明崇禎元年(1628)刻書林翁少麓印本
存三十卷　名世文宗全
九行十八字　四周單邊　白口
22.9×13.8釐米
浙圖

集 0462
名世文宗二十卷外集四卷
明胡時化輯
明萬曆五年(1577)馮叔吉顧聞堂刻本
十行二十字　四周雙邊　白口
21.6×14.4釐米
杭圖*　天一閣　浙大

集 0463
古文雋十六卷
明趙耀輯
明萬曆六年(1578)徐中行刻本
存八卷　一至二　五　九　十三至十六
十行二十字　四周雙邊　白口
22.9×14.5釐米
浙圖*　天一閣*

集 0464
文府滑稽十二卷
明鄒迪光輯
明萬曆三十七年(1609)鄒同光刻本
十行二十字　四周雙邊　白口
21.1×14.2釐米

浙圖

集 0465

鉅文十二卷

明鄞縣屠隆輯

明刻本

存五卷　一　三至四　十一至十二

九行十九字　左右雙邊　白口

20×13.5 釐米

紹圖

集 0466

詞致錄十六卷

明李天麟輯

明萬曆十五年(1587)自刻本

十行二十字　四周單邊　白口

19.7×14 釐米

浙圖　杭圖　浙大

集 0467

新刊李九我先生編纂大方萬文一統内外集二十二卷

明李廷機輯

明建邑書林余象斗刻本

兩欄　下欄十行二十字　四周雙邊　黑口

23.6×14.9 釐米

浙圖　天一閣　浙大

集 0468

新鍥焦太史彙選百家評林歷代古文珠璣十九卷

明焦竑輯

明萬曆(1573—1620)刻本

缺二卷　十至十一

十行二十字　四周單邊　白口　眉上鐫評

20.5×13 釐米

浙圖

集 0469

新鍥焦太史彙選百家評林名文珠璣十三卷

明焦竑輯

明刻本

十行二十字　四周單邊　白口

21×13 釐米

紹圖

集 0470

新鐫焦太史彙選中原文獻經集六卷史集六卷子集七卷文集四卷通考一卷

明焦竑輯　明會稽陶望齡評　明朱之蕃注

明萬曆二十四年(1596)汪元湛等刻本

存三卷　子集一至三

十行二十一字　四周單邊　白口

19.8×14.2 釐米

浙大

集 0471

不多集二十二卷

明吳士奇輯

明萬曆四十年(1612)刻本

九行二十字　四周單邊　白口

21.5×14.8 釐米

浙大

集 0472

必讀古文正宗十卷

明張鼒輯並評

明刻本

兩欄　下欄九行十八字　四周單邊　白口

22.7×14 釐米

浙圖

集 0473

古文選要四卷

明傅振商輯

明萬曆(1573—1620)刻本

九行十八字　四周單邊　白口

21.6×14.8 釐米

浙圖

集 0474

新刻合諸名家評選古文啓秀六卷

明王納諫輯

明刻本

八行二十字　四周單邊　白口

20.5×14.4 釐米

杭圖

集 0475

秦漢文歸三十卷

明鍾惺輯並評

明末古香齋刻本

秦文歸十卷

漢文歸二十卷

九行二十六字　四周單邊　白口　版心下鐫"古香齋"　眉上鐫評

21×12.3 釐米

浙圖　浙博*

集 0476

古文備體奇鈔十二卷

明鍾惺輯　明黄道周評

明崇禎(1628—1644)閶門兼善堂刻本　佚名批注

九行二十字　四周單邊　白口

20×14.2 釐米

浙圖

集 0477

文儷十八卷

明陳翼飛輯

明萬曆(1573—1620)刻本

十行二十字　四周單邊　白口

22×14.7 釐米

浙圖

集 0478

東海文統五卷

明山陰王思任輯

明末刻本

九行二十字　四周單邊　白口

20.8×14 釐米

浙圖

集 0479

古文奇艷八卷

明衢州徐應秋輯

明萬卷樓刻本

九行二十字　四周單邊　白口

21×14.8 釐米

浙圖

集 0480

古逸書三十卷首一卷末一卷

明潘基慶輯

明萬曆(1573—1620)刻本

八行二十字　四周單邊　白口

21.4×15.6 釐米

浙圖　紹圖*　平湖圖*　天一閣

集 0481

秦漢鴻文二十五卷

明顧錫疇輯

明崇禎(1628—1644)刻本

先秦鴻文五卷

兩漢鴻文二十卷

九行二十字　四周單邊　白口

20.2×14.3 釐米

浙圖　臨海博

集 0482

古文品外錄十二卷

明陳繼儒輯並評

明天啓五年(1625)朱蔚然刻本

存十卷　一至十

九行二十字　四周單邊　白口

21×15 釐米

浙圖　紹圖

集 0483

古文品外錄二十四卷

明陳繼儒輯

明刻本

九行二十一字　四周單邊　白口

20.7×14.3 釐米

浙圖＊　浙大＊

集 0484

秦漢文鈔不分卷

明馮有翼輯

明萬曆十一年(1583)清音館刻本

九行二十字　左右雙邊　白口　眉上鐫評

22.4×13.7 釐米

天一閣

集 0485

秦漢文鈔十二卷

明馮有翼輯　明汪德元訂

明萬曆(1573—1620)刻本

九行十七字　四周單邊　白口　眉上鐫評

21.4×13.9 釐米

杭圖　天一閣

集 0486

秦漢文鈔六卷

明閔邁德等輯　明楊融博批點

明萬曆四十八年(1620)閔氏刻朱墨套印本

九行十九字　四周單邊　白口

20.5×14.7 釐米

浙圖　紹圖＊　浙大

集 0487

文壇列俎十卷

明汪廷訥輯

明萬曆三十五年(1607)汪氏環翠堂刻本

十行二十字　四周單邊　白口

21.5×14.5 釐米

浙圖

集 0488

文字會寶不分卷

明錢塘朱文治輯

明萬曆三十六年(1608)自刻本

五至十行不一十至二十四字不一　四周單邊　白口

24.2×16.9 釐米

天一閣

集 0489

廣文字會寶不分卷

明錢塘朱文治輯

明閩建書林葉見遠刻本

五至八行不一十四至二十一字不一　四周單邊　白口

22.9×15.5 釐米

浙圖　嘉圖

集 0490

古文奇賞二十二卷續三十四卷奇賞齋廣文苑英華二十六卷四續五十三卷

明陳仁錫輯

明萬曆四十六年至天啓(1618—1627)刻本

十行二十字　四周單邊　白口

19.6×14.5 釐米

浙圖　溫圖＊　紹圖＊

集 0491

奇賞齋古文彙編二百三十六卷

明陳仁錫輯並評

明崇禎七年(1634)刻本

十行二十字　四周單邊　白口　眉上鐫評

21.7×15 釐米

浙圖

集 0492

秦漢文尤十二卷

明上虞倪元璐輯

明末書林來儀堂刻本

九行二十字　四周單邊　白口
19.9×14.1 釐米
浙圖　浙博

集 0493
秦漢文定十二卷
明上虞倪元璐輯
明末刻本
九行二十字　四周單邊　白口
21.7×14.2 釐米
杭圖

集 0494
歷代古文國瑋集一百四十一卷
明方岳貢輯
明刻本
存二十七卷　一至二十七
九行二十字　四周單邊　白口
19.1×14.4 釐米
浙圖

集 0495
古文五刪五十二卷
明張溥輯
明末段君定刻本
存文選刪十二卷
九行十九字　左右雙邊　白口
溫圖

集 0496
文致不分卷
明武林劉士鏻輯　明烏程閔無頗、烏程閔昭明集評
明天啓元年(1621)閔元衢刻朱墨套印本
八行十八字　四周單邊　白口
20.7×14.6 釐米
浙圖　溫圖*　天一閣*　玉海樓

集 0497
蘭雪齋增訂文致八卷
明武林劉士鏻輯
明崇禎元年(1628)刻本
九行二十字　四周單邊　白口
20.4×13.9 釐米
浙圖

集 0498
刪補古今文致十卷
明武林劉士鏻輯　明王宇增刪
明天啓(1621—1627)刻本
九行二十字　四周單邊　白口
20.8×13.7 釐米
浙圖　杭圖　天一閣　浙大

集 0499
慧眼山房原本古今文小品八卷
明陳天定輯並評
清雍正(1723—1735)刻本
八行二十字　四周單邊　白口
18.8×12.7 釐米
浙圖

集 0500
慧眼山房評選古今文小品八卷
明陳天定輯並評
清抄本
浙圖

集 0501
史漢文統十五卷
明童養正輯
明崇禎(1628—1644)刻本
存十卷
西漢文統五卷
東漢文統五卷
九行二十字　四周單邊　白口　眉上鐫評
20.3×14.1 釐米
嘉圖

集 0502

尚友編十卷

明宋賓王輯

清抄本

十行二十六字　無格

天一閣

集 0503

古文正集十卷

明葛鼒、葛鼏輯

明崇禎(1628—1644)刻本

十行二十七字　四周單邊　白口

21.3×12.5 釐米

浙圖

集 0504

古今議論參五十五卷

明林德謀輯

明崇禎(1628—1644)刻本

九行二十字　四周單邊　白口

19.9×14 釐米

浙圖

集 0505

古文提奇五卷

明顔茂猷輯

明崇禎五年(1632)刻朱墨套印本

九行二十字　四周單邊　白口

19.8×14.2 釐米

浙大

集 0506

漢魏名文乘不分卷

明張運泰、余元熹輯

明末刻本

十行二十七字　四周單邊　白口

21.2×12.5 釐米

浙圖　諸暨圖＊

集 0507

古文選不分卷

明末刻本

九行二十字　左右雙邊　白口

19.1×13.7 釐米

天一閣

集 0508

名文寶符二十卷

明嘉興葉紹泰輯

明末香谷山房刻本

九行二十六字　四周單邊　白口

21.8×12.5 釐米

浙圖

集 0509

古彙集不分卷

明□□輯

明抄本

浙圖

集 0510

晚邨先生八家古文精選八卷

清石門吕留良輯　清石門吕葆中批點

清康熙四十三年(1704)吕氏家塾刻本

十行二十五字　左右雙邊　白口

19.8×14.4 釐米

浙圖　海寧圖＊　紹圖

集 0511

古學鴻裁十五卷詩學鴻裁二卷

清范樫、周采輯

清順治(1644—1661)刻金閶振鄴堂印本

九行二十五字　四周單邊　白口

20.2×12.2 釐米

浙圖

集 0512

古文析義十六卷

清林雲銘評注

清康熙二十一年(1682)經元堂刻本
九行二十三字　左右雙邊　白口
18.5×13.6 釐米
平湖圖

集 0513
古文析義十六卷
清林雲銘評注
清康熙五十五年(1716)寶文堂刻本
九行二十三字　左右雙邊　白口
18.2×13.6 釐米
浙圖

集 0514
古文析義六卷二編八卷
清林雲銘評注
清康熙二十六年(1687)金閶小西山房刻本
九行二十四字　四周單邊　白口
19×12.6 釐米
寧圖＊　海寧圖

集 0515
初學辨體增删定本不分卷
清徐與喬輯
清康熙十七年(1678)刻本
九行二十六字　四周單邊　白口
20×12 釐米
嘉圖　海寧圖　天一閣

集 0516
古文淵鑒六十四卷
清徐乾學等輯
清康熙二十四年(1685)内府刻五色套印本
九行二十字　四周單邊　黑口
19.1×14.2 釐米
浙圖　溫圖　嘉圖＊　上虞圖＊　黄巖圖＊　天一閣

集 0517
文津二卷
清仁和王晫輯
清鋤經書屋抄本
浙圖

集 0518
古文未曾有集八卷
清錢塘王復禮輯
清康熙(1662—1722)刻本
九行二十四字　左右雙邊　白口
19.3×12 釐米
浙圖

集 0519
文韻集十二卷
清海寧李士麟輯
清康熙三十年(1691)敬恕堂刻本
九行二十字　左右雙邊　白口
20.5×14.4 釐米
浙圖

集 0520
山曉閣選古文全集三十二卷
清嘉善孫琮輯並評
清康熙二十年(1681)金閶文雅堂刻本
九行二十五字　四周單邊　白口
20.6×12.2 釐米
浙圖

集 0521
山曉閣選古文全集三十二卷
清嘉善孫琮輯並評
清康熙(1662—1722)刻本
九行二十五字　左右雙邊　白口
20×12.5 釐米
紹圖

集 0522
唐宋八大家古文讀本不分卷
清江承詩輯

清康熙四十三年(1704)學古堂刻本
九行二十五字　四周單邊　白口
21×11.6 釐米
浙圖

集 0523
唐宋八大家分體讀本第一集八卷二集八卷三集八卷附録一卷
清汪份輯
清康熙五十八年(1719)遄喜齋刻本
八行二十四字　左右雙邊　黑口
20.3×11.6 釐米
浙圖　寧圖*

集 0524
古文賞音十二卷
清謝有煇撰
清康熙四十六年(1707)師儉閣刻本
十行二十四字　左右雙邊　黑口
19.2×13.8 釐米
浙圖

集 0525
近光集二十八卷
清汪士鋐輯　清徐修仁注
清康熙五十八年(1719)刻本
九行十九字　左右雙邊　黑口
16.6×12.9 釐米
浙圖　溫圖

集 0526
經史序録二卷
清吳承漸輯
甲子會紀一卷歷代國都一卷
明薛應旂編集
清康熙(1662—1722)思訓堂刻本
十二行二十二字　四周單邊　黑口
18.2×13.2 釐米
浙圖

集 0527
欽定四書文四十一卷
清方苞等輯並評
清乾隆五年(1740)武英殿刻本
九行二十五字　四周雙邊　白口
22×15.8 釐米
浙圖

集 0528
古文雅正十四卷
清蔡世遠輯並評
清雍正三年(1725)念修堂刻本
存三卷　一　十一　十四
八行二十四字　左右雙邊　白口
19.5×11 釐米
寧圖

集 0529
華國編文選八卷
清孫濩孫輯　清孫喬年增輯
清乾隆二十四年(1759)孫氏天心閣刻本
十行二十四字　左右雙邊　白口
18×14 釐米
浙圖

集 0530
古文約選不分卷
清允禮輯
清雍正十一年(1733)果親王府刻本
九行十九字　四周雙邊　白口
21.2×14 釐米
浙圖

集 0531
古文斲十六卷
清姚廷謙輯並注
清雍正(1723—1735)刻本
九行二十一字　左右雙邊　黑口
17.6×12.4 釐米
浙圖

集 0532

唐宋八大家類選十四卷

清儲欣評輯

清雍正元年(1723)受祉堂刻本

八行二十五字　左右雙邊　白口

19.3×10.9 釐米

浙圖　平湖圖

集 0533

唐宋八大家類選十四卷

清儲欣評輯

清雍正元年(1723)受祉堂刻乾隆十年(1745)重修本

浙圖　溫圖

集 0534

唐宋八大家精選層級集讀本四卷

清吳煒輯　清儲在陸評　清吳煒增評

清乾隆二十四年(1759)紫陽書院刻本

九行二十五字　左右雙邊　白口

18.8×12.5 釐米

浙圖

集 0535

古文約編十卷歷朝文一卷

清倪承茂輯

清雍正十年(1732)潘大鈉古懷堂刻本

九行二十三字　左右雙邊　白口

18.1×13.9 釐米

浙圖

集 0536

古文約編十卷

清倪承茂輯　清陳士林批注

附錄一卷

清潘大鈉輯

清乾隆五年(1740)清芬書屋刻本

九行二十三字　左右雙邊　白口　版心下鐫"清芬書屋"

17.8×13.7 釐米

浙圖

集 0537

斯文精萃不分卷

清尹繼善輯

清乾隆二十九年(1764)刻本

八行二十一字　左右雙邊　白口

18×12.3 釐米

浙圖

集 0538

斯文精萃不分卷

清尹繼善輯

清乾隆(1736—1795)刻本

九行二十五字　四周單邊　白口

19.5×12.3 釐米

浙圖

集 0539

斯文精萃不分卷

清尹繼善輯

清乾隆(1736—1795)刻三槐堂印本

八行二十一字　左右雙邊間四周單邊　白口

17.4×12.4 釐米

寧圖

集 0540

古文眉詮七十九卷首一卷

清浦起龍輯

清乾隆九年(1744)三吳書院刻本

九行二十二字　左右雙邊　白口

17.7×13.7 釐米

浙圖　寧圖＊　溫圖

集 0541

御選唐宋文醇五十八卷

清高宗弘曆輯

清乾隆三年(1738)武英殿刻四色套印本

九行二十二字　四周單邊　白口

19.7×14.3 釐米

浙圖

集 0542

御選唐宋文醇五十八卷

清高宗弘曆輯

清乾隆（1736—1795）喬光烈、陳弘謀等刻本

九行二十二字　四周單邊　白口

19.8×14.3 釐米

義烏圖

集 0543

古文翼八卷

清唐德宜撰

清乾隆（1736—1795）刻本

九行二十三字　四周雙邊　白口

18.6×14.3 釐米

嘉圖

集 0544

唐宋八家文讀本三十卷

清沈德潛輯並評

清乾隆十五年（1750）刻本

十行二十字　四周單邊　白口

16.1×12.8 釐米

寧圖　溫圖　嵊州圖＊　義烏圖

集 0545

歸餘鈔四卷

清高塘輯並評

清乾隆五十三年（1788）刻本

九行二十五字　四周雙邊　白口

浙圖

集 0546

古文分編集評初集五卷二集五卷三集八卷四集四卷

清于光華輯

清乾隆五十二年（1787）友于堂刻本

缺一卷　三集八

十行二十四字　左右雙邊　白口

17×14.1 釐米

上虞圖＊　衢博＊

集 0547

古文分編集評初集五卷二集五卷三集八卷四集四卷

清于光華輯

清乾隆（1736—1795）刻本

兩欄　下欄九行二十四字　四周單邊　白口

19.8×13.2 釐米

浙圖

集 0548

古文分編集評二十二卷

清于光華輯

清乾隆四十年（1775）積慶堂刻本

兩欄　下欄九行二十四字　四周單邊　白口

17.2×13 釐米

寧圖

集 0549

文章鼻祖六卷

清楊繩武輯並評

清乾隆二十八年（1763）刻本

九行十九字　左右雙邊　白口

19.9×12 釐米

浙圖

集 0550

金鰲山集不分卷

清臨海馮賡雪輯

稿本　清臨海黄瑞批校

臨海博

集 0551

八表停雲錄三十八卷

清嚴長明輯

清抄本

浙圖

集 0552

古文辭類纂七十四卷

清姚鼐輯

清道光（1821—1850）合河康氏家塾刻本　清瑞安孫衣言批並錄清龍翰臣、梅曾亮批點並跋

十三行二十二字　左右雙邊　粗黑口

18.2×13.5 釐米

浙大

集 0553

古文辭類纂七十四卷

清姚鼐輯

清道光（1821—1850）合河康氏家塾刻本　清瑞安項傅霖錄姚鼐、梅曾亮評點

溫圖

集 0554

古今文致不分卷

清陸泓輯

稿本

浙圖

集 0555

會心集不分卷

清海昌管應祥輯

稿本　清海寧管庭芬跋

浙圖

集 0556

映雪樓古文練要正編□□卷

清秀水莊仲方輯

稿本　嘉興金蓉鏡跋

存三十卷　一至四　九至三十四

浙圖

集 0557

六朝文絜四卷

清海昌許槤輯並評

清道光五年（1825）許氏享金寶石齋刻朱墨套印本

九行十八字　左右雙邊　黑口

17×11.5 釐米

嘉圖　天一閣

集 0558

擷秀編十二卷

題清喆壽生輯

清抄本

擷秀編古文一卷

歷朝賦三卷

國朝賦鈔一卷

國朝古體詩鈔一卷

國朝近體詩鈔四卷

吟窓香草二卷

浙圖

集 0559

赤牘清裁十一卷

明楊慎輯

補遺四卷

明吳勉學輯

明萬曆（1573—1620）吳勉學刻本

九行十八字　左右雙邊　白口

20.1×14.1 釐米

浙圖

集 0560

赤牘清裁二十八卷

明楊慎輯　明王世貞增輯

明嘉靖三十七年（1558）刻本

缺十二卷　六至十一　十八至二十三

十行二十字　左右雙邊　白口

19.1×14.2 釐米

天一閣

集 0561

批點楊升菴赤牘清裁十卷

明楊慎輯　明胡執禮批點

明萬曆二年(1574)刻本
缺二卷　九至十
十行十八字　四周雙邊　白口
19×14 釐米
天一閣

集 0562
尺牘清裁六十卷補遺一卷
明王世貞輯
明隆慶五年(1571)自刻本
九行十八字　左右雙邊　白口
19.2×13.9 釐米
浙圖　天一閣*

集 0563
尺牘清裁六十卷補遺一卷
明王世貞輯
明刻本
九行二十字　左右雙邊　白口
19.5×14.3 釐米
浙圖　杭圖

集 0564
古今振雅雲箋十卷
明山陰徐渭輯
明刻本
兩欄　下欄九行十八字　四周單邊　白口
22.9×13.5 釐米
浙圖　杭圖　浙大

集 0565
新刊古今尺牘聞見拔尤八卷
明潘文淵輯
明嘉靖四十四年(1565)雙璧書屋刻本
九行二十字　四周單邊　白口
16.5×11.5 釐米
天一閣

集 0566
新鐫古今名公尺牘彙編選註四卷
明王稺登輯　明俞肇光注
明黄起元刻本
存一卷　一
九行二十字　四周單邊　白口
21.2×13.2 釐米
天一閣

集 0567
新刻註釋雲龍翰柬大成六卷稱呼一卷活套一卷
明潘文淵輯
明萬曆七年(1579)金陵對溪富春堂刻本
兩欄　上欄十二行十字　下欄十行十六字　四周雙邊　白口
19.9×13.2 釐米
浙圖

集 0568
尺牘補遺四卷
明公鼐輯
明萬曆十三年(1585)刻本
十一行二十二字　四周雙邊　白口
21.5×15.2 釐米
杭圖

集 0569
古今濡削選章四十卷
明李國祥輯
明萬曆(1573—1620)刻本
十行二十字　左右雙邊　白口
20.8×13.7 釐米
浙圖　天一閣

集 0570
翰海十二卷
明沈佳胤輯
明崇禎(1628—1644)刻本
九行二十字　四周單邊　白口
20.6×14.3 釐米
浙圖　浙大　天一閣

集 0571

翰海十二卷

明沈佳胤輯

明末刻本

九行二十三字　四周單邊　白口

19.3×12.5 釐米

杭圖

集 0572

牘雋四卷

明蕭士珂輯

清初刻本

八行十九字　左右雙邊　白口

17.8×13.5 釐米

天一閣

集 0573

分類尺牘新語廣編二十四卷補編一卷

清汪淇、吳雯清輯並評

清康熙七年(1668)刻本

九行二十四字　四周雙邊　白口

20.4×13 釐米

浙圖

集 0574

賴古堂名賢尺牘新鈔十二卷二選藏弆集十六卷三選結隣集十六卷

清周亮工輯

清康熙(1662—1722)周氏賴古堂刻本

存二選藏弆集十六卷

九行二十字　四周單邊　白口

19.8×13.6 釐米

浙圖

集 0575

憑山閣留青集選十卷

清陳枚輯

清康熙十一年(1672)金陵孝友堂刻本

存四卷　一至四

九行二十四字　四周單邊　白口

19.2×12.6 釐米

浙圖

集 0576

憑山閣彙輯四六留青采珍前集十二卷後集十二卷

清陳枚輯

清康熙四十二年(1703)刻本

九行二十字　左右雙邊　白口

19.4×12.2 釐米

浙圖

集 0577

憑山閣增輯留青新集三十卷

清陳枚輯　清陳德裕增輯

清康熙(1662—1722)經綸堂刻本

缺十三卷　十三至二十三　二十八至二十九

十行二十四字　四周單邊　白口

13×9.3 釐米

衢博

集 0578

歷朝尺牘六卷

清浙西曹三德輯

清康熙三十三年(1694)刻本

九行二十二字　四周單邊　白口

20.9×13.8 釐米

浙圖

集 0579

歷朝名媛尺牘不分卷

清青浦水鏡山房輯

清水鏡山房刻本

八行十八字　四周雙邊　白口　書口下鐫“水鏡山房”

15.5×10.6 釐米

紹圖

集 0580

歷朝名媛尺牘不分卷

清青浦水鏡山房輯

清抄本

浙圖

斷代

集 0581

春秋詞命三卷

明王鏊輯

明刻本

九行二十一字　左右雙邊　白口

19.5×14.2 釐米

天一閣

集 0582

春秋詞命三卷

明王鏊輯

明刻本　佚名批校

九行二十字　四周單邊　白口

20×14.4 釐米

浙圖

集 0583

春秋詞命三卷

明王鏊輯

明刻本

十行二十字　左右雙邊　白口

19.1×13.8 釐米

天一閣

集 0584

春秋詞命三卷

明王鏊輯

明萬曆二十七年(1599)喻繩祖刻本

十行二十一字　四周單邊　白口

21×14.7 釐米

天一閣

集 0585

周文歸二十卷

明鍾惺輯

明崇禎十三年(1640)刻本

九行十九字　四周單邊　白口

19.4×14.5 釐米

浙圖

集 0586

新鍥鄭孩如先生精選先秦兩漢旁訓便讀六卷

明鄭維嶽輯

明楊九經刻本

七行二十字　四周雙邊　白口

20.5×13.1 釐米

浙圖　杭圖

集 0587

漢鐃歌十八曲集解一卷

清仁和譚獻撰

稿本

浙圖

集 0588

西漢文類三十五卷目錄二卷

明劉節輯

明抄本

缺七卷　一至四　十五至十七

十行二十至二十三字　四周單邊　白口

23.2×16.4 釐米

天一閣

集 0589

西漢文類三十五卷目錄二卷

明劉節輯

明抄本

存目錄二卷

十行字數不一　四周單邊　白口

19.3×14 釐米

天一閣

集 0590

西漢文苑十卷

明申用嘉輯

明萬曆二十八年(1600)賓綸堂刻本

九行二十字　左右雙邊　白口

20.8×14.5 釐米

天一閣　浙大

集 0591

西漢文不分卷

明抄本

十行二十二字　四周單邊　白口

21.4×14.3 釐米

天一閣

集 0592

西漢文選四卷

清儲欣輯

清乾隆四十五年(1780)受祉堂刻本

八行二十五字　左右雙邊　白口

18.8×11.3 釐米

浙圖　平湖圖　嵊州圖＊

集 0593

東漢文類三十六卷目録二卷

明劉節輯

明抄本

缺五卷　二十三至二十五　目録二卷

十行二十字　四周單邊　白口

24×16.3 釐米

天一閣

集 0594

東漢文類三十六卷目録二卷

明劉節輯

明抄本

存目録二卷

十行字數不一　四周單邊　白口

19.5×14 釐米

天一閣

集 0595

東漢文紀三十二卷

明梅鼎祚輯

明崇禎(1628—1644)刻本

十行二十字　左右雙邊　白口

20.5×14.2 釐米

天一閣

集 0596

西漢文鑑二十一卷東漢文鑑二十卷

宋陳鑑輯

明嘉靖二年(1523)劉弘毅慎獨齋刻本

存西漢文鑑二十一卷

十行二十一字　四周雙邊　黑口

19.5×13 釐米

浙圖

集 0597

西漢文鑑二十一卷東漢文鑑二十卷

宋陳鑑輯

明刻本

九行十八字　四周單邊　白口

18×13 釐米

浙大　天一閣

集 0598

兩漢文選不分卷

明衛勳輯

明萬曆三十七年(1609)衛拱宸刻本

九行二十字　左右雙邊　白口

20.3×14 釐米

浙圖　溫圖

集 0599

西漢文二十卷東漢文二十卷

明張采輯

明崇禎(1628—1644)金閶委宛齋刻本

九行十九字　左右雙邊　白口

20.9×14.6 釐米

浙圖　浙大＊

集 0600

西漢文二十卷東漢文二十卷

明張采輯

明崇禎(1628—1644)刻五雲居印本

九行十九字　左右雙邊　白口

奉化文

集 0601

兩漢文删二十四卷

清宗元豫輯

清康熙(1662—1722)刻本

九行二十字　左右雙邊　白口

浙圖

集 0602

漢文抄不分卷

題清曼殊女史輯

清抄本　清蕭山毛奇齡、紀曉嵐、張子萬跋

題毛奇齡姬人曼殊手抄本

浙圖

集 0603

三國文紀二十四卷

明梅鼎祚輯

明崇禎(1628—1644)刻本

十行二十字　左右雙邊　白口

20.8×14.7 釐米

浙大

集 0604

晉文紀二十卷

明梅鼎祚輯

明崇禎(1628—1644)刻本

十行二十字　左右雙邊　白口

20.1×14.2 釐米

天一閣

集 0605

晉文歸八卷

明鍾惺輯並評

明末古香齋刻本

九行二十六字　四周單邊　白口　版心下鐫"古香齋"　眉上鐫評

22.2×12.5 釐米

浙圖

集 0606

西晉文二十卷東晉文三十八卷

明張采輯

明崇禎(1628—1644)刻本

九行十九字　左右雙邊　白口

20.4×14.7 釐米

浙圖

集 0607

南朝宋文二十八卷

明張采輯

明崇禎(1628—1644)刻本

九行十九字　左右雙邊　白口　眉上鐫評

20.1×14.5 釐米

天一閣

集 0608

南朝齊文十二卷

明張采輯

明崇禎(1628—1644)刻本

九行十九字　左右雙邊　白口

20.4×14.5 釐米

浙圖

集 0609

北齊文紀三卷

明梅鼎祚輯

明崇禎十一年(1638)刻本

十行二十字　左右雙邊　白口
20.8×14.9 釐米
浙圖

集 0610
後周文紀八卷
明梅鼎祚輯
明崇禎十一年(1638)刻本
十行二十字　左右雙邊　白口
19.8×14.5 釐米
浙圖

集 0611
文粹一百卷
宋吳興姚鉉輯
明初刻本
存六卷　十二至十四　二十五至二十七
十五行二十五字　左右雙邊　黑口
19.5×14.2 釐米
浙圖＊　杭圖＊

集 0612
文粹一百卷
宋吳興姚鉉輯
明初刻本　清瑞安楊紹廉校
存二十八卷　二十五至二十七　三十至五十四
溫圖

集 0613
重校正唐文粹一百卷
宋吳興姚鉉輯
明嘉靖三年(1524)徐焴刻本
十四行二十五字　左右雙邊　白口
20×14.4 釐米
浙圖　溫圖　天一閣　浙大

集 0614
重校正唐文粹一百卷
宋吳興姚鉉輯
明嘉靖三年(1524)徐焴刻本　清王芑孫校並跋
缺二十六卷　七十五至一百
浙圖

集 0615
重校正唐文粹一百卷
宋吳興姚鉉輯
明嘉靖三年(1524)徐焴刻萬曆二十六年(1598)金應祥重修本
浙圖

集 0616
重校正唐文粹一百卷
宋吳興姚鉉輯
明嘉靖六年(1527)張大輪刻本
十四行二十五字　左右雙邊　白口
20.5×13.8 釐米
浙圖　天一閣

集 0617
唐文粹一百卷
宋吳興姚鉉輯
明嘉靖五年至七年(1526—1528)晉藩養德書院刻本
十三行二十一字　四周單邊　白口
21.2×14.6 釐米
浙圖　黃巖圖　浙大

集 0618
唐文粹一百卷
宋吳興姚鉉輯
明嘉靖五年至七年(1526—1528)晉藩養德書院刻本〔卷十四下至十五下配清抄本〕　康有爲題款
浙圖

集 0619
重校正唐文粹一百卷
宋吳興姚鉉輯

明萬曆四十六年(1618)鄧渼刻本
十行二十字　四周單邊　白口
20.9×15 釐米
浙圖

集 0620
唐文粹一百卷
宋吳興姚鉉輯
明崇禎三年(1630)徐仁中刻本
九行二十字　左右雙邊　白口　眉鐫諸家評
19.8×14.5 釐米
浙圖　杭圖

集 0621
文粹一百卷
宋吳興姚鉉輯
清光緒十六年(1890)許增榆園刻本　清仁和許增校
存十一卷　一至十一
十四行二十五字　左右雙邊　黑口
18.2×13.2 釐米
浙圖

集 0622
唐文粹删十卷
宋吳興姚鉉輯　明張溥重輯
明末刻本
九行十九字　左右雙邊　白口
浙圖

集 0623
河嶽英靈集三卷
唐殷璠輯
明萬曆三十一年(1603)張世才刻唐詩六集本
九行二十字　左右雙邊　白口
20.2×14.1 釐米
浙圖

集 0624
河嶽英靈集三卷
唐殷璠輯
明崇禎元年(1628)毛氏汲古閣刻唐人選唐詩本　嘉興沈曾植批校
浙博

集 0625
國秀集三卷
唐芮挺章輯
明刻本　清姜渭校
十行十八字　左右雙邊　白口
16×13.3 釐米
浙圖

集 0626
松陵集十卷
唐皮日休、陸龜蒙撰
明弘治十五年(1502)劉濟民刻本
十行十八字　左右雙邊　綫黑口
18.7×14.1 釐米
浙圖

集 0627
松陵集十卷
唐皮日休、陸龜蒙撰
明末毛氏汲古閣刻本
八行十九字　左右雙邊　白口
19.3×13.5 釐米
浙圖　天一閣

集 0628
才調集十卷
後蜀韋縠輯
明沈春澤刻清順治四年(1647)朱明之重修本　清陳氏錄清馮舒、馮班批校並跋
八行十八字　四周單邊　白口
19.6×13.6 釐米
浙圖

集 0629

才調集十卷

後蜀韋縠輯

清康熙四十三年(1704)垂雲堂刻本

八行十九字　左右雙邊　白口　版心下鐫"垂雲堂"

17.8×13 釐米

浙圖　嘉圖　天一閣

集 0630

才調集十卷

後蜀韋縠輯

清康熙四十三年(1704)垂雲堂刻本　清許復淳録清馮武、馮班、陸貽典批　清許復淳跋

浙大

集 0631

才調集十卷

後蜀韋縠輯

清康熙四十三年(1704)垂雲堂刻本　佚名朱墨批注

浙圖

集 0632

才調集補註十卷

後蜀韋縠輯　清殷元勳箋注　清宋邦綏補注

清乾隆五十八年(1793)宋氏思補堂刻本

十行二十一字　四周雙邊　白口

18.4×13.6 釐米

浙圖

集 0633

删正二馮評閱才調集二卷

清紀昀輯

清抄本

十行二十一字　無格

天一閣

集 0634

王荆公唐百家詩選二十卷

宋王安石輯

清康熙四十三年(1704)宋犖、丘迥刻本

十行十八字　左右雙邊　白口

19×14.4 釐米

浙圖　溫圖

集 0635

王荆公唐百家詩選二十卷

宋王安石輯

清康熙四十七年(1708)緯蕭堂刻本

十行十八字　左右雙邊　白口

18.9×14 釐米

浙大

集 0636

萬首唐人絶句一百一卷

宋洪邁輯

明嘉靖十九年(1540)陳敬學德星堂刻本

十行二十字　左右雙邊　白口

20.3×14.9 釐米

浙圖　天一閣*

集 0637

宋洪魏公進萬首唐人絶句四十卷目録四卷

宋洪邁輯　明趙宧光、黄習遠補

明萬曆三十四年(1606)趙氏小宛堂刻本

十行十八字　左右雙邊　白口

21.7×14.4 釐米

浙圖　天一閣*

集 0638

箋註唐賢絶句三體詩法二十卷

宋周弼輯　元釋圓至注

明刻本

存五卷　一至五

九行十七字　四周雙邊　黑口

20.8×17 釐米

天一閣

集 0639

箋註唐賢絶句三體詩法二十卷

宋周弼輯　元釋圓至注

明刻本　清歸安姚世鈺録清何焯批校並跋

九行十七字　四周雙邊　黑口

24.6×17.2 釐米

杭圖

集 0640

唐詩絶句五卷

宋趙蕃、韓淲輯　宋謝枋得注

明刻本

八行十六字　四周雙邊　黑口

19×13.5 釐米

天一閣

集 0641

唐詩鼓吹十卷

金元好問輯　元郝天挺註

元冲和書堂刻本

十三行二十二字　四周雙邊　黑口

19.1×12.8 釐米

浙圖

集 0642

東嵒艸堂評訂唐詩鼓吹十卷

金元好問輯　元郝天挺注　明廖文炳解　清朱三錫評

清康熙(1662—1722)刻本

十一行二十一字　四周雙邊　白口

18.9×14.2 釐米

浙圖　寧圖

集 0643

東嵒艸堂評訂唐詩鼓吹十卷

金元好問輯　元郝天挺注　明廖文炳解　清朱三錫評

清乾隆四十年(1775)刻本

十一行二十一字　四周雙邊　白口

18.9×14.2 釐米

浙圖

集 0644

唐詩鼓吹十卷

金元好問輯　元郝天挺注　明廖文炳解　清陸貽典參解

清乾隆二十七年(1762)敬業堂刻本

十一行二十一字　左右雙邊　黑口

19×14.2 釐米

浙圖

集 0645

唐音十卷

元楊士弘輯

明刻本

存六卷　正音四至六　遺響三卷

十行十八字　左右雙邊　白口

17.5×13 釐米

天一閣

集 0646

唐音十卷

元楊士弘輯

明刻重修藍印本

十行十八字　左右雙邊　白口

17.5×12.3 釐米

浙大

集 0647

唐音十五卷

元楊士弘輯　明顧璘批點

明嘉靖二十年(1541)溫秀刻本

十行二十字　四周單邊　白口

20.2×14.5 釐米

浙圖　天一閣

集 0648

七體唐詩正音補註二卷

元楊士弘輯　明王庸注

明成化十一年(1475)刻本

八行二十字　四周雙邊　黑口
20×13.2 釐米
天一閣

集 0649
唐詩品彙九十卷拾遺十卷
明高棅輯
明弘治六年(1493)張璁刻本〔缺頁配明抄本〕
十行二十字　四周雙邊　黑口
19.9×12.3 釐米
浙圖

集 0650
唐詩品彙九十卷拾遺十卷
明高棅輯
明嘉靖十八年(1539)牛斗刻本
十行二十字　左右雙邊　白口
22.3×15.3 釐米
浙圖　杭圖＊　天一閣

集 0651
唐詩品彙九十卷拾遺十卷
明高棅輯
明隆刻本
存品彙九十卷
八行十六字　四周單邊　白口
浙圖

集 0652
唐詩品彙九十卷拾遺十卷
明高棅輯
明萬曆三十三年(1605)陸允中刻本
存三卷　六十七至六十九
十行二十字　左右雙邊　白口
20.5×13.6 釐米
天一閣

集 0653
唐詩品彙九十卷拾遺十卷
明高棅輯
明刻本
十行二十字　左右雙邊　白口
20.2×13.8 釐米
浙圖　天一閣＊

集 0654
唐詩品彙九十卷拾遺十卷
明高棅輯　明汪宗尼校訂
明刻本　佚名批校
十行二十字　左右雙邊　白口
20.4×13.8 釐米
浙圖

集 0655
唐詩品彙九十卷拾遺十卷
明高棅輯　明張恂重訂
明末張恂刻本
十行二十字　左右雙邊　白口
19.1×13.4 釐米
浙圖＊　天一閣＊

集 0656
唐詩品彙九十卷拾遺十卷
明高棅輯
清順治十四年(1657)梅墅石渠閣刻本
十行二十字　左右雙邊　白口
20×14 釐米
浙圖＊　天一閣

集 0657
唐詩正聲二十二卷
明高棅輯
明吳氏西爽堂刻本
九行二十字　左右雙邊　白口
20×14.2 釐米
浙圖

集 0658
唐詩正聲二十二卷
明高棅輯

明書林種德堂熊沖宇刻本
八行十六字　四周單邊　白口
18.5×13.1 釐米
浙圖

集 0659
唐詩正聲二十二卷
明高棅輯
明刻本
缺四卷　十六至十九
19.8×14.2 釐米
天一閣 *

集 0660
增定評註唐詩正聲二十二卷
明高棅輯　明海昌郭濬評點
明天啓六年(1626)郭濬刻本
缺十卷　十三至二十二
九行二十字　四周單邊　白口
20×14.2 釐米
浙圖

集 0661
增定應制唐詩箋註□□卷
明高棅輯　明海昌郭濬輯
明雙桂堂刻本
存二卷　一至二
九行二十字　四周單邊　白口
19.8×14.2 釐米
天一閣

集 0662
雅音會編十二卷
明康麟輯
明嘉靖二十四年(1545)瀋藩勉學書院刻本
缺二卷　三　五
九行二十字　四周雙邊　白口
20.3×15.2 釐米
浙圖

集 0663
重選唐音大成十五卷
明邵天和輯
明嘉靖五年(1526)葉良佩刻本
缺七卷　一至三　十二至十五
十行二十字　四周雙邊　黑口
19.2×13 釐米
天一閣

集 0664
唐詩類鈔八卷
明長興顧應祥輯
明嘉靖三十一年(1552)自刻本
九行十八字　四周單邊　白口
19.2×14.8 釐米
浙圖

集 0665
唐詩絶句精選四卷附刻一卷拾遺一卷
明張含輯　明楊慎批點
明嘉靖二十六年(1547)張氏萬卷堂刻本
九行二十字　左右雙邊　白口
16.6×14 釐米
天一閣

集 0666
唐絶增奇五卷
明楊慎輯
明刻本
十一行十八字　四周雙邊　白口
18×13.5 釐米
天一閣

集 0667
山中集一卷
明鄞縣萬表輯
明嘉靖(1522—1566)刻本
十行十八字　左右雙邊　白口
17×12.5 釐米
天一閣

集 0668

唐詩絶句類選四卷總評一卷人物一卷

明敖英、凌雲輯　明敖英等評

明凌雲刻三色套印本

八行十九字　四周單邊　白口

20.6×14.8 釐米

浙圖＊　浙大

集 0669

全唐詩選十八卷

明李默、鄒守愚輯

明嘉靖二十六年(1547)曾才漢刻本

存九卷　一至九

十行二十一字　四周單邊　白口

19×14 釐米

天一閣

集 0670

唐雅二十六卷

明張之象輯

明嘉靖二十年(1541)長水書院刻本

九行十七字　左右雙邊　白口

20.1×16 釐米

浙圖

集 0671

唐雅二十六卷

明張之象輯

明嘉靖二十年(1541)長水書院刻三十一年(1552)無錫縣印本

浙圖＊　紹圖　杭博

集 0672

唐雅二十一卷

明張之象輯

明萬曆(1573—1620)吳勉學刻本

九行十九字　左右雙邊　白口

21.2×13.8 釐米

浙圖

集 0673

唐詩類苑二百卷

明張之象輯

明萬曆二十九年(1601)曹仁孫刻本

十行二十字　四周雙邊　白口

21×13.8 釐米

浙圖　杭圖　天一閣

集 0674

唐詩類苑纂不分卷

明蔣伊輯

清抄本

十二行二十三字　左右雙邊　白口

20.8×14.5 釐米

杭圖

集 0675

重校唐詩類苑選三十四卷

清戴明説輯

清康熙(1662—1722)刻本

九行二十字　四周單邊　白口

17.8×13.8 釐米

溫圖

集 0676

李于鱗唐詩選七卷

明李攀龍輯

明萬曆三年(1575)吳興凌氏盟鷗館刻本

九行十八字　四周單邊　白口

18.2×11.8 釐米

浙圖

集 0677

郄庵重訂李于鱗唐詩選七卷

明李攀龍輯　明蔣一葵箋釋

郄庵增訂唐詩評一卷

明黄家鼎輯

明崇禎元年(1628)黄家鼎刻本

九行十八字　四周單邊　白口

22.3×13.6 釐米
浙圖

集 0678
新刻李袁二先生精選唐詩訓解七卷首一卷
明李攀龍輯
明萬曆四十六年(1618)居仁堂余獻可刻本
九行二十字　四周單邊　白口
23×13.8 釐米
浙大

集 0679
李于鱗唐詩廣選七卷
明李攀龍輯　明凌瑞森、凌南榮輯評
明萬曆三年(1575)凌氏盟鷗館刻朱墨套印本
八行十八字　四周單邊　白口
21×14.7 釐米
杭圖

集 0680
琬琰清音十二卷
明黄鳳翔、詹仰庇輯　明朱梧批點
明萬曆二十六年(1598)刻本
存唐七言律選六卷
十行二十字　四周雙邊　白口
21.6×14.9 釐米
浙圖

集 0681
唐詩紀一百七十卷目錄三十四卷
明黄德水、吴琯輯
明萬曆十三年(1585)吴琯刻本
九行十九字　四周雙邊　白口
20.1×13.8 釐米
浙圖*　天一閣*　浙大

集 0682
唐雅同聲五十卷目錄二卷
明毛懋宗輯　明朱謀垔補輯
明崇禎元年(1628)依仁山館刻清順治十八年(1661)重修本
十行二十字　四周雙邊　白口
20.9×13.5 釐米
浙圖　溫圖

集 0683
唐雅同聲五十卷目錄二卷
明毛懋宗輯　明朱謀垔補輯
清乾隆二十四年(1759)餘慶堂刻本
十行二十字　四周雙邊　白口
20.5×13.6 釐米
嘉圖

集 0684
唐詩助道微機六卷
明嵊縣周汝登輯
明刻本
存二卷　二　四
九行十八字　四周雙邊　白口
20.3×14.5 釐米
天一閣

集 0685
唐詩三集合編七十四卷首一卷
明吴興沈子來輯
明天啓四年(1624)沈氏寧遠山房刻本
九行二十字　四周單邊　白口
22×14.4 釐米
浙圖*　浙大

集 0686
唐詩所四十七卷
明長興臧懋循輯
明萬曆(1573—1620)刻本
十行二十一字　左右雙邊　白口
20.7×13.8 釐米
浙圖　蕭山圖　浙大

集 0687

盛唐彙詩一百二十四卷詩人氏系履歷一卷目錄二十二卷

明吳勉學輯

明萬曆三十年(1602)吳勉學刻四唐彙詩本

九行十八字　左右雙邊　白口

19.6×13.7 釐米

浙圖

集 0688

詳註百家唐詩彙選三十卷

明徐克輯並注

明萬曆三十三年(1605)世美堂刻本

十行二十字　四周單邊　白口

21.3×13.3 釐米

浙圖

集 0689

唐詩解五十卷

明唐汝詢輯

明萬曆四十三年(1615)楊鶴刻本

九行二十字　四周單邊　白口

23.1×14.8 釐米

杭圖　溫圖

集 0690

唐詩解五十卷詩人爵里一卷

明唐汝詢輯

清順治十六年(1659)趙孟龍萬笈堂刻本

九行十九字　四周單邊　白口　版心下鐫"萬笈堂"

20.7×14.4 釐米

浙圖　溫圖　海寧圖＊　紹圖　東陽文

集 0691

删訂唐詩解二十四卷

明唐汝詢輯　清吳昌祺評

清康熙四十年(1701)誦懿堂刻本

兩欄　下欄九行二十一字　左右雙邊　白口

22×14.5 釐米

浙圖　溫圖

集 0692

唐音戊籤二百一卷餘閏六十三卷餘諸國主詩一卷

明海鹽胡震亨輯

清康熙二十五年(1686)胡氏南益堂刻本

十行十九字　左右雙邊　白口

20.1×15.2 釐米

嘉圖

集 0693

唐李杜詩集十六卷

明萬虞愷、邵勳輯

明嘉靖二十一年(1542)萬虞愷刻本

十二行二十二字　左右雙邊　白口

19.2×14.4 釐米

浙圖　杭博

集 0694

批選唐詩二卷

明郝敬輯

明崇禎(1628—1644)郝洪範刻山草堂集本

九行十八字　四周單邊　白口

21.3×14.9 釐米

浙圖

集 0695

貫華堂選批唐才子詩甲集七言律八卷

清金人瑞輯　清金雍注

清初刻本

九行二十一字　左右雙邊　白口

19.4×14.9 釐米

嘉圖

集 0696

唐省試詩十卷

清海寧陳訏箋評

清乾隆(1736—1795)刻本　佚名批點
十行十九字　左右雙邊　白口
17.8×13.2 釐米
浙圖

集 0697
全唐詩九百卷目錄十二卷
清曹寅、彭定求等輯
清康熙四十四至四十六年(1705—1707)揚州詩局刻本
十一行二十一字　小字雙行三十字　左右雙邊　綫黑口
16.9×11.8 釐米
浙圖　黄巖圖　天一閣*　餘姚文　奉化文　玉海樓　浙大

集 0698
御選唐詩三十二卷目錄三卷
清聖祖玄燁輯　清陳廷敬等注
清康熙五十二年(1713)内府刻朱墨套印本
七行十七字　小字雙行二十至二十六字不一　四周雙邊　白口
19.1×12.6 釐米
浙圖　寧圖　紹圖

集 0699
唐詩英華二十二卷
清顧有孝輯
清初(1644—1722)顧氏寧遠堂刻本
十一行二十一字　左右雙邊　白口
16.5×12.5 釐米
浙圖

集 0700
唐賢三昧集三卷
清王士禛輯
清康熙(1662—1722)刻本
十行十九字　左右雙邊　黑口
16.8×13.2 釐米
浙大

集 0701
唐賢三昧集三卷
清王士禛輯
清康熙(1662—1722)刻本　清侯學愈錄姚鼐批校並跋
十行十九字　左右雙邊　黑口
16.7×13.4 釐米
浙圖

集 0702
唐賢三昧集三卷
清王士禛輯　清吳煊、胡棠輯注
清乾隆五十二年(1787)聽雨軒刻本
十行二十一字　左右雙邊　白口
17.2×14 釐米
浙圖

集 0703
唐人萬首絶句選七卷
清王士禛輯
清康熙(1662—1722)刻本
十行十九字　左右雙邊　黑口
18×13.5 釐米
浙圖

集 0704
唐人萬首絶句選七卷
清王士禛輯
清康熙(1662—1722)松花屋刻本
十行十九字　左右雙邊　黑口
16×13.5 釐米
寧圖

集 0705
御定全唐詩錄一百卷
清徐倬、徐元正輯
清康熙四十五年(1706)内府刻本
十一行二十一字　小字雙行三十一字　左右雙邊　黑口
16.3×11.8 釐米

浙圖　杭圖　溫圖＊　嘉圖　上虞圖＊　天台圖

集 0706

御定全唐詩録一百卷

清徐倬、徐元正輯

清康熙(1662—1722)刻本

十一行二十一字　小字雙行三十一字　左右雙邊　黑口

15.9×11.6 釐米

上虞圖　天一閣

集 0707

唐人試帖四卷

清蕭山毛奇齡論定　清仁和王錫、會稽田易參釋

清康熙(1662—1722)刻本　佚名批點

十行二十字　四周單邊　白口

19.5×14.2 釐米

浙圖

集 0708

唐七律選四卷

清仁和王錫輯

清康熙(1662—1722)學者堂刻本

十行二十字　四周單邊　白口

19×14.6 釐米

浙圖　浙大

集 0709

唐詩掞藻八卷

清錢塘高士奇輯

清康熙三十二年(1693)刻本

十一行十九字　小字雙行二十九字　左右雙邊　黑口

19.5×14.5 釐米

浙圖

集 0710

續唐三體詩八卷

清錢塘高士奇選

清康熙(1662—1722)朗潤堂刻本

十一行二十字　四周單邊　黑口

18.8×13.4 釐米

浙圖　溫圖

集 0711

唐詩貫珠六十卷

清胡以梅輯並箋釋

清康熙五十四年(1715)素心堂刻本

九行二十三字　左右雙邊　細黑口　版心下鐫"素心堂"

20×14 釐米

溫圖

集 0712

中晚唐詩叩彈集十二卷續集三卷

清杜詔、秀水杜庭珠輯

清康熙四十三年(1704)采山亭刻本

十一行二十字　小字雙行三十一字　左右雙邊　白口

19.5×15 釐米

浙圖　溫圖　海寧圖　嵊州圖　浙大

集 0713

晚唐詩鈔二十六卷

清海寧查克弘、錢塘凌紹乾輯

清康熙(1662—1722)刻本

十行十九字　左右雙邊　白口

18.9×14.7 釐米

浙圖　天一閣

集 0714

晚唐詩鈔二十六卷

清海寧查克弘、錢塘凌紹乾輯

清康熙(1662—1722)刻本　清楊兆璘校

海寧圖

集 0715

唐詩排律七卷

清牟欽元輯　清牟灦箋注

清康熙五十四年(1715)紫蘭書屋刻本
九行二十字　小字雙行三十字　四周雙邊　白口
17.3×13.8 釐米
嘉圖　紹圖

集 0716
山滿樓箋註唐詩七言律六卷
清趙臣瑗輯
清康熙三十六年(1697)刻本
九行十九字　左右雙邊　白口
18.1×13.8 釐米
浙大

集 0717
唐詩韻滙一百六十七卷韻譜三卷
清施端教輯
清康熙(1662—1722)嘯閣刻後印本
缺一卷　一
十一行二十字　左右雙邊　白口
18×14.1 釐米
浙圖

集 0718
唐詩應試備體十卷補遺一卷
清錢塘葉忱、錢塘葉棟輯注
清康熙五十四年(1715)最古園刻本　佚名評點
存五卷　一至五
19×14.2 釐米
浙圖

集 0719
多師集□卷
清□□輯
清康熙(1662—1722)抄本
存一卷　上
浙圖

集 0720
唐人五言排律詩論三卷
清蔣鵬翮輯並釋
清乾隆(1736—1795)刻本
九行十九字　左右雙邊　白口
19×13 釐米
義烏圖

集 0721
唐人五言排律詩論三卷
清蔣鵬翮輯並釋
清乾隆(1736—1795)寒三草堂刻本
九行二十字　左右雙邊　白口
18.8×13.6 釐米
衢博

集 0722
唐詩合選詳解十二卷
清山陰劉文蔚注
清乾隆(1736—1795)啓文堂刻四教堂印本
十行二十四字　左右雙邊　白口
19.5×13.1 釐米
浙圖

集 0723
唐詩金粉十卷
清歸安沈炳震輯
清乾隆(1736—1795)冬讀書齋刻本
十一行二十五字　小字雙行三十三字　左右雙邊　白口
18.9×14.5 釐米
溫圖　紹圖

集 0724
唐詩金粉十卷
清歸安沈炳震輯
清乾隆(1736—1795)刻本
十一行二十五字　小字雙行三十三字　左右雙邊　白口

19×14.8 釐米

浙大

集 0725

唐詩韶音箋註五卷

清仁和沈廷芳輯　清仁和吳壽祺、仁和吳元治注

清乾隆二十三年(1758)刻本

九行十九字　左右雙邊　白口

16.5×12.5 釐米

浙圖

集 0726

唐詩别裁集十卷

清沈德潛、陳培脈輯

清康熙五十六年(1717)碧梧書屋刻本

十行十九字　左右雙邊　黑口

16.6×13.3 釐米

平湖圖　玉海樓

集 0727

重訂唐詩别裁集二十卷

清沈德潛輯

清乾隆二十八年(1763)教忠堂刻本

十行十九字　左右雙邊　白口

17×13.6 釐米

浙圖　溫圖　平湖圖

集 0728

重訂唐詩别裁集二十卷

清沈德潛輯

清乾隆二十八年(1763)教忠堂刻本　清海鹽朱琰批並跋

浙大

集 0729

重訂唐詩别裁集二十卷

清沈德潛輯

清乾隆五十七年(1792)瀛經堂刻本

八行十六字　四周單邊　白口

9.4×7.6 釐米

衢博

集 0730

唐人試律説一卷

清紀昀撰

清乾隆二十五年(1760)刻本

九行二十字　四周雙邊　白口

15.2×11 釐米

浙圖

集 0731

唐詩選勝直解不分卷

清西泠吳烶輯

清乾隆(1736—1795)懷素堂刻本

九行二十字　左右雙邊　白口

18×13 釐米

衢博

集 0732

唐詩觀瀾集二十四卷唐人小傳一卷

清李因培輯並評　清凌應增註

清乾隆二十四年(1759)刻本

九行二十一字　左右雙邊　白口

16.4×11.5 釐米

浙圖　溫圖

集 0733

應試唐詩類釋十九卷

清臧岳輯

清乾隆四十年(1775)三樂齋刻本

缺二卷　十四至十五

八行二十字　左右雙邊　白口

22.2×13 釐米

嵊州圖

集 0734

唐詩繹三十卷

清楊逢春輯

清乾隆(1736—1795)楊逢春紉香書屋刻

本
九行十九字　左右雙邊　白口
16.8×13.6 釐米
浙圖

集 0735
唐詩箋註十卷
清黄叔燦箋註
清乾隆(1736—1795)松筠書屋刻本
十行二十一字　左右雙邊　白口
18.8×13.5 釐米
浙圖

集 0736
全唐試律類箋十卷
清惲鶴生、錢人龍輯
清乾隆二十四年(1759)刻本　清朱玉振等批校
十行二十一字　左右雙邊　白口
17×12 釐米
海寧圖

集 0737
全唐試律類箋十卷
清惲鶴生、錢人龍輯
清乾隆二十六年(1761)春橋書屋刻本
十行二十一字　左右雙邊　白口
17×12.5 釐米
寧圖

集 0738
全唐詩逸三卷
日本河世寧纂輯
清嘉慶十九年(1814)抄本　清李宏信跋
浙圖

集 0739
唐人五言長律清麗六卷
清徐日璉、沈士駿輯
清乾隆(1736—1795)刻本
九行十九字　左右雙邊　白口
19.2×12.2 釐米
浙圖　温圖

集 0740
全唐詩鈔八十卷補遺十六卷
清吳成儀輯
清乾隆二十四年(1759)刻本
缺三卷　補遺十四至十六
十一行二十一字　左右雙邊　綫黑口
15.9×11.6 釐米
浙圖

集 0741
網師園唐詩箋十八卷
清宋宗元輯
清乾隆(1736—1795)尚絅堂刻本
十行二十一字　小字雙行三十一字　左右雙邊　白口
18.7×14.5 釐米
浙圖

集 0742
大曆詩略六卷
清喬億輯
清乾隆(1736—1795)居安樂玩之堂刻本
十行二十一字　左右雙邊　白口
18.7×15.2 釐米
浙圖

集 0743
寒瘦集一卷
唐孟郊、賈島撰　清岳端輯並評
清康熙三十八年(1699)岳端紅蘭室刻朱墨套印本
八行十八字　四周雙邊　白口
19.4×13.5 釐米
浙圖

集 0744

唐詩愜當集三十卷

清蕭山何西堰輯

清抄本　清姚瑩俊跋

浙圖

集 0745

唐詩意一卷

清東陽葉蓁撰

稿本

浙圖

集 0746

華國編唐賦選二卷

清孫濩孫輯

清雍正十一年(1733)自刻本

九行二十二字　四周雙邊　白口

18.8×13.5 釐米

浙圖

集 0747

王狀元標目唐文類十二卷

題宋樂清王十朋輯

明李氏銅活字印本

存三卷　十至十二

十行二十字　四周單邊　白口

19×13.7 釐米

天一閣

集 0748

唐文鑑二十一卷

明賀泰輯

明正德六年(1511)孫佐刻本

缺二卷　一至二

十行二十一字　四周雙邊　細黑口

18.5×13 釐米

天一閣

集 0749

增注唐策十卷

明正德十四年(1519)汪燦刻本

存五卷　六至十

十行十八字　四周單邊　白口

14.4×10 釐米

天一閣

集 0750

唐文歸二十四卷

明仁和朱東觀輯並評

明末古香齋刻本

九行二十六字　四周單邊　白口

浙圖

集 0751

唐名家文鈔不分卷

清吳興溫睿臨輯

清墨妙樓抄本　清溫純批校

浙圖

集 0752

唐人應試賦選八卷

清山陰劉文蔚撰

清乾隆二十五年(1760)刻本

九行十九字　左右雙邊　白口

18.3×10.6 釐米

溫圖　義烏圖

集 0753

欽定全唐文一千卷目錄三卷

清富陽董誥等輯

清嘉慶十九年(1814)內府刻本

九行二十二字　四周雙邊　白口

20×14.5 釐米

浙圖　溫圖*

集 0754

唐文薈鈔十八卷續鈔八卷

清吳鍾駿輯

清道光十六年至二十年(1836—1840)稿本

清何紹基校並跋　丁福保、姜亮夫跋

缺二卷　十五至十六

九行二十五字　左右雙邊　白口

19.6×12.6 釐米

浙大

集 0755

孶經室全唐文補遺不分卷

清抄本

浙圖

集 0756

歲時雜詠今集二卷

宋蒲積中輯

清抄本

浙圖

集 0757

九僧詩一卷

宋釋希晝等撰

清抄本　佚名錄清毛扆跋

浙圖

集 0758

濂洛風雅七卷

宋蘭谿金履祥輯

明弘治十五年(1502)刻本

缺二卷　四至五

十一行二十字　四周雙邊　黑口

22×15.5 釐米

天一閣

集 0759

重訂宋詩正體四卷

明符觀輯

明刻本

缺一卷　一

九行十九字　四周雙邊　黑口

19.5×13.7 釐米

天一閣

集 0760

積書巖宋詩選二十五卷

清顧貞觀輯

清康熙(1662—1722)刻本

九行十九字　左右雙邊　細黑口

17.4×12.8 釐米

溫圖

集 0761

宋詩選二十卷

清吳曹直、儲右文輯

清康熙二十六年(1687)刻本

十行二十一字　四周雙邊　黑口

18.4×13.1 釐米

浙圖

集 0762

南宋群賢詩選十二卷

清陸鍾輝輯

清雍正九年(1731)陸氏水雲漁屋刻本

九行二十一字　左右雙邊　白口

18×13.1 釐米

浙圖

集 0763

千首宋人絶句十卷

清嚴長明輯

清乾隆三十五年(1770)畢沅刻本

十一行二十一字　左右雙邊　黑口

17×13.2 釐米

浙圖

集 0764

南宋雜事詩七卷

清錢塘沈嘉轍等輯

清乾隆(1736—1795)武林芹香齋刻本

十一行二十一字　小字雙行二十八字　左右雙

邊　白口
17.5×12.9 釐米
浙圖　溫圖　海寧圖　玉海樓

集 0765
新雕宋朝文鑑一百五十卷目錄三卷
宋金華呂祖謙輯
明天順八年(1464)嚴州府刻弘治十七年(1504)胡韶重修本
十三行二十一字　左右雙邊　黑口
19.3×12.7 釐米
浙圖

集 0766
新雕宋朝文鑑一百五十卷目錄三卷
宋金華呂祖謙輯
明天順八年(1464)嚴州府刻弘治(1488—1505)嘉靖(1522—1566)遞修本
浙大

集 0767
大宋文鑑一百五十卷目錄三卷
宋金華呂祖謙輯
明正德十三年(1518)慎獨齋刻本
十二行二十五字　四周雙邊　綫黑口
18.8×12 釐米
浙圖　天一閣

集 0768
宋文鑑一百五十卷目錄三卷
宋金華呂祖謙輯
明嘉靖五年(1526)晉藩養德書院刻本
十三行二十一字　左右雙邊　黑口
19.5×13.1 釐米
浙圖*　杭圖*　天一閣*　浙大*

集 0769
校正重刊官板宋朝文鑑一百五十卷目錄三卷
宋金華呂祖謙輯
明刻本
十行二十字　四周單邊　白口
22×14.8 釐米
浙圖*　上虞圖　天一閣

集 0770
校正重刊官板宋朝文鑑一百五十卷目錄三卷
宋金華呂祖謙輯
明刻唐金池印本　佚名批校
溫圖

集 0771
聖宋名賢五百家播芳大全文粹一百十卷目錄七卷
宋魏齊賢、葉棻輯
清抄本
浙圖

集 0772
聖宋名賢五百家播芳大全文粹一百十卷
宋魏齊賢、葉棻輯
清抄本
存七卷　一百四至一百十
十一行二十四字　四周雙邊　黑口
14.2×13.9 釐米
天一閣

集 0773
二十先生回瀾文鑑二十卷後集二十卷
宋虞祖南輯　宋虞夔注
明抄本
存二十二卷　十三至二十　後集一至八　十五至二十
八行二十四字　四周雙邊　白口
21.5×14.5 釐米
天一閣

集 0774

重編有宋簪纓四十六卷

明抄本

存射字集一册

十行二十字　四周單邊　白口

17.9×13.3 釐米

天一閣

集 0775

宋文選三十卷

清顧宸輯

清順治十八年(1661)顧氏辟疆園刻本

九行二十一字　左右雙邊　白口

浙圖

集 0776

宋四六選二十四卷

清彭元瑞、曹振鏞輯

清乾隆四十一年(1776)曹振鏞翠微山麓刻本

九行二十五字　左右雙邊　白口

18.9×13.5 釐米

浙圖　寧圖　溫圖　上虞圖　義烏圖

集 0777

論學統宗二卷

元郭邦藩輯

明東吳寶善堂刻本

十一行十九字　四周雙邊　白口　版心下鐫"寶善堂"

17×12 釐米

浙圖

集 0778

中州集十卷首一卷樂府一卷

金元好問輯

明末毛氏汲古閣刻本

八行十九字　左右雙邊　白口

19.1×13.6 釐米

浙圖　杭圖　溫圖　紹圖*　天一閣　玉海樓

集 0779

中州集十卷首一卷樂府一卷

金元好問輯

明末毛氏汲古閣刻本　清蘭陵道人跋

天一閣

集 0780

中州集十卷首一卷樂府一卷

金元好問輯

明末毛氏汲古閣刻本　清李梅跋

浙大

集 0781

中州集十卷首一卷樂府一卷

金元好問輯

明末毛氏汲古閣刻清初古松堂印本

天一閣

集 0782

御訂全金詩增補中州集七十二卷首二卷

金元好問輯　清郭元釪補輯

清康熙五十年(1711)內府刻乾隆五十四年(1789)重修本

八行十九字　四周單邊　黑口

17.6×12.5 釐米

上虞圖　天一閣*

集 0783

金詩選四卷

清顧奎光輯

清乾隆十六年(1751)刻本

十行十九字　左右雙邊　白口

16.3×13.3 釐米

浙圖　寧圖　溫圖　嘉圖*　海寧圖

集 0784

谷音二卷

元杜本輯

清抄本

浙圖

集 0785

忠義集七卷

元趙景良輯

明末毛氏汲古閣刻本

八行十九字　左右雙邊　白口

18.9×13.5 釐米

溫圖

集 0786

皇元風雅前集六卷

元傅習、孫存吾輯

後集六卷

元孫存吾輯

元李氏建安書堂刻本

十三行二十一字　左右雙邊　細黑口

17.2×12.1 釐米

浙大

集 0787

元詩前集六卷後集六卷

元孫存吾輯

明刻本

存九卷　前集四至六　後集全

九行二十字　四周雙邊　白口

20×13 釐米

天一閣

集 0788

草堂雅集十三卷

元顧瑛輯

清抄本

浙圖

集 0789

敦交集一卷

元魏壽延輯

韋觀集一卷

元□□輯

清抄本

浙圖

集 0790

大雅集八卷

元天台賴良輯　元諸暨楊維楨評

清抄本　清臨海洪頤煊校並跋

浙圖

集 0791

大雅集八卷

元天台賴良輯

清抄本　清黄巖王棻校並跋

浙圖

集 0792

乾坤清氣集十五卷

明偶桓輯

清抄本

浙圖

集 0793

元詩體要十四卷

明宋緒輯

明正德十四年(1519)遼藩朱寵涭刻本

存八卷　七至十四

九行十八字　四周雙邊　黑口

19×11.5 釐米

天一閣

集 0794

元詩選初集一百十四卷首一卷二集一百三卷三集一百三卷

清顧嗣立輯

清康熙三十三年至五十九年(1694—1720)秀野草堂刻本

十行十九字　左右雙邊　白口

18.9×15 釐米

浙圖*　溫圖　嘉圖　天一閣*　浙大

集 0795

元詩選六卷補遺一卷

清顧奎光輯

清乾隆十六年(1751)刻本
十行十九字　左右雙邊　白口
16×13.5 釐米
溫圖　嘉圖　海寧圖　紹圖　黄巖圖　玉海樓

集 0796
元詩鈔不分卷
清初抄本
浙圖

集 0797
元詩集鈔不分卷
清李尚白輯
清抄本
九行二十一字　無格
嘉圖

集 0798
元詩崇雅三十卷
清錢塘汪誠輯
清抄本
浙圖

集 0799
國朝文類七十卷目錄三卷
元蘇天爵輯
元至正二年(1342)西湖書院刻明成化九年(1473)重修本
十行十九字　左右雙邊　黑口
22×16.1 釐米
浙圖　浙大

集 0800
國朝文類七十卷
元蘇天爵輯
元刻本
存三卷　五十七至五十九
十三行二十四字　四周雙邊　細黑口
20×13 釐米
紹圖

集 0801
元文類七十卷目錄三卷
元蘇天爵輯
明嘉靖十六年(1537)晉藩虚益堂刻本
十行十九字　四周單邊　白口
20.3×15.1 釐米
浙圖　天一閣*　臨海博　浙大

集 0802
元文類七十卷目錄三卷
元蘇天爵輯
明末修德堂刻本
九行二十字　四周單邊　白口
20.2×14.4 釐米
浙圖　嘉圖　上虞圖　黄巖圖

集 0803
天下同文集不分卷
元周南瑞輯
清抄本
浙圖

集 0804
天下同文前甲集五十卷
元周南瑞輯
清徐氏各夢山房抄本　長興王修跋
缺七卷　十七至十八　三十至三十一　三十四至三十五　四十一
浙圖

集 0805
治世正音前集十卷後集二十一卷
明歐陽潘輯
明李芳刻本
十二行二十字　四周雙邊　黑口
臨海博

集 0806
新刊名山百詠詩二卷
明李瑛等撰

明弘治十三年(1500)崇明院前葉宅刻本
十行十六或十七字　四周雙邊　白口
18.7×13 釐米
浙圖

集 0807
皇明風雅四十卷詩人名氏一卷
明徐泰輯
明嘉靖十二年(1533)張沂刻本
十行二十字　左右雙邊　白口
19.6×14 釐米
天一閣*　浙大

集 0808
皇明詩抄十卷目錄二卷
明楊慎輯
明嘉靖三十七年(1558)陳仕賢刻本
存五卷　一至五
十行二十字　左右雙邊　白口
19.5×13.2 釐米
天一閣

集 0809
皇明詩抄十卷
明楊慎輯
明刻本
存五卷　一至五
十一行二十一字　四周單邊　白口
18.1×14.4 釐米
天一閣

集 0810
皇明近體詩抄二十九卷
明謝東山輯
明刻本
存二十一卷　五至十　十五至二十九
十行二十字　四周雙邊　白口
19×13.6 釐米
天一閣

集 0811
明詩選十二卷首一卷
明李攀龍輯　明陳子龍增删
明崇禎四年(1631)豹變齋刻本
九行二十字　四周單邊　白口
21×14.5 釐米
浙圖　寧海文

集 0812
國雅二十卷續四卷
明顧起綸輯
國雅品一卷
明顧起綸撰
明萬曆元年(1573)顧氏奇字齋刻本
十行二十一字　左右雙邊　綫黑口
20.3×14.6 釐米
浙圖　嘉圖*

集 0813
盛明十二家詩選十二卷
明朱翊鈏輯並批點
明萬曆十三年(1585)益藩刻本
九行十八字　四周單邊　白口
18.1×12.7 釐米
浙圖

集 0814
明詩正聲六十卷
明盧純學輯
明萬曆十九年(1591)江一夔刻本
九行十八字　左右雙邊　白口
20.3×14.4 釐米
浙圖　天一閣*

集 0815
明詩選八卷續明詩選七卷
明周詩雅輯
明崇禎(1628—1644)刻本
八行二十一字　四周單邊　白口
20.3×13.4 釐米

浙圖

集 0816

明詩選十二卷

明華淑輯

明金閶簧玉堂刻本

九行二十字　四周單邊　白口

21.7×14.8 釐米

杭圖

集 0817

皇明詩選前集□□卷

明嘉興沈士偁輯

明抄本

存八卷　八至十五

九行二十字　四周單邊　白口

20.1×14.6 釐米

天一閣

集 0818

皇明詩選十三卷

明陳子龍等輯

明崇禎十六年(1643)刻本

九行十八字　四周單邊　白口

19.2×14.5 釐米

溫圖　天一閣

集 0819

皇明詩選十三卷

明陳子龍等輯

明崇禎十六年(1643)刻本　清山陰邵飄蕉跋

紹圖

集 0820

皇明詩選十三卷

明陳子龍等輯

明崇禎十六年(1643)刻清乾隆(1736—1795)蔣復貞重修本

浙大

集 0821

明僧弘秀集十三卷

明毛晉輯

清眠雲精舍抄本

浙圖

集 0822

振鷺集一卷

明陳鎬輯

明正德元年(1506)刻本

十行十九字　四周單邊　白口

19.1×12.4 釐米

浙圖

集 0823

熹朝拾遺雜詠一卷天啓宫詞一卷

題明江南小臣撰

清抄本

十行二十字　無格

天一閣

集 0824

小瀛洲十老社詩六卷

明海鹽錢孺穀、鍾祖述輯

瀛洲社十老小傳

明海鹽錢孺穀撰

清順治六年(1649)刻本

九行二十字　左右雙邊　白口

20.2×14.3 釐米

浙圖

集 0825

棠陰遥祝一卷

明嘉靖十二年(1533)刻本

九行十六字　左右雙邊　白口

18×12.4 釐米

天一閣

集 0826

谿山聯句不分卷

明張潮、甘爲霖撰

明嘉靖二十年(1541)刻本
十行十九字　四周單邊　白口
18.7×14 釐米
天一閣

集 0827
儷德偕壽錄四卷
明朱睦㮮輯
明嘉靖四十年(1561)刻本
十行十八字　左右雙邊　白口
19×14.2 釐米
天一閣

集 0828
希壽錄不分卷
明季子兑輯
明萬曆元年(1573)自刻本
八行十八字　左右雙邊　白口
19.5×14.5 釐米
天一閣

集 0829
瀛海長春錄六卷
明劉元霖、劉元震輯
明萬曆(1573—1620)刻本
九行十九字　四周雙邊　白口
20.1×13.7 釐米
浙圖

集 0830
志姜堂贈言一卷
清周有科等輯
清康熙(1662—1722)刻本
八行十八字　四周單邊　白口
20.2×13.8 釐米
浙圖

集 0831
彙刻瑞花詩集二卷
明馮孚之輯
明崇禎元年(1628)自刻本
八行十九字　四周單邊　白口
21.5×13.6 釐米
浙圖

集 0832
萍社詩選八卷
明徐郴臣輯
明崇禎十年(1637)刻本
九行十九字　四周單邊　白口
20.4×13.7 釐米
浙圖

集 0833
幾社六子詩選不分卷
清周立勳等撰
清初抄本
衢博

集 0834
列朝詩集乾集二卷甲集前編十一卷甲集二十二卷乙集八卷丙集十六卷丁集十六卷閏集六卷
清錢謙益輯
清順治九年(1652)毛氏汲古閣刻本
十五行二十八字　四周雙邊　白口
20.7×13.2 釐米
浙圖　杭圖　溫圖　浙大

集 0835
明詩鈔不分卷
清鄞縣范光文輯
清抄本
天一閣

集 0836
懷舊集二卷
清馮舒輯
清初抄本
浙圖

集 0837

懷舊集二卷

清馮舒輯

清光緒三年(1877)抄本

十行二十三字　左右雙邊　黑口

17.3×13.5 釐米

浙大

集 0838

九大家詩選十二卷

清陳菸、李昂枝輯並評

清順治十七年(1660)服古堂刻本

九行十九字　四周雙邊　白口

18.8×14.3 釐米

浙圖

集 0839

遺民詩十二卷

清卓爾堪輯

近青堂詩一卷

清卓爾堪撰

清康熙(1662—1722)卓氏近青堂刻本

十行十八字　左右雙邊　白口

19×14.1 釐米

浙圖　天一閣

集 0840

紀事詩鈔十卷

清顧有孝輯

清初抄本

浙圖

集 0841

藜照樓明二十四家詩定二十四卷

清婺江黄昌衢輯

清康熙二十八年(1689)藜照樓刻本

十行十九字　四周單邊　黑口

18×13.6 釐米

浙圖

集 0842

明詩綜一百卷

清秀水朱彝尊輯

清康熙四十四年(1705)朱氏六峰閣刻本

十行二十一字　左右雙邊　白口

19.2×14.3 釐米

平湖圖　上虞圖

集 0843

明詩綜一百卷

清秀水朱彝尊輯

清康熙(1662—1722)刻本

十一行二十一字　小字雙行三十一字　左右雙邊　白口

19×14.5 釐米

浙圖　温圖　嘉圖　紹圖　天一閣*

集 0844

明詩綜一百卷

清秀水朱彝尊輯

清康熙(1662—1722)刻本　清海昌吳騫跋

杭圖

集 0845

明詩綜一百卷

清秀水朱彝尊輯　清汪森輯評

清乾隆(1736—1795)吳氏清來堂刻本

十一行二十一字　小字雙行二十七字　左右雙邊　白口

18.8×14.5 釐米

餘杭圖　玉海樓

集 0846

明詩別裁集十二卷

清沈德潛等輯

清乾隆四年(1739)刻本

十行十九字　左右雙邊　白口

17.4×13.8 釐米

浙圖　寧圖　温圖　嘉圖　紹圖　海寧圖　平湖

圖　義烏圖　天一閣

集 0847

明詩別裁集十二卷

清沈德潛等輯

清乾隆四年(1739)刻本　佚名批

浙大

集 0848

明人詩鈔十四卷續集十四卷

清海鹽朱琰輯

清乾隆二十五年(1760)樊桐山房刻本

十行十九字　左右雙邊　白口

16.3×12.5 釐米

浙圖　海寧圖　平湖圖*

集 0849

皇明文衡一百卷目錄二卷

明程敏政輯

明嘉靖六年(1527)范震、李文會刻本

十二行二十三字　四周單邊　白口

18.5×13.2 釐米

浙圖　天一閣

集 0850

皇明文衡一百卷目錄二卷

明程敏政輯

明嘉靖八年(1529)宗文堂刻本

十二行二十三字　四周單邊　白口間黑口

18.2×13 釐米

浙大

集 0851

皇明經濟文錄四十一卷

明鄞縣萬表輯

明嘉靖三十三年(1554)曲入繩、游居敬刻本

存五卷　一　七　十二　十四　三十三

十行二十二字　四周單邊　白口

19.2×13.6 釐米

杭圖

集 0852

皇明文範六十八卷目錄二卷

明鄞縣張時徹輯

明萬曆(1573—1620)刻本

存四十一卷　三至六　九　十五至二十七　四十七至六十八　目錄上

十一行二十二字　左右雙邊　白口

19.5×14.5 釐米

天一閣

集 0853

皇明文教錄五卷

明婁樞輯

明隆慶二年(1568)刻本

九行十九字　四周雙邊　白口

23×16.5 釐米

浙圖

集 0854

皇明百家文範八卷

明王乾章輯

明萬曆三年(1575)自刻本

存五卷　二至三　六至八

九行二十字　四周雙邊　白口

浙圖

集 0855

皇明文徵七十四卷

明何喬遠輯

明崇禎四年(1631)自刻本

九行十八字　左右雙邊　白口

19.5×14.5 釐米

浙圖*　天一閣*

集 0856

國朝名公經濟文鈔十卷第一續不分卷

明張文炎輯

明萬曆十五年(1587)玉屑齋刻本

存六卷　一至六
九行二十字　四周雙邊　白口
20.8×13.5釐米
天一閣

集0857
皇明四大家文選五卷
明孫慎行輯
明長慶堂刻本
九行二十字　左右雙邊　白口
22×14.9釐米
浙圖

集0858
陳太史昭代經濟言十四卷
明陳子壯輯
明天啓(1621—1627)刻本
八行二十字　四周單邊　白口
20.9×14.1釐米
天一閣

集0859
皇明經濟文輯二十三卷
明陳其愫輯
明天啓七年(1627)自刻本
缺三卷　十七至十九
八行十八字　四周單邊　白口
20.8×15.1釐米
浙圖

集0860
經世名編二十三卷
明沈懋允輯
明末刻本
八行十八字　四周單邊　白口
20.7×15.1釐米
浙圖

集0861
明文奇賞四十卷
明陳仁錫輯
明天啓三年(1623)刻本
十行二十字　四周單邊　白口
21.8×14.3釐米
浙圖　溫圖*　天一閣

集0862
明文霱二十卷
明武林劉士鏻輯並評
明崇禎(1628—1644)刻本
九行二十字　四周單邊　白口　眉上鐫評
20.2×14釐米
浙圖

集0863
媚幽閣文娛不分卷
明鄭元勳輯
明崇禎三年(1630)鄭元化刻本
九行二十字　四周單邊　白口
20.7×14.3釐米
浙圖

集0864
四六狐白十六卷
明瞿九思、會稽陶望齡等撰
明李少渠刻本
九行二十一字　四周單邊　白口
21.5×14.1釐米
杭圖

集0865
新刻旁注四六類函十二卷
明朱錦輯　明閔師孔注
明萬曆三十六年(1608)王世茂刻本
七行二十四字　四周單邊間左右雙邊　白口
22.8×14.7釐米
天一閣

集0866
新鐫選註名公四六雲濤十卷
明鍾惺輯並注　明錢塘陸雲龍增定

明刻本
缺四卷　一至四
九行十八字　四周單邊　白口
21.2×14.1 釐米
天一閣

集 0867
四六類編十三卷
明嘉興李日華輯　明杭州魯重民補訂
明崇禎(1628—1644)刻本
九行二十字　四周單邊　白口
21.4×14.3 釐米
浙圖　嘉圖

集 0868
岳石帆先生鑒定四六宙函三十卷
明李自榮輯　明王世茂釋
明天啓五年(1625)蔣時機刻本
缺二卷　二十九至三十
原卷十未刻
九行二十字　四周單邊或左右雙邊　白口
21.3×14 釐米
浙圖

集 0869
新刻學餘園類選名公四六鳳采四卷
明丘兆麟輯並注
明萬曆(1573—1620)劉大易刻本
兩欄　下欄十行二十一字　四周單邊　白口
22.3×14.8 釐米
浙圖

集 0870
鐫昭代名公四六類編二十四卷補遺一卷
明汪時躍輯
明萬曆四十二年(1614)汪士晉刻本
十行二十一字　四周單邊　白口
20.9×13.7 釐米
浙圖　嘉圖＊

集 0871
車書樓彙輯各名公四六爭奇八卷
明許以忠輯
明萬曆四十八年(1620)刻本
九行十八字　四周單邊　白口
22.3×14.8 釐米
浙圖　浙大

集 0872
車書樓彙輯各名公四六爭奇八卷
明許以忠輯
明天啓三年(1623)刻本
九行十八字　四周單邊　白口
22.1×15 釐米
浙圖

集 0873
浣竹山堂選註四六排沙集十七卷
明王焞輯並注
明末浣竹山堂刻本
十行二十字　四周單邊　白口　版心下鐫“浣竹山堂”
20.9×14.4 釐米
浙圖

集 0874
國朝七名公尺牘八卷
明鄞縣屠隆輯
明萬曆三十一年(1603)文斐堂刻本
九行二十字　左右雙邊　白口
21×15.1 釐米
浙圖　浙大

集 0875
如面談十六卷
明鍾惺輯　明馮夢龍訂釋
明刻本
缺二卷　十二至十三
九行二十字　四周單邊　白口
21.7×13.5 釐米

天一閣

集 0876

尺牘爭奇八卷

明張一中輯

明刻本

九行十八字　四周單邊　白口

22.8×15 釐米

浙圖

集 0877

明人尺牘選四卷

清王元勳、程化騄輯

清康熙四十四年(1705)碧雲樓刻本

十行二十一字　左右雙邊　白口

17.5×12.7 釐米

浙圖

集 0878

新刊舉業明儒論宗八卷

明薛應旂輯並批點

明隆慶元年(1567)金陵三山書坊刻本

九行二十二字　四周單邊或雙邊　白口

19.8×14.3 釐米

浙圖　天一閣*

集 0879

增定國朝館課經世宏辭十五卷

明王錫爵、沈一貫輯

明萬曆十八年(1590)周曰校萬卷樓刻本

存六卷　二至七

十二行二十四字　四周單邊　白口

21.5×14.9 釐米

浙圖

集 0880

批選六大家論二卷

明錢普輯並批點

明刻本

九行二十一字　左右雙邊　白口

臨海博

集 0881

鼎鍥青螺郭先生注釋小試論彀評林六卷

明郭子章輯

明萬曆二十四年(1596)書林余成章刻本

十行二十二字　四周單邊　白口

20.7×12.8 釐米

杭圖

集 0882

新刻翰林評選注釋程策會要五卷

明李廷機輯　明葉向高注

明萬曆(1573—1620)新安柳塘書院刻本

存二卷　火集　土集

九行二十二字　四周單邊　白口

20.4×12.7 釐米

天一閣

集 0883

新刻翰林評選注釋程策會要不分卷

明李廷機輯　明葉向高注

明萬曆(1573—1620)胡鳳徵刻本

九行二十二字　四周單邊　白口

20×12.5 釐米

紹圖

集 0884

新鐫午未註釋二三場程論玉穀集不分卷

明李吳滋輯

明閶門坊刻本

九行二十四字　四周單邊　白口

22×12.7 釐米

天一閣

集 0885

新刻官板舉業巵言五卷首一卷

明武之望撰　明陸翀之等輯

明周氏萬卷樓刻本

九行十八字　四周單邊　白口

21.6×14.5 釐米
浙大

集 0886
新刻經館課玉堂椽筆錄十四卷
明陸翀之輯
明萬曆(1573—1620)書林周曰校刻本
兩欄　下欄十一行二十字　四周單邊　白口
21×14.5 釐米
浙圖

集 0887
新刊四書大題斂華文祖題意備覽六卷
明□□輯
明刻本
十三行二十三字　四周單邊　白口
18.6×12 釐米
天一閣

集 0888
精刻卯辰注釋二三場青雲得筏程策二卷
明萬曆(1573—1620)刻本
十行二十四字　四周單邊　白口　眉上鐫評注
21.8×12.4 釐米
天一閣

集 0889
程策不分卷
明刻本
九行二十五字　四周單邊　白口
20.3×12.6 釐米
天一閣

集 0890
新刻靜山策論膚見□卷
明刻本
存二卷　四　十
十行二十三字　四周雙邊　白口
21×15 釐米
天一閣

集 0891
後場紀年□卷
明末刻本
存論　釋　表
九行二十五字　四周單邊　白口
21×12.3 釐米
天一閣

集 0892
山曉閣選明文全集二十四卷
清嘉善孫琮輯並評
清康熙五年(1666)刻本
存八卷　六至九　十二至十三　十八至十九
九行二十五字　左右雙邊　白口
20.2×12 釐米
衢博

集 0893
山曉閣選明文全集二十四卷續集八卷
清嘉善孫琮輯並評
清康熙十六年(1677)二十一年(1682)文雅堂刻本
九行二十五字　四周單邊　白口
20.6×12.2 釐米
溫圖　紹圖*

集 0894
明文案二百十七卷
清餘姚黄宗羲輯
清初抄本
存七卷　十七至十八　二十二至二十四　四十一　四十五
浙圖

集 0895
明文案二百十七卷
清餘姚黄宗羲輯
清抄本
存二百七卷　一至一百十四　一百二十五

至二百十七
浙圖

集 0896
明文海四百八十二卷目錄三卷
清餘姚黄宗羲輯
稿本
存二十三卷　十九至二十二　三十八至四十二　五十一至五十四　一百十四至一百十八　一百二十二至一百二十六
天一閣

集 0897
明文海四百八十二卷
清餘姚黄宗羲輯
清初抄本　佚名校
存四百七十三卷　一至一百八十三　一百八十八至四百六十　四百六十五至四百八十一
浙圖

集 0898
明文海目錄三卷
清餘姚黄宗羲輯
清抄本
餘姚文

集 0899
明文海目錄不分卷
清餘姚諸如綬輯
清抄本
餘姚文

集 0900
明文海目錄四卷
清餘姚諸如綬輯
清抄本
紹圖

集 0901
明文海目錄四卷
清餘姚諸如綬輯
清末抄本
浙圖

集 0902
明文授讀六十二卷
清餘姚黄宗羲輯
清康熙三十八年(1699)張錫琨味芹堂刻本
九行二十字　左右雙邊　白口
浙圖

集 0903
明文英華十卷
清顧有孝輯
清康熙二十六年(1687)吳郡寶翰樓刻本
九行二十二字　左右雙邊　黑口
18.7×13.5 釐米
浙圖　上虞圖

集 0904
明文在一百卷
清薛熙輯
清康熙三十二年(1693)錢大鏞、金彬刻古淥水園印本
十二行二十五字　左右雙邊　黑口
20.9×14.5 釐米
浙圖

集 0905
明文鈔初編不分卷二編不分卷三編不分卷四編不分卷五編不分卷
清高塘輯
清乾隆五十一年(1786)刻本
九行二十五字　四周雙邊　白口
19.8×15.3 釐米
溫圖

集 0906
明文類體不分卷
清餘姚黃澄量輯
稿本
目錄六册
傳五册
墓誌銘十七册
行狀五册
祭文六册
墓表三册
碑四册
贊一册
議附公移三册
論五册
解附雜解一册
策三册
書十四册
序十八册
題跋一册
記八册
詩三十五册
說一册
考附雜考一册
辨附雜辨一册
浙圖

集 0907
明文偶鈔不分卷
清徐錫麟抄本　山陰徐仲蓀跋
杭圖

集 0908
同人集十二卷
清冒襄輯
清乾隆十八年(1753)冒氏水繪庵刻本
十一行二十三字　左右雙邊　白口
浙圖

集 0909
南邦黎獻集十六卷
清鄂爾泰輯
清雍正三年(1725)刻本
十行二十二字　左右雙邊　白口
浙圖

集 0910
雙節詩文初集二卷
清蕭山汪輝祖輯
清乾隆三十二年(1767)自刻本
十一行二十二字　左右雙邊　白口
17.5×14.4 釐米
天一閣

集 0911
雙節堂贈言集錄二十八卷首一卷末一卷附錄一卷
清蕭山汪輝祖輯
清乾隆(1736—1795)刻本
十行二十一字　左右雙邊　白口
18.7×13.4 釐米
浙圖　寧圖

集 0912
鴻案珠圍集四卷
清李化楠輯
清乾隆二十一年(1756)刻本
十行二十字　四周雙邊　白口
17.8×12.6 釐米
浙圖

集 0913
鴻案珠圍集四卷
清李化楠輯
清乾隆(1736—1795)刻本
十行二十字　四周雙邊　白口
17.8×12.5 釐米
浙圖

集 0914
詩觀初集十二卷
清鄧漢儀輯

清康熙(1662—1722)慎墨堂刻本
十行二十三字　四周單邊　白口　版心下鐫“慎墨堂篋中藏稿”
17.4×13.3 釐米
嘉圖

集 0915
驪珠集六卷
清顧有孝輯
清康熙(1662—1722)儼思堂刻本
八行二十字　四周雙邊　白口
19.3×13.9 釐米
浙圖

集 0916
清詩初集十二卷
清蔣鑨、翁介眉輯　清馬道畊重校
清康熙二十年(1681)蔣鑨刻四十二年(1703)馬道畊重修本
十一行二十一字　左右雙邊　白口
19.5×14.5 釐米
浙圖

集 0917
篋衍集十二卷
清陳維崧輯
清康熙三十六年(1697)蔣國祥刻本
十行十九字　左右雙邊　黑口
15.9×13.3 釐米
浙圖　溫圖　紹圖

集 0918
感舊集十六卷
清王士禛輯　清盧見曾補傳
清乾隆十七年(1752)刻本
十一行二十一字　小字雙行三十一字　左右雙邊　白口
18.5×14.6 釐米
浙圖　溫圖　嘉圖　紹圖　奉化文

集 0919
述本堂詩集十六卷龍沙紀略一卷
清方式濟輯
清乾隆(1736—1795)刻本
十行十九字　小字雙行二十八字　左右雙邊　白口
17.6×13.4 釐米
浙圖

集 0920
本朝名媛詩鈔六卷
清胡孝思、朱珖輯
清乾隆三十一年(1766)刻本
九行二十字　左右雙邊　白口
16.8×12.5 釐米
嘉圖

集 0921
國朝詩的六十二卷
清陶煊選　清張璨輯
清康熙六十年(1721)陶氏石溪刻本
十行二十一字　左右雙邊　白口
18×13.3 釐米
浙圖　嘉圖

集 0922
國朝詩別裁集三十二卷
清沈德潛輯評
清乾隆二十四年(1759)刻本
十行十九字　左右雙邊　白口
17.1×13.5 釐米
浙圖　溫圖　嘉圖 *

集 0923
欽定國朝詩別裁集三十二卷
清沈德潛輯評
清乾隆二十六年(1761)刻本
十行十九字　左右雙邊　白口
17×13.5 釐米
浙圖　寧圖　嘉圖　湖博

集 0924

欽定國朝詩別裁集三十六卷

清沈德潛輯評

清乾隆二十六年(1761)刻本

十行十九字　左右雙邊　白口

17×13.5 釐米

溫圖

集 0925

國朝詩別裁集選六卷首一卷末一卷附錄一卷

清沈德潛輯評

清乾隆二十六年(1761)錢珏抄本　清嘉善錢珏跋

十行二十字　無格

嘉圖

集 0926

庚辰集五卷

清紀昀輯評

清乾隆(1736—1795)刻本

九行二十字　四周單邊　白口

17.8×12.5 釐米

浙圖

集 0927

天台齊氏家藏清代名人詩稿不分卷

清天台齊召南輯

稿本　清齊毓璜題籤

浙圖

集 0928

所知集初編十二卷二編四卷三編十二卷

清陳毅輯

清乾隆三十二(1767)、三十八(1773)、五十六年(1791)眠雲閣刻本

九行十九字　左右雙邊　白口

17.8×12.3 釐米

浙圖　溫圖

集 0929

擷芳集八十卷

清錢塘汪啓淑輯

清乾隆五十年(1785)飛鴻堂刻本

十行二十一字　左右雙邊　白口

18.4×13.2 釐米

浙圖

集 0930

投壺詩存二卷

清仁和朱文藻輯

清抄本

杭圖

集 0931

苔岑集二十卷附二卷

清王鳴盛輯

清乾隆三十二年(1767)三槐堂刻本

十行十九字　左右雙邊　白口

18×13.8 釐米

溫圖

集 0932

國朝詩鈔七卷

清嘉興黃光煦輯

清乾隆五十八年(1793)稿本

國朝七律詩鈔二卷續鈔二卷

國朝七言古體詩續鈔一卷

國朝七絕詩鈔一卷

國朝山左七絕詩鈔一卷

浙圖

集 0933

國朝詩選五卷附錄一卷

清吳翌鳳輯

稿本

十行二十一字　四周單邊

19.1×13.1 釐米

嘉圖

集 0934

國朝排律詩繩二卷

清平湖馬恒錫輯

清乾隆(1736—1795)刻本

八行二十字　四周單邊　白口

15.8×10.6 釐米

浙圖

集 0935

國朝閨秀香咳集十卷附錄一卷

清許夔臣輯

清嘉慶九年(1804)稿本　姜亮夫跋

八行二十一字　四周雙邊　白口

20×12.7 釐米

浙大

集 0936

國朝七律詩鈔十卷

清平湖黃金臺輯

稿本

浙圖

集 0937

鴨言小室偶抄一卷

清平湖黃金臺輯

稿本

浙圖

集 0938

脱兔書屋雜抄一卷

清平湖黃金臺輯

稿本

浙圖

集 0939

享帚閣詩選一卷雲樓詩鈔一卷念珊詩選一卷念珊詞鈔一卷

清瑞安曹應樞輯

清道光十二年(1832)稿本

溫圖

集 0940

詩詞錄不分卷

清錢塘戴熙輯

稿本

浙圖

集 0941

國朝閨秀擒珠集不分卷

清太平黃濬選

清同治四年(1865)葉祐初抄本

浙圖

集 0942

海上同音錄一卷

清樂清鄭鞠輯

稿本

溫圖

集 0943

皇清詠史樂府前集十一卷後集一卷

清曾文玉輯

清光緒(1875—1908)抄本

八行二十字　無格

浙大

集 0944

愛珍詩選集八卷

清查淞鎏輯

稿本

浙圖

集 0945

雙溪倡和詩六卷

清徐倬輯

清康熙(1662—1722)刻本

十行十九字　左右雙邊　黑口

16×12.5 釐米

天一閣

集 0946

希聖堂唱和詩二卷

清鄞縣范光燮、郁之章等撰

清康熙十九年(1680)刻本

九行二十字　四周雙邊　白口

22×15 釐米

天一閣

集 0947

大司寇新城王公載書圖詩不分卷

清張起鱗等撰　清禹之鼎繪圖

贈行詩一卷

清陳廷敬等撰

賜沐紀程一卷

清王士禛撰

池北書庫記一卷

清秀水朱彝尊撰

清康熙四十年(1701)刻本

十行十九字　左右雙邊　白口

16.9×13.5 釐米

浙圖

集 0948

本朝應制賦律不分卷

清仁和杭世駿輯

清乾隆三十六年(1771)文星樓刻本

九行二十字

17.1×13 釐米

嵊州圖

集 0949

范巨川清照圖題詠長卷一卷

清汪由敦等撰

清乾隆(1736—1795)寫本

浙圖

集 0950

同林倡和一卷

清趙信輯

清乾隆二十四年(1759)趙氏賜錦堂刻本

五行九字至十一字不一　左右雙邊　黑口

20×11.8 釐米

浙圖

集 0951

韓江雅集十二卷

清鄞縣全祖望等撰

清乾隆十二年(1747)刻本

十行二十一字　四周單邊　白口

18.5×12.6 釐米

浙圖　杭博

集 0952

文信國青原琴玉帶研圖一卷題詞一卷

清鄭光策等撰

手稿本

杭圖

集 0953

夏柳倡和詩一卷

清金永昌輯

清乾隆二十八年(1763)嘉興金容德堂刻本

九行二十字　左右雙邊　黑口

17.8×10.4 釐米

浙圖　平湖圖

集 0954

秋海棠倡和詩集六卷

清吳興徐德元輯

清乾隆三十六年(1771)刻本

九行二十字　左右雙邊　黑口

17.6×10.4 釐米

浙圖

集 0955

江草集一卷

清徐中道等撰

清乾隆(1736—1795)刻本

九行十九字　左右雙邊　粗黑口

16.8×13.4 釐米
嘉圖

集 0956
連枝圖題詠初集一卷次集一卷
清武林許承基輯
清乾隆三十一年(1766)刻本
九行十八字　四周雙邊　白口
17.5×12.5 釐米
浙圖

集 0957
連枝圖題詠二卷
清武林許承基輯
清乾隆(1736—1795)刻本
九行十八字　四周雙邊　白口
浙圖

集 0958
酒帘唱和詩五卷
清錢塘汪啓淑輯
清乾隆六十年(1795)飛鴻堂刻本
九行十八字　左右雙邊　白口
16.8×13.4 釐米
杭圖

集 0959
迦陵先生填詞圖題詞一卷
清陳藥洲輯
清乾隆五十九年(1794)刻本
八行十七字　四周雙邊　白口
18×12.3 釐米
浙圖

集 0960
湘管聯吟一卷續集三卷附藁一卷附錄一卷
清歸安陳焯輯
清乾隆(1736—1795)刻本
十行十九字　四周雙邊　白口
17.8×12.3 釐米
浙圖

集 0961
百十二家墨緣題詞五卷
清邱學敏輯
清乾隆(1736—1795)刻本
九行十九字　四周雙邊　白口
17.3×12.1 釐米
浙圖

集 0962
策封雙壽錄一卷
清乾隆(1736—1795)刻本
八行二十四字　四周單邊　白口
18.6×12 釐米
天一閣

集 0963
西磧探梅倡和詩一卷
清鄭棟、王昭嗣等撰　清錢塘奚岡繪圖
稿本　清孫國泰、汪藕塘跋
浙圖

集 0964
牡丹唱和詩一卷
清嘉興張廷濟等撰
稿本
淄博

集 0965
繡谷圖卷題詠彙鈔一卷
清蔣書銜輯
清咸豐二年(1852)蔣氏抄本
浙圖

集 0966
汪訒庵先生蒲團晏坐圖題詠一卷
丁立誠抄本　清光緒三十四年(1908)錢塘丁立誠跋
浙圖

集 0967

本朝館閣詩二十卷附録一卷續附録一卷

清阮學浩、阮學濬輯

清乾隆二十三年(1758)困學書屋刻本

十行二十一字　左右雙邊　粗黑口

15.9×11.8 釐米

浙圖　溫圖

集 0968

盛朝律楷十二卷

清仁和姚光縉輯

清乾隆(1736—1795)迎曉書屋刻本

九行二十一字　四周雙邊　白口

19.2×13.8 釐米

溫圖

集 0969

禁林集八卷

清仁和杭世駿輯

清乾隆二十三年(1758)刻本

十行二十字　四周單邊　白口

17.4×13.4 釐米

浙圖

集 0970

本朝應制和聲集六卷首三卷

清沈德潛、王居正輯並評

清乾隆九年(1744)琉璃廠鴻遠堂刻本

十行十九字　左右雙邊　白口

16.1×13.3 釐米

浙圖

集 0971

應試排律精選六卷

清山陰周大樞輯並釋　清狄之武、申贊皇箋

清乾隆二十三年(1758)安迎堂刻本

九行二十字　左右雙邊　白口

17.8×12.2 釐米

嵊州圖

集 0972

本朝五言近體瓣香集十六卷

清許英輯並注

清乾隆二十八年(1763)許氏刻本

十行二十三字　左右雙邊　粗黑口

17.3×13 釐米

浙圖　嘉圖

集 0973

盍簪集十二卷

清雷國楫輯

清乾隆(1736—1795)味經堂刻本

十行十九字　左右雙邊　白口

18.2×13.6 釐米

浙圖

集 0974

本朝應制元音十六卷

清海鹽朱一飛纂

清乾隆四十五年(1780)刻本

九行二十三字　左右雙邊　白口

17.2×12.3 釐米

浙圖

集 0975

稻香唱和集一卷

清許禾輯

稿本

浙圖

集 0976

旗下閨秀詩選一卷

清抄本

浙圖

集 0977

聽荷閣唱和詩一卷

清阮春畬輯

清抄本

浙圖

集 0978

詩船隨録不分卷

清蕭山蔡名衡輯

稿本

浙圖

集 0979

春遊唱和詩一卷

清孫清輯

稿本

浙圖

集 0980

吴慶坻唱和詩集一卷

錢塘吴慶坻等撰

稿本

杭圖

集 0981

大雅題襟不分卷

清餘姚胡傑人輯

清抄本　佚名批注

浙圖

集 0982

群賢逸響不分卷補二卷

餘姚胡維銓輯

稿本

杭圖

集 0983

今文短篇四卷首一卷

清諸匡鼎輯

清康熙二十年(1681)古橘園刻本

十一行二十三字　四周單邊　白口

19×13.5 釐米

餘杭圖

集 0984

大成齋古文觀止十二卷

清吴乘權、吴大職輯

清康熙(1662—1722)刻本

十行二十四字　小字雙行二十一字　四周單邊　白口

20×14.6 釐米

衢博

集 0985

皇清文穎一百卷首二十四卷目録六卷

清張廷玉等輯

清乾隆十二年(1747)武英殿刻本

八行二十字　四周雙邊　白口

18.4×14 釐米

浙圖*　寧圖　温圖

集 0986

國朝文鈔初編不分卷二編不分卷三編不分卷四編不分卷五編不分卷論文二卷

清高塘輯

清乾隆五十一年(1786)刻本

九行二十五字　四周雙邊　白口

19.8×15.3 釐米

温圖

集 0987

古文析觀詳解六卷

清古越章懋勳注

清乾隆七年(1742)三餘堂刻本

九行二十二字　四周雙邊　白口

19.5×14.7 釐米

浙圖　温圖*

集 0988

切問齋文鈔三十卷

清陸燿輯

清乾隆四十年(1775)刻本

十二行二十五字　左右雙邊　白口

18×14.8 釐米

嘉圖　天一閣

集 0989

文章練要左傳評十卷

清王源評訂

清乾隆九年(1744)居業堂刻本

九行二十二字　左右雙邊　白口

19.6×14.4 釐米

浙圖

集 0990

新學舉隅續集選百篇二卷

清瑞安章廳爔輯

清光緒(1875—1908)稿本

溫圖

集 0991

國朝駢體正宗十二卷

清曾燠輯

清同治十三年(1874)聚賢堂刻本　清黃巖王枚伯校評

十一行二十一字　左右雙邊　綫黑口

19×14.2 釐米

黃巖圖

集 0992

國朝駢體正聲不分卷

清平湖黃金臺輯

稿本

浙圖

集 0993

曹李尺牘合選二卷

清秀水曹溶、秀水李良年撰　清茅復輯

清慎餘堂刻本

十行二十三字　左右雙邊　黑口

18.8×14.1 釐米

嘉圖

集 0994

友聲五卷後集五卷新集五卷

清張潮輯

尺牘偶存十一卷

清張潮撰

清乾隆四十五年(1780)心齋刻本

存尺牘偶存十一卷

八行二十字　四周單邊　白口

17.9×10.2 釐米

浙圖

集 0995

映紅樓師友手札不分卷

清慈溪王定祥輯

稿本

浙圖

集 0996

朋舊尺牘不分卷

稿本

浙圖

集 0997

昭代名人尺牘目錄一卷

清海鹽吳修輯

稿本

浙圖

集 0998

胡文忠公左文襄公尺牘不分卷

清胡林翼、左宗棠撰

稿本

浙圖

集 0999

陸元鼎同僚親友書札二卷

清仁和陸元鼎等撰

稿本

杭圖

集 1000
同館書札一卷
錢塘吳士鑑輯
稿本
杭圖

集 1001
晚邨天蓋樓偶評六卷
清石門呂留良撰
清康熙(1662—1722)刻本
九行二十六字　四周單邊　白口
20.6×11.9 釐米
嘉圖

集 1002
晚邨天蓋樓偶評六卷
清石門呂留良撰
清康熙十七年(1678)毛邊刻本
九行二十七字　左右雙邊　白口
20.4×12.2 釐米
嘉圖

集 1003
呂晚村評選四書文不分卷
清石門呂留良輯評
清抄本　清丁吉臣題識
浙圖

集 1004
玉堂名翰賦四卷附南巡御試卷二卷
清仁和張賓、錢塘程邦勳輯
清乾隆十六年(1751)刻本
九行二十五字　四周單邊　白口
19.3×11.1 釐米
浙圖

集 1005
本朝館閣賦前集十二卷
清葉抱崧、程洵等輯
清乾隆二十九年(1764)刻本
十行二十一字　左右雙邊　白口
16×11 釐米
浙圖

集 1006
本朝館閣賦前集十二卷
清葉抱崧、程洵等輯
後集七卷補遺一卷附錄一卷
清周曰漣、程琰等輯
稻香樓試帖二卷
清程琰撰
清乾隆二十九年(1764)至三十三年(1768)刻本
十行二十一字　左右雙邊　白口
15.8×11.1 釐米
浙圖

集 1007
國朝律賦凌雲集箋注十卷
清謝文若輯　清謝春蘭箋注
清乾隆三十七年(1772)夢草堂刻本
缺二卷　八至九
九行二十一字　小字雙行二十三字　四周雙邊　白口
17.6×12.2 釐米
溫圖

集 1008
國朝凌雲賦選二集箋注十二卷
清謝文若輯　清謝春蘭箋注
清乾隆四十七年(1782)夢草堂刻本
九行二十一字　小字雙行二十三字　四周雙邊　白口
17.6×12.2 釐米
溫圖

集 1009
國朝律賦揀金錄初刻十二卷
清海鹽朱一飛輯
清乾隆四十一年(1776)刻本

九行二十一字　邊欄不一　黑口
15.7×13 釐米
嘉圖

集 1010
國朝律賦揀金錄四卷
清海鹽朱一飛輯
清乾隆(1736—1795)刻本
兩欄　下欄九行二十一字　左右雙邊　黑口
21.5×12.2 釐米
浙圖　衢博

集 1011
國朝賦選同聲集四卷
清會稽胡浚輯並評
清乾隆(1736—1795)尺木堂刻本
九行十九字　左右雙邊　黑口
17×12.7 釐米
嵊州圖

集 1012
國朝律賦偶箋四卷
清沈豐岐撰
清乾隆二十四年(1759)養素齋刻本
九行十九字　左右雙邊　黑口
16.6×11.8 釐米
溫圖　義烏圖

集 1013
承啓堂壽言一卷
清顧棕輯
清乾隆三十六年(1771)刻本
九行十九字　左右雙邊　黑口
17.7×12 釐米
浙圖

集 1014
蕉陰問字圖題詞一卷
清許震蕃輯
清同治十年(1871)稿本
十一行二十八字　左右雙邊　白口
19×14 釐米
浙大

集 1015
[紹興府]會試落卷不分卷
稿本　佚名評點
浙圖

地方藝文

集 1016
影園瑤華集三卷
明鄭元勳輯
清乾隆二十七年(1762)鄭開基拜影樓刻本
九行二十字　左右雙邊　白口
18.5×12.6 釐米
浙圖

集 1017
甓湖聯吟集七卷
清李光國輯
清乾隆(1736—1795)刻本
十行十九字　左右雙邊　黑口
浙圖

集 1018
江左三大家詩鈔九卷
清顧有孝、趙澐輯
清康熙六年(1667)刻本
牧齋詩鈔三卷　清錢謙益撰
芝麓詩鈔三卷　清陳維崧撰
梅村詩鈔三卷　清吳偉業撰
十一行二十一字　左右雙邊　黑口
19.1×14.4 釐米
浙圖　溫圖

集 1019
江左三家滄桑詩選□卷
清陳邇聲輯

清抄本

存四册

諸暨圖

集 1020

七十二峰足徵集八十八卷文集十六卷

清吳定璋輯

清乾隆十年(1745)吳氏依綠園刻本

存九十二卷　七十二峰足徵集全　文集一至四

九行十九字　左右雙邊　白口

17.6×13 釐米

浙圖

集 1021

湖山靈秀集十六卷

清席玕輯

清乾隆二十一年(1756)席氏凝和堂刻本

九行十九字　左右雙邊　白口

18.5×13.6 釐米

浙圖

集 1022

吳都文粹十卷

宋鄭虎臣輯

清抄本

浙圖

集 1023

吳都文粹十卷

宋鄭虎臣輯

清抄本

浙圖

集 1024

吳都文粹續集五十六卷補遺二卷

明錢穀輯

清抄本　據稿本校

浙圖

集 1025

玉山名勝集九卷外集一卷

元顧瑛輯

清抄本

八行二十字　無格

天一閣

集 1026

玉山名勝集二卷

元顧瑛輯

清抄本

十行二十二字　四周雙邊　白口

21×15.1 釐米

浙大

集 1027

玉山名勝外集一卷

元顧瑛輯

清抄本

十一行二十一字　無格

浙大

集 1028

國朝海上詩鈔八卷首一卷末一卷初續集二卷

清曹錫辰輯

清乾隆三十三年(1768)自刻本

十行二十字　左右雙邊　白口

17.9×14.1 釐米

浙圖

集 1029

吳中二集九卷

明黄魯曾輯

明嘉靖(1522—1566)刻本

存八卷

南華合璧五卷　明王寵、王魯曾撰　缺一卷五

王蔡青藍集四卷　明王守、蔡羽撰

九行十七字　左右雙邊　白口

18.1×13.3 釐米
天一閣

集 1030
吴門雜詠十二卷
清徐元灝輯
清康熙三十八年(1699)刻本
缺四卷 一至四
九行十九字 左右雙邊 白口
18.8×11.3 釐米
嘉圖

集 1031
虞山四子集四卷
清王材任輯
清乾隆(1736—1795)刻本
白谷山人遺稿一卷 明龔誠撰
北林小集一卷 明張翥撰
秋谷遺詩一卷 明姚俊撰
存素堂詩鈔一卷 明馬旦撰
九行十八字 左右雙邊 黑口
17.2×13.2 釐米
浙圖

集 1032
國朝松陵詩徵二十卷
清袁景輅輯
清乾隆三十二年(1767)愛吟齋刻本
十行二十一字 小字雙行三十一字 左右雙邊 白口
17.8×13.7 釐米
浙圖 溫圖

集 1033
青浦詩傳三十四卷
清王昶輯
清乾隆五十九年(1794)刻本
十二行二十三字 小字雙行三十一字 四周單邊 黑口
18.9×14.3 釐米
浙圖

集 1034
梁溪詩鈔五十八卷
清顧光旭輯
清乾隆四十八年至六十年(1783—1795)刻本
十行十九字 左右雙邊 白口
17.6×13.6 釐米
浙圖

集 1035
太倉文略四卷
明陸之裘輯
明嘉靖二十二年(1543)王夢祥刻本
十行二十二字 左右雙邊 白口
17×14 釐米
浙大

集 1036
嘉定四先生集八十七卷
明謝三賓編
明崇禎刻清康熙二十八年(1689)陸廷燦重修本
吴歈小草十卷學古緒言二十五卷 明婁堅撰
松圓浪淘集十八卷松圓偈庵集二卷 明程嘉燧撰
檀園集十二卷 明李流芳撰
三易集二十卷 明唐時升撰
十行或九行十八字 左右雙邊 黑口
19.1×13 釐米
浙圖 天一閣＊ 浙大＊

集 1037
練川十二家詩十二卷
清王鳴盛撰
清乾隆二十九年(1764)刻本
十行十九字 小字雙行二十六字 左右雙邊 白口
16.2×12.6 釐米
浙圖

集 1038

毗陵六逸詩鈔二十四卷

清山陰孫讜編

清康熙五十六年(1717)壽南堂刻本

南田詩鈔五卷　清惲格撰

白雲樓詩鈔一卷　清楊宗發撰

香草堂詩鈔五卷　清胡香昊撰

西林詩鈔五卷　清陳鍊撰

芑野詩鈔四卷　清唐惲宸撰

梅坪詩鈔三卷　清董大倫撰

六逸詩話一卷　清莊杜芬、徐梅撰

十一行二十一字　左右雙邊　黑口

17.9×13.5 釐米

浙圖

集 1039

新都秀運集二卷

明王寅輯

清抄本

浙圖

集 1040

新安二布衣詩八卷

清王士禛輯

清康熙四十三年(1704)汪洪度、吳瞻泰刻本

吳非熊集四卷　明吳兆撰

程孟陽集四卷　明程嘉燧撰

十行十九字　四周雙邊　白口

17.2×13.5 釐米

浙圖

集 1041

新安文獻志一百卷先賢事略二卷目錄二卷

明程敏政輯

明弘治十年(1497)祁司員、彭哲等刻本

十三行二十七字　左右雙邊　白口

19×13.2 釐米

天一閣

集 1042

宣城右集二十八卷

明湯賓尹輯

明天啓六年(1626)刻本〔卷一至六配清抄本〕

九行十九字　四周單邊　白口

20.8×15.5 釐米

浙大

集 1043

宛雅初篇八卷

明梅鼎祚輯

二篇八卷

清施閏章、蔡蓁春輯

三篇二十四卷

清施念曾、張汝霖輯

清乾隆十四年(1749)西阪館堂刻本

存二篇八卷

十行二十一字　左右雙邊　白口

18.7×14.2 釐米

天一閣

集 1044

半山亭詩集不分卷

明丁錤輯

明弘治元年(1488)刻本

十行二十二字　四周雙邊　黑口

22.2×14.5 釐米

浙圖

集 1045

國朝山左詩鈔六十卷

清盧見曾輯

清乾隆二十三年(1758)盧氏雅雨堂刻本

十行二十一字　四周單邊　白口

18×14.5 釐米

浙圖　寧圖　嘉圖　紹圖

集 1046

山左詩課四卷

清阮元輯

清乾隆五十八年(1793)七錄書閣刻本
十行二十字　四周雙邊　白口
19.1×14.3 釐米
浙圖

集 1047
梁園風雅二十七卷
明趙彦復輯
清康熙四十三年(1704)陸廷燦刻本
十行十九字　左右雙邊　白口
17.2×13.2 釐米
紹圖

集 1048
中州名賢文表三十卷
明劉昌輯
明成化(1465—1487)刻本
缺四卷　十　二十一至二十三
十行二十字　四周雙邊　白口
21.7×15.5 釐米
天一閣

集 1049
中州名賢文表三十卷
明劉昌輯
本傳一卷
清康熙四十五年(1706)汪立名刻本
十二行二十二字　左右雙邊　黑口
18.1×14.3 釐米
浙圖

集 1050
西安懷舊錄十卷
衢縣鄭永禧輯
清光緒二十六年(1900)稿本
衢博

集 1051
國朝兩浙校官詩錄不分卷
清許正綬輯
清咸豐(1851—1861)上虞謝來節抄本
浙圖

集 1052
歷朝杭郡詩輯四十卷
清錢塘丁丙輯
清抄本　佚名批校
浙圖

集 1053
國朝杭郡詩輯十六卷
清錢塘吴顥輯
清嘉慶五年(1800)守惇堂刻本　吴秉澂、海寧張宗祥跋
十行二十二字　左右雙邊　白口
14.6×10.6 釐米
浙圖

集 1054
國朝杭郡詩輯三十二卷續輯四十六卷
清錢塘吴顥輯　清錢塘吴振棫增補　清錢塘吴振棫續輯
稿本　錢塘吴士鑑、吴秉澂跋
存九卷　杭郡詩輯　一　八上　十三下　續輯　六至十一
浙圖

集 1055
西湖竹枝集一卷
元諸暨楊維楨等撰
王氏述廬抄本
浙圖

集 1056
湖心亭題詠一卷
清康熙(1662—1722)刻本
八行二十字　四周雙邊　白口
20.5×14.2 釐米
浙圖

集 1057

西湖麗句不分卷

清抄本

九行二十四字　無格

浙大

集 1058

重刻游杭合集不分卷

清鄞縣徐時棟、徐元第撰

稿本

十行二十一字　左右雙邊　黑口

19.2×14 釐米

天一閣

集 1059

西泠印社雜錄一卷

題江南舊酒徒抄本

浙圖

集 1060

集杭諺詩三卷

清抄本

浙圖

集 1061

峽川詩鈔前集四卷正集十二卷外集四卷峽川詞鈔一卷

清海寧曹宗載輯

清東山樓抄本　清光緒十八年(1892)許仁杰跋

浙圖

集 1062

海昌詩淑五卷續二卷

清海昌吳衡照輯

清光緒二十二年(1896)許仁杰抄本　清許仁杰跋

海寧圖

集 1063

沈南疑先生檇李詩繫四十二卷

清沈李友輯

清康熙四十九年(1710)金南瑛敦素堂刻本

十一行二十一字　左右雙邊　白口

17.6×13.6 釐米

嘉圖　浙博

集 1064

海隅遺珠錄五卷

清海寧管庭芬輯

渟溪雜詩一卷

清海寧管庭芬撰

清管氏靜得樓抄本

浙圖

集 1065

嘉禾詩草一卷

清乾隆五十年(1785)抄本

浙圖

集 1066

鴛鴦湖櫂歌五卷

清海鹽朱芳衡輯

清乾隆四十年(1775)陸以誠刻本

鴛央湖櫂歌一百首一卷　清秀水朱彝尊撰

鴛央湖櫂歌八十八首一卷續三十首一卷　清嘉興譚吉璁撰

鴛央湖櫂歌一百首一卷　清海鹽陸以誠撰

鴛央湖櫂歌一百首一卷　清海鹽張燕昌撰

九行二十字　四周單邊　白口

16.3×10.7 釐米

浙圖　平湖圖

集 1067

鴛鴦湖櫂歌三卷

清秀水朱彝尊撰　清嘉興譚吉璁和

鴛鴦湖櫂歌二卷

清海鹽陸以誠、海鹽張燕昌續和

清乾隆四十年(1775)朱芳衡刻本
九行二十字　四周單邊　黑口
16.4×11.4 釐米
嘉圖

集 1068
鴛湖詩文錄不分卷
清□□□輯
清抄本
浙圖

集 1069
澉川二布衣詩二卷
清海鹽吳寧輯並評
清乾隆四十九年(1784)刻本
石壑詩草一卷　清海鹽陳阿寶撰
高陽詩草一卷　清海鹽許栽撰
九行十九字　左右雙邊　白口
17.5×13 釐米
浙圖

集 1070
石門縣各家詩稿一卷
清石門汪寶鼎輯
清抄本
浙圖

集 1071
當湖詩彙不分卷
稿本
浙圖

集 1072
當湖耆舊詩不分卷
抄本
浙圖

集 1073
南園續稿九種不分卷
清平湖張元善輯
稿本
南園唱和集不分卷
南園詩草不分卷
南園詩稿不分卷
頤性四筆不分卷
南園同聲集不分卷
楊芬錄一卷不分卷
平湖人物附詩草不分卷
横湖女羅詩不分卷
張魏公祠因時就簡禮節不分卷
浙圖

集 1074
當湖文繫續編二十四卷
清平湖張元善輯
清末抄本
浙圖

集 1075
梅會詩選十二卷二集十六卷三集四卷附刻一卷
清李稻塍、嘉興李集輯
清乾隆三十二年(1767)寸碧山堂刻本
存七卷　一至七
十一行二十一字　左右雙邊　黑口
17.8×13.6 釐米
嘉圖

集 1076
聞川泛櫂集四卷
清宋景龢輯
清乾隆三十五年(1770)刻本
十行十九字　左右雙邊　白口
17.6×13.9 釐米
嘉圖

集 1077
柳州詩集十卷
清嘉善毛蕃、嘉善陳增新等輯
清初刻本
存七卷　一至七

九行十九字　左右雙邊　白口
18.8×14.4 釐米
嘉圖

集 1078
洛如詩鈔六卷
清秀水朱彝尊輯
清康熙四十七年(1708)陸氏尊道堂刻本
十三行二十三字　左右雙邊　白口
18.7×14.7 釐米
浙圖　嘉圖

集 1079
桐鄉十二家詩稿一卷
清桐鄉鍾賢禄等撰
清抄本　佚名批
浙圖

集 1080
濮川詩鈔四十四卷
清桐鄉沈山矖等輯
清乾隆五年(1740)刻本
九行二十一字　左右雙邊　白口
17.6×12.6 釐米
嘉圖

集 1081
魏塘詩存三十卷首一卷
清唐嘯登輯
稿本
缺十一卷　三至四　八　十至十一　十五　十七　二十一至二十三　二十五
浙圖

集 1082
吴興藝文補七十卷
明烏程董斯張輯
清抄本
浙圖

集 1083
采若編八卷
清長興魏星杓輯
續采若編六卷補遺一卷
清吴光照輯
清抄本
浙圖

集 1084
雙溪詩匯二十二卷
清湖州孔憲采輯
稿本
浙圖

集 1085
武康四先生集□□卷
明萬曆(1573—1620)刻本
存二十卷
沈蘭軒集五卷　明武康沈彬撰
駱兩溪集十四卷　明武康駱文盛撰　附録一卷
十行二十字　左右雙邊　白口
21.6×14.4 釐米
浙圖*　杭圖*

集 1086
箽莆集一卷
明鄞縣屠本畯輯
明刻本
九行十八字　四周單邊　白口
19.2×13.3 釐米
天一閣

集 1087
甬上耆舊詩三十卷
清鄞縣胡文學、鄞縣李鄴嗣輯
清康熙十五年(1676)胡氏敬義堂刻本
十一行二十二字　四周單邊　白口
18.5×14.5 釐米
浙圖　溫圖　上虞圖

集 1088
續甬上耆舊詩□□卷
清鄞縣全祖望輯
稿本
浙圖

集 1089
續甬上耆舊詩不分卷
清鄞縣全祖望輯
清全氏雙韭山房抄本〔董氏看雲草堂抄配頁〕 慈溪馮貞群跋
存二十二家
浙圖

集 1090
續甬上耆舊詩不分卷
清鄞縣全祖望輯
清全氏雙韭山房抄本
存三十七卷
十行二十二字　四周雙邊　白口
21.5×17.5 釐米
天一閣

集 1091
續甬上耆舊詩十六卷
清鄞縣全祖望輯
清抄本　佚名批校
浙圖

集 1092
續甬上耆舊詩六十四卷
清鄞縣全祖望輯
清抄本　佚名評點
浙圖

集 1093
續甬上耆舊詩七十九卷
清鄞縣全祖望輯
清抄本　慈溪馮貞群跋
浙圖

集 1094
續甬上耆舊詩□□卷
清鄞縣全祖望輯
清尊行堂抄本
存三卷
浙圖

集 1095
續甬上耆舊詩□□卷
清鄞縣全祖望輯
清抄本
存十二卷　二十三至三十二　三十四至三十五
浙圖

集 1096
續甬上耆舊詩□□卷
清鄞縣全祖望輯
清蘭香書屋抄本
存七卷
浙圖

集 1097
續甬上耆舊詩一百四十卷
清鄞縣全祖望輯
清楊氏抄本　題筠道人跋
缺三十一卷　一至十八　二十五至三十一　六十八至七十三
浙圖

集 1098
續甬上耆舊詩一百四十卷
清鄞縣全祖望輯
清抄本
缺十五卷　十一至二十四　一百四十
八行二十三字　無格
天一閣

集 1099

續甬上耆舊詩一百四十卷

清鄞縣全祖望輯

清抄本

存五十卷　一至五十

浙圖

集 1100

續甬上耆舊詩四十八卷本朝甬上耆舊詩四十卷

清鄞縣全祖望輯

清抄本　佚名校

浙圖

集 1101

本朝甬上耆舊詩四十卷

清鄞縣全祖望輯

清抄本

浙圖

集 1102

甬上高僧詩二卷

清鄞縣李鄴嗣輯

清乾隆(1736—1795)刻本

十行二十二字　四周單邊　白口

18.9×13.5 釐米

浙圖

集 1103

甬東詩括十三卷

明四明楊德周等輯

張氏約園抄本

浙圖

集 1104

四明四友詩六卷

清慈溪鄭梁編

清康熙四十八年(1709)刻本

東門閑閑閣草一卷寄選草一卷　清鄞縣李暾撰

南谿僅真集一卷　清慈溪鄭性撰

北溟見山集一卷　清四明謝緒章撰

西郭苦吟一卷冰雪集一卷　清鄞縣萬承勳撰

十一行十九字　四周單邊　白口

18.5×13 釐米

溫圖　寧檔*

集 1105

同人吟稿一卷

清鄞縣屠繼序輯

清嘉慶四年(1799)稿本

八行字數不一　無格

天一閣

集 1106

四明文獻不分卷

明鄞縣鄭真輯

清抄本

十行二十二字　無格

天一閣

集 1107

四明文獻集摘抄不分卷

清鄞縣徐時棟輯

清抄本

十二行二十五字　左右雙邊　白口

18.5×14.7 釐米

天一閣

集 1108

四明文徵十六卷

清鄞縣袁鈞輯

清抄本

十二行二十四字　無格

天一閣

集 1109

甬上明詩略一卷

清鄞縣董沛輯

稿本
十行二十一字　四周雙邊　白口
17.5×13.3 釐米
天一閣

集 1110
元四明四賢詩抄一卷
清抄本
浙江

集 1111
句餘八景不分卷
明呂元調輯
明萬曆二年(1574)刻本
八行十七字　左右雙邊　白口
18.6×13.3 釐米
天一閣

集 1112
蛟川唱和集二卷
清慈谿鄭勛、烏程陳焯撰
稿本
十行二十字　左右雙邊　白口
18.3×13.5 釐米
天一閣

集 1113
剡中集四卷
清周熙文輯
清乾隆二十八年(1763)活字印本
八行十八字　四周單邊　白口
18.7×12.6 釐米
杭圖

集 1114
會稽掇英總集二十卷
宋孔延之輯
清抄本
浙圖

集 1115
續會稽掇英集五卷
宋黄康弼輯
清抄本
浙圖

集 1116
寓山題詠不分卷
明末抄本
浙圖

集 1117
會稽名勝賦一卷
清會稽葉簡裁輯
清乾隆五十三年(1788)萏耕堂刻本
九行二十五字　四周單邊　白口
18.3×11.3 釐米
紹圖

集 1118
國朝紹興詩錄四卷
清會稽陶濬宣輯
稿本
浙圖

集 1119
越風三十卷
清會稽商盤輯
清乾隆三十七年(1772)王氏刻嘉慶十六年(1811)徐兆重修本
九行二十一字　左右雙邊　白口
17.4×11.8 釐米
嘉圖　溫圖

集 1120
越風三十卷
清會稽商盤輯
清乾隆三十七年(1772)王氏刻嘉慶十六年(1811)徐兆重修本　清會稽李慈銘批注並跋

浙圖

集 1121

越風三十卷

清會稽商盤輯

清乾隆三十七年(1772)王氏刻嘉慶十六年(1811)徐兆重修本　佚名録清會稽李慈銘批注並跋

存二卷　二十九至三十

紹圖

集 1122

越中三子詩三卷

清諸暨郭毓輯

清乾隆十八年(1753)郭毓刻本

梅芝館詩一卷　清山陰劉鳴玉撰

丹棘園詩一卷　清山陰陳法乾撰

抱影廬詩一卷　清會稽童鈺撰

九行十九字　四周單邊　白口

18.7×12.9 釐米

溫圖　嘉圖

集 1123

唐紹興人詩不分卷

清董氏行餘學舍抄本

十行二十八字　四周單邊　白口

17.3×12.5 釐米

紹圖

集 1124

越中閨秀詩二卷

清董氏抄本

十行二十六字　四周單邊　白口

17×12.5 釐米

紹圖

集 1125

墟中十八詠不分卷

清會稽章邦泰等撰　清山陰章大來輯

清抄本

浙圖

集 1126

鄉賢緘翰記一卷

清山陰沈復粲輯

清沈氏鳴野山房抄本

浙圖

集 1127

越諺補□□卷

清抄本

存一卷　第二册

紹圖

集 1128

股堰廟詩不分卷

清環碧山房抄本

十一行二十一字　四周單邊　白口

19.5×14.2 釐米

天一閣 *

集 1129

皇明蕭山詩集六卷

明陳諫輯

明刻本　清蕭山朱鼎煦跋

存二卷　五至六

十行二十字　四周單邊　白口

17.2×12.3 釐米

天一閣

集 1130

諸暨詩録不分卷詩餘一卷

清□□輯

清抄本

浙圖

集 1131

姚江逸詩十五卷

清餘姚黄宗羲輯

清康熙(1662—1722)南雷懷謝堂刻五十

七年(1718)倪繼宗重修本
十二行二十二字　左右雙邊　白口
18.2×13.7 釐米
浙圖

集 1132
續姚江逸詩十二卷
清餘姚倪繼宗輯
清康熙六十年(1721)倪繼宗小雲林刻本
十二行二十二字　左右雙邊　白口
18.1×13.5 釐米
浙圖

集 1133
臨海詩輯五卷
清臨海黄瑞輯
稿本
臨海博

集 1134
黄巖集别編不分卷黄巖遺集不分卷
清黄巖管世駿輯
稿本
别編文外編六册
别編文内編五册
别編詩外編五册
别編詩内編八册
遺集八册
浙圖

集 1135
黄巖集拾遺不分卷
清黄巖管世駿輯
稿本
一題黄巖百二十家遺集
浙圖

集 1136
天台續集三卷
宋臨海李庚輯
續集拾遺一卷
宋臨海林師蔵等輯
續集别編六卷
宋臨海林表民輯
清末抄本　清黄巖王舟瑶批校
十行二十二字　四周單邊　白口
海鹽博

集 1137
赤城後集三十三卷
明黄巖謝鐸輯
清抄本
浙圖

集 1138
赤城詩集六卷
明黄巖謝鐸、黄孔照輯
明成化十八年(1482)建陽書坊刻本
九行二十二字　四周雙邊　黑口
20×13 釐米
黄巖圖　天一閣

集 1139
三台文獻録二十三卷
明李時漸輯
明萬曆五年(1577)自刻本
十行二十一字　四周雙邊　白口
臨海博

集 1140
三台文獻録二十三卷
明李時漸輯
清抄本
浙江

集 1141
天台詩選五卷
明許鴻遠輯
明崇禎十五年(1642)刻本
九行二十字　左右雙邊　白口

海鹽博

集 1142

台詩三錄八卷附刻三卷

清臨海宋世犖輯

清王棻抄本

黄巖圖

集 1143

台詩三錄八卷附錄三卷

清臨海宋世犖輯

清抄本

浙圖

集 1144

台詩三錄八卷附錄三卷

清臨海宋世犖輯

清末抄本　清葉書批校

十行二十一字　左右雙邊　白口

臨海博

集 1145

台詩四錄不分卷

清臨海宋世犖輯

清抄本　清光緒二十四年(1898)黄巖王棻跋

黄巖圖

集 1146

台典不分卷

清臨海宋世犖輯

稿本

臨海博

集 1147

天台詩徵内編六卷

清天台張廷琛輯

稿本　陳立樹、許樹明跋

浙圖

集 1148

三台文徵一卷詩徵内編一卷外編一卷

清黄巖管世駿輯

稿本

浙圖

集 1149

三台名媛詩輯五卷詞一卷

清臨海黄瑞輯

稿本　清黄巖王棻、王維翰批校

臨海博

集 1150

台嶠文徵不分卷

清臨海黄瑞輯

稿本

臨海博

集 1151

台郡文獻補不分卷

清汪度輯

稿本

臨海博

集 1152

三台詩遺不分卷

稿本

九行字數不一　無格

臨海博

集 1153

金華詩萃十二卷

明阮元聲、戴應鰲輯

明崇禎(1628—1644)刻本

存二卷　十一至十二

九行二十字　四周單邊　白口

21×14.2 釐米

浙圖

集 1154

金華詩錄六十卷外集六卷别集四卷書後一卷

清海鹽朱琰輯

清乾隆三十八年(1773)金華府學刻本

十行二十一字　左右雙邊　白口

17.5×13.4 釐米

浙圖

集 1155

婺詩補三卷

清東陽盧標輯

清道光十九年(1839)映台樓刻本

十行二十字　左右雙邊　白口

東陽文

集 1156

金華正學編十二卷

明趙鶴輯　明張朝瑞重輯

明萬曆十八年(1590)金華章氏刻本

十行二十字　四周單邊　白口

19.8×14.4 釐米

浙圖

集 1157

金華文統十三卷

明趙鶴輯

明正德七年(1512)趙鶴、李玘刻本

十行十八字　四周單邊　黑口

侍王府

集 1158

婺賢文軌四卷

明金華戚雄輯

明嘉靖三十八年(1559)戚寵刻本

存二卷　一至二

十一行二十二字　左右雙邊　白口

20×14.1 釐米

浙圖

集 1159

金華文略二十卷

清東陽王崇炳輯

清康熙四十八年(1709)刻本

十行二十二字　四周單邊　白口

19.9×13.9 釐米

上虞圖

集 1160

金華文略二十卷

清東陽王崇炳輯

清乾隆七年(1742)夏華刻本

九行二十二字　四周單邊　白口

19.9×14 釐米

嘉圖

集 1161

金華十詠一卷

清末抄本

浙圖

集 1162

石洞貽芳集不分卷

清郭鍾儒輯

清康熙十六年(1677)行素齋刻本

九行二十字　四周雙邊　白口

東陽文

集 1163

東陽歷朝詩九卷

清會稽董肇勳輯

清乾隆五十三年(1788)學耨堂刻本

十一行二十一字　四周雙邊　白口

東陽文

集 1164

武川詩鈔十七卷

清武義何德潤輯

稿本

存四卷　十四至十七

九行十九字　無格

侍王府

集 1165

武川文鈔十七卷

清武義何德潤輯

稿本

九行十九字　無格

侍王府

集 1166

麟溪集二十二卷別篇二卷

明鄭太和輯　明鄭璽續輯

附録二卷

明成化十一年(1475)鄭珊、鄭琥刻本

存十卷　甲至辛　別篇二卷

十二行二十字　四周雙邊　黑口

20.2×14.3 釐米

天一閣

集 1167

九峰文鈔二卷

清平湖宋景關輯

清乾隆五十八年(1793)刻本

十行二十一字　左右雙邊　綫黑口

16.6×12.7 釐米

浙圖

集 1168

釣臺集四卷釣臺田産附録一卷

明吳希孟輯

明嘉靖(1522—1566)林應亮刻本

九行十八字　左右雙邊　白口

18.3×13.8 釐米

浙圖

集 1169

釣臺集二卷

明楊束輯

明萬曆十三年(1585)楊束刻本

九行十八字　四周雙邊　白口

18.7×14.1 釐米

浙圖

集 1170

烏石寺歷朝題詠文集一卷

宋釋大千輯　清釋智通重訂

清道光(1821—1850)活字印本　龍游余紹宋跋

七行二十三字　四周雙邊　白口

24.1×14.7 釐米

浙圖

集 1171

慎江詩穎六卷

清永嘉周天錫輯

清抄本

溫圖

集 1172

慎江文徵六十一卷

清永嘉周天錫輯

清同治八年(1869)孫氏述舊齋抄本　清瑞安孫詒讓跋

浙大

集 1173

永嘉四靈詩八卷

宋永嘉徐照、永嘉徐璣等撰

清初陳生抄本　清何焯跋　清瑞安孫詒讓跋

十行十八字　無格

浙大

集 1174

東甌詩集七卷補遺一卷續集七卷

明永嘉趙諫輯

明正德二年(1507)刻本

九行二十字　四周單邊　白口

20×13.5 釐米

浙圖＊　溫圖

集 1175

東甌詩存四十六卷補遺一卷

清永嘉曾唯輯

清乾隆五十三年(1788)刻本　冒廣生校

十行二十一字　四周雙邊　白口

17.9×12.9 釐米

溫圖

集 1176

東甌詩存四十六卷補遺一卷

清永嘉曾唯輯

清乾隆五十五年(1790)鹿城依綠園刻本

十行二十一字　四周雙邊　白口

17.7×13.1 釐米

玉海樓

集 1177

東甌詩存四十六卷續一卷

清永嘉曾唯輯

清乾隆五十五年(1790)刻本

缺七卷　四十一至四十六　續一卷

十行二十一字　四周雙邊　白口

18.1×13.1 釐米

浙圖

集 1178

甌乘補一卷

清永嘉黄漢輯

清王棻抄本　清黄巖王棻跋

黄巖圖

集 1179

永嘉集内外編不分卷

清瑞安孫衣言輯

稿本

溫圖

集 1180

永嘉集外編二十六卷

清瑞安孫衣言輯

清抄本

缺一卷　九

溫圖

集 1181

瑞安詩存四卷

清瑞安金正聲輯

清抄本

溫圖

集 1182

草堂管窺四卷

清瑞安鮑作瑞輯

清抄本

溫圖

集 1183

南昌文考二十卷

清徐午輯

清乾隆六十年(1795)刻本

十行二十二字　四周雙邊　黑口

18×12 釐米

浙圖

集 1184

望湖亭集四卷

清山陰徐聯奎輯

清乾隆四十年(1775)刻本

九行十九字　左右雙邊　白口

16.5×11.8 釐米

浙圖

集 1185

楚風補四十八卷前編一卷末編一卷

清廖元度輯

清乾隆十四年(1749)際恒堂刻十八年(1753)積慶堂重修本

十一行二十字　四周雙邊　白口
18.7×13.7 釐米
浙圖

集 1186
集桃花源記字詩二卷
清趙吉士輯
清康熙(1662—1722)刻本
九行十九字　左右雙邊　白口
18×14.5 釐米
浙圖

集 1187
全蜀秇文志六十四卷
明楊慎輯
補續五十六卷
明杜應芳、胡承詔輯
明萬曆(1573—1620)刻本
九行二十字　四周單邊　白口
24.7×15.7 釐米
浙大

集 1188
綏安二布衣詩二卷
清朱霞輯
清康熙五十四年(1715)刻本
丁布衣詩鈔一卷　明丁之賢撰
朱布衣詩鈔一卷　明朱國漢撰
八行二十字　四周雙邊　白口
17.1×12.5 釐米
浙圖

集 1189
莆風清籟集六十卷
清鄭王臣輯
清乾隆(1736—1795)刻本
九行二十一字　左右雙邊　白口
17.6×11.8 釐米
溫圖

集 1190
粵風續九五卷首一卷百粵蠻風詩一卷
清吳淇輯
清康熙(1662—1722)刻本
八行二十字　四周單邊　白口
17.1×12.2 釐米
杭圖

集 1191
廣東詩粹十二卷補編一卷
清梁善長輯
清乾隆十二年(1747)達朝堂刻本
缺補編一卷
十行二十一字　左右雙邊　粗黑口
18.9×13.8 釐米
浙圖　杭圖

集 1192
嶺南三大家詩選二十四卷
清王隼輯
清康熙(1662—1722)刻本
六瑩堂詩八卷　清梁佩蘭撰
道援堂詩八卷　清屈大均撰
獨漉堂詩八卷　清陳恭尹撰
十行十九字　左右雙邊　粗黑口
17.2×13.7 釐米
浙圖

集 1193
梅州興頌六卷
清李逢光輯
清乾隆五十五年(1790)刻本
缺二卷　三　六
九行二十字　四周雙邊　白口
19×12.8 釐米
浙圖

集 1194
粵西詩載二十五卷文載七十五卷叢載三十卷
清汪森輯

清康熙四十三年(1704)汪氏梅雪堂刻本

存粵西詩載二十五卷

十一行二十一字　左右雙邊　黑口

18.7×14.2 釐米

浙圖

家集

集 1195

三孔先生清江文集三十卷

宋孔文仲、孔武仲、孔平仲撰

清抄本

浙圖

集 1196

王氏錄存詩滙草六卷

清王實堅編

清乾隆二十六年(1761)王氏刻本

荷香館詩草一卷　清王世德撰

冰玉齋詩草一卷　清王范氏撰

無念齋詩草一卷　清王孫錫撰

復初齋詩草一卷　清王作肅撰

修修園詩草一卷　清王履吉撰

冰雪齋詩草一卷　清王實堅撰

十行十九字　左右雙邊　綫黑口

17.1×13.7 釐米

浙圖

集 1197

壎篪初集二卷

清朱若水、朱森桂撰

清乾隆三十八年(1773)刻本

九行十八字　左右雙邊　白口

18.5×14.8 釐米

浙圖

集 1198

藤溪朱氏文略七卷

清朱承業輯

稿本

浙江

集 1199

家學遺芳集二卷贈詩一卷

清蕭山任渠輯

清抄本

浙圖

集 1200

歸安前邱吴氏詩存六卷

清歸安吴開泰輯

稿本

浙圖

集 1201

歸安前邱吴氏詩存二十一卷

清歸安吴啓褒輯

清嘉慶(1796—1820)刻本　佚名批校

十一行二十一字　左右雙邊　白口

17.6×13.6 釐米

浙圖

集 1202

吴氏一家詩不分卷

錢塘吴慶坻輯

初稿本

浙圖

集 1203

吴氏一家詩六卷

錢塘吴慶坻輯

稿本

浙圖

集 1204

桐廬李氏家集三卷

清乾隆八年(1743)李蒸抄本

近山詩集一卷　明桐廬李文撰

耕逸稿一卷　明桐廬李璡撰

呼鶴山人吟稿一卷　明桐廬李恭撰

十四行二十八字　無格

浙大

集 1205
李氏家集四十三卷
清李菊房編
清康熙三十五年(1696)李潮偕刻乾隆二十四年(1759)李菊房增刻本
存三十七卷
秋錦山房集二十二卷外集三卷　清秀水李良年撰
尋壑外言五卷　清秀水李繩遠撰
香草居集七卷　清嘉興李符撰
十一行二十一字　左右雙邊　黑口
18.3×13.6 釐米
浙圖＊　溫圖＊　嘉圖＊

集 1206
環谷杏山二先生詩稿六卷
明隆慶三年(1569)汪廷佐刻本
存二卷
北遊詩集一卷杏山摭稿一卷　宋汪夢斗撰
九行十八字　四周單邊　細黑口
17×12.5 釐米
天一閣

集 1207
沈氏三先生文集六十一卷
明刻本
西溪文集十卷　宋錢塘沈遘撰
長興集四十一卷(卷一至十二　三十一　三十四至四十一原缺未刻)　宋錢塘沈括撰
雲巢編十卷　宋沈遼撰
九行二十字　四周雙邊　白口
23×16 釐米
浙圖

集 1208
沈氏三先生文集六十一卷附錄二卷
清沈氏鳴野山房抄本
存二十四卷
西溪文集一至四　七至八
長興集二十一至三十二
雲巢編二至七
九行字數不一　四周單邊　黑口
21.8×15 釐米
天一閣

集 1209
吴江沈氏詩集錄十二卷
清沈祖禹輯
清乾隆五年(1740)刻本
十一行二十一字　左右雙邊　白口
18.1×13.4 釐米
浙圖

集 1210
竹溪沈氏詩遺十卷
清沈謙三輯
清光緒六年(1880)稿本　清光緒六年(1880)朱彤跋
浙圖

集 1211
淵源錄三卷
清諸暨周源輯
清嘉慶十七年(1812)稿本
浙圖

集 1212
月泉詩派不分卷
明瑞安李階輯
清同治九年(1870)瑞安海日樓抄本　清瑞安孫鏘鳴校並跋
溫圖

集 1213
月泉詩派不分卷
明瑞安李階輯
清抄本　佚名校並錄清瑞安孫鏘鳴校跋
十行二十八字　四周單邊　白口
22.3×15.8 釐米
玉海樓

集 1214

奏雅世業十一卷

明蕭山來日升、蕭山來集之、蕭山來燕雯撰

清初來氏倘湖小築刻本

存五卷　三峰論　三峰表　三峰策　元成論　元成表

九行十八字　四周單邊　白口

18×14 釐米

天一閣

集 1215

來氏家藏冠山逸韻五言五卷七言四卷補遺一卷

清蕭山來畹蘭輯

清乾隆三十七年(1772)來氏會宗堂刻五十二年(1787)印本

十行二十字　左右雙邊　白口

17.4×13.5 釐米

浙圖

集 1216

同根草三卷

臨海屈茝纕、臨海屈蕙纕撰

抄本

浙圖

集 1217

嘉定金氏五世家集十一卷

清金望編

清康熙(1662—1722)刻本

詒翼堂詩一卷　明金大有撰

詒翼堂集三卷　明金兆登撰

詒翼堂詩三卷　清金德開撰

詒翼堂蘭揚草一卷鵑化草一卷樂府一卷　清金起士撰

詒翼堂貞恒草一卷　清金塾撰

九行十八字　左右雙邊　白口

18.4×12.8 釐米

浙圖

集 1218

嘉定侯氏三忠集不分卷

清初抄本　嘉興金蓉鏡跋

太常集不分卷　明侯震暘撰

文節集不分卷　明侯岐曾撰

內言集不分卷　明侯峒曾撰

浙圖

集 1219

海昌查氏遺稿三卷

清海昌查昌和等撰

清抄本

介坪遺稿一卷　清海昌查昌和撰

學山遺稿一卷　清海昌查世佑撰

琴舫遺稿一卷　清海昌查有炳撰

浙圖

集 1220

姚椿姚楗兩先生遺墨詩稿一卷

清姚椿、姚楗撰

稿本　清諫齋跋

杭圖

集 1221

柴氏四隱集三卷

宋江山柴望等撰　明江山柴復貞輯

清抄本

浙圖

集 1222

柴氏四隱集三卷

宋江山柴望等撰　明江山柴復貞輯

清抄本

浙圖

集 1223

二妙集八卷

金段克己、段成己撰

清抄本

浙圖

集 1224

二妙集八卷

金段克己、段成己撰

清抄本

浙圖

集 1225

大曆二皇甫詩集八卷

明劉成德編

明正德十三年(1518)劉成德刻本

唐皇甫冉詩集七卷　唐皇甫冉撰

唐皇甫曾詩集一卷　唐皇甫曾撰

十行十六字　四周單邊　白口

16.5×12.5 釐米

天一閣

集 1226

范文正公忠宣公全集八十二卷

宋范仲淹、范純仁撰

明萬曆三十六年(1608)毛一鷺刻本

范文正公集四十八卷　宋范仲淹撰　附錄七卷　年譜一卷　宋鄞縣樓鑰撰　年譜補遺一卷　明毛一鷺撰

范忠宣公集二十五卷　宋范純仁撰

九行二十字　四周單邊　白口

22×14.9 釐米

浙圖＊　杭圖　天一閣＊　浙大＊

集 1227

范文正公忠宣公全集七十三卷

宋范仲淹、范純仁撰

清康熙四十六年(1707)范氏歲寒堂刻本

范文正公集四十八卷

范忠宣公集二十五卷

十一行二十一字　左右雙邊　白口　版心下鐫"歲寒堂"

18.3×14.3 釐米

浙圖　杭圖＊　溫圖　天一閣

集 1228

二范先生詩選不分卷

清范超、范逸撰

清道光二十三年(1843)澹成書屋抄本

十行二十字　左右雙邊　白口

16.2×13.2 釐米

天一閣

集 1229

勾江詩緒三卷

清董正國編

清乾隆(1736—1795)刻本

澹園集一卷　清施兆麟撰

栖竹軒集一卷　清施國鑑撰

一醉樓集一卷　清施鍠撰

十行二十字　四周單邊　白口

17.2×12.9 釐米

天一閣

集 1230

桐城麻溪姚氏詩鈔四卷

清姚思慶輯

清抄本

浙圖

集 1231

古虞徐氏一家言詩集四卷

清徐迪惠輯

稿本　許承堯跋

存三卷　一至二　四

浙圖

集 1232

吳興孫氏二妙詩詞合鈔二卷

題澹圃居士抄本

晉陽詞鈔一卷　清吳興孫賡南撰

算珠錄一卷　清吳興孫五封撰

浙圖

集 1233

易菴蒲塘二翁詩稿二卷

明萬曆八年(1580)張諧刻本

易菴遺稿一卷　明張時撰

蒲塘遺稿一卷　明張介撰

九行十八字　四周單邊　白口

18.5×13.3 釐米

浙圖

集 1234

天台張氏三逸遺集三卷

明天台張文郁、天台張元聲、天台張亨格撰　清天台張燮輯

清抄本

九行二十五字　四周雙邊　白口

21.9×13.8 釐米

杭圖

集 1235

張氏一家言三卷

清張遺編

稿本　清李方滋題款

贈榮祿德齋公遺稿一卷

贈榮祿同野公稿一卷

柱國宫傳莊節公遺稿一卷

浙圖

集 1236

對床吟二卷

平湖胡宛春霜紅簃抄本

斅坡詩鈔一卷　清張世昌撰

香谷詩鈔一卷　清張世仁撰

浙圖

集 1237

郭氏聯珠集二十二卷

明郭登輯

明成化八年(1472)刻本

十行二十字　四周雙邊　黑口

20.5×13.5 釐米

天一閣

集 1238

郭氏聯珠集二十二卷

明郭登輯

清抄本

浙圖

集 1239

義谿世稿十二卷

明李堅輯

明萬曆三年(1575)肖虛公刻本

十行二十字　四周單邊　白口

19.8×14.2 釐米

浙大

集 1240

閣巷陳氏清頴一源詩集二卷

元裴庾輯　明吳論續輯

崇儒高氏家編一卷

明吳論輯

清孫鏘鳴家抄本　清瑞安孫鏘鳴校

玉海樓

集 1241

閣巷陳氏清頴一源詩集二卷

元裴庾輯　明吳論續輯

崇儒高氏家編一卷

明吳論輯

清瑞安玉海樓抄本

溫圖

集 1242

閣巷陳氏清頴一源集二卷

元裴庾輯　明吳論續輯

崇儒高氏家編一卷

明吳論輯

清抄本　清瑞安孫衣言批校

浙圖

集 1243

海寧陳太宜人姊妹合稿二卷

清抄本　佚名評校

西江草一卷　清海寧陳貞源撰

香雅樓詞鈔一卷　清海寧陳貞淑撰

六行二十五字　無格

海寧圖

集 1244

陶氏世吟草七卷

明陶銓等撰

明隆慶四年(1570)孫科刻本

十一行十九字　四周雙邊　白口

18×14.3 釐米

天一閣

集 1245

陶氏世吟草七卷

明陶銓等撰

清初抄本

浙圖

集 1246

合刻屠氏家藏二集十二卷

清初屠氏家刻本

屠康僖公文集六卷　明平湖屠勳撰　附錄一卷

太史屠漸山文集四卷　明秀水屠應埈撰　附錄一卷

九行十九字　四周單邊　白口

20.4×14.5 釐米

浙圖

集 1247

甬上屠氏遺詩前編四卷續編四卷

清鄞縣屠繼序輯

清徐氏煙嶼樓抄本

十行二十一字　左右雙邊　黑口

19.1×14 釐米

天一閣

集 1248

稻村家稿不分卷

清湯淦、湯元芑撰

稿本

十行字數不一　無格

26.7×15.9 釐米

天一閣

集 1249

惲氏家集十八卷感懷詩一卷

明惲厥初編

明崇禎(1628—1644)惲氏刻清康熙十六年(1677)惲華增刻本

溪堂集二卷　明惲釜撰

林居集十二卷　明惲紹芳撰

考槃集四卷　明惲紹芳撰

感懷詩一卷　明惲厥初撰　清康熙十六年(1677)惲華刻

八行十八字　四周雙邊　白口

22.6×15.5 釐米

浙圖

集 1250

華氏家集十一卷

清抄本

黃楊集二卷　元華幼武撰

巖居稿三卷　明華察撰

戴笠吟一卷　清華之望撰

釀花莊集一卷　清華天衢撰

笑讀軒詩稿一卷　清華碩修撰

鬲凡詩集一卷　清華龍翔撰

養閑齋詩集一卷　清華士方撰

讓齋詩草一卷　清華永撰

浙圖

集 1251

馮氏五先生詩集五卷

明馮琦編

明萬曆(1573—1620)刻本

方伯集一卷　明馮裕撰

陂門集一卷　明馮惟健撰

大行集一卷　明馮惟重撰
石門集一卷　明馮惟敏撰
光祿集一卷　明馮惟訥撰
九行十九字　四周單邊　白口
18.9×14.3 釐米
浙圖

集 1252
世綸堂詩集六卷
明黄騏、黄宗智等撰
明萬曆(1573—1620)刻本
八行十八字　四周單邊　白口
19.6×13.3 釐米
天一閣

集 1253
黄氏攟殘集七卷附六卷
清餘姚黄宗羲編
清康熙四十一年(1702)黄炳刻本
文僖公集一卷　明餘姚黄珣撰
道南先生集一卷　明餘姚黄韶撰
半山先生集一卷　明餘姚黄嘉仁撰
潁州集一卷　明餘姚黄嘉愛撰
丁山先生集一卷　明餘姚黄元釜撰
景州集一卷　明餘姚黄尚質撰
竹橋十詠一卷　明餘姚黄海、餘姚倪宗正等撰
附黄氏家錄一卷　清餘姚黄宗羲撰
續錄五卷　清餘姚黄炳輯
十一行二十二字　四周單邊　白口
餘姚文

集 1254
黄氏五世吟稿十五卷
清臨海黄瑞輯
稿本
十行二十一字　四周單邊　白口　版心下印“述思齋”
臨海博

集 1255
午夢堂集二十三卷
明葉紹袁輯
明崇禎(1628—1644)刻本
鸝吹二卷　明沈宜修撰　附集二卷
鸝吹集梅花詩一卷　明沈宜修撰
愁言一卷　明葉紈紈撰　附集一卷
返生香一卷　明葉小鸞撰　附集一卷
鴛鴦夢一卷　明葉小鸞撰
窃聞一卷續一卷　明葉紹袁撰
伊人思一卷　明沈宜修輯
百旻遺草一卷　明葉世偁撰　附集一卷
秦齋怨一卷春餘續附一卷朞淚一卷　明葉紹袁撰
屺雁哀一卷　明葉紹袁撰
彤奩續些二卷　明葉紹袁輯
靈護集一卷　明葉世傛撰　附集一卷
九行二十字　四周單邊　白口
20.4×13.4 釐米
浙圖＊　天一閣＊　溫圖

集 1256
午夢堂集二十一卷
明葉紹袁輯
吳興劉氏求恕齋抄本
鸝吹二卷　明沈宜修撰　附集一卷
鸝吹集梅花詩一卷　明沈宜修撰
愁言一卷　明葉紈紈撰　補遺一卷
返生香一卷　明葉小鸞撰　附集一卷
窃聞一卷續一卷　明葉紹袁撰
伊人思一卷　明沈宜修輯
彤奩續些二卷　明葉紹袁輯
秦齋怨一卷春餘續附一卷朞淚一卷　明葉紹袁撰
屺雁哀一卷　明葉紹袁撰
百旻遺草一卷　明葉世偁撰　附集一卷
鴛鴦夢一卷　明葉小紈撰
香雪吟一卷　明沈宜修撰
浙圖

集 1257
午夢堂集九卷
明葉紹袁輯
清乾隆二十三年(1758)葉恒椿刻本
鸝吹二卷　明沈宜修撰
鸝吹集梅花詩一卷　明沈宜修撰
愁言一卷　明葉紈紈撰
返生香一卷　明葉小鸞撰
鴛鴦夢一卷　明葉小紈撰
窈聞一卷續一卷　明葉紹袁撰
伊人思一卷　明沈宜修輯
九行二十字　四周單邊　白口
20×13.5 釐米
溫圖

集 1258
象浦焦氏文乘一卷
清樂清焦克棻輯
清抄本
溫圖

集 1259
董氏詩萃二十卷
清吳興董熜輯
清乾隆十年(1745)刻本
十行二十三字　左右雙邊　白口
18.6×13.7 釐米
浙圖

集 1260
劉學博詩一卷
清劉漢中撰
黎照閣詩集一卷
清劉信嘉撰
劉萬吹詩集一卷
清劉增風撰
訒齋存稿一卷
清劉應賡撰
清抄本
溫圖

集 1261
新喻三劉文集六卷首一卷
清暨用其編
清乾隆十五年(1750)水西劉氏刻本
公是集四卷　宋劉敞撰
公非集一卷　宋劉攽撰
自省集一卷　宋劉奉世撰
十行二十一字　左右雙邊　白口
18.6×13.6 釐米
浙圖*　嘉圖

集 1262
蔡氏九儒書九卷首一卷
明蔡有鵾輯　清蔡重補輯
清乾隆八年(1743)刻本
十行二十二字　四周單邊　白口
20.6×14 釐米
浙圖

集 1263
義門鄭氏奕葉吟集四卷
明浦江鄭允宣輯
明末鄭氏書種堂刻本
九行二十字　四周單邊　白口
20.6×13.1 釐米
浙圖

集 1264
吳越錢氏傳芳集一卷
清錢泳輯
清嘉慶十五年(1810)錢氏家刻本　清光緒二十六年(1900)錢經藩批校
十一行二十一字　左右雙邊　白口
16.5×11.6 釐米
天一閣

集 1265
甬東薛氏世風删二卷
明鄞縣薛岡輯
明萬曆(1573—1620)刻本〔缺頁配抄

本〕
八行十六字　四周單邊　白口
17.6×13.7 釐米
浙圖

集 1266
三謝詩集一卷
劉宋謝靈運、謝惠連、南齊謝朓撰
明刻本
九行十七字　左右雙邊　白口
18.5×14.3 釐米
天一閣

集 1267
鶴陽謝氏家集不分卷
清永嘉謝夢覽輯
清瑞安孫氏海日樓抄本　清瑞安孫鏘鳴校並跋
十行二十字　四周雙邊
17.8×12.9 釐米
溫圖

集 1268
鶴陽謝氏家集内編五卷外編五卷
清永嘉謝夢覽輯
清瑞安玉海樓抄本
溫圖

集 1269
寧都三魏全集八十三卷
清康熙(1662—1722)易堂刻本
魏伯子文集十卷　清魏際瑞撰
魏叔子文集外篇二十二卷詩集八卷日錄三卷　清魏禧撰
魏季子文集十六卷　清魏禮撰
附魏興士文集六卷　清魏世傑撰
魏昭士文集十卷　清魏世傚撰
魏敬士文集八卷　清魏世儼撰
九行二十字　左右雙邊　白口
20.5×14 釐米
浙圖　寧圖*　諸暨圖*

集 1270
三蘇先生文粹七十卷
宋蘇洵、蘇軾、蘇轍撰
明嘉靖十年(1531)金鰲刻本
十四行二十六字　左右雙邊　白口
19.1×14.2 釐米
浙圖

集 1271
三蘇先生文粹七十卷
宋蘇洵、蘇軾、蘇轍撰
明刻本
十四行二十六字　左右雙邊　白口
18.8×14 釐米
天一閣　浙大

集 1272
三蘇先生文集七十卷
宋蘇洵、蘇軾、蘇轍撰
明嘉靖四十三年(1564)歸仁齋刻本
十行二十四字　四周單邊　白口
18.4×12.9 釐米
天一閣

集 1273
三蘇先生文集七十卷
宋蘇洵、蘇軾、蘇轍撰
明刻本
十行二十四字　四周雙邊　白口
19.5×12.9 釐米
浙圖

集 1274
三蘇文集七十一卷首一卷
宋蘇洵、蘇軾、蘇轍撰
明嘉靖十二年(1533)楊煦刻本
十行二十字　四周雙邊　白口
20.2×13.5 釐米
浙圖

集 1275

嘉樂齋三蘇文範十八卷首一卷

宋蘇洵、蘇軾、蘇轍撰　明楊慎輯　明袁宏道評釋

明天啓二年(1622)刻本

九行十八字　四周單邊　白口

21.7×13.6 釐米

杭圖　溫圖　平湖圖　紹圖

集 1276

合諸名家評註三蘇文選十八卷

宋蘇洵、蘇軾、蘇轍撰　明楊慎輯　明李維楨評注

清康熙二十七年(1688)刻本

九行二十字　四周單邊　白口

23.3×13.9 釐米

嘉圖

集 1277

謹依眉陽正本大宋真儒三賢文宗二十卷

宋蘇洵、蘇軾、蘇轍撰

明刻本

十行二十一字　四周單邊　白口

18.2×12.7 釐米

浙圖

集 1278

三蘇文滙六十卷

明歸安茅坤、錢穀、鍾惺評

明末刻本

合刻三先生老泉文滙十卷　宋蘇洵撰

合刻三先生東坡文滙四十卷　宋蘇軾撰

合刻三先生潁濱文滙十卷　宋蘇轍撰

九行二十字　四周單邊　白口

21.1×14.7 釐米

浙圖　嘉圖*　紹圖*

集 1279

新刻三蘇論策選粹八卷

明李時漸輯

明萬曆(1573—1620)刻本

十行二十字　四周雙邊　白口

19.1×13.7 釐米

天一閣

集 1280

靜觀室三蘇文選十六卷

明錢穀輯

明萬曆三十九年(1611)錢心造刻本

十行二十字　四周單邊　白口

21×14.5 釐米

天一閣

集 1281

選輯諸名家評註批點蘇文八卷

宋蘇洵、蘇軾、蘇轍撰　明金華詹奎光輯

明萬曆六年(1578)詹斗光、吳元禮刻本

兩欄　下欄十行二十字　四周單邊　白口

19.3×12.7 釐米

浙圖

集 1282

鐫李相國九我先生評選蘇文彙精六卷

宋蘇洵、蘇軾、蘇轍撰　明李廷機輯評

明書林蕭少衢師儉堂刻本

兩欄　下欄九行二十一字　四周單邊　白口

22.5×13 釐米

浙圖

集 1283

彙鍥註釋三蘇文苑八卷

宋蘇洵、蘇軾、蘇轍撰　明李叔元輯

明萬曆三十二年(1604)余泗泉萃慶堂刻本

十行二十字　四周雙邊　白口

23.6×14 釐米

天一閣

集 1284

玉峰雍里顧氏六世詩文集五十二卷

清顧登編

清雍正十年(1732)桂雲堂刻本

存十九卷

靜觀堂集十四卷　明顧潛撰

炳燭軒詩集五卷　明顧懋宏撰

十行二十一字　左右雙邊　白口

19.8×13.8 釐米

浙大

楚辭類

集 1285

楚騷五卷

楚屈原撰

附録一卷

漢司馬遷撰

明正德十五年(1520)熊宇刻篆字本

五行五字　四周單邊　白口

19.5×14.6 釐米

天一閣　浙大

集 1286

楚騷五卷

楚屈原撰

附録一卷

漢司馬遷撰

明萬曆二十九年(1601)朱燮元、朱一龍刻篆字本

五行五字　四周單邊　白口

21.6×16 釐米

天一閣

集 1287

屈騷□卷

楚屈原撰

清雁池書屋抄本

存四卷　一至四

天一閣

集 1288

楚辭二卷

楚屈原、宋玉、漢賈誼等撰

明萬曆四十八年(1620)閔齊伋刻三色套印本

九行十九字　四周單邊　白口

21.3×15.3 釐米

浙圖

集 1289

楚辭章句十七卷

漢王逸撰

疑字直音補一卷

明隆慶五年(1571)豫章夫容館刻本

存五卷　一　四至七

八行十七字　四周雙邊　白口

19.6×14 釐米

天一閣

集 1290

楚辭章句十七卷

漢王逸撰

附録一卷

明萬曆十四年(1586)馮紹祖觀妙齋刻本

九行十八字　左右雙邊　白口

21.2×14.5 釐米

浙圖　浙大

集 1291

楚辭章句十七卷

漢王逸撰

附録一卷

明萬曆(1573—1620)金陵益軒唐氏刻本

九行十九字　左右雙邊　白口

21.2×14.6 釐米

浙圖

集 1292

楚辭章句十七卷

漢王逸撰

明萬曆四十七年(1619)劉廣刻本

十行十八字　左右雙邊　白口

19.3×14.6 釐米

溫圖

集 1293
楚辭十七卷
漢王逸章句　宋洪興祖補注
清初毛氏汲古閣刻本
九行十五字　小字雙行二十字　四周雙邊　白口
17.9×13.2 釐米
浙圖　天一閣　浙大

集 1294
楚辭十七卷
漢王逸章句　宋洪興祖補注
清同治十一年(1872)金陵書局刻本　清瑞安孫衣言批並跋
九行十五字　小字雙行二十字　左右雙邊　白口
17.9×13.2 釐米
浙大

集 1295
楚辭十七卷
漢王逸章句　宋洪興祖補注
清同治十一年(1872)金陵書局刻本　清仁和譚獻校並跋
浙圖

集 1296
楚辭十七卷
宋洪興祖、明劉鳳等注　明吳興陳深批點
附錄一卷
明萬曆(1573—1620)凌毓枏刻朱墨套印本
八行十八字　四周單邊　白口
22×14.8 釐米
浙圖　嘉圖　天一閣

集 1297
楚辭句解評林十七卷
漢王逸章句　明馮紹祖輯評
附錄一卷
明萬曆十五年(1587)馮紹祖觀妙齋刻本
兩欄　上欄二十一行六字　下欄十行二十三字　四周雙邊　白口
21.5×13.2 釐米
浙圖

集 1298
楚辭集注八卷辯證二卷後語六卷
宋朱熹撰
明成化十一年(1475)吳原明刻本
存楚辭集注八卷
九行十七字　四周雙邊　黑口
25.5×16.1 釐米
浙大

集 1299
楚辭集註八卷辯證二卷後語六卷
宋朱熹撰
明正德十四年(1519)沈圻刻本
九行十七字　四周雙邊　黑口
20×13.5 釐米
天一閣*　浙大*

集 1300
楚辭集註八卷辯證二卷後語六卷
宋朱熹撰
反离騷一卷
漢揚雄撰
明嘉靖十四年(1535)袁褧刻本
十行十八字　左右雙邊　白口
20×15.5 釐米
浙圖　天一閣　浙大

集 1301
楚辭集註八卷辯證二卷後語六卷
宋朱熹撰
明萬曆二十五年(1597)吉府刻本
八行十七字　四周雙邊　白口
19.4×15.5 釐米

黄巖圖　天一閣　餘姚文

集 1302

楚辭集註八卷辯證二卷後語六卷

宋朱熹撰

明刻本

八行十七字　四周雙邊　白口

25×16 釐米

浙圖　嘉圖

集 1303

楚辭集註八卷辯證二卷後語六卷

宋朱熹撰

明刻本

九行十八字　四周單邊　白口

25.5×13 釐米

紹圖

集 1304

楚辭集註八卷辯證二卷後語六卷

宋朱熹撰

明萬曆(1573—1620)朱崇沐刻本

九行十七字　四周雙邊　白口

20.6×14.3 釐米

浙圖

集 1305

楚辭集註八卷辯證二卷後語六卷

宋朱熹撰

明刻本

存後語六卷

十行十八字　左右雙邊　白口

19.5×15.4 釐米

浙圖

集 1306

楚辭集註八卷辯證二卷後語六卷

宋朱熹撰

明萬曆(1573—1620)楊鶴刻本

九行十八字　四周單邊　白口

20.6×14 釐米

浙圖　杭圖*

集 1307

楚辭集註八卷辯證二卷後語八卷

宋朱熹撰　明秀水蔣之翹補輯並評校

附覽二卷總評一卷

明秀水蔣之翹輯

明天啓六年(1626)蔣之翹刻本

九行二十一字　四周單邊　白口

20.7×13.6 釐米

浙圖　嘉圖*

集 1308

楚辭集註八卷辯證二卷後語八卷

宋朱熹撰　明秀水蔣之翹補輯並評校

附覽二卷總評一卷

明秀水蔣之翹輯

明天啓六年(1626)蔣之翹刻忠雅堂印本

浙大

集 1309

楚辭集註八卷辯證二卷後語八卷

宋朱熹撰　明秀水蔣之翹補輯並評校

清乾隆五十三年(1788)聽雨軒刻朱墨套印本

八行二十二字　左右雙邊　白口

19.7×13 釐米

杭圖　溫圖

集 1310

楚辭集註八卷辯證二卷後語八卷

宋朱熹撰　明秀水蔣之翹補輯並評校

清乾隆五十三年(1788)聽雨軒刻朱墨套印本　佚名錄郭沫若、聞一多校釋

浙大

集 1311

楚辭集註八卷辯證二卷後語八卷

宋朱熹撰　明秀水蔣之翹補輯並評校

清抄本
天一閣

集 1312
楚辭評林八卷總評一卷
宋朱熹注　明沈雲翔輯評
明崇禎十年(1637)吳郡八詠樓刻本
九行二十三字　四周單邊　白口
21×12.4 釐米
浙大

集 1313
離騷集傳一卷
宋錢杲之撰
清光緒三年(1877)崇文書局刻本　蕭山單丕校
19.1×14.8 釐米
浙圖

集 1314
楚辭集解十六卷蒙引二卷考異一卷
明汪瑗撰
大序一卷小序一卷
明汪瑗輯
明萬曆四十三年(1615)汪文英刻本
十行二十字　左右雙邊　白口
20.2×14.4 釐米
浙圖　杭圖

集 1315
楚辭十卷
漢王逸章句　宋朱熹注　明張鳳翼合纂
明末刻本　清莫京批校
九行二十字　左右雙邊　白口
19.7×14.3 釐米
杭圖

集 1316
離騷經訂註一卷
明趙南星撰
屈原傳一卷
漢司馬遷撰
明萬曆四十一年(1613)自刻本　清梁清適題款　長興王修跋
九行十八字　四周單邊　白口
20.3×12.9 釐米
浙圖

集 1317
刪註楚辭不分卷
明張京元撰
明萬曆四十六年(1618)自刻本　佚名批校
九行二十字　四周單邊　白口
20×13.7 釐米
浙圖

集 1318
楚辭聽直八卷合論一卷
明王文煥撰
明崇禎十六年(1643)刻清順治十四年(1657)續刻本
八行二十一字　四周單邊　白口
20.1×14.8 釐米
浙圖　溫圖

集 1319
楚辭疏十九卷讀楚辭語一卷附楚辭雜論一卷
明檇李陸時雍撰
屈原傳一卷
漢司馬遷撰
明末緝柳齋刻本
九行二十字　四周單邊　白口
20.7×14.6 釐米
浙圖　杭圖　溫圖　天一閣

集 1320
楚辭述註五卷
明蕭山來欽之撰

九歌圖一卷

明諸暨陳洪綬繪

明崇禎(1628—1644)刻本

九行二十字　四周單邊　白口

20.5×14 釐米

浙圖＊　杭圖　天一閣

集 1321

離騷草木史九卷離騷拾細一卷

清桐鄉周拱辰撰

清初周氏聖雨齋刻本

九行二十四字　四周單邊　白口

20.2×12.3 釐米

浙圖

集 1322

離騷圖不分卷

清蕭雲從繪並注

清初刻本

九行二十四字　四周單邊　白口

18.4×11.8 釐米

天一閣

集 1323

離騷圖不分卷

清蕭雲從繪並注

清初刻本　清鎮海姚燮、蕭山蔡名衡跋　曹峋題款

存天問圖一卷

浙圖

集 1324

山響齋别集十卷

清賀寬撰

清抄本

十行二十字　四周雙邊　白口

15.8×11.8 釐米

浙大

集 1325

楚辭燈四卷楚懷襄二王在位事蹟考一卷

清林雲銘撰

屈原列傳一卷

漢司馬遷撰

清康熙三十六年(1697)挹奎樓刻本

八行二十字　左右雙邊　白口

19.6×13.3 釐米

溫圖

集 1326

楚辭燈四卷

清林雲銘撰

清康熙(1662—1722)刻本

八行二十字　左右雙邊　白口

19.9×13.4 釐米

浙圖　嘉圖

集 1327

離騷辯不分卷

清朱冀撰

清康熙(1662—1722)綠筠堂刻本

七行十八字　左右雙邊

19.6×13 釐米

浙圖　杭圖　平湖圖

集 1328

離騷辯不分卷

清朱冀撰

清康熙(1662—1722)綠筠堂刻本　愧齋跋

天一閣

集 1329

楚辭約注不分卷

清高秋月、曹同春撰

清康熙(1662—1722)文粹堂刻本

九行二十四字　左右雙邊　白口

19.5×11.7 釐米

溫圖

集 1330

離騷節解一卷離騷本韻一卷離騷正音一卷離騷節指一卷

清張德純撰

清乾隆五十年(1785)張氏刻本

九行十九字　左右雙邊　白口

17×14.2 釐米

天一閣

集 1331

離騷節解一卷離騷本韻一卷離騷正音一卷離騷節指一卷

清張德純撰

清乾隆五十年(1785)刻朱墨套印本

九行十九字　左右雙邊　白口

17.2×14.2 釐米

浙圖

集 1332

山帶閣註楚辭六卷首一卷餘論二卷説韻一卷

清蔣驥撰

清雍正五年(1727)蔣氏山帶閣刻本

十行二十一字　小字雙行三十二字　左右雙邊　白口

16.5×13.4 釐米

浙圖　杭圖　衢博

集 1333

楚辭新集註八卷

清屈復集注

楚懷襄二王在位事蹟考一卷

清林雲銘撰

末一卷

清乾隆三年(1738)弱水草堂刻本

九行二十字　四周雙邊　白口

21.7×14.8 釐米

溫圖

集 1334

楚辭八卷首一卷末一卷

清屈復集注

清乾隆三年(1738)居易堂刻本

九行二十字　四周雙邊　白口

21.2×14.2 釐米

浙圖

集 1335

楚辭六卷

清姚培謙節注

楚辭叶音一卷

清劉維謙撰

清乾隆六年(1741)刻本

八行十八字　小字雙行二十八字　左右雙邊　黑口

15.3×10.2 釐米

嘉圖

集 1336

楚辭六卷

清姚培謙節注

清乾隆(1736—1795)刻本

八行二十四字　小字雙行二十八字　左右雙邊　黑口

15.3×10.2 釐米

浙圖

集 1337

屈騷心印五卷首一卷

清夏大霖撰

清乾隆三十九年(1774)一本堂刻本

十一行二十五字　四周雙邊　白口

19.1×14.7 釐米

浙圖　溫圖

集 1338

屈原賦注七卷通釋二卷

清戴震撰

音義三卷

清汪梧鳳撰

清乾隆二十五年(1760)汪梧鳳刻本
十行二十一字　小字雙行三十一至三十二字　左右雙邊　白口
19.3×14.2 釐米
玉海樓

集 1339
離騷草木疏辨證四卷
清海寧祝德麟撰
清乾隆四十四年(1779)悦親樓刻本
十一行二十字　四周單邊　白口
19.4×12.9 釐米
浙圖

集 1340
離騷經注一卷楚辭注一卷
清周鎬注
稿本
紹圖

漢魏六朝别集類

集 1341
蔡中郎文集十卷外傳一卷
漢蔡邕撰
明萬曆二年(1574)徐子器刻本
九行二十一字　四周雙邊　白口
20.2×14.1 釐米
浙圖

集 1342
蔡中郎文集十卷外傳一卷
漢蔡邕撰
清順治(1644—1661)劉嗣美刻本
九行二十字　四周單邊　白口
20.5×13.8 釐米
浙圖

集 1343
蔡中郎集六卷
漢蔡邕撰
明嘉靖二十七年(1548)楊賢刻本
九行二十一字　四周單邊　白口
20×14 釐米
溫圖　天一閣*

集 1344
蔡中郎集六卷補遺一卷
漢蔡邕撰
清康熙(1662—1722)刻本
十行二十字　四周單邊　黑口
17.5×13.8 釐米
浙圖

集 1345
蔡中郎集六卷補遺一卷
漢蔡邕撰
清康熙(1662—1722)刻雍正(1723—1735)重修本
浙圖

集 1346
蔡中郎集十一卷
漢蔡邕撰
明萬曆八年(1580)茅一相文霞閣刻本
九行十九字　四周單邊　白口
19.1×12.6 釐米
天一閣

集 1347
蔡中郎集舉正不分卷
清錢塘羅以智撰
清光緒五年(1879)朱桂模抄本　清朱桂模跋
浙圖

集 1348

蔡中郎集舉正二卷

清錢塘羅以智撰

清抄本

浙圖

集 1349

蜀丞相諸葛亮文集六卷

蜀諸葛亮撰

明刻本

十行十七字　四周雙邊　白口

16.3×14 釐米

天一閣

集 1350

武侯集十六卷

蜀諸葛亮撰　明錢世垚輯

明萬曆四十五年(1617)錢世垚刻本

九行十九字　左右雙邊　白口

20.5×14 釐米

天一閣

集 1351

蜀諸葛武侯全集四卷

蜀諸葛亮撰　明諸葛清輯

明天啓元年(1621)諸葛清刻本　佚名批校

九行十九字　四周雙邊　白口

21.5×14.1 釐米

浙圖

集 1352

諸葛丞相集四卷

蜀諸葛亮撰　清朱璘輯

附録一卷

清康熙三十七年(1698)萬卷堂刻本

九行十九字　四周雙邊　白口

19.7×14 釐米

紹圖

集 1353

漢丞相諸葛忠武侯集二十二卷

蜀諸葛亮撰　明諸葛羲輯

清乾隆十三年(1748)刻本

九行二十字　四周單邊　白口

19.3×14.7 釐米

浙圖

集 1354

曹子建文集十卷

魏曹植撰

清影抄常熟瞿氏藏宋刻本

八行十五字　左右雙邊　白口

浙圖

集 1355

曹子建文集十卷

魏曹植撰

明刻本

九行十八字　左右雙邊　白口

18.8×13.8 釐米

浙圖　浙大

集 1356

曹子建集十卷

魏曹植撰

疑字音釋一卷

明嘉靖二十一年(1542)郭雲鵬刻本

九行十七字　左右雙邊　白口

19.7×14.5 釐米

浙圖

集 1357

曹子建集十卷

魏曹植撰

敘録一卷年譜一卷

清朱緒曾輯

清抄本

浙圖

集 1358

曹子建集十卷

魏曹植撰　明李夢陽、王世貞等評

明天啓元年(1621)凌性德刻朱墨套印本

八行十八字　四周單邊　白口

20.5×14 釐米

浙大

集 1359

陳思王集十卷附錄一卷

魏曹植撰　明張燮輯

明天啓二年(1622)刻七十二家集本　慈溪馮貞群跋

九行十八字　左右雙邊　白口

20.5×14.8 釐米

天一閣

集 1360

曹子建集考異十卷敘錄一卷年譜一卷

清朱緒曾撰

清瑞安孫氏玉海樓抄本　清瑞安孫詒讓校

九行二十一字　左右雙邊　細黑口

16.6×11.9 釐米

浙大

集 1361

詠懷詩一卷

魏阮籍撰

明崇禎(1628—1644)刻本　長興王修跋

八行十八字　四周雙邊　白口

20.6×15.3 釐米

浙圖

集 1362

嵇中散集十卷

魏嵇康撰

明程榮刻本

九行二十字　左右雙邊　白口

19.9×14.2 釐米

浙圖　浙大

集 1363

嵇中散集十卷

魏嵇康撰

明萬曆天啓間(1573—1627)刻新安汪氏漢魏六朝二十一名家集本　清顧源校並錄張燕昌、黄丕烈跋

九行二十字　左右雙邊　白口

20.5×14.4 釐米

浙圖

集 1364

傅中丞集不分卷

晉傅咸撰

清抄本

浙圖

集 1365

陸士衡集七卷

晉陸機撰

明嘉靖(1522—1566)刻六朝詩集本　長興王修跋

十行十八字　左右雙邊　白口

17.7×12.8 釐米

浙圖

集 1366

支道林集一卷

晉釋支遁撰

明刻本

九行二十字　左右雙邊　白口

19×14 釐米

紹圖

集 1367

陶淵明集十卷

晉陶潛撰

附錄二卷

明刻清修本

九行十七字　左右雙邊　白口
19×14.6 釐米
浙圖

集 1368
陶淵明集十卷
晉陶潛撰
附録二卷
清抄本
浙圖

集 1369
陶靖節集八卷
晉陶潛撰
附録一卷
宋顏延之撰　明潘璁輯
明崇德堂刻本
九行十八字　左右雙邊　白口
19.6×14.3 釐米
嘉圖

集 1370
陶靖節集六卷
晉陶潛撰
清康熙三十二年(1693)胡介祉刻本　清潘曾沂跋
八行十七字　四周單邊　白口
17.6×12.6 釐米
杭圖

集 1371
陶淵明全集四卷
晉陶潛撰
明白鹿齋刻陶李合刻本　清會稽陶濬宣批校並跋
七行十七字　上竹節欄下雙邊　白口
20.6×13.5 釐米
杭圖

集 1372
陶靖節集一卷
晉陶潛撰　明毛晉編
評一卷
明毛晉輯
明萬曆四十六年(1618)毛氏緑君亭刻屈陶合刻本　佚名批校並跋
八行十八字　四周單邊　白口
20.8×14.3 釐米
浙圖

集 1373
靖節先生詩一卷
晉陶潛撰
清懷古田舍徐榮抄本　梁鼎芬跋
浙圖

集 1374
陶靖節詩集四卷
晉陶潛撰
東坡和陶詩一卷
宋蘇軾撰
律陶不分卷
明山陰王思任集
清乾隆二年(1737)最樂堂刻本
九行十九字　四周單邊　白口
18.5×13.6 釐米
浙圖　餘杭圖

集 1375
箋註陶淵明集十卷
晉陶潛撰　宋湯漢等箋注
總論一卷
宋李公焕輯
元刻本
九行十六或十五字　左右雙邊　綫黑口
15.7×11.6 釐米
浙圖

集 1376
箋註陶淵明集十卷
晉陶潛撰　宋湯漢等箋注
總論一卷
宋李公焕輯
明刻本〔卷十配抄本〕
九行十六字　四周單邊　黑口
16.4×11.7 釐米
浙圖

集 1377
陶靖節集十卷
晉陶潛撰　宋湯漢等箋注
總論一卷
明嘉靖二十五年(1546)蔣孝刻本
九行十八字　左右雙邊　白口
20.2×14 釐米
浙圖　杭圖　天一閣

集 1378
陶靖節集十卷
晉陶潛撰　宋湯漢等箋注
明嘉靖三十八年(1559)公正堂刻本
存二卷　一至二
九行二十字　四周雙邊　白口
20.6×14.2 釐米
天一閣

集 1379
陶靖節集十卷
晉陶潛撰　宋湯漢等箋注
總論一卷
明萬曆十五年(1587)休陽程氏刻本
九行十八字　左右雙邊　白口
19.2×13 釐米
浙圖　浙大　玉海樓

集 1380
陶靖節集十卷
晉陶潛撰　宋湯漢等箋注
總論一卷
明萬曆十五年(1587)休陽程氏刻本　清邱嘉穗批注
浙圖

集 1381
陶靖節集十卷
晉陶潛撰　宋湯漢等箋注
總論一卷
明萬曆十五年(1587)休陽程氏刻本　木菴跋
天一閣

集 1382
陶靖節集十卷
晉陶潛撰　宋湯漢等箋注
總論一卷
明天啓七年(1627)馬之升刻本〔總論卷一至二配清抄本〕
九行十八字　左右雙邊　白口
19.4×13.2 釐米
杭圖

集 1383
陶靖節集十卷
晉陶潛撰　宋湯漢等箋注
總論一卷附録一卷
明刻本
九行十八字　左右雙邊　白口
19×13 釐米
浙圖

集 1384
陶靖節集十卷
晉陶潛撰　宋湯漢等箋注
附録一卷
明刻本　佚名批校並跋
存三卷　一至三
浙圖

集 1385
箋註陶淵明集六卷
晉陶潛撰　宋湯漢等箋注　明張自烈評
附一卷
明末刻本　慈溪馮君木批點
九行十八字　左右雙邊　白口
18.5×14.5 釐米
天一閣

集 1386
箋註陶淵明集六卷
晉陶潛撰　明張自烈評
總論一卷和陶一卷
宋蘇軾撰
律陶一卷
明山陰王思任輯
敦好齋律陶纂一卷
明黄槐開撰
明崇禎五年(1632)刻本　佚名校注
九行十八字　四周單邊　白口
20×14.6 釐米
浙圖

集 1387
箋註陶淵明集六卷
晉陶潛撰　宋湯漢等箋注　明張自烈評
總論一卷和陶一卷
宋蘇軾撰
律陶一卷
明山陰王思任輯
敦好齋律陶纂一卷
明黄槐開撰
明崇禎五年(1632)刻本　佚名校注
天一閣

集 1388
箋註陶淵明集六卷
晉陶潛撰　宋湯漢等箋注　明張自烈評
總論一卷和陶一卷
宋蘇軾撰
律陶一卷
明山陰王思任輯
敦好齋律陶纂一卷
明黄槐開撰
明末玉函堂刻本
九行十八字　四周單邊　白口
21×14.7 釐米
玉海樓

集 1389
陶靖節集十卷
晉陶潛撰　明何孟春注
明綿眇閣刻本　清秋田鴻校並跋
八行二十字　四周單邊　白口
21.9×14.3 釐米
浙圖

集 1390
陶元亮詩四卷
晉陶潛撰　明黄文煥析義
明末刻本
八行二十一字　小字單行同　四周單邊　白口
19.6×15 釐米
杭圖

集 1391
陶靖節詩集四卷
晉陶潛撰　清海寧蔣薰評
清康熙二十九年(1690)周文焜刻本
九行二十字　四周雙邊　白口
19.1×14.1 釐米
嘉圖

集 1392
陶靖節詩集四卷
晉陶潛撰　清海寧蔣薰評
清康熙(1662—1722)刻本
九行十九字　四周單邊　白口
18.7×14.1 釐米
溫圖

集 1393

陶靖節詩集四卷

晉陶潛撰　清海寧蔣薰評

清康熙(1662—1722)刻本　錢塘吳慶坻跋

九行十九字　四周單邊　白口

18.7×14.1 釐米

杭圖

集 1394

陶靖節詩集四卷

晉陶潛撰　清海寧蔣薰評

附東坡和陶詩一卷

宋蘇軾撰

律陶一卷

明山陰王思任輯

敦好齋律陶纂一卷

明黄槐開輯

清乾隆二年(1737)最樂堂刻本

九行十九字　四周單邊　白口

18.7×14.3 釐米

紹圖

集 1395

陶詩集註四卷

清西湖詹夔錫撰

東坡和陶詩一卷

宋蘇軾撰

清康熙三十三年(1694)詹氏寶墨堂刻本

八行十九字　左右雙邊　白口

18.6×13.6 釐米

浙圖　溫圖　紹圖

集 1396

陶靖節集四卷

晉陶潛撰　清董廢翁輯並評

清康熙(1662—1722)刻本

八行十七字　四周單邊　粗黑口

17.9×13.4 釐米

浙大

集 1397

陶詩彙注四卷首一卷末一卷

晉陶潛撰　清吳瞻泰輯

清康熙(1662—1722)拜經堂刻本

十行十九字　四周單邊　白口

17.6×13.6 釐米

浙圖

集 1398

陶詩彙注四卷首一卷末一卷

晉陶潛撰　清吳瞻泰輯

清抄本　平湖屈彊校

十行十九字　無格

浙大

集 1399

陶公詩評注初學讀本不分卷

清孫人龍輯

清乾隆十三年(1748)刻本

九行二十一字　左右雙邊　白口

17.8×11.2 釐米

浙圖　溫圖

集 1400

陶公詩評注初學讀本二卷

清孫人龍輯

清乾隆(1736—1795)刻本

九行二十一字　四周單邊　白口

17.5×11.5 釐米

衢博

集 1401

謝康樂集四卷

劉宋謝靈運撰

明萬曆(1573—1620)刻本

九行二十字　左右雙邊　白口

19.6×14.2 釐米

浙圖　杭圖

集 1402

鮑明遠集十卷

劉宋鮑照撰

明程榮刻本

九行二十字　左右雙邊　白口

19.6×14.5 釐米

浙大

集 1403

鮑氏集十卷

劉宋鮑照撰

清抄本

浙圖

集 1404

鮑氏集十卷

劉宋鮑照撰

清抄本

存四卷　七至十

浙圖

集 1405

謝宣城集五卷

南齊謝朓撰

首一卷

明萬曆七年(1579)史元熙覽翠亭刻本

八行十七字　四周雙邊　白口

19.5×13.1 釐米

浙圖　天一閣*

集 1406

謝宣城集五卷

南齊謝朓撰

首一卷

清康熙四十六年(1707)郭威釗甓軒刻本

九行十八字　四周單邊　白口

18.9×13 釐米

溫圖

集 1407

沈隱侯集四卷

梁武康沈約撰　明秀水沈啓原輯

明萬曆十三年(1585)沈啓原刻本

九行十八字　左右雙邊　白口

19.5×13.5 釐米

天一閣

集 1408

陶貞白集二卷

梁陶弘景撰

明汪士賢刻漢魏六朝二十一諸名家集本　傅增湘校並跋

九行二十字　四周單邊　白口

19.2×14 釐米

浙大

集 1409

徐孝穆全集六卷

陳徐陵撰　清吳兆宜箋注

備考一卷

清刻本

十行二十字　左右雙邊　白口

19×14.2 釐米

海寧圖

集 1410

徐孝穆全集六卷

陳徐陵撰　清吳兆宜箋注

備考一卷

清刻寶翰樓印本

溫圖

集 1411

徐孝穆全集六卷

陳徐陵撰　清吳兆宜箋注

備考一卷

清揚州藝古樓刻本

十行二十字　左右雙邊　白口

18.7×14.4 釐米

玉海樓

集 1412

庾子山全集十卷

北周庾信撰　清吴兆宜箋注

清康熙(1662—1722)刻本

十行二十字　左右雙邊　白口

18.2×14.3 釐米

諸暨圖

集 1413

梁昭明太子集六卷

梁蕭統撰

明末刻蕭梁文苑本

九行二十字　四周單邊　白口

20.2×14.8 釐米

浙圖

集 1414

江文通集四卷

梁江淹撰　清梁賓輯

清乾隆二十四年(1759)安愚堂刻本

十行十九字　左右雙邊　黑口

15.4×12.9 釐米

浙圖　温圖

集 1415

江醴陵集二卷

梁江淹撰

清抄本

九行十八字　無格

嘉圖　温圖

集 1416

何水部詩集一卷

梁何遜撰

清初抄本

浙圖

集 1417

吴朝請集一卷

梁吴興吴均撰

王氏述庵抄本

浙圖

集 1418

陰常侍詩集一卷

梁陰鏗撰

清初抄本

浙圖

集 1419

陳後主詩集一卷

陳後主陳叔寶撰

清抄本

浙圖

集 1420

籟紀二卷

陳陳叔齊撰

清嘉慶十八年(1813)山壽齋刻本

十一行二十一字　四周雙邊　白口

15.9×11.8 釐米

浙圖

集 1421

庾子山集十六卷

北周庾信撰　明鄞縣屠隆評

明刻本

九行二十字　四周單邊　白口

21.3×14.8 釐米

浙圖

唐五代別集類

集 1422

唐太宗詩集一卷文集八卷

唐太宗李世民撰　清秀水董念棻輯

清抄本　湖州劉承幹跋

浙圖

集 1423
新刻註釋駱丞集十卷
唐義烏駱賓王撰
明林紹刻本
存三卷　一至三
十行二十字　四周雙邊　白口
19.2×13.8 釐米
海寧圖

集 1424
唐駱先生文集六卷
唐義烏駱賓王撰　明虞九章等訂釋
明萬曆十九年(1591)虞九章刻本
九行十八字　左右雙邊　白口
19.5×13.6 釐米
浙圖

集 1425
靈隱子六卷
唐義烏駱賓王撰　明陳魁士注
明萬曆二十四年(1596)陳大科刻本
十行二十字　四周雙邊　白口
20.2×14.5 釐米
浙圖

集 1426
唐駱先生集八卷
唐義烏駱賓王撰　明王衡等評釋
附錄一卷
明凌毓枏刻朱墨套印本
八行十八字　四周單邊　白口
19.2×14.6 釐米
浙圖　天一閣　浙大

集 1427
新刊駱子集註四卷
唐義烏駱賓王撰　明陳魁士注
明萬曆七年(1579)劉大烈等刻本
缺一卷　一
十行二十二字　四周雙邊　白口
23.3×15.7 釐米
浙圖*　天一閣*

集 1428
駱丞集註四卷
唐義烏駱賓王撰　明顏文選補注
明萬曆四十三年(1615)顏氏刻本
九行二十字　四周單邊　白口
21.5×14.3 釐米
浙圖

集 1429
類選註釋駱丞全集四卷
唐義烏駱賓王撰　明顧從敬輯　明陳繼儒注
明刻本
九行二十字　四周單邊　白口
21.8×14.3 釐米
浙圖　溫圖*

集 1430
刻梅太史評釋駱賓王文抄神駒四卷
唐義烏駱賓王撰　明梅之煥釋
明萬曆三十五年(1607)閩書林劉大易刻本
十行二十字　四周單邊　白口
21.1×12.8 釐米
上虞圖

集 1431
鼎雕註釋駱丞文抄評林十卷
唐義烏駱賓王撰　明蔣孟育評　明陳魁士註釋　明李原質訂補
明萬曆(1573—1620)書坊楊大謨刻本
兩欄　上欄鐫評　下欄十行二十字　四周雙邊　白口
20×12.5 釐米
浙圖

集 1432

陳伯玉文集十卷

唐陳子昂撰

附錄一卷

明弘治四年(1491)楊澄刻本

九行十九字　四周單邊　白口

22.5×15.5 釐米

天一閣

集 1433

子昂集十卷

唐陳子昂撰

清抄本　佚名校

浙圖

集 1434

陳拾遺文集十卷

唐陳子昂撰

清抄本

浙圖

集 1435

唐丞相曲江張文獻公集十二卷

唐張九齡撰

千秋金鑑錄五卷

題唐張九齡撰

附錄一卷

清雍正十三年(1735)張世緯等刻本

九行十八字　四周單邊　白口

20.7×15.8 釐米

浙圖

集 1436

徐侍郎集二卷

唐徐安貞撰

附錄一卷

清金石壽抄本

浙圖

集 1437

常建詩集不分卷

唐常建撰

清抄本

浙圖

集 1438

王摩詰集十卷

唐王維撰

明刻本

缺二卷　三至四

十行十八字　左右雙邊　白口

17.8×12.6 釐米

溫圖

集 1439

類箋唐王右丞詩集十卷

唐王維撰　宋劉辰翁評　明顧起經注

文集四卷集外編一卷

唐王維撰　明顧起經輯

年譜一卷

明顧起經撰

唐諸家同詠集一卷贈題集一卷歷朝諸家評王右丞詩畫鈔一卷

明顧起經輯

明嘉靖三十五年(1556)顧氏奇字齋刻本

九行十八字　左右雙邊　白口

20.5×15.5 釐米

浙圖　天一閣

集 1440

王右丞詩集十六卷

唐王維撰　清仁和趙殿成箋注

清趙殿成目耕堂抄本　清陳仲勉跋

十行二十字　四周單邊　白口

18.2×13.3 釐米

杭圖

集 1441
王右丞集二十八卷
唐王維撰　清仁和趙殿成注
首一卷末一卷
清乾隆(1736—1795)刻本
十行二十字　左右雙邊　白口
17.9×13.8 釐米
浙圖　溫圖　紹圖　玉海樓

集 1442
宗玄先生文集三卷
唐吳筠撰
清道光(1821—1850)抄本
九行二十字　左右雙邊　白口
13.2×9.7 釐米
天一閣

集 1443
劉隨州詩集十卷
唐劉長卿撰
明刻本　佚名批校
十行二十字　左右雙邊　白口
19.4×13.7 釐米
浙圖

集 1444
唐劉隨州詩集十一卷外集一卷
唐劉長卿撰
明刻本
存五卷　一至五
十行二十字　左右雙邊　細黑口
19.6×14 釐米
天一閣

集 1445
顔魯公文集十五卷補遺一卷
唐顔真卿撰
年譜一卷
宋留元剛撰
附録一卷
明萬曆十七年(1589)劉思誠刻本
十行二十字　左右雙邊　白口
20.1×14.2 釐米
浙大

集 1446
魯公文集十五卷
唐顔真卿撰
明萬曆二十四年(1596)顔胤祚刻本
十行二十一字　左右雙邊　白口
20.8×14.4 釐米
溫圖

集 1447
顔魯公文集二十卷
唐顔真卿撰　明顔欲章輯
明萬曆(1573—1620)顔欲章刻本
卷十八係顔魯公行狀　卷十九係顔魯公年譜　卷二十係新史、舊史本傳
九行十九字　左右雙邊　白口
20×14.8 釐米
浙圖

集 1448
李員外遺集二卷
唐李華撰
清抄本　佚名校
浙圖

集 1449
孟浩然詩集三卷補遺一卷
唐孟浩然撰　宋劉辰翁評點　明顧道洪參校
襄陽外編一卷拾遺一卷
明顧道洪輯
明萬曆(1573—1620)刻本
存孟浩然詩集三卷
十行十八字　四周單邊　白口
18.5×14 釐米
天一閣

集 1450

孟浩然詩集二卷

唐孟浩然撰

明汪應皋刻本

九行十九字　四周雙邊　白口

18.3×13.2 釐米

天一閣

集 1451

孟浩然集二卷

唐孟浩然撰

明嘉靖(1522—1566)刻本

十行十八字　左右雙邊　白口

17.5×12.6 釐米

天一閣

集 1452

浩然詩集二卷

唐孟浩然撰

清抄本

浙圖

集 1453

寒山子詩集一卷

唐釋寒山子撰

豐干拾得詩一卷

唐釋豐干、釋拾得撰

明萬曆(1573—1620)刻本

八行十七字　四周單邊　白口

19.8×12.4 釐米

天一閣

集 1454

寒山子詩集二卷

唐釋寒山子撰

豐干拾得詩一卷

唐釋豐干、釋拾得撰

明刻本

九行十八字　四周單邊　白口

19×14.3 釐米

天一閣

集 1455

李翰林集十卷

唐李白撰

明正德十四年(1519)陸元大刻清嘉慶八年(1803)王芑孫淵雅堂重修本　鄭文焯跋

十行十八字　左右雙邊　白口

17.7×12.9 釐米

浙圖

集 1456

唐翰林李白詩類編十二卷

唐李白撰

明刻本

九行二十一字　左右雙邊　白口

19.9×13.3 釐米

天一閣　浙大

集 1457

分類補註李太白詩二十五卷

唐李白撰　宋楊齊賢集注　元蕭士贇補注

元至大三年(1310)建安余志安勤有書堂刻本

缺一卷　六

十二行二十字　小字雙行二十六字　四周雙邊　黑口

20×13.3 釐米

浙圖

集 1458

分類補註李太白詩二十五卷

唐李白撰　宋楊齊賢集注　元蕭士贇補注

年譜一卷

宋薛仲邕撰

明嘉靖二十五年(1546)玉几山人刻本

八行十七字　四周雙邊　白口

21.5×13.5 釐米
溫圖＊　黄巖圖＊　天一閣＊

集 1459
分類補註李太白詩二十五卷
唐李白撰　宋楊齊賢集注　元蕭士贇補注
年譜一卷
宋薛仲邕撰
明嘉靖二十五年(1546)玉几山人刻重修本
浙圖　天一閣

集 1460
分類補註李太白詩二十五卷
唐李白撰　宋楊齊賢集注　元蕭士贇補注
分類編次李太白文五卷
唐李白撰
明嘉靖二十二年(1543)郭雲鵬寶善堂刻本
八行十七字　左右雙邊　白口
20.4×14 釐米
浙圖　天一閣＊

集 1461
分類補注李太白詩二十五卷
唐李白撰　宋楊齊賢集注　元蕭士贇補注
分類編次李太白文五卷
唐李白撰
明霏玉齋刻本
十一行二十字　左右雙邊　白口
19.2×14 釐米
浙大

集 1462
重刊分類補註李詩全集二十五卷
唐李白撰　宋楊齊賢集注　元蕭士贇補注
重刊分類編次李太白文集五卷
唐李白撰
明霏玉齋瑞桃堂刻本
存十八卷　詩集一至十八
浙圖

集 1463
李翰林集二十五卷
唐李白撰　宋楊齊賢集注　元蕭士贇補注
年譜一卷
明刻崇禎三年(1630)毛氏汲古閣重修本
九行二十字　左右雙邊　白口
20.2×14.8 釐米
浙圖

集 1464
李太白詩集二十二卷
唐李白撰　宋嚴羽評點
明崇禎二年(1629)聞啓祥刻李杜全集本佚名批注
九行二十字　四周雙邊　白口
20.5×14.4 釐米
浙圖

集 1465
李詩選注十三卷
唐李白撰　明朱諫輯並注
辯疑二卷
明樂清朱諫撰
明隆慶六年(1572)朱守行刻本
十二行二十四字　四周雙邊　白口
20×13.7 釐米
浙大

集 1466
李太白文集三十卷
唐李白撰
清康熙五十六年(1717)繆曰芑雙泉草堂刻本

十一行二十字　左右雙邊　白口
17.7×11.2 釐米
浙圖　溫圖　天一閣

集 1467
李太白文集三十二卷
唐李白撰　清錢塘王琦輯注
清乾隆(1736—1795)寶笏樓刻本
十行二十字　左右雙邊　白口
17.4×13.5 釐米
浙圖　溫圖　嘉圖

集 1468
李太白文集三十六卷
唐李白撰　清錢塘王琦輯注
清乾隆(1736—1795)寶笏樓刻二十五年(1760)增刻本
浙圖　上虞圖

集 1469
李太白文集三十六卷
唐李白撰　清錢塘王琦輯注
清乾隆(1736—1795)聚錦堂刻本
十行二十字　左右雙邊　白口
17×13.5 釐米
浙圖

集 1470
韋蘇州集十卷拾遺一卷
唐韋應物撰
明刻本
十行十八字　左右雙邊　白口
17.5×12.8 釐米
浙圖　天一閣*

集 1471
韋蘇州集十卷
唐韋應物撰
明萬曆四十年(1612)董伯起刻本
九行十八字　四周單邊　白口
20.3×13.3 釐米
浙圖

集 1472
韋蘇州集十卷拾遺一卷
唐韋應物撰
明末余懷刻本〔拾遺配清抄本〕　清佚名錄清仁和盧文弨批校
八行十八字　四周單邊　白口
21.2×14.9 釐米
浙圖

集 1473
韋蘇州集十卷
唐韋應物撰
清康熙(1662—1722)項氏玉淵堂刻本
十一行二十一字　四周單邊　細黑口
17.7×13.7 釐米
浙圖

集 1474
韋蘇州詩集二卷
唐韋應物撰
清康熙三十四年(1695)汪立名刻唐四家詩本　清會稽陶方琦批校
十行十九字　左右雙邊　黑口
17.4×13.3 釐米
浙圖

集 1475
韋蘇州詩集二卷
唐韋應物撰
清康熙三十四年(1695)汪立名刻唐四家詩本　題近藤批注
紹圖

集 1476
岑嘉州集八卷
唐岑參撰
明刻本　佚名錄唐人詩並錄攀龍等評語

十行十八字　左右雙邊　白口
17.2×12.7 釐米
浙圖

集 1477
高常侍集八卷
唐高適撰
明刻本
十行十八字　左右雙邊　白口
17.8×12.7 釐米
天一閣

集 1478
錢起詩集十卷
唐錢塘錢起撰
明刻本
十行二十字　左右雙邊　白口
19.5×14.2 釐米
天一閣

集 1479
錢考功詩集十卷
唐錢塘錢起撰
清抄本　清錢經藩校並跋
浙圖

集 1480
杜工部詩二十卷文集二卷
唐杜甫撰
附錄一卷年譜一卷
明嘉靖(1522—1566)刻本
存文集二卷
九行十七字　四周單邊　白口
18.4×14 釐米
浙圖

集 1481
新刊杜工部詩集二十卷
唐杜甫撰
明嘉靖(1522—1566)刻本
存三卷　一至三
九行十八字　四周單邊　白口
20×14.5 釐米
天一閣

集 1482
杜工部集二十卷
唐杜甫撰
清乾隆五十年(1785)玉勾草堂刻本
八行十七字　左右雙邊　黑口
12.6×9.6 釐米
溫圖

集 1483
集千家註分類杜工部詩二十五卷
唐杜甫撰　宋徐居仁編次　宋黄鶴補注
年譜一卷
宋黄鶴撰
元皇慶元年(1312)余志安勤有堂刻本
存二卷　十七至十八
十二行二十字　四周雙邊　白口
19.3×13.1 釐米
天一閣

集 1484
集千家註分類杜工部詩二十五卷文集二卷
唐杜甫撰　宋徐居仁編次　宋黄鶴補注
年譜一卷
宋黄鶴撰
明正德十四年(1519)汪諒金臺書院刻嘉靖元年(1522)重修本
19.9×13.3 釐米
浙圖

集 1485
集千家註杜工部詩集二十卷文集二卷
唐杜甫撰　宋黄鶴補注
附錄一卷
明嘉靖十五年(1536)玉几山人刻本
八行十七字　四周雙邊　白口

22×14.2 釐米
浙圖　嘉圖　天一閣

集 1486
集千家註杜工部詩集二十卷文集二卷
唐杜甫撰　宋黄鶴補注
附録一卷
明嘉靖十五年(1536)玉几山人刻本　佚名批校
浙圖

集 1487
集千家註杜工部詩集二十卷文集二卷
唐杜甫撰　宋黄鶴補注
附録一卷年譜一卷
明萬曆(1573—1620)黄陞刻本
八行十七字　左右雙邊　白口
21.2×14 釐米
浙圖　天一閣*

集 1488
集千家註杜工部詩集二十卷
唐杜甫撰　宋黄鶴補注
明刻本
存四卷　二至三　六至七
八行十七字　左右雙邊　白口
21.2×14 釐米
天一閣

集 1489
集千家註批點杜工部詩集二十卷
唐杜甫撰　宋黄鶴補注　宋劉辰翁評點
年譜一卷
明嘉靖八年(1529)朱邦薴懋德堂刻本
八行十八字　四周雙邊　黑口
25.5×19.5 釐米
浙圖

集 1490
集千家註批點杜工部詩集二十卷
唐杜甫撰　宋黄鶴補注　宋劉辰翁評點
年譜一卷附録一卷
明刻本　清王端履跋
存二卷　年譜　附録
十行二十三字　四周雙邊　黑口
19.1×12.1 釐米
天一閣

集 1491
集千家註批點補遺杜工部詩集二十卷
唐杜甫撰　宋黄鶴補注　宋劉辰翁評點
年譜一卷附録一卷
明刻本
存三卷　一　年譜　附録
十二行二十二字　四周單邊　白口
19.8×12.8 釐米
天一閣

集 1492
重刊千家註杜詩全集二十卷文集二卷
唐杜甫撰　宋黄鶴補注　宋劉辰翁評點
年譜一卷附録一卷
明萬曆九年(1581)金鸞刻本
缺附録一卷
十一行二十二字　左右雙邊　白口
19.9×14.3 釐米
浙圖

集 1493
杜工部詩千家註六卷
唐杜甫撰　宋黄鶴補注　元范梈批點
元刻本
存三卷　三至五
十二行二十字　四周雙邊　黑口
19.2×14.6 釐米
天一閣

集 1494
須溪批點選注杜工部詩二十二卷
唐杜甫撰　宋劉辰翁批點　元虞集注解
元趙汸批評

增趙東山類選杜工部詩一卷
元趙汸輯並注
增虞伯生注杜工部詩一卷
元虞集輯並注
明雲根書屋刻本　清海寧蔣光焴批校
十一行十八字　四周單邊　白口
18.6×13.1 釐米
浙圖

集 1495
杜工部七言律詩二卷
唐杜甫撰　元虞集注
明朱熊刻本
八行十八字　四周雙邊　白口
17.5×13 釐米
浙圖

集 1496
杜工部七言律詩二卷
唐杜甫撰　元虞集注
明刻本
九行二十字　四周雙邊　白口
17.7×9.7 釐米
天一閣

集 1497
杜工部七言律詩一卷
唐杜甫撰　元虞集注
明嘉靖三年(1524)張祐刻本
九行十九字　四周單邊　白口
20×14 釐米
天一閣

集 1498
杜律五言註解三卷
唐杜甫撰　元趙汸注
明萬曆十六年(1588)吴懷保七松居刻本
存二卷　上　中
兩欄　下欄九行二十字　四周單邊　白口
17.5×13 釐米
浙圖

集 1499
杜律五七言四卷
唐杜甫撰　元趙汸注
明龔雷刻本
存二卷
杜工部五言律詩上卷
杜工部五言律詩下卷
八行十八字　四周雙邊　白口
17.1×12.7 釐米
天一閣

集 1500
杜少陵詩九卷文一卷
唐杜甫撰
明初刻本
存六卷　詩五至九　文一
十行十一字　四周單邊　白口
22.1×15.3 釐米
杭圖

集 1501
杜少陵集十卷
唐杜甫撰
明正德(1506—1521)刻本
十行二十字　四周單邊　白口
22×15.2 釐米
杭博　浙大*

集 1502
杜少陵集十卷
唐杜甫撰
明刻本
缺四卷　一至二　六至七
十行二十一字　四周單邊　白口
22×15.4 釐米
天一閣

集 1503

杜律演義二卷

元張性撰

明嘉靖十六年(1537)王齊刻本

十行二十一字　小字十三行二十三字　四周雙邊　白口

20.7×15 釐米

浙圖

集 1504

讀杜詩愚得十八卷

明古剡單復撰

明天順元年(1457)朱熊梅月軒刻弘治十四年(1501)重修本

存二卷　十一至十二

十二行二十四字　四周雙邊　黑口

21.8×14 釐米

天一閣

集 1505

杜律單註十卷

明古剡單復撰　明陳明輯

明嘉靖(1522—1566)景姚堂刻本

八行二十二字　四周單邊　白口

21.1×14.5 釐米

浙圖

集 1506

杜律註解二卷

唐杜甫撰　明黄光昇注

明萬曆十一年(1583)夏鏜刻本

九行十八字　四周雙邊　白口

18.8×13.2 釐米

浙圖

集 1507

杜律詹言二卷

明謝傑撰

明萬曆二十四年(1596)張應泰、金士衡刻本

兩欄　下欄七行十六字　四周單邊　白口

20.5×12.8 釐米

浙圖

集 1508

杜詩通四十卷

明海鹽胡震亨撰

明萬曆四年(1576)刻李杜詩通本

九行十九字　左右雙邊　白口

19.7×13.7 釐米

杭圖

集 1509

杜詩通四十卷

明海鹽胡震亨撰

清順治七年(1650)朱茂時刻李杜詩通本

九行十九字　左右雙邊　白口

19.9×13.8 釐米

浙圖

集 1510

杜詩分類五卷

唐杜甫撰　明傅振商輯

明萬曆四十一年(1613)自刻本

十行二十字　四周雙邊　白口

23.5×17.5 釐米

浙圖

集 1511

杜詩分類全集五卷

唐杜甫撰　明傅振商輯

清順治十六年(1659)武林還讀齋刻本

十二行二十五字　左右雙邊　白口

21.4×14.6 釐米

浙圖　溫圖　浙大*

集 1512

杜工部集二十卷

唐杜甫撰　清錢謙益箋注

年譜一卷諸家詩話一卷唱酬題詠附録一卷附録一卷

清康熙六年(1667)季氏静思堂刻本

十一行二十字　四周雙邊　黑口

18.2×13.7 釐米

溫圖　嘉圖　天一閣　衢博

集 1513

杜工部集二十卷

唐杜甫撰　清錢謙益箋注

年譜一卷諸家詩話一卷唱酬題詠附録一卷附録一卷

清康熙六年(1667)季氏静思堂刻本　清象山倪象占批校並跋

浙圖

集 1514

杜工部集二十卷

唐杜甫撰　清錢謙益箋注

年譜一卷諸家詩話一卷唱酬題詠附録一卷附録一卷

清康熙六年(1667)季氏静思堂刻本　清平湖朱爲弼批校

浙圖

集 1515

杜工部集二十卷

唐杜甫撰　清錢謙益箋注

年譜一卷諸家詩話一卷唱酬題詠附録一卷附録一卷

清康熙六年(1667)季氏静思堂刻本　王季芳録王士禛、汪琬等六家批注

浙圖

集 1516

杜工部集二十卷

唐杜甫撰　清錢謙益箋注

年譜一卷諸家詩話一卷唱酬題詠附録一卷附録一卷

清康熙六年(1667)季氏静思堂刻本　佚名録清何焯等批注

浙圖

集 1517

杜工部集二十卷

唐杜甫撰　清錢謙益箋注

年譜一卷諸家詩話一卷唱酬題詠附録一卷附録一卷

清康熙六年(1667)季氏静思堂刻本　佚名校注

浙圖

集 1518

杜工部集二十卷

唐杜甫撰　清錢謙益注

年譜一卷諸家詩話一卷唱酬題詠附録一卷附録一卷

清宣統三年(1911)時中書局石印本　諸暨余重耀録屈復等評　諸暨余重耀跋

十四行三十字　四周雙邊　白口

18.2×13.5 釐米

浙圖

集 1519

唱經堂杜詩解四卷

清金人瑞撰

清初(1644—1722)刻唱經堂才子書本

十行二十二字　四周單邊　白口

19.5×14.5 釐米

浙圖

集 1520

貫華堂評選杜詩二卷

清金人瑞評　清仁和趙時揖輯

清乾隆二十四年(1759)桐蔭書屋刻本

八行二十二字　四周雙邊　白口

18.1×12.8 釐米

浙圖

集 1521
讀書堂杜工部詩集註解二十卷文集註解二卷
唐杜甫撰　清張溍注
杜工部編年詩史譜目一卷
清康熙三十七年(1698)張氏讀書堂刻本
九行二十二字　左右雙邊　黑口　書口下鐫"讀書堂"
18.8×14 釐米
浙圖　紹圖

集 1522
讀書堂杜工部詩集註解二十卷文集註解二卷
唐杜甫撰　清張溍注
杜工部編年詩史譜目一卷
清康熙三十七年(1698)張氏讀書堂刻本　佚名批校
存詩集註解二十卷
浙圖

集 1523
辟疆園杜詩註解五言律十二卷七言律五卷
唐杜甫撰　清顧宸注
年譜一卷
清康熙二年(1663)顧氏辟疆園刻本
缺二卷　五言律七至八
九行二十一字　左右雙邊　白口
19.8×14.1 釐米
溫圖

集 1524
杜工部詩集二十卷集外詩一卷文集二卷
唐杜甫撰　清朱鶴齡輯注
年譜一卷
清朱鶴齡撰
清康熙(1662—1722)葉永茹萬卷樓刻本
九行十九字　左右雙邊　白口
18.7×14.5 釐米
浙大　溫圖

集 1525
杜工部詩集二十卷集外詩一卷文集二卷
唐杜甫撰　清朱鶴齡輯注
年譜一卷
清朱鶴齡撰
清康熙(1662—1722)葉永茹萬卷樓刻本　清蔣金式批　宗舜年跋
浙大

集 1526
杜工部詩集二十卷文集二卷集外詩一卷補注一卷
唐杜甫撰　清朱鶴齡輯注
年譜一卷
清朱鶴齡撰
清康熙(1662—1722)刻本　佚名批
九行十九字　左右雙邊　白口
18.5×14.4 釐米
杭圖

集 1527
杜工部詩説十二卷
清黄生撰
清康熙(1662—1722)一木堂刻本
九行二十一字　左右雙邊　粗黑口
18.8×13.8 釐米
浙圖　杭圖

集 1528
杜詩論文五十六卷
唐杜甫撰　清吳見思注　清潘眉評
清康熙(1662—1722)岱淵堂刻本
九行二十二字　小字單行同　左右雙邊　白口
19.1×14.1 釐米
浙圖　杭圖　溫圖

集 1529
杜詩詳註二十五卷
唐杜甫撰　清仇兆鰲輯注

首一卷附編二卷
清康熙(1662—1722)刻本
十行二十二字　左右雙邊　粗黑口
22×14.7 釐米
浙圖　溫圖　嘉圖　平湖圖　上虞圖　玉海樓

集 1530
杜詩詳註二十五卷
唐杜甫撰　清仇兆鰲輯注
首一卷附編二卷
清康熙(1662—1722)刻本　清李以峙批校並跋
杭圖

集 1531
杜詩詳註二十五卷
唐杜甫撰　清仇兆鰲輯注
首一卷附編二卷
清康熙(1662—1722)刻本
十行二十二字　左右雙邊　白口
20.5×14.8 釐米
義烏圖　衢博

集 1532
杜詩詳註二十五卷
唐杜甫撰　清仇兆鰲輯注
清咸豐(1851—1861)范登倬抄本
衢博

集 1533
杜詩選讀六卷
清仇兆鰲等評　清何化南、朱煜輯
清乾隆二十四年(1759)逸園刻本
兩欄　上欄二十行九字　下欄八行十九字　左右雙邊　白口
18×12.8 釐米
浙圖

集 1534
杜詩會粹二十四卷
唐杜甫撰　清張遠箋
清康熙(1662—1722)刻本
九行二十字　四周單邊　白口
18.6×14.2 釐米
嘉圖　天一閣＊　湖博

集 1535
杜詩會粹二十四卷
唐杜甫撰　清張遠箋
清康熙(1662—1722)刻本　清東里恒錄清錢塘厲鶚批　清東里恒跋
缺四卷　七至八　十一至十二
浙大

集 1536
杜詩闡三十卷
清盧元昌撰
清康熙(1662—1722)刻本
十行二十二字　四周單邊　粗黑口
18.2×13.4 釐米
浙圖

集 1537
杜律通解四卷
清李文煒撰
清康熙六十年(1721)刻本
十行二十六字　左右雙邊　粗黑口
16.8×13 釐米
浙圖

集 1538
讀杜心解六卷首二卷
清浦起龍撰
清雍正二至三年(1724—1725)浦氏寧我齋刻本
十行二十二字　小字雙行三十三字　左右雙邊　白口
19.1×13.7 釐米
浙圖　餘杭圖＊　寧圖　溫圖　嘉圖　海寧圖　上虞圖　浙大

集 1539

讀杜心解六卷首二卷

清浦起龍撰

清雍正二至三年(1724—1725)浦氏寧我齋刻本　清吳鴻翔錄清查瀅、李光地等批校

溫圖

集 1540

讀杜心解六卷首二卷

清浦起龍撰

清雍正二至三年(1724—1725)浦氏寧我齋刻靜寄軒印本　清吳朗錄吳士模批

浙大

集 1541

杜詩直解三卷年譜一卷

清鄞縣范廷謀撰

清雍正(1723—1735)稼石堂刻本

九行二十字　四周雙邊　白口　版心下鐫"稼石堂"

17.3×13.5 釐米

寧圖

集 1542

杜律啓蒙十二卷

清邊連寶撰

年譜一卷

清乾隆四十二年(1777)刻本

九行十九字　左右雙邊　白口

18.6×14.5 釐米

浙大

集 1543

杜工部五言詩選直解三卷七言詩選直解一卷

唐杜甫撰　清鄞縣范廷謀注釋

年譜一卷

清雍正(1723—1735)范氏稼石堂刻本

九行二十字　四周雙邊　白口

18×13.4 釐米

浙圖　蕭山圖　奉化文

集 1544

杜詩偶評四卷

清沈德潛撰

清乾隆十二年(1747)潘承松賦閒草堂刻本

十行十九字　左右雙邊　白口

17.3×13.8 釐米

浙圖　杭圖　平湖圖　浙大

集 1545

杜詩集評十五卷首一卷目錄一卷

唐杜甫撰　清劉濬輯

清嘉慶九年(1804)海寧藜照堂刻本　佚名批點

十行二十字　左右雙邊　花口

17.1×12.5 釐米

浙大

集 1546

杜詩提要十四卷

清吳瞻泰撰

清乾隆(1736—1795)刻本

十行十九字　左右雙邊　白口

17.7×13.8 釐米

浙圖

集 1547

杜詩集説二十卷末一卷

清嘉興江浩然輯

清乾隆四十三年(1778)本言堂刻本

九行二十字　左右雙邊　白口

19×13.3 釐米

浙圖　嘉圖

集 1548

杜詩集説二十卷末一卷

清嘉興江浩然輯

清乾隆四十八年(1783)刻本
九行二十一字　左右雙邊　白口
19.1×13.1 釐米
溫圖

集 1549
杜詩鏡銓二十卷
清楊倫撰
年譜一卷附錄一卷
清乾隆(1736—1795)九柏山房刻本
九行二十字　小字雙行三十字　四周單邊　白口
18.4×13.7 釐米
浙圖　寧圖　溫圖　海寧圖　紹圖

集 1550
杜工部詩選初學讀本八卷
唐杜甫撰　清茗上孫人龍輯評
清乾隆十二年(1747)孫氏刻本
九行二十一字　左右雙邊　白口
17×11.17 釐米
浙圖

集 1551
杜工部詩選初學讀本八卷
唐杜甫撰　清茗上孫人龍輯評
清乾隆(1736—1795)五華書屋刻本
九行二十一字　左右雙邊　白口
17.1×11.6 釐米
溫圖

集 1552
栢蔭軒約選杜詩五律串解二卷
唐杜甫撰　清周作淵輯
清乾隆五十五年(1790)文鳥堂刻本
兩欄　上欄十四行八字　下欄七行十八字　左右雙邊　白口
20.1×13 釐米
浙圖

集 1553
杜詩□□卷
唐杜甫撰
清抄本
存二卷　杜詩七古卷二　杜詩七律卷四
浙圖

集 1554
杜詩讀本四卷補遺二卷
唐杜甫撰
清抄本　佚名批注
浙圖

集 1555
工部五七古一卷
清劉大櫆選
清抄本　佚名批注
浙圖

集 1556
杜工部詩不分卷
唐杜甫撰
清抄本　佚名批校
天一閣

集 1557
唐元次山文集十卷拾遺一卷
唐元結撰
明正德十二年(1517)郭勛刻本
十行二十字　四周單邊　黑口
20.7×13.9 釐米
浙圖

集 1558
唐元次山文集十二卷
唐元結撰
明末刻本
九行二十字　左右雙邊　白口
19.7×14.5 釐米
浙大

集 1559

晝上人集十卷

唐釋皎然撰

明馮舒家抄本　明馮舒校並跋

十行十八字　左右雙邊　黑口

15.7×13 釐米

天一閣

集 1560

耿湋詩集不分卷

唐耿湋撰

清抄本

浙圖

集 1561

唐陸宣公集二十二卷

唐嘉興陸贄撰

明弘治十五年(1502)于鳳喈刻本

存五卷　十八至二十二

九行十七字　四周雙邊　黑口

20×14.4 釐米

天一閣

集 1562

陸宣公集二十二卷

唐嘉興陸贄撰

明刻本

存六卷　一至二　六至八　十二

十一行十九字　四周雙邊　粗黑口

22.6×14.8 釐米

海寧圖

集 1563

唐陸宣公集二十二卷

唐嘉興陸贄撰

明萬曆九年(1581)葉逢春刻本

九行十九字　四周雙邊　白口

21×15.5 釐米

浙圖　紹圖*

集 1564

唐陸宣公集二十二卷

唐嘉興陸贄撰

明萬曆三十四年(1606)吳繼武光裕堂刻本

十行二十字　四周單邊　白口

21.5×14.5 釐米

浙圖　浙大

集 1565

唐陸宣公集二十二卷

唐嘉興陸贄撰

清雍正元年(1723)年龔堯刻本

十行二十字　四周單邊　白口

18.9×14 釐米

浙圖　寧圖　諸暨圖　天一閣　衢博

集 1566

唐陸宣公集二十四卷

唐嘉興陸贄集

明嘉靖二十七年(1548)沈伯咸西清書舍刻本

九行十八字　左右雙邊　白口

19.4×13.7 釐米

玉海樓

集 1567

唐陸宣公集二十四卷

唐嘉興陸贄集

明嘉靖(1522—1566)刻本

存十七卷　制誥十卷全　奏議七卷　一至七

十行二十五字　四周單邊　白口

19×13.3 釐米

浙圖

集 1568

唐陸宣公集翰苑集二十四卷

唐嘉興陸贄撰

明萬曆三十五年(1607)陸基忠刻本

九行十八字　四周雙邊　白口
20.5×14 釐米
天一閣

集 1569
唐陸宣公集二十四卷
唐嘉興陸贄撰
明刻本
十行二十字　四周單邊　白口
19.1×12.7 釐米
浙大

集 1570
陸宣公全集二十四卷
唐嘉興陸贄撰　明湯賓尹評
明崇禎元年(1628)刻本
九行二十字　四周單邊　白口　眉上鐫評
20.1×14.7 釐米
浙圖　杭圖

集 1571
陸宣公集二十四卷
唐嘉興陸贄撰　明鍾惺評
明末文萃堂刻本
九行二十五字　四周單邊　白口
20.6×12.3 釐米
浙圖

集 1572
唐陸宣公集翰苑集二十四卷
唐嘉興陸贄撰　清張佩芳注
清乾隆(1736—1795)張氏希音堂刻本
九行二十二字　左右雙邊　白口
18.4×12.7 釐米
浙圖　嘉圖　義烏圖

集 1573
翰苑集廣義十四卷
唐嘉興陸贄撰　清王吉元輯並廣義
初稿本
缺三卷　二至三　八
浙圖

集 1574
翰苑集廣義十四卷
唐嘉興陸贄撰　清王吉元輯並廣義
稿本
缺五卷　二　五至八
浙圖

集 1575
薛濤詩一卷
唐薛濤撰
清光緒二十一年(1895)沈兆熊抄本
浙圖

集 1576
王建詩集十卷
唐王建撰
清馮舒抄本　清屠重巽、馮調軒校並跋
浙圖

集 1577
玉川子詩集五卷
唐盧仝撰　清仁和孫之騄注　仁和孫峻校注
抄本
浙圖

集 1578
歌詩編四卷
唐李賀撰
清瞿氏鐵琴銅劍樓影抄本　清王富晉跋
浙大

集 1579
唐李長吉詩集四卷
唐李賀撰
明王家瑞刻本
八行十七字　四周單邊　白口

21×14.8 釐米

浙圖

集 1580

李長吉歌詩四卷外卷一卷

唐李賀撰　宋吴正子箋注　宋劉辰翁評點

明天啓(1621—1627)刻合刻宋劉須溪點校書九種本

九行二十字　四周單邊　白口

20.5×14.5 釐米

浙圖　杭圖

集 1581

唐李長吉詩集四卷外詩集一卷

唐李賀撰　明山陰徐渭、上虞董懋策批注

徐文長傳一卷

明會稽陶望齡、袁宏道撰

明萬曆四十一年(1613)刻本

八行十九字　四周單邊　白口

20.5×14.6 釐米

浙圖　紹圖　天一閣

集 1582

昌谷集四卷

唐李賀撰　明山陰曾益釋

明末刻本

九行二十字　四周單邊　白口

21.8×14.8 釐米

浙圖　杭圖

集 1583

李長吉集四卷外一卷

唐李賀撰　明黄淳耀評點

清雍正九年(1731)金惟駿漁書樓刻本

八行十九字　左右雙邊　白口

17.7×12.8 釐米

浙圖

集 1584

李長吉昌谷集句解定本四卷

唐李賀撰　清姚佺箋　清陳愫、丘象隨辯注

清初丘象隨西軒刻梅郵書屋印本　清何焯批並跋

九行二十字　四周單邊　白口

20.6×13.5 釐米

浙大

集 1585

昌谷集四卷外集一卷

唐李賀撰　清姚文燮注

清順治十七年(1660)建陽同文書院刻康熙五年(1666)印本

九行二十字　四周單邊　白口

20×13.5 釐米

天一閣

集 1586

李長吉歌詩四卷外集一卷

唐李賀撰　清錢塘王琦彙解

首一卷

清錢塘王琦輯

清乾隆(1736—1795)王氏寶笏樓刻本

十行二十字　左右雙邊　白口

17.4×13.7 釐米

浙圖　溫圖

集 1587

唐李長吉詩補注四卷外卷二卷復古堂舊本五卷年譜一卷附録九卷首一卷

唐李賀撰　清鄞縣史榮補注

稿本

天一閣

集 1588

唐李長吉詩補注四卷外卷二卷

唐李賀撰　清鄞縣史榮補注

清末抄本

天一閣

集 1589

唐李元賓文集三卷附録一卷

唐李觀撰

明抄本

浙圖

集 1590

李元賓文編三卷外編二卷

唐李觀撰　明陸希聲編

清初石研齋抄本

存文編三卷

浙圖

集 1591

朱文公校昌黎先生文集四十卷

唐韓愈撰　宋朱熹考異　宋王伯大音釋

元刻本

存三卷　三十八至四十

十三行二十三字　四周單邊　黑口

19.4×12.6 釐米

天一閣

集 1592

朱文公校昌黎先生文集四十卷外集十卷遺文一卷

唐韓愈撰　宋朱熹考異　宋王伯大音釋

傳一卷

明初刻本

十三行二十三字　四周雙邊　黑口

19.5×13 釐米

天一閣

集 1593

朱文公校昌黎先生文集四十卷外集十卷遺文一卷

唐韓愈撰　宋朱熹考異　宋王伯大音釋

傳一卷

明正統十三年(1448)書林王宗玉刻本

十三行二十三字　四周雙邊　黑口

19.7×12.8 釐米

浙圖　玉海樓

集 1594

朱文公校昌黎先生文集四十卷外集十卷遺文一卷

唐韓愈撰　宋朱熹考異　宋王伯大音釋

傳一卷

明嘉靖十三年(1534)安正書堂刻本

十行二十四字　四周雙邊　白口

18.8×12.8 釐米

浙圖　杭圖

集 1595

朱文公校昌黎先生文集四十卷外集十卷遺文一卷

唐韓愈撰　宋朱熹考異　宋王伯大音釋

集傳一卷

明萬曆(1573—1620)朱崇沐刻本

九行十八字　四周雙邊　白口

22×15 釐米

浙圖　溫圖　紹圖　寧海文

集 1596

朱文公校昌黎先生文集四十卷外集十卷遺文一卷

唐韓愈撰　宋朱熹考異　宋王伯大音釋

傳一卷

明萬曆(1573—1620)朱崇沐刻本　清海昌查昇集評　佚名録清金德瑛批　清郁熙源跋

浙大

集 1597

朱文公校昌黎先生文集四十卷外集十卷遺文一卷

唐韓愈撰　宋朱熹考異　宋王伯大音釋

傳一卷

明萬曆(1573—1620)朱崇沐刻本　清梵

門批點並錄清何焯、俞瑒批注
存文集四十卷
浙圖

集 1598
朱文公校昌黎先生文集四十卷外集十卷遺文一卷
唐韓愈撰　宋朱熹考異　宋王伯大音釋
傳一卷
明萬曆(1573—1620)朱崇沐刻本　清史承豫批並跋
天一閣

集 1599
朱文公校昌黎先生文集四十卷外集十卷遺文一卷
唐韓愈撰　宋朱熹考異　宋王伯大音釋
傳一卷
明萬曆(1573—1620)金陵光裕堂刻本
九行十八字　四周雙邊　白口
21×14.7 釐米
天一閣

集 1600
朱文公校昌黎先生集四十卷外集十卷遺文一卷
唐韓愈撰　宋朱熹考異　宋王伯大音釋
傳一卷
韓集點勘四卷
清陳景雲撰
明刻萬曆三年(1575)重修本
九行十八字　四周雙邊　粗黑口
22.2×14.2 釐米
浙圖＊　浙大

集 1601
昌黎先生全集考異四十卷韓文考異外集十卷遺文一卷
唐韓愈撰　宋朱熹考異　宋王伯大音釋　明朱吾弼重編
明天德堂刻本
九行十八字　四周雙邊　白口
21.1×14.9 釐米
衢博

集 1602
朱文公校昌黎先生集四十卷外集十卷遺文一卷
唐韓愈撰　宋朱熹考異　宋王伯大音釋
傳一卷
明刻本　佚名批並錄葉德輝跋
十行二十四字　四周雙邊　白口
18.9×12.9 釐米
杭圖

集 1603
朱文公校昌黎先生集四十卷外集十卷遺文一卷
唐韓愈撰　宋朱熹考異　宋王伯大音釋
傳一卷
明刻本
九行十八字　四周雙邊　白口
22×15 釐米
溫圖

集 1604
昌黎先生集四十卷外集十卷遺文一卷
唐韓愈撰　宋朱熹考異　宋王伯大音釋
傳一卷
清同治八年(1869)江蘇書局刻本　清瑞安孫衣言圈點並跋
九行十七字　四周雙邊　白口
20.2×13.5 釐米
浙大

集 1605
朱文公校昌黎先生集二十卷外集十卷遺文一卷
唐韓愈撰　宋朱熹考異　宋王伯大音釋
傳一卷
明弘治十五年(1502)王氏敬善堂刻本

佚名校並録清李光地跋
存文集十四卷　一至六　十至十一　十五至二十
十三行二十六字　四周雙邊　黑口
20.4×13.1 釐米
温圖

集 1606
新刊五百家註音辯昌黎先生文集四十卷
唐韓愈撰　宋魏仲舉輯
清乾隆四十九年(1784)刻本
十行十八字　小字雙行二十三字　左右雙邊　白口
20.2×12.5 釐米
浙圖　温圖　玉海樓

集 1607
新刊五百家註音辯昌黎先生文集四十卷
唐韓愈撰　宋魏仲舉輯注
清乾隆四十九年(1784)刻本　清瑞安方成珪批校
存三十五卷　一至三十五
浙圖

集 1608
新刊五百家註音辯昌黎先生文集四十卷
唐韓愈撰　宋魏仲舉輯注
清乾隆(1736—1795)兩儀堂刻本
十行十八字　左右雙邊　白口
19.7×12.3 釐米
上虞圖

集 1609
昌黎先生集四十卷外集十卷遺文一卷
唐韓愈撰　宋廖瑩中校正
朱子校昌黎先生集傳一卷
明徐時泰東雅堂刻本
九行十七字　四周單邊　綫黑口　版心下鐫“東雅堂”
20.6×13.6 釐米
浙圖　杭圖　天一閣　玉海樓　浙大

集 1610
昌黎先生集四十卷外集十卷遺文一卷
唐韓愈撰　宋廖瑩中校正
朱子校昌黎先生集傳一卷
明徐時泰東雅堂刻本　清瑞安方成珪批校並跋又録清何焯、陳景雲、王星齋批校
玉海樓

集 1611
昌黎先生集四十卷外集十卷遺文一卷
唐韓愈撰　宋廖瑩中校正
朱子校昌黎先生集傳一卷
明徐時泰東雅堂刻本　宛書録清陳景雲校跋
浙圖

集 1612
昌黎先生集四十卷外集十卷遺文一卷
唐韓愈撰　宋廖瑩中校正
朱子校昌黎先生集傳一卷
明徐時泰東雅堂刻清初冠山堂重修本　清沈闇崐批校
浙圖

集 1613
昌黎先生全集四十卷外集十卷遺文一卷
唐韓愈撰　明葛鼒校
集傳一卷
明末葛氏永懷堂刻清乾隆(1736—1795)葛正笏重修本　佚名批校
九行二十六字　四周單邊　白口　版心下鐫“永懷堂”
20.3×11.7 釐米
浙圖

集 1614

韓文公文抄十六卷

唐韓愈撰　明歸安茅坤評

明刻朱墨套印本

九行二十字　四周單邊　白口

21.1×14.7 釐米

浙圖

集 1615

韓文選四卷

唐韓愈撰　明樊王家、陳臣忠輯

明天啓二年(1622)樊王家刻本

九行二十字　四周單邊　黑口

22.5×15 釐米

浙圖

集 1616

韓文起十二卷

唐韓愈撰　清林雲銘評注

韓文公年譜一卷

清林雲銘撰

清康熙三十二年(1693)刻本

九行二十三字　左右雙邊　白口

19×13.5 釐米

浙圖　溫圖　諸暨圖　湖博

集 1617

韓筆酌蠡三十卷

清盧軒撰

清雍正八年(1730)程崟刻本

九行二十四字　四周單邊　白口

20.3×11.8 釐米

浙圖

集 1618

韓筆酌蠡三十卷

清盧軒撰

清雍正八年(1730)程崟刻本　清海寧張朝晉批校

紹圖

集 1619

韓筆酌蠡三十卷

清盧軒撰

清雍正八年(1730)程崟刻乾隆十四年(1749)重修本

溫圖

集 1620

韓子粹言一卷

唐韓愈撰　清李光地輯

清康熙五十二年(1713)刻本

八行二十二字　四周單邊　白口

17.5×12.1 釐米

浙圖　溫圖

集 1621

唐韓文公文選二卷

唐韓愈撰　清林豸冠評點

清康熙(1662—1722)林豸冠同園刻本

九行二十字　四周雙邊　白口

20.2×14.1 釐米

浙圖

集 1622

昌黎先生詩集注十一卷

清顧嗣立删補

年譜一卷

清康熙三十八年(1699)顧氏秀野艸堂刻本

十一行二十字　小字雙行三十字　左右雙邊　白口

19.5×15.1 釐米

浙圖　浙大　溫圖　平湖圖　諸暨圖　義烏圖

集 1623

昌黎先生詩集注十一卷

清顧嗣立删補

年譜一卷

清康熙三十八年(1699)顧氏秀野艸堂刻本　清張問陶批校

浙圖

集 1624

韓昌黎詩集編年箋注十二卷

清方世舉撰

清乾隆二十三年(1758)盧見曾雅雨堂刻本

十行二十三字　小字雙行二十二字　四周單邊　白口

18.4×14.4 釐米

嘉圖　玉海樓

集 1625

韓昌黎詩集編年箋注十二卷

清方世舉撰

清乾隆二十三年(1758)盧見曾雅雨堂刻本　清瑞安孫衣言評點並跋

浙大

集 1626

韓集點勘四卷

唐韓愈撰　清陳景雲點勘

清雍正五年(1727)刻本

十行二十字　左右雙邊　白口

19×14 釐米

天一閣

集 1627

韓文類纂八卷

清姚鼐輯

清抄本　清會稽周毅修評點

五行二十五字　無格

紹圖

集 1628

讀韓記疑十卷首一卷

清王元啓撰

清嘉慶五年(1800)王尚玨刻本

十行二十一字　左右雙邊　白口

18.3×13.5 釐米

溫圖

集 1629

韓集箋正四十卷外集十卷年譜一卷

清瑞安方成珪撰

清道光(1821—1850)抄本

十行十九字　無格

溫圖

集 1630

韓昌黎先生集攷異□卷

清瑞安方成珪撰

清抄本　佚名校

存五卷　六至十

八行二十三字　無格

玉海樓

集 1631

韓文一得二卷

清單爲鏓撰　清單祐範校錄

稿本　清沈瑾題款

浙圖

集 1632

唐柳先生外集一卷

唐柳宗元撰

清影抄宋乾道元年(1165)零陵郡庠刻本

浙圖

集 1633

河東先生集四十五卷外集二卷龍城錄二卷

唐柳宗元撰　宋廖瑩中校正

附錄二卷集傳一卷

明郭雲鵬濟美堂刻本

九行十七字　四周雙邊　綫黑口　版心下鐫“濟美堂”

20.4×13.6 釐米

浙圖　天一閣　浙大

集 1634

河東先生集四十五卷外集二卷龍城録二卷

唐柳宗元撰　宋廖瑩中校正

附録二卷集傳一卷

明郭雲鵬濟美堂刻本　清何焯批校

天一閣

集 1635

河東先生外集二卷

唐柳宗元撰

清影抄明郭雲鵬濟美堂本　佚名批校

浙圖

集 1636

增廣註釋音辯唐柳先生集四十三卷別集二卷外集二卷

唐柳宗元撰　宋童宗説注釋　宋張敦頤音辯　宋潘緯音義

附録一卷

明初刻本

十三行二十三字　四周雙邊　黑口

20.2×12.7 釐米

浙圖　紹圖＊　海寧圖＊

集 1637

增廣註釋音辯唐柳先生集四十三卷別集二卷外集二卷

唐柳宗元撰　宋童宗説注釋　宋張敦頤音辯　宋潘緯音義

附録一卷

明初刻本　明黄翼跋

浙圖

集 1638

增廣註釋音辯唐柳先生集四十三卷別集二卷外集二卷

唐柳宗元撰　宋童宗説注釋　宋張敦頤音辯　宋潘緯音義

附録一卷

明正統十三年(1448)善敬堂刻遞修本

九行十八字　四周雙邊　黑口

22.2×14.1 釐米

浙圖

集 1639

增廣註釋音辯唐柳先生集四十三卷別集二卷外集二卷

唐柳宗元撰　宋童宗説注釋　宋張敦頤音辯　宋潘緯音義

附録一卷

明刻本

十三行二十六字　四周雙邊　白口

19.5×13.1 釐米

天一閣

集 1640

京本校正音釋唐柳先生集四十三卷別集一卷外集一卷

唐柳宗元撰　宋童宗説音注　宋張敦頤音辯　宋潘緯音義

附録一卷

明刻本

十行二十四字　四周雙邊　白口

19×12.8 釐米

浙圖

集 1641

唐柳先生集四十五卷外集二卷龍城録二卷

唐柳宗元撰　宋童宗説音注　宋張敦頤音辯　宋潘緯音義

附録二卷傳一卷

明萬曆(1573—1620)刻本

十行二十字　四周單邊　白口

侍王府

集 1642

增廣註釋音辯唐柳先生集二十卷別集一卷外集一卷

唐柳宗元撰　宋童宗説注釋　宋張敦頤音辯　宋潘緯音義

附錄一卷

明刻本

十三行二十六字　四周雙邊　粗黑口

19.5×13.1 釐米

天一閣

集 1643

柳文四卷

唐柳宗元撰　明王錫爵等評

明凌氏刻朱墨套印本

八行十八字　四周單邊　白口

20.2×14.6 釐米

浙大

集 1644

劉賓客詩集九卷

唐劉禹錫撰

清雍正元年(1723)趙氏涵碧齋刻本

十行十九字　左右雙邊　黑口

16.3×12.2 釐米

浙圖

集 1645

唐劉賓客詩集六卷拾遺一卷

唐劉禹錫撰

清抄本　張崟校

九行二十一字　四周雙邊　粗黑口

18.2×14 釐米

浙大

集 1646

劉賓客文集三十卷補遺一卷

唐劉禹錫撰

明抄本　佚名校　清顧之逵跋　姜渭題款

浙圖

集 1647

劉賓客文集三十卷補遺一卷

唐劉禹錫撰

清抄本

十行二十字　無格

浙大

集 1648

孟東野詩集十卷

唐孟郊撰

明弘治十二年(1499)楊一清、于睿刻本佚名批校

十行十八字　四周單邊　黑口

18×12.8 釐米

浙圖

集 1649

孟東野詩集十卷

唐孟郊撰

聯句一卷

明嘉靖三十五年(1556)秦禾刻本

九行十八字　四周單邊　白口

18.3×13.7 釐米

浙大

集 1650

李文十八卷

唐李翱撰

明成化十一年(1475)馮孜刻本

缺四卷　十至十三

十行二十字　四周雙邊　黑口

20.3×13.3 釐米

天一閣

集 1651

李文十八卷

唐李翱撰

明成化十一年(1475)馮孜刻嘉靖四年(1525)舒瑞重修本

十行二十字　四周雙邊　黑口

20.7×14.2 釐米

浙圖

集 1652

白氏文集七十一卷

唐白居易撰

明嘉靖十七年(1538)伍忠光龍池草堂刻本

十二行二十字　左右雙邊　白口

19.2×15.5 釐米

浙圖

集 1653

白氏文集七十一卷

明白居易撰

明嘉靖十七年(1538)伍忠光龍池草堂刻錢應龍重修本

浙圖

集 1654

白香山詩長慶集二十卷後集十七卷别集一卷補遺二卷目録一卷

唐白居易撰

年譜一卷

清錢塘汪立名撰

年譜舊本一卷

宋安吉陳振孫撰

清康熙四十二年(1703)汪氏一隅草堂刻本

十二行二十一字　小字雙行字數不一　左右雙邊　白口　版心下鎸"一隅草堂"

18.6×14.9 釐米

浙圖　杭圖　寧圖　温圖　嘉圖　平湖圖　紹圖＊　上虞圖　天一閣　玉海樓

集 1655

香山詩抄二十卷

唐白居易撰　清楊大鶴輯

清康熙(1662—1722)刻本

十行十九字　左右雙邊　細黑口

19×13.8 釐米

浙圖

集 1656

李文饒文集二十卷别集十卷外集四卷

唐李德裕撰

明刻本

十行二十字　左右雙邊　白口

19.9×15 釐米

浙圖＊　浙大

集 1657

李文饒公文集二十卷别集十卷外集四卷

唐李德裕撰

明刻萬曆(1573—1620)鄭惇典重修本

浙大

集 1658

皇甫持正文集六卷

唐皇甫湜撰

清抄本

十行二十字　四周雙邊　白口

16.5×13.5 釐米

浙大

集 1659

唐樊紹述遺文一卷

唐樊宗師撰　清秀水張庚輯注

清乾隆四年(1739)張庚强恕齋刻本　鄭功懋、顧柏年、仁和孫峻等跋

八行十六字　四周單邊　黑口

19.7×15.2 釐米

浙圖

集 1660

沈下賢文集十二卷

唐沈亞之撰

明抄本

天一閣

集 1661

沈下賢文集十二卷

唐沈亞之撰

周氏鴿峰草堂抄本　周大輔校
浙圖

集 1662
樊川文集二十卷外集一卷别集一卷
唐杜牧撰
明刻本
十行十八字　左右雙邊　白口
18.7×12.6 釐米
浙圖

集 1663
樊川文集二十卷别集一卷外集一卷
唐杜牧撰
明刻本
十行十八字　左右雙邊　白口
19.1×13.2 釐米
浙大

集 1664
樊川文集二十卷别集一卷外集一卷
唐杜牧撰
明刻本　清山陰胡天游批校　清山陰沈復粲跋
天一閣

集 1665
樊川文集二十卷别集一卷外集一卷
唐杜牧撰
清末抄本
十行十八字　無格
浙大

集 1666
樊川文集十六卷
唐杜牧撰
清許槤古韻閣抄本　佚名校
浙圖

集 1667
杜樊川詩集十七卷
唐杜牧撰　明海寧朱一是、吳璵評
明末吳氏西爽堂刻本
九行十八字　四周單邊　白口　眉上鐫評
19.7×13.9 釐米
浙圖　杭圖　天一閣

集 1668
丁卯集二卷
唐許渾撰
明崇禎十二年(1639)毛氏汲古閣刻唐人八家詩本　清錢塘丁丙校
十二行二十字　左右雙邊　綫黑口
19.4×13.8 釐米
浙大

集 1669
丁卯集二卷
唐許渾撰
明崇禎十二年(1639)毛氏汲古閣刻唐人八家詩本　清佚名校　清董增儒跋
浙圖

集 1670
增廣音註唐郢州刺史丁卯詩集二卷
唐許渾撰　元祝德子訂正
明弘治七年(1494)鄭傑刻本
存一卷　二
十行十九字　四周雙邊　黑口
浙博

集 1671
李義山詩集三卷
唐李商隱撰　清朱鶴齡箋注
李義山詩譜一卷諸家詩評一卷
清順治十六年(1659)刻本
十行二十一字　左右雙邊　白口
18.9×14.3 釐米
天一閣

集 1672

李義山詩集三卷

唐李商隱撰　清朱鶴齡箋注

李義山詩譜一卷諸家詩評一卷

清順治十六年(1659)刻本　佚名録清秀水朱彝尊、馮班等評注

海寧圖

集 1673

李義山詩集三卷

唐李商隱撰　清朱鶴齡箋注

李義山詩譜一卷諸家詩評一卷

清順治十六年(1659)刻本　佚名録清何焯批校

浙圖

集 1674

重訂李義山詩集箋注三卷

唐李商隱撰　清朱鶴林箋註　清程夢星删補

年譜一卷詩話一卷

清程夢星輯

清乾隆九年(1744)汪增寧刻舊學山房印本

十行二十一字　小字雙行三十一字　四周單邊黑口

18.4×14.2 釐米

浙圖

集 1675

重訂李義山詩集箋注三卷集外詩箋注一卷

唐李商隱撰　清朱鶴林箋註　清程夢星删補

年譜一卷詩話一卷

清程夢星輯

清乾隆十一年(1746)東柯草堂刻本

十行二十字　四周單邊　粗黑口

18.4×14.5 釐米

浙圖

集 1676

李義山詩集十六卷

唐李商隱撰　清姚培謙撰

清乾隆五年(1740)姚氏松桂讀書堂刻本

十行二十一字　小字雙行三十一字　左右雙邊白口　版心下鐫"松桂讀書堂"

19×14.6 釐米

浙圖　溫圖＊　諸暨圖　玉海樓

集 1677

李義山詩集十六卷

唐李商隱撰　清姚培謙撰

清乾隆五年(1740)姚氏松桂讀書堂刻本　佚名批

嘉圖

集 1678

玉溪生詩意八卷

清屈復撰

清乾隆(1736—1795)藝古堂刻本

十行二十一字　左右雙邊　白口

18.4×14.4 釐米

浙圖　浙大　溫圖

集 1679

玉谿生詩箋注三卷樊南文集箋注八卷

唐李商隱撰　清桐鄉馮浩箋注

首一卷

清乾隆(1736—1795)德聚堂刻本

十一行二十五字　小字雙行三十三字　左右雙邊　白口

18.8×14.5 釐米

浙圖＊　溫圖＊　嘉圖　上虞圖　浙大＊

集 1680

玉谿生詩詳注三卷

唐李商隱撰　清桐鄉馮浩箋注

首一卷

清乾隆四十五年(1780)德聚堂刻本　清沈維鐈注

浙博

集 1681

李義山詩集三卷

唐李商隱撰　清朱鶴齡箋注

清同治九年(1870)廣州倅署刻三色套印本　清佚名錄清何焯、清秀水朱彝尊、紀昀等批

十行二十一字　左右雙邊　白口

17.6×14.6 釐米

諸暨圖

集 1682

李義山詩集三卷

唐李商隱撰

清抄本　佚名錄清馮舒、馮班等諸家批注

浙圖

集 1683

選玉溪生詩二卷

唐李商隱撰　清象山姜炳璋輯注

清抄本

浙圖

集 1684

李義山文集十卷

唐李商隱撰　清徐樹穀箋　清徐炯注

清康熙四十七年(1708)徐氏花谿草堂刻本

十行二十一字　小字雙行三十一字　左右雙邊　白口

19.8×14.6 釐米

浙圖　寧圖　溫圖　嘉圖　天一閣　浙大

集 1685

李義山文集十卷

唐李商隱撰　清徐樹穀箋　清徐炯注

清乾隆五十三年(1788)愛日草堂刻本

十行二十一字　左右雙邊　白口

19.2×14.5 釐米

平湖圖

集 1686

麟角集一卷附錄一卷

唐王棨撰

清嘉慶(1796—1820)王氏麟後山房刻本

十行二十字　左右雙邊　黑口

18.1×13 釐米

浙圖

集 1687

薛許昌詩集十卷

唐薛能撰

明抄本

存五卷　一至二　八至十

十行十八字　四周單邊　白口

20.3×14 釐米

天一閣

集 1688

唐劉蛻集六卷

唐劉蛻撰

清抄本

十行二十一字　無格

浙大

集 1689

劉拾遺集一卷

唐劉蛻撰

明崇禎十三年(1640)閔齊伋刻本

九行十八字　左右雙邊　白口

20.7×14.6 釐米

浙大

集 1690

溫庭筠詩集七卷別集一卷

唐溫庭筠撰

明弘治十二年(1499)李熙刻本

存詩集七卷

九行十八字　四周雙邊　黑口
18.7×12.2 釐米
浙圖

集 1691
八叉集四卷
唐溫庭筠撰　明山陰曾益注　清顧予咸補注
清初刻本
九行二十字　四周單邊　白口
21×14.6 釐米
天一閣

集 1692
溫飛卿詩集七卷別集一卷外詩一卷
唐溫庭筠撰　明山陰曾益注　清顧予咸補注　清顧嗣立續注
清康熙三十六年(1697)顧氏秀野艸堂刻本
十一行二十字　雙行三十字　左右雙邊　白口　版心下鐫"秀野艸堂"
18.5×15 釐米
浙圖　寧圖　溫圖　嘉圖　平湖圖　紹圖　天一閣　浙大

集 1693
溫飛卿詩集七卷別集一卷外詩一卷
唐溫庭筠撰　明山陰曾益注　清顧予咸補注　清顧嗣立續注
清康熙三十六年(1697)顧氏秀野艸堂刻本　清張動録馮氏等諸家批校並跋
浙圖

集 1694
唐孫職方集十卷
唐孫樵撰
明崇禎(1628—1644)閔齊伋刻本
九行十八字　左右雙邊　白口
21×14.6 釐米
浙大

集 1695
可之相聲全集錄二卷
唐孫樵撰
清遺情堂刻本　清周廷舉録吳子向批校並跋
九行二十五字　左右雙邊　黑口
19.6×14 釐米
湖博

集 1696
孫可之文集十卷
唐孫樵撰
清光緒二年(1876)馮焌光讀有用書齋刻三唐人本　清瑞安孫鏘鳴點並跋
九行十九字　左右雙邊　白口
19.5×13.8 釐米
溫圖

集 1697
孫可之文集二卷
唐孫樵撰
清宣統二年(1910)守政書局活字印本　長興王修據宋本校並跋
七行十五字　左右雙邊　白口
20.1×14.7 釐米
浙圖

集 1698
孫可之文集二卷
唐孫樵撰
孫氏蝸寄廬抄本
天一閣

集 1699
呂祖編年詩集九卷附呂氏詩抄一卷
唐呂嵒撰　清火西月輯
清康熙(1662—1722)刻本
十行二十一字　左右雙邊　黑口
21×15 釐米
天一閣

集 1700

唐皮日休文藪十卷

唐皮日休撰

明正德十五年(1520)袁表刻本

十一行二十字　左右雙邊　白口

18.2×11.4 釐米

浙圖　浙大

集 1701

唐皮日休文藪十卷

唐皮日休撰

明刻本

十一行二十字　左右雙邊　白口

18.3×11.4 釐米

浙大

集 1702

唐皮日休文藪十卷

唐皮日休撰

清抄本

浙圖

集 1703

笠澤藂書四卷補遺詩一卷

唐陸龜蒙撰

清初小雲谷抄本　清歸安姚世鈺批校　清會稽阮福昌跋

十一行二十一字　左右雙邊　白口

18.7×14 釐米

紹圖

集 1704

重刊校正笠澤藂書四卷補遺詩一卷

唐陸龜蒙撰

清大疊山房刻本

九行十八字　左右雙邊　白口

20.4×13.5 釐米

浙圖　溫圖

集 1705

重刊校正笠澤藂書四卷補遺詩一卷續補遺一卷

唐陸龜蒙撰

清雍正九年(1731)陸鍾輝水雲屋刻本

九行十八字　四周雙邊　白口

20.5×13.2 釐米

天一閣　海寧圖

集 1706

重刊校正笠澤藂書四卷補遺詩一卷續補遺一卷

唐陸龜蒙撰

清顧氏碧筠艸堂刻本　錢塘吳士鑑跋

九行十八字　四周雙邊　白口

21×13.5 釐米

浙圖

集 1707

重刊校正笠澤藂書四卷補遺詩一卷續補遺一卷

唐陸龜蒙撰

清顧氏碧筠艸堂刻本　黄裳跋

浙圖

集 1708

司空表聖一鳴集十卷

唐司空圖撰

清抄本

浙圖

集 1709

林寛詩集一卷

唐林寛撰

清抄本

浙圖

集 1710

桂苑筆耕集二十卷

朝鮮崔致遠撰

清仁和趙氏古歡仙館抄本
浙圖

集 1711
雲臺編三卷
唐鄭谷撰
補遺一卷
清鄭起泓、鄭定遠輯
清鄭起泓刻本
八行十八字　四周雙邊　白口
21×14.2 釐米
溫圖

集 1712
秦韜玉詩集一卷
唐秦韜玉撰
抄本　長興王修跋
浙圖

集 1713
張蠙詩集一卷
唐張蠙撰
清末周左季鴿峰草堂抄本
天一閣

集 1714
唐黄御史集八卷
唐黄滔撰
附録一卷
明崇禎十一年(1638)黄鳴喬、黄鳴俊等刻本
八行十八字　左右雙邊　白口
20.3×13.4 釐米
杭圖　浙大

集 1715
唐黄御史集八卷
唐黄滔撰
明刻清修本
八行十九字　左右雙邊　白口
20.7×13.5 釐米
浙圖

集 1716
唐求詩集一卷
唐唐求撰
清影抄宋臨安書棚本
浙圖

集 1717
李中碧雲集三卷
唐李中撰
清初抄本
十行十八字　無格
浙大

集 1718
殷文珪詩集一卷
唐殷文珪撰
抄本
浙圖

集 1719
織錦回文璇璣圖詩一卷
前秦蘇蕙撰
明沈重華刻本
十行二十字　四周雙邊　白口
20.7×14.6 釐米
天一閣

宋别集類

集 1720
徐公文集三十卷
宋徐鉉撰
清抄本
十行二十二字　無格
浙大

集 1721
徐騎省集三十卷
宋徐鉉撰
附錄一卷
清抄本
溫圖

集 1722
河東柳仲塗先生文集十五卷
宋柳開撰
清初抄本〔四庫底本〕 長興王修跋
存十卷 一至十
浙圖

集 1723
乖崖先生文集十二卷
宋張詠撰
附錄一卷
清乾隆三年(1738)劉青芝抄本 清劉青芝跋
十行二十字 無格
浙大

集 1724
王黄州小畜集三十卷
宋王禹偁撰
明抄本
浙圖

集 1725
王黄州小畜集三十卷
宋王禹偁撰
清經鉏堂抄本
溫圖

集 1726
王黄州小畜集三十卷
宋王禹偁撰
清經鉏堂抄本 佚名批校
天一閣

集 1727
王黄州小畜集三十卷
宋王禹偁撰
清抄本
十一行二十二字 無格
玉海樓

集 1728
王黄州小畜外集十三卷
宋王禹偁撰
清抄本
缺五卷 一至五
十一行二十二字 無格
浙大

集 1729
楊大年先生武夷新集二十卷
宋楊億撰
清康熙四十四年(1705)陳瑋刻本
八行二十字 四周單邊 白口
19.9×13.3 釐米
浙圖 浙大

集 1730
宋林和靖先生詩集四卷補遺一卷省心錄一卷
宋林逋撰
附錄一卷
明何養純、諸時寶等輯
明萬曆四十一年(1613)何養純、諸時寶刻本
存詩集四卷
八行二十字 四周單邊 白口
21.6×13.9 釐米
浙圖

集 1731
林和靖先生詩集四卷省心錄一卷
宋林逋撰

詩話一卷

清康熙四十七年(1708)吳調元刻本

八行十八字　左右雙邊　白口

17.1×12.5 釐米

浙圖　天一閣

集 1732

林和靖先生詩集四卷省心錄一卷

宋林逋撰

清康熙四十七年(1708)吳調元刻本　清朱孔彰批注

浙圖

集 1733

林和靖先生詩集四卷省心錄一卷

宋林逋撰

詩話一卷

清汪安、汪定古香樓刻本

八行十八字　左右雙邊　白口

11.8×17 釐米

天一閣

集 1734

宋林和靖先生詩集四卷

宋林逋撰

詩餘二卷

宋林逋撰　清韓兆桐補輯

附錄一卷

明何養純、諸時寶等輯

清韓兆桐抄本　張崟校

八行二十字　無格

浙大

集 1735

宋林和靖先生詩集四卷

宋林逋撰

清末陶氏涉園抄本　張崟校

十行二十字　四周單邊　細黑口

19×13.2 釐米

浙大

集 1736

林和靖詩集三卷目錄一卷

宋林逋撰　清錢塘陳梓輯

清乾隆十年(1745)深柳讀書堂刻本

九行二十二字　四周單邊　白口

20.5×14.9 釐米

浙圖

集 1737

林和靖詩集三卷目錄一卷

宋林逋撰　清錢塘陳梓輯

清乾隆十年(1745)深柳讀書堂刻本　清海寧管庭芬批校

海寧圖

集 1738

河南集三卷

宋穆修撰

遺事一卷

清道光(1821—1850)瑞安項霽水仙亭抄本

十行二十字　左右雙邊

17.3×13 釐米

溫圖

集 1739

河南穆公集三卷

宋穆修撰

穆參軍遺事一卷

清抄本

浙圖

集 1740

穆參軍集三卷

宋穆修撰

河南穆公集遺事一卷

清抄本

浙圖

集 1741

穆參軍集三卷

宋穆修撰

遺事一卷

清抄本

天一閣

集 1742

文莊集三十六卷

宋夏竦撰

清抄本

天一閣

集 1743

春卿遺稿一卷續編一卷

宋蔣堂撰

清抄本

浙圖

集 1744

鉅鹿東觀集十卷補遺一卷

宋魏野撰

清抄本　姜亮夫跋

十行二十二字　無格

浙大

集 1745

鉅鹿東觀集十卷

宋魏野撰

清抄本　佚名校

浙圖

集 1746

武溪集二十一卷

宋余靖撰

明嘉靖四十五年(1566)劉穩刻本

十行二十字　四周雙邊　黑口

19.5×12.7 釐米

浙大

集 1747

武溪集二十卷

宋余靖撰

清康熙三十六年(1697)程氏刻本

九行二十字　左右雙邊　白口

17.3×13.3 釐米

溫圖

集 1748

安陽集五十卷

宋韓琦撰

忠獻韓魏王別錄三卷

宋王巖叟撰

遺事一卷

宋強至撰

家傳十卷

明刻本

存三十八卷　安陽集十一至三十四　別錄全　遺事全　家傳全

十二行二十五字　四周雙邊　黑口

21.3×13.4 釐米

浙圖

集 1749

安陽集五十卷

宋韓琦撰

別錄三卷

宋王巖叟撰

遺事一卷

宋強至撰

家傳十卷

清康熙五十六年(1717)徐樹敏刻乾隆五年(1740)晚香書屋增刻本

十行二十一字　左右雙邊　黑口

19×14.5 釐米

浙圖　嘉圖　紹圖

集 1750

安陽集五十卷

宋韓琦撰

別錄三卷

宋王巖叟撰

遺事一卷

宋強至撰

家傳十卷

清乾隆(1736—1795)書錦堂刻本

十行二十一字　左右雙邊　細黑口

17.8×14.6 釐米

溫圖　浙大

集 1751

韓魏公集三十八卷

宋韓琦撰

忠獻韓魏王別錄一卷

宋王巖叟撰

遺事一卷

宋強至撰

家傳十卷

明萬曆三十六年(1608)康丕揚刻三十七(1609)年重修宋兩名相集本

九行十九字　四周單邊　白口

19.6×14 釐米

浙圖　杭圖*

集 1752

范文正公集二十卷別集四卷政府奏議二卷尺牘三卷

宋范仲淹撰

遺文一卷

宋范純仁、范純粹撰

年譜一卷

宋鄞縣樓鑰撰

年譜補遺一卷祭文一卷諸賢贊頌論疏一卷論頌一卷詩頌一卷朝廷優崇一卷言行拾遺事錄四卷鄱陽遺事錄一卷遺跡一卷褒賢祠記二卷義莊規矩一卷

元天曆至正間(1328—1368)褒賢世家家塾歲寒堂刻本

缺二十九卷　范文正公集二十卷　別集四卷　遺文一卷　拾遺事錄四卷

十二行二十字或二十二字　左右雙邊　白口

23.3×15.5 釐米

天一閣

集 1753

河南先生文集二十七卷

宋尹洙撰

附錄一卷

清初抄本

浙圖

集 1754

河南先生文集二十七卷

宋尹洙撰

附錄一卷

清抄本　佚名批校

浙圖

集 1755

徂徠石先生全集二十卷

宋石介撰

附錄一卷

清康熙五十六年(1717)石鍵刻本

十行十九字　左右雙邊　白口

18.3×13.8 釐米

浙圖　浙大

集 1756

宋端明殿學士蔡忠惠公文集四十卷

宋蔡襄撰

蔡端明別紀十卷

明徐𤇢輯

明萬曆陳一元刻四十三年(1615)朱謀㙔重修本

九行十九字　左右雙邊　白口

21.6×14.3 釐米

浙圖

集 1757

宋蔡忠惠文集三十六卷

宋蔡襄撰

宋蔡忠惠別紀十卷

明徐𤊹輯

明萬曆四十四年(1616)蔡善繼雙甕齋刻本

九行二十字　四周雙邊　白口

21.5×14.3 釐米

浙圖

集 1758

蔡忠惠公文集三十六卷首一卷

宋蔡襄撰

別記補遺二卷

明徐𤊹輯　明宋珏增補

清雍正十二年(1734)蔡氏遜敏齋刻乾隆五年(1740)增刻本

九行二十字　四周單邊　白口

21.5×13.9 釐米

浙圖　溫圖　浙大*

集 1759

鐔津文集二十二卷

宋釋契嵩撰

明弘治十二年(1499)釋如巹刻本

缺六卷　一至六

十行十九字　四周雙邊　黑口

18.8×12.5 釐米

浙圖

集 1760

蘇學士文集十六卷

宋蘇舜欽撰

清康熙三十七年(1698)徐惇孝、徐惇復白華書屋刻本

十行二十一字　四周單邊　白口

17.7×13.3 釐米

浙圖　天一閣

集 1761

滄浪集十五卷

宋蘇舜欽撰

清乾隆(1736—1795)盧文弨家抄本

十行二十字　左右雙邊　白口

19.5×13.7 釐米

天一閣

集 1762

蘇魏公文集七十二卷目錄二卷

宋蘇頌撰

清抄本〔卷三十六至五十二配另一抄本〕

浙圖

集 1763

古靈先生文集二十五卷

宋陳襄撰

附一卷

清抄本　清山陰沈復粲批校

天一閣

集 1764

司馬太師溫國文正公傳家集八十卷目錄二卷

宋司馬光撰

明刻本〔卷七至十三配清莫氏抄本〕

十行二十字　四周雙邊　黑口

23×16 釐米

杭圖

集 1765

司馬文正公傳家集八十卷

宋司馬光撰

附錄一卷

清乾隆六年(1741)陳氏培遠堂刻本

十一行二十一字　左右雙邊　黑口

19.4×14.1 釐米

浙圖

集 1766

司馬溫公文集八十二卷

宋司馬光撰

明崇禎元年(1628)吳時亮刻清康熙四十七年(1708)蔣起龍重修本

九行二十字　四周單邊　白口

21.9×15.2 釐米

浙大　溫圖

集 1767

司馬溫公文集十四卷

宋司馬光撰

清康熙四十七年(1708)蔣起龍刻本

九行二十字　四周雙邊　白口

21.7×15.3 釐米

天一閣

集 1768

司馬文正公集略三十一卷詩集七卷

宋司馬光撰

明嘉靖四年(1525)呂柟刻本

存集略三十一卷

十一行二十二字　左右雙邊　白口

20×14 釐米

浙圖

集 1769

司馬文正公集略三十一卷詩集七卷

宋司馬光撰

明嘉靖十八年(1539)俞文峰刻本

十一行二十二字　四周單邊　白口

19.8×13.8 釐米

浙圖　天一閣　浙大

集 1770

司馬文正公集八十二卷首一卷目錄二卷

宋司馬光撰

清乾隆九年(1744)刻五十五年(1790)重修本

九行二十二字　左右雙邊　白口

18.3×13.6 釐米

浙圖　上虞圖

集 1771

趙清獻公文集十卷

宋衢州趙抃撰

附錄一卷

明嘉靖四十一年(1562)汪旦刻本

存五卷　一至五

十一行二十字　左右雙邊　白口

19.5×13.9 釐米

浙圖

集 1772

趙清獻公集十卷目錄二卷

宋衢州趙抃撰

明萬曆十六年(1588)詹思謙刻本

九行二十字　四周單邊　白口

21.1×14.9 釐米

浙圖

集 1773

趙清獻公集十卷

宋衢州趙抃撰

明末刻本

九行二十字　四周單邊　白口

20×14.5 釐米

天一閣

集 1774

趙清獻公集十卷

宋衢州趙抃撰

清康熙(1662—1722)趙用楝刻本

九行二十字　四周單邊　白口

20.6×14.5 釐米

浙圖

集 1775

趙清獻公文集十卷附錄一卷

宋衢州趙抃撰

年譜一卷
詹熙撰
清刻民國八年(1919)增刻本　葉渭清、龍游余紹宋批校
20.8×14.5 釐米
浙圖

集 1776
直講李先生文集三十七卷
宋李覯撰
外集三卷年譜一卷門人錄一卷
明正德十三年(1518)孫甫刻本
十一行二十字　左右雙邊　白口
16.7×12.3 釐米
浙大

集 1777
盱江先生全集三十七卷
宋李覯撰
外集三卷
清雍正五年(1727)招梘刻本
九行二十字　四周雙邊　白口
19×13.6 釐米
浙圖

集 1778
陳眉公先生訂正丹淵集四十卷拾遺二卷
宋文同撰
石室先生年譜一卷
宋家誠之撰
附錄一卷
明李應魁輯
明萬曆三十八年(1610)吳一標刻本
存三十四卷　一至三十四
九行十八字　四周雙邊　白口
20.6×14 釐米
浙圖

集 1779
陳眉公先生訂正丹淵集四十卷拾遺二卷
宋文同撰
石室先生年譜一卷
宋家誠之撰
附錄一卷
明李應魁輯
明萬曆三十八年(1610)吳一標刻崇禎四年(1631)毛晉重修本
天一閣

集 1780
安岳馮公太師文集三十卷
宋馮山撰
清抄本
存十二卷　一至十二
浙圖

集 1781
南豐先生元豐類藁五十卷
宋曾鞏撰
續附南豐先生行狀碑誌哀挽一卷
明隆慶五年(1571)邵廉刻本　佚名批校
十行二十字　四周單邊　白口
19.5×14.3 釐米
浙圖

集 1782
南豐先生元豐類藁五十一卷
宋曾鞏撰
續附南豐先生行狀碑誌哀挽一卷
明成化八年(1472)南豐縣刻遞修本
十一行二十一字　四周雙邊　黑口
21.9×13.5 釐米
浙圖

集 1783
南豐先生元豐類藁五十一卷
宋曾鞏撰

續附南豐先生行狀碑誌哀挽一卷
明成化八年(1472)南豐縣刻遞修本　清瑞安孫衣言校點並跋
浙大

集 1784
南豐先生元豐類藁五十一卷
宋曾鞏撰
續附南豐先生行狀碑誌哀挽一卷
明成化八年(1472)南豐縣刻遞修本　清佚名校並跋
浙圖

集 1785
南豐先生元豐類藁五十一卷
宋曾鞏撰
明嘉靖四十一年(1562)黄希憲刻本
十一行二十一字　左右雙邊　細黑口
20.6×13.5 釐米
浙圖*　浙大

集 1786
南豐先生元豐類藁五十一卷
宋曾鞏撰
明嘉靖(1522—1566)王忬刻本
十一行二十一字　四周雙邊　粗黑口
22.2×13.6 釐米
浙大

集 1787
南豐先生元豐類藁五十一卷
宋曾鞏撰
續附南豐先生行狀碑誌哀挽一卷
明萬曆二十五年(1597)曾敏才、曾敏行刻本
十行二十字　四周單邊　白口
19.8×14.6 釐米
浙圖　天一閣　浙大

集 1788
南豐先生元豐類藁五十一卷
宋曾鞏撰
續附南豐先生行狀碑誌哀挽一卷
明萬曆二十五年(1597)曾敏才、曾敏行刻清康熙二十七年(1688)曾氏重修本
浙圖　天一閣

集 1789
南豐先生元豐類稿五十一卷
宋曾鞏撰
明譚錯刻本
九行二十字　四周單邊　白口
21.4×14.3 釐米
浙圖

集 1790
南豐先生元豐類藁五十一卷
宋曾鞏撰
明崇禎(1628—1644)曾懋爵刻本
九行十八字　四周單邊　白口
20.8×14.6 釐米
浙圖

集 1791
南豐先生元豐類藁五十卷
宋曾鞏撰
清康熙四十九年(1710)長嶺西爽堂刻本
十行二十字　左右雙邊　白口
19.6×14.8 釐米
浙圖　温圖　衢博

集 1792
元豐類稿五十卷
宋曾鞏撰
清康熙四十九年(1710)長嶺西爽堂刻本　佚名録清何焯批校
温圖

集 1793

元豐類稿五十卷

宋曾鞏撰

清康熙四十九年(1710)長嶺西爽堂刻本　清瑞安孫衣言批校

存五卷　十六至二十

溫圖

集 1794

元豐類稿五十卷

宋曾鞏撰

清康熙四十九年(1710)長嶺西爽堂刻本　佚名批校

紹圖

集 1795

南豐先生元豐類藁五十卷

宋曾鞏撰

集外文二卷

宋曾鞏撰　清顧崧齡輯

續附一卷

清康熙五十六年(1717)顧崧齡刻本

十行二十一字　四周雙邊　白口

18.6×13.7 釐米

玉海樓

集 1796

元豐類稿五十卷

宋曾鞏撰

清乾隆二十八年(1763)查溪刻本

十行二十字　左右雙邊　白口

22×14.6 釐米

浙圖　義烏圖

集 1797

南豐曾先生文粹十卷

宋曾鞏撰

明嘉靖二十八年(1549)安如石刻本

十行二十一字　左右雙邊　白口

20.4×14.5 釐米

浙圖

集 1798

曾文定公全集二十卷首一卷末一卷

宋曾鞏撰

清康熙三十二年(1693)彭期刻本

九行二十字　左右雙邊　白口

20×13.2 釐米

溫圖

集 1799

南豐曾文昭公曲阜集五卷

宋曾鞏撰　明曾思孔輯

清抄本

十行十八字　四周單邊　白口

18.6×14.8 釐米

天一閣

集 1800

洛陽九老祖龍學文集十六卷

宋祖無擇撰

源流始末一卷

清抄本

十一行二十一字　無格

浙大

集 1801

宛陵先生文集六十卷拾遺一卷

宋梅堯臣撰

附錄一卷

明正統四年(1439)袁旭刻本　長興王修跋

存十卷　四十一至五十

十行十九字　四周雙邊　黑口

19.5×14.7 釐米

浙圖

集 1802

宛陵先生集六十卷拾遺一卷

宋梅堯臣撰

附錄一卷
明萬曆四年(1576)姜奇方刻本
九行十八字　左右雙邊　白口
18.5×14.1 釐米
天一閣

集 1803
王魏公集八卷
宋王安禮撰
清抄本
浙圖

集 1804
太史范公文集五十五卷
宋范祖禹撰
清山陰杜氏知聖教齋抄本
浙圖

集 1805
太史范公文集五十五卷
宋范祖禹撰
清孫氏春山家塾抄本
十行二十字　左右雙邊　白口
18.9×13.9 釐米
天一閣

集 1806
太史范公文集鈔十七卷
宋范祖禹撰　明程敏政輯
附錄一卷
清抄本
浙圖

集 1807
文潞公文集四十卷
宋文彦博撰
明嘉靖五年(1526)王溱刻本
十行二十字　四周單邊　白口
20.6×14.6 釐米
浙圖*　浙大

集 1808
文潞公文集四十卷
宋文彦博撰
清抄本
浙圖

集 1809
文潞公文集四十卷
宋文彦博撰
清抄本　佚名跋
浙圖

集 1810
伊川擊壤二十卷集外詩一卷
宋邵雍撰
明成化(1465—1487)畢亨刻十六年(1480)劉尚文重修本
十行十八字　四周雙邊　黑口
24.8×16.7 釐米
浙圖

集 1811
伊川擊壤二十卷集外詩一卷
宋邵雍撰
明刻本
存六卷　一至六
十行二十一字　左右雙邊　白口
19.2×12.4 釐米
天一閣

集 1812
伊川擊壤集二十卷
宋邵雍撰
明末刻本
十行二十字　四周雙邊　黑口
20.7×13.9 釐米
溫圖

集 1813

宋邵康節先生伊川擊壤集十卷

宋邵雍撰　明吳瀚摘注　吳泰增注

明萬曆三十三年(1605)吳元維刻本

存六卷　一至六

九行十八字　四周單邊　白口

19.6×14.8 釐米

浙大

集 1814

宋邵康節先生伊川擊壤集十卷

宋邵雍撰　明吳瀚摘注　吳泰增注

清康熙八年(1669)邵養定、邵養貞刻本

九行十八字　四周單邊　白口

20.4×14.9 釐米

浙圖　海寧圖

集 1815

曾文昭公集四卷

宋曾肇撰

清康熙六十一年(1722)曾儼等刻本

九行二十字　左右雙邊　白口

19.5×12.7 釐米

浙大

集 1816

濂溪集六卷

宋周敦頤撰

明嘉靖三十七年(1558)丁永成刻本

九行二十字　四周單邊　白口

20.7×14.3 釐米

杭圖

集 1817

宋濂溪周元公先生集十卷

宋周敦頤撰

明萬曆(1573—1620)刻本

存三卷　八至十

八行十九字　四周單邊　白口

22×15.9 釐米

溫圖

集 1818

宋濂溪周元公先生集十卷

宋周敦頤撰

明萬曆刻清康熙三十年(1691)周之翰重修本

十行二十字　四周單邊　白口

21.5×13.6 釐米

浙圖

集 1819

歐陽文集五十卷

宋歐陽修撰

年譜一卷

宋胡柯撰

明嘉靖二十二年(1543)李冕刻本

十行二十字　四周雙邊　白口

20.3×14.6 釐米

溫圖　餘杭圖＊　天一閣＊

集 1820

居士集五十卷

宋歐陽修撰　明曾魯考異

明洪武六年(1373)永豐縣學刻嘉靖二十四年(1545)重修本

十一行二十三字　四周單邊　綫黑口

24.1×15 釐米

浙圖

集 1821

歐陽文忠公集一百五十三卷

宋歐陽修撰

年譜一卷

宋胡柯撰

附錄五卷

明天順六年(1462)程宗刻弘治五年(1492)重修本

十行二十字　四周雙邊　黑口

20×13 釐米

浙圖　天一閣＊

集 1822
歐陽文忠公集一百五十三卷
宋歐陽修撰
年譜一卷
宋胡柯撰
附錄六卷
明正德七年(1512)劉喬刻嘉靖十六年(1537)季本、詹治三十九年(1560)何遷遞修本
十行二十字　四周雙邊　白口
20×12.6 釐米
浙圖＊　天一閣　浙大

集 1823
歐陽文忠公集一百五十三卷
宋歐陽修撰
年譜一卷
宋胡柯撰
附錄五卷
明刻本
存一百五十三卷　一至三　九至一百五十三　年譜　附錄一至二　四至五
十行二十字　四周雙邊　黑口
20.2×13 釐米
天一閣

集 1824
歐陽文忠公全集一百五十三卷
宋歐陽修撰
附錄五卷
清乾隆十一年(1746)孝思堂刻本
九行二十字　左右雙邊　白口
22×16.6 釐米
溫圖　浙大

集 1825
歐陽文忠公全集一百五十三卷首一卷
宋歐陽修撰
附錄五卷
清乾隆五十七年(1792)惇敘堂刻本
九行二十字　左右雙邊　白口
22.1×16.8 釐米
寧圖　上虞圖

集 1826
歐陽文忠公全集一百五十卷目錄一卷
宋歐陽修撰
年譜一卷
清康熙十一年(1672)焉文堂刻本
十行二十字　四周雙邊　白口
19.5×13 釐米
浙圖

集 1827
歐陽文忠公全集一百三十五卷
宋歐陽修撰
明嘉靖三十四年(1555)陳珊刻本
十行二十字　左右雙邊　白口
20.5×14.3 釐米
浙圖

集 1828
歐陽文忠公集一百三十卷目錄十二卷
宋歐陽修撰
附錄四卷
明萬曆四十三年(1615)王鳳翔刻本
存六十五卷　二十六至三十　八十一至一百三十　附錄全　目錄七至十二
十行二十字　四周單邊　白口
21.5×14.8 釐米
天一閣

集 1829
歐陽先生文粹二十卷
宋歐陽修撰　宋永康陳亮輯
遺粹十卷
宋歐陽修撰　明郭雲鵬輯
明嘉靖二十六年(1547)郭雲鵬寶善堂刻

本

十一行十九字　左右雙邊　白口

18×14 釐米

天一閣　浙大

集 1830

歐陽文忠公文抄十卷

宋歐陽修撰　明歸安茅坤評

明刻朱墨套印本

八行十八字　四周單邊　白口

20.3×14 釐米

浙圖

集 1831

宋大家歐陽文忠公文抄三十二卷

宋歐陽修撰　明歸安茅坤評

明崇禎元年(1628)刻唐宋八大家文鈔本　清佚名批並評點

九行二十字　四周單邊　白口

20.5×14.3 釐米

浙圖

集 1832

歐陽文忠公詩集十二卷

宋歐陽修撰

清胡氏世綵堂刻本

九行十九字　四周單邊　白口

19.7×14.4 釐米

溫圖

集 1833

樂全先生文集四十卷

宋張方平撰

行狀一卷

宋王鞏撰

清抄本

溫圖

集 1834

范忠宣公文集二十卷

宋范純仁撰

元刻本〔卷六至七、十八至二十配清抄本〕

十二行二十字　左右雙邊　黑口

30.9×19.8 釐米

浙博

集 1835

范忠宣公文集二十卷

宋范純仁撰

明嘉靖(1522—1566)范惟元等刻本

十二行二十一字　左右雙邊　白口

21.4×15.2 釐米

浙圖

集 1836

范忠宣公集二十卷奏議二卷遺文一卷附錄一卷補編一卷

宋范純仁撰

清康熙四十六年(1707)范時崇歲寒堂刻范文正公忠宣公全集本　題清念石跋

十一行二十一字　小字雙行　左右雙邊　白口

18.5×14 釐米

浙圖

集 1837

重刊嘉祐集十五卷

宋蘇洵撰

明弘治(1488—1505)刻本

十行二十一字　四周雙邊　黑口

20.4×13 釐米

天一閣

集 1838

重刊嘉祐集十五卷

宋蘇洵撰

明嘉靖十一年(1532)太原府刻本

存三卷　十三至十五

十行二十一字　四周單邊　白口

19.6×13.4 釐米

天一閣

集 1839
重刊嘉祐集十五卷
宋蘇洵撰
明嘉靖十一年(1532)太原府刻本〔卷一、十五有抄配〕 佚名批點
浙圖

集 1840
蘇老泉先生全集二十卷
宋蘇洵撰
附錄二卷
宋沈斐輯
清康熙三十七年(1698)邵仁泓安樂居刻本
九行十九字 左右雙邊 白口
18.3×13.4 釐米
溫圖

集 1841
蘇老泉先生全集二十卷
宋蘇洵撰
附錄二卷
宋沈斐輯
清康熙三十七年(1698)邵仁泓安樂居刻本〔卷五至九湯氏配抄本〕 清湯淦批點
浙圖

集 1842
臨川先生文集一百卷目錄二卷
宋王安石撰
明嘉靖三十九年(1560)何遷刻本
十二行二十字 左右雙邊 白口
20×15.8 釐米
浙圖 天一閣 浙大

集 1843
臨川先生文集一百卷
宋王安石撰
明刻本〔卷九十四至一百配影抄本〕
十二行二十字 左右雙邊 白口
19.9×16 釐米
浙圖

集 1844
臨川先生文集一百卷目錄二卷
宋王安石撰
明宗文堂刻本
十行二十字 四周單邊 白口
19.2×12.8 釐米
杭圖

集 1845
臨川王先生荆公文集一百卷
宋王安石撰
明嘉靖二十五年(1546)應雲鸑刻本
十一行二十二字 四周雙邊 細黑口
17.5×12.5 釐米
溫圖* 天一閣

集 1846
新刻臨川王介甫先生文集一百卷目錄二卷
宋王安石撰
明萬曆四十年(1612)王鳳翔光啓堂刻本
十行二十字 四周單邊 白口
21.7×14.5 釐米
浙圖 杭圖 嵊州圖* 浙大

集 1847
新刻臨川王介甫先生文集一百卷目錄二卷
宋王安石撰
明萬曆四十年(1612)王鳳翔光啓堂刻本 清瑞安孫衣言校
缺二十五卷 三十九至四十三 四十九至五十三 五十九至六十八 八十六至九十
溫圖

集 1848
王荆文公詩五十卷
宋王安石撰 宋李壁箋注

清乾隆五至六年(1740—1741)張宗松清綺齋刻本
十一行二十一字　小字雙行三十一字　左右雙邊　綫黑口
18.9×14.2 釐米
浙圖　寧圖　溫圖　嘉圖　天一閣

集 1849
王荊文公詩五十卷
宋王安石撰　宋李壁箋注
清乾隆五至六年(1740—1741)張宗松清綺齋刻本　清瑞安孫衣言點校並跋
浙大

集 1850
王文公集彙選六卷
宋王安石撰　明陳文燧等輯
明萬曆十六年(1588)陳文燧等刻本
九行二十字　四周雙邊　白口
21.5×14.7 釐米
浙圖

集 1851
王荊公詩補注四卷文集注十四卷
宋王安石撰　清沈欽韓注
劉氏嘉業堂抄本　佚名批校
存八卷　文集注一至八
浙圖

集 1852
廣陵先生文集四十二卷
宋王令撰
明抄本
九行十四至十七字　無格
浙大

集 1853
廣陵先生文集十二卷
宋王令撰
清抄本
浙圖

集 1854
揚州賦一卷
宋王觀撰
續揚州賦一卷
宋陳洪範撰
明嘉靖二十四年(1545)刻本
八行十七字　左右雙邊　白口
19.5×14 釐米
天一閣

集 1855
東坡集四十卷後集二十卷奏議十五卷內制集十卷樂語一卷外制集三卷應詔集十卷續集十二卷
宋蘇軾撰
東坡先生年譜一卷
宋王宗稷撰
明成化四年(1468)程宗刻本
存九卷　東坡集十五至十六　三十三至三十五　奏議一　十至十一　年譜
十行二十或二十一字　四周雙邊　黑口
21×14 釐米
紹圖

集 1856
蘇文忠公全集一百十一卷
宋蘇軾撰
東坡先生年譜一卷
宋王宗稷撰
墓誌銘一卷
宋蘇轍撰
宋史本傳一卷
明嘉靖十三年(1534)江西布政司刻本
東坡集四十卷
後集二十卷
奏議十五卷
內制集十卷
樂語一卷

外制集三卷
應詔集十卷
續集二至十二卷
十行二十字　四周雙邊　白口
19.8×12.6 釐米
天一閣＊　浙大

集 1857
蘇文忠公全集一百十一卷
宋蘇軾撰
東坡先生年譜一卷
宋王宗稷撰
墓志銘一卷
宋蘇轍撰
宋史本傳一卷
明嘉靖十三年(1534)江西布政司刻本
〔公文紙印本〕
存二十七卷
東坡外制集三卷
東坡應詔集十卷
東坡續集二至十二卷
宋史本傳一卷
東坡年譜一卷
墓誌銘一卷
浙圖

集 1858
東坡全集一百十五卷目錄七卷
宋蘇軾撰
年譜一卷
宋王宗稷撰
明刻本
九行十九字　四周單邊　白口
20.5×14.7 釐米
寧圖＊　紹圖　天一閣

集 1859
東坡全集一百十五卷目錄七卷
宋蘇軾撰
年譜一卷
宋王宗稷撰
明刻本
十行十九字　四周單邊　白口
20.8×15 釐米
杭圖　黃巖圖＊

集 1860
東坡全集七十五卷
宋蘇軾撰
年譜一卷
宋王宗稷撰
明萬曆三十四年(1606)茅維刻本
十行十九字　左右雙邊　白口
20.3×15 釐米
浙圖　杭圖　紹圖＊　浙大

集 1861
東坡先生全集七十五卷
宋蘇軾撰
宋史本傳一卷
元脱脱撰
墓誌銘一卷
宋蘇轍撰
年譜一卷
宋王宗稷撰
明刻本
十行十九字　左右雙邊　白口
20.4×15 釐米
浙圖

集 1862
東坡先生全集七十五卷
宋蘇軾撰
明末項煜刻本
十行十九字　左右雙邊　白口
20×14.5 釐米
紹圖

集 1863
東坡先生全集七十五卷
宋蘇軾撰

東坡詩選十二卷
宋蘇軾撰　明譚元春輯
明末刻本
十行十九字　左右雙邊　白口
20.1×14.4 釐米
浙圖　天一閣＊

集 1864
東坡先生全集七十五卷
宋蘇軾撰
東坡詩選十二卷
宋蘇軾撰　明譚元春輯
年譜一卷
宋王宗稷撰
明末文盛堂刻本
十行十九字　左右雙邊　白口
19.8×14.8 釐米
溫圖　嵊州圖

集 1865
東坡先生和陶淵明詩四卷
宋蘇軾撰
明末毛氏汲古閣影宋抄本
義烏圖

集 1866
東坡先生和陶淵明詩四卷
宋蘇軾撰
張宗祥影宋抄本　海寧張宗祥跋
浙圖

集 1867
增刊校正王狀元集註分類東坡先生詩二十五卷
宋蘇軾撰　題宋樂清王十朋纂集　宋劉辰翁評點
東坡紀年錄一卷
宋傅藻撰
明汪氏誠意齋集書堂刻本
缺三卷　十三至十五
十二行二十一字　四周雙邊　黑口
20×13.4 釐米
浙圖

集 1868
蘇東坡詩集二十五卷
宋蘇軾撰　宋劉辰翁批點
明天啓(1621—1627)刻本
九行二十字　四周單邊　白口
20.6×13.6 釐米
溫圖　天一閣

集 1869
東坡先生詩集註三十二卷
宋蘇軾撰　題宋樂清王十朋纂集
東坡紀年錄一卷
宋傅藻撰
明萬曆(1573—1620)茅維刻本
十行二十一字　左右雙邊　白口
20.6×15 釐米
浙圖　溫圖

集 1870
東坡先生詩集注三十二卷
宋蘇軾撰　題宋樂清王十朋纂集
明鯨碧山房刻本
十行二十一字　左右雙邊　白口
20×14.9 釐米
天一閣

集 1871
東坡先生詩集註三十二卷
宋蘇軾撰　題宋樂清王十朋纂集
明末王永積刻本
十行二十一字　左右雙邊　白口
20.4×14.9 釐米
浙大　紹圖

集 1872
東坡先生詩集三十二卷文集七十五卷
宋蘇軾撰　題宋樂清王十朋纂集　明陳

仁錫評

東坡先生紀年錄一卷

宋傅藻編

墓誌銘一卷

宋蘇轍撰

明崇禎(1628—1644)陳仁錫刻本

存一百二卷　詩集一至三　八至三十二　文集一至七十四

十行二十字　四周單邊　白口

20.3×14.9釐米

浙圖＊　溫圖＊

集1873

蘇東坡詩集注三十二卷

宋蘇軾撰　題宋金華呂祖謙分編　題宋樂清王十朋纂集

年譜一卷

宋王宗稷撰

清康熙三十七年(1698)朱從延文蔚堂刻本

十一行十九字　小字雙行二十八字　左右雙邊　白口

18×14.5釐米

浙圖　寧圖　浙大

集1874

施註蘇詩四十二卷總目二卷

宋蘇軾撰　宋吳興施元之等注　清邵長蘅等刪補

蘇詩續補遺二卷

宋蘇軾撰　清馮景補注

王注正譌一卷

清邵長蘅撰

東坡先生年譜一卷

宋王宗稷撰

清康熙三十八年(1699)宋犖刻本

十行二十一字　小字雙行三十一字　四周單邊　黑口

18.9×14.5釐米

浙圖　寧圖　溫圖　嘉圖　平湖圖　紹圖　諸暨圖　天一閣　玉海樓　浙大

集1875

東坡先生編年詩五十卷

宋蘇軾撰　清海寧查慎行補注

年表一卷

清乾隆二十六年(1761)查開香雨齋刻本

十行二十一字　小字雙行三十一至三十二字　左右雙邊　白口

18.2×13.6釐米

溫圖　平湖圖　天一閣

集1876

東坡先生編年詩五十卷

宋蘇軾撰　清海寧查慎行補注

年表一卷

清乾隆二十六年(1761)查開香雨齋刻本

佚名錄清紀昀批校

浙圖

集1877

東坡先生編年詩五十卷

宋蘇軾撰　清海寧查慎行補注

年表一卷

清乾隆二十六年(1761)查開香雨齋刻本

佚名錄清紀昀批校

缺五卷　十四至十六　三十四至三十五

天一閣

集1878

東坡先生編年詩五十卷

宋蘇軾撰　清海寧查慎行補注

年表一卷

清乾隆二十六年(1761)查開香雨齋刻本

佚名批點　題清雨峰跋

浙圖

集 1879

蘇文忠公詩合註五十卷首一卷

宋蘇軾撰　清桐鄉馮應榴輯注

清乾隆五十八年(1793)踵息齋刻本

十一行二十六字　小字雙行三十三字　左右雙邊　白口

19.2×14.5 釐米

浙圖　衢博

集 1880

蘇文忠公詩合註五十卷首一卷

宋蘇軾撰　清桐鄉馮應榴輯注

清乾隆五十八年(1793)踵息齋刻本　清楊沂孫點並跋

溫圖

集 1881

東坡詩鈔十八卷

宋蘇軾撰　清姚廷謙輯

清康熙六十年(1721)姚廷謙遂安堂刻本

九行十九字　左右雙邊　黑口

16.3×12.2 釐米

浙圖

集 1882

重編東坡先生外集八十六卷

宋蘇軾撰

年譜一卷

明萬曆三十六年(1608)康丕揚刻本

缺年譜一卷

十行二十字　四周雙邊　白口

21.5×15.1 釐米

浙圖

集 1883

坡仙集十六卷

宋蘇軾撰　明李贄評輯

明萬曆二十八年(1600)焦竑刻本

九行二十字　四周單邊　白口

23.2×15.2 釐米

浙圖

集 1884

坡仙集十六卷

宋蘇軾撰　明李贄評輯

明萬曆二十八年(1600)繼志齋刻本

存十三卷　一至十三

九行二十字　四周單邊　白口

23.1×15 釐米

天一閣

集 1885

坡仙集十六卷

宋蘇軾撰　明李贄評輯

明萬曆二十八年(1600)繼志齋刻本　慈溪馮貞群跋

天一閣

集 1886

坡仙集十六卷

宋蘇軾撰　明李贄評輯

明末刻本

九行二十字　四周單邊　白口

21.5×14.8 釐米

浙圖　杭圖*

集 1887

東坡集十六卷

宋蘇軾撰　明李贄評輯

明刻本

九行二十字　四周單邊　白口

21.5×14.9 釐米

浙大　杭圖*　侍王府*　美院

集 1888

補訂坡仙集三十八卷

宋蘇軾撰　明李贄評輯　明陳繼儒補訂

明刻本

十行二十字　四周單邊　白口

21.2×14.3 釐米

紹圖　天一閣

集 1889

赤壁賦一卷

宋蘇軾撰

明文彭寫本

四行十字

西泠印社

集 1890

宋蘇文忠公居儋録五卷

宋蘇軾撰　明陳榮選輯

明萬曆二十三年(1595)儋州陳榮選刻清順治十八年(1661)王昌嗣重修本　佚名校

十行二十字　四周雙邊　白口

23.2×17.5 釐米

浙圖

集 1891

東坡禪喜集十四卷

宋蘇軾撰　明吴興凌濛初輯

明天啓元年(1621)凌濛初刻朱墨套印本

八行十八字　四周單邊　白口

20.4×14.6 釐米

浙圖

集 1892

東坡詩選二卷

宋蘇軾撰　明沈白輯　明陳鑾評

明刻本　佚名批並評點

兩欄　下欄九行二十字　四周單邊　白口

22.4×14 釐米

浙圖

集 1893

宋蘇文忠公集選三十卷

宋蘇軾撰　明崔邦亮輯

明萬曆二十七年(1599)楊四知刻本

缺四卷　一至四

十行二十字　四周雙邊　白口

20.8×14.8 釐米

浙圖

集 1894

東坡集選五十卷集餘一卷

宋蘇軾撰　明陳夢槐輯

年譜一卷

宋王宗稷撰

外紀二卷

明王世貞撰

外紀逸編一卷

明璩之璞撰

明刻本

九行十九字　四周單邊　白口

21.8×14.3 釐米

浙圖　紹圖

集 1895

新刻蘇長公詩文選勝六卷

宋蘇軾撰　明朱之蕃輯

明萬曆(1573—1620)王世茂刻本

九行二十字　四周單邊　白口

22.7×14.4 釐米

天一閣

集 1896

蘇長公合作内外篇不分卷

宋蘇軾撰　明鄭圭輯

明書林余憲成刻本

九行二十二字　四周單邊　白口

22×13.5 釐米

浙圖　紹圖

集 1897

蘇長公合作八卷補二卷

宋蘇軾撰　明鄭圭輯

附録一卷

明萬曆四十八年(1620)凌啓康刻三色套印本

缺補二卷
八行十九字　四周單邊　白口
21.1×14.6 釐米
浙圖

集 1898
蘇文六卷
宋蘇軾撰　明歸安茅坤等評
明閔爾容刻三色套印本
九行十九字　四周單邊　白口
20.5×14 釐米
天一閣

集 1899
蘇文忠公策論選十二卷
宋蘇軾撰　明歸安茅坤、鍾惺評
明天啓元年(1621)刻三色套印本
九行十九字　四周單邊　白口
20×14.6 釐米
杭圖　天一閣

集 1900
東坡文選二十卷
宋蘇軾撰　明鍾惺輯並評
明萬曆四十八年(1620)鍾惺刻本
存十九卷　一至十九
八行十七字　四周單邊　白口
19.4×13.3 釐米
天一閣

集 1901
東坡文選二十卷
宋蘇軾撰　明鍾惺輯並評
明閔氏刻朱墨套印本
九行二十字　四周單邊　白口
21×14.8 釐米
浙圖　天一閣＊

集 1902
蘇長公小品二卷
宋蘇軾撰　明王納諫輯並評
明萬曆四十一年(1613)盱江游義齋刻本
九行二十一字　四周單邊　白口
22×13.8 釐米
浙圖

集 1903
蘇長公小品二卷
宋蘇軾撰　明王納諫輯並評
清康熙三十三年(1694)刻本
九行二十二字　四周單邊　白口
19.2×12 釐米
浙圖

集 1904
蘇長公小品四卷
宋蘇軾撰　明王納諫輯並評
明凌啓康刻朱墨套印本
八行十九字　四周單邊　白口
21.2×13.9 釐米
浙圖　天一閣

集 1905
蘇長公密語十六卷首一卷
宋蘇軾撰　明李一公輯
明天啓元年(1621)刻朱墨套印本
八行十九字　四周單邊　白口
20.9×14.5 釐米
浙圖

集 1906
蘇文奇賞五十卷
宋蘇軾撰　明陳仁錫輯並評
明崇禎四年(1631)陳仁錫刻本　佚名批
缺一卷　四十四
十行二十字　左右雙邊　白口
21×15.1 釐米
浙圖

集 1907
東坡養生集十二卷
宋蘇軾撰　明王如錫輯

明崇禎八年(1635)刻本
九行十八字　四周單邊　白口
18.8×13.9 釐米
浙圖

集 1908
蘇文忠公海外集四卷
宋蘇軾撰
年譜一卷
宋王宗稷編
清乾隆四十年(1775)稽古堂刻本
九行二十一字　四周雙邊　白口
19.5×12.8 釐米
浙圖

集 1909
東坡題跋二卷
宋蘇軾撰　清吴興溫一貞輯
清乾隆五十年(1785)又賞齋刻本
八行十五字　四周單邊　白口
12×9.5 釐米
浙圖

集 1910
欒城集五十卷後集二十四卷三集十卷應召集十二卷
宋蘇轍撰
明萬曆(1573—1620)王執禮、顧天敘刻本
十行二十字　左右雙邊　白口
21×15.2 釐米
天一閣

集 1911
欒城集五十卷後集二十四卷三集十卷應召集十二卷
宋蘇轍撰
明萬曆(1573—1620)王執禮、顧天敘刻清夢軒印本
浙大

集 1912
欒城集五十卷目錄二卷後集二十四卷三集十卷
宋蘇轍撰
明活字印本〔目錄、卷一、三集卷四至十配清抄本〕
十行二十字　四周單邊　白口
19.1×14 釐米
浙圖

集 1913
山曉閣選宋大家蘇潁濱全集二卷
宋蘇轍撰　清嘉善孫琮選評
清康熙刻山曉閣選唐宋八大家文本
九行二十五字　四周單邊　白口
20.7×12 釐米
衢博

集 1914
豫章黄先生文集三十卷外集十四卷别集二十卷簡尺二卷詞一卷
宋黄庭堅撰
伐檀集二卷
宋黄庶撰
山谷先生年譜三十卷
宋黄㽦撰
别傳一卷
明周季鳳撰
明弘治(1488—1505)葉天爵刻嘉靖六年(1527)喬遷、余載仕重修本
十二行二十一至二十二字　四周雙邊　白口
22.8×15.7 釐米
浙圖　杭圖　天一閣＊　浙大

集 1915
豫章黄先生文集三十卷外集十四卷别集二十卷簡尺二卷詞一卷
宋黄庭堅撰
伐檀集二卷
宋黄庶撰

山谷先生年譜三十卷

宋黄䓨撰

别傳一卷

明周季鳳撰

明弘治(1488—1505)葉天爵刻嘉靖六年(1527)喬遷、余載仕重修隆慶二年(1568)遞修本

浙大

集 1916

重刻黄文節山谷先生文集三十卷外集十四卷别集二十卷

宋黄庭堅撰

重刻伐檀集二卷

宋黄庶撰

明萬曆(1573—1620)刻本

存重刻伐檀集二卷

十一行二十字　四周單邊　白口

20.7×13.8 釐米

浙圖

集 1917

重刻黄文節山谷先生文集三十卷

宋黄庭堅撰

明萬曆三十一年(1603)方沆刻本

十行二十字　四周單邊　白口

21.5×14.2 釐米

黄巖圖

集 1918

重刻黄文節山谷先生文集三十卷

宋黄庭堅撰

明王鳳翔光啓堂刻本

十行二十字　四周單邊　白口

21.4×14.5 釐米

天一閣　嘉圖 *

集 1919

重刻黄文節山谷先生文集三十卷

宋黄庭堅撰

明古吳積秀堂刻本

十行二十字　四周單邊　白口

21.6×14.5 釐米

天一閣

集 1920

宋黄文節公文集正集三十二卷外集二十四卷别集十九卷首四卷

宋黄庭堅撰

伐檀集二卷

宋黄庶撰

清乾隆三十年(1765)江右寧州緝香堂刻本

九行二十字　左右雙邊　白口

22×16 釐米

浙圖　諸暨圖　義烏圖

集 1921

黄詩内篇十四卷

宋黄庭堅撰

明嘉靖十二年(1533)蔣芝刻本

存一卷　一

八行十八字　四周單邊　白口

18.6×13.7 釐米

天一閣

集 1922

山谷内集詩註二十卷

宋黄庭堅撰　宋任淵注

山谷外集詩註十七卷

宋黄庭堅撰　宋史容注

山谷别集詩註二卷

宋黄庭堅撰　宋史季温注

明弘治九年(1496)陳沛刻本

存三十七卷　内集詩註全　外集詩註全

九行十九字或二十字　四周雙邊　黑口

20.5×13.5 釐米

浙圖 *　天一閣 *

集 1923

黄詩全集五十八卷

宋黄庭堅撰

清乾隆五十三年(1788)樹經堂刻本

山谷詩内集注二十卷　宋黄庭堅撰　宋任淵等注

別集注二卷　宋黄庭堅撰　宋史季溫注

別集補一卷　清謝啓昆補

外集注十七卷　宋黄庭堅撰　宋史容注

外集補四卷

重刻山谷先生年譜十四卷　宋黄䓨撰

十二行二十三字　左右雙邊　白口

19.5×14.4 釐米

浙圖　寧圖　溫圖　嘉圖

集 1924

黄詩全集三十九卷

宋黄庭堅撰

重刻山谷先生年譜十四卷

宋黄䓨撰

清道光(1821—1850)黄氏活字印本

山谷詩内集注二十卷　宋黄庭堅撰　宋任淵等注

山谷外集注十七卷　宋黄庭堅撰　宋史容注

山谷別集注二卷　宋黄庭堅撰　宋史季溫注

十二行二十三字　左右雙邊　白口

21.4×15.1 釐米

嘉圖

集 1925

山谷老人刀筆二十卷

宋黄庭堅撰

明弘治十二年(1499)張汝舟刻本

十二行十九字　左右雙邊　白口

16.2×11.7 釐米

浙圖

集 1926

山谷題跋三卷

宋黄庭堅撰　清吳興溫一貞輯

清乾隆五十年(1785)又賞齋刻本

八行十五字　四周單邊

12.4×9 釐米

浙圖

集 1927

後山先生集三十卷

宋陳師道撰

明弘治十二年(1499)馬暾刻本

十一行二十字　四周雙邊　黑口

20.5×14 釐米

浙大　天一閣*

集 1928

後山詩注十二卷

宋陳師道撰　宋任淵注

明嘉靖十年(1531)遼藩朱寵瀼梅南書屋刻本

九行二十字　四周雙邊　白口

18.9×13.5 釐米

浙大

集 1929

後山詩注十二卷

宋陳師道撰　宋任淵注

清康熙三十六年(1697)高兆栟榈館抄本

天一閣

集 1930

後山詩注十二卷

宋陳師道撰　宋任淵注

清乾隆(1736—1795)武英殿活字印聚珍版書本　清瑞安孫衣言批點並跋

九行二十一字　四周雙邊　白口

18.6×12.7 釐米

浙大

集 1931

後山詩十二卷

宋陳師道撰　宋任淵注

清嘉慶二十三年(1818)抄本　佚名批校

浙圖

集 1932

山谷詩内集一卷外集一卷

宋黄庭堅撰

朱祖謀抄本　吴興朱祖謀批

浙圖

集 1933

張右史文集八十二卷

宋張耒撰

清抄本

浙圖

集 1934

淮海集四十卷後集六卷長短句三卷

宋秦觀撰

明嘉靖十八年(1539)張綖刻本

存長短句三卷

十二行二十一字　四周單邊　白口

浙圖

集 1935

淮海集四十卷後集六卷長短句三卷

宋秦觀撰

明嘉靖二十四年(1545)胡民表刻本

存後集六卷

十二行二十一字　四周單邊　白口

17.5×13.2 釐米

浙圖

集 1936

淮海集四十卷

宋秦觀撰

明華州公署刻本

存二十卷　一至二十

十行二十一字　左右單邊間上下雙邊　白口

20.4×14.5 釐米

天一閣

集 1937

淮海集四十卷後集六卷長短句三卷

宋秦觀撰

明萬曆四十六年(1618)李之藻刻本

九行二十一字　左右雙邊　白口

21.6×14.2 釐米

浙圖　浙大

集 1938

淮海集四十卷後集六卷長短句三卷

宋秦觀撰

明末刻本

九行二十一字　左右雙邊　白口

21.5×14.1 釐米

浙大

集 1939

淮海集四十卷後集六卷長短句三卷

宋秦觀撰　明山陰徐渭評

詩餘一卷

宋秦觀撰　明鄧章漢輯

明末段之錦刻本

九行二十字　左右雙邊　白口

20.8×14.9 釐米

浙圖

集 1940

畫墁集八卷

宋張舜民撰

清抄本

八行二十一字　無格

天一閣

集 1941

寶晉英光集八卷補遺一卷

宋米芾撰

清瑯嬛山館抄本
缺二卷　五至六
天一閣

集 1942
寶晉英光集八卷補遺一卷
宋米芾撰
抄本
浙圖

集 1943
寶晉山林集拾遺八卷
宋米芾撰
清抄本
浙圖

集 1944
西塘先生文集十卷
宋鄭俠撰
明萬曆三十七年(1609)葉向高等刻本
九行十八字　四周單邊　白口
20.2×14.6 釐米
溫圖

集 1945
嵩山集二十卷
宋晁説之撰
清抄本
浙圖

集 1946
濟北晁先生雞肋集七十卷
宋晁補之撰
明崇禎八年(1635)顧凝遠詩瘦閣刻本
九行十九字　左右雙邊　白口
19×14 釐米
天一閣　溫圖*

集 1947
濟北晁先生雞肋集七十卷目錄二卷
宋晁補之撰
清初抄本
浙圖

集 1948
具茨先生晁冲之叔用詩集注抄一卷
宋晁冲之撰
清初抄本　長興王修跋
浙圖

集 1949
晁具茨先生詩集十五卷
宋晁冲之撰
清初(1644—1722)刻本
八行十七字　四周單邊　黑口
14.9×8.4 釐米
浙圖

集 1950
晁具茨先生詩集不分卷
宋晁冲之撰
清抄本
十行二十字　無格
玉海樓

集 1951
吴郡樂圃朱先生餘藁十卷補遺一卷
宋朱長文撰
附錄一卷
清抄本　清李文藻點校並跋
九行十八字　無格
浙大

集 1952
吴郡樂圃朱先生餘藁十卷補遺一卷
宋朱長文撰
附錄一卷
清朱氏抄本

十行二十一字　白口
18.2×13 釐米
浙大

集 1953
吳郡樂圃朱先生餘藁十卷
宋朱長文撰
附錄一卷
清抄本
浙圖

集 1954
吳郡樂圃朱先生餘藁十卷
宋朱長文撰
附編一卷
清抄本
浙圖

集 1955
龍雲先生文集三十二卷
宋劉弇撰
附錄一卷
清乾隆十三年(1748)劉明詔等刻本
十行十九字　四周單邊　白口
22.1×15 釐米
溫圖

集 1956
演山先生詩不分卷
宋黄裳撰
清抄本
九行二十字　無格
天一閣

集 1957
姑溪居士文集五十卷後集二十卷
宋李之儀撰
清抄本
缺一卷　後集二十
十一行二十三字　無格
浙大

集 1958
道鄉先生鄒忠公文集四十卷續集一卷
宋鄒浩撰
明正德七年(1512)鄒翎刻本
十行二十字　左右雙邊　白口
19.2×13.4 釐米
浙大

集 1959
溪堂集十卷
宋謝逸撰
清抄本
八行二十一字　無格
天一閣

集 1960
謝幼槃文集十卷
宋謝薖撰
清沈氏鳴野山房抄本　清山陰沈復燦跋
十行二十二字　無格
天一閣

集 1961
竹友集十卷
宋謝薖撰
清抄本
九行二十一字　無格
天一閣

集 1962
北湖集五卷
宋吳則禮撰
清抄本
浙圖

集 1963
慶湖遺老詩集九卷詩集拾遺一卷後集補遺一卷
宋賀鑄撰

清抄本

八行十九字　無格

浙大

集 1964

東堂集十卷

宋江山毛滂撰

清顧氏藝海樓抄本

浙圖

集 1965

浮沚集九卷

宋周行己撰

清乾隆(1736—1795)武英殿活字印聚珍版書本　清瑞安孫衣言點校並跋

九行二十一字　四周雙邊　白口

19.5×12.7 釐米

浙大

集 1966

劉給諫文集五卷詩集二卷

宋永嘉劉安上撰

清沈氏鳴野山房抄本　清張紹仁校

浙圖

集 1967

劉給諫文集五卷

宋劉安上撰

清抄本　清瑞安孫衣言批校

八行二十一字　無格

浙大

集 1968

劉給諫文集五卷

宋劉安上撰

清抄本　清瑞安孫詒讓校

八行二十一字　無格

浙大

集 1969

劉給諫文集五卷

宋劉安上撰

清抄本

八行二十一字　無格

浙大

集 1970

劉給事文集五卷

宋劉安上撰

附錄一卷

清抄本　佚名校並跋

浙圖

集 1971

劉左史文集四卷

宋劉安節撰

附錄一卷

清沈氏鳴野山房抄本　清張紹仁校

浙圖

集 1972

劉左史文集四卷

宋劉安節撰

清抄本　清瑞安孫衣言批校並跋　清瑞安孫詒讓補校

八行二十一字　無格

浙大

集 1973

劉左史文集四卷

宋劉安節撰

清抄本　清瑞安孫詒讓校

八行二十一字　無格

浙大

集 1974

唐眉山詩集十卷文集十四卷

宋唐庚撰

清雍正三年(1725)汪亮采南陔草堂活字

印本
十行二十字　左右雙邊　白口
19.5×14.4 釐米
天一閣　嘉圖

集 1975
唐先生文集二十卷
宋唐庚撰
清抄本　清瑞安孫詒讓校
八行二十一字　無格
浙大

集 1976
唐先生文集二十卷
宋唐庚撰
清宣統三年(1911)周氏鴿峰草堂抄本
浙圖

集 1977
斜川集六卷
宋蘇過撰
訂誤一卷
清吳長元撰
附錄二卷
清乾隆五十三年(1788)趙懷玉亦有生齋刻本
十行二十一字　左右雙邊　白口
18.3×13.5 釐米
浙圖

集 1978
斜川詩集十卷
宋蘇過撰
清活字印本
十一行二十二字　左右雙邊　黑口
18.2×13.9 釐米
浙圖

集 1979
斜川集六卷
宋蘇過撰
清尚卿居抄本
浙圖

集 1980
傅忠肅公文集三卷
宋傅察撰
清光緒(1875—1908)傅以禮家抄本　清傅以禮校並跋
浙圖

集 1981
傅忠肅公文集三卷
宋傅察撰
清周氏鴿峰草堂抄本
浙圖

集 1982
宋宗忠簡公全集十四卷末一卷
宋義烏宗澤撰
清康熙(1662—1722)宗文燦等刻本
存十一卷　一至九　十二　末
九行二十字　四周雙邊　白口
21.5×15.1 釐米
浙圖

集 1983
宋宗忠簡公集八卷
宋宗澤撰
遺事附錄一卷
清王廷曾輯
清康熙三十年(1691)刻本
十行二十字　四周雙邊　白口
20.5×15 釐米
浙圖　天一閣

集 1984
宋宗忠簡公集八卷
宋宗澤撰
清乾隆二十六年(1761)趙宏信刻本
十行二十字　四周雙邊　白口

20.5×15 釐米
溫圖

集 1985
龜山先生集四十二卷
宋楊時撰
明萬曆十九年(1591)林熙春刻本
十行二十字　四周雙邊　白口
22.1×14.8 釐米
天一閣　浙大

集 1986
楊龜山先生文集四十二卷
宋楊時撰
首一卷
清康熙四十六年(1707)楊氏刻本
九行二十字　左右雙邊　白口
19.5×13.8 釐米
浙圖　溫圖　平湖圖　上虞圖

集 1987
梁谿先生文集一百八十卷
宋李綱撰
附録三卷
清抄本
缺一卷　一百三十二
浙圖

集 1988
宋李忠定公奏議選十五卷文集選二十九卷
宋李綱撰　明左光先、李春熙等輯
首四卷
明崇禎(1628—1644)刻本
十行二十字　四周單邊　白口
21.1×13.7 釐米
浙圖　溫圖　天一閣

集 1989
宋李忠定公奏議選十五卷文集選二十九卷
宋李綱撰　明左光先、李春熙等輯
首四卷
明崇禎(1628—1644)刻清康熙(1662—1722)李榮芳重修本
浙圖

集 1990
宋李忠定公奏議選十五卷文集選二十九卷
宋李綱撰　明左光先、李春熙等輯
首四卷
明崇禎(1628—1644)刻清康熙(1662—1722)乾隆(1736—1795)遞修本
浙圖

集 1991
横塘集二十卷
宋許景衡撰
清述舊齋抄本　清瑞安孫衣言、瑞安孫詒讓校
十行二十四字　左右雙邊　白口
17.4×11.3 釐米
浙大

集 1992
浮溪文粹十五卷
宋汪藻撰
附録一卷
明正德元年(1506)馬金刻本
缺三卷　十至十二
十行二十二字　四周單邊　黑口
20×13.5 釐米
浙圖

集 1993
忠惠集十卷
宋翟汝文撰
附録一卷
清抄本
八行二十一字　左右雙邊　細黑口
17.1×11 釐米
浙大

集 1994
松隱文集四十卷
宋曹勛撰
清康熙四十三年(1704)無隱等抄本　清瑞安孫詒讓跋
缺十四卷　一至七　十四　三十至三十五
十行二十字　無格
浙大

集 1995
松隱文集四十卷
宋曹勛撰
清抄本
浙圖

集 1996
松隱文集四十卷
宋曹勛撰
清抄本
缺一卷　十四
浙圖

集 1997
石林居士建康集八卷
宋烏程葉夢得撰
清汪氏環碧山房抄本　佚名點校
十行二十一字　四周單邊　細黑口
19.4×14.2 釐米
浙大

集 1998
石林居士建康集八卷
宋烏程葉夢得撰
清戴光曾抄本　清戴光曾跋
浙圖

集 1999
石林居士建康集八卷
宋烏程葉夢得撰
清抄本　清樊柯校並跋
浙圖

集 2000
簡齋詩集十五卷
宋陳與義撰
明刻本
存七卷　九至十五
十行十八字　左右雙邊　黑口
18.7×14 釐米
天一閣

集 2001
簡齋詩集十五卷
宋陳與義撰
清康熙(1662—1722)娛暉堂抄本
十行二十一字　四周雙邊　白口
18.4×13.5 釐米
浙大

集 2002
簡齋詩抄不分卷
宋陳與義撰
清初抄本
十行二十二字　無格
浙大

集 2003
苕溪集五十五卷
宋歸安劉一止撰
清沈氏鳴野山房抄本
十行二十字　無格
天一閣

集 2004
苕溪集五十五卷
宋歸安劉一止撰
清抄本　清陸桑批校
十行二十字　左右雙邊　白口
19.2×13.9 釐米
天一閣

集 2005

苕溪集五十五卷

宋歸安劉一止撰

清抄本

十行二十字　無格

浙大

集 2006

苕溪集五十五卷目錄三卷

宋歸安劉一止撰

清抄本

浙圖

集 2007

苕溪集五十五卷目錄三卷

宋歸安劉一止撰

清抄本

浙圖

集 2008

沈忠敏公龜谿集十二卷

宋德清沈與求撰

明萬曆二十八年(1600)沈子木刻本

九行二十字　左右雙邊　白口

21.6×15.8 釐米

浙大

集 2009

沈忠敏公龜谿集十二卷

宋德清沈與求撰

清抄本

浙圖

集 2010

沈忠敏公龜谿集十二卷

宋德清沈與求撰

清抄本

浙圖

集 2011

栟櫚先生文集二十五卷

宋鄧肅撰

清抄本

九行二十字　無格

天一閣

集 2012

韋齋集十二卷

宋朱松撰

玉瀾集一卷

宋朱槔撰

明弘治十六年(1503)鄺璠刻本

十行二十字　左右雙邊　白口

17.2×13 釐米

浙圖

集 2013

韋齋集十二卷

宋朱松撰

玉瀾集一卷

宋朱槔撰

蜀中草一卷

宋朱昇撰

清康熙四十九年(1710)朱昌辰刻本

九行十八字　四周單邊　白口

16.9×13.1 釐米

浙圖　嘉圖

集 2014

韋齋集十二卷

宋朱松撰

首一卷

玉瀾集一卷

宋朱槔撰

清雍正六年(1728)朱玉刻本

十行二十字　四周單邊　黑口

17.3×13.8 釐米

溫圖

集 2015

陵陽先生詩四卷

宋韓駒撰

清抄本

浙圖

集 2016

盧溪先生文集五十卷

宋王庭珪撰

清抄本

缺一卷　三十四

浙圖

集 2017

屏山集二十卷

宋劉子翬撰

明弘治十七年(1504)刻本

十行十九字　左右雙邊　黑口

19.1×12.9 釐米

浙圖

集 2018

屏山先生文集二十卷首一卷

宋劉子翬撰

清康熙(1662—1722)刻本

九行二十字　四周雙邊　黑口

18.8×12.3 釐米

浙大

集 2019

南蘭陵孫尚書大全文集七十卷

宋孫覿撰

清抄本

缺四卷　十六至十九

浙圖

集 2020

鴻慶居士文集十四卷

宋孫覿撰

明刻本

九行十九字　左右雙邊　白口

18.8×13.1 釐米

溫圖

集 2021

孫尚書内簡尺牘編註十卷

宋孫覿撰　宋李祖堯注

明成化十七年(1481)刻本　清渠夢翔跋

九行十九字　四周單邊　白口

18.2×13 釐米

浙大

集 2022

藏海居士集二卷

宋吳可撰

清道光十七年(1837)抄本

九行二十五字　四周單邊　白口

29.8×17.7 釐米

天一閣

集 2023

豫章羅先生文集十七卷

宋羅從彦撰

年譜一卷

元曹道振撰

明成化(1465—1487)馮孜刻本

存八卷　一至七　年譜

十行二十一字　四周雙邊　白口

22.2×14 釐米

杭圖

集 2024

豫章羅先生文集十七卷

宋羅從彦撰

年譜一卷

元曹道振撰

明嘉靖三十三年(1554)謝鸞刻本

十三行二十三字　四周雙邊　黑口

19.8×12.8 釐米

天一閣

集 2025
和靖尹先生文集十卷
宋尹焞撰
附錄一卷
清康熙(1662—1722)刻本
九行二十二字　四周雙邊　粗黑口
19×13.4 釐米
浙大

集 2026
和靖尹先生文集十卷
宋尹焞撰
附錄一卷
清康熙(1662—1722)刻本　長興王修跋
浙圖

集 2027
和靖尹先生文集八卷
宋尹焞撰
附集二卷
清抄本
浙圖

集 2028
和靖尹先生文集八卷
宋尹焞撰
附錄一卷
王修抄本　長興王修跋
浙圖

集 2029
和靜先生文集三卷
宋尹焞撰
附集一卷
明隆慶三年(1569)蔡國熙刻本
十行二十字　左右雙邊　白口
18.3×13.3 釐米
浙圖

集 2030
宋陳少陽先生文集十卷
宋陳東撰　明孫雲翼輯
明天啓五年(1625)賀懋忠刻本
九行二十字　四周單邊　白口
20.5×14.5 釐米
浙大

集 2031
岳武穆集六卷
宋岳飛撰
明萬曆二十年(1592)刻本
十行二十字　四周雙邊　白口
19.6×13.6 釐米
天一閣

集 2032
岳忠武王文集八卷首一卷末一卷
宋岳飛撰　清黄邦寧輯
清乾隆三十五年(1770)刻本
九行二十字　四周雙邊　白口
17×12 釐米
浙圖

集 2033
茶山集八卷
宋曾幾撰
清乾隆(1736—1795)浙江刻武英殿聚珍版書本　清仁和盧文弨批校
存四卷　一至四
九行二十一字　左右雙邊　白口
12.8×9.9 釐米
浙圖

集 2034
雪溪詩五卷
宋王銍撰
清抄本
浙圖

集 2035

東萊先生詩集二十卷外集三卷

宋呂本中撰

張宗祥影宋抄本　海寧張宗祥跋

存三卷　詩集一　二　十一

浙圖

集 2036

東萊先生詩集二十卷

宋呂本中撰

清抄本　佚名批校

浙圖

集 2037

胡澹菴先生文集六卷

宋胡銓撰

清抄本

十行二十字　四周單邊　白口

20.4×14.7 釐米

浙大

集 2038

五峰胡先生文集三卷

宋胡宏撰

清抄本　清瑞安孫詒讓校

十行二十四字　左右雙邊　白口

19.7×11.7 釐米

浙大

集 2039

斐然集三十卷

宋胡寅撰

清抄本

浙圖

集 2040

大隱居士集二卷

宋鄧深撰

清末周左季鴿峰草堂抄本　清錢塘丁丙跋

九行二十一字　無格

天一閣

集 2041

鄭忠愍公北山文集三十卷

宋金華鄭剛中撰

附錄一卷題跋一卷勅跋一卷

清初抄本

浙圖

集 2042

橫浦先生文集二十卷橫浦心傳錄三卷橫浦日新一卷

宋錢塘張九成撰

橫浦先生家傳一卷

宋張窔撰

施先生孟子發題一卷

宋海寧施德操撰

明萬曆四十二年(1614)吳惟明刻本

十行二十字　左右雙邊　白口

20.6×14.4 釐米

浙圖　浙大

集 2043

重刊橫浦先生文集二十卷橫浦心傳錄三卷橫浦日新一卷

宋錢塘張九成撰

橫浦先生家傳一卷

宋張窔撰

施先生孟子發題一卷

宋海寧施德操撰

明萬曆四十三年(1615)方士騏刻本

十行二十字　左右雙邊　白口

21.4×14.5 釐米

浙圖　天一閣　浙大

集 2044

默堂先生文集二十二卷

宋陳淵撰

清抄本

浙圖

集 2045

莆陽知稼翁文集十一卷詞一卷

宋黄公度撰

明黄廷用刻本

十行十八字　左右雙邊　白口

18 × 13.6 釐米

浙大

集 2046

莆陽知稼翁文集十一卷詞一卷

宋黄公度撰

清乾隆三十八年(1773)孔繼涵抄本　清孔繼涵校跋

浙圖

集 2047

莆陽知稼翁集二卷

宋黄公度撰

明天啓五年(1625)黄崇翰刻本

九行二十字　四周單邊　白口

20.1 × 13 釐米

天一閣

集 2048

莆陽知稼翁集二卷

宋黄公度撰

明天啓五年(1625)黄崇翰刻清道光九年(1829)重修本

浙圖

集 2049

香溪先生范賢良文集二十二卷

宋蘭谿范浚撰

明成化十五年(1479)唐韶刻遞修本

存十五卷　一至六　十四至二十二

十二行二十二字　左右雙邊　黑口

18.6 × 12.8 釐米

天一閣

集 2050

范香溪先生文集二十二卷

宋蘭谿范浚撰

范蒙齋先生遺文一卷

宋蘭溪范端臣撰

范楊溪先生遺文一卷

宋蘭溪范端杲撰

清乾隆七年(1742)范文煥刻本

十行二十字　四周雙邊　白口

19.5 × 12.8 釐米

浙圖 *　嘉圖　天一閣

集 2051

太倉稊米集七十卷

宋周紫芝撰

清抄本

浙圖

集 2052

鄮峰真隱漫錄五十卷

宋鄞縣史浩撰

明抄本

存六卷　三十三至三十八

十二行十八字　四周單邊　白口

22.5 × 17.5 釐米

天一閣

集 2053

鄮峰真隱漫錄五十卷

宋鄞縣史浩撰

清乾隆四十二年(1777)刻本

卷四十四原缺

十行二十一字　左右雙邊　黑口

18.5 × 13 釐米

浙圖

集 2054

竹洲文集二十卷

宋吳儆撰

附録一卷

明弘治六年(1493)吳雷亨刻藍印本

十一行二十一字　四周雙邊　藍口

18.5×12.9 釐米

浙大

集 2055

吳文肅公文集二十卷

宋吳儆撰

棣華雜著一卷

宋吳俯撰

附録一卷

明萬曆七年(1579)吳瀛刻三十二年(1604)吳繼京重修本

九行十八字　四周單邊　白口

20.6×14.6 釐米

浙圖

集 2056

竹洲文集二十卷

宋吳儆撰

附録一卷

明萬曆(1573—1620)吳繼良刻本

十行二十字　左右雙邊　白口

19.5×13.1 釐米

浙大

集 2057

竹洲文集一卷

宋吳儆撰

清抄本

浙圖

集 2058

高峰先生文集十七卷

宋廖剛撰

清抄本

浙圖

集 2059

羅鄂州小集五卷

宋羅願撰

羅郢州遺文一卷

宋羅頌撰

明天啓六年(1626)羅朗刻本

十行二十字　四周單邊　白口

21.9×14 釐米

浙圖　杭圖　天一閣

集 2060

羅郢州小集六卷

宋羅願撰

羅郢州遺文一卷

宋羅頌撰

清康熙五十二年(1713)程哲七略書堂刻本

十一行二十一字　左右雙邊　白口

17.3×13.2 釐米

浙圖　天一閣

集 2061

羅鄂州小集五卷

宋羅願撰

附録一卷

清抄本

十一行二十一字　無格

天一閣

集 2062

艾軒先生文集十卷

宋林光朝撰

明正德十六年(1521)鄭岳刻本

十行十九字　四周單邊　白口

17.6×13.3 釐米

浙圖

集 2063

艾軒先生文集十卷

宋林光朝撰

清抄明正德十六年(1521)鄭岳刻本
浙圖

集 2064
艾軒先生文集十卷
宋林光朝撰
清抄本
九行十八字　無格
浙大

集 2065
艾軒先生文集十卷
宋林光朝撰
清抄本
十行十九字　無格
浙大

集 2066
艾軒先生文集十卷
宋林光朝撰
清抄本
十行十九字　無格
天一閣

集 2067
林艾軒先生文鈔不分卷
宋林光朝撰
明萬曆二十八年(1600)林兆珂刻本
八行二十字　四周單邊　白口
20.7×14.2 釐米
浙圖

集 2068
晦庵先生朱文公文集一百卷目録二卷續集十一卷别集十卷
宋朱熹撰
宋咸淳元年(1265)建寧府建安書院刻宋元明遞修本
存五十一卷　一至十二　十六至三十六　六十一至六十三　六十七至八十一
十行十八字　左右雙邊　黑口
26.6×16.7 釐米
天一閣

集 2069
晦庵先生朱文公文集一百卷目録二卷别集十卷續集十一卷
宋朱熹撰
明嘉靖十一年(1532)張大輪、胡岳等刻本
十二行二十二字　四周單邊　白口
19×13.4 釐米
浙圖　天一閣*

集 2070
朱子大全一百卷目録二卷續集十卷别集十卷
宋朱熹撰
明天順四年(1460)賀沈、胡緝刻本〔目録、卷一配清抄本〕
存九十七卷　一至二十二　二十四至三十一　三十七至六十四　七十二至一百　續集十卷
十一行二十二字　四周雙邊　黑口
20×12.8 釐米
浙圖*　天一閣*

集 2071
晦庵先生朱文公文集一百卷續集五卷别集七卷目録二卷
宋朱熹撰
清康熙二十七年(1688)蔡方炳、臧眉錫刻本
十二行二十四字　四周單邊　黑口
20.1×14.7 釐米
嘉圖

集 2072
晦庵先生朱文公文集一百卷續集五卷别集七卷目録二卷
宋朱熹撰

清康熙二十七年(1688)蔡方炳、臧眉錫刻二十八年(1689)寶翰樓印本

浙圖　平湖圖

集 2073

朱子文集大全類編一百十一卷首一卷

宋朱熹撰　清朱玉輯

清雍正八年(1730)紫陽書堂刻本

十二行二十四字　四周單邊　白口

19.2×14.6 釐米

寧圖

集 2074

朱子文集大全類編一百十卷

宋朱熹撰　清朱玉輯

年譜一卷

宋蔡沈撰

清康熙至雍正八年(1662—1730)刻乾隆十五年(1750)朱殿增修本

缺十七卷　問答一至十七

義烏圖

集 2075

晦庵文抄七卷詩抄一卷

宋朱熹撰　明吳訥輯

明成化十八年(1482)周鳳等刻本

九行二十一至二十二字　四周雙邊　黑口

21.2×12.5 釐米

浙圖＊　天一閣＊

集 2076

晦庵文抄七卷

宋朱熹撰　明吳訥輯

明刻本

十一行二十一字　四周單邊　白口

19.2×13 釐米

杭圖

集 2077

晦庵文抄十卷

宋朱熹撰　明吳訥輯　明崔銑輯

附錄一卷

明嘉靖十九年(1540)張光祖刻本

九行十八字　左右雙邊　白口

19.3×13.9 釐米

浙大

集 2078

朱子論定文鈔二十卷

宋朱熹撰　清石門吳震方輯

清康熙四十四年(1705)刻本

十行二十五字　左右雙邊　白口

20.1×14.5 釐米

浙圖

集 2079

朱子文抄二十卷詩抄四卷

宋朱熹撰　清秀水杜庭珠輯

清康熙(1662—1722)采山亭刻本

十行二十五字　左右雙邊　白口

18.5×14.7 釐米

嘉圖

集 2080

周益文忠公集二百卷

宋周必大撰

明抄本

存三十五卷　五至二十三　五十七至六十三　七十二至八十

十一行二十三字　四周單邊　白口

20.7×16 釐米

天一閣

集 2081

周益文忠公集二百卷

宋周必大撰

年譜一卷

宋周綸撰

附錄四卷
清省齋抄本
九行二十字　左右雙邊　白口
19.6×13.7 釐米
天一閣

集 2082
平園續稿六卷
宋周必大撰
清抄本　佚名點校
十行十六字　無格
浙大

集 2083
東萊呂太史文集十五卷别集十六卷外集五卷
宋金華呂祖謙撰
麗澤論説集錄十卷
宋金華呂祖儉輯
附錄三卷附錄拾遺一卷
宋嘉泰四年(1204)呂喬年刻元明遞修本
存十卷　别集十一至十六　集錄七至十
十行二十字　左右雙邊或四周雙邊　白口
21×16 釐米
浙圖

集 2084
東萊呂太史文集十五卷别集十六卷外集五卷
宋金華呂祖謙撰
麗澤論説集錄十卷
宋金華呂祖儉輯
附錄三卷附錄拾遺一卷
清抄本
浙圖

集 2085
呂東萊先生文集二十卷首一卷
宋金華呂祖謙撰　清東陽王崇炳輯
清雍正(1723—1735)陳思臚敬勝堂刻本
十行二十四字　左右雙邊　白口　版心下鐫"敬勝堂"
19.5×13.5 釐米
浙圖　寧圖　溫圖

集 2086
呂東萊先生文集四卷
宋金華呂祖謙撰　清張伯行訂
清洪錫謙刻本
十行二十二字　左右雙邊　白口
19.4×14.8 釐米
浙圖

集 2087
止齋集五十二卷
宋瑞安陳傅良撰
年譜一卷
清瑞安孫鏘鳴撰
清同治(1862—1874)孫氏詒善祠堂刻永嘉叢書本　清瑞安孫衣言批校
缺十七卷　一至二　十二至十七　三十三至四十　年譜
十三行二十二字　左右雙邊　細黑口
16.8×13.5 釐米
溫圖

集 2088
止齋集五十二卷
宋瑞安陳傅良撰
年譜一卷
清瑞安孫鏘鳴撰
清同治(1862—1874)孫氏詒善祠堂刻永嘉叢書本　張棡錄清瑞安孫衣言批校
溫圖

集 2089
止齋先生文集五十二卷
宋瑞安陳傅良撰
附錄一卷
明正德元年(1506)林長繁刻本

十三行二十三字　四周雙邊　黑口

21.3×14.3 釐米

浙圖＊　玉海樓　浙大

集 2090

止齋先生文集二十八卷

宋瑞安陳傅良撰

明嘉靖十年(1531)安正堂刻本

缺二卷　六至七

十三行二十五字　四周雙邊　粗黑口

18.1×13 釐米

天一閣

集 2091

止齋先生文集二十八卷

宋瑞安陳傅良撰

明嘉靖十年(1531)安正堂刻本　清瑞安孫詒讓校並跋

浙大

集 2092

蛟峰批點止齋論祖四卷

宋瑞安陳傅良撰　宋淳安方逢辰批點

清抄本

存二卷　甲　丙

溫圖

集 2093

蛟峰批點止齋論祖不分卷

宋瑞安陳傅良撰　宋淳安方逢辰批點

清抄本

溫圖

集 2094

陳止齋先生論祖五卷

宋瑞安陳傅良撰　明章有誠輯

清沈靖天籟閣抄本

溫圖

集 2095

陳止齋先生論祖五卷

宋瑞安陳傅良撰　明章有誠輯

清抄本　清瑞安楊紹廉錄清瑞安孫詒讓批校

溫圖

集 2096

止齋先生奥論七卷

宋瑞安陳傅良撰

明刻本　清瑞安孫衣言校

十行二十二字　四周雙邊　白口

19.8×14.1 釐米

浙大

集 2097

止齋先生奥論七卷

宋瑞安陳傅良撰

首一卷

明崇禎八年(1635)刻本

九行二十字　四周雙邊　白口

19.3×13.3 釐米

浙圖

集 2098

新刊止齋先生文範□卷

宋瑞安陳傅良撰　宋淳安方逢辰批點

明刻本

存四卷　一至四

十行十八字　四周雙邊　白口

20.7×12.4 釐米

溫圖

集 2099

永嘉止齋陳先生八面鋒八卷

宋瑞安陳傅良撰

明萬曆(1573—1620)刻本

十行二十三字　四周單邊　白口

18.3×11.3 釐米

天一閣

集 2100

陳止齋先生八面鋒八卷

宋瑞安陳傅良撰　明仁和周遇緣輯

明彙賢齋刻本

十行二十六字　四周雙邊　白口

21.3×12 釐米

溫圖

集 2101

宋陳文節公詩集五卷文集十九卷首一卷末一卷

宋瑞安陳傅良撰

清乾隆十年(1745)林上梓愛日樓刻本

十一行二十二字　四周單邊　白口

19.4×13.2 釐米

溫圖

集 2102

宋陳文節公詩集五卷文集十九卷首一卷末一卷

宋瑞安陳傅良撰

清乾隆十年(1745)林上梓愛日樓刻本　清項傅霖校並跋

玉海樓

集 2103

梅溪先生廷試策一卷奏議四卷文集二十卷後集二十九卷

宋樂清王十朋撰

附錄一卷

明正統五年(1440)劉謙、何濻刻天順六年(1462)重修本

十一行二十一字　四周雙邊　黑口

21.5×13.5 釐米

浙圖　天一閣*　浙大

集 2104

梅溪先生廷試策一卷奏議四卷文集二十卷後集二十九卷

宋樂清王十朋撰

附錄一卷

明正統五年(1440)劉謙、何濻刻天順六年(1462)重修本　清周模批點並跋

浙大

集 2105

宋王忠文公文集五十卷目錄四卷

宋樂清王十朋撰　清唐傳鉎編

年譜一卷

清徐炯文撰

清雍正七年(1729)唐傳鉎刻本

十一行二十一字　四周單邊　白口

18×14.3 釐米

浙圖　上虞圖　浙大

集 2106

宋王忠文公文集五十卷目錄四卷

宋樂清王十朋撰　清唐傳鉎編

年譜一卷

清徐炯文撰

清雍正七年(1729)唐傳鉎刻本　清瑞安孫衣言校並跋

存三十二卷　一至十九　三十至三十六　四十四至四十九

溫圖

集 2107

會稽三賦一卷

宋樂清王十朋撰　明南逢吉注　明上虞尹壇補注

明萬曆三年(1575)彭富刻本

十行二十字　四周單邊　白口

19.6×13.4 釐米

杭圖

集 2108

會稽三賦一卷

宋樂清王十朋撰　明南逢吉注　明上虞尹壇補注

明萬曆三年(1575)彭富刻本　佚名批注

浙圖

集 2109

會稽三賦一卷

宋樂清王十朋撰　明南逢吉注　明上虞尹壇補注

明萬曆三年(1575)彭富刻重修本

浙圖

集 2110

會稽三賦三卷

宋樂清王十朋撰　清餘姚楊紹裘輯注

清乾隆四十六年(1781)城南草堂刻本

九行二十字　左右雙邊　白口

17×11.9 釐米

浙圖

集 2111

會稽三賦四卷

宋樂清王十朋撰　明南逢吉注　明上虞尹壇補注

明刻本

八行十八字　四周單邊　白口

20.3×14.3 釐米

浙圖　天一閣

集 2112

重刻會稽三賦四卷

宋樂清王十朋撰　明南逢吉注　明上虞尹壇補注

明朱啓元刻本

八行十八字　四周單邊　白口

20.7×14.3 釐米

浙圖　紹圖　諸暨圖

集 2113

會稽三賦四卷

宋樂清王十朋撰　明南逢吉注　明上虞尹壇補注　明會稽陶望齡評

明天啓元年(1621)凌弘憲刻朱墨套印本

八行十八字　四周單邊　白口　眉上鐫評

20.7×14.3 釐米

浙圖　溫圖

集 2114

蒙隱集二卷

宋陳棣撰

清抄本

九行十八字　無格

天一閣

集 2115

東塘集二十卷

宋袁説友撰

清抄本

浙圖

集 2116

涉齋集十八卷

宋永嘉許綸撰

清同治七年(1868)瑞安孫衣言抄本　清瑞安孫衣言校並跋

十行二十二字　左右雙邊　細黑口

16.8×11.9 釐米

浙大

集 2117

蠹齋先生鉛刀編三十二卷

宋周孚撰

周大輔鄀公鐘室抄本　周大輔批校

浙圖

集 2118

雙溪文集十二卷

宋王炎撰

明嘉靖十二年(1533)王懋元刻本

缺二卷　十至十一

十行二十一字　四周單邊　白口

18.7×12.5 釐米

天一閣

集 2119

雙溪集十二卷

宋王炎撰

清康熙五十七年(1718)王德淇刻本

十行二十一字　左右雙邊　黑口

18.9×13 釐米

浙圖　溫圖

集 2120

撙齋先生緣督集十二卷

宋曾豐撰　明曾自明輯

明萬曆十一年(1583)詹事講刻本

缺三卷　一至三

十行二十字　四周單邊　白口

浙博

集 2121

象山先生全集三十六卷

宋陸九淵撰

附錄少湖徐先生學則辯一卷

明徐階撰

明嘉靖四十年(1561)何遷刻本

十行二十字　四周雙邊　白口

20×12.9 釐米

浙圖　浙大

集 2122

象山先生全集三十六卷

宋陸九淵撰

附錄少湖徐先生學則辯一卷

明徐階撰

明嘉靖四十年(1561)何遷刻明末張孟嘗、陳玉容補刻本

浙大

集 2123

象山先生全集三十六卷

宋陸九淵撰

附錄少湖徐先生學則辯一卷

明徐階撰

明刻本

存三卷　一至三

十行二十字　四周雙邊　白口

20.2×13 釐米

天一閣

集 2124

象山先生全集三十六卷

宋陸九淵撰

清雍正六年(1728)刻本

十行二十字　四周雙邊　白口

19.5×12.9 釐米

浙圖

集 2125

陸象山先生文集三十四卷

宋陸九淵撰

清雍正(1723—1735)刻本

十行二十一字　四周雙邊　白口

20×13.2 釐米

義烏圖

集 2126

陸象山先生集要八卷

宋陸九淵撰　明聶良杞輯

明萬曆二十五年(1597)刻本

十行二十字　四周單邊　白口

20.3×12.6 釐米

天一閣

集 2127

陸象山先生集要四卷

宋陸九淵撰　明聶良杞輯

明萬曆(1573—1620)書林徐可久刻本

存二卷　一　三

九行十九字　四周單邊　白口

22.3×13.5 釐米

天一閣

集 2128

慈湖遺書十八卷續集二卷

宋慈溪楊簡撰

單丕抄本　蕭山單丕跋

浙圖

集 2129

慈湖先生遺書抄六卷

宋慈溪楊簡撰　明楊世思輯

明萬曆(1573—1620)潘汝楨刻本　清鄞縣徐時棟跋

八行二十字　四周單邊　白口

22.3×12.9 釐米

天一閣

集 2130

正獻公遺文鈔二卷

宋鄞縣袁燮撰　清鄞縣袁士傑輯

清徐氏煙嶼樓抄本　清鄞縣徐時棟校並跋

浙圖

集 2131

盤洲文集八十卷

宋洪适撰

清文珍樓抄本

十行二十字　四周雙邊　白口

18×13 釐米

天一閣

集 2132

盤洲詩集十卷

宋洪适撰

清吳長元抄本　清吳長元校並跋

浙圖

集 2133

薛浪語集三十五卷

宋永嘉薛季宣撰

清同治十年(1871)金陵書局刻本　清瑞安孫衣言評點

十三行二十二字　左右雙邊　細黑口

16.8×13.6 釐米

溫圖

集 2134

艮齋先生薛常州浪語集三十五卷

宋永嘉薛季宣撰

清沈氏鳴野山房抄本

十行二十字　無格

天一閣

集 2135

艮齋先生薛常州浪語集三十五卷

宋永嘉薛季宣撰

清抄本

浙圖

集 2136

艮齋先生薛常州浪語集三十五卷

宋永嘉薛季宣撰

清抄本

存五卷　十一至十五

十行二十字　無格

天一閣

集 2137

石湖居士詩集三十四卷

宋范成大撰

清康熙二十七年(1688)顧氏依園刻本

十一行二十一字　左右雙邊　白口

19.5×14.8 釐米

浙圖　溫圖　嘉圖*　紹圖　天一閣

集 2138

范石湖詩集二十卷

宋范成大撰

清康熙二十七年(1688)黃昌衢藜照樓刻本

十行十九字　四周單邊　黑口

18.1×13.5 釐米
杭圖 天一閣

集 2139
范石湖詩集二十卷
宋范成大撰
清康熙二十七年(1688)黄昌衢藜照樓刻本 清同治十一年(1872)退菴跋
浙圖

集 2140
誠齋集一百三十三卷
宋楊萬里撰
清道光十年(1830)沈氏鳴野山房抄本 清山陰沈復粲校並跋
浙圖

集 2141
批點分類誠齋先生文膾前集十二卷後集十二卷
宋楊萬里撰 宋李誠父輯
明隆慶六年(1572)書林翁文溪刻本
十行二十三字 左右雙邊 白口
18.9×11.7 釐米
浙圖

集 2142
批點分類誠齋先生文膾前集十二卷後集十二卷
宋楊萬里撰 宋李誠父輯
明刻本 錢塘吳士鑑跋
存後集十二卷
十二行二十字 左右雙邊 黑口
14.6×10.3 釐米
浙圖

集 2143
楊文節公詩集四十二卷誠齋文節先生錦繡策二卷
宋楊萬里撰
清乾隆五十九年(1794)忠節祠刻本
十行二十四字 四周單邊 白口
20.1×13.8 釐米
溫圖

集 2144
楊文節公詩集四十二卷
宋楊萬里撰
清乾隆六十年(1795)帶經軒刻本
十行二十四字 四周單邊 白口
19.7×13.5 釐米
寧圖 溫圖 嘉圖* 浙大

集 2145
誠齋詩抄不分卷
宋楊萬里撰
清抄本
浙圖

集 2146
渭南文集五十二卷
宋山陰陸游撰
明正德八年(1513)梁喬刻本
十行二十二字 四周雙邊 白口
23.3×15.5 釐米
浙圖

集 2147
劍南詩鈔六卷
宋山陰陸游撰 清楊大鶴輯
清康熙二十四年(1685)楊氏刻本
十行十八字 左右雙邊 白口
16.7×13.4 釐米
浙圖 寧圖 溫圖 嘉圖 平湖圖 天一閣*

集 2148
陸放翁劍南詩選六卷
宋山陰陸游撰 清朱陵輯
清康熙(1662—1722)刻本
九行十九字 四周單邊 白口

18.5×13.1 釐米
浙圖　紹圖

集 2149
放翁詩鈔二卷
宋山陰陸游撰
清漫堂抄本
浙圖

集 2150
水心文集二十九卷
宋永嘉葉適撰
明末刻本
九行十九字　四周單邊　白口
20×14.1 釐米
溫圖

集 2151
水心文集二十九卷
宋永嘉葉適撰
清乾隆二十年(1755)刻本
十行二十字　左右雙邊　白口
18.8×13.3 釐米
浙圖*　溫圖　嘉圖　玉海樓

集 2152
水心文集二十九卷
宋永嘉葉適撰
清乾隆二十年(1755)刻本　清瑞安孫衣言批校
浙大

集 2153
水心文集二十九卷
宋永嘉葉適撰
清乾隆二十年(1755)刻本　清瑞安孫衣言批校
缺一卷　十八
浙大

集 2154
水心文集二十九卷
宋永嘉葉適撰
清乾隆二十年(1755)刻本　清瑞安孫衣言批校
缺五卷　十三至十五　二十二至二十三
浙大

集 2155
水心文集二十九卷
宋永嘉葉適撰
清乾隆二十年(1755)刻本　佚名錄清瑞安孫衣言批校
缺六卷　二十四至二十九
玉海樓

集 2156
水心文集二十九卷補遺二卷
宋永嘉葉適撰
清光緒八年(1882)孫氏刻本　張棡錄清瑞安孫衣言校注
十行二十三字　左右雙邊　黑口
17.2×13.7 釐米
溫圖

集 2157
水心文集二十九卷補遺一卷
宋永嘉葉適撰
清光緒(1875—1908)刻本　題怡耕廬主人校
十三行二十二字　左右雙邊　黑口
17×13.7 釐米
浙圖

集 2158
水心先生别集十六卷
宋永嘉葉適撰
清抄本　清瑞安孫詒讓校
九行十八字　無格

浙大

集 2159

水心先生別集十六卷

宋永嘉葉適撰

清山陰杜氏知聖教齋抄本

十行二十一字　左右雙邊　黑口

19×13.8 釐米

天一閣

集 2160

水心先生別集十六卷

宋永嘉葉適撰

清抄本

浙圖

集 2161

水心先生別集十六卷

宋永嘉葉適撰

清詠樵抄本　清許祖芳、詠樵跋

九行十八字　無格

浙大

集 2162

水心文鈔十卷

宋永嘉葉適撰　清淳安方絜如輯

清乾隆五十五年(1790)希古堂刻本

十行二十一字　左右雙邊　白口

18.8×13.3 釐米

浙圖　寧圖　溫圖

集 2163

葉水心文集不分卷

清瑞安孫衣言撰

稿本

十行二十四字　左右雙邊　細藍口

17.1×11.9 釐米

浙大

集 2164

水心集校注不分卷

清瑞安孫衣言撰

稿本

溫圖

集 2165

箋校水心集殘稿不分卷

清瑞安孫衣言撰

稿本

溫圖

集 2166

早歲校讎群書殘稿不分卷

清瑞安孫詒讓撰

稿本

溫圖

集 2167

石屏詩集八卷

宋黄巖戴復古撰

附錄二卷

清抄本

九行十九字　無格

天一閣

集 2168

尊德性齋集三卷

宋程洵撰

清刻本

九行二十字　四周單邊　白口

浙圖

集 2169

江湖長翁文集四十卷

宋陳造撰

明萬曆四十六年(1618)李之藻刻本

九行二十一字　左右雙邊　白口

21.7×14.1 釐米

浙圖　寧圖*　浙大

集2170

平菴悔稿十四卷丙辰悔稿一卷悔稿後編六卷

宋項安世撰

清抄本

浙圖

集2171

平庵悔稿不分卷丙辰悔稿一卷悔稿後編不分卷詩稿補遺一卷

宋項安世撰

清乾隆(1736—1795)抄本　清吴長元跋

浙大

集2172

南軒先生詩集七卷

宋張栻撰　清張鵬翮、張嘉楨等輯

清康熙三十三年(1694)武林張氏遙述堂刻本

十一行二十字　四周單邊　白口

18.9×14.8釐米

嘉圖

集2173

宋儒文肅公黄勉齋先生文集四十卷

宋黄榦撰

清康熙四十三年(1704)黄若金刻五十年(1711)黄若鉞重修本

十行二十二字　四周單邊　白口

18.9×14.1釐米

浙圖

集2174

橘山四六二十卷

宋李廷忠撰

明抄本

存五卷　十六至二十

天一閣

集2175

校注橘山四六二十卷

宋李廷忠撰　明孫雲翼注

明萬曆三十五年(1607)刻本

十行二十一字　四周單邊　白口

20.6×15釐米

浙圖　天一閣

集2176

梅山續稿十七卷雜文一卷長短句一卷

宋臨海姜特立撰

清抄本

浙圖

集2177

梅山續稿十七卷雜文一卷長短句一卷

宋臨海姜特立撰

清抄本

缺五卷　一至五

十行二十字　無格

天一閣

集2178

信天巢遺稿二卷首一卷末一卷

宋餘姚高翥撰　清高敬璋輯

清抄本

浙圖

集2179

菊磵小集一卷

宋餘姚高翥撰

清抄本

浙圖

集2180

漫塘文集三十六卷

宋劉宰撰

附録一卷

明萬曆三十二年(1604)范崙等刻本

九行十九字　四周單邊　白口

21.2×13.9 釐米
浙大

集 2181
陳克齋先生文集十七集
宋陳文蔚撰
明崇禎十六年(1643)張時雨刻清康熙四十四年(1705)陳銓重修本
九行二十字　四周單邊　白口
20.2×13.9 釐米
浙圖

集 2182
西巖集一卷
宋永嘉翁卷撰
清抄本
八行二十一字　四周雙邊　白口
浙大

集 2183
瓜廬集一卷
宋永嘉薛師石撰
白石樵唱一卷
宋永嘉薛嵎撰
白石樵唱五卷
宋平陽林景熙撰
清玉海樓抄本　清瑞安孫衣言點校並跋
十二行二十二字
溫圖

集 2184
程端明公洛水集二十七卷
宋程珌撰
明嘉靖(1522—1566)刻本
存六卷　十五至二十
十一行二十四字　左右雙邊　白口
18×13.2 釐米
天一閣

集 2185
程端明公洛水集二十六卷首一卷
宋程珌撰
明嘉靖三十五年(1556)程元昞刻本
十一行二十一字　左右雙邊　白口
18.2×12.8 釐米
浙大

集 2186
程洺水先生集三十卷
宋程珌撰
附錄一卷
明崇禎元年(1628)程至遠刻本
九行十九字　左右雙邊　白口
19.9×14.3 釐米
浙圖

集 2187
龍川先生文集三十卷
宋永康陳亮撰
明史朝富刻本
存六卷　二十五至三十
20.2×13.7 釐米
天一閣

集 2188
龍川文集三十卷
宋永康陳亮撰
明崇禎六年(1633)鄒質士刻本
九行十九字　四周單邊　白口
20×14.3 釐米
浙圖

集 2189
陳同甫集三十卷
宋永康陳亮撰
清初嶺南壽經堂活字印本
十行二十一字　四周雙邊　白口
23.8×16 釐米
浙圖

集 2190

龍川文集三十卷

宋永康陳亮撰

清康熙四十八年(1709)聚星堂刻本

缺七卷　二十四至三十

九行十九字　四周單邊　白口

18×14 釐米

嘉圖

集 2191

龍川文集三十卷

宋永康陳亮撰

清康熙四十八年(1709)聚星堂刻嘉慶二十五年(1820)印本

浙圖

集 2192

宋陳同甫文集一卷

宋永康陳亮撰

明刻本

七行十七字　白口　竹節欄

20×13.5 釐米

浙大

集 2193

龍洲道人集十卷

宋劉過撰

清知不足齋抄本　清鮑廷博校並跋　上虞羅振常跋

十行二十四字　白口

17.1×11.9 釐米

浙大

集 2194

龍洲道人集十五卷

宋劉過撰

清抄本

十行二十一字　無格

浙大

集 2195

重校鶴山先生大全文集一百十卷

宋魏了翁撰

明嘉靖(1522—1566)安國銅活字印本

缺一卷　一百八

十三行十六字　左右雙邊　白口

19.6×13.4 釐米

天一閣

集 2196

西山先生真文忠公文集五十五卷目錄二卷

宋真德秀撰

明萬曆二十六年(1598)景賢堂刻本

十行二十字　四周雙邊　白口

19.1×14.3 釐米

寧海文

集 2197

西山先生真文忠公文集五十五卷目錄二卷

宋真德秀撰

明萬曆二十六年(1598)景賢堂刻崇禎十一年(1638)清康熙四年(1665)遞修本

浙圖　溫圖

集 2198

重刻西山先生真文忠公文集五十五卷

宋真德秀撰

明萬曆(1573—1620)金學曾刻本

缺六卷　四至六　三十五至三十七

十行二十字　四周雙邊　白口

19.3×13.9 釐米

天一閣

集 2199

海瓊玉蟾先生文集六卷續集二卷

宋葛長庚撰

明萬曆(1573—1620)桂芳堂刻本

九行二十字　左右雙邊　白口

浙圖

集 2200
海瓊玉蟾先生文集六卷續集二卷
宋葛長庚撰
明萬曆(1573—1620)刻本
九行二十字　左右雙邊　白口
20×14.5 釐米
天一閣　嘉圖　浙大*

集 2201
新刻瓊琯白先生集十四卷
宋葛長庚撰
明安正堂劉雙松刻本　佚名批校
九行十八字　四周單邊　白口
18.6×12.8 釐米
浙圖

集 2202
白玉蟾海瓊摘稿十卷
宋葛長庚撰
明嘉靖十二年(1533)唐胄刻本
缺四卷　一至四
十行二十字　四周雙邊　黑口
19×13.6 釐米
天一閣

集 2203
海瓊白真人全集八卷
宋葛長庚撰
清乾隆五十六年(1791)刻本
九行二十一字　四周雙邊　白口
18.4×12 釐米
浙圖

集 2204
白石詩集一卷詞集一卷
宋姜夔撰
諸家評論一卷
清康熙五十七年(1718)曾時燦刻雍正五年(1727)華苹書屋印本　佚名批點
十行十九字　左右雙邊　細黑口
16.5×13.2 釐米
天一閣

集 2205
白石詩集一卷詞集一卷
宋姜夔撰
清雍正五年(1727)洪正治刻本
十行十九字　左右雙邊　細黑口
16.6×13.2 釐米
浙大　天一閣

集 2206
白石詩集一卷詞集一卷
宋姜夔撰
諸家評論一卷
清乾隆(1736—1795)刻本
十行十九字　左右雙邊　白口
16.5×13.3 釐米
溫圖

集 2207
姜白石詩詞合集九卷
宋姜夔撰
附錄一卷
清乾隆八年(1743)陸鍾輝水雲漁屋刻本
十一行十九字　左右雙邊　白口
18×11.5 釐米
紹圖

集 2208
姜白石集九卷
宋姜夔撰
附錄一卷
清鮑氏知不足齋刻本　佚名校補
十一行十九字　左右雙邊　白口
17.9×11.9 釐米
浙圖

集 2209

白石道人詩集二卷集外詩一卷詩説一卷歌曲四卷歌曲别集一卷

宋姜夔撰

諸賢酬贈詩一卷投贈詩詞補遺一卷

清乾隆三十六年(1771)隨月讀書樓刻本

十行十九字　左右雙邊　白口

18.1×11.5 釐米

天一閣

集 2210

白石道人歌曲六卷白石歌詞别集一卷

宋姜夔撰

清乾隆二年(1737)厲鶚抄本　袁克文、上虞羅振常跋

九行二十字　細黑口

18.9×14 釐米

浙大

集 2211

宋杜清獻公集十九卷别錄一卷

宋黄巖杜範撰

清抄本

存十八卷　一至十六　十九　别錄

浙圖

集 2212

方是閒居小藁二卷

宋劉學箕撰

清抄本

八行二十一字　無格

浙大

集 2213

翠微南征錄十一卷

宋華岳撰

清抄本　清吴錫麟批校

存五卷　一至二　六至八

九行二十字　左右雙邊　白口

18.4×14 釐米

杭圖

集 2214

宋李梅亭先生四六標準四十卷目錄四卷

宋李劉撰　宋羅逢吉輯

明萬曆二十五年(1597)吳士睿、黄立範刻本

十行二十字　左右雙邊　白口

20.2×13.8 釐米

杭圖

集 2215

梅亭先生四六標準四十卷

宋李劉撰

明范氏卧雲山房抄本

存十卷　一至十

浙圖

集 2216

梅亭先生四六標準四十卷

宋李劉撰　明朱綬輯

明屠應圻刻本

存五卷　一至五

九行二十五字　四周單邊　白口

21×13 釐米

天一閣

集 2217

箋釋梅亭先生四六標準四十卷目錄一卷

宋李劉撰　明孫雲翼箋

明萬曆四十四年(1616)唐鯉飛刻清聚堂重修本

十行二十一字　左右雙邊　白口

20.5×15 釐米

浙圖

集 2218

梅亭先生四六標準四十卷

宋李劉撰　明孫雲翼箋釋

明抄本

十行十九字　四周單邊　白口
20.5×14 釐米
天一閣

集 2219
篔窗集十卷
宋臨海陳耆卿撰
清抄本
浙圖

集 2220
篔窗集十卷
宋臨海陳耆卿撰
清抄本
八行二十一字　無格
天一閣

集 2221
篔窗集十卷
宋臨海陳耆卿撰
清抄本
浙圖

集 2222
篔窗集十卷
宋臨海陳耆卿撰
清抄本
八行二十一字　無格
浙大

集 2223
篔窗集十卷
宋臨海陳耆卿撰
清項氏水仙亭抄本
存六卷　五至十
温圖

集 2224
篔窗集十卷
宋臨海陳耆卿撰
清孫鏘鳴抄本
温圖

集 2225
友林乙稿一卷
宋鄞縣史彌寧撰
清十萬卷樓抄本
浙圖

集 2226
臞軒集十六卷
宋王邁撰
清抄本
九行二十一字　無格
浙大

集 2227
宋寶章閣直學士忠惠鐵菴方公文選六卷
宋方大琮撰　明李時成輯
明萬曆八年(1580)刻本
十行二十字　四周雙邊　白口
21.3×15.3 釐米
浙大

集 2228
宋國録流塘詹先生集三卷
宋詹初撰
清乾隆(1736—1795)詹氏刻本
九行十八字　左右雙邊　白口
18.5×13.8 釐米
浙圖

集 2229
滄浪先生吟卷二卷
宋嚴羽撰
明嘉靖十年(1531)鄭絅刻本
十行十八字　左右雙邊　白口
19.3×15.5 釐米
浙圖

集 2230

泠然齋詩集八卷

宋蘇泂撰

清抄本

十行二十一字　無格

天一閣

集 2231

後村居士集五十卷目錄二卷

宋劉克莊撰

清孫氏玉海樓抄本　清瑞安孫衣言、瑞安孫詒讓批校

溫圖

集 2232

後村居士集五十卷

宋劉克莊撰

清抄本

缺二卷　十九至二十

浙圖

集 2233

宋學士徐文惠公存稿五卷

宋徐經孫撰

附錄一卷

清影抄明萬曆四十二年(1614)徐鑒刻本

存五卷　一至五

浙圖

集 2234

玉楮集八卷

宋岳珂撰

清嘉慶元年(1796)王端履抄本

十一行二十四字　左右雙邊　白口

20×13.7 釐米

天一閣

集 2235

玉楮詩稿八卷

宋岳珂撰

清抄本

存四卷　五至八

浙圖

集 2236

秋崖先生小藁四十五卷又三十八卷

宋寧海方岳撰

明嘉靖五年(1526)方謙刻本

十二行二十字　四周單邊　白口

18.2×12.3 釐米

浙博*　天一閣*　浙大

集 2237

秋崖先生小藁三十八卷

宋寧海方岳撰

清活字印本

缺四卷　三十五至三十八

十一行二十二字　左右雙邊　黑口

18.3×13.4 釐米

天一閣

集 2238

秋崖先生小稿三十八卷

宋寧海方岳撰

清抄本

浙圖

集 2239

宋祕書孫氏太白山齋遺稿二卷

宋孫德之撰

清道光四年(1824)孫氏刻本

十行二十一字　左右雙邊　白口

東陽文

集 2240

蒙川先生遺稿四卷

宋樂清劉黻撰

清抄本　清瑞安孫詒讓校

九行二十字　無格

浙大

集 2241

蒙川先生遺稿四卷

宋樂清劉黻撰

清抄本

九行二十一字　四周雙邊　白口

19.8×13.6 釐米

浙大

集 2242

蒙川遺稿四卷

宋樂清劉黻撰

年譜一卷

清樂清林大椿撰

清咸豐七年(1857)劉永沛活字印本　清瑞安孫詒讓校並跋

八行十八字　四周雙邊　白口

22×14.8 釐米

浙大

集 2243

蒙川遺稿四卷首一卷

宋樂清劉黻撰

清咸豐八年(1858)抄文瀾閣四庫全書本

十行二十一字　四周雙邊　白口

18.1×13.3 釐米

玉海樓

集 2244

北磵文集十卷

宋釋居簡撰

清抄本

十行二十字　左右雙邊　白口

21×13.9 釐米

天一閣

集 2245

文山先生文集十七卷別集六卷

宋文天祥撰

附錄三卷

明景泰六年(1455)韓雍、陳价刻本

缺三卷　別集一至三

十一行二十四字　四周雙邊　黑口

21.7×13.6 釐米

天一閣

集 2246

文山先生文集十七卷別集六卷

宋文天祥撰

附錄三卷

明景泰六年(1455)韓雍、陳价刻張里瑞重修本

存十卷　文集一至十

浙圖

集 2247

文山先生全集二十八卷

宋文天祥撰

明嘉靖三十一年(1552)鄢懋卿、寧寵刻本

缺五卷　二十四至二十八

十行二十一字　四周雙邊　白口

20.7×13.6 釐米

天一閣

集 2248

文山先生全集二十卷

宋文天祥撰

明嘉靖三十九年(1560)張元諭刻本

十行二十二字　四周單邊　白口

20.7×13.5 釐米

浙圖　天一閣

集 2249

宋丞相文山先生全集十六卷

宋文天祥撰

明刻本

十行二十二字　四周雙邊　白口

20.6×14.1 釐米

杭圖

集 2250

宋丞相文山先生全集二十卷

宋文天祥撰

清康熙十二年(1673)刻本

十行二十字　四周雙邊　白口

19.5×13.4 釐米

浙圖

集 2251

廬陵宋丞相信國公文忠烈先生全集十六卷

宋文天祥撰

文忠烈公從祀原案錄一卷

清雍正三年(1725)五桂堂刻本

十行二十字　四周雙邊　白口

22.2×15 釐米

浙圖　溫圖　天一閣

集 2252

宋文山先生全集二十一卷

宋文天祥撰　明鍾越輯並評

明崇禎二年(1629)鍾越刻本

十行二十一字　四周單邊　白口

20.5×15 釐米

浙圖

集 2253

宋丞相文山先生別集六卷

宋文天祥撰　明鄭鄤評點

明崇禎(1628—1644)刻本

九行十八字　四周單邊　白口

20.6×15.8 釐米

浙圖　天一閣

集 2254

疊山集十六卷

宋謝枋得撰

明成化二十一年(1485)王杲刻本

十一行二十一字　四周雙邊　黑口

20.7×13.6 釐米

天一閣

集 2255

新刊重訂疊山先生文集二卷

宋謝枋得撰

明嘉靖三十四年(1555)林光祖刻本

九行二十字　四周單邊　白口

17.8×13 釐米

浙大

集 2256

謝疊山先生文集六卷

宋謝枋得撰

明萬曆三十二年(1604)方萬山刻本

十行二十字　四周單邊　白口

22.5×15 釐米

天一閣

集 2257

謝疊山公文集六卷

宋謝枋得撰

清康熙六十年(1721)謝氏蘊德堂刻本

九行十八字　四周雙邊　白口

浙博

集 2258

謝疊山公文集五卷

宋謝枋得撰

謝疊山公外集三卷首一卷末一卷

清謝恩黻等輯

清嘉慶六年(1801)謝氏蘊德堂刻本

九行二十字　左右雙邊　白口

17.2×12.7 釐米

溫圖

集 2259

本堂集九十四卷

宋鄞縣陳著撰

清徐氏煙嶼樓抄本　清鄞縣徐時棟跋

存十六卷　一至九　四十八至五十二　九十至九十一

十行二十一字　左右雙邊　黑口

19.3×14.1 釐米
天一閣

集 2260
本堂集九十四卷
宋鄞縣陳著撰
清漱石山房抄本
浙圖

集 2261
魯齋王文憲公文集二十卷
宋金華王柏撰
明正統(1436—1449)刻本
存四卷　九至十　十三至十四
十三行二十五字　四周雙邊　黑口
20.9×13.5 釐米
浙圖

集 2262
劉須溪先生記鈔八卷
宋劉辰翁撰
明天啓三年(1623)楊讖西刻本
九行二十字　四周單邊　白口
20.6×13.7 釐米
浙圖　天一閣

集 2263
劉須溪先生集略四卷
宋劉辰翁撰
養吾先生集略一卷
元劉將孫撰
清抄本
浙圖

集 2264
柳塘外集六卷
宋釋道璨撰
清四古堂抄本
浙圖

集 2265
四明文獻集五卷
宋鄞縣王應麟撰
清抄本　清全愚山跋
十行二十字　無格
天一閣

集 2266
閬風集十二卷
宋寧海舒岳祥撰
清竹書堂抄本　清黃巖王棻、黃巖王舟瑤校評
黃巖圖

集 2267
閬風集十二卷
宋寧海舒岳祥撰
清抄本
浙圖

集 2268
蛟峰集七卷
宋淳安方逢辰撰
山房先生遺文一卷
宋淳安方逢振撰
蛟峰外集四卷
明淳安方中輯
明天順七年(1463)方中刻弘治(1488—1505)嘉靖(1522—1566)遞修本
十行二十二字　四周雙邊　黑口
20.5×12.8 釐米
浙大

集 2269
方蛟峰先生文集六卷
宋淳安方逢辰撰
宋方山房先生文集一卷
宋淳安方逢振撰
方蛟峰先生外集一卷
清康熙(1662—1722)刻本

九行二十二字　左右雙邊　白口
19.9×12.5 釐米
浙大

集 2270
秋聲集六卷
宋衛宗武撰
清抄本
十行二十一字　無格
浙大

集 2271
陵陽集二十四卷
宋湖州牟巘撰
清抄本
浙圖

集 2272
陵陽先生集二十四卷
宋湖州牟巘撰
清抄本
缺八卷　十三至十六　二十一至二十四
九行十八字　無格
天一閣

集 2273
湖山類稿五卷水雲集一卷
宋錢塘汪元量撰
附録三卷
清乾隆三十年(1765)鮑廷博知不足齋刻本
十行十九字　左右雙邊　細黑口
18.5×13.8 釐米
紹圖

集 2274
水雲集一卷
宋錢塘汪元量撰
附録一卷
清乾隆三十年(1765)鮑廷博知不足齋刻本　清傅以禮校
浙圖

集 2275
汪水雲詩一卷
宋錢塘汪元量撰
清抄本
九行二十四字　無格
天一閣

集 2276
晞髮集六卷
宋謝翱撰
明隆慶六年(1572)邵廉、凌琯刻本
八行十八字　四周雙邊　白口
浙博

集 2277
晞髮集十卷
宋謝翱撰
明萬曆四十六年(1618)郭鳴琳刻本
九行十八字　四周單邊　白口
20.2×13.9 釐米
天一閣

集 2278
晞髮集十卷遺集二卷補一卷
宋謝翱撰
天地間集一卷
宋謝翱輯
冬青樹引註一卷登西臺痛哭記註一卷
宋謝翱撰　明張丁注
清康熙四十一年(1702)陸大業刻本
九行十八字　左右雙邊　黑口
17.3×12.2 釐米
浙圖　溫圖　天一閣

集 2279
晞髮集十卷遺集二卷補一卷
宋謝翱撰

天地間集一卷

宋謝翱輯

冬青樹引註一卷登西臺痛哭記註一卷

宋謝翱撰　明張丁注

清抄本

九行十八字　左右雙邊　白口

16.5×11.1 釐米

天一閣

集 2280

晞髮遺集二卷補一卷

宋謝翱撰

天地間集一卷

宋謝翱輯

清抄本

浙圖

集 2281

登西臺慟哭記註一卷冬青樹引註一卷

宋謝翱撰　明張丁注

附録一卷

清抄本

浙圖

集 2282

潛齋先生文集十一卷

宋淳安何夢桂撰

明刻本

十行十九字　左右雙邊　白口

19.9×14.5 釐米

浙圖

集 2283

霽山先生詩文集五卷

宋平陽林景熙撰

清康熙三十二年(1693)沈士尊、汪士鋐刻本

十行十九字　四周單邊　黑口

19×13.5 釐米

浙圖

集 2284

霽山先生集五卷首一卷拾遺一卷

宋平陽林景熙撰

清孫詒讓述舊齋抄本　清瑞安孫鏘鳴、瑞安孫詒讓校

十行二十四字　左右雙邊　白口

17.5×11.4 釐米

浙大

集 2285

霽山先生白石樵唱六卷文集四卷

宋平陽林景熙撰

清乾隆(1736—1795)抄本　清乾隆十年(1745)鮑廷博校並跋

十行十八字　無格

玉海樓

集 2286

白石樵唱五卷

宋平陽林景熙撰

清道光(1821—1850)孫同元抄本　清瑞安孫衣言跋

溫圖

集 2287

勿軒先生文集八卷補遺本傳一卷春秋五論五卷易學圖傳七卷

宋熊禾撰

清抄本

浙圖

集 2288

熊勿軒先生文集一卷

宋熊禾撰

清抄本

浙圖

集 2289

熊勿軒先生文集四卷

宋熊禾撰

附錄一卷
清抄本
浙圖

集 2290
古梅遺稿六卷
宋吳龍翰撰
清抄本　佚名批校
浙圖

集 2291
西湖百詠二卷
宋董嗣杲撰　明陳贄和韻
清抄本
浙圖

集 2292
古逸民先生集二卷
宋汪炎昶撰
附錄一卷
清抄本
浙圖

集 2293
真山民集一卷
宋真山民撰
清抄本
浙圖

集 2294
百正集三卷
宋連文鳳撰
清抄本
浙圖

集 2295
吾汶稿十卷
宋王炎午撰
附錄一卷
清抄本
浙圖

集 2296
吾汶稿十卷
宋王炎午撰
清抄本
浙圖

集 2297
九華詩集不分卷
宋陳巖撰
清抄本
八行二十一字　無格
浙大

集 2298
仁山金先生文集四卷
宋蘭谿金履祥撰　清金弘勳輯
附錄一卷
清雍正三年(1725)春暉堂刻本
九行十九字　左右雙邊　白口
17.5×12.3 釐米
浙圖　玉海樓

集 2299
仁山先生金文安公文集五卷
宋蘭谿金履祥撰
清雍正九年(1731)金律刻本
十行二十字　左右雙邊　黑口
16.8×12.6 釐米
溫圖　玉海樓

集 2300
仁山金先生文集四卷
宋蘭谿金履祥撰
清抄本　蕭山單丕校
浙圖

集 2301
清真詞朱方和韻合刊十二卷
宋錢塘周邦彦撰　朱師轍、方千里和韻
稿本　紹興馬一浮、海寧張宗祥題簽
浙圖

金别集類

集 2302
拙軒集六卷
金王寂撰
清乾隆(1736—1795)浙江刻武英殿聚珍版叢書本　清仁和盧文弨批校
九行二十一字　左右雙邊　白口
12.8×9.8 釐米
浙圖

集 2303
閑閑老人滏水集二十卷
金趙秉文撰
附録一卷
清初抄本　清塘棲朱澂校
浙圖

集 2304
閑閑老人滏水集二十卷
金趙秉文撰
附録一卷
清文珍樓抄本
缺九卷　四至六　十至十五
十行二十一字　四周雙邊　白口
18×13.2 釐米
天一閣

集 2305
閑閑老人滏水集二十卷
金趙秉文撰
附録一卷
清抄本　佚名校
浙圖

集 2306
滹南遺老集四十卷
金王若虚撰
附録一卷
清抄本
存十二卷　五至九　二十九至三十五
九行二十一字　無格
天一閣

集 2307
莊靖先生遺集十卷
金李俊民撰
清乾隆(1736—1795)刻本
十行二十字　四周單邊　白口
18.7×13.9 釐米
温圖

集 2308
莊靖先生遺集十卷
金李俊民撰
清顧氏藝海樓抄本
八行二十字　左右雙邊　白口
20.7×14 釐米
浙大

集 2309
莊靖先生遺集十卷
金李俊民撰
清抄本
浙圖

集 2310
遺山先生文集四十卷
金元好問撰
附録一卷
明儲巏輯
清康熙四十六年(1707)華希閔刻本
十一行二十字　左右雙邊　黑口

18.2×14.8 釐米
溫圖

集 2311
遺山先生文集四十卷
金元好問撰
附錄一卷
明儲巏輯
清康熙四十六年(1707)華希閔刻本　清汪昉跋
浙大

集 2312
遺山先生詩集二十卷
金元好問撰
明末毛氏汲古閣刻元人十種集本　佚名批校
九行十九字　左右雙邊　白口
19×14.4 釐米
浙圖

集 2313
元遺山詩集二十卷
金元好問撰
清乾隆四十三年(1778)萬廷蘭刻本　嘉興沈曾植批並跋
十二行二十三字　四周單邊　白口
浙博

集 2314
元遺山詩集二十卷
金元好問撰
清抄本　柳塘評語　王文跋
浙圖

集 2315
元遺山詩十卷首一卷
金元好問撰
清抄本
浙圖

元別集類

集 2316
藏春詩集六卷
元劉秉忠撰
清抄本
浙圖

集 2317
郝文忠公陵川文集三十九卷
元郝經撰
附錄一卷
清乾隆三年(1738)王鏐刻本
十行二十二字　左右雙邊　白口
19×12.7 釐米
浙圖　溫圖　天一閣

集 2318
元張文忠公歸田類稿二十卷
元張養浩撰
附錄一卷
清乾隆五十五年(1790)周永年、毛埅刻本
九行二十一字　左右雙邊　白口
19×14.4 釐米
浙圖　溫圖

集 2319
方虛谷桐江集四卷
元方回撰
清抄本　佚名校並跋
浙圖

集 2320
方虛谷桐江集四卷
元方回撰
清抄本
浙圖

集 2321

方虛谷桐江集四卷

元方回撰

清抄本　佚名批校

存二卷　一至二

浙圖

集 2322

桐江續集四十八卷

元方回撰

清抄本

浙圖

集 2323

野趣有聲畫二卷

元楊公遠撰

清抄本

十行二十一字　無格

浙大

集 2324

月屋樵吟四卷

元天台黄庚撰

明成化十三年(1477)刻本　清黄巖王棻校並跋

十行二十字　四周雙邊　黑口

臨海博

集 2325

月屋樵吟四卷

元天台黄庚撰

清嘉慶十三年(1808)鮑氏知不足齋抄本　清佚名校並跋

浙圖

集 2326

丘釣磯集一卷

元丘葵撰

清抄本

浙圖

集 2327

剡源戴先生文集三十卷

元奉化戴表元撰

明刻本

十二行二十三字　左右雙邊　白口

18.5×13.1 釐米

浙大

集 2328

戴剡源文集三十卷

元奉化戴表元撰

明城北草堂抄本

缺二卷　二十五至二十六

十一行二十三字　四周單邊　白口

25×17.6 釐米

天一閣

集 2329

戴剡源文集三十卷

元奉化戴表元撰

明抄本

存二卷　一至二

天一閣

集 2330

剡源先生文鈔四卷

元奉化戴表元撰

清康熙二十七年(1688)馬思贊刻本

十一行二十二字　四周雙邊　黑口

18.4×13.3 釐米

溫圖

集 2331

剡源戴先生文集三十卷

元奉化戴表元撰

清抄本

缺十卷　二十一至三十

浙圖

集 2332

剩語二卷

元艾性夫撰

清抄本

浙圖

集 2333

養蒙先生文集十卷

元崇德張伯淳撰

清抄本

浙圖

集 2334

桂隱詩集四卷文集四卷

元劉詵撰

附錄一卷

清抄本

浙圖

集 2335

桂隱詩集四卷文集四卷

元劉詵撰

附錄一卷

清抄本

十行二十字　無格

浙大

集 2336

巴西文集不分卷

元鄧文原撰

清抄本

浙圖

集 2337

巴西鄧先生文集一卷補遺二卷

元鄧文原撰

清抄本

十行十九字　無格

天一閣

集 2338

屏巖小稿一卷

元東陽張觀光撰

清抄本

浙圖

集 2339

玉斗山人文集三卷

元王奕撰

附錄一卷

清抄本

浙圖

集 2340

谷響集不分卷

元釋善住撰

清抄本

浙圖

集 2341

谷響集三卷

元釋善住撰

清抄本

浙圖

集 2342

谷響集三卷

元釋善住撰

清抄四庫全書本

八行二十一字　無格

浙大

集 2343

谷響集不分卷

元釋善住撰

清抄本

十行十八字　無格

天一閣

集 2344

竹素山房詩集三卷補遺一卷

元吾衍撰

附録一卷

清抄本

浙圖

集 2345

竹素山房集三卷補遺一卷

元吾衍撰

附録一卷

清抄本　龍游余紹宋校

浙圖

集 2346

松鄉先生文集十卷

元勾章任士林撰

清抄本

浙圖

集 2347

趙文敏公松雪齋全集十卷外集一卷續集一卷

元吳興趙孟頫撰

附録一卷

清康熙五十二年(1713)曹培廉城書室刻本

十行十九字　左右雙邊　白口

17×13.7 釐米

浙圖　溫圖　嘉圖　天一閣

集 2348

松雪齋集十卷外集一卷

元吳興趙孟頫撰

清康熙(1662—1722)刻本

十行十九字　左右雙邊　細黑口

17.3×12.7 釐米

杭圖　嘉圖

集 2349

草廬吳文正公集四十九卷外集三卷首一卷

元吳澄撰

清乾隆二十一年(1756)萬璜刻本

十行二十一字　左右雙邊　白口

19.8×13.5 釐米

浙圖　寧圖*

集 2350

仇山村遺集一卷

元錢塘仇遠撰

附録一卷

清乾隆五年(1740)項夢昶古香書屋刻本

九行二十字　左右雙邊　白口

17.2×12.7 釐米

浙圖

集 2351

還山遺稿二卷

元楊奐撰

楊文憲公考歲略一卷

明宋廷佐撰

附録一卷

明宋廷佐輯

清抄本

浙圖

集 2352

魯齋遺書十四卷

元許衡撰

明萬曆二十四年(1596)怡愉、江學詩刻本

十行二十二字　四周雙邊　白口

22.2×15.4 釐米

浙圖　浙大

集 2353

魯齋遺書十四卷

元許衡撰

明萬曆二十四年(1596)怡愉、江學詩刻

清雍正(1723—1735)重修本
浙圖　紹圖

集 2354
許文正公遺書十二卷首一卷末一卷
元許衡撰
清乾隆五十五年(1790)刻本
九行二十二字　四周單邊　白口
19.3×13.7 釐米
浙圖

集 2355
許魯齋先生詩一卷
元許衡撰
清乾隆(1736—1795)刻本
九行二十四字　左右雙邊　黑口
18.5×12 釐米
浙圖

集 2356
靜修先生丁亥集五卷樵庵詞一卷遺文六卷遺詩六卷詩文拾遺七卷續集六卷
元劉因撰
附錄二卷
明成化十五年(1479)蜀藩刻本
存六卷　丁亥集五卷　樵庵詞一卷
九行二十字　四周雙邊　黑口
22.2×14.2 釐米
天一閣

集 2357
靜修先生丁亥集六卷遺文六卷遺詩六卷拾遺七卷續集三卷
元劉因撰
附錄二卷
明弘治十八年(1505)崔暠刻本
九行二十字　四周雙邊　黑口
22.4×14.8 釐米
浙大

集 2358
靜修先生文集十卷
元劉因撰
明萬曆十六年(1588)方義壯刻本
十行二十字　四周雙邊　白口
浙圖

集 2359
養吾齋集三十二集
元劉將孫撰
清孔氏壽雲簃抄本
浙圖

集 2360
方叔淵遺集一卷
元方瀾撰
附錄一卷
清抄本
九行二十一字　無格
天一閣

集 2361
白雲先生許文懿公傳集四卷
元東陽許謙撰
附錄一卷
清雍正十年(1732)金律刻本
十行二十字　左右雙邊　白口
16.6×12.3 釐米
溫圖

集 2362
許白雲先生文集四卷
元東陽許謙撰
清抄本
浙圖

集 2363
白雲集四卷
元東陽許謙撰
清抄本

浙圖

集 2364

牧庵集三十六卷

元姚燧撰

附錄一卷

清抄本

存三十四卷　四至三十六　附錄

浙圖

集 2365

楚國文憲公雪樓程先生文集三十卷

元程鉅夫撰

年譜一卷

元程世京撰

元至正十八年(1358)閩刻本

存十一卷　五至八　二十二至二十三　二十六至三十

十三行二十二字　左右雙邊　黑口

20.8×12.8 釐米

天一閣

集 2366

楚國文憲公雪樓程先生文集三十卷

元程鉅夫撰

年譜一卷

元程世京撰

清抄本

浙圖

集 2367

漢泉曹文貞公詩集十卷

元曹伯啓撰

後錄一卷

清抄本

十一行二十字　左右雙邊　白口

26.8×17.2 釐米

天一閣

集 2368

漢泉曹文貞公詩集十卷

元曹伯啓撰

後錄一卷

清抄本

存八卷　一至八

浙圖

集 2369

秋巖詩集二卷

元陳宜甫撰

清翰林院抄本〔四庫底本〕　清錢塘丁丙跋

浙圖

集 2370

陳剛中詩集三卷

元天台陳孚撰

清光緒十三年(1887)王棻抄本　清黃巖王棻校並跋

黃巖圖

集 2371

玉井樵唱三卷

元尹廷高撰

清抄本

十行十八字　無格

杭圖

集 2372

周此山先生詩集四卷

元臨海周權撰

明抄本

九行十六字　四周單邊　白口

17.1×13.2 釐米

浙大

集 2373

周此山先生詩集四卷

元臨海周權撰

清乾隆(1736—1795)鮑氏知不足齋抄本　清錢塘鮑士恭點校
八行十六字　四周雙邊　黑口
23.2×15.3 釐米
浙大

集 2374
周此山先生詩集四卷
元臨海周權撰
清抄本
缺一卷　四
浙圖

集 2375
周此山先生詩集十卷
元臨海周權撰
清宣統二年(1910)沈兆熊影抄清錢曾藏舊抄本
浙圖

集 2376
申齋劉先生文集十五卷
元劉岳申撰
清抄本
十一行字數不一　無格
浙大

集 2377
清容居士集五十卷目錄二卷
元鄞縣袁桷撰
附錄一卷
清抄本
十行字數不一　無格
天一閣

集 2378
弁山小隱吟錄二卷
元慈谿黄玠撰
清抄本
浙圖

集 2379
續軒渠詩集十卷
元洪希文撰　明蔡宗兖刪正
附錄一卷
清抄本
十行二十字　無格
天一閣

集 2380
陳定宇先生文集十六卷別集一卷
元陳櫟撰
清康熙三十三年(1694)陳嘉基刻本
十行二十二字　左右雙邊　黑口
21×13.7 釐米
浙圖　寧圖　溫圖

集 2381
梅花字字香前集一卷後集一卷
元郭豫亨撰
清抄本
八行二十一字　無格
浙大

集 2382
文忠集六卷
元王結撰
清抄四庫全書本
浙圖

集 2383
文忠集六卷
元王結撰
清抄本
十一行二十二字　無格
浙大

集 2384
馬石田文集十五卷
元馬祖常撰

附録一卷

清抄本

十行二十字　無格

浙大

集 2385

木訥齋文集五卷

元龍泉王毅撰

附録一卷

清乾隆二十七年(1762)蘇遇龍刻本

十行二十二字　四周雙邊　白口

19.5×14.8 釐米

浙圖　溫圖

集 2386

道園遺稿六卷

元虞集撰

清抄本

九行二十字　無格

天一閣

集 2387

范德機詩集七卷

元范梈撰

明祁氏抄本

九行十八字　左右雙邊　黑口

17.5×13.8 釐米

浙大

集 2388

揭文安公集十卷

元揭傒斯撰

清蔣繼軾韻綠山房抄本　清趙彥偁校並跋

十行二十一字　左右雙邊　白口

18.9×14.4 釐米

浙大

集 2389

揭文安公集十卷

元揭傒斯撰

清顧氏藝海樓抄本

浙圖

集 2390

存復齋文集六卷

元朱德潤撰

清抄本

十行二十四字　無格

浙大

集 2391

存心堂遺集十二卷

元浦江吳萊撰　明浦江宋濂輯

附録一卷

明萬曆三十九年(1611)吳邦彥刻本

十行二十二字　四周單邊　白口

21.4×13.7 釐米

天一閣

集 2392

重刻吳淵穎集十二卷

元浦江吳萊撰　明浦江宋濂輯

清康熙四十九年(1710)吳守儁刻本

十一行二十四字　左右雙邊　白口

19.8×14.1 釐米

浙圖

集 2393

吳淵穎先生集十二卷

元浦江吳萊撰　清王邦采、王繩曾箋

清康熙六十年(1721)刻本

九行十八字　四周雙邊　綫黑口

16.7×12.3 釐米

浙圖

集 2394

重刻吳淵穎集十二卷

元浦江吳萊撰　清查遴輯

附録一卷

清雍正元年(1723)刻本

十一行二十四字　左右雙邊　白口
20×13.9 釐米
浙圖　溫圖

集 2395
重刊黄文獻公文集十卷
元義烏黄溍撰　明張維樞輯
明萬曆刻清康熙三十年(1691)王廷曾重修本　清宋賓王校並跋
十行二十一字　四周單邊　白口
19.3×13 釐米
浙圖

集 2396
金華黄先生文集四十三卷
元義烏黄溍撰
清抄本
浙圖

集 2397
圭齋文集十六卷
元歐陽玄撰
明成化七年(1471)劉釪刻本
十一行二十一字　四周雙邊　黑口
20.3×13.3 釐米
浙圖＊　浙大

集 2398
柳待制文集二十卷
元浦江柳貫撰
附錄一卷
清順治十一年(1654)范養民、張以邁刻本
九行二十字　四周單邊　白口
20.3×14 釐米
天一閣　溫圖＊

集 2399
柳待制文集二十卷
元浦江柳貫撰
附錄一卷
清順治十一年(1654)范養民、張以邁刻康熙五十年(1711)傅旭元重修本
九行二十字　四周單邊　白口
浙圖

集 2400
所安遺集一卷
元陳泰撰
清抄本
浙圖

集 2401
鯨背吟一卷
元朱名世撰
抄本
浙圖

集 2402
圭塘小稿十三卷别集二卷續集一卷外集一卷
元許有壬撰
附錄二卷
清抄本
十一行二十字　左右雙邊　黑口
20×14 釐米
天一閣

集 2403
至正集八十一卷
元許有壬撰
清顧氏藝海樓抄本
浙圖

集 2404
鴈門集六卷
元薩都剌撰
清康熙(1662—1722)刻本
九行十九字　左右雙邊　白口
18.5×13.9 釐米

天一閣

集 2405
雁門集六卷
元薩都剌撰
清乾隆五十年(1785)刻本
九行二十二字　左右雙邊　白口
19.2×14 釐米
嘉圖

集 2406
薩天錫詩集三卷集外詩一卷
元薩都剌撰
明崇禎十一年(1638)毛氏汲古閣刻元人集十種本　佚名批校
缺一卷　集外詩
九行十九字　左右雙邊　白口
18.8×14.4 釐米
浙圖

集 2407
薩天錫詩集三卷集外詩一卷
元薩都剌撰
明崇禎十一年(1638)毛氏汲古閣刻元人集十種本　佚名批校
存一卷　詩集上
天一閣

集 2408
安雅堂集十三卷
元陳旅撰
清孫氏玉海樓抄本　清瑞安孫衣言跋
十行二十四字　左右雙邊
18.4×11.8 釐米
溫圖

集 2409
傅與礪詩集八卷
元傅若金撰
明弘治(1488—1505)刻本
十行二十一字　左右雙邊　黑口
18.3×14.4 釐米
天一閣

集 2410
傅與礪詩集八卷
元傅若金撰
清金氏文瑞樓抄本〔卷一至四配清抄本〕
十一行二十一字　左右雙邊　白口
天一閣

集 2411
傅與礪詩集八卷
元傅若金撰
清抄本
十一行二十一字　無格
天一閣

集 2412
瓢泉吟稿五卷
元朱晞顔撰
清抄本
浙圖

集 2413
李仲公先生文集三十一卷
元李存撰
清抄本
存六卷　五至十
浙圖

集 2414
竢庵李先生文集三十卷
元李存撰
清抄本
十三行二十四字　無格
浙大

集 2415

滋溪文稿三十卷

元蘇天爵撰

清抄本

浙圖

集 2416

宗海集一卷

元永嘉薛漢撰

素軒集一卷

元永嘉鄭洪撰

清孫氏玉海樓抄本　清瑞安孫衣言批校

溫圖

集 2417

青陽先生文集六卷

元余闕撰　明郭奎輯

明正德十五年(1520)胡汝登刻本

十一行十九字　四周雙邊　白口

18.6×14 釐米

浙大

集 2418

周翰林近光集三卷扈從集一卷

元周伯琦撰

清抄本

浙圖

集 2419

近光集三卷補遺二卷

元周伯琦撰

清抄本　清顧沅跋

浙圖

集 2420

經濟文集六卷

元李士瞻撰

附錄一卷

清抄本

浙圖

集 2421

圭峰盧先生集二卷

元盧琦撰

明萬曆三十七年(1609)莊毓慶等刻本

九行十八字　四周雙邊　白口

20.5×14.4 釐米

浙大

集 2422

圭齋盧先生集二卷

元盧琦撰

清抄本

九行十八字　無格

浙大

集 2423

丹邱生稿二卷

元仙居柯九思撰

拾遺一卷

清黄巖王棻輯

清光緒十七年(1891)王棻抄本　清黄巖王棻校並跋

黄巖圖

集 2424

五峰集七卷

元樂清李孝光撰

清孫氏玉海樓抄本

溫圖

集 2425

李五峰集六卷

元樂清李孝光撰

清抄本

浙圖

集 2426

李五峰集七卷

元樂清李孝光撰

清辨志書塾抄本　清瑞安孫衣言、瑞安

孫詒讓批校
十行十六字　四周雙邊　白口
14.4×11 釐米
浙大

集 2427
五峰集十卷
元樂清李孝光撰
清同治九年(1870)孫鏘鳴抄本　清瑞安孫鏘鳴批校並跋
十二行二十字　四周雙邊　白口
17.8×13 釐米
浙大

集 2428
五峰集十卷
元樂清李孝光撰
清玉甑山房抄本　清瑞安林從炯、瑞安林駿校
溫圖

集 2429
五峰集十卷
元樂清李孝光撰
清玉甑山房抄本　清瑞安林駿跋並錄清瑞安孫鏘鳴校
溫圖

集 2430
蟻術詩選八卷
元嚴陵邵亨貞撰
明隆慶六年(1572)汪稷好德軒刻本
十一行二十一字　左右雙邊　白口
浙圖

集 2431
金臺集二卷
元迺賢撰
清道光十八年(1838)停月山房抄本
十行二十六字　無格
天一閣

集 2432
藥房樵唱三卷
元蘭溪吳景奎撰
附錄一卷
清抄本
浙圖

集 2433
栲栳山人詩集三卷
元餘姚岑安卿撰　清餘姚張廷枚重編
清乾隆四十七年(1782)張氏寶墨齋刻本
十行二十一字　左右雙邊　白口
17.3×12.7 釐米
浙圖

集 2434
貢禮部玩齋集十二卷拾遺一卷
元貢師泰撰
紀年錄一卷
元朱燧撰
清抄本
浙圖

集 2435
羽庭集詩四卷文四卷
元天台劉仁本撰
文補遺一卷
清黃巖王舟瑤輯
清楊晨抄本　清黃巖王棻、黃巖王舟瑤、黃巖楊晨校並跋
黃巖圖

集 2436
羽庭集六卷
元天台劉仁本撰
清抄本
浙圖

集 2437

羽庭集六卷

元天台劉仁本撰

清抄本

浙圖

集 2438

不繫舟漁集十五卷

元平陽陳高撰

附錄一卷

清鮑氏知不足齋抄本　清平陽華文漪校並跋　陳鐵君、葉湘民校

溫圖

集 2439

不繫舟漁集十五卷

元平陽陳高撰

附錄一卷

清抄本　清瑞安孫衣言、瑞安孫鏘鳴、瑞安孫詒讓校

溫圖

集 2440

不繫舟漁集十六卷

元平陽陳高撰

清抄本

浙圖

集 2441

句曲外史詩集三卷

元錢塘張雨撰

明崇禎十一年(1638)毛氏汲古閣刻元人集十種本　明毛晉跋

九行十九字　左右雙邊　白口

19×13.2 釐米

天一閣

集 2442

句曲外史詩集二卷集外詩一卷

元錢塘張雨撰

清抄本　佚名錄清錢大昕、黄丕烈、邵淵耀、方若蘅跋

浙圖

集 2443

詠物詩二卷

元謝宗可撰

清抄本

浙圖

集 2444

元鹿皮子集四卷

元陳樵撰

清康熙(1662—1722)董肇勳寓樓書室刻本

十一行二十一字　四周雙邊　白口

東陽文

集 2445

師山先生文集八卷遺文五卷

元鄭玉撰

附錄一卷濟美錄四卷

明嘉靖十四年(1535)刻明清遞修本

十行二十字　四周單邊　白口

18.8×13.3 釐米

浙圖　天一閣　浙大

集 2446

聞過齋集八卷

元吳海撰

清抄本

十一行二十二字　無格

浙大

集 2447

北郭詩集六卷補遺一卷

元許恕撰

清抄本

浙圖

集 2448

玉笥集十卷

元山陰張憲撰

清抄本

浙圖

集 2449

學言稿六卷首一卷

元吴當撰

清乾隆四年(1739)吴之仁、吴日昇刻本

十二行二十三字　左右雙邊　白口

19.2×14.5 釐米

浙圖

集 2450

丁鶴年先生詩集一卷

元丁鶴年撰

清抄本

浙圖

集 2451

海巢集三卷

元丁鶴年撰

附録一卷

元吉雅謨丁等撰

清乾隆四十一年(1776)抄本

浙圖

集 2452

華陽貞素文集七卷

元舒頔撰

附録一卷

清抄本

浙圖

集 2453

江月松風集十二卷續集一卷

元錢惟善撰

清抄本

八行十八字　左右雙邊

17.5×11.1 釐米

玉海樓

集 2454

龜巢稿二十卷

元謝應芳撰

清抄本

浙圖

集 2455

謝龜巢先生集二十卷

元謝應芳撰

清抄本

浙圖

集 2456

梧溪集七卷

元王逢撰

清抄本

浙圖

集 2457

九靈山房集三十卷補編二卷

元浦江戴良撰

年譜一卷

清戴殿江、戴殿泗撰

清乾隆三十七年(1772)戴氏傳經書屋刻本

十行二十一字　左右雙邊　黑口

19.2×13.4 釐米

浙圖　寧圖　溫圖

集 2458

九靈山房集十四卷

元浦江戴良撰

清趙氏小山堂抄本

浙圖

集 2459

李雲陽集四卷

元李祁撰

清康熙三十八年(1699)釋大汕懷古樓刻本

十行十九字　左右雙邊　白口

18×13.6 釐米

溫圖

集 2460

栖碧先生黄楊集三卷補遺一卷

元華幼武撰

附錄一卷

明萬曆四十六年(1618)華五倫刻本

九行十八字　左右雙邊　白口

18.5×12.5 釐米

浙大

集 2461

倪雲林先生詩集六卷

元倪瓚撰

附錄一卷

明萬曆十九年(1591)倪珵刻本

九行二十字　四周單邊　白口

19.8×13 釐米

嘉圖　浙大

集 2462

清閟閣全集十二卷

元倪瓚撰

清康熙五十二年(1713)曹培廉城書室刻本

十一行二十一字　小字雙行三十一字　四周單邊　白口

17.9×13.9 釐米

浙圖　杭圖　溫圖　浙博＊　衢博

集 2463

雲松巢詩集五卷

元樂清朱希晦撰

清朱世翰活字印本

九行二十一字　四周雙邊　白口

桐廬圖

集 2464

雲松巢集三卷

元樂清朱希晦撰

清同治五年(1866)孫衣言抄四庫全書本　清瑞安孫衣言校並跋

八行二十字　四周雙邊　白口

19.9×13.6 釐米

浙大

集 2465

樗隱集六卷

元胡行簡撰

清抄四庫全書本

浙圖

集 2466

趙徵君東山先生存稿七卷

元趙汸撰

附錄一卷

清康熙二十年(1681)趙吉士刻本

十一行二十一字　左右雙邊　白口

18.3×14 釐米

浙圖

集 2467

東山趙先生文集九卷詩集二卷

元趙汸撰

清辨志書塾抄本

十行二十一字　四周雙邊　白口

14.6×11.1 釐米

浙大

集 2468

拱和詩集一卷

元古婺曹志撰

附名賢和題八詠一卷

清乾隆四十年(1775)曹氏刻本

九行二十字　左右雙邊　白口
18.8×13.8 釐米
浙圖

集 2469
青華集二卷
元平陽史伯璿撰
清孫氏玉海樓抄本
存一卷　下
溫圖

集 2470
青華集四卷
元平陽史伯璿撰
清抄本
溫圖

集 2471
麗則遺音四卷
元諸暨楊維楨撰
附錄一卷
清抄本　佚名校
浙圖

集 2472
鐵崖先生古樂府十卷補六卷復古詩集六卷麗則遺音四卷
元諸暨楊維楨撰
附錄一卷
明末毛氏汲古閣刻本
八行十九字　左右雙邊　白口
18.8×13.5 釐米
浙圖　杭圖*

集 2473
鐵崖樂府註十卷詠史註八卷逸編註八卷
元諸暨楊維楨撰　清諸暨樓卜瀍注
清乾隆三十九年(1774)楊惟信聯桂堂刻本
十行二十二字　四周雙邊　白口
18.9×13.3 釐米
浙圖　溫圖　海寧圖*　東陽文

集 2474
楊鐵崖先生詠史古樂府四卷
元諸暨楊維楨撰　清王榮紘輯
清乾隆三十七年(1772)王榮紘刻本
九行二十二字　左右雙邊　白口
17.2×12.8 釐米
浙圖　諸暨圖

集 2475
東維子文集三十一卷
元諸暨楊維楨撰
清抄本
浙圖

集 2476
楊鐵崖文集五卷史義拾遺二卷
元諸暨楊維楨撰
正統辯一卷西湖竹枝集一卷
元諸暨楊維楨輯
香奩集一卷
元王德璉撰
明陳于京刻本
九行二十字　左右雙邊　白口
20.2×14.8 釐米
浙圖　諸暨圖　浙博　玉海樓

集 2477
鐵崖文集五卷
元諸暨楊維楨撰
清抄本
浙圖

集 2478
楊鐵崖文集五卷
元諸暨楊維楨撰
清抄本　傅汝礪校
浙圖

集 2479

楊鐵崖先生文集十一卷鐵笛清江引一卷

元諸暨楊維楨撰

明萬曆四十三年(1615)陳善學刻本

九行二十字　四周單邊　白口

21×15 釐米

紹圖　天一閣

集 2480

楚石大師北遊詩一卷

元釋梵琦撰

清抄本

浙圖

集 2481

夷白齋稿三十五卷外集一卷

元臨海陳基撰

清小輞川抄本

浙圖

集 2482

夷白齋稿三十五卷外集二卷

元臨海陳基撰

清抄本　佚名校

缺五卷　十二至十四　外集二卷

浙圖

集 2483

夷白齋集十五卷

元臨海陳基撰

清抄本

浙圖

集 2484

庸庵詩集十四卷

元宋禧撰

清抄本

存十卷　一至十

浙圖

集 2485

雲山一懶翁集三卷附刻一卷

元姚璉撰

清乾隆五十六年(1791)姚任道刻本

九行十九字　左右雙邊　白口

16.5×12.8 釐米

浙圖

集 2486

桐山老農集四卷

元開化魯貞撰

清抄本　龍游余紹宋校

浙圖

明别集類

集 2487

高皇帝御製文集二十卷

明太祖朱元璋撰

明嘉靖十四年(1535)徐九皋、王惟賢刻本

十行二十字　四周單邊　白口

20.3×14.8 釐米

浙圖　浙大

集 2488

高皇帝御製文集二十卷

明太祖朱元璋撰

明萬曆(1573—1620)刻本

八行十八字　四周雙邊　白口

21.9×15.1 釐米

浙圖

集 2489

朱楓林集十卷

明朱升撰　明朱時新輯

明萬曆(1573—1620)歙邑朱府刻本

九行二十字　四周單邊　白口

21×13.6 釐米

浙圖　浙大

集 2490
宋學士文集七十五卷
明浦江宋濂撰
明正德九年(1514)張縉刻本
十四行二十三字　左右雙邊　白口
20.1×14.6 釐米
天一閣　浙大

集 2491
新刊宋學士全集三十三卷
明浦江宋濂撰
明嘉靖三十年(1551)韓叔陽刻本
十一行二十四字　左右雙邊　白口
20.5×14.2 釐米
浙圖　天一閣*　浙大

集 2492
新刊宋學士全集三十三卷
明浦江宋濂撰
明嘉靖三十年(1551)韓叔陽刻清初周日燦重修本
浙圖　浙大

集 2493
宋學士全集三十二卷
明浦江宋濂撰
附錄一卷
清康熙四十八年(1709)彭始摶刻本
十一行二十二字　左右雙邊　白口
20.6×14.6 釐米
溫圖　天一閣*

集 2494
潛溪集八卷
明浦江宋濂撰
附錄一卷
明嘉靖十五年(1536)徐嵩、溫秀刻本　清莫友芝跋
十行二十字　四周單邊　白口
18.7×14.5 釐米
浙圖

集 2495
重刊宋文憲公集三十卷
明浦江宋濂撰
清康熙五十一年(1712)仙華書院刻本
十一行二十四字　四周單邊　白口
19.8×14.1 釐米
溫圖

集 2496
劉仲修詩集六卷文集二卷
明劉永之撰
清抄本
九行二十字　無格
天一閣

集 2497
新喻梁石門先生集十卷
明梁寅撰
首一卷末一卷
清乾隆十五年(1750)暨用其刻本
十一行二十一字　左右雙邊　白口
18.7×15 釐米
浙圖

集 2498
覆瓿集二十四卷
明青田劉基撰
明初刻宣德五年(1430)劉貊增修本
存十卷　五至十四
十二行二十四字　左右雙邊　黑口
20.3×14 釐米
溫圖

集 2499
誠意伯劉先生文集二十卷
明青田劉基撰
明成化六年(1470)戴用、張僖刻本
存一卷　二

十一行二十一字　四周雙邊　黑口
20.5×14 釐米
天一閣

集 2500
太師誠意伯劉文成公集十八卷
明青田劉基撰
明嘉靖三十五年(1556)樊獻科、于德昌刻本
十行二十三字　四周雙邊　白口
21.3×14.8 釐米
浙圖　溫圖　天一閣*

集 2501
太師誠意伯劉文成公集二十卷
明青田劉基撰
明隆慶六年(1572)謝廷傑、陳烈刻本
十行二十三字　四周雙邊　白口
20×14.4 釐米
天一閣*　浙大

集 2502
劉文成公全集十二卷
明青田劉基撰　明鍾惺輯並評
明末刻本
九行十八字　四周單邊　白口
19.8×14.3 釐米
天一閣

集 2503
太師誠意伯劉文成公集二十卷
明青田劉基撰
清康熙四十六年(1707)劉孤嶼刻雍正八年(1730)萬里增刻本
十行二十三字　左右雙邊　白口
19.3×13.5 釐米
上虞圖

集 2504
太師誠意伯劉文成公集二十卷
明青田劉基撰
清康熙四十六年(1707)劉孤嶼刻雍正八年(1730)萬里增刻乾隆十一年(1746)印本
浙圖　溫圖　玉海樓

集 2505
誠意伯文集二十卷
明青田劉基撰
清光緒二十六年(1900)浙江書局刻本　清光緒二十七年(1901)海寧鄒存淦校並跋
十行二十三字　左右雙邊　白口
19.1×14.1 釐米
浙圖

集 2506
汪右丞詩集五卷
明汪廣洋撰
清抄本
十行二十字　無格
天一閣

集 2507
鳳池吟稿十卷
明汪廣洋撰
明萬曆四十五年(1617)王百祥刻後印本
九行二十字　左右雙邊　白口
20.6×13.9 釐米
浙圖

集 2508
淮南汪廣洋朝宗先生鳳池吟藁八卷
明汪廣洋撰
明刻本
缺一卷　三
九行二十字　四周雙邊　黑口
21×14 釐米
天一閣

集 2509
陶學士先生文集二十卷
明陶安撰

事蹟一卷

明弘治十三年(1500)項經刻遞修本

十行十八字　四周雙邊　黑口

19.6×13 釐米

浙圖　浙博＊　天一閣　浙大

集 2510

朱一齋先生文集前十卷後五卷廣遊文集一卷

明朱善撰

明成化二十二年(1486)朱維鑑刻本

十二行二十四至二十九字　四周單邊　黑口

17.8×14.7 釐米

浙大

集 2511

王忠文公文集二十四卷

明義烏王禕撰

明嘉靖元年(1522)張齊刻本

十行二十字　左右雙邊　白口

18.8×12.3 釐米

浙圖＊　浙大

集 2512

王忠文公文集二十五卷

明義烏王禕撰

清康熙三十年(1691)王廷曾刻本

十行二十字　四周雙邊　白口

20.3×14.3 釐米

浙圖　溫圖　天一閣

集 2513

翠屏集四卷

明張以寧撰

明成化十六年(1480)張淮刻明清遞修本

十一行二十二字　四周雙邊　黑口

20×14.7 釐米

天一閣

集 2514

翠屏集四卷

明張以寧撰

清抄本

浙圖

集 2515

坦齋詩集九卷

明劉三吾撰

明刻本

存二卷　八至九

十行二十一字　四周雙邊　黑口

21×13.1 釐米

天一閣

集 2516

坦齋劉先生文集十五卷

明劉三吾撰

明萬曆六年(1578)賈緣刻清順治十一年(1654)劉溫良重修本

十行二十四字　四周雙邊　白口

20.7×14.5 釐米

浙圖

集 2517

劉坦齋先生文集十五卷

明劉三吾撰

清乾隆二十三年(1758)刻本

十行二十字　左右雙邊　白口

20.1×12.9 釐米

溫圖

集 2518

説學齋稿十三卷

明危素撰

清抄本

十行十九字　無格

天一閣

集 2519

危學士全集十四卷

明危素撰

清乾隆二十三年(1758)芳樹園刻本

九行二十字　左右雙邊　白口

18.5×12.7 釐米

溫圖

集 2520

劉職方詩八卷

明劉崧撰

明刻本

十一行二十字　四周雙邊　黑口

17.8×12.8 釐米

天一閣

集 2521

劉槎翁先生詩選十二卷

明劉崧撰

清抄本

浙圖

集 2522

蘇平仲文集十六卷

明金華蘇伯衡撰

明正統七年(1442)黎諒刻本

十二行二十四字　四周雙邊　黑口

21.8×13.4 釐米

浙大

集 2523

蘇平仲集十六卷

明金華蘇伯衡撰

清抄本

存八卷　一至六　十三至十四

十一行二十四字　四周單邊　細黑口

18.3×12.4 釐米

溫圖

集 2524

白雲稿十一卷

明天台朱右撰

清光緒二十年(1894)王棻家抄本　清黄巖王棻、黄巖王舟瑤校並跋

黄巖圖

集 2525

白雲稿十一卷

明天台朱右撰

清抄本　佚名錄清黄巖王棻校並跋

浙圖

集 2526

白雲稿十二卷

明天台朱右撰

清章梫抄本　清黄巖王舟瑤校並跋　海寧章梫跋

存五卷　八至十二

浙圖

集 2527

白雲稿十一卷

明天台朱右撰

清抄本　劉詩孫、海寧章梫校並跋

浙圖

集 2528

王徵士集四卷

明王彝撰　清陸廷燦輯

附錄一卷

清康熙三十九年(1700)陸廷燦刻本

九行十九字　左右雙邊　白口

18×12.7 釐米

浙圖

集 2529

清江貝先生集三卷續集一卷

明貝瓊撰

明萬曆三年(1575)李詩刻本

缺一卷 集一
十行二十字 左右雙邊 細黑口
20.5×14.8 釐米
天一閣

集 2530
西隱文稿十卷
明宋訥撰
附錄一卷
明萬曆六年(1578)劉師魯刻本
九行二十一字 四周單邊 白口
21.3×15.4 釐米
浙大

集 2531
四梅軒集不分卷
明寧海葉兑撰
清抄本
浙圖

集 2532
王半軒集十二卷補遺二卷校字二卷
明王行撰
清抄本
缺三卷 一至三
十一行二十一字 左右雙邊 白口
17.5×12.3 釐米
天一閣

集 2533
王半軒先生文集六卷
明王行撰
清抄本
八行十六字 無格
天一閣

集 2534
元豐文集四卷
明天台徐一夔撰
清初抄本
浙圖

集 2535
始豐藁六卷
明天台徐一夔撰
清抄本
浙圖

集 2536
白石山房逸藁二卷
明張丁撰
清抄本
十行十九字 無格
天一閣

集 2537
白石山房逸藁二卷
明張丁撰
附錄一卷
清抄本
十行二十字 無格
浙大

集 2538
林登州遺集二十三卷
明林弼撰
附錄一卷
清康熙四十五年(1706)林興刻本
九行十八字 左右雙邊 白口
20.2×14.2 釐米
浙大

集 2539
滄螺集六卷
明孫作撰
明末毛氏汲古閣刻本
十行十七字 左右雙邊 白口
18.7×15.8 釐米
浙圖

集 2540

滄螺集六卷

明孫作撰

清影抄明末毛氏汲古閣刻本

十行十七字　左右雙邊　白口

18.7×15.8 釐米

天一閣

集 2541

缶鳴集十二卷

明高啓撰

明刻本

十一行二十字　左右雙邊　白口

19.1×13.9 釐米

浙大

集 2542

高季迪先生大全集十八卷

明高啓撰

清康熙(1662—1722)竹素園刻本

十行二十字　左右雙邊　白口

19.7×14.7 釐米

浙圖　餘杭圖　浙大

集 2543

青邱高季迪先生詩集十八卷遺詩一卷

明高啓撰　清金檀輯注

扣舷集一卷鳧藻集五卷

明高啓撰　清金檀輯

首一卷附録一卷

清墨華池刻本　清嘉興李集批校

十一行二十二字　小字雙行三十三字　左右雙邊　白口

18.1×14.6 釐米

浙圖

集 2544

樗菴類稿二卷

明鄭濳撰

清抄本

浙圖

集 2545

北郭集不分卷

明徐賁撰

清抄本

浙圖

集 2546

覆瓿集八卷

明朱同撰

明萬曆四十四年(1616)歙邑朱氏刻本

九行二十字　四周單邊　白口

21×13.5 釐米

溫圖

集 2547

吹劍藁二卷

明王野撰

明萬曆十六年(1588)刻本

九行十八字　左右雙邊　白口

19.9×14.1 釐米

浙圖

集 2548

全歸集七卷

明張庸撰

清抄本

浙圖

集 2549

春草齋文集十卷

明慈谿烏斯道撰

明抄本

存四卷　一至二　六至七

十行二十字　四周單邊　白口

19.3×13.8 釐米

天一閣

集2550

春草齋詩集五卷文集六卷

明慈谿烏斯道撰

附名公讚春草集歌詠一卷

明慈谿烏獻明輯

明崇禎二年(1629)蕭基刻本

九行二十字　左右雙邊　白口

21.4×14.7釐米

浙圖　天一閣　浙大*

集2551

春草齋文集選六卷詩集選一卷詩集選附錄一卷

明慈谿烏斯道撰　清熊伯龍輯　清黄敬修評

附名公讚春草集歌詠一卷

清康熙(1662—1722)烏震刻本

九行二十字　四周雙邊　白口

20.5×14.3釐米

浙圖　嘉圖　天一閣*

集2552

峴泉集六卷

明張宇初撰

清乾隆十九年(1754)張昭麟刻本

十行二十字　左右雙邊　白口

18.9×13.5釐米

浙圖　天一閣*

集2553

虞山人詩四卷

明虞堪撰

清抄本　佚名校

浙圖

集2554

海叟集四卷

明袁凱撰

明刻本

九行十八字　四周雙邊　白口

19.8×14釐米

天一閣

集2555

心遠樓存稿八卷

明楊琢撰

清康熙三十九年(1700)刻本

十行二十一字　四周雙邊　白口

17.8×13釐米

浙圖

集2556

永嘉集十二卷

明平陽張著撰

清抄本

浙圖

集2557

雲間清嘯集一卷

明陶振撰

清金氏文瑞樓抄本

十一行二十一字　左右雙邊　白口

19×14.2釐米

天一閣

集2558

滄浪子退軒集七卷

明陳鈞撰

清抄本

九行十八字　無格

天一閣

集2559

光菴集一卷

明王賓撰

清初抄本

浙圖

集2560

吴書山先生遺集二十卷首一卷末一卷

明吴會撰　清吴尚絅輯

清乾隆三十四年(1769)吳氏刻本
十行二十一字　四周雙邊　粗黑口
20.5×14 釐米
浙圖

集 2561
蒲菴詩三卷
明釋來復撰
清抄本
浙圖

集 2562
圓菴集十卷
明釋居頂撰
附錄一卷
明刻本
存五卷　七至十　附錄
十行二十一字　四周雙邊　黑口
18.4×12.4 釐米
天一閣

集 2563
練中丞金川集二卷
明練子寧撰
遺事錄一卷
清康熙二年(1663)高檠刻本
九行二十字　左右雙邊　白口
19.2×13.2 釐米
浙圖

集 2564
練公文集二卷首一卷手蹟一卷
明練子寧撰
練中丞遺事一卷崇祀實紀一卷
明萬曆三十九年(1611)刻清康熙(1662—1722)練士遷重修本
九行二十字　四周雙邊　白口
20.7×13.6 釐米
浙圖

集 2565
練公文集二卷首一卷手蹟一卷
明練子寧撰
練中丞遺事一卷崇祀實紀一卷
明萬曆三十九年(1611)刻清康熙(1662—1722)練士遷雍正六年(1728)遞修本
溫圖

集 2566
黃忠宣公文集十三卷
明黃福撰
別集六卷
明馮時雍輯
明嘉靖(1522—1566)馮時雍刻本
存九卷　文集七至十　十二至十三　別集一　五至六
十行二十字　四周單邊　白口
19.7×14.3 釐米
浙圖

集 2567
卓忠毅公遺稿三卷
明瑞安卓敬撰
清嘉慶十四年(1809)刻本　瑞安張㭿補錄並跋
十行二十二字　四周雙邊　白口
19.8×14.5 釐米
溫圖

集 2568
解學士先生集三十卷
明解縉撰
明天順元年(1457)黃諫刻本
十二行二十至二十一字　四周雙邊　黑口
18.3×13 釐米
浙大

集 2569

解學士文集十卷

明解縉撰

明嘉靖四十一年(1562)刻本

十行二十三字　四周雙邊　白口

20×15.4 釐米

天一閣

集 2570

解文毅公全集十六卷

明解縉撰

首一卷附錄一卷

清乾隆三十三年(1768)解韜等刻本

十行十九字　左右雙邊　白口

16×13.5 釐米

浙圖

集 2571

貞白先生遺稿十卷

明程通撰

明天啓(1621—1627)刻本

九行十九字　四周單邊　白口

20.3×14.6 釐米

溫圖

集 2572

黄文簡公介菴集十二卷

明黄淮撰

清抄本　清瑞安孫詒讓校

缺一卷　七

十二行二十四字　無格

玉海樓

集 2573

泊菴文集十六卷

明梁潛撰

明正統九年(1444)刻本

缺二卷　三至四

十行二十字　四周雙邊　黑口

20.2×14 釐米

天一閣

集 2574

王靜學先生文集二卷首一卷末一卷

明台州王叔英撰

清抄本　清光緒十一年(1885)黄巖王棻批校並跋

黄巖圖

集 2575

王靜學先生文集二卷

明台州王叔英撰

清抄本　太平金嗣獻校

浙圖

集 2576

遜志齋集三十卷拾遺十卷

明寧海方孝孺撰

附錄一卷

明成化十六年(1480)郭紳刻本

十行二十二字　四周雙邊　黑口

20.8×12.9 釐米

玉海樓　浙大

集 2577

遜志齋集二十四卷

明寧海方孝孺撰

附錄一卷

明正德十五年(1520)顧璘刻本

十行二十字　四周單邊　白口

19×13.4 釐米

浙圖

集 2578

遜志齋集二十四卷

明寧海方孝孺撰

附錄一卷

明嘉靖四十年(1561)王可大刻本

十行二十字　四周雙邊　白口

19.9×14.5 釐米

浙圖　浙博　天一閣＊

集 2579

遜志齋集二十四卷

明寧海方孝孺撰

附録一卷

明嘉靖四十年(1561)王可大刻萬曆四年(1576)重修本　海寧章梫跋

浙圖

集 2580

方正學先生遜志齋集二十四卷

明寧海方孝孺撰

外紀二卷

明姚履旋輯

明萬曆四十年(1612)丁賓等刻本

十行二十字　四周單邊　白口

21.2×15.1 釐米

海鹽博　天一閣

集 2581

方正學先生遜志齋集二十四卷

明寧海方孝孺撰

外紀二卷

明姚履旋輯

明萬曆四十年(1612)丁賓等刻清康熙三十八年(1699)方忠祁重修本　海寧章梫跋

浙圖

集 2582

方正學先生遜志齋集二十四卷拾補一卷

明寧海方孝孺撰

外紀一卷年譜一卷

明崇禎十六年(1643)張紹謙刻本

十行二十字　四周單邊　白口

臨海博

集 2583

方正學先生遜志齋集二十四卷拾補一卷

明寧海方孝孺撰

外紀一卷

明崇禎(1628—1644)刻清康熙(1662—1722)重修本

十行二十字　四周單邊　白口

21.5×14.5 釐米

浙圖　溫圖

集 2584

方正學先生遜志齋集二十四卷拾補一卷

明寧海方孝孺撰

外紀一卷

明張紹謙、盧演輯　清趙予信重輯

年譜一卷

明盧演、翁明英撰

清康熙三十七年(1698)刻本

十行二十字　四周單邊　白口

21×14 釐米

浙圖　海寧圖

集 2585

方正學先生遜志齋集二十四卷拾補一卷

明寧海方孝孺撰

外紀一卷

明張紹謙、盧演輯　清趙予信重輯

年譜一卷

明盧演、翁明英撰

校勘記一卷

清同治十二年(1873)孫熹刻本　清光緒二十年(1894)黄巖方來批校並跋

十行二十字　左右雙邊　白口

18.9×13.1 釐米

黄巖圖

集 2586

李卓吾評選方正學文集十一卷李卓吾評方正學一卷

明寧海方孝孺撰

明刻三異人文集本　海寧章棱跋
九行二十字　四周單邊　白口
21.6×14.9 釐米
浙圖

集 2587
金元忠先生遺集四卷
明金居敬撰
清乾隆六十年(1795)金世墀刻本
九行十九字　四周雙邊　白口
16.2×12.4 釐米
浙圖

集 2588
芻蕘集六卷
明周是修撰
明萬曆十八年(1590)周應鰲刻清康熙三十七年(1698)周君鎔重修本
十行二十二字　四周單邊　白口
19.5×14 釐米
浙圖　天一閣 *

集 2589
天台林公輔先生文集不分卷
明天台林右撰
清初抄本
浙圖

集 2590
天台林公輔先生文集一卷
明天台林右撰
清抄本
浙圖

集 2591
觀光集一卷
明平陽林碁撰
清孫氏玉海樓抄本　清瑞安孫衣言題識
温圖

集 2592
觀光集一卷
明平陽林碁撰
清潄藝堂抄本
温圖

集 2593
東里文集二十五卷
明楊士奇撰
明萬曆(1573—1620)刻本
九行十八字　左右雙邊　白口
19.5×13.6 釐米
温圖　天一閣

集 2594
東里文集二十五卷
明楊士奇撰
明萬曆(1573—1620)刻清康熙十七年(1678)重修本
浙圖

集 2595
東里文集二十五卷
明楊士奇撰
明刻本
十行二十字　四周雙邊　白口
18.9×12.8 釐米
浙大

集 2596
盤谷集五卷
明青田劉廌撰
清道光四年(1824)沈復粲抄本　清山陰沈復粲跋
天一閣

集 2597
盤谷集五卷
明青田劉廌撰
清光緒九年(1883)劉鳳儀抄本　清劉鳳

儀跋
十四行字數不一　無格
浙大

集 2598
三山翰林院典籍高漫士木天清氣詩集不分卷
明高棅撰
明怡顔堂抄本
十行二十二字　左右雙邊　白口
18.6×13.5 釐米
浙大

集 2599
柳莊先生詩集一卷
明鄞縣袁珙撰
清同治十一年(1872)徐氏烟嶼樓抄本　清鄞縣徐時棟校並跋
十一行二十一字　四周雙邊　細黑口
19×14.1 釐米
天一閣

集 2600
柳莊先生詩集一卷
明鄞縣袁珙撰
清抄本
浙圖

集 2601
雪溪漁唱集八卷
明蘇平撰
清抄本
浙圖

集 2602
雪溪漁唱集十卷
明蘇平撰
清張氏小清儀閣抄本　海寧張光第跋
浙圖

集 2603
慎獨齋詩集十六卷
明趙文撰
清初抄本
浙圖

集 2604
思菴先生文粹十一卷
明吳訥撰
清抄本
浙圖

集 2605
思菴先生文粹十一卷
明吳訥撰
清抄本
天一閣

集 2606
章質庵先生集四卷
明會稽章敞撰
清抄本
浙圖

集 2607
明永樂甲申會魁禮部左侍郎會稽質庵章公文集不分卷
明會稽章敞撰
附錄一卷
清初抄本
浙圖

集 2608
澹然先生文集六卷
明慈谿陳敬宗撰　明慈谿陳其柱輯
清抄本
浙圖

集 2609

南齋先生魏文靖公摘藁十卷

明蕭山魏驥撰

附録一卷

明弘治十一年(1498)刻清康熙八年(1669)王余高重修本

十行二十一字　四周雙邊　黑口

21.5×13.9 釐米

浙圖　浙大

集 2610

泜庵集五卷

明會稽邵廉撰

明正統十年(1445)邵祥刻本

十二行二十四字　四周雙邊　黑口

20.7×13.4 釐米

浙圖

集 2611

河汾詩集八卷

明薛瑄撰

明成化五年(1469)謝庭桂等刻本

存六卷　一至二　五至八

九行二十字　四周雙邊　黑口

21.3×13.3 釐米

浙圖

集 2612

敬軒薛先生文集二十四卷

明薛瑄撰

明趙府味經堂刻薛文清公全録本

十一行二十二字　左右雙邊　白口

20.5×14.8 釐米

浙圖

集 2613

文清公薛先生文集二十四卷

明薛瑄撰

明萬曆四十二年(1614)薛士弘刻本

十行二十字　四周雙邊　白口

19.8×13.7 釐米

溫圖*　天一閣

集 2614

文清公薛先生文集二十四卷

明薛瑄撰

清雍正十二年(1734)薛敦儉等刻本

十行二十字　四周雙邊　白口

20×13.5 釐米

寧圖　東陽文　浙大

集 2615

薛文清公全集四十卷

明薛瑄撰

附録一卷

明萬曆四十三年(1615)崔爾進刻本

十行二十字　四周單邊　白口

19.3×13.9 釐米

溫圖

集 2616

兩溪文集二十四卷詩集四卷

明劉球撰

清乾隆三十五年至三十八年(1770—1773)劉氏刻本

十行二十字　四周雙邊　白口

18.6×12.6 釐米

溫圖　嘉圖

集 2617

于忠肅公集五卷

明錢塘于謙撰

附録一卷

明刻清修本

九行二十字　左右雙邊　白口

14.4×13.1 釐米

天一閣

集 2618

于忠肅詩集一卷

明錢塘于謙撰

傳紀一卷

清抄本

浙圖

集 2619

姜柏泉遺集一卷

明永嘉姜偉撰

清瑞安玉海樓抄本

溫圖

集 2620

松月集一卷

明釋睿略撰

清抄本

浙圖

集 2621

南山黄先生家傳集五十六卷

明鄞縣黄潤玉撰

張氏約園抄本

浙圖

集 2622

吴竹坡先生文集五卷附載一卷詩集二十八卷

明吴節撰

清雍正二年(1724)吴琦刻本

八行二十字　四周單邊　白口

19×12 釐米

浙圖

集 2623

勿齋詩稿一卷勿齋遺稿一卷

明臨海陳員韜撰

清抄本

浙圖

集 2624

丹城稿不分卷

明天台范理撰

稿本

海鹽博

集 2625

祁閶雜詠一卷

明汪敬撰

續一卷

明汪璪撰

明正德元年(1506)汪衍刻本

十一行二十字　四周雙邊　白口

18.7×14.8 釐米

天一閣

集 2626

符台外集二卷

明鄞縣袁忠徹撰

清明霞樓抄本

九行二十一字　四周單邊　白口

19.5×13.7 釐米

天一閣

集 2627

充然子詩文集一卷

明慈谿顧慤撰

清初抄本　清舸月批校

浙圖

集 2628

充然子詩文集六卷

明慈谿顧慤撰

清抄本

九行二十四字　無格

天一閣

集 2629

白香集五卷

明錢塘沈行撰

清初抄本

存一卷　詠雪

七行十八字　四周單邊　白口

16.4×11.1 釐米
杭圖

集 2630
畏菴集十卷
明永嘉周旋撰
附錄一卷
明成化十九年(1483)劉遜刻本
十行二十字　四周雙邊　粗黑口
21.5×13.9 釐米
浙大

集 2631
畏菴集十卷
明永嘉周旋撰
抄本
浙圖

集 2632
呆齋前稿十六卷存稿十卷續稿四卷
明劉定之撰
明成化(1465—1487)刻本
存六卷　前稿十一至十六
十六行二十八字　四周雙邊　黑口
27×18.5 釐米
天一閣

集 2633
明尚書章恭毅公詩集十三卷
明樂清章綸撰
清抄本
存五卷　九至十三
溫圖

集 2634
重刻完菴劉先生詩集二卷
明劉珏撰
明萬曆二十二年(1594)孫承榮刻本
十行二十字　四周雙邊　白口
21.5×14.7 釐米
浙大

集 2635
項襄毅公遺稿一卷
明嘉興項忠撰
實紀四卷年譜五卷附錄一卷
明嘉興項德楨輯
明萬曆二十六年(1598)項臯謨刻本
存七卷　遺稿　實紀全　年譜五　附錄
九行十九字　左右雙邊　白口
21×14.7 釐米
浙圖

集 2636
商文毅公集十一卷
明淳安商輅撰
明隆慶六年(1572)鄭應齡刻本
十行二十字　四周雙邊　白口
18.9×14.5 釐米
浙大

集 2637
商文毅公集十卷
明淳安商輅撰
明萬曆三十年(1602)劉體元刻本
十行二十字　四周雙邊　白口
19.5×14.5 釐米
杭圖＊　浙大

集 2638
白沙先生全集二十一卷
明陳獻章撰
明嘉靖三十年(1551)蕭世延刻萬曆元年(1573)重修本
存十五卷　一至十五
九行二十字　四周單邊　白口
21.2×14.2 釐米
浙圖

集 2639

白沙子全集九卷

明陳獻章撰

附錄一卷

明湛若水等撰

明萬曆四十年(1612)何上新刻本

九行十八字　四周單邊　白口

18.8×13.6 釐米

浙圖　溫圖

集 2640

白沙子全集九卷

明陳獻章撰

附錄一卷

清順治十二年(1655)黄之正刻本

九行十八字　四周單邊　白口

19.8×13 釐米

浙圖

集 2641

白沙子全集六卷首一卷

明陳獻章撰

清康熙五十年(1711)刻本

十一行二十一字　左右雙邊　黑口

19.7×14.8 釐米

浙圖　溫圖

集 2642

白沙子全集十卷首一卷末一卷古詩教解二卷

明陳獻章撰

清乾隆三十六年(1771)碧玉樓刻本

十行二十一字　四周雙邊　白口

19.1×13 釐米

浙圖　嘉圖＊　海寧圖　天一閣＊

集 2643

白沙子全集十卷古詩教解二卷

明陳獻章撰

首一卷末一卷

清乾隆三十四年(1769)刻本

十行二十一字　四周雙邊　白口

18.9×13.5 釐米

溫圖

集 2644

白沙先生詩教解十五卷

明陳獻章撰　明湛若水輯解

明隆慶元年(1567)李荷刻本

存五卷　一至五

九行二十六字　左右雙邊　白口

19.8×13.6 釐米

浙圖＊　天一閣＊

集 2645

土苴集二卷

明嘉興周鼎撰

附錄一卷

清初抄本

浙圖

集 2646

土苴集一卷

明嘉興周鼎撰

清抄本

九行十九字　無格

天一閣

集 2647

土苴集二卷集外詩一卷續集六卷

明嘉興周鼎撰

附錄一卷

清抄本　張天方錄孫毓修跋

浙圖

集 2648

土苴續集六卷集外詩一卷

明嘉興周鼎撰

抄本

浙圖

集 2649

繼軒集十二卷

明沐璘撰

明刻本

存五卷　一至五

十行二十字　四周雙邊　黑口

21×14.7 釐米

天一閣

集 2650

畏齋存藁二卷

明太平林鶚撰

明萬曆五年(1577)林元棟刻本

十行二十一字　四周雙邊　白口

18.7×13 釐米

天一閣

集 2651

畏齋存稿二卷

明太平林鶚撰

清抄本

浙圖

集 2652

林恭肅公集不分卷

明太平林鶚撰

清陳樹鈞抄本　清黃巖王棻跋

黃巖圖

集 2653

楊文懿公文集三十卷

明鄞縣楊守陳撰

明弘治十二年(1499)楊茂仁刻本　明劉發題款

十二行二十二字　四周雙邊　黑口

19.4×13.8 釐米

浙圖

集 2654

楊文懿公文集二十六卷

明鄞縣楊守陳撰

明萬曆十六年(1588)楊德政刻本

晉庵稿一卷

鏡川稿五卷

東觀稿八卷

桂坊稿四卷

金坡稿七卷

銓部稿一卷

九行二十字　四周雙邊　白口

21.8×14.8 釐米

浙大　浙博

集 2655

黎陽王襄敏公集四卷

明王越撰

年譜一卷

明王紹雍、王正蒙撰

明萬曆十三年(1585)但貴元刻本

十行二十字　四周雙邊　白口

21×14.5 釐米

浙大

集 2656

瓊臺會稿十二卷

明丘濬撰

明嘉靖三十二年(1553)鄭廷鵠刻本

十一行二十四字　四周雙邊　白口

20×14.5 釐米

浙圖＊　天一閣

集 2657

瓊臺會稿十二卷

明丘濬撰

明萬曆八年(1580)劉倬、馬千乘刻本

十一行二十四字　四周雙邊　白口

浙圖

集 2658

瓊臺詩文會稿重編二十四卷

明丘濬撰

明天啓(1621—1627)丘爾穀等刻本

存十四卷　七至八　十三至二十四

九行二十字　四周單邊　白口

21.3×14.3 釐米

浙圖

集 2659

丘文莊公集十卷

明丘濬撰

清康熙四十七年(1708)王贇刻本

十行二十二字　四周雙邊　白口

20.7×14.4 釐米

浙圖

集 2660

方洲先生集二十六卷讀史録六卷

明張寧撰

明萬曆(1573—1620)錢世垚等刻本

九行十九字　左右雙邊　白口

20.7×14.2 釐米

杭圖

集 2661

椒丘文集三十四卷

明何喬新撰

外集一卷

明嘉靖元年(1522)余罃刻本

存五卷　十六至二十

十一行二十二字　四周單邊　黑口

17.2×12.5 釐米

天一閣

集 2662

文肅公文集三十四卷

明何喬新撰

外集一卷

清康熙三十三年(1694)何源濬、何三臺等刻本

九行二十三字　左右雙邊　白口

20×13.5 釐米

浙圖　溫圖

集 2663

逸老堂淨稿十九卷

明黄巖謝省撰

明刻本〔卷一至二清謝作舟抄配缺葉〕

存十卷　一至十

八行十八字　四周雙邊　黑口

臨海博

集 2664

拗齋詩不分卷

明慈谿汪淮撰

汪伯機詩不分卷

明慈谿汪樞撰

明萬曆(1573—1620)翰西軒刻本

九行十八字　左右雙邊　白口　版心下鎸“翰西軒”

19.1×13.2 釐米

天一閣

集 2665

謝文莊公集六卷

明謝一夔撰

明嘉靖四十一年(1562)謝廷傑刻本

十行二十字　左右雙邊　白口

19×14.2 釐米

浙大

集 2666

恭愍公遺稿不分卷

明臨海陳選撰

清抄本

浙圖

集 2667

懷麓堂詩稿二十卷文稿三十卷詩後稿十卷文後稿三十卷南行稿一卷北上錄一卷講讀錄一卷東祀錄三卷集句錄一卷集句後錄一卷哭子錄一卷求退錄三卷

明李東陽撰

明正德十一年(1516)熊桂刻本

存五十二卷　懷麓堂文稿全　文後稿一至二十　南行稿　北上錄

十行二十字　四周單邊　白口

19.5×13.2 釐米

浙圖＊　天一閣＊

集 2668

懷麓堂詩稿二十卷文稿三十卷詩後稿十卷文後稿二十卷詩文續稿十卷

明李東陽撰

清康熙二十年(1681)廖方達刻本

十行二十字　四周單邊　白口

19×12.6 釐米

上虞圖

集 2669

懷麓堂詩稿二十卷文稿三十卷詩後稿十卷文後稿二十卷詩文續稿十卷

明李東陽撰

明大師李文正公年譜一卷

清朱景英撰

清康熙二十年(1681)廖方達刻乾隆十一年(1746)增刻本

浙圖

集 2670

西崖先生擬古樂府二卷

明李東陽撰　明黄巖謝鐸、潘辰評點　明何孟春音注

明釋袾宏刻本

九行二十字　左右雙邊　白口

19.4×12.5 釐米

浙圖

集 2671

穀庵集選十卷

明嘉興姚綬撰

附錄二卷

可閑先生逸稿一卷

明嘉興姚黼撰

明嘉靖三十七年(1558)姚堦刻後印本　清陳其榮跋

九行十七字　左右雙邊　細黑口

18.1×14.7 釐米

浙大

集 2672

桃溪淨稿八十四卷

明黄巖謝鐸撰

明刻本

存三十九卷　一至三十九

十行二十字　四周單邊　白口

19×13.1 釐米

天一閣＊　臨海博＊

集 2673

桃溪淨稿八十四卷

明黄巖謝鐸撰

清抄本　臨海項士元跋

存十五卷　三至十七

浙圖

集 2674

桃溪淨稿詩集四十五卷

明黄巖謝鐸撰

清光緒二十三年(1897)陳樹鈞抄本

黄巖圖

集 2675

桃溪文稿四卷

明黄巖謝鐸撰

清光緒二十年(1894)王棻抄本　清黄巖王宗儒、黄巖王舟瑤批校並跋

黄巖圖

集 2676

桃溪文四卷

明黄巖謝鐸撰

清抄本

浙圖

集 2677

滄州詩集十卷續集二卷

明張泰撰

附録一卷

清初抄本

浙圖

集 2678

石谷達意稿三十四卷

明吳伯通撰

明正德十一年(1516)汪城刻本

十一行二十字　左右雙邊　白口

20.4×13.8 釐米

天一閣

集 2679

康齋先生文集十二卷

明吳與弼撰

附録一卷

明嘉靖五年(1526)林維德刻本

存四卷　二至五

十行二十一字　四周單邊　黑口

21.5×14.5 釐米

天一閣

集 2680

一峰先生文集十四卷

明羅倫撰

明嘉靖二十八年(1549)張言刻本

十行十九字　四周單邊　白口

19.5×13.9 釐米

浙圖　天一閣　浙大

集 2681

篁墩程先生文集九十三卷拾遺一卷

明程敏政撰

明正德二年(1507)何歆刻本

缺十五卷　四至五　十二至二十四

十三行二十七字　四周單邊　白口

19.8×12.7 釐米

浙圖＊　天一閣＊

集 2682

篁墩程先生文粹二十五卷

明程敏政撰

明嘉靖十一年(1532)鄒氏宗文堂刻本

存六卷　五至十

十一行二十一字　四周單邊　白口

19×13 釐米

溫圖

集 2683

龍皐文藁十九卷

明陸簡撰

像贊墓誌銘一卷

明嘉靖元年(1522)楊鑨刻本

十行十九字　四周雙邊　白口

18.7×13.1 釐米

浙圖

集 2684

張東海先生詩集四卷文集五卷

明張弼撰

明正德十三年(1518)張弘至刻本

十行十七字　左右雙邊　白口

19×14.1 釐米

浙大

集 2685

張東海全集八卷

明張弼撰

附録不分卷

萬里志二卷

明張弘至撰

清康熙三十三年(1694)張世綬刻本
存詩集卷一至二　文集三至四　附録
八行二十字　左右雙邊　白口
18.7×13 釐米
溫圖

集 2686
楓山章先生文集九卷
明蘭谿章懋撰
明嘉靖九年(1530)張大綸刻本
十行二十字　左右雙邊　白口
18.5×13.8 釐米
浙大

集 2687
楓山章先生文集九卷
明蘭谿章懋撰
明嘉靖九年(1530)張大綸刻章翰重修本
浙圖　浙大

集 2688
楓山章先生文集九卷語録一卷
明蘭谿章懋撰
實紀八卷
明章接輯
年譜二卷
明阮鶚撰
明嘉靖九年(1530)張大綸刻明清遞修本
溫圖

集 2689
楓山章先生文集四卷
明蘭谿章懋撰
明嘉靖二十一年(1542)虞守愚刻本
十行二十一字　四周單邊　白口
21×14.2 釐米
浙大

集 2690
醫閭先生集九卷
明賀欽撰
明嘉靖九年(1530)陰成文刻本
存五卷　三至七
十行二十字　四周雙邊　黑口
20.6×13.3 釐米
天一閣

集 2691
醫閭先生集九卷
明賀欽撰
附録一卷
明嘉靖二十三年(1544)齊宗道刻本
存四卷　一至四
九行十八字　左右雙邊　白口
浙圖

集 2692
未軒公文集十二卷
明黄仲昭撰
附録一卷
明嘉靖三十四年(1555)黄希白刻本
十行二十字　四周單邊　白口
18.3×13.5 釐米
浙大

集 2693
定山先生集十卷
明莊昶撰
清初抄本
浙圖

集 2694
定山先生集十卷
明莊昶撰
附録一卷
清乾隆五年(1740)莊清佐刻本
十行二十字　四周單邊　白口
19.7×14.1 釐米

浙大

集 2695

思玄集十六卷

明桑悦撰　明徐威注

附刻一卷

明萬曆四十四年(1616)翁憲祥刻本

十行二十一字　四周單邊　白口

22.4×14.3 釐米

浙大

集 2696

張文僖公和唐詩十卷

明張昇撰

明正德十六年(1521)刻本

存五卷　一至五

九行十六字　四周單邊　白口

17.2×13 釐米

天一閣

集 2697

屠康僖公集六卷

明平湖屠勳撰

附錄一卷

清雪廬影抄明萬曆(1573—1620)屠繩德合刻屠氏家藏集本

浙圖

集 2698

匏翁家藏集七十七卷補遺一卷

明吳寬撰

明正德三年(1508)吳奭刻本

十行二十四字　左右雙邊　白口

19.8×14.9 釐米

浙大

集 2699

文溫州集十二卷

明文林撰

清抄本

浙圖

集 2700

石淙詩稿二十卷

明楊一清撰

明嘉靖(1522—1566)刻本

存四卷　十三至十六

十一行二十二字　四周雙邊　白口

21.3×13.8 釐米

天一閣

集 2701

震澤先生集三十六卷

明王鏊撰

明嘉靖(1522—1566)刻本

存十八卷　七至十二　二十五至三十六

十一行二十字　左右雙邊　白口

17.5×14.3 釐米

天一閣

集 2702

震澤先生集三十六卷

明王鏊撰

明嘉靖(1522—1566)刻萬曆(1573—1620)鶴來堂印本

浙大

集 2703

王文恪公集三十六卷

明王鏊撰

鶡音一卷白社詩草一卷

明王禹聲撰

名公筆記一卷

明萬曆(1573—1620)王氏三槐堂刻本

九行二十字　四周單邊　白口

21.7×14.2 釐米

杭圖　溫圖＊　天一閣　浙大

集 2704

王文恪公集三十六卷

明王鏊撰

鶡音一卷白社詩草一卷

明王禹聲撰

名公筆記一卷

明萬曆(1573—1620)王氏三槐堂刻清重修本

浙圖

集 2705

馬東田漫稿六卷

明馬中錫撰　明孫緒評

明嘉靖十七年(1538)文三畏刻本

十行十七字　四周雙邊　白口

18×13.5 釐米

浙大

集 2706

碧川文選八卷詩選八卷

明鄞縣楊守阯撰

別錄一卷補遺一卷

明崇禎(1628—1644)楊德周刻本

九行二十字　四周單邊　白口

21.4×14.1 釐米

天一閣

集 2707

鬱洲遺稿十卷

明梁儲撰

明回天閣刻本

九行二十字　左右雙邊　白口

17.5×13.4 釐米

浙大

集 2708

見素集二十八卷奏議七卷素翁續集十二卷宸翰錄三卷清朝特典五卷編年紀略一卷墓誌銘一卷䘏錄紀事一卷雲莊公畫像贊一卷自考集七卷

明林俊撰

明林達撰

明萬曆十三年(1585)林及祖等刻本

缺一卷　自考集六

十行二十二字　四周單邊　白口

18.6×13.4 釐米

浙圖*　浙大*

集 2709

半江趙先生文集十五卷

明趙寬撰

附錄一卷

明嘉靖四十年(1561)趙掄刻本

缺四卷　一至四

九行十七字　左右雙邊　白口

19×13.7 釐米

天一閣

集 2710

古城文集六卷

明張吉撰

首一卷

清康熙三十年(1691)楊棆刻本

存二卷　三至四

19.1×13.4 釐米

天一閣

集 2711

容春堂前集二十卷後集三十一卷續集八卷別集九卷

明邵寶撰

明正德嘉靖間(1506—1566)刻本

存二十三卷　後集一至十四　別集全

十行二十字　左右雙邊　白口

18.8×14 釐米

天一閣

集 2712

泉齋勿藥集十四卷

明邵寶撰

明刻本

存十卷　一至十

十行二十字　左右雙邊　白口

18.5×14 釐米

天一閣

集 2713

盧黄州渺粟稿六卷

明天台盧濬撰

清抄本

浙圖

集 2714

翰林羅圭峰先生文集十八卷續集十五卷

明羅玘撰

明嘉靖五年(1526)陳洪謨、余載仕刻本

缺一卷　續集十五

十一行二十二字　四周單邊　白口

20×14.3 釐米

天一閣

集 2715

羅圭峰先生文集三十卷首一卷

明羅玘撰

明崇禎七年(1634)黄伯端、吳兆刻本

九行十八字　四周單邊　白口

20.5×14.2 釐米

浙大

集 2716

羅圭峰先生文集三十卷

明羅玘撰

清康熙二十九年(1690)羅美才刻本

十行二十一字　四周雙邊　白口

20.6×13.2 釐米

浙圖　溫圖

集 2717

羅圭峰先生文選不分卷

明羅玘撰

清抄本

十行二十七字　無格

天一閣

集 2718

明夏赤城先生文集二十三卷

明夏鍭撰

清乾隆三十七年(1772)映南軒活字印本

十行二十字　四周單邊　白口

22.9×14.9 釐米

浙圖

集 2719

東瀛遺稿□□卷

明王啓撰

明抄本

存三卷　九至十一

黄巖圖

集 2720

石田先生集十一卷

明沈周撰

明萬曆四十三年(1615)陳仁錫刻本

九行十九字　四周雙邊　白口

22.5×14 釐米

浙圖　天一閣

集 2721

石田先生詩鈔八卷文鈔一卷

明沈周撰　明瞿式耜輯

事略一卷

清錢謙益輯

明崇禎十七年(1644)瞿式耜刻本

存詩鈔八卷

十行二十二字　四周單邊　白口

18.8×12.8 釐米

浙大

集 2722

石田詩稿不分卷

明沈周撰

張宗祥抄本　海寧張宗祥錄清繆曰藻、海寧陳鱣跋並跋

浙圖

集 2723

碧溪詩集六卷

明慈谿張鈇撰

明刻本　清乾隆二十一年(1756)鑑沙子批校並跋

存二卷　五至六

十行二十字　左右雙邊　白口

18.5×13.8 釐米

天一閣

集 2724

雲松詩略八卷

明鄞縣魏偁撰

張氏約園抄本

浙圖

集 2725

敬齋集三卷

明胡居仁撰

明刻本

九行二十字　四周單邊　白口

20.5×14.6 釐米

浙大

集 2726

文敬胡先生集三卷

明胡居仁撰

清乾隆二十二年(1757)刻本

十行二十二字　四周雙邊　白口

18.3×12.5 釐米

浙圖　湖博

集 2727

風樹亭稿十二卷

明姚福撰

清金氏文瑞樓抄本

浙圖

集 2728

偲菴詩集十卷文集十卷

明楊旦撰

附錄一卷

明嘉靖三十九年(1560)楊襄刻本

九行十六字　四周單邊　白口

浙圖

集 2729

方簡肅公文集十卷

明方良永撰

附錄一卷

明萬曆八年(1580)方攸績刻本

存三卷　七至八　附錄

九行十八字　四周雙邊　白口

19.2×13.8 釐米

浙圖

集 2730

草窻梅花集句三卷

明童琥撰

附錄一卷

明崇禎七年(1634)汪載德刻本

九行大小字數不一　四周單邊　白口

21.4×14.2 釐米

浙圖

集 2731

李氏弘德集三十二卷

明李夢陽撰

明嘉靖四年(1525)張元學刻本

十行二十字　四周單邊　黑口

19.2×14.1 釐米

浙圖

集 2732

李崆峒先生詩集三十三卷

明李夢陽撰

明萬曆三十年(1602)刻李何二先生詩本

十行二十字　左右雙邊　白口

21×14.3 釐米

浙圖

集 2733

空同集六十三卷

明李夢陽撰

明嘉靖十一年(1532)曹嘉刻本〔卷六十一至六十三配明刻本〕

十一行二十字　左右雙邊　白口

18.5×13.9 釐米

天一閣

集 2734

空同先生集六十三卷

明李夢陽撰

明嘉靖(1522—1566)刻本

十一行二十字　左右雙邊　白口

19.1×15.7 釐米

温圖*　天一閣*　浙大

集 2735

空同先生集六十三卷

明李夢陽撰

明萬曆七年(1579)思山堂徐應瑞刻本

十一行二十字　四周雙邊　白口

20.2×12.5 釐米

浙圖

集 2736

空同集六十四卷

明李夢陽撰

明萬曆二十九年(1601)李思孝刻本

十行二十字　四周雙邊　白口

21.5×15.6 釐米

黄巖圖*　天一閣

集 2737

空同子集六十六卷目錄三卷

明李夢陽撰

附錄二卷

明萬曆三十年(1602)鄧雲霄刻本

十行二十字　左右雙邊　白口

20.5×15 釐米

浙圖　杭圖

集 2738

崆峒集二十一卷

明李夢陽撰

明刻本

十行二十字　四周單邊　白口

18.9×13.8 釐米

浙圖

集 2739

空同詩選一卷

明李夢陽撰　明楊慎評

明閔齊伋刻朱墨套印本

九行十九字　四周單邊　白口

21.4×15.3 釐米

浙圖

集 2740

空同精華集三卷

明李夢陽撰　明鄞縣豐坊輯

明嘉靖四十四年(1565)屠本畯刻本

九行二十二字　四周單邊　白口

19×14 釐米

天一閣

集 2741

祝氏集略三十卷

明祝允明撰

明嘉靖三十六年(1557)張景賢刻本

十行二十字　左右雙邊　白口

19.2×14 釐米

浙大

集 2742

懷星堂全集三十卷

明祝允明撰

明萬曆三十九年(1611)陳以聞刻本

十行二十字　左右雙邊　白口

19.3×14.2 釐米

浙圖

集 2743

甌濱先生摘稿一卷

明永嘉王瓚撰

清瑞安孫氏玉海樓抄本　清瑞安孫詒讓校補

溫圖

集 2744

渼陂集十六卷

明王九思撰

明嘉靖十二年(1533)王獻等刻本

十行二十一字　四周單邊　白口

17.9×13.4 釐米

浙圖

集 2745

渼陂集十六卷續集三卷

明王九思撰

明嘉靖十二年(1533)王獻等刻二十四年(1545)翁萬達續刻本

嘉圖　天一閣 *

集 2746

渼陂集十六卷續集三卷

明王九思撰

明嘉靖十二年(1533)王獻等刻二十四年(1545)翁萬達續刻清乾隆(1736—1795)重修本

浙大

集 2747

熊士選集一卷

明熊卓撰

附録一卷

明嘉靖二十二年(1543)范欽刻本

八行二十字　四周單邊　白口

17.9×12.8 釐米

天一閣

集 2748

浮湘藁四卷山中集四卷憑几集五卷續集二卷息園存稿十四卷又九卷緩慟集一卷國寶新編一卷近言一卷

明顧璘撰

明嘉靖(1522—1566)吳郡沈氏繁露堂刻本

存十八卷　浮湘藁全　息園存稿全

九行十六字　四周單邊　白口

17×13.7 釐米

天一閣 *　浙大 *

集 2749

東橋集詩二十三卷文十九卷詞一卷

明顧璘撰

明抄本

浙圖

集 2750

劉清惠公文集十二卷

明劉麟撰

述盧王氏抄本

存四卷　一至四

浙圖

集 2751

陶莊敏公文集八卷

明會稽陶諧撰

附録一卷

蘭渚先生遺稿一卷

明會稽陶允淳撰

清陶壒賢奕書樓抄本
浙圖

集 2752
陶莊敏公文集八卷
明會稽陶諧撰
清寒梅館抄本
十一行二十四字　左右雙邊　白口
18×12.5 釐米
紹圖

集 2753
華泉詩集八卷
明邊貢撰
明嘉靖十七年(1538)蘇祐刻本
存三卷　一至三
九行二十字　四周單邊　白口
18×13.4 釐米
天一閣

集 2754
邊華泉集八卷
明邊貢撰
附一卷
明嘉靖(1522—1566)刻清李裔雲補刻本
十行二十二字　四周單邊　白口
18.5×13.9 釐米
浙大

集 2755
邊華泉集八卷
明邊貢撰
明嘉靖(1522—1566)刻本
存三卷　三至五
十一行十九字　左右雙邊　白口
17.1×14 釐米
天一閣

集 2756
邊華泉集十四卷
明邊貢撰
明嘉靖(1522—1566)刻本
存七卷　詩集一至二　四至六　文集四至五
十行二十二字　四周單邊　白口
20×13.9 釐米
天一閣

集 2757
華泉先生集選四卷
明邊貢撰　清王士禛輯
附錄一卷
清康熙(1662—1722)刻本
十行十九字　左右雙邊　黑口
18×14 釐米
浙圖

集 2758
蕩南詩集四卷
明樂清朱諫撰
清道光十三年(1833)活字印本
九行二十字　四周雙邊　白口
20.9×12.8 釐米
溫圖

集 2759
陽明先生文錄五卷外集九卷別錄十卷
明餘姚王守仁撰
明嘉靖十四年(1535)聞人詮刻本
十行二十字　左右雙邊　白口
19.5×14.6 釐米
天一閣

集 2760
陽明先生文錄五卷外集九卷別錄十卷
明餘姚王守仁撰
明嘉靖三十六年(1557)胡宗憲刻本
九行十九字　四周雙邊　白口
19.2×14.2 釐米
溫圖　天一閣*

集 2761

陽明先生文錄五卷外集九卷别錄十四卷

明餘姚王守仁撰

明嘉靖二十九年(1550)閭東刻本

十行二十字　左右雙邊　白口

20×15 釐米

浙圖

集 2762

陽明先生正錄五卷外錄九卷别錄十四卷

明餘姚王守仁撰

明嘉靖三十五年(1556)董聰刻本

十行二十字　四周單邊　白口

19.9×14.9 釐米

浙圖

集 2763

陽明先生文錄十七卷

明餘姚王守仁撰

語錄三卷

明徐愛輯

明嘉靖二十六年(1547)范慶刻本

存十七卷　文錄四至十七　語錄全

十行二十字　左右雙邊　白口

20.5×14.7 釐米

浙圖

集 2764

王文成公全書三十八卷

明餘姚王守仁撰

明隆慶六年(1572)謝廷傑刻本

九行十九字　四周雙邊　白口

19×14 釐米

浙圖　天一閣＊

集 2765

文成先生文要四卷

明餘姚王守仁撰

明萬曆三十一年(1603)陸典等刻本

九行十八字　四周單邊　白口

21.2×13.7 釐米

浙圖

集 2766

陽明先生文粹十一卷

明餘姚王守仁撰　明宋儀望輯

明隆慶六年(1572)宋儀望閩中正學書院刻本

十行二十字　四周雙邊　白口

19.7×14.8 釐米

浙圖

集 2767

新刊精選陽明先生文粹六卷

明餘姚王守仁撰　明查鐸輯

明嘉靖四十五年(1566)唐龍泉刻本

十行二十二字　四周雙邊　白口

18.1×12 釐米

天一閣

集 2768

陽明先生要書八卷

明餘姚王守仁撰

附錄五卷

明崇禎八年(1635)刻本

九行十九字　四周單邊　白口

臨海博

集 2769

王陽明先生全集二十二卷

明餘姚王守仁撰　清俞嶙輯

首一卷

清康熙十二年(1673)俞嶙刻本

九行十九字　四周雙邊　白口

20.1×13.6 釐米

浙圖　溫圖＊　上虞圖　慈溪博　衢博

集 2770

王陽明先生文鈔二十卷

明餘姚王守仁撰　清張問達輯

清康熙二十八年(1689)致和堂刻世得堂印本
九行二十三字　四周單邊　白口
19.8×12.8 釐米
浙圖

集 2771
凌谿先生集十八卷
明朱應登撰
明嘉靖三十三年(1554)朱氏家刻本　長興王修跋
卷十八係附錄
十行十九字　四周單邊　白口
18.6×14.6 釐米
浙圖

集 2772
碧谿賦二卷
明歐陽雲撰
明嘉靖二十六年(1547)陳德文刻本
十行二十字　左右雙邊　白口
19×14.7 釐米
天一閣

集 2773
括庵先生詩集一卷
明錢瓚撰
明隆慶三年(1569)錢龍溟刻本
十行二十字　四周雙邊　白口
20.5×12.6 釐米
天一閣

集 2774
唐伯虎先生集二卷外編五卷續刻十二卷
明唐寅撰　明何大成輯
六如唐先生畫譜三卷
明唐寅輯
明萬曆(1573—1620)刻本
缺六如唐先生畫譜三卷
九行二十字　四周雙邊　白口
23×15.5 釐米
浙圖

集 2775
袁中郎先生批評唐伯虎彙集四卷
明唐寅撰　明袁宏道評
唐六如先生畫譜三卷
明唐寅輯
外集一卷紀事一卷傳贊一卷
明萬曆(1573—1620)刻本
九行二十字　四周單邊　白口
20.5×14.1 釐米
紹圖＊　杭博＊　天一閣　浙大＊

集 2776
袁中郎先生批評唐伯虎彙集四卷
明唐寅撰　明袁宏道評
唐六如先生畫譜三卷
明唐寅輯
外集一卷紀事一卷傳贊一卷
明萬曆(1573—1620)刻白玉堂印本
浙圖　餘杭圖

集 2777
康對山先生集四十六卷
明康海撰
明萬曆十年(1582)潘允哲刻本
十行二十字　左右雙邊　白口
20×14.2 釐米
浙大

集 2778
魯文恪公文集十卷
明魯鐸撰
明隆慶元年(1567)方梁刻本
九行二十字　左右雙邊　白口
20.1×14 釐米
天一閣

集 2779

何文定公文集十一卷

明何瑭撰

明萬曆四年(1576)賈待問等刻本

十行二十一字　左右雙邊　白口

20.2×13 釐米

浙圖　浙大

集 2780

誠齋詩集四卷

明汪鋐撰

四世一品恩命錄一卷

清抄本

浙圖

集 2781

內臺集四卷

明王廷相撰

明嘉靖(1522—1566)山東張鵬、司馬泰刻本

十行十八字　四周單邊　白口

18×14 釐米

浙大

集 2782

水南集八卷

明德清陳霆撰

明嘉靖四十三年(1564)陳翀刻本

十行十八字　白口

19×14.6 釐米

浙大

集 2783

水南集八卷

明德清陳霆撰

清得古齋抄本

九行二十一字　四周雙邊　白口

18.5×13 釐米

天一閣

集 2784

周恭肅公集十六卷

明周用撰

附錄一卷

明嘉靖二十八年(1549)周國南川上草堂刻本

十行二十字　四周雙邊　白口

19.2×14.2 釐米

浙圖　浙大

集 2785

何氏集二十六卷

明何景明撰

明嘉靖(1522—1566)沈氏野竹齋刻本

十行十八字　左右雙邊　白口

16.4×13.6 釐米

浙圖　杭圖　浙大

集 2786

大復集三十七卷

明何景明撰

附錄一卷

明嘉靖三十四年(1555)袁璨刻本

十行十八字　四周雙邊　白口

16.7×13.4 釐米

天一閣＊　玉海樓

集 2787

何大復先生集三十八卷

明何景明撰

附錄一卷

明萬曆五年(1577)陳堂、胡秉性刻本

十行二十字　四周單邊　白口

18.8×14.1 釐米

浙圖　浙大

集 2788

何大復先生集三十八卷

明何景明撰

附錄一卷

明刻本

十行二十字　四周單邊　白口

18.8×14.3 釐米

浙圖＊　天一閣

集 2789

何大復先生集三十八卷

明何景明撰

附録一卷

清乾隆十五年(1750)何輝少刻本

九行二十字　四周雙邊　白口

18.2×11.9 釐米

浙圖　嘉圖

集 2790

何仲默集十卷

明何景明撰

明嘉靖(1522—1566)費榘等刻本

九行二十字　四周單邊　白口

17.7×14 釐米

浙大

集 2791

何大復先生詩集十二卷

明何景明撰　清金鎮輯並評

清康熙五年(1666)修永堂刻本

九行十八字　四周單邊　白口　書口下鐫"修永堂"

19.6×13.3 釐米

浙大

集 2792

顧文康公文草十卷詩草六卷續稿六卷三集四卷

明顧鼎臣撰

首一卷

明崇禎十二年(1639)清順治二年(1645)顧氏桂雲堂刻本

九行十八字　左右雙邊　白口

21.3×14.5 釐米

浙圖＊　杭圖＊　天一閣

集 2793

董中峰先生文選十一卷又一卷

明會稽董玘撰　明唐順之輯

明嘉靖四十年(1561)王國楨刻本

九行十九字　四周雙邊　白口

19.9×13.8 釐米

浙圖

集 2794

董中峰先生文選□□卷

明會稽董玘撰

清董瑞書抄本

存二卷　三至四

九行二十字　四周單邊　白口

18×11.3 釐米

紹圖

集 2795

洹詞十二卷

明崔銑撰

明嘉靖(1522—1566)趙府味經堂刻本

十行二十字　四周雙邊　細黑口

16.7×13.7 釐米

浙圖　天一閣＊　寧海文

集 2796

洹詞十二卷

明崔銑撰

明嘉靖(1522—1566)趙府味經堂刻清乾隆三十七年(1772)黄邦寧補修本

浙圖　寧海文　浙大

集 2797

崔氏洹詞十七卷附録四卷

明崔銑撰

明嘉靖三十三年(1554)周鎬等刻本

十一行二十四字　四周單邊　白口

19.4×14.1 釐米

浙大

集 2798
白石野稿六卷
明林魁撰
明刻本
存三卷　二至四
18.5×12.5 釐米
天一閣

集 2799
鈐山堂集四十卷
明嚴嵩撰
附錄一卷
明嘉靖(1522—1566)刻本
十行二十字　左右雙邊　白口
21.2×14.5 釐米
天一閣

集 2800
直廬稿十卷
明嚴嵩撰
明嘉靖三十一年(1552)嚴氏鈐山堂刻本
十行二十字　左右雙邊　白口
18.6×14.7 釐米
浙圖

集 2801
鈐山詩選七卷
明嚴嵩撰　明楊慎輯並評點
明嘉靖(1522—1566)刻本
九行十八字　四周雙邊　白口
17.9×13.3 釐米
浙大　杭圖

集 2802
甘泉先生文集内編二十八卷外編十二卷
明湛若水撰
明嘉靖十五年(1536)火增刻本
十行二十一字　左右雙邊　白口
21×14 釐米
浙圖＊　天一閣

集 2803
泉翁大全八十五卷
明湛若水撰
明嘉靖十九年(1540)沈珠刻本
存三卷　一至三
十行二十一字　左右雙邊　白口
21×14.2 釐米
天一閣

集 2804
甘泉先生兩都風詠四卷
明湛若水撰
明嘉靖十四年(1535)朱敬之刻本
十行二十字　左右雙邊　白口
19.9×14.7 釐米
浙圖

集 2805
甘泉先生文錄類選二十一卷
明湛若水撰　明周孚先輯
明嘉靖八年(1529)呂懷等刻本
存三卷　八至十
十行二十字　左右雙邊　白口
20.4×14.7 釐米
天一閣

集 2806
甘泉湛子古詩選五卷
明湛若水撰　明謝錫命等輯
明嘉靖三十一年(1552)自刻本
十行二十一字　四周單邊　白口
19.5×14 釐米
浙圖

集 2807
湛甘泉先生文集三十二卷
明湛若水撰
清康熙二十年(1681)黄楷刻本
十行二十一字　四周雙邊　白口
20.2×13.4 釐米

浙圖　溫圖

集 2808

倪小野先生全集八卷

明餘姚倪宗正撰

清康熙四十九年(1710)倪繼宗刻本

十行二十字　四周單邊　白口

20.5×14 釐米

浙圖

集 2809

暘谷空音三卷

明縉雲李寅撰

明刻本

缺一卷　下

九行十九字　左右雙邊　白口

18.8×14 釐米

天一閣

集 2810

儼山文集一百卷目錄二卷外集四十卷續集十卷

明陸深撰

明嘉靖二十五年至三十年(1546—1551)陸楫刻本

十行二十字　左右雙邊　白口

18.6×14.1 釐米

浙圖＊　杭圖＊　天一閣＊　浙大

集 2811

莊渠先生遺書十二卷

明魏校撰

明嘉靖四十年(1561)王道行刻本

存四卷　三至六

十行二十一字　左右雙邊　白口

18.9×13.4 釐米

天一閣

集 2812

莊渠先生遺書十六卷

明魏校撰

明嘉靖四十年(1561)王道行刻四十三年(1564)魏中甫續刻本

浙大

集 2813

霞山文集十卷

明臨海蔡潮撰

明刻本

存二卷　三　八

十行二十字　四周單邊　白口

臨海博

集 2814

霞山文集十卷

明臨海蔡潮撰

清抄本　清黃巖唐賡、黃巖王棻等批校並跋

黃巖圖

集 2815

丹峰先生文集十三卷

明上虞徐子熙撰

清抄本

浙圖

集 2816

徐迪功集六卷談藝錄一卷

明徐禎卿撰

明李夢陽刻本

八行十八字　左右雙邊　白口

臨海博

集 2817

徐迪功集六卷談藝錄一卷

明徐禎卿撰

明嘉靖二十九年(1550)袁氏刻本

九行十六字　左右雙邊　白口

18.5×13.2 釐米

浙圖

集 2818

徐迪功集六卷談藝錄一卷重選徐迪功外集四卷

明徐禎卿撰

明萬曆十二年(1584)傅光宅刻本

存外集四卷

九行十六字　左右雙邊　白口

19×13.2 釐米

浙圖

集 2819

徐昌穀全集十六卷

明徐禎卿撰

明萬曆四十七年(1619)松濤閣刻本

九行二十字　四周單邊　白口

21×14.7 釐米

天一閣

集 2820

鄭少谷先生全集二十四卷首一卷

明鄭善夫撰

清乾隆四十二年(1777)刻本

九行十八字　左右雙邊　白口

19.5×14.5 釐米

天一閣

集 2821

張文定公觀光樓集十卷紆玉樓集十卷靡悔軒集十二卷環碧堂集十八卷養心亭集八卷四友亭集二十卷

明鄞縣張邦奇撰

明刻本

缺紆玉樓集十卷四友亭集二十卷

十行二十一字　左右雙邊　白口

20.2×14.3 釐米

浙圖＊　天一閣＊　浙大＊

集 2822

張文定公文選三十九卷

明鄞縣張邦奇撰

明嘉靖二十九年(1550)張時徹刻本

十行二十一字　四周雙邊　白口

19.5×14.8 釐米

浙大　天一閣＊

集 2823

張文定公全集七十卷

明鄞縣張邦奇撰

張氏抄本

張文定公觀光樓集十卷

張文定公紆玉樓集十卷

張文定公環碧堂集十八卷

張文定公靡悔軒集十二卷

張文定公四友亭集二十卷

浙圖

集 2824

湖海集三卷

明海鹽董澐撰

清抄本

浙圖

集 2825

太白山人詩五卷

明孫一元撰

明嘉靖(1522—1566)刻本

十行十七字　左右雙邊　白口

17×13.5 釐米

浙圖

集 2826

涇野先生文集三十八卷

明呂柟撰

明嘉靖二十年(1541)李楨刻本

九行二十字　四周單邊　白口

20.5×14.5 釐米

浙大

集 2827

苑洛集二十二卷

明韓邦奇撰

明嘉靖三十一年(1552)刻本
十行二十字　四周單邊　白口
東陽文

集 2828
端溪先生集八卷
明王崇慶撰
明嘉靖三十一年(1552)張蘊刻本
十行二十四字　四周單邊　白口
19.5×14 釐米
天一閣

集 2829
鳥鼠山人小集十六卷
明胡纘宗撰
明嘉靖(1522—1566)刻本
十一行二十字　四周單邊　白口
16.7×13.5 釐米
浙大

集 2830
鳥鼠山人後集二卷
明胡纘宗撰
明嘉靖(1522—1566)刻本
十一行二十字　四周單邊　白口
18×13.7 釐米
浙大

集 2831
鳥鼠山人後集一卷
明胡纘宗撰
清康熙十九年(1680)刻本
九行十九字　四周單邊　白口
17.7×13 釐米
浙圖

集 2832
鳥鼠山人小集十六卷後集二卷近取編二卷願學編二卷擬漢樂府八卷可泉擬涯翁擬古樂府二卷附錄二卷補遺一卷雍音四卷唐雅八卷
明胡纘宗撰
榮哀錄二卷
明胡初被輯
明嘉靖(1522—1566)刻清順治十三年(1656)周盛時補修本
缺三卷　近取編二卷補遺一卷
行字不一　四周單邊　白口
16.8×12.9 釐米
浙圖

集 2833
擬漢樂府八卷補遺一卷
明胡纘宗撰　明谷繼宗輯解　明鄒頤賢評
附錄二卷
明嘉靖十八年(1539)楊祜、李人龍等刻本
十行十九字　四周單邊　白口
16.8×13.3 釐米
浙大

集 2834
可泉擬涯翁擬古樂府二卷
明胡纘宗撰　明胡統宗注　明張光孝評
明嘉靖三十六年(1557)馮惟訥、汪翰刻本
十行十九字　四周單邊　白口
16.8×14.3 釐米
浙大

集 2835
東洲初稿十四卷
明夏良勝撰
明正德嘉靖間(1506—1566)危德、朱揮等刻本
存四卷　一至四
十一行二十字　左右雙邊　白口
17.1×13.5 釐米
天一閣

集 2836

東畬先生詩選一卷

明海鹽錢琦撰　明俞憲輯

明隆慶五年(1571)刻本

八行十六字　左右雙邊　白口

17.6×12.2 釐米

浙圖

集 2837

覼征集一卷

明張含撰

明抄本

十行十八字　四周單邊　白口

20.2×14 釐米

天一閣

集 2838

定齋先生詩集二卷

明鄞縣王應鵬撰

清徐氏煙嶼樓抄本

十行二十一字　左右雙邊　黑口

天一閣

集 2839

定齋先生詩集二卷

明鄞縣王應鵬撰

清抄本

浙圖

集 2840

楊升菴詩五卷

明楊慎撰

明嘉靖三十一年(1552)刻本

九行二十字　四周雙邊　白口

18.5×13.5 釐米

天一閣

集 2841

升菴詩集九卷文集十二卷

明楊慎撰

明嘉靖(1522—1566)刻本

缺五卷　文集八至十二

九行十九字　四周雙邊　白口

19.5×14.5 釐米

天一閣

集 2842

太史升菴文集八十一卷目錄四卷

明楊慎撰

明萬曆十年(1582)張士佩等刻本

十行二十字　四周單邊　白口

21.6×14 釐米

浙圖　紹圖*

集 2843

太史升菴先生文集八十一卷目錄二卷

明楊慎撰

明萬曆二十四年(1596)莊誠刻本

九行十九字　四周雙邊　白口

20×14 釐米

天一閣

集 2844

升菴文集八十一卷目錄四卷

明楊慎撰

明刻本

十行二十字　四周單邊　白口

21.7×13.8 釐米

天一閣

集 2845

升菴先生文集八十一卷目錄四卷

明楊慎撰

明萬曆二十九年(1601)王藩臣、蕭如松刻本

十行二十字　左右雙邊　白口

21.5×14.2 釐米

浙圖　溫圖　紹圖*　浙大

集 2846

太史升菴文集八十一卷

明楊慎撰

明刻本

九行二十一字　左右雙邊　白口

20.7×14.1 釐米

天一閣

集 2847

太史升庵全集八十一卷

明楊慎撰

清乾隆六十年(1795)周參元刻本

九行十九字　四周雙邊　白口

20.3×13.8 釐米

浙圖

集 2848

太史升庵文集八十一卷目錄二卷

明楊慎撰

年譜一卷

清乾隆六十年(1795)養拙山房刻本

九行十九字　四周雙邊　白口

20.3×14.3 釐米

溫圖　嘉圖　上虞圖

集 2849

升菴外集一百卷

明楊慎撰　明焦竑輯

明萬曆四十五年(1617)刻本

十行二十一字　左右雙邊　白口

21×15 釐米

浙圖　嘉圖*　天一閣*

集 2850

李卓吾先生讀升庵集二十卷

明楊慎撰　明李贄輯並評

明刻本

九行二十字　四周單邊　白口

20.6×13.8 釐米

浙圖

集 2851

李卓吾先生讀升庵集二十卷

明楊慎撰　明李贄輯並評

明刻本　清海寧管庭芬跋

九行二十字　四周單邊　白口

20.3×13.6 釐米

天一閣

集 2852

陽峰家藏集三十六卷

明張璧撰

明嘉靖二十四年(1545)世恩堂刻本

十一行二十一字　左右雙邊　白口

19×14.6 釐米

浙圖

集 2853

東濱先生詩集三卷

明海鹽徐咸撰

明天啓元年(1621)徐承祖刻清乾隆(1736—1795)南洲草堂補修本

宧遊稿一卷

歸田稿一卷續稿一卷

八行十八字　四周單邊　白口

20.4×14.3 釐米

平湖圖

集 2854

順渠先生文錄十二卷

明王道撰

明刻本

十行二十一字　四周單邊　白口

18×14.6 釐米

溫圖

集 2855

八厓集七卷

明周廷用撰

清乾隆十三年(1748)周慶增刻本

存二卷　一至二

八行十九字　四周雙邊　白口
17.5×12.3 釐米
天一閣

集 2856
渭厓文集十卷
明霍韜撰
明萬曆四年(1576)霍與瑕刻本
存五卷　二　四至七
十行二十二字　四周雙邊　白口
19.7×13 釐米
溫圖

集 2857
谿田文集十一卷
明馬理撰
明萬曆十七年(1589)張泮刻本
八行十八字　四周雙邊　白口
20.3×14 釐米
浙圖

集 2858
薛西原集二卷
明薛蕙撰
明嘉靖十四年(1535)李宗樞刻本　清于士襄批並跋
十行二十字　四周單邊　白口
19×13.6 釐米
浙大

集 2859
薛考功集十卷
明薛蕙撰
明萬曆(1573—1620)刻本
九行十八字　左右雙邊　白口
17.9×14.2 釐米
浙大

集 2860
西原全集十卷遺集一卷
明薛蕙撰
清抄本　佚名錄清王友、陳王道跋
浙圖

集 2861
金一所先生集十二卷
明臨海金賁亨撰
清同治十一年(1872)抄本　清黄巖王棻等校並跋
黄巖圖

集 2862
一所先生集十二卷
明臨海金賁亨撰
清抄本　張延琛跋
九行二十字　無格
臨海博

集 2863
圭山近稿六卷
明張儉撰
清乾隆二十五年(1760)活字印本
九行十七字　四周單邊　白口
臨海博

集 2864
容菴集七卷周易傳義存疑一卷
明仙居應大猷撰
明萬曆(1573—1620)刻本
十行二十字　左右雙邊　白口
20×13.5 釐米
浙圖

集 2865
容菴集七卷周易傳義存疑一卷書一卷
明仙居應大猷撰
清光緒十三年(1887)抄本　清黄巖王棻校並跋
黄巖圖

集 2866

容菴集十卷

明仙居應大猷撰

清抄本

浙圖

集 2867

嵩渚文集一百卷目錄二卷

明李濂撰

明嘉靖五年(1526)刻本

十行二十字　四周單邊　白口

17.6×13.5 釐米

浙大

集 2868

科場漫筆三卷

明李濂撰

明嘉靖五年(1526)刻本

十行二十字　四周單邊　白口

17.7×13.7 釐米

天一閣

集 2869

張南湖先生詩集四卷

明張綖撰

附錄一卷

明嘉靖三十二年(1553)張守中刻本

存二卷　一至二

十行十九字　四周單邊　白口

18.4×13.1 釐米

浙大

集 2870

梓溪文集五卷

明舒芬撰

明嘉靖三十年(1551)張希舉刻本

十行二十字　四周單邊　白口

19.3×13.7 釐米

浙圖

集 2871

舒梓溪先生全集二十卷

明舒芬撰

附錄一卷

明萬曆四年(1576)漆彬刻本

存十一卷　內集一至三　外集一至二　五至九　附錄

十行二十字　四周雙邊　白口

20×14 釐米

天一閣

集 2872

梓溪文鈔內集八卷外集十卷

明舒芬撰

明萬曆四十八年(1620)舒瑔刻本

九行十八字　四周雙邊　白口

21.5×13.5 釐米

浙圖　寧圖　天一閣

集 2873

梓溪文鈔外集十卷內集八卷

明舒芬撰

明萬曆四十八年(1620)舒瑔刻本　清鄞縣徐時棟跋

天一閣

集 2874

梓溪文鈔內集十卷外集十卷首一卷

明舒芬撰

清康熙(1662—1722)刻本

九行十八字　左右雙邊　白口

18.4×13.5 釐米

浙大

集 2875

崔東洲集二十卷續集十一卷

明崔桐撰

明嘉靖二十九年(1550)曹金刻三十四年(1555)周希哲續刻本

十行二十字　左右雙邊　白口

18.8×13.9 釐米

浙大

集 2876

夢澤集十七卷

明王廷陳撰

明嘉靖(1522—1566)刻藍印本

九行十六字　四周單邊　白口

17.4×14 釐米

天一閣

集 2877

夢澤集十七卷

明王廷陳撰

明嘉靖四十一年(1562)王廷瞻刻本

十行二十字　四周單邊　白口

20.1×14.1 釐米

浙大

集 2878

夢澤集十七卷

明王廷陳撰

明嘉靖四十一年(1562)王廷瞻刻重修本

浙大

集 2879

紫峰陳先生文集十三卷

明陳琛撰

年譜二卷

清乾隆三十三年(1768)陳氏刻本

十行二十字　左右雙邊　白口

21.3×14 釐米

浙圖

集 2880

太史文華集二卷

明題巖鎮主一齋輯

明萬曆十八年(1590)閶門書林錢省吾刻本

存一卷　下

十一行二十五字　左右雙邊　白口

20.5×12.9 釐米

浙圖

集 2881

方塘汪先生文粹五卷

明汪思撰

明萬曆三年(1575)汪知易刻本

十行二十一字　四周單邊　白口

19.4×13.7 釐米

浙圖

集 2882

戴中丞遺集八卷

明戴鱀撰

附錄一卷

明嘉靖三十九年(1560)戴士充刻本〔配慈溪馮貞群抄本〕

八行十八字　四周雙邊　白口

19×13.7 釐米

天一閣

集 2883

黃門集十二卷許氏貽謀四則一卷

明海寧許相卿撰

附錄一卷雲邨先生年譜一卷品藻一卷

明海寧許聞造撰

明萬曆二十六年(1598)錢薾刻本

九行十九字　左右雙邊　白口

20.2×13.8 釐米

浙圖

集 2884

桂洲詩集二十四卷

明夏言撰

明嘉靖二十五年(1546)曹忭、楊九澤刻本

缺三卷　三至五

八行十七字　四周雙邊　細黑口

20.1×14 釐米

天一閣＊　紹圖＊

集 2885

夏桂洲先生文集十八卷

明夏言撰

年譜一卷

明崇禎十一年(1638)吳一璘刻清康熙五十八年(1719)吳橋重修本

十行十九字　四周單邊　白口

20.1×14.4 釐米

浙圖　杭圖　嘉圖＊　天一閣　浙大

集 2886

小山類稿選二十卷

明張岳撰

明萬曆(1573—1620)刻遞修本

九行二十字　四周雙邊　白口

21×13.3 釐米

浙大

集 2887

明聶雙江先生文集十四卷

明聶豹撰

清康熙四十年(1701)雲丘書院刻本

九行二十一字　四周雙邊　白口

21.7×14.6 釐米

浙圖

集 2888

山藏集六卷

明李士允撰

明刻本

存二卷　一至二

十行十八字　左右雙邊　白口

17.5×13.2 釐米

天一閣

集 2889

少華山人詩集四卷

明許宗魯撰

明嘉靖(1522—1566)刻本

十行二十字　四周單邊　白口

19.4×14.2 釐米

浙圖

集 2890

少華山人續集十五卷

明許宗魯撰

明嘉靖(1522—1566)刻本

十行十八字　左右雙邊　白口

17.3×13.4 釐米

天一閣

集 2891

少石集十三卷

明鄞縣陸釴撰

明刻本

缺六卷　一至三　八至十

十一行十九字　四周單邊　白口

19.3×14.6 釐米

天一閣

集 2892

少石集十三卷

明鄞縣陸釴撰

張氏約園抄本

浙圖

集 2893

内方文集不分卷

明童承敘撰

明抄本

十行二十四字　四周單邊　白口

19.5×14 釐米

天一閣

集 2894

泰泉集六十卷

明黄佐撰

明萬曆元年(1573)黄在中、黄在素等刻

本
十行二十字　四周單邊　白口
18.5×13.5 釐米
天一閣

集 2895
龍湖先生文集十四卷
明張治撰
明嘉靖(1522—1566)刻本
缺三卷　一至二　十四
十行十八字　左右雙邊　白口
19×14.6 釐米
浙大

集 2896
張龍湖先生文集十五卷
明張治撰
清雍正四年(1726)彭思眷刻本
十行二十字　左右雙邊　白口
19.6×13 釐米
浙圖　嘉圖　平湖圖　浙大

集 2897
太師張文忠公集十九卷
明永嘉張孚敬撰
明萬曆四十三年(1615)張汝綗、張汝紀刻本
十行二十字　左右雙邊　白口
21.3×14.5 釐米
浙圖*　浙大*

集 2898
弘藝錄三十二卷首一卷
明仁和邵經邦撰
清康熙二十四年(1685)邵遠平刻本
十行二十一字　四周單邊　黑口
19.4×14.7 釐米
浙圖

集 2899
樸溪潘公文集九卷
明潘潢撰
明潘文星刻本
九行十九字　四周單邊　白口
19.6×13.7 釐米
浙圖

集 2900
群玉樓稿七卷困亨别稿一卷
明李默撰
附錄一卷
明萬曆元年(1573)李培刻本
九行十八字　四周雙邊　白口
18.5×14.2 釐米
浙圖　天一閣*

集 2901
玩鹿亭稿八卷
明鄞縣萬表撰
附錄一卷
明萬曆二十八年(1600)萬邦孚刻本
九行十八字　四周單邊　白口
21.3×14.2 釐米
浙圖

集 2902
甫田集三十六卷
明文徵明撰
明刻本
十一行二十一字　左右雙邊　白口
18.7×13.8 釐米
浙大

集 2903
甫田集三十六卷
明文徵明撰
明刻清修本
19×13.5 釐米
浙圖

集 2904

甫田集三十六卷

明文徵明撰

清康熙(1662—1722)文十刻本

十一行二十一字　左右雙邊　白口

18.5×13.3 釐米

天一閣

集 2905

甫田集四卷

明文徵明撰

明刻本

十二行二十字　左右雙邊　白口

18.5×13.5 釐米

天一閣

集 2906

甫田集四卷

明文徵明撰

明刻本　清康熙三十年(1691)安璿評點並跋

浙圖

集 2907

西村詩集二卷補遺一卷

明海鹽朱樸撰

明嘉靖三十一年(1552)自刻萬曆二十九年(1601)朱綵續刻本

十行二十字　四周單邊　白口

19.7×13.9 釐米

浙圖

集 2908

練溪集四卷

明凌震撰

明嘉靖三十年(1551)凌約言刻本

十行二十字　四周單邊　白口

19.7×14.8 釐米

浙大

集 2909

雅宜山人集十卷

明王寵撰

明嘉靖十六年(1537)董宜陽、朱浚明刻本

十行十八字　左右雙邊　白口

17.4×13.6 釐米

浙大

集 2910

吴元定重訂楊升菴夫人樂府四卷

明黄峨撰

清初抄本

十二行二十一字　無格

浙大

集 2911

世經堂集二十六卷

明徐階撰

明萬曆(1573—1620)徐氏刻本

十行二十字　四周雙邊　白口

19.6×13.8 釐米

浙圖　浙大

集 2912

歐陽南野先生文集三十卷

明歐陽德撰

明嘉靖三十七年(1558)梁汝魁刻本

十行二十字　四周單邊　白口

19.9×15 釐米

浙大

集 2913

歐陽南野先生文選四卷

明歐陽德撰　明山陰王畿、李春芳輯

明嘉靖(1522—1566)刻本

存一卷　四

十行二十字　左右雙邊　白口

20.5×14.5 釐米

天一閣

集 2914

蘇門集八卷

明高叔嗣撰

明嘉靖十六年(1537)陳束刻本

十行十六字　四周單邊　白口

16.3×14.3 釐米

浙圖

集 2915

蘇門集八卷

明高叔嗣撰

明嘉靖四十二年(1563)張正位刻本

十行二十字　四周單邊　白口

17.7×14 釐米

浙大　溫圖

集 2916

南禺外史詩一卷

明鄞縣豐坊撰

手稿本

浙圖

集 2917

萬卷樓遺集六卷

明鄞縣豐坊撰

張氏約園抄本

浙圖

集 2918

端簡鄭公文集十二卷

明海鹽鄭曉撰

抄本

浙圖

集 2919

藍侍御集十卷

明藍田撰

明萬曆十五年(1587)藍思紹刻本

九行十八字　左右雙邊　白口

22×13.5 釐米

浙大

集 2920

芝園集三十六卷

明鄞縣張時徹撰

明嘉靖二十三年(1544)鄒守愚刻本

十行十九字　四周雙邊　白口

19.1×14.8 釐米

天一閣　浙大*

集 2921

芝園集三十六卷

明鄞縣張時徹撰

明嘉靖二十三年(1544)鄒守愚刻本　長興王修跋

缺十四卷　二十三至三十六

浙圖

集 2922

芝園集三十六卷

明鄞縣張時徹撰

張氏約園抄本　錄長興王修跋

缺十四卷　二十三至三十六

浙圖

集 2923

芝園定集五十一卷

明鄞縣張時徹撰

明嘉靖(1522—1566)刻本

十一行二十二字　左右雙邊　白口

19.5×14.7 釐米

浙大

集 2924

海峰堂前稿十八卷

明台州葉良佩撰

明嘉靖三十年(1551)魏濠刻本

缺六卷　一至三　七至九

九行十九字　四周單邊　白口

19.5×14 釐米

黄巖圖＊　臨海博＊

集 2925

海峰堂前稿十八卷

明台州葉良佩撰

清光緒二十三年(1897)陳樹鈞抄本　清陳樹鈞跋

存九卷　一至三　十三至十八

黄巖圖

集 2926

海峰堂前稿十八卷

明台州葉良佩撰

輯補詩文一卷

清黄巖王棻輯

清光緒十九年(1893)王棻抄本　清黄巖王棻校並跋

存六卷　四至六　十至十二

黄巖圖

集 2927

海峰集三卷

明台州葉良佩撰

葉海峰文補一卷

清黄巖楊晨輯

清光緒十七年(1891)王棻抄本　清黄巖王棻校並跋

黄巖圖

集 2928

珠玉遺稿二卷

明鄞縣李循義撰　明錢塘田汝成注

附録一卷

明萬曆九年(1581)刻本

十一行二十字　四周雙邊　白口

19.8×13.3 釐米

天一閣

集 2929

王青屏先生詩集二卷

明王荔撰

明萬曆(1573—1620)刻本

八行十九字　四周單邊　白口

20.9×13.6 釐米

浙圖

集 2930

袁永之集二十卷

明袁袠撰

明嘉靖二十六年(1547)袁尊尼刻傳經堂印本

十行十八字　左右雙邊　白口

18×13.6 釐米

浙大

集 2931

趙浚谷文集十卷詩集六卷疏案一卷

明趙時春撰

永思録一卷

明萬曆八年(1580)周鑑刻清順治十六年(1659)葉正蓁重修本

存十四卷　文集一至八　詩集全

九行二十一字　四周單邊　白口

21.4×15.1 釐米

浙圖

集 2932

田叔禾小集十二卷

明錢塘田汝成撰

明嘉靖四十二年(1563)田藝蘅刻本

九行十八字　四周雙邊　白口

18.4×12.9 釐米

浙圖

集 2933

遵巖先生文集四十一卷

明王慎中撰

明嘉靖四十五年(1566)劉溱刻本

存十一卷　一至二　十六至十九　二十七至二十八　三十九至四十一
九行十九字　左右雙邊　白口
20.2×14.1 釐米
天一閣

集 2934
遵巖先生文集四十二卷
明王慎中撰
清康熙五十年(1711)閩中同人書社刻本
九行十九字　四周單邊　黑口
17.8×12.7 釐米
溫圖

集 2935
遵巖先生文集二十五卷
明王慎中撰
明隆慶五年(1571)嚴鎡刻本
十行二十字　四周單邊　白口
19×14.1 釐米
浙圖＊　天一閣＊　浙大

集 2936
王遵巖家居集七卷
明王慎中撰
明嘉靖三十一年(1552)句吳書院刻本
十一行二十一字　左右雙邊　白口
19×14.4 釐米
天一閣

集 2937
王遵巖集十卷
明王慎中撰
清康熙二十一年(1682)郢雪書林刻本
十行二十字　四周單邊　白口
20.7×14 釐米
浙圖

集 2938
王遵巖先生文選一卷
明王慎中撰
清抄本　清魯仕驥校評
浙圖

集 2939
太史屠漸山文集四卷
明秀水屠應埈撰
明刻本
缺一卷　四
九行二十二字　四周單邊　白口
19.7×12.7 釐米
天一閣

集 2940
陸子餘集八卷
明陸粲撰
附錄一卷
明嘉靖四十三年(1564)陸延枝刻本
十行十八字　左右雙邊　白口
18.5×14 釐米
天一閣

集 2941
少泉詩集十卷
明王格撰
明嘉靖(1522—1566)刻本
九行十八字　左右雙邊　白口
17.8×13 釐米
浙圖

集 2942
念菴羅先生集十三卷
明羅洪先撰
明嘉靖四十二年(1563)劉玠刻本
十一行二十字　四周單邊　白口
20.8×14.2 釐米
天一閣＊　浙大

集 2943
念菴羅先生集十三卷
明羅洪先撰

明嘉靖四十二年(1563)劉玠刻本　嘉興沈曾植跋
存四卷　一至二　四至五
浙博

集 2944
念菴羅先生集十三卷
明羅洪先撰
明嘉靖四十三年(1564)甄津刻本
十一行二十字　四周單邊　白口
20.7×14.3 釐米
浙圖*　浙大

集 2945
程松谿先生文集十卷
明永康程文德撰
明隆慶元年(1567)刻本
存三卷　三至五
十行二十二字　四周雙邊　白口
21.3×14.1 釐米
天一閣

集 2946
程文恭公遺稿三十二卷
明永康程文德撰
明萬曆十二年(1584)程光裕刻本
十行十九字　四周雙邊　白口
19.8×13.6 釐米
浙圖

集 2947
重刊校正唐荆川先生文集十二卷
明唐順之撰
明嘉靖三十二年(1553)葉氏寶山堂刻本
十行二十字　四周單邊　白口
21.2×14.5 釐米
天一閣

集 2948
重刊校正唐荆川先生文集十二卷
明唐順之撰
明嘉靖三十四年(1555)金陵書林薛氏刻本
十行二十字　四周單邊　白口
21×14.5 釐米
天一閣

集 2949
重刊校正唐荆川先生文集十二卷
明唐順之撰
明嘉靖(1522—1566)刻本
存九卷　二　四至五　七至十二
十行二十字　四周單邊　白口
21×14.5 釐米
浙圖

集 2950
唐荆川先生續文集六卷奉使集二卷
明唐順之撰
明唐鶴徵刻本
存續文集六卷
十行二十字　四周單邊　白口
21.2×14.3 釐米
浙圖

集 2951
重刊荆川先生文集十七卷外集三卷
明唐順之撰
附錄一卷
明萬曆元年(1573)純白齋刻本
存四卷　七　九至十　十四
十行二十字　左右雙邊　白口
20.2×14.6 釐米
天一閣*　臨海博*

集 2952
唐荆川先生文集十八卷
明唐順之撰
清康熙(1662—1722)二南堂刻本
十行二十一字　左右雙邊　黑口
19.8×14.4 釐米

浙圖

集 2953

荆川文集十八卷

明唐順之撰

清康熙五十一年(1712)唐執玉刻本

十行二十一字　左右雙邊　黑口

19.3×14.5 釐米

浙圖　浙大　寧圖

集 2954

陳后岡詩集一卷文集一卷

明鄞縣陳束撰　明林可成校疏

明萬曆十九年(1591)林可成刻本

九行十八字　四周單邊　白口

20.9×13.7 釐米

天一閣

集 2955

甌東私錄十卷

明永嘉項喬撰

明嘉靖二十七年(1548)自刻三十年(1551)續刻本

十行二十字　四周雙邊　白口

21×13.7 釐米

浙大＊　溫圖＊

集 2956

甌東錄十卷

明永嘉項喬撰

清孫氏玉海樓抄本　清瑞安孫衣言校　清瑞安孫詒讓批

十行二十四字　左右雙邊　細藍口

19.5×12 釐米

浙大

集 2957

甌東私錄十卷

明永嘉項喬撰

清抄本

缺一卷　七

浙圖

集 2958

甌東私錄六卷

明永嘉項喬撰

明嘉靖三十一年(1552)刻本

十行二十字　四周雙邊　白口

20.1×13.8 釐米

浙大

集 2959

鶴田草堂十卷

明臨海蔡雲程撰

明刻本

缺三卷　一至三

九行十八字　四周雙邊　白口

臨海博

集 2960

鶴田草堂十卷

明臨海蔡雲程撰

清抄本

浙圖

集 2961

環溪集二十六卷

明沈愷撰

明隆慶五年至萬曆二年(1571—1574)沈紹祖刻本

十行十九字　四周雙邊　白口

19×13.5 釐米

浙圖　天一閣＊

集 2962

李中麓閑居集十二卷

明李開先撰

明嘉靖隆慶間(1522—1572)刻本

九行十八字　四周雙邊　粗黑口

19.5×14.1 釐米

天一閣

集 2963

趙氏家藏集八卷

明慈谿趙文華撰

清初抄本　長興王修跋

浙圖

集 2964

趙氏家藏集八卷

明慈谿趙文華撰

清抄本

浙圖

集 2965

趙氏家藏集八卷

明慈谿趙文華撰

清雪廬抄本

存六卷　一至六

浙圖

集 2966

楊忠介公全集十三卷

明楊爵撰

明刻本

九行二十字　四周單邊　白口

19.9×14.2 釐米

天一閣

集 2967

楊忠介公集十三卷

明楊爵撰

附錄五卷

清順治八年(1651)楊紹武刻重修本　永嘉王敬身跋

存三卷　四　附錄四至五

九行二十字　四周單邊　白口

19.4×13.8 釐米

溫圖

集 2968

葛端肅公文集十八卷

明葛守禮撰

明萬曆十年(1582)刻清乾隆五十六年(1791)鍾大受重修本

九行二十字　四周雙邊　白口

19.5×13.9 釐米

浙圖

集 2969

羅司勳文集八卷外集一卷

明羅虞臣撰

清康熙五十年(1711)羅氏刻本

九行十八字　左右雙邊　白口

21×14.4 釐米

浙圖

集 2970

皇甫司勳集六十卷

明皇甫汸撰

明萬曆(1573—1620)刻本

存九卷　二十一至二十七　三十一至三十二

十行十九字　左右雙邊　白口

18.1×13 釐米

天一閣

集 2971

嶽遊漫稿一卷

明皇甫汸撰

附一卷

明刻本

七行十四字　左右雙邊　白口

17.5×12.5 釐米

天一閣

集 2972

洞庭集五十三卷

明孫宜撰

明嘉靖三十二年(1553)孫宗刻本

缺六卷　一至二　四十二至四十五

十行二十字　四周單邊　白口

19×14 釐米

天一閣

集 2973

蔣道林先生文粹九卷

明蔣信撰

明萬曆四年(1576)蕭翔刻本

存四卷　一至四

十行二十二字　四周雙邊　白口

21.5×13.8 釐米

天一閣

集 2974

蔣道林先生文粹九卷

明蔣信撰

明萬曆四年(1576)蕭翔刻本　清陸時化、高夔跋

杭圖

集 2975

天一閣集三十二卷

明鄞縣范欽撰

明萬曆十九年(1591)范氏家刻本

十行二十字　左右雙邊　白口

20.3×14.2 釐米

天一閣

集 2976

皇甫少玄集二十六卷外集十卷

明皇甫涍撰

明嘉靖三十年至四十五年(1551—1566)皇甫秦、皇甫樞刻本

十行十八字　左右雙邊　白口

17.9×13 釐米

浙圖

集 2977

閔午塘先生集一卷

明吳興閔如霖撰

清抄本

浙圖

集 2978

菲泉先生存稿續刻八卷

明蕭山來汝賢撰

明崇禎七年(1634)何汝敷太素齋刻本

存四卷　一至四

九行二十字　左右雙邊　白口

20×14.7 釐米

浙圖

集 2979

吴疎山先生遺集十七卷

明吴悌撰

清乾隆(1736—1795)刻本

缺一卷　四

十行二十一字　四周雙邊　黑口

20.3×13.6 釐米

浙圖

集 2980

海石先生詩集六卷

明海鹽錢薇撰

明萬曆二十六年(1598)刻本

九行十八字　左右雙邊　白口

20.4×13.4 釐米

浙圖

集 2981

海石先生文集二十八卷目錄二卷

明海鹽錢薇撰

明萬曆四十一年至四十二年(1613—1614)錢端喚等刻本

九行十九字　左右雙邊　白口

20.6×14.1 釐米

浙圖

集 2982

海石先生文集二十八卷目錄二卷

明海鹽錢薇撰

侍御公奏疏一卷遺詩一卷

明萬曆四十一年至四十二年(1613—1614)錢端暎等刻清康熙(1662—1722)錢燔、錢焞增修本

九行十九字　左右雙邊　白口

20.5×14 釐米

浙大

集 2983

自知堂集二十四卷

明德清蔡汝楠撰

明嘉靖(1522—1566)刻本

十行二十字　左右雙邊　白口

18.9×13.8 釐米

天一閣　浙大

集 2984

白石山人詩選後編一卷

明德清蔡汝楠撰　明楊慎輯

明胡定刻本

九行十八字　四周單邊　白口

18.5×13.5 釐米

天一閣

集 2985

龍谿王先生全集二十卷

明山陰王畿撰

明萬曆十五年(1587)蕭梁榦刻本

九行十九字　四周單邊　白口

20.1×12.8 釐米

海寧圖＊　天一閣

集 2986

龍谿王先生全集二十二卷

明山陰王畿撰

明萬曆四十三年(1615)丁賓、張汝霖刻本

十行二十字　左右雙邊　白口

21.3×14.8 釐米

浙圖＊　溫圖

集 2987

五嶽山人集三十八卷

明黄省曾撰

明嘉靖(1522—1566)刻萬曆二十四年(1596)董漢儒補刻本

十行十九字　左右雙邊　白口

18×14 釐米

浙大

集 2988

東武山人集七卷

明山陰朱公節撰

清乾隆二十六年(1761)朱繼相西壁堂刻本

十行二十一字　四周單邊　白口

19.7×14 釐米

浙圖　天一閣

集 2989

東白草堂集四卷

明顧存仁撰

明隆慶元年(1567)刻本

存一卷　居庸外編三

八行十七字　左右雙邊　白口

19.5×13.5 釐米

天一閣

集 2990

來三峰先生遺稿選訂不分卷

明蕭山來日升撰

清抄本　佚名跋

浙圖

集 2991

孫文恪公集二十卷

明餘姚孫陞撰

附錄夫人楊氏詩稿一卷

明楊文儷撰

明嘉靖四十一年(1562)袁洪愈、徐栻刻本

十行二十字　左右雙邊　白口

19.5×14.5 釐米

浙圖

集 2992

孫夫人詩集一卷

明楊文儷撰

清孫氏壽松堂抄本

浙圖

集 2993

趙文肅公文集二十三卷

明趙貞吉撰

明萬曆十三年至十四年(1585—1586)趙德仲刻本

九行十八字　四周雙邊　白口

19.6×14.9 釐米

浙大

集 2994

璉川詩集八卷

明歸安施峻撰

明嘉靖三十七年至三十八年(1558—1559)李德敏、楊鐸刻本

八行十六字　左右雙邊　白口

19×13.2 釐米

浙大

集 2995

世翰堂文集八卷詩集四卷

明林庭機撰

附錄一卷

明萬曆八年(1580)林貞耀刻本

存詩集四卷

九行十八字　四周雙邊　白口

19×14 釐米

杭圖

集 2996

趙大司馬文集四卷

明黃巖趙大佑撰　明趙師雍輯

明刻本

八行十七或十九字　四周單邊　白口

21.3×14.5 釐米

嘉圖

集 2997

趙大司馬文集四卷

明黃巖趙大佑撰

寵光錄一卷

清同治十年(1871)李苑西抄本　清李苑西跋

黃巖圖

集 2998

燕石集五卷

明黃巖趙大佑撰

清抄本　佚名校

浙圖

集 2999

少村漫稿四卷

明黃廷用撰

明萬曆(1573—1620)刻清修本

九行十八字　四周單邊　白口

16.7×13 釐米

浙圖

集 3000

方山先生文錄二十二卷

明薛應旂撰

明嘉靖三十三年(1554)東吳書林刻本

十行二十字　四周單邊　白口

18.7×13.9 釐米

浙圖

集 3001

方山薛先生全集六十八卷

明薛應旂撰

明嘉靖(1522—1566)刻本

缺七卷　一　二十九至三十一　三十七至三十九

十行二十字　四周單邊　白口

19.6×14.4 釐米

浙圖

集 3002

驪山集十四卷

明趙統撰

明萬曆三十一年(1603)楊光訓刻本

十行二十字　四周雙邊　白口

21.8×14.8 釐米

杭圖

集 3003

介山稿略二十卷

明林應麒撰

明嘉靖三十一年(1552)金遷少濱書屋刻本

十行十七字　四周雙邊　白口

仙居文

集 3004

樗菴王先生集七卷

明王燁撰

明萬曆元年(1573)刻本

十行二十字　四周單邊　白口

19.5×13.6 釐米

浙大

集 3005

王氏存笥稿二十卷

明王維楨撰

明嘉靖三十六年(1557)鄭本立刻本

十行二十二字　四周雙邊　白口

21.5×14 釐米

浙大

集 3006

王氏存笥稿二十卷

明王維楨撰

明嘉靖三十七年(1558)趙忻刻本

十行二十字　左右雙邊　白口

19.7×14.6 釐米

浙圖

集 3007

王槐野先生存笥稿二十卷續集九卷

明王維楨撰

明萬曆七年(1579)尹應元、徐學禮刻本

九行二十字　四周單邊　白口

20.8×14.1 釐米

浙大

集 3008

槐野先生存笥稿三十八卷

明王維楨撰

附錄一卷

明萬曆三十四年(1606)黄陞、王九敘刻本

十行二十字　左右雙邊　白口

20.3×15.7 釐米

浙大

集 3009

靳兩城先生集二十卷

明靳學顔撰

明萬曆十七年(1589)刻本

九行十八字　四周雙邊　白口

20×13.5 釐米

天一閣

集 3010

靳兩城先生集二十卷

明靳學顔撰

明萬曆十七年(1589)靳雷刻本　清吴以

誠評
九行十八字　四周雙邊　白口
19.8×13.8 釐米
浙大

集 3011
高光州詩選二卷
明仁和高應冕撰　明歸安茅坤輯
明嘉靖(1522—1566)刻本
十行十八字　四周單邊　白口
16.7×13.6 釐米
浙圖

集 3012
瑤石山人詩稿十六卷
明黎民表撰
明萬曆十六年(1588)黎君華刻本〔卷九至十一配清抄本〕〔四庫底本〕
九行十八字　左右雙邊　白口
18.7×13.6 釐米
浙圖

集 3013
袁文榮公文集八卷詩集八卷
明慈谿袁煒撰
明萬曆元年(1573)馮孜、張德夫刻本
十行十六至十八字　左右雙邊　白口
19.4×14 釐米
天一閣

集 3014
袁文榮公詩略二卷
明慈谿袁煒撰
明萬曆三十三年(1605)袁氏家刻本
七行十七字　四周單邊　白口
20.2×12.5 釐米
天一閣

集 3015
袁文榮公文集八卷詩略二卷
明慈谿袁煒撰
清抄本　清楊泰亨跋
十行十八字　無格
天一閣

集 3016
茅見滄策學拔萃不分卷
明錢塘茅瓚撰
明抄本
十一行二十五字　四周雙邊　黑口
18.5×14 釐米
天一閣

集 3017
鶴泉集不分卷
明永嘉王健撰
明鶴泉書舍抄本
十行字數不一　左右雙邊
18.3×13.4 釐米
玉海樓

集 3018
鶴泉集不分卷
明永嘉王健撰
清同治(1862—1874)抄本　清瑞安孫鏘鳴校並跋
十二行二十字
溫圖

集 3019
鶴泉集不分卷
明永嘉王健撰
清抄本
溫圖

集 3020
鶴泉集八卷
明永嘉王健撰
清孫氏玉海樓抄本
溫圖

集 3021

王仲山先生詩選八卷文選一卷

明王問撰　明殷邦靖輯

明萬曆(1573—1620)刻本

八行十六字　左右雙邊　白口

18.6×14 釐米

浙圖

集 3022

二谷山人近稿十卷

明侯一元撰

明萬曆(1573—1620)刻本

八行十九字　四周單邊　白口

18.1×12.1 釐米

浙圖　溫圖＊

集 3023

二谷山人近稿十卷

明侯一元撰

明萬曆(1573—1620)刻本　慈溪馮貞群跋

存六卷　一至六

浙圖

集 3024

黄竹山人集十卷

明蕭山黄九皋撰

明嘉靖(1522—1566)刻本

存九卷　一至七　九至十

十行二十二字　四周單邊　白口

18.8×13.1 釐米

浙圖

集 3025

訥谿先生詩録九卷文録十卷奏疏一卷雜録三卷尺牘四卷

明周怡撰

年譜一卷

明吴達可撰　清周登瀛增

明萬曆二年(1574)周恪刻清乾隆二年(1737)周元錡增修道光(1821—1850)印本

十行二十字　四周雙邊　白口

19.5×13.7 釐米

浙圖

集 3026

青霞文集六卷

明沈錬撰

明隆慶元年(1567)沈襄刻本

存三卷　一至三

十行二十字　四周單邊　白口

19.5×14 釐米

天一閣

集 3027

白華樓藏稿十一卷續稿十五卷吟稿十卷

明歸安茅坤撰

明萬曆(1573—1620)刻本

九行十八字　左右雙邊　白口

20.1×14.4 釐米

浙圖　嘉圖＊　天一閣＊　浙大

集 3028

茅鹿門先生文集三十六卷

明歸安茅坤撰

明萬曆(1573—1620)刻本

十行十九字　左右雙邊　白口

20.7×15.2 釐米

浙圖　溫圖　天一閣＊　浙大

集 3029

玉芝山房稿二十二卷

明歸安茅坤撰

明萬曆十六年(1588)茅氏家刻本

存十六卷　一至十六

九行十八字　左右雙邊　白口

21.9×14.5 釐米

浙圖

集 3030

適園雜著一卷

明陸樹聲撰

清道光十八年(1838)懷璞齋抄本　清郭柏蒼跋

浙圖

集 3031

振文堂集十三卷

明范惟一撰

明萬曆十三年至十六年(1585—1588)范允豫刻本

九行二十字　四周雙邊　白口

19.6×13 釐米

浙圖

集 3032

萬文恭公摘集十二卷

明萬士和撰

明萬曆二十年(1592)萬春素履齋刻本

存四卷　一至四

十行二十字　左右雙邊　白口

19.6×14.5 釐米

天一閣

集 3033

萬文恭公摘集十二卷外集一卷

明萬士和撰

明萬曆二十年(1592)萬春素履齋刻清初可師堂增修本

浙大

集 3034

新岑詩草一卷文草一卷制義遺草一卷

明會稽陶大年撰

清抄本

浙圖

集 3035

綠槐堂稾二十二卷

明王交撰

明隆慶五年(1571)王益荃刻本

存十卷　甲至癸

八行十七字　四周單邊　白口

17.4×12.8 釐米

嘉圖

集 3036

敬所王先生文集三十卷

明臨海王宗沐撰

明萬曆元年至二年(1573—1574)劉良弼刻本

九行十八字　四周單邊　白口

19.5×13.8 釐米

黄巖圖*　臨海博*　浙大

集 3037

石龍庵詩草六卷

明上虞徐學詩撰

清乾隆二十三年(1758)徐氏刻本

九行十九字　左右雙邊　黑口

16.6×12.8 釐米

浙圖

集 3038

客建集四卷

明劉鳳撰

明嘉靖四十年(1561)刻重修本

八行十六字　左右雙邊　白口

18.4×13.2 釐米

浙圖

集 3039

劉子威集五十二卷

明劉鳳撰

明萬曆(1573—1620)刻本

存三十二卷　一至三十二

九行十八字　左右雙邊　白口

19.1×13.8 釐米
浙圖＊　浙大＊

集 3040
白雪樓詩集十卷
明李攀龍撰
明嘉靖四十二年(1563)魏裳刻本
九行十八字　四周單邊　白口
20.8×15.5 釐米
浙圖

集 3041
滄溟先生集三十卷
明李攀龍撰
附錄一卷
明隆慶(1567—1572)刻本
十行二十字　左右雙邊　白口
19×14.8 釐米
天一閣

集 3042
滄溟先生集三十卷
明李攀龍撰
附錄一卷
明隆慶(1567—1572)刻重修本
浙圖

集 3043
滄溟先生集三十卷
明李攀龍撰
附錄一卷
明萬曆三年(1575)胡來貢刻本
十行二十字　左右雙邊　白口
19×14.6 釐米
浙圖　天一閣＊

集 3044
滄溟先生集三十卷
明李攀龍撰
附錄一卷
明萬曆三十四年(1606)陳陞刻本
缺四卷　二十一至二十四
十行二十字　左右雙邊　白口
21.5×15.7 釐米
杭圖

集 3045
滄溟先生集三十卷
明李攀龍撰
附錄一卷
明刻本
十行二十字　左右雙邊　白口
22.4×14.9 釐米
浙圖

集 3046
滄溟先生集三十二卷
明李攀龍撰
明萬曆二年(1574)徐中行刻本
卷三十二係附錄
十行二十字　左右雙邊　白口
19.5×14.7 釐米
浙圖

集 3047
滄溟先生集三十一卷
明李攀龍撰
附錄一卷補遺一卷
明萬曆二十六年(1598)刻本
十行二十二字　四周單邊　白口
23×15.3 釐米
浙圖

集 3048
擬古樂府二卷
明李攀龍撰
明刻本
十行十八字　左右雙邊　白口
17.5×12.7 釐米
天一閣

集 3049

新鍥會元湯先生批評滄溟文選評林五卷

明李攀龍撰　明湯賓尹評

明書林詹聖澤刻本

十行二十一字　四周雙邊　白口

21.4×12.2 釐米

天一閣

集 3050

刻註釋李滄溟先生文選狐白四卷

明李攀龍撰　明楊九經注釋

明萬曆(1573—1620)閩建書林刻本

十行二十字　四周單邊　白口

20.4×12.9 釐米

浙圖

集 3051

李文定公貽安堂集十卷

明李春芳撰

明萬曆十七年(1589)李戴刻本

九行十八字　左右雙邊　白口

20.5×14.2 釐米

浙圖

集 3052

李文定公貽安堂集十卷

明李春芳撰

明萬曆十七年(1589)李戴刻本　清許嘉猷批並跋

浙大

集 3053

慎修堂集二十卷

明亢思謙撰

清康熙十五年(1676)亢宗瑗刻本

九行十八字　四周單邊　白口

20.2×14.8 釐米

浙圖

集 3054

餘清堂定稿三十二卷

明鄞縣汪鏜撰

明刻本

存五卷　二十四至二十八

十行十八字　四周雙邊　白口

20×13.8 釐米

天一閣

集 3055

新刻張太岳先生集四十七集

明張居正撰

明萬曆四十年(1612)唐國達廣慶堂刻本

十行二十字　四周單邊　白口

21.8×14.6 釐米

浙圖　溫圖　臨海博　浙大

集 3056

楊忠愍公集四卷

明楊繼盛撰

清康熙十二年(1673)楊福驄刻思補堂印本

十行二十字　四周雙邊　白口

21.5×14.5 釐米

天一閣

集 3057

楊忠愍公全集四卷

明楊繼盛撰

清康熙三十七年(1698)章鈺敬一齋刻本

九行二十字　四周雙邊　白口

20×13.7 釐米

浙圖　溫圖　東陽文

集 3058

楊忠愍公全集四卷

明楊繼盛撰

清康熙(1662—1722)刻本

九行二十字　左右雙邊　白口

19.8×13.7 釐米

嘉圖

集 3059

楊忠愍手蹟不分卷

明楊繼盛撰

清抄本

九行十八至二十字不一　無格

浙大

集 3060

周叔夜先生集十二卷

明周思撰

明萬曆十年(1582)刻本

九行十七字　左右雙邊　白口

19×13.2 釐米

浙大

集 3061

弇州山人四部稿一百七十四卷目錄十二卷

明王世貞撰

明萬曆五年(1577)王氏世經堂刻本

十行二十字　四周雙邊　白口

20.4×15.6 釐米

浙圖　天一閣　浙大

集 3062

弇州山人續稿二百七卷目錄十卷

明王世貞撰

明刻本

十行二十字　左右雙邊　白口

20×13.8 釐米

上虞圖

集 3063

弇州山人續稿二百七卷目錄十卷附十一卷

明王世貞撰

明刻本

十行二十字　左右雙邊　白口

20.3×13.5 釐米

浙圖＊　浙大＊

集 3064

弇州山人續稿選三十八卷

明王世貞撰　明顧起元輯

明刻本

十行二十字　左右雙邊　白口

21.7×14.2 釐米

浙圖

集 3065

入楚稿一卷入晉稿一卷入浙稿二卷入魏稿二卷

明王世貞撰

明刻本

九行十六字　四周雙邊　白口

19.5×14.5 釐米

天一閣

集 3066

擬古詩一卷

明王世貞撰

明徐中行刻本

十行二十一字　四周單邊　白口

18.5×14.3 釐米

天一閣

集 3067

弇州山人讀書後八卷

明王世貞撰

明刻本

八行十八字　四周單邊　白口

22.3×15.3 釐米

浙圖　侍王府＊

集 3068

讀書後八卷

明王世貞撰

清乾隆二十一年(1756)顧朝泰刻二十七年(1762)天隨堂印本

十行二十三字　左右雙邊　白口

18.7×13.5 釐米

浙圖

集 3069

鳳洲筆記二十四卷後集四卷續集四卷

明王世貞撰

明黄美中刻本

存十二卷　一至二　十一至十二　十七至二十四

九行十八字　左右雙邊　白口

17.5×13 釐米

紹圖

集 3070

王元美先生文選二十六卷

明王世貞撰　明喬時敏輯

明萬曆四十三年(1615)吳德聚刻本

九行二十字　左右雙邊　白口

22.2×14.8 釐米

浙圖

集 3071

弇州山人文抄十二卷

明王世貞撰

明萬曆(1573—1620)刻本

九行二十字　四周單邊　白口

20×13.3 釐米

浙圖

集 3072

王弇州先生崇論七卷

明王世貞撰　明李衷純輯

明天啓四年(1624)李之椿等刻王郭兩先生集本

十行二十字　四周單邊　白口

20.1×13.8 釐米

浙圖

集 3073

弇園雜著三卷離薋園記一卷

明王世貞撰

清王景洵抄本

浙圖

集 3074

棲雲館集二十卷

明李昭祥撰

明刻本

缺三卷　十五至十七

十行十九字　左右雙邊　白口

19.2×13.5 釐米

浙圖

集 3075

太函集一百二十卷目錄六卷

明汪道昆撰

明萬曆(1573—1620)刻本

十行二十字　左右雙邊　白口

20.3×14.2 釐米

浙圖　嘉圖　天一閣*　浙大

集 3076

副墨一卷

明汪道昆撰

明刻本

九行十八字　四周單邊　白口

19.8×13.4 釐米

浙圖

集 3077

新鍥會元湯先生批評南明文選四卷

明汪道昆撰　明湯賓尹評

明萬曆二十五年(1597)書林詹聖澤刻本

十行二十一字　四周雙邊　白口

21.6×13 釐米

浙圖

集 3078

夢山存家詩稿八卷

明楊巍撰

明萬曆三十年(1602)楊岑刻本

九行十八字　四周雙邊　白口
20.6×14.4 釐米
浙圖　天一閣

集 3079
陳布衣集句二卷
明陳言撰
明刻本
九行十八字　四周雙邊　白口
23.2×14.8 釐米
浙圖

集 3080
李氏山房詩選三卷
明李先芳撰　明皇甫汸輯
明刻本
九行十八字　左右雙邊　白口
18.6×13.2 釐米
天一閣

集 3081
鈍菴先生文集十八卷
明劉錫撰
附錄一卷
明萬曆四十三年(1615)康應乾刻本
九行十八字　四周雙邊　白口
22×15.4 釐米
浙圖

集 3082
宗先生子相文集十五卷
明宗臣撰
附錄一卷
明嘉靖三十九年(1560)就正齋刻本
存二卷　五至六
八行十六字　四周單邊間四周雙邊　白口
18×12 釐米
天一閣

集 3083
宗子相集十五卷
明宗臣撰
明萬曆(1573—1620)刻本
九行十八字　四周雙邊　白口
18.3×14 釐米
浙圖*　溫圖*　天一閣

集 3084
宗子相先生集二十五卷
明宗臣撰
明天華閣刻本
九行十八字　左右雙邊　白口
21×14.7 釐米
浙圖　浙大

集 3085
雲山堂集六卷
明魏裳撰
明萬曆七年(1579)魏文可刻本
八行十八字　四周雙邊　白口
20.2×13.1 釐米
浙圖

集 3086
移虔稾一卷
明徐學謨撰
明萬曆三年(1575)刻本
九行十八字　左右雙邊　白口
18×14 釐米
天一閣

集 3087
海隅集二十二卷
明徐學謨撰
明萬曆六年(1578)方九功刻本
十行十九字　左右雙邊　白口
18.5×14.3 釐米
浙大

集 3088

徐氏海隅集詩編二十二卷文編四十三卷外編十四卷

明徐學謨撰

明萬曆五年(1577)刻本

存六卷　外編一至六

十行十九字　左右雙邊　白口

18.6×14.5 釐米

天一閣

集 3089

徐氏海隅集詩編二十二卷文編四十三卷外編十四卷

明徐學謨撰

明萬曆五年(1577)刻四十年(1612)徐元嘏重修本

缺一卷　詩編一

浙圖

集 3090

歸有園稿詩編七卷文編二十二卷

明徐學謨撰

明萬曆二十一年(1593)張汝濟刻四十年(1612)徐元嘏重修本

存十八卷　文編一至十八

九行十九字　左右雙邊　白口

19.3×14.5 釐米

浙圖

集 3091

蘭汀存稿八卷

明梁有譽撰

附録一卷

清康熙二十四年(1685)梁氏詒燕堂刻本

存八卷　一至八

九行十八字　四周單邊　白口

18.3×13 釐米

浙大

集 3092

青蘿館詩六卷

明吴興徐中行撰

明萬曆三年(1575)游日益刻本

九行十八字　左右雙邊　白口

19.5×13.3 釐米

天一閣

集 3093

青蘿館詩六卷

明吴興徐中行撰

明刻本

九行十八字　左右雙邊　白口

19.9×14.4 釐米

浙圖

集 3094

天目先生集二十一卷

明吴興徐中行撰

附録一卷

明郭造卿撰

明萬曆十二年(1584)張佳胤刻本

九行十八字　左右雙邊　白口

19.8×14.7 釐米

浙圖

集 3095

余德甫先生集十四卷

明余曰德撰

周大輔小螺山館抄本　周大輔跋

浙圖

集 3096

可也居集五卷續集一卷

明高鶴撰

明萬曆十九年(1591)陳汝元刻二十四年(1596)續刻本

九行二十字　四周雙邊　白口

20×12.7 釐米

浙圖

集 3097

甗甀洞藳五十四卷目錄二卷

明吳國倫撰

明萬曆(1573—1620)刻本

十行二十字　四周單邊　白口

20.4×14.7 釐米

浙圖　天一閣＊　浙大

集 3098

甗甀洞續稿詩部十二卷文部十五卷目錄二卷

明吳國倫撰

明萬曆三十一年(1603)吳士良刻本

十行二十字　四周單邊　白口

20.5×14.6 釐米

浙圖　浙大

集 3099

海忠介公文集十卷

明海瑞撰

明萬曆四十六年(1618)蔡鍾有刻本

缺一卷　二

八行十六字　四周單邊　白口

19.7×13.9 釐米

天一閣

集 3100

海忠介公文集十卷

明海瑞撰

明末曾櫻刻本

九行十八字　四周單邊　白口

21×15 釐米

浙大

集 3101

曹太史含齋先生文集十六卷

明曹大章撰

明萬曆二十八年(1600)曹祖鶴刻增修本

九行二十字　四周單邊　白口

19×12.8 釐米

浙圖

集 3102

盱江羅近溪先生全集十卷語要一卷孝仁訓一卷鄉約一卷

明羅汝芳撰

明萬曆四十六年(1618)劉一焜刻本

缺語要一卷

兩欄　下欄九行十八字　四周雙邊　白口

21.9×14.8 釐米

浙大

集 3103

石泉山房文集十三卷

明郭汝霖撰

明萬曆二十五年(1597)家刻本

十行二十字　四周雙邊　白口

20.2×14.5 釐米

浙圖

集 3104

李氏文集二十卷

明李贄撰　明顧大韶校

明刻本

九行二十字　四周單邊　白口

20.6×13.5 釐米

天一閣

集 3105

李卓吾先生遺書二卷

明李贄撰

明萬曆四十年(1612)陳大來刻本

九行十八字　左右雙邊　白口

19.3×14 釐米

浙大

集 3106

衡廬精舍藏稿三十卷續稿十一卷

明胡直撰

明萬曆十二年(1584)郭子章刻二十三年

(1595)莊誠補刻本〔卷一至八、十九至二十配清抄本〕
缺五卷　藏稿二十三至二十六　續稿十一
十行二十字　四周雙邊　白口
21.1×14.7 釐米
浙圖

集 3107
王奉常集詩十五卷目錄三卷文五十四卷目錄二卷
明王世懋撰
明萬曆(1573—1620)刻本
十行二十字　左右雙邊　白口
19.8×13.8 釐米
浙圖　浙大*

集 3108
紀游稿二卷
明王世懋撰
明刻本
九行十八字　左右雙邊　白口
19.5×14 釐米
天一閣

集 3109
賜閑堂集四十卷
明申時行撰
明萬曆四十四年(1616)申用懋刻本
九行十八字　四周雙邊　白口
20.9×14.9 釐米
浙圖　溫圖*

集 3110
象村稿二十卷目錄一卷和陶詩一卷求正錄三卷先天窺管一卷
明申時行撰
明崇禎(1628—1644)刻本
存十七卷　六至二十　和陶詩　先天窺管
十一行二十字　四周單邊　白口
20.7×14.2 釐米
天一閣

集 3111
王文肅公全集五十五卷
明王錫爵撰
明萬曆(1573—1620)王時敏刻本
文肅王公奏草二十三卷
王文肅公牘草十八卷
王文肅公文草十四卷
九行十八字　四周單邊　白口
24.1×15.2 釐米
浙圖　浙大

集 3112
余文敏公文集十五卷
明鄞縣余有丁撰
明萬曆(1573—1620)刻本
九行十八字　四周單邊　白口
20×14.5 釐米
天一閣

集 3113
玉介園存稿□□卷
明王叔杲撰
附錄□卷
清同治(1862—1874)孫鏘鳴家抄本　清瑞安孫鏘鳴校並跋
十二行二十字　四周雙邊
17.7×13.1 釐米
玉海樓

集 3114
秘圖先生遺詩一卷
明山陰楊珂撰　清餘姚張廷枚輯
清乾隆四十八年(1783)寶墨齋刻本
十行二十一字　左右雙邊　白口
17.5×12.8 釐米
浙圖

集 3115

亦玉堂稿十卷

明沈鯉撰

清康熙二十九年(1690)劉榛刻本

十行十九字　四周單邊　黑口

17.6×13.5 釐米

浙圖

集 3116

劍溪譩語七卷

明鄞縣管大勛撰

約園抄明萬曆(1573—1620)刻本

浙圖

集 3117

五嶽山人後集十一卷

明陳文燭撰

明萬曆(1573—1620)刻本

九行十八字　四周雙邊　白口

19.2×13 釐米

浙圖

集 3118

萬一樓集五十六卷續集六卷外集十卷

明諸暨駱問禮撰

明萬曆三十九年(1611)駱先行、駱中行刻本

存四十六卷　一至四十六

九行二十字　左右雙邊　白口

21×14.4 釐米

浙圖

集 3119

許文穆公集六卷

明許國撰

明萬曆三十九年(1611)許立言等刻本

十行二十字　四周單邊　白口

21.7×14.6 釐米

浙圖　浙大

集 3120

震川先生文集二十卷

明歸有光撰

明萬曆二年(1574)歸道傳刻本

十行二十一字　四周雙邊　綫黑口

19.9×13.8 釐米

浙圖

集 3121

歸先生文集三十二卷

明歸有光撰

附錄一卷

明萬曆元年(1573)翁良瑜雨金堂刻本

十行二十字　四周雙邊　白口

18.9×14 釐米

玉海樓

集 3122

歸先生文集三十二卷

明歸有光撰

附錄一卷

明萬曆四年(1576)翁良瑜雨金堂刻本

十行二十字　四周雙邊　白口

18.5×14.1 釐米

天一閣*　奉化文*　浙大

集 3123

震川先生集三十卷別集十卷

明歸有光撰

附錄一卷

清康熙十年至十四年(1671—1675)歸莊、歸玠等刻本

十行二十字　左右雙邊　白口

19×14.6 釐米

浙圖　嘉圖　溫圖　天一閣

集 3124

震川先生集三十卷別集十卷

明歸有光撰

附錄一卷

清康熙十年至十四年(1671—1675)歸

莊、歸玠等刻本　張梱錄清瑞安孫衣言批校並跋
溫圖

集 3125
歸震川先生尺牘二卷
明歸有光撰
清康熙(1662—1722)虞山如月樓刻本
十行二十字　左右雙邊　白口
18.2×13.2 釐米
浙圖　天一閣

集 3126
歸震川集一卷
明歸有光撰
清抄本
九行十八字　左右雙邊　白口
18.5×13.5 釐米
天一閣

集 3127
豫章既白詩稿七卷
明朱拱榣撰
明嘉靖二十九年(1550)自刻本
九行十八字　四周雙邊　白口
18.8×14 釐米
天一閣

集 3128
樵雲詩集一卷
明朱拱梃撰
明嘉靖(1522—1566)刻藍印本
十行十七字　四周雙邊　白口
19×12.3 釐米
天一閣

集 3129
四溟山人全集二十四卷
明謝榛撰
明萬曆二十四年(1596)趙府冰玉堂刻本
十行二十字　左右雙邊　白口
19×14 釐米
浙大

集 3130
適晉稿六卷
明謝榛撰
明刻本
九行十八字　左右雙邊　白口
18.7×13.5 釐米
浙圖

集 3131
天池山人小稿五卷
明陸采撰
明刻本
太山藁一卷
義興藁一卷
壬辰藁一卷
癸巳藁一卷
甲午藁一卷
九行十八字　左右雙邊　白口
17.5×12.6 釐米
天一閣

集 3132
叩頭蟲賦一卷
明張之象撰
明刻本
九行十七字　左右雙邊　白口
18×14 釐米
天一閣

集 3133
蟂蠓集五卷
明盧柟撰
明嘉靖二十二年(1543)馮清、梁相刻本
缺一卷　五
十行十九字　四周單邊　白口
19.3×13.5 釐米
天一閣

集 3134

蠛蠓集五卷

明盧柟撰

明萬曆三年(1575)竇寶泉刻本

十行十九字　四周單邊　白口

19.7×13.7 釐米

浙圖

集 3135

蠛蠓集五卷

明盧柟撰

明萬曆三十年(1602)張其忠刻本

九行十八字　四周雙邊　白口

21.8×15 釐米

浙圖　浙大

集 3136

蠛蠓集五卷

明盧柟撰

明萬曆三十年(1602)張其忠刻清乾隆十五年(1750)劉晫重修本

浙圖

集 3137

李山人詩一卷

明李敏撰

明嘉靖十八年(1539)刻本

十行十八字　四周單邊　白口

16.6×13.5 釐米

天一閣

集 3138

卯洞集四卷

明餘姚徐珊撰

明嘉靖二十四年(1545)刻本

十行二十字　左右雙邊　白口

19.4×14.7 釐米

浙圖

集 3139

石囱先生遺藁六卷

明華愛撰

明抄本

缺一卷　四

九行二十一字　四周雙邊　白口

21.2×15.4 釐米

天一閣

集 3140

嚴石谿詩稿六卷

明嚴怡撰

明萬曆五年(1577)劉效祖刻本　清吳興嚴啓豐跋

十行十七字　四周單邊　白口

18.5×14.6 釐米

浙圖

集 3141

玄言齋集二卷

明顧起綸撰　明王問輯並評

明嘉靖三十二年(1553)何甫奇字館刻本

十行十八字　左右雙邊　白口

18.5×13.6 釐米

天一閣

集 3142

石盂集十四卷

明汪坦撰

清徐氏烟嶼樓抄本

十行二十一字　左右雙邊　黑口

19×14.1 釐米

天一閣＊

集 3143

仲蔚先生集二十四卷

明俞允文撰

附錄一卷

明萬曆十年(1582)程善定刻本

九行十八字　四周單邊　白口

20×14.6 釐米

浙大

集 3144

碧梧潘先生遺稿四卷續刻遺稿五卷讀易偶見二卷外集二卷平五寨兵事始末一卷

明潘鳴時撰

附錄一卷

明萬曆(1573—1620)潘庭禮、潘懋英刻本

十行或九行二十字　四周單邊　白口

20×13.8 釐米

浙圖

集 3145

大鄣山人集五十三卷

明吳子玉撰

明萬曆十六年(1588)黄正蒙刻本

十行二十字　四周雙邊　白口

21.5×14.5 釐米

浙圖

集 3146

甬東山人藁七卷

明鄞縣呂時臣撰

抄本

缺三卷　五至七

浙圖

集 3147

徐文長三集二十九卷四聲猿一卷

明山陰徐渭撰

明萬曆二十八年(1600)商維濬刻本

九行二十字　四周單邊　白口

21×14.3 釐米

浙圖　浙大 *

集 3148

徐文長文集三十卷四聲猿一卷

明山陰徐渭撰　明袁宏道評點

徐文長傳一卷

明萬曆四十二年(1614)鍾人傑刻本

九行二十字　四周單邊　白口

21.5×15 釐米

浙圖 *　杭圖　蕭山圖　温圖　天一閣

集 3149

徐文長文集三十卷補遺一卷

明山陰徐渭撰　明袁宏道評點

明刻本

九行二十字　四周單邊　白口

21.2×14.7 釐米

浙大

集 3150

徐文長文集三十卷

明山陰徐渭撰　明袁宏道評點

徐文長傳一卷

明刻本

九行二十字　四周單邊　白口

21×15 釐米

浙圖　紹圖 *

集 3151

徐文長逸稿二十四卷畸譜一卷

明山陰徐渭撰

明天啓三年(1623)張維城刻本

九行二十字　四周單邊　白口

20.7×14.5 釐米

浙圖　天一閣　浙大

集 3152

徐文長佚草十卷

明山陰徐渭撰　清徐沁輯

清初息耕堂抄本　清山陰張岱跋

九行二十二字　四周單邊　白口

20.3×14.2 釐米

天一閣

集 3153

怡齋詩集三卷

明朱成鍏撰

明嘉靖十七年(1538)刻本

存一卷　三

八行十八字　四周單邊　黑口

17.5×13 釐米

天一閣

集 3154

新鐫山堂遺集八卷

明上虞陳絳撰

明萬曆(1573—1620)刻本

九行二十字　四周單邊　白口

19.5×12.9 釐米

紹圖

集 3155

九霞山人集十二卷

明顧起經撰

明萬曆七年(1579)顧祖美刻本

存三卷　一至三

十行二十字　四周單邊　白口

19.5×13 釐米

天一閣

集 3156

九霞山人集十二卷

明顧起經撰

明萬曆(1573—1620)刻本

缺三卷　十至十二

十行二十字　四周單邊　白口

19.3×13 釐米

天一閣

集 3157

豐對樓詩選四十三卷

明鄞縣沈明臣撰　明鄞縣沈九疇輯

明萬曆二十四年(1596)陳大科、陳堯佐刻本

十行二十字　四周雙邊　白口

19.7×14.3 釐米

浙圖　天一閣

集 3158

沈嘉則詩選十卷

明鄞縣沈明臣撰　明鄞縣沈九疇輯

明萬曆六年(1578)刻本

缺二卷　一至二

九行十九字　左右雙邊　白口

17.7×13.5 釐米

天一閣

集 3159

沈嘉則詩選四卷

明鄞縣沈明臣撰

清自適齋抄本　子搗批校

十行字數不一　左右雙邊　白口

21.7×14.3 釐米

天一閣

集 3160

蒯緱集二卷

明鄞縣沈明臣撰

張氏約園抄本

浙圖

集 3161

沈句章詩選不分卷

明鄞縣沈明臣撰

清抄本

九行三十字　無格

天一閣

集 3162

青溪集一卷

明鄞縣沈明臣撰

清抄本

九行十九字　左右雙邊　白口

19.1×13 釐米

天一閣

集 3163

遊梁詩集六卷

明吳鏔撰

張氏約園抄本

浙圖

集 3164

棲霞山人漫稿三卷

明沈堇撰

明刻本

九行十八字　左右雙邊　白口

18×13.5 釐米

天一閣

集 3165

振衣亭稿四卷

明王孜撰

明刻本

存三卷　五言近體一卷　五言排律一卷　絶句一卷

十行二十字　左右雙邊　白口

18.7×14 釐米

天一閣

集 3166

童子鳴集六卷

明龍游童珮撰

抄本　龍游余紹宋跋

浙圖

集 3167

止止堂集五卷

明戚繼光撰

明萬曆(1573—1620)刻本

存一卷　横槊稿上

九行十八字　四周雙邊　白口

17.6×12.7 釐米

浙圖

集 3168

皆非集二卷

明鄞縣萬達甫撰　清鄞縣萬斯同輯

一枝軒吟草一卷

明鄞縣萬邦孚撰　清鄞縣萬斯同輯

清萬斯標刻本

九行十八字　四周單邊　白口

20.2×14.8 釐米

浙圖

集 3169

皆非集二卷

明鄞縣萬達甫撰　清鄞縣萬斯同輯

一枝軒吟草一卷

明鄞縣萬邦孚撰　清鄞縣萬斯同輯

張氏約園抄本

浙圖

集 3170

海嶽山房存稿詩五卷文十五卷

明郭造卿撰

附錄一卷

明萬曆三十五年(1607)于慎行刻本

九行十八字　左右雙邊　白口

19.7×14.1 釐米

浙大

集 3171

晉陵集二卷

明王穉登撰

明吳氏春雨廊刻本

九行十八字　左右雙邊　白口

17.8×13.2 釐米

溫圖

集 3172

燕市集二卷

明王穉登撰

明隆慶四年(1570)朱宅快閣刻本

十行十八字　左右雙邊　白口

19.2×14 釐米
溫圖

集 3173
明月篇二卷
明王穉登撰
明萬曆(1573—1620)刻本
十行十九字　左右雙邊　白口
19.2×14 釐米
溫圖

集 3174
延令纂二卷
明王穉登撰
明萬曆(1573—1620)刻本
八行十六字　左右雙邊　白口
19.2×14 釐米
溫圖

集 3175
采真篇一卷
明王穉登撰
明吳氏世恩堂刻本
十行十八字　左右雙邊　白口
17.6×13.1 釐米
溫圖

集 3176
雨航記一卷
明王穉登撰
明刻本
十行十八字　左右雙邊　白口
16.3×12 釐米
溫圖

集 3177
謀野集十卷
明王穉登撰
明刻本
存三卷　一至三
十行十八字　四周單邊　白口
19.1×13.2 釐米
浙圖

集 3178
屠先生評釋謀野集註解評林四卷
明王穉登撰　明鄞縣屠隆評釋
明刻本
十行二十一字　四周單邊　白口
18.9×13.3 釐米
浙圖

集 3179
竹箭編二卷
明王穉登撰
明萬曆八年(1580)屠隆青浦縣齋刻本
十行十九字　左右雙邊　白口
19×14 釐米
浙圖

集 3180
東征漫稿二卷
明四明包大中撰
抄本
浙圖

集 3181
越吟一卷
明四明包大炣撰
張氏約園抄本
浙圖

集 3182
盧月樵集一卷
明鄞縣盧澐撰
輓章一卷
張氏約園抄本
浙圖

集 3183

石龍集二十八卷

明黄巖黄綰撰

抄本　江涵校並跋

浙圖

集 3184

徐水南先生遺稿一卷

明龍游徐天民撰

清抄本

浙圖

集 3185

半山藏稿二十卷

明永嘉王叔果撰

明萬曆(1573—1620)刻本

存三卷　三至五

九行十八字　左右雙邊　白口

19.7×13 釐米

玉海樓

集 3186

梅花什一卷

明陸承憲撰

明黄氏鳴玉館刻本

溫圖

集 3187

趙文懿公文集四卷

明蘭谿趙志皐撰

附錄一卷

明崇禎(1628—1644)趙世溥刻本

九行二十字　四周單邊　白口

19.5×14.1 釐米

天一閣

集 3188

復宿山房集四十卷

明王家屏撰

明萬曆(1573—1620)魏養蒙、徐中元等刻本

存二卷　一至二

十行二十字　四周雙邊　白口

20.8×15 釐米

浙圖

集 3189

大泌山房集一百三十四卷目錄二卷

明李維楨撰

明萬曆四十六年(1618)金陵刻本

十行二十一字　四周單邊　白口

21×14.5 釐米

浙圖　天一閣＊

集 3190

玉恩堂集十卷

明林景暘撰

明萬曆三十五年(1607)林有麟刻本

九行二十字　左右雙邊　白口

21.5×14.2 釐米

浙圖

集 3191

長水先生文鈔二卷

明平湖沈懋孝撰

明萬曆二十八年(1600)刻本

九行十八字　四周單邊　白口

21.1×13.8 釐米

杭圖

集 3192

朱文懿公文集十二卷

明山陰朱賡撰

明天啓(1621—1627)刻本

九行二十字　左右雙邊　白口

20.6×14.4 釐米

浙圖

集 3193

喙鳴文集二十一卷詩集十八卷敬事草十九卷

明沈一貫撰

明刻本

存二十八卷　文集一至四　七至十四　十六至二十一　詩集十至十二　十六至十八　敬事草六至八　十

九行十九字　左右雙邊　白口

20×14.2 釐米

天一閣

集 3194

清音閣集六卷

明顧大典撰

明萬曆(1573—1620)刻本

存一卷　六

九行十六字　左右雙邊　白口

18×14.4 釐米

天一閣

集 3195

叶韻而已不分卷

明上虞顧充撰

清初抄本

浙圖

集 3196

張陽和先生不二齋稿十六卷

明山陰張元忭撰　明上虞羅萬化等輯

首一卷

明萬曆二十一年(1593)張汝霖、張汝懋刻本

缺二卷　五至六

九行二十字　四周單邊　白口

20.3×12.3 釐米

浙圖

集 3197

張陽和先生不二齋文選七卷

明山陰張元忭撰　明鄒元標輯

附錄一卷

明萬曆三十一年(1603)張汝霖、張汝懋刻本

九行二十字　四周單邊　白口

22.5×14.8 釐米

浙圖

集 3198

新輯文潔鄧先生佚稿八卷

明鄧以讃撰

明萬曆(1573—1620)鄧以誥、萬尚烈刻本

九行十八字　左右雙邊　白口

20.6×15.1 釐米

浙大

集 3199

碧山學士集二十一卷別集四卷

明秀水黄洪憲撰

明萬曆(1573—1620)刻本

存四卷　集一至四

十行十九字　左右雙邊　白口

21.2×15 釐米

浙圖

集 3200

九籥集四十七卷

明宋楙澄撰

明萬曆(1573—1620)刻本

存詩四卷文十卷

十行十九字　左右雙邊　白口

20.7×14.8 釐米

浙大

集 3201

賜餘堂集十四卷補遺一卷

明吴中行撰

清乾隆五十八年(1793)刻本
十行二十字　左右雙邊　白口
18.5×14.1 釐米
浙圖

集 3202
松石齋集三十卷又六卷
明趙用賢撰
明萬曆四十六年(1618)趙琦美等刻本
存三十卷　一至三十
九行十八字　左右雙邊　白口
20.6×14.4 釐米
天一閣＊　浙大＊

集 3203
董司寇文集二十卷
明董裕撰
清雍正十三年(1735)宸翰閣刻本
十行二十字　四周雙邊　白口
19.5×12.7 釐米
浙圖

集 3204
金粟齋漫稿二卷
明武原釋斯德撰
清抄本
浙圖

集 3205
餘餘編六卷
明題寄傲生撰
清末抄本
天一閣

集 3206
二雁山人詩集二卷
明永嘉康從理撰
附録一卷
清抄本
溫圖

集 3207
汪虞卿詩一卷
明汪懋孝撰
明萬曆(1573—1620)刻本
八行十五字　四周雙邊　白口
18.6×14 釐米
天一閣

集 3208
平山先生詩集五卷
明上虞徐應豐撰
清抄本
浙圖

集 3209
節婦蔣氏存稿一卷
明姜蔣氏撰
明刻本
十一行二十二字　四周雙邊　白口
18.2×11.7 釐米
天一閣

集 3210
孫宗伯集十卷
明孫繼臯撰
明萬曆(1573—1620)陳一教、劉毅等刻本
九行十九字　四周單邊　白口
20.9×15.3 釐米
浙大

集 3211
月峰先生居業四卷
明餘姚孫鑛撰
明萬曆(1573—1620)刻本
八行十六字　四周單邊　白口
餘姚文

集 3212
月峰先生居業次編五卷
明餘姚孫鑛撰

明萬曆四十年(1612)呂胤筠刻本
十行二十字　四周單邊　白口
餘姚文

集 3213
趙進士文論不分卷
明趙南星撰
明萬曆八年(1580)刻本
九行二十一字　四周雙邊　白口
19.4×12.5 釐米
浙圖

集 3214
夢白先生集三卷
明趙南星撰
明萬曆四十五年(1617)趙悦學刻清印本
九行十八字　左右雙邊　白口
20.6×14.6 釐米
海寧圖

集 3215
趙忠毅公集二十四卷
明趙南星撰
明崇禎十一年(1638)范景文、姜大受刻本
九行十九字　四周單邊　白口
19.9×14.5 釐米
浙大

集 3216
來禽館集二十九卷
明邢侗撰
明萬曆四十六年(1618)刻清康熙十九年(1680)鄭雍重修本
九行二十一字　四周單邊　白口
20.6×15 釐米
浙圖　杭圖

集 3217
來禽館集二十九卷
明邢侗撰
明崇禎十年(1637)史以明刻本
九行二十一字　四周單邊　白口
21.2×15 釐米
天一閣

集 3218
呂新吾先生去僞齋文集十卷
明呂坤撰
清康熙十三年(1674)呂慎多刻本
十行二十字　四周雙邊　白口
18.2×12.4 釐米
浙圖　溫圖　嘉圖　寧海文

集 3219
來恩堂草十六卷
明烏程姚舜牧撰
清姚氏咫進齋抄本
十三行二十二字　左右雙邊　白口
17.8×13.7 釐米
浙大

集 3220
郊居遺稿十卷
明沈懋學撰
明萬曆三十三年(1605)何喬遠刻本
九行十八字　四周雙邊　白口
20×13.3 釐米
浙大

集 3221
紫園草二十二卷
明曾朝節撰
明萬曆二十五年(1597)吳楷刻本
缺十卷　十三至二十二
十行二十字　左右雙邊　白口
21.6×15.7 釐米
浙圖

集 3222
快雪堂集六十四卷
明秀水馮夢禎撰

明萬曆四十四年(1616)黄汝亨、朱之蕃等刻本
九行十八字　四周單邊　白口
20.8×14 釐米
浙圖　杭圖＊　溫圖＊　玉海樓＊　浙大

集 3223
宗伯集八十一卷
明馮琦撰
明萬曆三十五年(1607)刻本
九行十七字　左右雙邊　白口
20.5×14.5 釐米
浙大

集 3224
宗伯集八十一卷
明馮琦撰
明萬曆三十五年(1607)刻本　康有爲跋
浙圖

集 3225
馮用韞先生北海集四十六卷
明馮琦撰
明萬曆(1573—1620)林有麟刻本
九行二十字　四周單邊　白口
21.3×14.4 釐米
浙圖　浙大

集 3226
馮用韞先生書牘四卷
明馮琦撰
清乾隆三年(1738)程崟刻本
九行二十四字　左右雙邊　白口
19.8×11.9 釐米
浙圖

集 3227
東越證學錄十六卷
明嵊縣周汝登撰
明萬曆(1573—1620)刻本
九行十八字　四周單邊　白口
20.4×14.5 釐米
浙圖

集 3228
淡然軒集八卷
明余繼登撰
明萬曆三十一年(1603)吴達可、李開芳等刻本
九行二十字　四周雙邊　白口
22×15 釐米
浙圖

集 3229
詹養貞先生文集三卷
明詹事講撰
清乾隆(1736—1795)刻本
十行二十字　左右雙邊　白口
21.5×15 釐米
溫圖

集 3230
屠長卿集十九卷
明鄞縣屠隆撰
明萬曆(1573—1620)刻本
十行二十字　四周雙邊　白口
22×16 釐米
紹圖

集 3231
由拳集二十三卷
明鄞縣屠隆撰
明萬曆八年(1580)馮夢禎刻本
九行十九字　左右雙邊　細黑口
20×14.6 釐米
浙圖　天一閣

集 3232
由拳集二十三卷
明鄞縣屠隆撰

明萬曆(1573—1620)余碧泉克勤齋刻本
九行十九字　四周單邊　白口
22.5×14.6 釐米
浙圖

集 3233
由拳集二十三卷
明鄞縣屠隆撰
明刻本
十行二十字　四周單邊　白口
20.4×13.7 釐米
浙圖

集 3234
栖真館集三十一卷
明鄞縣屠隆撰　明呂胤基輯
明萬曆十八年(1590)呂氏栖真館刻本
九行十九字　左右雙邊　白口
22×14.5 釐米
浙圖　天一閣＊

集 3235
白榆集二十八卷
明鄞縣屠隆撰
明萬曆二十二年(1594)程元方刻本
缺八卷　二十一至二十八
九行十八字　左右雙邊　白口
18.8×13.7 釐米
浙圖＊　天一閣＊

集 3236
白榆集二十八卷
明鄞縣屠隆撰
明萬曆(1573—1620)龔堯惠刻本
九行二十字　四周單邊　白口
21×14 釐米
浙圖　天一閣

集 3237
稺玉文集八卷摘鈔詩賦一卷
明臨海王亮撰
清末抄本
浙圖

集 3238
鄒子願學集八卷
明鄒元標撰
明萬曆四十七年(1619)郭一鶚、龍遇奇刻本
九行十九字　四周單邊　白口
21.7×14.5 釐米
浙大

集 3239
太平山房詩集選五卷
明鄒元標撰
明萬曆四十八年(1620)張瑀等刻本
九行十九字　四周單邊　白口
21.4×13.9 釐米
浙圖

集 3240
瑞陽阿集十卷
明江東之撰
清乾隆八年(1743)東皐堂刻本
臺中疏草一卷
廷中疏草一卷
黔中疏草一卷
鎮沅紀略一卷
撫黔紀略一卷
家居小適一卷
山居小適一卷
鎮沅懷德錄一卷
撫黔紀別錄一卷
論定錄一卷
十行二十一字　四周雙邊　白口
19.8×13.8 釐米
浙圖　天一閣

集 3241
數馬集五十一卷
明黃克纘撰

明天啓(1621—1627)刻本
存六卷　三十六至三十八　四十九至五十一
九行十八字　四周雙邊　白口
20.3×14.1 釐米
天一閣

集 3242
農丈人詩集八卷文集二十卷
明鄞縣余寅撰
明萬曆(1573—1620)刻本
缺四卷　詩集五至六　文集十九至二十
九行十八字　左右雙邊　白口
20×13.4 釐米
浙圖＊　天一閣＊

集 3243
雁門勝跡詩集二卷
明王鑰撰
清抄本
浙圖

集 3244
南征集二卷
明吳興章嘉禎撰
明萬曆(1573—1620)刻本
八行十六字　四周雙邊　白口
20.2×12.8 釐米
浙圖

集 3245
山居功課十卷
明楊東明撰
明萬曆(1573—1620)范炳刻本
九行二十字　四周單邊　白口
20×13.7 釐米
天一閣

集 3246
劉大司成文集十六卷
明劉應秋撰
明劉同升刻本
九行十八字　左右雙邊　白口
19.9×13.9 釐米
浙大

集 3247
鐫蒼霞草十二卷
明葉向高撰
明萬曆三十四年(1606)刻本　佚名批點
十行二十字　四周雙邊　白口
21.5×14.7 釐米
浙圖

集 3248
蒼霞草二十卷蒼霞草詩八卷蒼霞續草二十二卷蒼霞餘草十四卷綸扉奏草三十卷續綸扉奏草十四卷後綸扉尺牘十卷
明葉向高撰
明萬曆天啓間(1573—1627)遞刻本
存四十四卷　蒼霞草一至十八　二十　詩八卷　續草一至十四　十五至十七
十行十九字間九行十八字　左右雙邊　白口
20.1×14.5 釐米
天一閣＊　浙大＊

集 3249
鄒太史文集八卷
明鄒德溥撰
明刻清安成紹恩堂印本
九行二十字　四周單邊或左右雙邊　白口
19.7×12.7 釐米
浙大

集 3250
鄒太史文集八卷
明鄒德溥撰
明刻清安成紹恩堂印本　清鄒道沂跋

浙圖

集 3251

蒼虬館草三卷

明鄞縣丁繼嗣撰

明刻本

缺一卷　一

九行十八字　四周雙邊　白口

21.2×15.7 釐米

天一閣

集 3252

希庵公詩稿不分卷

明蕭山來三聘撰

清抄本

天一閣

集 3253

虞德園先生集二十五卷又八卷

明錢塘虞淳熙撰

明崇禎(1628—1644)刻本

九行二十字　四周單邊　白口

21.7×15 釐米

溫圖

集 3254

朱太復文集五十二卷目錄五卷

明烏程朱長春撰

明萬曆(1573—1620)刻本

存九卷　五至十三

九行二十字　四周雙邊　白口

20.8×14.2 釐米

天一閣

集 3255

朱太復乙集三十八卷目錄四卷

明烏程朱長春撰

明萬曆(1573—1620)刻本

九行十九字　四周單邊　白口

20.4×14 釐米

浙圖

集 3256

玉茗堂全集四十六卷

明湯顯祖撰

明天啓(1621—1627)刻本

詩十八卷

賦六卷

文十六卷

尺牘六卷

七行十八字　四周單邊　白口

21.6×13 釐米

浙圖　天一閣　浙大*

集 3257

玉茗堂全集四十六卷

明湯顯祖撰

清康熙三十三年(1694)阮峴刻本

存三十六卷　詩一至十四　文十六卷　尺牘六卷

七行十八字　四周單邊　白口

21.4×13.2 釐米

浙圖

集 3258

獨深居點定玉茗堂集三十卷

明湯顯祖撰　明沈際飛輯

明崇禎(1628—1644)刻本

詩集十三卷

賦集四卷

文集七卷

尺牘六卷

九行二十字　四周單邊　白口

19.9×14.5 釐米

浙圖

集 3259

湯海若問棘郵草二卷

明湯顯祖撰　明山陰徐渭評

明刻本

九行二十字　四周單邊　白口

21.1×13.9 釐米
浙圖

集 3260
玉茗堂集選十五卷
明湯顯祖撰　明帥機等輯
明萬曆三十四年(1606)周如溟刻本
九行十八字　左右雙邊　白口
20×14.7 釐米
天一閣

集 3261
沈何山先生點正玉茗堂尺牘二卷
明湯顯祖撰
明萬曆四十六年(1618)刻本
存一卷　上
22.9×14.1 釐米
天一閣

集 3262
白蘇齋類集二十二卷
明袁宗道撰
明刻本
九行二十字　左右雙邊　白口
21.2×14.5 釐米
浙圖　浙大

集 3263
天全堂集四卷
明安希范撰
附録一卷
清乾隆四十六年(1781)安吉刻本
九行二十字　左右雙邊　白口
20×13.5 釐米
浙圖

集 3264
袁了凡先生兩行齋集十四卷
明嘉善袁黄撰
明刻本
存五卷　一　三至六
九行二十一字　四周單邊　白口
22.3×14.3 釐米
浙圖

集 3265
焦氏澹園集四十九卷
明焦竑撰
明萬曆三十四年(1606)黄雲蛟刻本
九行十九字　四周單邊　白口
浙圖

集 3266
淮南社草三卷
明鄧文明撰
清末抄本
浙圖

集 3267
歇菴集十六卷
明會稽陶望齡撰
明萬曆三十九年(1611)王應遴刻本
九行十九字　四周雙邊　白口
21.2×15.2 釐米
浙圖　天一閣

集 3268
歇菴集十六卷
明會稽陶望齡撰
明萬曆三十九年(1611)真如齋刻本
存八卷　一至三　五　六　八至十
九行十九字　四周雙邊　白口
21.6×15.5 釐米
浙圖

集 3269
歇菴集十六卷
明會稽陶望齡撰
附録三卷
明萬曆(1573—1620)喬時敏、王應遴刻

本
九行十九字　四周單邊　白口
21×14.5 釐米
紹圖

集 3270
容臺文集九卷詩集四卷別集四卷
明董其昌撰
明崇禎三年(1630)董庭刻本
八行十九字　左右雙邊　白口
19.2×13.3 釐米
浙圖　溫圖＊　浙大

集 3271
容臺文集十卷詩集四卷別集六卷
明董其昌撰
明崇禎八年(1635)刻本
八行十八字　四周單邊　白口
20.1×13.3 釐米
浙圖

集 3272
環碧齋尺牘二卷
明祝世祿撰
明刻本
九行十八字　四周單邊　白口
20×14 釐米
杭圖

集 3273
吳繼疎先生遺集十三卷
明吳仁度撰
首一卷
清乾隆(1736—1795)吳絅刻本
十行二十一字　四周雙邊　黑口
19.7×13.3 釐米
浙圖　溫圖

集 3274
馮少墟集二十二卷
明馮從吾撰
明萬曆四十年(1612)畢懋康刻天啓元年(1621)馮嘉年增修本
缺三卷　十九至二十一
九行十八字　四周單邊　白口
20×14.3 釐米
溫圖

集 3275
馮少墟集二十二卷
明馮從吾撰
明萬曆(1573—1620)刻本
缺二卷　二十一至二十二
九行十八字　四周單邊　白口
20.6×14.4 釐米
浙圖

集 3276
馮少墟集二十二卷
明馮從吾撰
明萬曆(1573—1620)刻本〔卷四至七配清康熙洪琮刻本〕　慈溪馮貞群跋
浙圖

集 3277
馮少墟集二十二卷續集五卷
明馮從吾撰
清康熙十二年(1673)洪琮刻本
九行十八字　四周單邊　白口
21.4×14.4 釐米
浙圖　嘉圖

集 3278
馮少墟集二十卷
明馮從吾撰
明萬曆四十七年(1619)劉必達刻本
缺九卷　四至六　十四至十七　十九至二十
九行十八字　四周單邊　白口
20×14 釐米
天一閣

集 3279

走越巵言一卷

明劉啓元撰　明林廷奎評

明萬曆(1573—1620)刻本

十行二十一字　四周單邊　白口

19.7×13 釐米

浙圖

集 3280

賓印詩草一卷

明饒與齡撰

清初刻本

十行二十字　四周雙邊　白口

18.2×13.5 釐米

天一閣

集 3281

高子遺書十二卷

明高攀龍撰

附錄一卷

明嘉善陳龍正輯

明崇禎五年(1632)錢士升、陳龍正刻本

九行十九字　四周單邊　白口

21.3×14.4 釐米

天一閣

集 3282

高子遺書十二卷

明高攀龍撰

附錄一卷

明嘉善陳龍正輯

清康熙二十八年(1689)家刻本

存六卷　一至四　十至十一

九行十九字　四周雙邊　白口

19×14.1 釐米

天一閣

集 3283

陳學士先生初集三十六卷

明秀水陳懿典撰

明萬曆四十八年(1620)曹憲來刻本

存十六卷　一至十六

九行十九字　四周單邊　白口

21×13.9 釐米

浙圖

集 3284

鷺鳩四六小啓十七卷

明連繼芳撰

明萬曆(1573—1620)刻本

存八卷　六至十二　十六

九行十八字　四周雙邊　白口

20.8×15.4 釐米

杭圖

集 3285

雪濤閣集十四卷

明江盈科撰

明萬曆二十八年(1600)自刻本

九行十八字　四周單邊　白口

19.9×13.9 釐米

浙圖　浙大

集 3286

梨雲館類定袁中郎全集二十四卷

明袁宏道撰

明萬曆四十五年(1617)何偉然刻本　佚名評點

八行十八字　四周單邊　白口

22.4×14 釐米

浙圖

集 3287

袁中郎狂言二卷別集二卷

明袁宏道撰

明刻本

九行二十字　左右雙邊　白口

22.2×14.4 釐米

天一閣

集 3288

袁中郎全集四十卷

明袁宏道撰

明崇禎二年(1629)武林佩蘭居刻本

九行二十字　四周單邊　白口

20.5×14.5 釐米

浙圖　杭圖*　衢博

集 3289

睡庵詩稿初刻三卷二刻三卷

明湯賓尹撰

明刻本

九行十八字　四周單邊　白口

21.2×15.1 釐米

天一閣

集 3290

睡庵稿文集二十五卷

明湯賓尹撰

明萬曆(1573—1620)刻本

九行十九字　四周單邊　白口

21.1×15.5 釐米

天一閣　浙大

集 3291

睡庵文稿初刻四卷二刻六卷三刻四卷

明湯賓尹撰

明萬曆(1573—1620)李曙寰刻本

存二刻六卷

九行十九字　四周單邊　白口

21×15.1 釐米

天一閣

集 3292

鳩茲集八卷

明鄞縣徐時進撰

抄本

浙圖

集 3293

六欲軒藁不分卷

明賀燦然撰

明刻本

九行十八字　四周單邊　白口

19.5×13.9 釐米

杭圖*　平湖圖

集 3294

定軒存稿十六卷

明陳于廷撰

明末刻本

八行十六字　四周單邊　白口

21.1×14.1 釐米

天一閣

集 3295

王氏書稿不分卷

明山陰王思任撰

手稿本

浙圖

集 3296

謔菴文飯小品五卷

明山陰王思任撰

清順治十五年(1658)王鼎起刻本

八行二十字　四周單邊　白口

20×13.2 釐米

紹圖

集 3297

明都督施公二華詩一卷

明四明施翰撰

張氏約園抄本

浙圖

集 3298

峨山集十二卷

明趙秉忠撰

明萬曆(1573—1620)刻本

六行十三字　四周單邊　白口
20.7×14.3 釐米
浙圖

集 3299
嫩真草堂集五十卷
明顧起元撰
明萬曆四十六年(1618)自刻本
九行十八字　四周單邊　白口
22×14.5 釐米
浙大

集 3300
霞繼亭集三卷
明謝廷讚撰
明萬曆(1573—1620)刻本
九行十八字　四周單邊　白口
19.5×13 釐米
浙圖

集 3301
寓林集三十二卷詩六卷
明錢塘黄汝亨撰
明天啓四年(1624)吳敬、吳芝等刻本
九行二十字　左右雙邊　白口
21.5×14.4 釐米
浙圖＊　天一閣

集 3302
喻中卿稿八卷
明嵊縣喻安性撰
明崇禎(1628—1644)刻本
九行二十字　四周雙邊　白口
21×15 釐米
浙圖

集 3303
緱山先生集二十七卷
明王衡撰
明萬曆(1573—1620)刻本
九行十八字　四周單邊　白口
21.8×14.1 釐米
浙圖　溫圖　天一閣　浙大

集 3304
緱山先生集二十七卷
明王衡撰
明刻本
九行十八字　四周單邊　白口
21.5×14.8 釐米
天一閣

集 3305
許鍾斗文集五卷
明許獬撰
明萬曆四十年(1612)洪夢錫等刻本
九行十九字　四周雙邊　白口
19.9×12.5 釐米
浙大

集 3306
叢青軒集六卷目錄一卷
明許獬撰
明崇禎十三年(1640)許鏞刻本
九行十八字　左右雙邊　白口
20.5×13.2 釐米
浙圖　浙大＊

集 3307
秋水閣墨副九卷
明鄞縣董光宏撰
明刻本〔卷七至八配清抄本〕
八行十七字　四周雙邊　白口
19.7×13.7 釐米
天一閣

集 3308
劉蕺山先生集二十四卷首一卷
明山陰劉宗周撰
清乾隆十七年(1752)證人堂刻本

十行二十二字　左右雙邊　白口

18.8×13.1 釐米

上虞圖　玉海樓

集 3309

劉蕺山先生集二十四卷首一卷

明山陰劉宗周撰

清乾隆十七年(1752)證人堂刻道光(1821—1850)重修本

浙圖

集 3310

蕺山劉子詩集不分卷

明山陰劉宗周撰

清抄本

浙圖

集 3311

天谷山人集十卷

明鄞縣薛三省撰

明末刻本

九行十八字　左右雙邊　白口

18.8×13.9 釐米

天一閣

集 3312

繆西垣先生文集十一卷附録一卷

明繆國維撰

清康熙二十四年(1685)繆彤刻本

十行十九字　四周雙邊　黑口

17.4×12.9 釐米

浙圖

集 3313

駃雪齋集一卷

明張可大撰

明刻本

八行十八字　四周單邊　白口

21.5×14.5 釐米

天一閣

集 3314

朿困文編六卷

明鄞縣王嗣奭撰

明崇禎十五年(1642)自刻本　明王嗣奭批校

九行十八字　四周單邊　白口

19×14 釐米

天一閣

集 3315

泠然草詩編二卷

明鄞縣王嗣奭撰

張氏約園抄本

浙圖

集 3316

高陽集二十卷

明孫承宗撰

清順治十二年(1655)孫之澇刻本

九行十八字　四周單邊　白口

14×13.7 釐米

紹圖

集 3317

徐檀燕先生詩鈔不分卷

明會稽徐如翰撰

清會稽董氏行餘講舍抄本

浙圖

集 3318

落迦山房集□卷

明范汝梓撰

明刻本

存奏疏　書

九行二十字　四周單邊　白口

21.1×15.4 釐米

天一閣

集 3319

寶日堂初集三十二卷

明張鼐撰

明崇禎二年(1629)刻本〔卷三十配清抄本〕

九行十九字　四周單邊　白口

21×14.5 釐米

浙圖

集 3320

梅中丞遺稿八卷

明梅之煥撰

西州淚一卷

清順治(1644—1661)衛貞元刻本

九行二十字　四周單邊　白口

20×13.9 釐米

浙圖

集 3321

萬曆甲午科鄉試硃卷一卷

明王象晉撰

明萬曆(1573—1620)刻本

九行二十字　四周單邊　白口

22.5×13.5 釐米

浙圖

集 3322

剪桐載筆不分卷

明王象晉撰

明末毛晉刻本

八行十九字　左右雙邊　白口

19×13.8 釐米

浙圖*　天一閣

集 3323

王惺所先生文集十卷

明王以悟撰

明天啓二年(1622)刻本

九行二十字　四周雙邊　白口

20.6×14.6 釐米

浙大

集 3324

紫薇堂集八卷

明陸明揚撰

附録一卷

清抄本

浙圖

集 3325

白毫庵内篇二卷外篇一卷雜篇二卷

明張瑞圖撰

明崇禎(1628—1644)刻本

七行十八字　左右雙邊　白口

18×12.9 釐米

溫圖

集 3326

澤農吟三卷

明會稽陶允嘉撰

明萬曆(1573—1620)刻本

八行十八字　四周雙邊　白口

20×14 釐米

浙圖

集 3327

楊忠烈公文集六卷

明楊漣撰

清順治十七年(1660)李贊元刻本

九行二十字　左右雙邊　白口

19×15 釐米

杭圖

集 3328

楊忠烈公文集三卷補遺一卷

明楊漣撰

清順治十八年(1661)楊苞刻本

八行十九字　左右雙邊　白口

18.5×13.6 釐米

浙圖

集 3329

掃餘之餘三卷

明劉錫玄撰

明末刻本

庚夏七發一卷

楞伽山房日記一卷

庚申冬日遊西山自紀一卷

八行二十字　四周雙邊　白口

21.5×12.5 釐米

浙圖

集 3330

翠瀑閣詩集一卷

明慈谿錢文荐撰

張氏約園抄本

浙圖

集 3331

綠鷗吟二卷

明慈谿錢文荐撰

張氏約園抄本

浙圖

集 3332

達觀樓集二十四卷

明鄒維璉撰

附錄一卷

清乾隆三十一年(1766)龍岡刻本

十行二十一字　左右雙邊　白口

19.8×13 釐米

浙圖

集 3333

隱秀軒文集三十三卷

明鍾惺撰

明天啓二年(1622)沈春澤刻本

八行十七字　四周單邊　白口

18.8×14.3 釐米

浙圖　海寧圖*

集 3334

鍾伯敬先生遺稿四卷

明鍾惺撰

明崇禎(1628—1644)刻本

九行十八字　四周單邊　白口

20.4×14.5 釐米

浙圖

集 3335

文太青先生全集五十三卷

明文翔鳳撰

明萬曆(1573—1620)刻本

存南極篇二十二卷

九行二十字　四周單邊　白口

20×14.1 釐米

浙圖

集 3336

玉書庭全集三十二卷

明丘兆麟撰

明崇禎(1628—1644)丘子旦、丘子晝等刻本

存二卷　一　十二

八行十九字　四周單邊　白口

21.3×13.2 釐米

浙圖

集 3337

玉書庭全集三十二卷

明丘兆麟撰

明崇禎(1628—1644)丘子旦、丘子晝等刻清康熙(1662—1722)重修本

存二卷　三　十一

天一閣

集 3338

問山亭主人遺詩一卷續一卷補一卷

明王象春撰　清王士驥輯　清王士禛刪選

清康熙(1662—1722)三十六硯居抄本

九行二十字　四周雙邊　白口
19.2×13.2 釐米
浙大

集 3339
覆瓿集十二卷
明徐榛撰
明萬曆(1573—1620)徐長胤刻本
十行二十二字　四周單邊　白口
21.1×14 釐米
浙大

集 3340
鹿忠節公集二十一卷
明鹿善繼撰
清乾隆(1736—1795)刻本
九行二十字　四周雙邊　白口
20.2×14.3 釐米
浙大

集 3341
周忠介公燼餘集三卷
明周順昌撰
周吏部年譜一卷
明殷獻臣撰
末一卷
清抄本
浙圖

集 3342
詠懷詩次阮韻一卷
明耿志煒撰
明崇禎(1628—1644)刻本　長興王修跋
八行十八字　四周雙邊　白口
20.3×15.2 釐米
浙圖

集 3343
逸園新詩一卷
明耿志煒撰
明崇禎六年(1633)刻本
八行十八字　四周雙邊　白口
20.7×15.3 釐米
浙圖

集 3344
杜曲集十一卷
明奉化戴澳撰
明崇禎(1628—1644)刻本
缺二卷　十至十一
八行十六字　四周單邊　白口
21×15 釐米
天一閣

集 3345
從野堂存稿八卷
明繆昌期撰
明崇禎十年(1637)繆虛白刻本
八行十八字　左右雙邊　白口
19.7×13.5 釐米
杭圖　天一閣*

集 3346
自娱集十卷詩餘一卷
明俞琬綸撰
明萬曆四十六年(1618)刻本
九行十八字　四周單邊　白口
19.5×14.1 釐米
天一閣

集 3347
蘭雪堂集八卷
明王心一撰
清乾隆(1736—1795)刻本
十一行二十一字　左右雙邊　白口
18.2×14.1 釐米
浙圖

集 3348
賜餘堂集十卷
明嘉善錢士升撰

年譜一卷

明許重熙撰

清乾隆四年(1739)錢佳刻本

十行二十三字　左右雙邊　白口

19.6×13.8 釐米

浙圖

集 3349

文園文集不分卷

明蕭山黄可師撰

清抄本

浙圖

集 3350

和簫集不分卷

明阮大鋮撰

明萬曆(1573—1620)刻本

七行十五字　四周單邊　白口

20.8×13 釐米

天一閣

集 3351

藏密齋集二十五卷

明嘉善魏大中撰

明崇禎(1628—1644)刻本

九行十八字　四周單邊　白口

20.5×15.6 釐米

浙大

集 3352

藏密齋集二十四卷

明嘉善魏大中撰

明崇禎(1628—1644)刻清重修本

九行十八字　四周單邊　白口

20.3×15.8 釐米

浙圖　浙大

集 3353

任天卿集四卷

明任天治撰

清抄本

十行二十二字　左右雙邊　白口

臨海博

集 3354

彭節愍公圍城家書一卷

明海鹽彭期生撰

清抄本　清嘉慶七年(1802)海鹽彭世喆跋

浙圖

集 3355

黄忠端公文略三卷詩略二卷説略一卷

明餘姚黄尊素撰

清抄本

浙圖

集 3356

珂雪齋集選二十四卷

明袁中道撰

明天啓二年(1622)刻本

九行十八字　四周單邊　白口

21.5×13.9 釐米

天一閣

集 3357

北征小草十二卷

明張泰階撰

明崇禎(1628—1644)刻本

八行十九字　四周單邊　白口

19.7×13 釐米

浙圖

集 3358

北征小草十二卷

明張泰階撰

清抄本

十四行二十六字　四周雙邊　白口

16.7×14.4 釐米

天一閣

集 3359

藍亞中文集十八卷

明藍近任撰

明崇禎九年(1636)紫芝館刻本

九行十八字　四周雙邊　白口

21.3×14.1 釐米

浙圖

集 3360

青錦園賦草一卷附廣連珠一卷

明餘姚葉憲祖撰

明崇禎五年(1632)刻本

八行十八字　四周單邊　白口

20.8×13.8 釐米

浙圖

集 3361

東館缶音九卷

明朱常漣撰

明萬曆(1573—1620)刻本

九行二十字　四周雙邊　黑口

20×14 釐米

浙圖

集 3362

韻竹軒和韻麗絶一卷

明甬上陳民俊撰

明萬曆十六年(1588)刻本

八行十六字　四周雙邊　白口

19.3×12.9 釐米

天一閣

集 3363

一哂齋漫稿十卷

明上虞葛臯撰

明萬曆(1573—1620)刻本

八行十七字　四周單邊　白口

21×14.1 釐米

浙圖

集 3364

呂李子甬東雜詠一卷

明鄞縣呂兑撰

明萬曆十二年(1584)刻本

九行十八字　左右雙邊　白口

18.4×13.4 釐米

天一閣

集 3365

屠田叔小品七種九卷附二種二卷

明鄞縣屠本畯撰

明萬曆(1573—1620)刻本　清鎮海姚燮題簽

霞爽閣空言一卷

憨聾觀一卷

聾政一卷

笑詞黄鶯兒三十闋一卷

狀游廿三發一卷

狀游翻一卷　明張可大撰

狀游譯一卷　明張庚星撰

廣狀游亦發一卷

游舟山籍二卷筆剩一卷

九行十八字　四周單邊　白口

20.5×14.8 釐米

浙圖

集 3366

程仲權詩集十卷文集十六卷

明程可中撰

明程胤萬、程胤兆刻本

九行二十字　左右雙邊　白口

20×13.9 釐米

浙圖

集 3367

西林全集二十卷

明安紹芳撰

明萬曆四十七年(1619)刻本　清安璿批校並跋

八行十八字　四周單邊　白口

20.6×13 釐米

浙圖

集 3368

西林全集二十卷

明安紹芳撰

明萬曆四十七年(1619)刻墨顛齋印本

八行十八字　四周單邊　白口

20.6×13 釐米

浙大

集 3369

程會父青山草四卷

明程一極撰

明萬曆(1573—1620)刻本

存一卷　一

九行十七字　四周雙邊　白口

19×13.7 釐米

天一閣

集 3370

汪大呂先生近稿七卷

明汪元英撰

清抄本

浙圖

集 3371

來舜和先生稿不分卷

明蕭山來繼韶撰

清抄本　佚名朱筆題識

浙圖

集 3372

清溪遺稿一卷

明甬東錢啓忠撰

清溪公題詞一卷不朽録一卷

清唐士恂、餘姚黄宗羲等撰

清康熙(1662—1722)錢塘刻本

十二行二十二字　左右雙邊　黑口

17.6×12.9 釐米

浙圖

集 3373

隨鷗草一卷

明鄞縣林養心撰

明末刻本

七行十五字　四周單邊　白口

17.9×17.5 釐米

天一閣

集 3374

水月軒漫唫稿四卷

明鹽官徐月汀撰

明萬曆(1573—1620)刻本

九行十八字　左右雙邊　白口

19.6×13.6 釐米

浙圖

集 3375

酉陽山人編蓬集十卷後集十五卷

明唐汝詢撰

明萬曆(1573—1620)刻本

存七卷　編蓬集四至十

九行二十字　四周單邊　白口

21.1×14.8 釐米

浙圖

集 3376

酉陽山人編蓬集十卷後集十五卷

明唐汝詢撰

明萬曆(1573—1620)刻清乾隆二十四年(1759)唐元素重修本

浙大

集 3377

詩稿前集一卷劄稿内集一卷外集一卷

明詹伯麒撰

明萬曆(1573—1620)吴懷保刻本

十行二十字　左右雙邊　白口

20.5×14.8 釐米

杭圖

集 3378

三溪集□卷

明陳宏己撰

明崇禎(1628—1644)刻本

存二卷　一至二

九行十八字　四周單邊　白口

20.4×13.9 釐米

天一閣

集 3379

北闈蕢言二卷

明歸安茅維撰

明萬曆四十五年(1617)吳興茅氏十賚堂刻本

九行十八字　左右雙邊　白口

20.4×14.3 釐米

浙圖

集 3380

轉情集二卷

明費元祿撰

明刻本

十行二十字　四周單邊　白口

22×14.5 釐米

浙圖

集 3381

陳眉公集十七卷

明陳繼儒撰

明萬曆四十三年(1615)史辰伯刻本

九行二十字　左右雙邊　白口

22.5×14.3 釐米

天一閣*　浙大

集 3382

翠娛閣評選陳眉公文集二卷

明陳繼儒撰　明鍾惺輯　明錢塘陸雲龍、梅羹評

明崇禎五年(1632)刻本

九行十九字　四周單邊　白口

20.1×13.9 釐米

天一閣

集 3383

眉公先生晚香堂小品二十四卷

明陳繼儒撰

明湯大節簡綠居刻本

九行二十字　四周單邊　白口

21.1×14.7 釐米

浙大

集 3384

絡緯吟十二卷

明徐媛撰

明萬曆四十一年(1613)范允臨刻本

八行十八字　四周單邊　白口

19.8×13.3 釐米

浙圖　浙大　杭圖*

集 3385

寤歌室詩稿不分卷

明海鹽彭宗因撰

清抄本

浙圖

集 3386

天爵堂文集十九卷筆餘三卷

明鄞縣薛岡撰

明崇禎(1628—1644)刻本

缺五卷　文集五至六　十一至十二　十九

九行十八字　左右雙邊　白口

19.3×14 釐米

天一閣

集 3387

天爵堂續集五卷

明鄞縣薛岡撰

明崇禎(1628—1644)刻本

缺一卷　三

九行十八字　左右雙邊　白口

18.9×13.5 釐米
浙圖

集 3388
淮南集六卷
明馬斯臧撰
明萬曆四十年(1612)刻本
八行十七字　四周單邊　白口
21.9×15.5 釐米
天一閣

集 3389
緒言四卷
明烏程董斯張撰
清抄本
浙圖

集 3390
汲古堂集二十八卷
明樂清何白撰
明萬曆(1573—1620)刻本
九行十八字　左右雙邊　白口
19.9×13.1 釐米
浙大

集 3391
汲古堂集二十八卷
明樂清何白撰
明萬曆刻清康熙三十年(1691)重修本　清周銘鼎跋
浙圖

集 3392
汲古堂續集不分卷
明樂清何白撰
清初抄本
十行二十二字　四周雙邊　白口
20.4×14 釐米
浙大

集 3393
汲古堂續集不分卷
明樂清何白撰
清初抄本
存四卷　六至八　十一
溫圖

集 3394
汲古堂續集不分卷
明樂清何白撰
清瑞安項氏水仙亭抄本
溫圖

集 3395
汲古堂續集不分卷
明樂清何白撰
清孫氏玉海樓抄本　清瑞安孫衣言題耑
十行二十四字　左右雙邊
19.3×11.8 釐米
溫圖

集 3396
盟雞齋詩集不分卷
明鄞縣阮述撰
明刻本
六行十五字　四周單邊　白口
14.6×9.5 釐米
天一閣

集 3397
環庵先生遺稿十卷
明瑞安虞原璩撰
月泉詩派一卷
明瑞安李階輯
清孫氏玉海樓抄本　清瑞安孫衣言題耑
溫圖

集 3398
環庵先生遺稿十卷
明瑞安虞原璩撰

清孫氏海日樓抄本　清瑞安孫鏘鳴批校並跋

溫圖

集 3399

傅遠度集□種□卷

明傅汝舟撰

明刻本

存步天集二卷

八行二十字　四周單邊　白口

21.6×13.3 釐米

天一閣

集 3400

初陽臺燕集聽彈琵琶贈歌者詩一卷

明錢塘徐象梅撰

手稿本

浙圖

集 3401

西清閣詩草十二卷

明鄞縣楊承鯤撰

明刻本

存五卷　戊寅　己卯　庚辰　辛巳　壬午

九行十八字　四周單邊　白口

19.8×13.2 釐米

天一閣

集 3402

西清閣詩草十二卷

明鄞縣楊承鯤撰

張氏約園抄本

浙圖

集 3403

碣石編二卷

明鄞縣楊承鯤撰

明萬曆(1573—1620)桓溪山房刻本

八行十六字　左右雙邊　白口

17×12.3 釐米

浙圖

集 3404

花王閣賸稿一卷

明紀坤撰

清抄本

溫圖

集 3405

謝耳伯先生初集十六卷全集八卷

明謝兆申撰

明崇禎(1628—1644)玉樹軒刻本

九行十八字　左右雙邊　白口

19.1×14.9 釐米

浙圖　浙大

集 3406

小青焚餘藁一卷

明馮小青撰

小青傳一卷

題明戔戔居士撰

明崇禎四年(1631)黄來鶴抄本

九行二十四字　四周單邊　白口

天一閣

集 3407

珠樹堂集不分卷

明瑞安王祚昌撰

清抄本　清瑞安孫鏘鳴等批校

溫圖

集 3408

珠樹堂集一卷

明瑞安王祚昌撰

清孫氏玉海樓抄本　清瑞安孫詒讓批校

溫圖

集 3409

樂群堂詩草不分卷

明單斗撰

清康熙五十年(1711)刻本
九行二十字　四周單邊　白口
寧海文

集 3410
靜完遺草二卷
明賈靜完撰
清抄本
八行二十一字　無格
紹圖

集 3411
孫石臺先生遺集二卷
明孫楊撰　清盧衍仁輯
附錄二卷
清乾隆四十四年(1779)盧衍仁等刻本
十行二十一字　左右雙邊　白口
侍王府

集 3412
畢氏祭文鈔不分卷
明畢自耘撰
明萬曆四十八年(1620)畢氏抄本
書名編者擬
九行二十字　四周雙邊　白口
24×16.6 釐米
浙大

集 3413
王癸源詩一卷
明王癸源撰
抄本
浙圖

集 3414
李山人詩二卷
明鄞縣李生寅撰
張氏約園抄本
浙圖

集 3415
京寓稿一卷
明四明倪珣撰
張氏約園抄本
浙圖

集 3416
羅高君集四卷
明慈谿羅廩撰
明刻本
勝情集二卷
青原集一卷
浮樽集一卷
八行十六字　左右雙邊　白口
19×12.4 釐米
浙圖

集 3417
知我軒近説二卷正志稿六卷
明太平林貴兆撰
清抄本
浙圖

集 3418
寶綸樓集六卷
明傅冠撰
明崇禎十七年(1644)傅練刻本
缺一卷　六
八行十八字　四周單邊　白口
21.3×15 釐米
浙圖

集 3419
陳太史無夢園初集三十四卷
明陳仁錫撰
明崇禎六年(1633)張一鳴刻本
九行十八字　左右雙邊　白口
22×13.8 釐米
杭圖　天一閣

集 3420

倪鴻寶先生三刻十三卷

明上虞倪元璐撰

明崇禎(1628—1644)王貽栻刻本

存十一卷　代言選五卷　講編二卷　奏牘一　四至六

九行二十字　四周單邊　白口

19.8×14.5 釐米

浙圖

集 3421

鴻寶應本十七卷

明上虞倪元璐撰

明崇禎(1628—1644)刻本

八行二十字　四周單邊　白口

20.1×13.9 釐米

浙圖

集 3422

鴻寶應本十七卷

明上虞倪元璐撰

明崇禎(1628—1644)刻清順治十四年(1657)唐九經補刻本

浙大

集 3423

倪文貞公遺稿二卷

明上虞倪元璐撰　清會稽唐九經評

清順治八年(1651)刻本

八行二十字　四周單邊　白口

20.2×13.8 釐米

杭圖

集 3424

倪文貞公遺稿二卷

明上虞倪元璐撰

清康熙(1662—1722)刻本

八行二十字　四周單邊　白口

餘姚文

集 3425

倪文貞公文集二十卷奏疏十二卷

明上虞倪元璐撰

首一卷

清乾隆三十七年(1772)倪安世刻本

十行二十一字　四周單邊　白口

19.2×13.2 釐米

浙圖　上虞圖

集 3426

峚陽草堂詩集八卷

明鄭鄤撰

明崇禎(1628—1644)刻本

八行十八字　四周單邊　白口

19.8×13.8 釐米

浙圖

集 3427

黄石齋先生續騷四卷文鈔一卷

明黄道周撰　清鄭玟輯

清真吾廬主人石介抄本

九行二十五字　無格

浙大

集 3428

駢枝别集二卷

明黄道周撰

明刻本

九行十八字　四周雙邊　白口

19.8×13.9 釐米

浙圖

集 3429

駢枝别集二十卷

明黄道周撰

明末沈國元大來堂刻本

八行十六字　四周單邊　白口

19.6×13.5 釐米

浙圖　浙大

集 3430

留碩稿十卷

明鄞縣水佳胤撰

明末刻清康熙(1662—1722)水寶璐重修本

存三卷　詩集一　文集二　三

行款不一

20.8×12.3 釐米

浙圖

集 3431

祁忠敏公天啓壬戌會試硃卷不分卷

明山陰祁彪佳撰

明抄本

十二行字數不一　四周單邊　黑口

杭博

集 3432

遠山堂詩集不分卷

明山陰祁彪佳撰　清山陰祁理孫輯

沈鈞業抄本　沈鈞業跋並録清慈谿魏畊校

浙圖

集 3433

林居尺牘不分卷

明山陰祁彪佳撰

明祁氏遠山堂抄本

浙圖

集 3434

張待軒先生遺集十二卷

明海寧張次仲撰

清康熙(1662—1722)刻本

十三行二十四字　左右雙邊　白口

17.9×14.1 釐米

浙圖

集 3435

一經堂集二卷

明海寧張次仲撰

管氏靜得樓抄本

浙圖

集 3436

余忠節公遺文不分卷

明會稽余煌撰　清會稽徐維則輯

清光緒二十五年(1899)徐維則抄本

十行三十六至三十八字不一　四周雙邊　黑口

17.5×11.6 釐米

紹圖

集 3437

刻金進士臨場近義不分卷

明金蘭撰

明天啓六年(1626)程元梧、江元氣刻藍印本

八行十八字　四周單邊　白口

22.3×13.1 釐米

浙圖

集 3438

晃巘集二十二卷

明池顯方撰

明崇禎十四年(1641)自刻本

存十五卷　一至十五

八行十八字　四周單邊　白口

19.5×13.4 釐米

浙圖

集 3439

天傭子集一卷續集一卷

明艾南英撰

明末刻本

八行十八字　四周單邊　白口

19.7×13.9 釐米

天一閣

集 3440

新刻天傭子全集十卷

明艾南英撰

清康熙三十八年(1699)艾爲珖刻本
九行二十字　四周單邊　白口
17.9×12.3 釐米
浙圖

集 3441
艾天庸集七卷
明艾南英撰
清郢雪書林刻本
十行二十字　四周單邊　白口
21.6×14.4 釐米
天一閣

集 3442
月當樓詩稿八卷
明季孟蓮撰
清乾隆十四年(1749)刻本
九行十九字　左右雙邊　白口
17.5×13 釐米
浙圖

集 3443
胡繩集詩鈔三卷
明范壺貞撰
清乾隆三十年(1765)天游閣刻本
十行十九字　左右雙邊　白口
16.8×13.8 釐米
浙圖

集 3444
竹笑軒詩鈔一卷
清錢塘李因撰
清初抄本　佚名録黄丕烈跋
浙圖

集 3445
竹笑軒詩鈔一卷
清錢塘李因撰
清抄本
浙圖

集 3446
竹笑軒詩鈔一卷
清錢塘李因撰
清抄本
浙圖

集 3447
綠蘿堂詩草不分卷
明岳凌霄撰
稿本
浙圖

集 3448
新刻譚友夏合集二十三卷
明譚元春撰　明徐汧、張澤等評
明崇禎六年(1633)張澤刻本
九行二十字　四周單邊　白口
19.3×13.1 釐米
浙圖　溫圖

集 3449
鵠灣集□□卷
明譚元春撰
明末刻本
存十一卷　四至十四
九行二十字　左右雙邊　白口
19.7×12.2 釐米
天一閣

集 3450
耦耕堂集詩三卷文二卷
明程嘉燧撰
松圓詩老小傳一卷
清錢謙益撰
清順治十二年(1655)金望等刻本
十行十八字　左右雙邊　細黑口
18.5×13.1 釐米
浙圖　杭圖

集 3451

松圓浪淘集十八卷目錄三卷

明程嘉燧撰

明崇禎(1628—1644)刻本

十行十八字　左右雙邊　細黑口

18×13 釐米

紹圖

集 3452

玉房集十四卷

明謝韶撰

附一卷

明崇禎(1628—1644)謝氏刻本

九行十八字　四周單邊　白口

21×14.5 釐米

浙圖

集 3453

蕉園外集不分卷

明盧洪遠撰

明崇禎元年(1628)洪懋錄刻本

八行十九字　四周單邊　白口

20×14 釐米

杭圖

集 3454

間居集一卷

明姚宗文撰

明萬曆(1573—1620)陸寶刻本

八行十八字　左右雙邊　白口

20×13.7 釐米

天一閣

集 3455

霜鏡集十七卷

明鄞縣陸寶撰

明崇禎(1628—1644)刻本

八行十八字　左右雙邊　白口

19.8×13.9 釐米

浙大

集 3456

春夏秋冬四課四卷

明鄞縣陸寶撰

明崇禎(1628—1644)刻本

八行十八字　左右雙邊　白口

20×14 釐米

天一閣

集 3457

天益山堂遺集十卷續刻一卷

明慈溪馮元仲撰

清乾隆八年(1743)馮廷楷刻本

十四行二十六字　四周單邊　黑口

18.8×13.6 釐米

浙圖　寧圖　天一閣

集 3458

天益山堂遺集十卷續刻一卷

明慈溪馮元仲撰

清乾隆八年(1743)貽安盧刻本　清慈溪鄭性、徐磊園校

十四行二十六字　四周單邊　黑口

寧檔

集 3459

鍾山獻四卷

明楊宛撰

明天啓七年(1627)茅元儀玄穡居刻本

七行十六字　四周雙邊　白口

16.9×13.2 釐米

浙圖

集 3460

孫璧聯先生文集不分卷

明孫璧聯撰

清抄本

十行二十四字　無格

天一閣

集 3461

刻莊子詩略七卷

明莊學曾撰

明天啓(1621—1627)刻本

存三卷　一　三至四

九行十九字　四周單邊　白口

21×14.2 釐米

天一閣

集 3462

期期草四卷

明慈谿裘紬撰

明崇禎(1628—1644)刻本

八行十八字　四周單邊　白口

20×12 釐米

天一閣

集 3463

此觀堂集十二卷

明羅萬藻撰

清乾隆二十一年(1756)躍齋刻本

九行二十字　左右雙邊　白口

19×13 釐米

浙圖

集 3464

碧玉壺天題畫詩一卷

清汪喬年撰

清乾隆十五年(1750)刻本

八行二十字　四周單邊　白口

17.2×11.5 釐米

浙圖

集 3465

崇禎詩集六卷

明思宗朱由檢撰

清抄本　佚名批校

浙圖

集 3466

金正希先生文集輯略九卷

明金聲撰

明崇禎十七年(1644)邵鵬程刻本

九行二十字　四周單邊　白口

20×13.5 釐米

浙圖

集 3467

拙存堂逸稿詩四卷文賸六卷

明冒起宗撰

清順治(1644—1661)冒氏拙存堂刻本

存詩四卷

八行二十字　四周單邊　白口

13.7×12.3 釐米

浙圖

集 3468

明閣部史公道鄰全集四卷

明史可法撰

首一卷末一卷

清抄本

浙圖

集 3469

史忠正公集四卷

明史可法撰

首一卷末一卷

清抄本

十行二十八字至二十九字不一　無格

紹圖

集 3470

史忠正公集四卷

明史可法撰

末一卷

清抄本

浙圖

集 3471

明徐勿齋自書贈倪鴻寶詩卷一卷

明徐汧撰

手稿本　清蕭山王宗炎跋

浙圖

集 3472

隴首集一卷

明王與胤撰

附錄一卷

清康熙(1662—1722)刻本

十行十九字　左右雙邊　黑口

18×13.9 釐米

嘉圖

集 3473

七録齋詩文合集十六卷

明張溥撰

明崇禎九年(1636)刻本

七録齋文集近稿六卷

七録齋集存稿五卷

館課一卷

論略一卷

七録齋詩稿三卷

九行十八字　左右雙邊　白口

19.5×14.1 釐米

浙圖　杭圖

集 3474

七録齋文集論略二卷續刻六卷别集二卷

明張溥撰

明末刻本

九行二十字　四周單邊　白口

20.5×13.8 釐米

天一閣

集 3475

申忠愍詩集六卷

明申佳允撰

清藝海樓抄四庫全書本

浙圖

集 3476

羅紋山先生全集十六卷

明羅明祖撰

首一卷

清初古處齋刻本

存四卷　一至四

八行十八字　四周雙邊　白口

20.7×14.3 釐米

浙圖

集 3477

王王屋遺稿二卷

明王玕撰

清康熙(1662—1722)王頎等刻本

八行十九字　四周雙邊　白口

19.3×13.4 釐米

浙圖

集 3478

恭潔公遺集一卷

明安吉陳良謨撰

清末周左季鴿峰草堂抄本

九行十八字　四周單邊　細黑口

16.5×11.4 釐米

天一閣

集 3479

劉文烈公全集十二卷

明劉理順撰

清順治(1644—1661)刻康熙(1662—1722)重修本

九行二十字　四周雙邊　黑口

20.5×14 釐米

浙圖

集 3480

心遠堂遺集二十卷

明王永積撰

清康熙(1662—1722)刻本
九行二十字　左右雙邊　白口
19.9×14.1 釐米
浙圖

集 3481
稺山先生殘集二卷
明吴鍾巒撰
抄本
八行三十二字　左右雙邊　白口
天一閣

集 3482
寒玉集十一卷
明臨海陳函煇撰
明崇禎(1628—1644)刻本
九行十八字　左右雙邊　白口
19.6×14.1 釐米
黄巖圖

集 3483
選寒江集三卷寒喜集二卷
明臨海陳函煇撰
清郭錢祖、郭詒祖抄本　清臨海郭協寅跋
選寒江集九行十八字　無格　寒喜集十行十八字
臨海博

集 3484
小寒山子集十四卷
明臨海陳函煇撰
明崇禎(1628—1644)刻本
存一卷　青未了
八行十七字　左右雙邊　白口
18.5×13.9 釐米
天一閣

集 3485
選寒喜集二卷
明臨海陳函煇撰
清宋經畬等抄本　清黄巖王詠霓校　清宋經畬跋
黄巖圖

集 3486
已吾集十四卷
明陳際泰撰
壺山集三卷
明陳孝威撰
癡山集六卷
明陳孝逸撰
清順治(1644—1661)李來泰刻本
十二行二十四字　四周單邊　白口
18.5×13 釐米
浙圖　嘉圖＊　紹圖＊

集 3487
吴吏部文集十二卷
明海昌吴本泰撰
清順治十年(1653)夏之中刻本
缺四卷　九至十二
九行二十字　四周單邊　白口
20.7×14 釐米
浙圖

集 3488
祝子遺書六卷
明海昌祝淵撰
清茹實齋抄本
浙圖

集 3489
南征集十卷
明錢蕭藥撰
清徐時棟抄本　清鄞縣徐時棟跋
存五卷　六至十
九行二十字　左右雙邊　白口
18×12.6 釐米
天一閣

集 3490

天愚先生詩集六卷文集八卷詩鈔八卷文鈔八卷別集四卷

明謝泰宗撰

文鈔附錄一卷

清吳偉業等撰

清康熙五十五年(1716)致遠堂刻本

存詩集六卷　文集八卷　別集四卷

十二行二十二字　左右雙邊　黑口

18.2×14.1 釐米

天一閣

集 3491

松月軒詩稿不分卷

明山陰田嘉生撰

稿本　清道光四年(1824)魯仁壽跋

浙圖

集 3492

留庵文集節抄□□卷

明盧若騰撰

清抄本　清瑞安孫鏘鳴批校並跋

存三卷　八至九　十三

溫圖

集 3493

留仙詩集二卷

明馮元颺撰

清抄本

十二行二十二字　無格

天一閣

集 3494

陶菴集不分卷

明黃淳耀撰

稿本

浙圖

集 3495

黃陶菴先生全稿□□卷

明黃淳耀撰　清石門呂留良評

清康熙(1662—1722)天蓋樓刻本

存一卷　上論

九行二十六字　四周單邊　白口

21×12 釐米

浙圖

集 3496

陶菴文集七卷詩集八卷吾師錄一卷

明黃淳耀撰

清康熙十五年(1676)張懿實刻本

九行十九字　左右雙邊　細黑口

19×13.9 釐米

溫圖

集 3497

陶庵全集二十四卷

明黃淳耀撰

清乾隆二十六年(1761)寶山學刻本

十行二十二字　左右雙邊　白口

17.5×13.5 釐米

溫圖　紹圖

集 3498

陶菴文集七卷首一卷補遺一卷吾師錄一卷自監錄四卷詩集八卷補遺一卷

明黃淳耀撰

清乾隆二十六年(1761)刻本　清朱佺批校並跋

十行二十二字　左右雙邊　白口

17.9×13.8 釐米

浙圖

集 3499

穀園集文一卷詩一卷

明楊彝撰

清抄本

浙圖

集 3500

奇零草二卷

明鄞縣張煌言撰

清徐時棟抄本

九行二十一字　左右雙邊　白口

18×12.5 釐米

天一閣

集 3501

奇零草二卷

明鄞縣張煌言撰

清抄本

九行十八字　無格

天一閣

集 3502

奇零草二卷

明鄞縣張煌言撰

清抄本　陳漢章批校

浙圖

集 3503

奇零草一卷

明鄞縣張煌言撰

清抄本

浙圖

集 3504

奇零草不分卷

明鄞縣張煌言撰

清抄本　張崟批校

八行二十字　無格

浙大

集 3505

奇零文草一卷詩草一卷

明鄞縣張煌言撰

清抄本

浙圖

集 3506

奇零草敘論書記一卷

明鄞縣張煌言撰

清抄本

浙圖

集 3507

奇零草不分卷北征錄一卷浙江壬午科鄉試硃卷一卷

明鄞縣張煌言撰

張忠烈公年譜一卷

清鄞縣全祖望輯

清光緒十三年(1887)傅氏抄本　清傅以禮校並跋

浙圖

集 3508

張忠烈公來薇吟殘稿一卷

明鄞縣張煌言撰

清抄本

浙圖

集 3509

張蒼水詩文集不分卷

明鄞縣張煌言撰

清抄本

九行二十一字　四周雙邊　黑口

16.9×12 釐米

天一閣

集 3510

張閣學文集二卷

明鄞縣張煌言撰

清傅氏長恩閣抄本　清傅以禮校並跋

浙圖

集 3511

張尚書集四卷

明鄞縣張煌言撰

附錄一卷

清抄本　清徐錫垚跋　慈溪馮貞群題款

十行二十六字　無格

杭圖

集 3512

鹿干草堂集十一卷

明檇李屠廷楫撰

清康熙(1662—1722)刻本

十行二十一字　四周單邊　白口

18.7×14.1 釐米

浙圖

集 3513

雁字十詠一卷使秦吟略一卷

明范汝植撰

明崇禎(1628—1644)刻本

八行十六字　四周單邊　白口

20.5×14.5 釐米

天一閣

集 3514

雲卧齋詩稿一卷詩餘一卷

明秀水黄媛貞撰

清抄本

浙圖

集 3515

擔當和尚詩集一卷

明釋通荷撰

清抄本

浙圖

集 3516

江止庵遺集八卷

明江天一撰

首一卷

清康熙(1662—1722)祭書草堂刻本

九行二十字　四周雙邊　白口

19.6×14.7 釐米

浙圖

集 3517

簡堂集十二卷

明馬元調撰

清初抄本

存六卷　一至二　九至十二

浙圖

集 3518

嶠雅二卷

明鄺露撰

清初海雪堂刻本

八行十五字　四周單邊　白口

19.5×14 釐米

温圖　嘉圖　天一閣

集 3519

過宜言一卷

明華夏撰

清初抄本

九行二十五字　黑格

天一閣

集 3520

芑山先生文集二十四卷

明張自烈撰

清抄本　佚名批校

九行二十字　無格

天一閣

集 3521

玄超堂藏藁一卷

明區懷年撰

清初刻本

九行十九字　四周單邊　白口

18.5×13.2 釐米

天一閣

集 3522

夏文忠公集五卷

明夏允彝撰　明張孔瑛輯

附錄一卷

稿本

浙圖

集 3523

梨雲館集十二卷別論二卷

明何偉然撰

明末刻本

八行十八字　四周單邊　白口

21.3×14.9 釐米

浙圖

集 3524

歌宜室集十六卷

明柯榮撰

明崇禎(1628—1644)刻本

九行十八字　四周雙邊　白口

19.4×12.5 釐米

溫圖

集 3525

息賢堂詩集八卷

清慈谿魏畊撰

清抄本

天一閣

集 3526

息賢堂詩集不分卷

清慈谿魏畊撰

清抄本

浙圖

集 3527

天啓宮中詞百詠一卷

明陳悰撰

擬故宮詞一卷

清唐宇昭撰

清抄本

浙圖

集 3528

蜀使漫草一卷

明周元懋撰

明崇禎(1628—1644)刻本

八行二十字　四周單邊　白口

19×12.5 釐米

天一閣

集 3529

寶藥栖詩不分卷

明王醇撰

清抄本

十行二十字　無格

浙大

集 3530

婺源余子疇先生詩草一卷

明余繼祉撰

清抄本

浙圖

集 3531

陸敬身全集六十一卷

明鄞縣陸寶撰

張氏約園抄本

浙圖

集 3532

九華草九卷

明四明秦應鸞撰

清秦祖澤抄本　清四明秦祖澤跋

浙圖

集 3533

白雲樓摘古八卷

明天台陳公綸撰

清王棻家抄本　清黃巖王棻校

黄巖圖

集 3534

斷山吟一卷游二嶽草一卷

明四明秦祖襄撰

張氏約園抄本

浙圖

集 3535

蘆槎詩稿不分卷

明慈谿沈潛撰

清抄本

浙圖

集 3536

寧遠堂詩集四卷

明海昌陸宏定撰

管氏靜得樓抄本

浙圖

集 3537

返生香一卷

明葉小鸞撰

窈聞一卷續一卷

明葉紹袁撰

明崇禎(1628—1644)疎香閣刻午夢堂集本

九行二十字　四周單邊　白口

浙圖

集 3538

師陶閣集一卷

明海鹽吳文憲撰

胡氏霜紅簃抄本　平湖胡士瑩跋

浙圖

集 3539

超軼集錄一卷

題明韓奐齋撰

稿本

浙圖

集 3540

書牘不分卷

明□□撰

明抄本

九行字數不一　四周雙邊　白口

22×14.5 釐米

紹圖

集 3541

繡佛齋草一卷

清陳氏撰

附錄一卷

清康熙(1662—1722)刻本

陳氏爲明馮元鼎妻

八行十八字　左右雙邊　白口

18.5×13.3 釐米

浙圖

清别集類

集 3542

林茂之詩選二卷

清林古度撰

清康熙四十九年(1710)程哲七略書堂刻本

十行十九字　左右雙邊　粗黑口

18×13.5 釐米

天一閣

集 3543

牧齋初學集一百十卷目錄二卷

清錢謙益撰

明崇禎十六年(1643)瞿式耜刻本

十行十八字　四周雙邊　白口

18×14 釐米

浙圖　杭圖　溫圖　浙大

集 3544

牧齋有學集五十一卷

清錢謙益撰

清康熙(1662—1722)金匱山房刻本〔卷一至二配抄本〕

十行二十字　左右雙邊　白口

18.5×13.5 釐米

浙圖

集 3545

牧齋有學集五十一卷

清錢謙益撰

清康熙(1662—1722)刻本

存二十五卷　二十六至五十

十行二十字　左右雙邊　白口

18.8×13 釐米

天一閣

集 3546

牧齋有學集詩註十四卷

清錢謙益撰　清錢曾注

清玉詔堂刻本

十行二十字　四周單邊　黑口

18.5×14.2 釐米

嘉圖

集 3547

牧齋有學集詩註十四卷

清錢謙益撰　清錢曾注

清玉詔堂刻本　莫棠錄清烏程嚴可均評

浙圖

集 3548

投筆詩集一卷

清錢謙益撰

清傅氏長恩閣抄本　清傅以禮校並跋

浙圖

集 3549

投筆集一卷

清錢謙益撰　清錢曾注

清抄本

浙圖

集 3550

石臼前集九卷後集七卷

清邢昉撰

清康熙(1662—1722)刻本

十行十九字　四周單邊　白口

18×13.4 釐米

嘉圖　浙大

集 3551

梅花百詠一卷

清李確撰

清抄本　清咸豐二年(1852)鎮海姚燮跋

浙圖

集 3552

棗林詩選二卷

清海寧談遷撰

清吳昂駒抄本

浙圖

集 3553

棗林詩稿二卷

清海寧談遷撰

清抄本　海寧費寅校

浙圖

集 3554

棗林集不分卷

清海寧談遷撰

管偉靜得樓抄本　海寧管偉校並跋

浙圖

集 3555

棗林藝簣一卷

清海寧談遷撰

清抄本

浙圖

集 3556

石園全集三十卷

清李元鼎撰

清康熙四十二年(1703)李振祺、李振裕香雪堂刻本

十一行二十一字　左右雙邊　白口

19.2×14.9 釐米

浙圖

集 3557

鄒荻翁集六卷雅笑編略一卷

清鄒枚撰

清康熙(1662—1722)金陵書林刻本

八行十八字　四周單邊　白口

侍王府

集 3558

瑯嬛文集不分卷

清山陰張岱撰

清抄本

八行十八字　無格

天一閣

集 3559

古調堂初集詩六卷文六卷

清馬之驦撰

清順治(1644—1661)刻本

九行十八字　四周單邊　白口

20×12.3 釐米

寧圖

集 3560

四照堂文集五卷詩集二卷

清王猷定撰

清康熙二十二年(1683)王堃刻本

八行十九字　左右雙邊　白口

18.5×13.7 釐米

浙圖

集 3561

詩賦序一卷

清王猷定撰

清初抄本　清陳其年批點

浙圖

集 3562

紅藥壇五言律五卷七言律五卷

清王鑨撰　清王鐸輯

清順治十年(1653)擬山園刻本

九行十八字　左右雙邊　白口

20.7×14.7 釐米

浙圖

集 3563

大愚集二十七卷

清王鑨撰

諸同人尺牘一卷

清康熙四年(1665)刻本

九行十八字　左右雙邊　白口

21×14.6 釐米

浙圖　溫圖*

集 3564

牧雲和尚嬾齋別集十四卷

清釋通門撰

清順治十四年(1657)毛氏汲古閣刻本

十行二十字　四周雙邊　白口

21.1×14.7 釐米

浙大

集 3565

芥子彌禪師鈯斧草不分卷

清釋芥子彌撰

清順治十七年(1660)刻本

十行二十字　四周雙邊　白口
23.3×14.6 釐米
嘉圖

集 3566
古雪堂詩集十六卷
清金露撰
清康熙四十三年(1704)沈日瑛刻本
十行二十一字　四周雙邊　白口
19.2×14.1 釐米
浙圖

集 3567
青箱堂文集十二卷遺稿續刻一卷年譜一卷
清王崇簡撰
清康熙(1662—1722)刻本
十行十九字　四周單邊　白口
18.3×13.7 釐米
浙圖

集 3568
青箱堂詩三十三卷
清王崇簡撰
清康熙(1662—1722)刻本
九行十八字　左右雙邊　白口
18.2×13.3 釐米
浙圖

集 3569
鈍吟全集二十三卷
清馮班撰
清初毛氏汲古閣、康熙(1662—1722)陸貽典等遞刻本
馮氏小集三卷
鈍吟集三卷
鈍吟別集一卷
鈍吟餘集一卷
游仙詩二卷
鈍吟老人集外詩一卷
鈍吟樂府一卷
鈍吟老人文稿一卷
鈍吟老人雜錄十卷
十四行二十一字　左右雙邊　黑口
14.9×12.5 釐米
天一閣

集 3570
鈍吟老人遺稿十二卷
清馮班撰
清周氏鴿峰草堂抄本
浙圖

集 3571
古古詩三卷
清閻爾梅撰　清汪觀輯
清康熙五十二年(1713)靜遠堂刻本
八行十九字　四周雙邊　白口
17.8×12.8 釐米
浙圖

集 3572
曹司馬集六卷
清曹煒撰
曹孝廉文藁一卷
清曹應鶴撰
清康熙三十八年(1699)刻本
十行二十一字　左右雙邊　黑口
18.6×13.8 釐米
海寧圖

集 3573
乾初先生文集十八卷詩集十二卷別集十九卷
清海寧陳確撰
清抄本
存四卷　別集一至四
浙圖

集 3574
禪悦内外合集十卷
清山陰祁駿佳撰

清寧淡書屋抄本
十二行十五字　四周單邊　白口
25.1×12.5 釐米
紹圖

集 3575
青巖集十二卷
清許楚撰
清康熙五十四年(1715)許象縉刻本
十行十九字　左右雙邊　白口
18.9×13.5 釐米
浙圖

集 3576
正誼堂文集四卷詩集不分卷
清海寧朱朝瑛撰
清抄本
浙圖

集 3577
青溪遺稿二十八卷
清程正揆撰
清康熙(1662—1722)天咫閣刻本
九行十九字　左右雙邊　白口
19.1×14 釐米
杭博

集 3578
白田文集二十卷
清王巖撰
清抄本
浙圖

集 3579
姑山遺集三十卷
清沈壽民撰
清康熙(1662—1722)有本堂刻本
九行二十字　左右雙邊　白口
18.6×14.7 釐米
浙圖　浙大

集 3580
霜紅龕集十二卷
清傅山撰
我詩集六卷
清傅眉撰
清乾隆十二年(1747)刻本
十行二十一字　左右雙邊　白口
17.6×13.6 釐米
天一閣

集 3581
鏡庵詩稿五卷
清劉翼明撰
清乾隆六十年(1795)劉克綏抄本　清劉克綏跋
存四卷　二至五
浙圖

集 3582
水田居文集五卷
清賀貽孫撰
清康熙(1662—1722)刻本
九行二十六字　四周雙邊　白口
19.5×13 釐米
溫圖

集 3583
朋鶴草堂詩文集十二卷
清四明林時躍撰
張氏約園抄本
浙圖

集 3584
留補堂文集三卷詩集一卷忠義殉國十二傳一卷
清鄞縣林時對撰
杜詩選一卷
抄本
浙圖

集 3585

梅村集四十卷目錄二卷

清吴偉業撰

清康熙七年(1668)顧湄等刻本

九行十九字　左右雙邊　細黑口

18.2×13.5 釐米

浙圖　溫圖　平湖圖　上虞圖

集 3586

吴梅村先生詩集十二卷詩餘一卷詩話一卷

清吴偉業撰　清程穆衡原箋　清楊學沆補注

清嘉慶十一年(1806)戴光曾抄本　清戴光曾跋又錄黄丕烈跋

浙圖

集 3587

吴詩集覽二十卷補注二十卷

清吴偉業撰　清靳榮藩注

談藪二卷拾遺一卷

清靳榮藩輯

清乾隆四十年(1775)凌雲亭刻本

九行二十一字　四周雙邊　黑口

17.7×13 釐米

浙圖＊　寧圖　溫圖　嘉圖　海寧圖　平湖圖　玉海樓　湖博

集 3588

吴詩集覽二十卷補注二十卷

清吴偉業撰　清靳榮藩注

談藪二卷拾遺一卷

清靳榮藩輯

清乾隆四十年(1775)凌雲亭刻本　佚名批校

缺補注二十卷

浙圖

集 3589

吴詩補注二十卷

清吴偉業撰　清靳榮藩注

談藪二卷

清靳榮藩輯

清容與室抄本

九行二十一字　四周雙邊　白口

17.8×13.6 釐米

浙大

集 3590

依水園文集前集二卷後集二卷

清張縉彦撰

清順治(1644—1661)刻本

九行十八字　四周單邊　白口

19.6×14.4 釐米

浙圖

集 3591

嚴逸山先生文集十三卷

明嚴書開撰

清康熙(1662—1722)刻本

九行二十二字　左右雙邊　白口

19.8×13.1 釐米

浙圖

集 3592

碩邁集不分卷吾園遺草一卷

清山陰王雨謙撰

清俞忠孫抄本

浙圖

集 3593

倘湖手稿二十二卷

清蕭山來集之撰

稿本

缺八卷　十一至十八

浙圖

集 3594

倘湖遺稿不分卷

清蕭山來集之撰

稿本

浙圖

集 3595

倘湖遺稿不分卷

清蕭山來集之撰

稿本

九行二十五字　四周雙邊　白口

21 × 15 釐米

杭圖

集 3596

南行載筆六卷

清蕭山來集之撰

清順治(1644—1661)倘湖小築刻本

九行十八字　四周單邊　白口

18.5 × 13.4 釐米

浙圖

集 3597

南行偶筆九卷

清蕭山來集之撰

清康熙(1662—1722)倘湖小築刻本

九行十八字　四周單邊　白口

18.6 × 13.4 釐米

浙圖

集 3598

湘帆堂集二十六卷

清傅占衡撰

清乾隆七年(1742)傅氏青峰齋刻本

九行二十一字　左右雙邊　白口

20.3 × 14.2 釐米

諸暨圖

集 3599

苧菴遺集三十八卷

清吳懋謙撰

清康熙(1662—1722)梅花書屋刻本

存二十九卷

苧菴遺集九卷

苧菴二集卷一、六至十二

豫章遊稿三集四卷

華苹山人詩集卷五至六

華苹近律一卷

苧菴壽言二卷

滬上秋懷倡和集一卷　清張鑾輯

梅花書屋唱和詩二卷　清吳懋謙輯

行款不一　左右雙邊　黑口

18.2 × 13 釐米

浙圖

集 3600

小隱堂文稿一卷

清山陰祁熊佳撰

清抄本

浙圖

集 3601

南雷文定十一卷後集四卷

清餘姚黄宗羲撰

附錄一卷

清康熙二十七年(1688)靳治荆刻本

十行二十字　四周單邊　黑口

19.3 × 13.3 釐米

餘姚文

集 3602

南雷文定五集四卷

清餘姚黄宗羲撰

清抄本

十行二十字　無格

天一閣

集 3603

撰杖集一卷

清餘姚黄宗羲撰

清刻本　清楊用霖批校並跋

十二行二十二字　左右雙邊　黑口

17.4 × 14.1 釐米

天一閣

集 3604

南雷詩歷一卷

清餘姚黄宗羲撰

清抄本

十二行二十二字　無格

天一閣

集 3605

留素堂文集十卷詩删十三卷詩删後集九卷詩集一卷

清海寧蔣薰撰

清康熙(1662—1722)刻本

九行十九字　四周單邊　白口

21.1×12.9 釐米

浙圖

集 3606

虎谿漁叟集十八卷

清劉命清撰

清康熙三十八年(1699)刻本

十行二十三字　左右雙邊　白口

18.5×14.3 釐米

浙圖

集 3607

桴亭詩集十卷治鄉三約一卷支更法一卷

清陸世儀撰

桴亭府君行實一卷

清抄本　佚名跋

浙圖

集 3608

張楊園先生遺集十六卷

清桐鄉張履祥撰　清姚璉輯　清應寶時補輯

清抄本　清同治八年(1869)應寶時校並跋

浙圖

集 3609

雨水亭餘稿一卷

清會稽姜希轍撰

清康熙(1662—1722)刻本

九行二十字　四周單邊　白口

20.1×14.5 釐米

浙圖

集 3610

笠翁一家言全集十六卷

清蘭谿李漁撰

清雍正(1723—1735)芥子園刻本

九行二十字　四周單邊　白口

19.5×13 釐米

浙圖　寧圖*　溫圖　嘉圖*

集 3611

笠翁一家言全集十六卷

清蘭谿李漁撰

清乾隆(1736—1795)刻本

九行二十字　四周單邊　白口

14.6×10 釐米

浙圖

集 3612

紫薇軒詩草一卷

清海寧朱願爲撰

清抄本

浙圖

集 3613

定園詩集十一集文集一卷

清戴明説撰

清康熙(1662—1722)戴氏平山在東閣刻本

存詩十一卷

九行二十一字　左右雙邊　白口

19.3×13.7 釐米

浙圖

集 3614
靜惕堂詩集四十四卷
清秀水曹溶撰
清雍正三年(1725)李維鈞刻本
十一行二十一字　左右雙邊　白口
18.5×13.9 釐米
浙圖　溫圖

集 3615
靜惕堂尺牘八卷
清秀水曹溶撰
清康熙三十九年(1700)揖峰亭刻本
九行十九字　左右雙邊　粗黑口
17.8×12.3 釐米
嘉圖

集 3616
嵞山前集十二卷續集四卷再續集五卷
清方文撰
清康熙八年(1669)方氏古櫰堂刻本
十二行二十一字　四周單邊　白口
19×13.8 釐米
浙圖

集 3617
賴古堂詩集四卷
清周亮工撰
清康熙(1662—1722)刻本
八行十九字　左右雙邊　白口
18.5×13.3 釐米
杭博　天一閣

集 3618
田間藏山閣集二十卷
清錢澄之撰
清抄本
浙圖

集 3619
棲雲閣詩十六卷拾遺三卷
清高珩撰
留畊堂遺詩四卷
清高瑋撰
清乾隆(1736—1795)刻本
九行十九字　四周單邊　白口
16.5×13.5 釐米
浙圖＊　寧圖　溫圖

集 3620
爲可堂初集詩十六卷
清海寧朱一是撰
清順治十四年(1657)自刻本
九行十八字　四周單邊　白口
20×13.7 釐米
浙圖

集 3621
爲可堂初集四十二卷史論十卷外集二卷集選十卷梅里詞三卷
清海寧朱一是撰
清順治康熙間(1644—1722)朱願愚、朱願爲刻本〔卷十六至二十配清抄本〕
九行十八字　四周單邊　白口
19.7×13.7 釐米
浙圖

集 3622
蔣山傭詩集六卷
清顧炎武撰　清沈岱瞻輯
清抄本　清顧竹賢、德清戴望跋
十一行二十四字　無格
天一閣

集 3623
亭林先生集外詩四卷
清顧炎武撰　清瑞安孫詒讓輯
亭林詩集校文一卷
清瑞安孫詒讓撰
稿本
十二行二十三字　左右雙邊　細藍口
浙大

集 3624

霜林窩歌五卷

清仁和胡貞開撰

明刻本

七行十八字　四周單邊　白口

20.2×12.9 釐米

天一閣

集 3625

薪齋二集八卷

清呂陽撰　清黄家舒評

清順治(1644—1661)刻本

九行二十字　四周單邊　白口

19.6×14 釐米

浙圖

集 3626

貽安堂詩集六卷外集四卷

清仁和金漸皐撰

清康熙五十六年(1717)刻本

十行十九字　左右雙邊　白口

19×15.2 釐米

杭圖

集 3627

張子晤蕉詩文選最一卷

清臨海張人綱撰

清康熙四十二年(1701)寄雲堂刻本

九行十九字　四周單邊　白口

19.9×13.8 釐米

黄巖圖

集 3628

姚端恪公文集十八卷詩集十二卷外集十八卷

清姚文然撰

末一卷

清康熙二十二年(1683)姚士暨刻本

19×13.7 釐米

浙圖

集 3629

天問閣文集不分卷

清李長祥撰

海棠居初集一卷

清姚淑撰

清抄本

浙圖

集 3630

茗齋雜著不分卷

清海鹽彭孫貽撰

清抄本　海寧費寅校並跋

浙圖

集 3631

西湖賦不分卷

清仁和柴紹炳撰　清仁和柴傑箋注

清乾隆(1736—1795)洽禮堂刻本

十行十九字　左右雙邊　綫黑口

16.5×12.7 釐米

浙圖

集 3632

于清端公政書八卷首編一卷外集一卷

清于成龍撰　清蔡方炳、諸匡鼎輯

清康熙四十六年(1707)于準刻本

八行二十字　四周單邊　白口

18.1×13.5 釐米

浙圖　寧圖　天一閣*

集 3633

鸞嘯堂集詩八卷文一卷

清李沂撰

清康熙(1662—1722)刻本

九行二十字　左右雙邊　白口

19×14.3 釐米

杭圖

集 3634

壯悔堂文集十卷侯朝宗古文遺稿一卷四憶堂詩集六卷

清侯方域撰　清賈開宗、徐作肅輯

清順治十三年(1656)刻本

文集九行二十字　詩集九行十八字　左右雙邊　白口

19×14.5 釐米

浙圖　嘉圖＊　嵊州圖＊　玉海樓＊

集 3635

壯悔堂文集十卷四憶堂詩集六卷遺稿一卷

清侯方域撰

清康熙(1662—1722)刻本

九行十八字　左右雙邊　白口

18.5×14.1 釐米

溫圖

集 3636

四憶堂詩集六卷遺稿一卷

清侯方域撰

清康熙(1662—1722)刻本　清秋準叔氏批校

杭圖

集 3637

壯悔堂文集十卷四憶堂詩集六卷

清侯方域撰

侯方域年譜一卷

清侯洵撰

清刻本

九行二十字　左右雙邊　白口

18.3×14.1 釐米

嘉圖

集 3638

戊寅草不分卷

清柳是撰

明崇禎(1628—1644)刻本

八行十八字　四周單邊　白口

20.6×14.3 釐米

浙圖

集 3639

尺牘一卷湖上草一卷

清柳是撰

明汪然明刻本　明林雲鳳跋　清徐楙、清惠兆壬、海寧王國維題詩

八行十九字　四周單邊　白口

19.1×13.5 釐米

浙圖

集 3640

湖上草一卷

清柳是撰

胡文楷抄本

浙圖

集 3641

陋軒詩六卷

清吳嘉紀撰

清康熙十八年(1679)刻本

十行十九字　四周單邊　白口

17.5×14 釐米

浙圖

集 3642

趙谿叔詩一卷

清趙崇禮撰

稿本

浙圖

集 3643

孫宇臺集四十卷

清仁和孫治撰

清康熙二十三年(1684)孫孝楨刻本

十二行二十六字　四周單邊　白口

20.6×14.8 釐米

浙圖

集 3644
孫宇臺集四十卷
清仁和孫治撰
抄本
缺十四卷　二十三至二十六　三十一至四十
浙圖

集 3645
十峰詩選七卷
清錢肅潤撰
清康熙(1662—1722)刻本
九行二十字　左右雙邊　白口
19.2×14 釐米
浙圖

集 3646
春酒堂文集二卷别錄一卷存稿一卷
清四明周容撰
清光緒十六年(1890)王慈抄本　王慈校　王庸音跋
浙圖

集 3647
春酒堂文集二卷
清四明周容撰
清鄭喬遷抄本
十行二十字　無格
天一閣

集 3648
春酒堂文存一卷
清四明周容撰
清抄本
天一閣

集 3649
春酒堂文存一卷
清四明周容撰
清抄本　慈溪馮貞群抄本
天一閣

集 3650
周鄮山先生文稿不分卷
清四明周容撰
清抄本
天一閣

集 3651
顱頷集不分卷
清吳騏撰
清抄本
浙圖

集 3652
顱頷集不分卷
清吳騏撰
清周氏鴿峰草堂抄本　周大輔校
浙圖

集 3653
東江集鈔十四卷
清仁和沈謙撰
附錄一卷
清康熙(1662—1722)刻本
十行二十字　左右雙邊　白口
21.2×15 釐米
浙圖

集 3654
東江集鈔九卷
清仁和沈謙撰
附錄一卷
清康熙十五年(1676)沈聖昭、沈聖暉刻本
十行二十字　左右雙邊　白口
20.9×15 釐米
浙圖

集 3655
潠書八卷首一卷
清錢塘毛先舒撰

清康熙(1662—1722)刻本
十一行二十一字　四周雙邊　白口
20×14.5 釐米
浙圖

集 3656
毛馳黄集八卷
清錢塘毛先舒撰
清初自刻本
十行二十字　左右雙邊　白口
19.7×14.3 釐米
浙圖

集 3657
思古堂集四卷首一卷
清錢塘毛先舒撰
清康熙(1662—1722)刻本
十二行二十六字　四周單邊　綫黑口
20.4×14.8 釐米
浙圖

集 3658
思古堂集四卷
清錢塘毛先舒撰
清抄本
浙圖

集 3659
辛齋稿一卷
清海寧陸嘉淑撰
清抄本
浙圖

集 3660
射山詩鈔三卷拾遺一卷
清海寧陸嘉淑撰
清抄本　清海寧管庭芬批校並跋
浙圖

集 3661
陸射山七律詩鈔一卷
清海寧陸嘉淑撰　清查六其輯
稿本
浙圖

集 3662
蕉林詩集不分卷
清梁清標撰
清康熙(1662—1722)刻本
九行十九字　左右雙邊　白口
17.7×13.2 釐米
浙圖

集 3663
陋草一卷
清羅萬象撰
清順治三年(1646)刻本
八行十九字　四周單邊　白口
19×14.3 釐米
浙圖

集 3664
艸草一卷
清羅萬象撰
清初刻本
六行十八字　四周單邊　白口
19.3×12.5 釐米
浙圖

集 3665
隱囊一卷
清羅萬象撰
清初刻本
八行十九字　四周單邊　白口
20.4×14.6 釐米
浙圖

集 3666
玉暉堂詩鈔不分卷
清趙湛撰

清玉暉堂抄本
蕭山圖

集 3667
居易堂集二十卷
清徐枋撰
清康熙(1662—1722)刻本
十一行二十字　左右雙邊　白口
19.3×14.7 釐米
浙圖　杭圖

集 3668
愚囊彙稿二卷補遺一卷
清宗誼撰
清抄本
浙圖

集 3669
懷古軒詩集一卷詩鈔五卷
清山陰潘江撰
清康熙四十七年(1708)刻本
十行十九字　左右雙邊　白口
18.5×14.2 釐米
紹圖

集 3670
白茅堂集四十六卷
清顧景星撰
清康熙(1662—1722)刻本
十一行二十一字　四周雙邊　白口
18.5×13.9 釐米
浙圖　溫圖　諸暨圖　天一閣

集 3671
白茅堂集四十六卷
清顧景星撰
清抄本
存三卷　二十二至二十四
十行二十二字　無格
餘杭圖

集 3672
杲堂文鈔六卷詩鈔七卷
清鄞縣李鄴嗣撰
清康熙(1662—1722)刻本
九行二十字　左右雙邊　黑口
19.3×14 釐米
浙圖　寧圖*　天一閣

集 3673
杲堂內集六卷外集四卷
清鄞縣李鄴嗣撰
清衣德樓抄本　清李厚建校
九行二十二字　四周雙邊　白口
16.8×14.4 釐米
天一閣

集 3674
杲堂文續鈔四卷附錄一卷
清鄞縣李鄴嗣撰
清抄本　慈溪馮貞群校並跋
浙圖

集 3675
墨陽集不分卷
清董劍鍔撰
清道光(1821—1850)董懋遴看雲山房抄本
二十二行三十字　四周雙邊　白口
15.8×15.8 釐米
天一閣

集 3676
魏叔子文集外編二十二卷目錄三卷詩八卷
清魏禧撰
清初易堂刻本
九行二十字　四周單邊　白口
19.3×13.8 釐米
溫圖

集 3677

南邨詩藁二十四卷

清潘高撰

清康熙十九年(1680)鶴江草堂刻本

存十六卷　甲集八卷　乙集八卷

九行二十一字　四周單邊　白口

19.1×14 釐米

天一閣

集 3678

寒松大師拈來草不分卷

清釋寒松撰　清方拱乾輯

清初刻本

十行二十一字　四周雙邊　白口

21.3×14.5 釐米

浙圖

集 3679

鴻逸堂稿五卷

清王焯撰

清康熙(1662—1722)刻本

九行二十字　左右雙邊　白口

19.4×14.1 釐米

浙圖

集 3680

街南文集二十卷

清吳肅公撰

清康熙二十八年(1689)吳永勵貞隱堂刻本

存六卷　一至六

九行二十字　左右雙邊　白口

18.6×14 釐米

浙圖

集 3681

舟車集二十卷

清陶季撰

清康熙(1662—1722)照念堂刻本

十行十九字　左右雙邊　黑口

18.3×13.5 釐米

浙圖

集 3682

說安堂集八卷

清盧震撰

清康熙(1662—1722)刻本

十行十九字　左右雙邊　白口

18.4×14 釐米

浙圖

集 3683

我詩稿六卷

清傅眉撰

清初抄本

浙圖

集 3684

遥擲稾二十卷

清馮武撰

清康熙(1662—1722)寶稼堂刻本

存十八卷

香草吟一卷

�溪集一卷

瘵忘集一卷

樂飢詠一卷

萍子集一卷

溯洄集一卷

枕流草一卷

驢背吟一卷

冰鷺吟一卷

腹存稾一卷

壽餘集一卷

老淚草一卷

海市集一卷

北麓吟一卷

嶺上吟一卷

耄言二卷

梅遊雜詠一卷

九行十九字　左右雙邊　白口

16.9×13.2 釐米

浙圖

集 3685

息游堂詩集十卷

清山陰胡兆龍撰

清康熙(1662—1722)刻本

十行十九字　四周雙邊　白口

18.8×13 釐米

浙圖

集 3686

寒松堂全集十二卷

清魏象樞撰

清康熙(1662—1722)刻本

十行二十字　左右雙邊　黑口

18.3×14.5 釐米

浙圖

集 3687

兼濟堂詩選十卷文選十四卷疏稿二卷

清魏裔介撰

清康熙七年(1668)刻本

存詩選十卷

九行十九字　左右雙邊　白口

19×14.1 釐米

天一閣

集 3688

滄木齋詩文集不分卷

清周啓雋撰

清康熙十五年(1676)刻本

九行二十字　左右雙邊　白口

18.2×14.3 釐米

嘉圖

集 3689

安雅堂詩不分卷附二鄉亭詞二卷

清宋琬撰

清順治(1644—1661)刻本

九行二十字　左右雙邊　白口

18.6×12.6 釐米

浙圖

集 3690

安雅堂文集二卷書啓一卷

清宋琬撰

清康熙五年(1666)刻本

十行二十字　左右雙邊　白口

17×13.5 釐米

浙圖

集 3691

安雅堂文集二卷

清宋琬撰

清康熙三十八年(1699)刻本

九行十九字　左右雙邊　白口

浙圖

集 3692

安雅堂未刻稿八卷

清宋琬撰

清乾隆(1736—1795)宋永年刻本

十行二十一字　左右雙邊　黑口

浙圖

集 3693

安雅堂詩不分卷文集二卷重刻安雅堂文集二卷安雅堂書啓一卷安雅堂未刻稿八卷入蜀集二卷二鄉亭詞三卷祭皋陶一卷

清宋琬撰

清順治至乾隆(1644—1795)刻彙印本

缺二鄉亭詞三卷祭皋陶一卷

浙圖

集 3694

愛日堂文集八卷

清孫宗彝撰

清康熙(1662—1722)刻本

十一行二十字　左右雙邊　白口

17.5×13.9 釐米

溫圖

集 3695

愛日堂文集八卷外集一卷詩集二卷

清孫宗彝撰

清乾隆三十五年(1770)孫仝邵刻本

十一行二十字　左右雙邊　白口

17.5×13.8 釐米

浙圖

集 3696

日懷堂奏疏四卷文集六卷

清蔣永修撰

清康熙(1662—1722)天黎閣刻本

九行二十字　四周單邊　白口

19.3×14.3 釐米

浙圖

集 3697

屺思堂集文八卷詩不分卷

清劉子壯撰

清康熙(1662—1722)刻本

八行二十字　四周雙邊　白口

18.1×12.3 釐米

溫圖

集 3698

熊學士詩文集二卷

清熊伯龍撰

清康熙九年(1670)刻本

九行二十一字　四周單邊　白口

18.3×13.2 釐米

溫圖

集 3699

試秦詩紀二卷潞公詩選二卷越唫三卷七松游一卷重訂閨麗譜一卷

清鄞縣范光文撰

清康熙(1662—1722)刻本

存七松游一卷

八行十八字　四周單邊　白口

18.1×12.6 釐米

天一閣

集 3700

施愚山先生學餘文集二十八卷

清施閏章撰

清康熙四十七年(1708)曹寅刻本

十一行二十一字　四周雙邊　白口

17.7×13.9 釐米

天一閣

集 3701

施愚山先生全集九十六卷

清施閏章撰

清康熙四十七年(1708)曹寅刻乾隆(1736—1795)施企曾續刻本

施愚山先生學餘文集二十八卷學餘詩集五十卷　清康熙四十七年(1708)曹寅刻

施愚山先生別集四卷

施愚山先生年譜四卷　清施念曾撰

施氏家風述略一卷續編一卷　續編清施彥恪撰

施愚山先生外集二卷　清乾隆三十年(1765)刻

附隨村先生遺集六卷　清施瑮撰　清乾隆四年(1739)刻

浙圖　溫圖　嘉圖

集 3702

施愚山詩摘錄一卷

清施閏章撰

清抄本

溫圖

集 3703

蘭雪堂詩稿七卷

清王廣心撰

清康熙(1662—1722)刻本

存四卷　四至七

十行十九字　四周單邊　黑口

18.3×13.5 釐米

浙圖

集 3704

微泉閣文集十六卷詩集十四卷

清董文驥撰

清康熙二十五年(1686)董元起刻本

九行十九字　左右雙邊　白口

18.4×13.8 釐米

浙圖

集 3705

志壑堂詩集十卷後集五卷文集十二卷後集三卷

清唐夢賚撰

吳越同遊日記二卷

清康熙(1662—1722)刻本

存十四卷　文集全　日記全

九行十九字　四周單邊　白口

17.9×13.1 釐米

浙圖

集 3706

松子閣詩集不分卷

清笪重光撰

清初抄本

浙圖

集 3707

范忠貞公集十卷

清范承謨撰

清康熙(1662—1722)范弘遇刻本

九行十九字　四周雙邊　白口

20×14.1 釐米

溫圖

集 3708

大觀堂文集二十二卷

清諸暨余縉撰

首一卷

清康熙三十八年(1699)家刻本　清張美翊跋

九行二十字　左右雙邊　白口

20.1×14.4 釐米

浙圖

集 3709

潛菴先生遺稿五卷

清湯斌撰　清閻興邦評定

清康熙(1662—1722)刻本

九行二十字　四周單邊　白口

17.3×13 釐米

浙圖

集 3710

潛菴先生遺稿五卷家書一卷志學會約一卷疏稿不分卷洛學編四卷

清湯斌撰　清閻興邦評定

清乾隆十七年(1752)貽安堂刻本

九行二十字　四周單邊　白口

17×12.6 釐米

紹圖

集 3711

湯子遺書十卷

清湯斌撰

年譜一卷

清王廷燦撰

附錄一卷

清康熙四十二年(1703)王廷燦刻本

十行十九字　左右雙邊　黑口

18.5×13.3 釐米

奉化文

集 3712

湯潛菴先生文集節要八卷

清湯斌撰　清彭定求輯

清康熙三十七年(1698)刻本

十行十九字　左右雙邊　黑口

17.5×13.4 釐米

浙圖

集 3713
南疑詩集十一卷
清王奪標撰
清康熙(1662—1722)刻本
九行二十字　四周單邊　白口
18.5×13.1 釐米
浙圖

集 3714
世書堂稿二十三卷
清吳國縉撰
清順治十七年(1660)吳氏世書堂刻本
九行二十二字　四周單邊　白口
20.5×14 釐米
浙圖　天一閣*

集 3715
海日堂詩集五卷
清程可則撰　清翁方綱評
清乾隆三十六年(1771)石洲草堂刻本
十行二十一字　左右雙邊　白口
22×14.5 釐米
浙圖

集 3716
偶更堂文集二卷詩稿二卷
清徐作肅撰
清康熙(1662—1722)傳盛社刻本
缺詩稿二卷
十行十九字　四周單邊　黑口
17.5×13 釐米
浙圖

集 3717
萬青閣自訂全集八卷
清趙吉士撰
清康熙(1662—1722)趙繼抃等刻本
存四卷　一至三　六
十一行二十一字或二十字　左右雙邊　白口
17.5×13.8 釐米
浙圖

集 3718
林卧遥集三卷
清趙吉士撰
清康熙(1662—1722)萬青閣刻本
十行十九字　四周雙邊　白口
19×14.1 釐米
浙圖

集 3719
壬午匝歲雜感叠韻詩一卷癸未三春雜感叠韻詩一卷甲申匝歲雜感叠韻詩不分卷
清趙吉士撰
清康熙(1662—1722)刻本
九行十九字　四周雙邊　白口
18.6×14 釐米
嘉圖

集 3720
膽餘軒集八卷
清孫光祀撰
清康熙三十五年(1696)家刻本
八行十八字　四周雙邊　白口
17.7×13.3 釐米
溫圖

集 3721
南沙文集八卷
清洪若皋撰
清康熙二十七年(1688)自刻本
九行二十字　四周雙邊　白口
19.4×13.9 釐米
溫圖　嘉圖　黄巖圖　玉海樓

集 3722
南沙文集八卷
清洪若皋撰
清康熙二十七年(1688)自刻清洪蒙煊重修本

黄巖圖

集 3723

堯峰詩十卷文鈔四十卷

清汪琬撰

清康熙三十二年(1693)林佶寫刻本

十三行二十五字　左右雙邊　黑口

20.5×14.3 釐米

浙圖　平湖圖　諸暨圖　上虞圖＊　天一閣　浙大＊

集 3724

託素齋文集六卷

清黎士弘撰

清康熙(1662—1722)刻本

九行二十一字　左右雙邊　黑口

18.2×13.8 釐米

天一閣

集 3725

託素齋詩集四卷文集六卷

清黎士弘撰

行述一卷

清劉元慧撰

清康熙(1662—1722)刻雍正二年(1724)黎致遠增刻本

浙圖

集 3726

託素齋集十卷

清黎士弘撰

清康熙(1662—1722)刻雍正二年(1724)黎致遠增刻乾隆三十八年(1773)重修本

浙圖

集 3727

漁洋山人詩集二十二卷

清王士禛撰

清康熙八年(1669)吳郡沂詠堂刻本

十行十九字　四周單邊　白口

17.6×13.8 釐米

浙圖　寧圖　天一閣

集 3728

帶經堂全集九十二卷

清王士禛撰

清康熙四十九年至五十年(1710—1711)程哲七略書堂刻本

十行十九字　小字雙行二十八字　左右雙邊　白口

18.6×14 釐米

浙圖　杭圖　温圖　嘉圖　諸暨圖　天一閣

集 3729

帶經堂全集九十二卷

清王士禛撰

清康熙四十九年至五十年(1710—1711)程哲七略書堂刻乾隆十二年(1747)黄晟重修本

上虞圖　義烏圖

集 3730

帶經堂集九十二卷

清王士禛撰

清乾隆(1736—1795)刻本

十行十九字　左右雙邊　白口

18.6×13.4 釐米

浙圖

集 3731

漁洋山人精華錄十卷

清王士禛撰

清康熙三十九年(1700)林佶寫刻本

十一行二十一字　左右雙邊　黑口

19×14.5 釐米

温圖　天一閣

集 3732

漁洋山人精華錄訓纂十卷

清王士禛撰　清惠棟撰

年譜注補二卷金氏精華錄箋注辯訛一卷
清惠棟撰
清惠氏紅豆齋刻本
十行二十一字　四周雙邊　白口　版心下鐫“紅豆齋”
19.6×15 釐米
溫圖　嘉圖

集 3733
漁洋山人精華錄訓纂十卷
清王士禛撰　清惠棟撰
年譜注補二卷金氏精華錄箋注辯訛一卷
清惠棟撰
清惠氏紅豆齋刻本　佚名錄陳伯磯批注
海寧圖

集 3734
漁洋山人精華錄箋注十二卷補一卷
清王士禛撰　清金榮箋注
清康熙(1662—1722)金氏鳳翽堂刻本
十一行二十字　小字雙行三十字　左右雙邊　白口
18×15 釐米
浙圖　寧圖　溫圖　海寧圖　平湖圖　嵊州圖＊　天一閣＊

集 3735
漁洋山人精華錄會心偶筆六卷
清王士禛撰　清伊應鼎輯
清乾隆二十四年(1759)刻本
十行十九字　四周單邊　白口
17×13.6 釐米
溫圖

集 3736
清風堂文集二十三卷
清曾王孫撰
附錄一卷
清曾安世輯
清康熙四十六年(1707)曾安世刻本
十行二十三字　左右雙邊　黑口
18.5×13.8 釐米
浙圖

集 3737
青霞草堂詩七卷
清顧岱撰
清康熙(1662—1722)刻本
九行二十一字　四周雙邊　白口
20.4×14.4 釐米
杭圖

集 3738
松皐文集十四卷
清遂安毛際可撰　清張希良、錢塘毛先舒評
清康熙(1662—1722)刻本
九行十九字　四周單邊　白口
19.5×14.3 釐米
杭圖

集 3739
安序堂文鈔二十卷
清遂安毛際可撰　清林雲銘等評
清康熙(1662—1722)刻本　清鄭傑跋
九行十九字　四周單邊　白口
19.8×14.4 釐米
浙圖

集 3740
安序堂文鈔三十卷
清遂安毛際可撰　清林雲銘等評
清康熙(1662—1722)刻增刻本
浙圖　嘉圖＊　天一閣

集 3741
蒿庵詩鈔五卷
清臨海馮甦撰
清乾隆十五年(1750)洪承澤刻本
十二行二十二字　四周單邊　白口

19.5×12.7 釐米

溫圖

集 3742

蒿庵詩鈔五卷

清臨海馮甦撰

清王棻家抄本

黄巖圖

集 3743

經義齋集十八卷

清熊賜履撰

清康熙二十九年(1690)刻本

存十五卷　二至九　十二至十八

九行二十字　左右雙邊　白口

20.2×14.2 釐米

嘉圖

集 3744

午亭文編五十卷

清陳廷敬撰

清康熙四十七年(1708)林佶寫刻本

十一行二十二字　左右雙邊　黑口

18.2×15 釐米

寧圖　嘉圖　玉海樓*

集 3745

午亭文編五十卷

清陳廷敬撰

清康熙四十七年(1708)林佶寫刻乾隆四十三年(1778)印本

浙圖　寧圖　諸暨圖

集 3746

改亭集十六卷

清計東撰

清康熙(1662—1722)刻本

十行十九字　左右雙邊　黑口

18.7×13.6 釐米

浙圖

集 3747

秋笳集四卷

清吳兆騫撰

清康熙(1662—1722)衍厚堂刻本

十一行二十字　左右雙邊　黑口

18.4×14.1 釐米

浙圖

集 3748

秋笳集八卷

清吳兆騫撰

清康熙(1662—1722)徐乾學刻雍正四年(1726)吳桭臣增刻本

十一行二十字　左右雙邊　黑口

19.5×15.2 釐米

浙圖

集 3749

秋笳集八卷

清吳兆騫撰

清雍正(1723—1735)衍厚堂刻本

存四卷　一至四

十一行二十字　左右雙邊　黑口

18.4×14.1 釐米

浙圖

集 3750

松桂堂全集三十七卷南洼集三卷延露詞三卷

清海鹽彭孫遹撰

清乾隆八年(1743)彭景曾等刻本

缺延露詞三卷

十行二十六字　四周雙邊　白口

19.2×12.4 釐米

浙圖*　嘉圖*

集 3751

黄湄詩選十卷

清王又旦撰

清康熙(1662—1722)刻本

十行十九字　四周單邊　黑口

17.5×13.7 釐米
天一閣

集 3752
今是園文存二卷
清李遙撰
清康熙(1662—1722)刻本
十行二十字　左右雙邊　白口
18.5×14.4 釐米
浙圖

集 3753
匡菴文集十二卷詩前集六卷詩後集六卷
清馬世俊撰
硯疇集六卷
清馬宥撰
谷含集六卷
清馬容撰
清康熙二十八年(1689)刻本
缺谷含集六卷
十一行二十字　左右雙邊　黑口
18×13.4 釐米
浙圖

集 3754
張素存先生選稿不分卷
清張玉書撰
清乾隆十三年(1748)文茂堂刻本
存論語　大學
九行二十六字　四周單邊　白口
19×11.5 釐米
衢博

集 3755
文貞公集十二卷
清張玉書撰
清乾隆五十七年(1792)松蔭堂刻本
十一行二十一字　左右雙邊　白口
17.9×14.3 釐米
浙圖

集 3756
證山堂集八卷
清鄞縣周斯盛撰
清康熙(1662—1722)刻本
十一行二十一字　四周單邊　黑口
18.2×14 釐米
浙圖　寧圖　天一閣

集 3757
葉忠節公遺稿十二卷
清葉映榴撰
清乾隆十年(1745)刻本
十一行二十一字　左右雙邊　黑口
19×15 釐米
浙圖

集 3758
古愚心言八卷
清彭鵬撰
清康熙(1662—1722)愚齋刻本
缺二卷　七至八
九行二十二字　四周單邊　白口
19.1×13.8 釐米
浙圖

集 3759
西河文選十一卷
清蕭山毛奇齡撰　清錢塘汪霦、陸棻等評
清康熙三十五年(1696)刻本
九行二十六字　左右雙邊　白口
19.2×12 釐米
溫圖　紹圖

集 3760
秋水集十六卷
清馮如京撰　清馮士標評
清乾隆五年(1740)馮氏清暉堂刻本
九行二十字　四周單邊　白口
18.4×13.4 釐米

浙圖

集 3761
茗柯詩集三卷
清劉夢興撰
清順治十七年(1660)刻本
八行十八字　四周單邊　白口
20×12.8 釐米
天一閣

集 3762
梅贊臣先生集八卷
清永嘉梅調元撰
清康熙(1662—1722)刻本
十行二十字　四周單邊　白口
19.6×13.4 釐米
玉海樓

集 3763
林蕙堂全集二十六卷
清吳綺撰
清康熙三十九年(1700)刻本
九行二十一字　左右雙邊　白口
17.5×13.8 釐米
浙圖

集 3764
林蕙堂文集十二卷續刻六卷亭皋詩鈔四卷藝香詞鈔四卷
清吳綺撰
清乾隆三十九年至四十一年(1774—1776)衷白堂刻本
八行十七字　左右雙邊　白口
11.5×8.5 釐米
浙圖＊　寧圖＊　溫圖

集 3765
安靜子集十五卷
清安致遠撰
清康熙(1662—1722)刻本
玉磑集四卷
紀城文稿四卷
蟄音一卷
紀城詩稿六卷
九行十八字　四周單邊　白口兼黑口
17.5×13.5 釐米
浙圖

集 3766
綺樹閣賦稿一卷詩稿一卷
清安箕撰
清康熙(1662—1722)刻本
十行十九字　四周單邊　黑口
16×13 釐米
浙圖

集 3767
退思吟草一卷
清李懋勛撰
稿本
十行二十四字　四周雙邊　白口
19.4×12.3 釐米
玉海樓

集 3768
惢泉詩漸删存□□卷
清鄞縣聞性道撰
清康熙二十七年(1688)環流堂刻本
存第一集
九行二十一字　四周雙邊　白口
22×15.2 釐米
天一閣

集 3769
廓庵行籟一卷
清釋廓庵撰
清康熙六年(1667)刻本
八行十九字　四周雙邊　白口
19.58×12.5 釐米
天一閣

集 3770
藕華園詩二卷
清樂清釋德立撰
清康熙(1662—1722)刻本
九行十八字　左右雙邊　白口
17.7×13 釐米
溫圖

集 3771
正誼堂文集不分卷詩集二十卷
清董以寧撰
清康熙(1662—1722)刻本
九行二十一字　左右雙邊　白口
18.6×13.6 釐米
浙圖　玉海樓

集 3772
呂晚村先生古文二卷
清石門呂留良撰
清康熙五十九年(1720)孫學顔小濂溪山房刻本
十行二十一字　四周雙邊　白口
18.9×13.6 釐米
浙圖

集 3773
天蓋樓吟稿不分卷
清石門呂留良撰
清抄本　佚名校
浙圖

集 3774
何求老人詩一卷
清石門呂留良撰
清抄本
浙圖

集 3775
呂東莊先生文集八卷
清石門呂留良撰
附錄一卷
清抄本　佚名校
浙圖

集 3776
天蓋樓雜著不分卷
清石門呂留良撰
清抄本　清梅修跋
浙圖

集 3777
石堂集十卷
清釋元玉撰
清康熙(1662—1722)刻本
九行二十四字　四周雙邊　白口
20.6×13.4 釐米
浙圖

集 3778
道援堂詩集十三卷
清屈大均撰
清康熙(1662—1722)刻本
十行二十一字　四周雙邊　白口
19.2×14 釐米
浙圖　溫圖

集 3779
翁山詩鈔不分卷
清屈大均撰
清抄本
浙圖

集 3780
翁山詩外十八卷
清屈大均撰
清康熙(1662—1722)刻本　佚名校
十一行十九字　四周單邊　黑口
19.5×13.6 釐米
浙圖

集 3781

翁山詩選一卷

清屈大均撰

清抄本

浙圖

集 3782

聽山集八卷

清申涵光撰

清康熙(1662—1722)刻本

九行二十字　四周單邊　白口

17.7×13.2 釐米

浙圖

集 3783

獨漉堂稿詩六卷賦一卷

清陳恭尹撰

清康熙十三年(1674)刻本

九行十九字　左右雙邊　白口

18.2×14 釐米

浙圖

集 3784

梅莊文集一卷梅莊集不分卷

清張遠撰

清康熙(1662—1722)刻本

十行二十字　四周單邊　白口

18.8×13.5 釐米

天一閣

集 3785

蕉園集一卷

清張遠撰

清刻本

十行二十字　四周單邊　白口

19.5×13.8 釐米

天一閣

集 3786

玉窗遺稿一卷

清葛宜撰

清乾隆五十一年(1786)刻本

十行十一字　左右雙邊　白口

13.3×10.1 釐米

浙圖

集 3787

語餘漫錄十九卷

清汪燧撰

附集不分卷

清康熙(1662—1722)新安書院刻本

十行二十字　左右雙邊　黑口

19.3×13.5 釐米

浙圖

集 3788

梧園詩文集不分卷

清錢塘吴農祥撰

稿本　清錢塘丁丙跋　錢塘吴慶坻跋

文集　十七册

泊齋别錄　二册

星叟未忘集十卷　一册

星叟金陵集　與心蘇集合二册

星叟心蘇集　與金陵集合二册

星叟秋鈴集　一册

星叟詩詞集　一册　清錢塘丁丙跋

星叟雪鴻集　一册

梧園詩集不分卷　二册

梧園金陵集七卷　二册

編年詩集　二册　清蘭里蔣氏印山樓抄本

星叟詞集　三册

浙圖

集 3789

泊如軒草一卷

清山陰丁甡撰

清抄本

浙圖

集 3790

績學堂詩鈔四卷首一卷文鈔六卷首一卷

清梅文鼎撰

清乾隆(1736—1795)梅氏刻本
九行十九字　四周雙邊　白口
18.5×14.8 釐米
浙圖

集 3791
問山文集八卷詩集十卷紫雲詞一卷
清丁煒撰
清康熙(1662—1722)希鄴堂刻本
十行二十一字　左右雙邊　白口
18.3×14.1 釐米
浙圖

集 3792
柳潭遺集六卷
清會稽王自超撰
清初刻本
八行二十字　四周單邊　白口
20.5×13.8 釐米
浙圖

集 3793
老竹軒詩不分卷
清趙沈壎撰
清初稿本　清蕭山毛奇齡跋
浙圖

集 3794
綿津山人詩集二十九卷楓香詞一卷
清宋犖撰
清康熙二十七年(1688)刻本
十行十九字　四周單邊　白口
18×13.5 釐米
天一閣

集 3795
綿津山人詩集二十九卷楓香詞一卷漫堂詩說一卷
清宋犖撰
清康熙(1662—1722)刻本
十行十九字　四周單邊　白口
18.4×13.6 釐米
溫圖

集 3796
綿津山人詩集三十一卷楓香詞一卷漫堂詩說一卷
清宋犖撰
清康熙(1662—1722)刻本
十行十九字　四周單邊　白口
18.4×13.6 釐米
嘉圖

集 3797
綿津山人詩集二十七卷
清宋犖撰
清康熙(1662—1722)刻本
十行十九字　四周單邊　白口
17.8×12.8 釐米
浙圖

集 3798
綿津山人詩集二十四卷探梅詩一卷楓香詞一卷
清宋犖撰
清康熙(1662—1722)刻本
十行十九字　四周單邊　白口
18.2×13.5 釐米
天一閣

集 3799
西陂類稿五十卷
清宋犖撰
清康熙(1662—1722)毛扆、宋懷金、高岑刻本
十行十九字　四周單邊　白口
18.6×14.2 釐米
浙圖　寧圖＊　溫圖　上虞圖

集 3800

虚直堂文集二十四卷

清劉榛撰

清康熙(1662—1722)文瑞堂刻本

十行十九字　四周單邊　黑口

17.8×13.4 釐米

浙圖

集 3801

秋錦山房集十卷

清秀水李良年撰

徵士李君行狀一卷

清秀水朱彝尊撰

清康熙三十五年(1696)李潮偕刻本

十一行二十一字　四周單邊　黑口

18.3×13.6 釐米

浙圖　嘉圖

集 3802

霞舉堂集三十五卷

清仁和王晫撰

清康熙(1662—1722)刻本

十行二十字　四周雙邊　白口

18.7×13.7 釐米

浙圖

集 3803

抱犢山房集六卷

清嵇永仁撰

清雍正(1723—1735)刻本

九行十九字　左右雙邊　黑口

18×14.1 釐米

浙圖　天一閣

集 3804

邵子湘全集三十卷

清邵長蘅撰

青門簏稿十六卷

旅稿六卷

賸稿八卷

邵氏家錄二卷

清邵璿、邵衷赤輯

清康熙(1662—1722)青門草堂刻本

十行二十一字　左右雙邊　黑口

18.8×14.1 釐米

浙圖　寧圖*　溫圖　嘉圖　天一閣

集 3805

渠亭山人半部稾五卷

清張貞撰

清康熙(1662—1722)刻本

渠亭文稾一卷

或語集一卷

潛州集一卷

娱老集一卷

遺稿一卷

九行十九字　左右雙邊　黑口

18.5×13.9 釐米

浙圖　浙大*

集 3806

潛州集不分卷

清張貞撰

清康熙三十六年(1697)張氏峽雲籠樹樓刻本

九行十八字　左右雙邊　白口

18.2×13.5 釐米

浙圖

集 3807

拙齋集五卷

清海寧朱奇齡撰

清康熙(1662—1722)介堂刻本

缺一卷　五

十行二十五字　四周單邊　白口

18.9×14.9 釐米

浙圖

集 3808

回文詩一卷

清鄞縣萬斯同撰

清抄本

天一閣

集 3809

管村編年詩六卷

清鄞縣萬言撰

稿本

十行二十字　無格

天一閣

集 3810

己未新詠一卷

清吳三錫撰

清康熙十八年(1679)刻本

九行十八字　四周單邊　白口

20.2×14.3 釐米

天一閣

集 3811

靜觀堂詩集三十卷文集二卷

清勞之辨撰

清康熙(1662—1722)刻本

十行十九字　左右雙邊　黑口

17.8×13.9 釐米

浙圖

集 3812

訒菴詩鈔九卷

清劉謙吉撰

清康熙(1662—1722)刻本

十行二十一字　四周單邊　黑口

20×13.5 釐米

浙圖

集 3813

珂雪集九卷

清曹貞吉撰

清康熙(1662—1722)刻本

珂雪集一卷

珂雪二集一卷詞一卷

十子詩略三卷

朝天集一卷

鴻爪集一卷

黃山紀遊詩一卷

溫圖

集 3814

讀書堂綵衣全集四十六卷

清趙士麟撰

清康熙三十五年(1696)刻本

存四十二卷　一至四十二

十行十九字　四周雙邊　白口

19.7×15.5 釐米

浙圖

集 3815

柳村詩集十二卷

清董訥撰

清康熙(1662—1722)刻本

十行二十一字　左右雙邊　白口

18.8×14.8 釐米

浙圖

集 3816

儲遯庵文集十二卷

清儲方慶撰

附錄一卷

清康熙四十一年(1702)儲右文等刻本

九行二十字　左右雙邊　白口

20×14.6 釐米

浙圖　紹圖

集 3817

使粵集一卷贈言一卷日記一卷

清喬萊撰

清康熙(1662—1722)刻本

十行十九字　左右雙邊　黑口

18.3×13.5 釐米

浙圖

集 3818

健松齋集十六卷

清遂安方象瑛撰

清康熙(1662—1722)刻本

十行二十字　左右雙邊　白口

18.7×14.1 釐米

浙圖

集 3819

介和堂全集補遺二卷附錄一卷

清蕭山任辰旦撰

清乾隆二十年(1755)刻本

九行十九字　四周單邊　白口

18.9×13 釐米

浙圖

集 3820

喟亭文集三卷

清臧眉錫撰

清康熙二十六年(1687)刻本

九行十九字　四周單邊　白口

19.6×14.1 釐米

浙圖

集 3821

孫司空詩鈔四卷

清孫在豐撰

清乾隆十二年(1747)刻本

九行十九字　左右雙邊　白口

17.5×11.2 釐米

浙圖

集 3822

憺園文集三十六卷

清徐乾學撰

清康熙三十六年(1697)冠山堂刻本

十行十九字　左右雙邊　白口

20.1×14.2 釐米

浙圖　溫圖

集 3823

榕村全集四十卷别集五卷

清李光地撰

清乾隆元年(1736)李清植刻本

九行二十字　左右雙邊　白口

17.5×13.5 釐米

紹圖

集 3824

趙恭毅公剩藁八卷

清趙申喬撰

趙裘萼公剩藁四卷

趙熊詔撰

清乾隆二年(1737)趙侗斆刻本

十二行二十四字　四周雙邊　黑口

20.4×14 釐米

浙圖＊　嘉圖

集 3825

三魚堂文集十二卷外集六卷

清平湖陸隴其撰

附錄一卷

清康熙四十年(1701)琴川書屋刻本

九行二十字　左右雙邊　白口

17.8×13.5 釐米

浙圖　溫圖

集 3826

三魚堂文集十二卷外集六卷

清平湖陸隴其撰

附錄一卷

清康熙(1662—1722)刻本

九行二十字　左右雙邊　白口

17.9×14.2 釐米

浙圖　嘉圖＊

集 3827

白石山房集二十七卷

清李振裕撰

清康熙(1662—1722)顧圖河刻本

十一行二十一字　左右雙邊　白口
19.3×14.9 釐米
浙圖

集 3828
籬隱園删存詩七卷
清汪浩然撰　清汪琬、余慎、桐鄉濮淙評
清康熙(1662—1722)刻本
九行十八字　四周單邊　白口
19.6×14.3 釐米
嘉圖

集 3829
芝源適意草一卷
清慈谿丘克承撰
清乾隆(1736—1795)刻本
九行二十二字　四周雙邊　白口
19×14 釐米
天一閣

集 3830
有懷堂文藁二十二卷詩藁六卷
清韓菼撰
清康熙四十二年(1703)刻本
十一行二十一字　四周單邊　白口
18.6×13.8 釐米
浙圖　浙大*

集 3831
横雲山人集二十七卷
清王鴻緒撰
清康熙(1662—1722)刻本
十行十九字　左右雙邊　黑口
17.7×13.8 釐米
天一閣

集 3832
鳳池園詩集八卷文集八卷
清顧汧撰
清康熙五十年(1711)刻本
九行十九字　左右雙邊　白口
18×13.9 釐米
浙圖

集 3833
修吉堂文稿八卷道貴堂類稿二十一卷耄餘殘瀋二卷
清徐倬撰
修吉堂遺稿二卷
清徐元正撰
清康熙四十七年(1708)刻乾隆四年(1739)徐志莘續刻本
缺耄餘殘瀋二卷
十行十九字　左右雙邊　黑口
17×12.5 釐米
浙圖

集 3834
清芬堂存稿八卷詩餘一卷
清胡會恩撰
清康熙(1662—1722)刻本
十一行二十一字　左右雙邊　黑口
16.5×11.7 釐米
浙圖

集 3835
飲水詩集二卷飲水詞集三卷
清納蘭性德撰
清康熙三十年(1691)張純修刻本
九行二十字　左右雙邊　白口
17.4×12.3 釐米
溫圖

集 3836
畫舫齋詩十集□□卷
清王頊齡撰
清康熙(1662—1722)刻本
存七集十四卷
十行十九字　四周單邊　黑口
16.2×13.2 釐米

浙圖

集 3837

冰菴詩鈔八卷

清王吉武撰

清乾隆(1736—1795)刻本

十一行二十一字　四周單邊　黑口

18×14.5 釐米

嵊州圖

集 3838

旭華堂文集十二卷

清王奐曾撰

清乾隆(1736—1795)刻本

十行十八字　四周雙邊　白口

18.7×13.7 釐米

浙圖

集 3839

禮山園全集五十二卷

清李來章撰

清康熙(1662—1722)刻本

九行十八字　左右雙邊　白口

17.5×14.2 釐米

杭圖

集 3840

受祺堂詩三十五卷

清李因篤撰

清康熙三十八年(1699)田少華刻本

十行十九字　四周雙邊　黑口

18.9×13.6 釐米

浙圖

集 3841

陳迦陵儷體文集十卷文集六卷

清陳維崧撰

清康熙二十六年(1687)陳宗石患立堂刻本

十二行二十二字　左右雙邊　粗黑口

17.5×14 釐米

浙圖＊　嘉圖＊　上虞圖

集 3842

湖海樓詩八卷

清陳維崧撰

清康熙二十七年(1688)陳宗石患立堂刻本

十二行二十二字　左右雙邊　黑口

17.3×13.8 釐米

天一閣

集 3843

陳檢討集十二卷詩鈔十卷詞鈔十二卷

清陳維崧撰

清康熙二十三年(1684)天黎閣刻本

十行二十一字　左右雙邊　粗黑口

19×14.2 釐米

溫圖　嘉圖＊　平湖圖　嵊州圖

集 3844

陳檢討集二十卷

清陳維崧撰　清程師恭注

清康熙(1662—1722)刻本

十行二十二字　左右雙邊　黑口

19×14.2 釐米

浙圖　餘杭圖　海寧圖

集 3845

陳檢討集二十卷

清陳維崧撰　清程師恭注

清康熙(1662—1722)刻本　清顧邦傑録清徐熊飛評

平湖圖

集 3846

陳檢討集二十卷

清陳維崧撰　清程師恭注

清康熙(1662—1722)刻本　佚名批注

嘉圖

集 3847

陳檢討集二十卷

清陳維崧撰　清程師恭註

清康熙(1662—1722)郁文堂刻本

八行二十二字　左右雙邊　白口

18.3×14.3 釐米

玉海樓

集 3848

陳檢討四六二十卷

清陳維崧撰

清乾隆三十七年(1772)亦園刻本

九行二十一字　左右雙邊　白口

15.9×11.8 釐米

浙圖　溫圖

集 3849

湖海樓全集五十一卷

清陳維崧撰

清乾隆六十年(1795)浩然堂刻本

詩集十二卷補遺一卷

詞集二十卷

文集六卷

儷體文集十二卷

十行二十一字　左右雙邊　白口

18.8×13.5 釐米

浙圖　海寧圖＊　溫圖　諸暨圖

集 3850

抱經齋詩集十四卷文集不分卷

清秀水徐嘉炎撰

焚餘草一卷

清徐肇森撰

清康熙三十八年(1699)刻本

存詩集十四卷

十行二十字　四周單邊　白口

18×14.1 釐米

浙圖

集 3851

竹垞文類二十六卷

清秀水朱彝尊撰

清康熙(1662—1722)刻本

缺六卷　二十一至二十六

十行二十字　左右雙邊　白口

17.5×13.5 釐米

嘉圖

集 3852

曝書亭集八十卷

清秀水朱彝尊撰

附錄一卷笛漁小稿十卷

清秀水朱昆田撰

清康熙五十三年(1714)朱稻孫刻本

十二行二十三字　左右雙邊　白口

19.5×13.4 釐米

浙圖　杭圖　溫圖　嘉圖　海寧圖＊　紹圖＊　上虞圖＊

集 3853

笛漁小稿十卷

清秀水朱昆田撰

清康熙五十三年(1714)朱稻孫刻本　清道光三年(1823)□文海注釋

浙圖

集 3854

曝書亭集八十卷

清秀水朱彝尊撰

附錄一卷笛漁小稿十卷

清秀水朱昆田撰

清乾隆(1736—1795)刻本

十二行二十三字　左右雙邊　白口

18.5×13.3 釐米

天一閣　寧圖＊

集 3855

曝書亭詩錄十二卷

清秀水朱彝尊撰　清嘉興江浩然箋注

清乾隆三十年(1765)惇裕堂刻本
十一行二十一字　四周單邊　白口
17.7×14 釐米
浙圖

集 3856
曝書亭詩錄十二卷
清秀水朱彝尊撰　清嘉善錢珏輯
清嘉慶元年(1796)錢廷燭抄本
存二卷　上　中
九行十九字　無格
嘉圖

集 3857
曝書亭集詩注二十二卷
清秀水朱彝尊撰　清楊謙注
年譜一卷
清康熙(1662—1722)楊氏木山閣刻本
十三行二十三字　左右雙邊　白口
17.5×13.8 釐米
溫圖　平湖圖　紹圖

集 3858
鶴洲殘稿二卷
清秀水朱彝爵撰
清乾隆六年(1741)朱嵩齡刻本
十一行二十字　四周單邊　白口
19.5×13.9 釐米
嘉圖

集 3859
鶴洲殘稿一卷
清秀水朱彝爵撰
清末抄本　周鼎盦評注
浙圖

集 3860
遂初堂詩集十六卷文集二十卷別集四卷
清潘耒撰
清康熙(1662—1722)刻續刻本
十行二十一字　四周單邊　白口
17.2×12.5 釐米
浙圖*　溫圖

集 3861
南州草堂集三十卷首一卷續集四卷菊莊詞二卷詞話一卷
清徐釚撰
楓江漁父圖題詞一卷青門集一卷
清康熙三十四年(1695)菊莊刻本
存三十三卷　首　南州草堂集全　楓江漁父圖題詞　青門集
十一行十九字　四周單邊　粗黑口
18.1×13.4 釐米
浙圖*　杭圖*

集 3862
尤太史律詩四卷
清尤侗撰
清乾隆二十五年(1760)鄒氏青藜書屋木活字印本
十行十九字　四周雙邊　白口
20.3×14.5 釐米
浙圖

集 3863
擬明史樂府一卷
清尤侗撰　清尤珍注
清抄本
浙圖

集 3864
鶴棲堂藁詩五卷文五卷
清尤侗撰
清刻本
存文五卷
十行二十一字　左右雙邊　黑口間白口
17.7×14 釐米
嘉圖

集 3865

叢碧山房詩初集十四卷二集六卷三集十一卷四集十卷五集六卷文集八卷雜著三卷

清龐塏撰

清康熙(1662—1722)刻本

缺一卷　五集六

十行十九字　四周單邊　黑口

16.3×13.3 釐米

浙圖

集 3866

叢碧山房詩初集十四卷二集六卷三集十一卷四集十卷和陶詩集一卷文集八卷雜著三卷

清龐塏撰

清康熙(1662—1722)刻本

存二十卷　初集全　二集全

十行十九字　四周單邊　黑口

16.7×13.2 釐米

浙圖

集 3867

秋水集十卷

清嚴繩孫撰

清康熙(1662—1722)雨青草堂刻本

九行十九字　左右雙邊　白口

18.4×13.4 釐米

浙圖

集 3868

飴山詩集二十卷

清趙執信撰

清乾隆十七年(1752)趙氏因園刻本

十行二十一字　四周單邊　白口

17.5×12.8 釐米

嘉圖　溫圖*

集 3869

飴山文集十二卷附錄一卷

清趙執信撰

清乾隆三十九年(1774)趙氏因園刻本

十行二十一字　四周單邊　白口

17.8×12.5 釐米

溫圖

集 3870

映日堂古體詩二卷近體詩四卷

清王令樹撰

清康熙(1662—1722)刻本

十行十九字　左右雙邊　黑口

15.5×12.5 釐米

浙圖

集 3871

半溪詩草十二卷

清錢二白撰

清康熙(1662—1722)刻本

十行二十一字　左右雙邊　黑口

18.5×14 釐米

浙圖

集 3872

花萼樓集六卷

清永嘉周天錫撰

清康熙(1662—1722)刻本

九行二十五字　四周單邊　白口

17.1×11.3 釐米

溫圖

集 3873

花萼樓集不分卷

清永嘉周天賜撰

清瑞安孫氏玉海樓抄本　清瑞安孫鏘鳴校並跋

溫圖

集 3874

花萼樓集不分卷

清永嘉周天賜撰

清瑞安孫氏玉海樓抄本　清瑞安孫鏘

嗚、瑞安孫詒讓批校

溫圖

集 3875

匊庵文選不分卷

清永嘉李象坤撰

清孫氏玉海樓抄本　清瑞安孫衣言批並跋

溫圖

集 3876

匊庵文選不分卷詩選不分卷

清永嘉李象坤撰

清攬秀軒抄本

九行二十字　四周單邊

17.2×12.1 釐米

溫圖

集 3877

謝天懷聾歌雜著一卷

清甬東謝泰履撰

謝起臣燕遊二十詠一卷

清謝賡昌撰

清初(1644—1722)刻本

八行十八字　四周單邊　白口

19.2×13.5 釐米

浙圖

集 3878

繡虎軒尺牘初集八卷二集八卷三集八卷

清曹煜撰

清康熙(1662—1722)許氏傳萬堂刻本

九行十八字　左右雙邊　白口

19.3×14.8 釐米

浙圖　溫圖　海寧圖*

集 3879

巢青閣集十卷紅么集一卷傅雪詞三集一卷

清餘杭陸進撰

巢青閣學言六卷

清西陵陸曾禹撰

清康熙(1662—1722)刻本

集十一行二十字　四周雙邊　白口

18.6×13.3 釐米

學言九行二十字　四周雙邊　白口

19.2×13.3 釐米

浙圖

集 3880

巢青閣詩一卷越遊草一卷吳興客紀一卷付雪詞三卷

清餘杭陸進撰

北墅遇雨偶集巢青閣詩一卷

清康熙(1662—1722)刻本

十行二十字　左右雙邊　白口

付雪詞九行二十字　四周單邊　白口

20×14.1 釐米

浙圖

集 3881

柯齋選稿二十卷

清周綸撰

清康熙(1662—1722)千山艸堂刻本

九行二十字　四周單邊　白口

19.1×13.6 釐米

溫圖

集 3882

鷗塘詩集一卷

清嘉興周篁撰

清抄本

浙圖

集 3883

焚餘集二卷

清李涵撰　清李厚建輯

清抄本　清張培基跋

九行字數不一　四周雙邊　白口

20.8×14.7 釐米

天一閣

集 3884

野眺樓近草九卷

清鄞縣張瑤芝撰

清康熙十九年(1680)刻本

十行二十二字　左右雙邊　白口

20.5×14 釐米

天一閣

集 3885

野眺樓近草八卷

清鄞縣張瑤芝撰

清徐氏煙嶼樓抄本

十行二十一字　左右雙邊　黑口

19.3×14.1 釐米

天一閣

集 3886

二齋文集不分卷

清慈谿胡亦堂撰

清康熙十一年(1672)刻本

九行十八字　四周單邊　白口

19.3×13.4 釐米

寧圖

集 3887

貞可齋集唐六卷

清陳光龍撰

清康熙(1662—1722)刻本

八行二十字　四周單邊　白口

19.7×12.6 釐米

浙圖

集 3888

碧瀾堂集一卷

清喬寅撰　清吳嘉紀等輯

清初刻本

九行十九字　左右雙邊　白口

19.5×13.5 釐米

浙圖

集 3889

臨野堂文集十卷詩集十三卷詩餘二卷尺牘四卷

清鈕琇撰

清康熙(1662—1722)刻本

缺九卷　文集一至五　尺牘四卷

十行十九字　左右雙邊　白口

17.3×13.6 釐米

溫圖*　嘉圖*

集 3890

自適吟四卷

清趙珪撰

清康熙二十五年(1686)刻本

九行二十字　四周雙邊　白口

東陽文

集 3891

岭老編年詩鈔九卷續詩鈔三卷

清錢塘金張撰

清康熙(1662—1722)刻本

十二行二十二字　左右雙邊　黑口

17.5×13.9 釐米

浙圖

集 3892

蓮洋集二十卷

清吳雯撰

年譜一卷附錄一卷

清乾隆三十九年(1774)荆圃草堂刻本

十一行二十三字　左右雙邊　白口

21.3×14.3 釐米

浙圖

集 3893

真定集三卷

清劉中柱撰

清抄本

浙圖

集 3894

黃葉邨莊詩集八卷續集一卷後集一卷

清石門吳之振撰

清康熙(1662—1722)刻本

十行十九字 左右雙邊 黑口

16.8×12.8 釐米

浙圖 溫圖 縉雲圖 玉海樓

集 3895

黃葉邨莊詩集八卷續集一卷後集一卷

清石門吳之振撰

清康熙(1662—1722)刻本 清沈閬昆跋

天一閣

集 3896

黃葉村莊詩集八卷

清石門吳之振撰

清康熙(1662—1722)刻本

十一行二十字 左右雙邊 黑口

17.5×13 釐米

浙圖

集 3897

與梅堂遺集十二卷耳書一卷鮓話一卷

清佟世思撰

清康熙四十年(1701)佟世集刻本

十行十九字 四周單邊 白口

17.8×13.6 釐米

浙圖

集 3898

曹江集五卷

清上虞曹恒吉撰

清康熙(1662—1722)刻本

九行十九字 四周雙邊 白口

19.7×14.1 釐米

浙圖

集 3899

稗畦集不分卷

清錢塘洪昇撰

清抄本

十行十八字 無格

浙大

集 3900

稗畦集四卷

清錢塘洪昇撰

張宗祥抄本

浙圖

集 3901

清吟堂全集七十七卷

清錢塘高士奇撰

清康熙三十七年(1698)至三十九年(1700)朗潤堂刻本

清吟堂集九卷神功聖德詩一卷皇帝親平漠北頌一卷恭奏漠北蕩平凱歌一卷

苑西集十二卷

城北集八卷

竹窻詞一卷

蔬香詞一卷

扈從東巡日錄二卷附錄一卷

扈從西巡日錄一卷

經進文稿六卷

隨輦集十卷續集一卷

歸田集十四卷

獨旦集八卷

十一行二十字 四周單邊 粗黑口

18.3×13.4 釐米

浙圖* 寧圖* 溫圖 嘉圖

集 3902

白溇集十二卷

清沈受宏撰

清康熙四十四年(1705)刻增刻本

十行十九字 左右雙邊 白口

18.6×13.6 釐米

浙圖

集 3903

也園草二集不分卷

清西泠葉菁撰

清抄本

浙圖

集 3904

寒石詩鈔十二卷

清沈紹姬撰

清康熙五十九年(1720)刻本

十一行二十二字　左右雙邊　白口

15.9×12.2 釐米

浙圖

集 3905

詩史一卷

清胡介祉撰

清抄本　佚名跋

浙圖

集 3906

虞州集十六卷續集二卷

清海寧陳奕禧撰

清康熙(1662—1722)陳世泰刻本

缺續集二卷

十行十九字　四周雙邊　黑口

17.6×13.2 釐米

浙圖

集 3907

春藹堂集十八卷

清海寧陳奕禧撰

清康熙四十六年(1707)吳門刻本

存二卷　香泉小藁一至二

十一行十九字　小字雙行字數不一　左右雙邊　白口

18.1×14.6 釐米

浙圖

集 3908

思復堂文集十卷

清餘姚邵廷采撰

附載一卷

清康熙(1662—1722)刻本　清傅以禮校並補抄鄞縣全祖望全帖跋

九行二十五字　四周單邊　白口

19.9×11.2 釐米

浙圖

集 3909

蓄齋集十六卷

清黃中堅撰

清康熙五十年(1711)黃氏棣華堂刻五十三年(1714)增刻本

九行二十字　左右雙邊　白口

18.5×14 釐米

浙圖

集 3910

賦日堂詩稿一卷拘幽草一卷覇旅詩一卷

清檇李黃濤撰

清抄本

浙圖

集 3911

儀逋先生遺稿一卷

清黃逵撰

清抄本

浙圖

集 3912

善卷堂四六十卷

清武林陸繁弨撰　清吳自高注

清乾隆三十五年(1770)刻本

九行二十一字　左右雙邊　白口

15.1×11 釐米

浙圖

集 3913

善卷堂四六十卷

清武林陸繁弨撰　清吳自高注

清乾隆(1736—1795)刻本

十行二十二字　小字雙行三十三字　四周單邊　白口

16.8×13.5 釐米

溫圖　衢博

集 3914

東坪詩集八卷

清平湖胡慶豫撰

清孫氏映雪廬抄本

浙圖

集 3915

樸村文集二十四卷詩集十三卷

清張雲章撰

清康熙(1662—1722)刻本

存文集六卷　一至六

十三行二十五字　左右雙邊　黑口

18.2×13.5 釐米

嘉圖

集 3916

樂餘園百一偶存集三十二卷

清鄒山撰

清乾隆四年(1739)樂餘園刻本

九行二十一字　左右雙邊　白口

19×12.5 釐米

浙圖

集 3917

御製詩集十卷第二集十卷

清聖祖玄燁撰

清康熙四十二年(1703)宋犖刻本

六行十六字　四周雙邊　白口

18.9×13.5 釐米

浙圖　溫圖　平湖圖

集 3918

御製避暑山莊詩二卷

清聖祖玄燁撰　清揆敘等注

清康熙五十一年(1712)内府刻朱墨套印本

六行十六字　小字雙行二十字　四周雙邊　白口

19.9×13.5 釐米

浙圖　溫圖

集 3919

御製文集四十卷總目五卷第二集五十卷總目六卷第三集五十卷總目六卷

清聖祖玄燁撰

清康熙五十三年(1714)内府刻本

六行十六字　四周雙邊　白口

18.6×13.5 釐米

浙圖　溫圖*

集 3920

御製文第四集三十六卷目錄四卷

清聖祖玄燁撰

清雍正十年(1732)内府刻本

六行十六字　四周雙邊　白口

18.5×13.3 釐米

浙圖

集 3921

居業齋詩鈔二十二卷文稿二十卷別集十卷

清金德嘉撰

清康熙五十八年(1719)蔣國祥刻本

十行十九字　四周單邊　白口

17.5×13.1 釐米

溫圖

集 3922

北黟山人詩十卷

清吳苑撰

附錄一卷

清康熙(1662—1722)刻本

十行十九字　四周單邊　白口
17.6×13.4 釐米
浙圖

集 3923
擔峰詩四卷
清孫洤撰
清康熙(1662—1722)刻本
缺一卷　四
九行二十字　四周單邊　白口
16.1×13.3 釐米
嵊州圖

集 3924
雙雲堂文稿六卷詩稿六卷
清寧波范光陽撰
清康熙四十六年(1707)鄭風刻本
九行二十字　左右雙邊　黑口
19.6×14.4 釐米
浙圖

集 3925
懷清堂集二十卷
清仁和湯右曾撰
清乾隆七年(1742)黄鍾刻本
十行二十二字　四周單邊　白口
19.3×13.1 釐米
浙圖　溫圖

集 3926
懷清堂集二十卷首一卷
清仁和湯右曾撰
清乾隆十一年(1746)湯學基等刻本
十行二十一字　左右雙邊　白口
19.2×14.1 釐米
浙圖　溫圖　嘉圖　天一閣

集 3927
杕左堂集詩六卷詞四卷
清孫致彌撰
清乾隆(1736—1795)刻本
存詞四卷
九行二十字　左右雙邊　黑口
17.9×14.4 釐米
浙圖

集 3928
東江詩鈔十二卷
清唐孫華撰
清康熙(1662—1722)刻本
十一行二十一字　左右雙邊　白口
19×14.1 釐米
浙圖

集 3929
愛吾盧文集一卷
清海昌張曾裕撰
稿本
浙圖

集 3930
寒村詩文選三十六卷
清慈溪鄭梁撰
清康熙(1662—1722)紫蟾山房刻續刻本
見黄稿詩删五卷
五丁詩稿五卷
安庸集一卷
玉堂集一卷
歸省偶録一卷
還朝詩存一卷
玉堂後集一卷
寶善堂集二卷
白雲軒集二卷
南行雜録一卷
高州詩集二卷
見黄稿二卷
五丁集二卷
安庸集二卷
雜録補一卷
雜録二卷
半生亭集一卷

息尚編四卷
九行二十字　左右雙邊　黑口
19.4×14.5 釐米
浙圖＊　温圖＊　天一閣

集 3931
紺寒亭詩集十卷文集四卷
清趙侖撰
清康熙(1662—1722)刻本
十一行二十一字　左右雙邊　白口
19.3×15 釐米
浙圖

集 3932
賜書樓嶢山集四卷補刻一卷詩集一卷
清田從典撰
清雍正九年(1731)田氏賜書樓刻本
九行二十三字　四周雙邊　白口
19.4×12 釐米
浙圖

集 3933
尋樂齋詩集四卷
清戴有祺撰
清初刻本
十行二十一字　左右雙邊　黑口
19.8×14.2 釐米
浙圖

集 3934
滄洲近詩十卷
清陳鵬年撰
清雍正二年(1724)陳氏刻本
九行十九字　左右雙邊　白口
16.6×12.5 釐米
浙圖

集 3935
滄洲近詩十卷
清陳鵬年撰
清乾隆二十七年(1762)刻本
九行十九字　左右雙邊　白口
16.4×12.5 釐米
嘉圖

集 3936
固哉叟詩鈔八卷
清嘉興高孝本撰
清雍正(1723—1735)刻本
九行十九字　左右雙邊　白口
17.5×12.3 釐米
温圖

集 3937
固哉叟詩鈔八卷
清嘉興高孝本撰
清乾隆三十一年(1766)刻本
九行十九字　左右雙邊　白口
17.1×12.5 釐米
天一閣

集 3938
謹齋詩稿二十卷
清許志進撰
清康熙(1662—1722)刻本
十行二十一字　小字雙行三十一字　左右雙邊　黑口
18.6×14.6 釐米
浙圖

集 3939
在陸草堂文集六卷
清儲欣撰
清雍正元年(1723)儲掌文淑慎堂刻本
九行二十二字　左右雙邊　黑口
19.1×14.2 釐米
浙圖　寧圖　平湖圖　天一閣

集 3940
夢月巖詩集二十卷
清呂履恒撰

清乾隆(1736—1795)刻本
缺三卷　一至三
十行十九字　小字雙行二十八字　左右雙邊　白口
17.7×13.8釐米
浙圖

集3941
冶古堂文集五卷附公牘一卷
清呂履恒撰
清乾隆十五年(1750)呂宣曾刻本
十行十九字　左右雙邊　白口
17.1×13.5釐米
浙圖

集3942
北園詩集三卷
清陳允恭撰
清抄本
浙圖

集3943
桐埜詩集不分卷
清周起渭撰
清康熙五十五年(1716)汪溎刻本
十行十九字　四周單邊　白口
19.2×14.3釐米
浙圖

集3944
雷陽陳清端詩文集不分卷
清陳瑸撰
雷陽陳清端政蹟不分卷
清抄本
浙圖

集3945
味和堂詩集六卷
清高其倬撰
清乾隆五年(1740)高恪等刻本
十行十九字　左右雙邊　白口
18.4×14釐米
浙圖　溫圖

集3946
閑存堂文集十四卷詩集八卷
清張永銓撰
清康熙(1662—1722)刻本
九行二十字　左右雙邊　白口
18.3×13.1釐米
浙圖

集3947
嚴太僕先生集十二卷
清嚴虞惇撰
清乾隆元年(1736)嚴有禧繩武堂刻本
十一行二十一字　左右雙邊　白口
18.2×13.2釐米
浙圖

集3948
葦間詩集五卷
清慈溪姜宸英撰
清康熙五十二年(1713)唐執玉刻本
十一行十九字　小字雙行字數不一　左右雙邊　黑口
18.3×13.5釐米
浙圖　杭圖　寧圖　嘉圖　天一閣　湖博*

集3949
湛園未定稿六卷
清慈溪姜宸英撰
清康熙(1662—1722)二老閣刻本
十行二十字　左右雙邊　白口
19.5×14.6釐米
寧圖

集3950
湛園未定稿六卷
清慈溪姜宸英撰

清康熙(1662—1722)二老閣刻本　清慈溪王定祥校並跋
天一閣

集 3951
湛園未定稿六卷
清慈溪姜宸英撰
清王斗膽抄本　慈溪馮貞群跋
十二行二十四字　無格
天一閣

集 3952
湛園未定稿六卷
清慈溪姜宸英撰
清董氏行餘學舍抄本
十行二十三字　四周單邊　白口
17.5×12.5 釐米
紹圖

集 3953
姜西溟先生文鈔四卷
清慈溪姜宸英撰
清乾隆四年(1739)趙侗斅匪懈堂刻本　清慈溪王定祥批校並跋
十二行二十四字　四周雙邊　黑口
20.5×14.6 釐米
天一閣

集 3954
姜西溟先生文稿四卷
清慈溪姜宸英撰
清抄本
天一閣

集 3955
姜先生全集不分卷
清慈溪姜宸英撰　清慈溪王定祥、馮保青輯
稿本
天一閣

集 3956
姜先生全集不分卷
清慈溪姜宸英撰　清慈溪王定祥輯
附録二卷
清毋自欺齋抄本
十行二十字　四周雙邊　黑口
天一閣

集 3957
探花姜西溟先生增訂全稿不分卷
清慈溪姜宸英撰
稿本
天一閣

集 3958
慈溪姜先生全集補遺一卷
清慈溪姜宸英撰　慈溪馮貞群補校
附二卷西溟文鈔校記一卷
稿本
天一閣

集 3959
湛園集目一卷湛園未刻文一卷詩詞拾遺一卷
清慈溪姜宸英撰
探花姜西溟行卷一卷
馮氏伏跗室抄本
天一閣

集 3960
栗亭詩集六卷
清汪士鋐撰
清康熙(1662—1722)刻本
十行十九字　四周單邊　白口
17.9×13.8 釐米
浙圖

集 3961
秋泉居士集十七卷
清汪士鋐撰

清乾隆(1736—1795)清蔭堂刻本
十行十九字　四周單邊　白口
18.7×14.3 釐米
嘉圖

集 3962
雪川詩槀八卷
清陳萇撰
清康熙(1662—1722)刻本
十一行二十一字　左右雙邊　白口
17.5×13.9 釐米
浙圖

集 3963
菀青集二十一卷
清陳至言撰
清乾隆二十六年(1761)芝泉堂刻本
九行二十字　左右雙邊　白口
20×14.5 釐米
浙圖　天一閣

集 3964
許冠婁詩草不分卷
清海昌許奎撰
清抄本
浙圖

集 3965
遯菴逸稿一卷
清初抄本　清佚名批
浙圖

集 3966
查浦詩鈔十二卷詩餘一卷
清海寧查嗣瑮撰
清康熙六十一年(1722)刻本
十一行二十一字　左右雙邊　白口
17×11.4 釐米
浙圖　杭圖　嘉圖

集 3967
晚晴軒尺牘不分卷
清海寧查嗣瑮撰
清海寧許昂霄抄本　紹興馬一浮題簽並跋
浙圖

集 3968
天鑒堂集八卷勵志雜錄一卷
清沈近思撰
清乾隆四年(1739)刻本
十行二十三字　四周雙邊　黑口
18.2×13.8 釐米
嘉圖

集 3969
茶坪詩鈔十卷
清徐永宣撰
清康熙(1662—1722)刻本
十一行二十一字　左右雙邊　白口
18.6×13.7 釐米
浙圖

集 3970
謝坦齋先生詩文稿不分卷
清永嘉謝天埴撰
清抄本
溫圖

集 3971
澄懷園詩選十二卷
清張廷玉撰
清乾隆二年(1737)刻本
十行十九字　左右雙邊　白口
18.1×13.6 釐米
天一閣

集 3972
觀樹堂集十六卷
清錢塘朱樟撰

清乾隆(1736—1795)刻本
存冬秀亭集四卷
十行十九字　左右雙邊　白口
15×11.6 釐米

浙圖

集 3973
漁山詩鈔二卷
清邊汝元撰
清乾隆四十年(1775)刻本
九行十九字　左右雙邊　白口
18.3×12.2 釐米
浙圖

集 3974
嘯竹堂集十六卷
清王錫撰　清慈溪姜宸英等評
清康熙三十五年(1696)刻本
九行二十二字　左右雙邊　白口
19.8×13.3 釐米
浙圖　溫圖

集 3975
有涯文集二卷
清徐任師撰
清怡養齋抄本
浙圖

集 3976
華黍莊詩槀二卷
清嘉善孫炌撰
清康熙(1662—1722)刻本
十行十九字　四周雙邊　黑口
17.9×13.7 釐米
浙圖

集 3977
梅花詠一卷
清瑞安釋佛第撰
清康熙三十九年(1700)刻本
九行十九字　左右雙邊　白口
19.1×13.7 釐米
溫圖

集 3978
芸架詩稿二十一卷
清王緝修撰
清乾隆(1736—1795)寶香閣刻本
存十卷　一至十
十一行二十一字　左右雙邊　白口
18×14 釐米
浙圖

集 3979
萬山拜下堂稿一卷
清釋海岳輯
清康熙四十一年(1776)刻本
十行十九字　四周雙邊　白口
19×13.6 釐米
浙圖

集 3980
劉鼇石先生文集十二卷
清劉坊撰
清康熙六十年(1721)周維慶刻本
九行十八字　左右雙邊　綫黑口
16.5×13.2 釐米
杭圖

集 3981
學耨堂文集八卷詩餘二卷
清東陽王崇炳撰
清乾隆(1736—1795)刻本
十行二十字　四周單邊　白口
17.2×13.5 釐米
浙圖

集 3982
秀濯堂詩七卷二集七卷
清吳啓元撰

清康熙(1662—1722)刻本
九行二十字　左右雙邊　白口
18×12.9 釐米
浙圖

集 3983
景蘇閣集句四卷
清徐基撰
清康熙四十九年(1710)自刻本
十一行二十一字　左右雙邊　白口
18.8×14.1 釐米
浙圖

集 3984
息園詩鈔一卷
清會稽姚陶撰
稿本　清會稽宗稷辰跋
十行二十一字　無格
杭圖

集 3985
息園草四卷
清會稽姚陶撰
清康熙(1662—1722)刻本
九行十九字　左右雙邊　黑口
17.7×13.7 釐米
浙圖

集 3986
完玉堂詩集十卷
清釋元璟撰
清雍正(1723—1735)刻本
十一行二十一字　左右雙邊　白口
18.8×14.8 釐米
浙圖

集 3987
葛莊分體詩鈔十二卷補遺一卷
清劉廷璣撰
清康熙五十三年(1714)自刻本
九行十九字　左右雙邊　細黑口
18.1×12.9 釐米
浙圖

集 3988
小方壺存藁十八卷
清汪森撰
清康熙(1662—1722)刻本
十行二十一字　左右雙邊　黑口
17×12.8 釐米
浙大

集 3989
小方壺文鈔六卷
清汪森撰
清康熙(1662—1722)刻本
十行二十一字　左右雙邊　黑口
17.5×12.7 釐米
浙圖

集 3990
素賞樓集八卷破涕吟一卷
清海昌陳皖永撰
清康熙五十年(1711)楊大晟刻本
存五卷　一至五
九行十九字　左右雙邊　黑口
15.3×13 釐米
溫圖

集 3991
素賞樓稿八卷破涕吟一卷
清海昌陳皖永撰
管偉、管元耀抄本
浙圖

集 3992
柯庭餘習十二卷
清桐鄉汪文柏撰
清康熙四十四年(1705)汪氏古香樓刻本
十行二十一字　左右雙邊　黑口

17.5×13.1 釐米
浙圖　杭圖

集 3993
柯庭餘習十二卷
清桐鄉汪文柏撰
清乾隆(1736—1795)刻本
十行二十一字　左右雙邊　黑口
17.8×13.1 釐米
浙圖

集 3994
樓邨詩集二十五卷
清王式丹撰
清雍正四年(1726)王懋訥刻本
十一行二十一字　左右雙邊　白口
18×13.4 釐米
浙圖

集 3995
後圃編年稿十六卷
清李嶟瑞撰
清康熙(1662—1722)刻本
存六卷　卷一至六
十行十九字　左右雙邊　黑口
16.8×12.8 釐米
浙圖

集 3996
敬業堂詩集四十八卷
清海寧查慎行撰
清康熙五十八年(1719)刻本
十一行二十一字　左右雙邊　白口
17.6×12 釐米
杭圖　嘉圖　紹圖＊　玉海樓

集 3997
敬業堂詩集四十八卷
清海寧查慎行撰
清康熙五十八年(1719)刻本　清海昌朱昌燕跋
海寧圖

集 3998
敬業堂詩集五十卷
清海寧查慎行撰
清康熙五十八年(1719)刻雍正(1723—1735)增修本
浙圖　杭圖　溫圖　海寧圖　上虞圖

集 3999
敬業堂詩集五十卷
清海寧查慎行撰
清康熙五十八年(1719)刻雍正(1723—1735)增修本　佚名評注
缺五卷　四十六至五十
浙圖

集 4000
敬業堂詩集五十卷
清海寧查慎行撰
清抄本　佚名批
杭圖

集 4001
敬業堂詩續集六卷
清海寧查慎行撰
清乾隆(1736—1795)查學、查開刻本
十一行二十一字　左右雙邊　白口
17.6×13 釐米
浙圖

集 4002
壬申紀遊不分卷
清海寧查慎行撰
手稿本
浙圖

集 4003

敬業堂詩集參正二卷

清海寧吳昂駒撰　清朱洪批校

稿本　清瑞安方成珪跋

十行二十一字　無格

天一閣

集 4004

敬業堂詩集參正一卷

清海寧吳昂駒撰　清朱洪批校

稿本　清瑞安方成珪跋

杭圖

集 4005

片雲集一卷

清蔣廷錫撰

清康熙四十一年(1702)刻本

十行十八字　左右雙邊　白口

17×13 釐米

浙圖

集 4006

古劍書屋詩鈔十卷

清吳廷楨撰

清乾隆(1736—1795)刻本

十行十九字　四周雙邊　白口

17.1×13.6 釐米

嘉圖

集 4007

思綺堂文集十卷

清錢塘章藻功撰

清康熙五十七年(1718)思綺堂刻本

十行二十二字　四周單邊　白口

19.9×14.5 釐米

嘉圖　天一閣

集 4008

思綺堂文集十卷

清錢塘章藻功撰

清康熙六十一年(1722)刻本

十行二十二字　四周單邊　白口

20.3×14.8 釐米

餘杭圖＊　海寧圖　諸暨圖＊　嵊州圖＊

集 4009

思綺堂文集十卷

清錢塘章藻功撰

清聚錦堂刻本

十行二十二字　四周單邊　白口

19.5×14.8 釐米

浙圖　寧圖　溫圖　玉海樓

集 4010

菽畹集七卷

清毛遠公撰

清康熙(1662—1722)刻本

懷�堂雜詩三卷

旅遊紀事三卷

賦一卷

十行二十字　四周單邊　白口

19.8×14.4 釐米

紹圖

集 4011

秋江集六卷

清黄任撰

清乾隆(1736—1795)刻本

十一行二十二字　左右雙邊　白口

18.5×13.9 釐米

溫圖

集 4012

雙遂堂遺集四卷

清海昌查嗣庭撰

清抄本

浙博

集 4013

晴川集一卷

清海昌查嗣庭撰

清管氏靜得樓抄本
浙圖

集 4014
集虛齋學古文十卷附離騷經解略一卷
清淳安方楘如撰
清乾隆十九年(1754)方氏佩古堂刻本
十一行二十五字　左右雙邊　白口
18.3×13.8 釐米
浙圖＊　溫圖　浙大

集 4015
集虛齋學古文十二卷附離騷經解略一卷
清淳安方楘如撰
清方昇抄本
18.4×13.8 釐米
浙圖

集 4016
米堆山人文鈔七卷
清張揆方撰
清乾隆(1736—1795)刻本
十行十九字　左右雙邊　白口
17.9×13.7 釐米
浙圖

集 4017
二十四泉草堂集十二卷
清王莘撰
清抄本
浙圖

集 4018
二十四泉草堂集十二卷
清王莘撰
清抄本
十行二十六字　無格
浙大

集 4019
望溪先生文偶抄不分卷
清方苞撰　清王兆符、程崟輯
清乾隆十一年(1746)程崟刻本
九行十九字　左右雙邊　白口
20.7×13.5 釐米
浙圖　上虞圖

集 4020
一溉堂詩集不分卷
清余光耿撰
清抄本
浙圖

集 4021
思可堂詩稿一卷
清海昌徐南珍撰
稿本(公文紙)　海寧費寅跋
浙圖

集 4022
潛虛先生文集二十四卷
清戴名世撰
年譜一卷
清戴鈞衡撰
清抄本
十行二十一字　無格
浙大

集 4023
潛虛先生文集二十四卷
清戴名世撰
年譜一卷
清戴鈞衡撰
清抄本
存二卷　一至二
十行二十四字　無格
浙大

集 4024

餘園詩鈔六卷

清繆沅撰

清乾隆十年(1745)繆氏刻本

十行十九字　左右雙邊　白口

18.2×13.8 釐米

浙圖

集 4025

餘園古今體詩精選四卷

清繆沅撰

清乾隆三十八年(1773)刻本

十行十九字　左右雙邊　白口

18.3×13 釐米

浙圖

集 4026

穆堂初藁五十卷

清李紱撰

清乾隆五年(1740)無怒軒刻本

十一行二十三字　左右雙邊　白口

18.5×14.5 釐米

浙圖　溫圖

集 4027

穆堂别藁五十卷

清李紱撰

清乾隆十二年(1747)奉國堂刻本

十二行二十三字　左右雙邊　白口

18.5×14.3 釐米

浙圖　溫圖

集 4028

圭美堂集二十六卷

清徐用錫撰

清乾隆十三年(1748)刻本

九行二十一字　左右雙邊　白口

18.1×12.7 釐米

浙圖

集 4029

二希堂文集十二卷首一卷

清蔡世遠撰

清乾隆二十二年(1757)蔡臣源刻本

九行二十字　四周雙邊　白口

19.5×13.2 釐米

浙圖

集 4030

二希堂文集十二卷首一卷

清蔡世遠撰

清乾隆四十八年(1783)蔡本崇刻本

九行二十字　四周雙邊　白口

19.1×13.1 釐米

寧圖

集 4031

改堂先生文鈔二卷

清唐紹祖撰

清乾隆四十年(1775)唐氏刻本

十行十九字　左右雙邊　黑口

18.7×13.5 釐米

浙圖

集 4032

青要集十二卷

清吕謙恒撰

清雍正十三年(1735)刻本

十二行二十二字　四周雙邊　白口

18.5×13.2 釐米

浙圖

集 4033

張文敏送朱南崖太夫子入都文一卷

清張照撰

稿本

杭圖

集 4034

退谷文集十五卷詩集七卷行述一卷

清黄越撰

清雍正五年(1727)光裕堂刻本
八行二十一字　左右雙邊　白口
18.9×13.2 釐米
嘉圖

集 4035
匠門書屋文集三十卷
清張大受撰
清雍正七年(1729)顧詒祿刻本
十行二十一字　左右雙邊　白口
18.2×13.4 釐米
嘉圖

集 4036
閱畊集六卷
清閻圻撰
清雍正七年(1729)刻本
八行二十三字　白口
19×12.7 釐米
天一閣

集 4037
橘巢小藁四卷
清王世琛撰
清乾隆二十三年(1758)王愷伯刻本
九行十七字　四周雙邊　白口
17.8×12.5 釐米
浙圖

集 4038
竹溪詩略二十四卷附墓誌銘一卷
清沈樹本撰
年譜一卷
清吳大受撰
墓誌銘一卷
清尹繼善撰
清乾隆十九年(1754)刻本
八行二十字　四周單邊　白口
17.2×11 釐米
浙圖

集 4039
退庵文集一卷
清陶貞一撰
清乾隆(1736—1795)貽清堂刻本
十一行二十一字　左右雙邊　白口
18.7×14.3 釐米
浙圖

集 4040
雲川閣集詩十四卷詞七卷
清杜詔撰
清雍正(1723—1735)刻本
十行二十一字　四周單邊　白口
18.1×13.5 釐米
天一閣

集 4041
秀埜草堂詩集五卷
清顧嗣立撰
清康熙(1662—1722)刻本
十一行二十一字　左右雙邊　白口
18.5×13.5 釐米
海寧圖

集 4042
顧俠君詩集九卷
清顧嗣立撰
清康熙(1662—1722)刻本
十一行二十一字　左右雙邊　白口
18.1×13.4 釐米
天一閣

集 4043
葆璞堂文集四卷
清胡煦撰
清乾隆三十七年(1772)刻本
十行十九字　左右雙邊　白口
19.3×14.5 釐米
浙圖

集 4044

御賜齊年堂文集四卷

清王晦撰

清乾隆九年(1744)刻本

十行二十二字　左右雙邊　白口

18.7×12.4 釐米

浙圖

集 4045

甘莊恪公全集十六卷

清甘汝來撰

清乾隆(1736—1795)刻賜福堂印本

九行二十一字　左右雙邊　白口

18.7×13.2 釐米

浙圖

集 4046

陳學士文集十八卷

清陳儀撰

清乾隆十八年(1753)蘭雪齋刻本

九行二十二字　左右雙邊　白口

18.5×12.5 釐米

嘉圖

集 4047

橫山詩文鈔二十五卷

清慈谿裘璉撰

清康熙(1662—1722)裘氏絳雲居刻本

橫山詩初集十六卷

胡二齋評選文初集二卷

橫山文鈔一卷

易皆軒文二集六卷

九行二十二字　左右雙邊　白口

19.2×13 釐米

浙圖　寧圖＊

集 4048

橫山詩文鈔二十五卷

清慈谿裘璉撰

清易皆軒抄本

存六卷　一至三　七至九

十行二十四字　四周單邊　白口

20.8×15.6 釐米

天一閣

集 4049

白田草堂存稿二十四卷

清王懋竑撰

行狀一卷崇祀鄉賢錄一卷

清乾隆十七年(1752)家刻本

十二行二十二字　左右雙邊　白口

17.5×12.8 釐米

浙圖　溫圖　紹圖　玉海樓　浙大

集 4050

西塞雜著二卷

清徐聚倫撰

清乾隆四年(1739)徐育臨刻本

九行二十二字　四周雙邊　白口

19.9×12.8 釐米

浙大

集 4051

香屑集十八卷首一卷末一卷

清黃之雋撰

清雍正十二年(1734)遂初園刻本

十行二十一字　左右雙邊　白口

16×10.9 釐米

浙圖　餘杭圖＊　嵊州圖　海鹽博

集 4052

唐堂集五十卷補遺二卷續八卷附冬錄一卷

清黃之雋撰

清乾隆(1736—1795)刻本

十行二十一字　左右雙邊　白口

19×12.8 釐米

浙圖＊　溫圖　嘉圖

集 4053

秋塍文鈔十二卷

清會稽魯曾煜撰

清乾隆九年(1744)沈氏鳴野山房刻本
九行二十二字　四周單邊　白口
18.8×12.2 釐米
浙圖　溫圖

集 4054
秋塍文鈔十二卷
清會稽魯曾煜撰
清乾隆(1736—1795)刻本
九行二十二字　左右雙邊　白口
18.6×12.2 釐米
嘉圖

集 4055
錢文瑞公進呈詩一卷
清嘉興錢陳群撰
稿本　清許承堯跋
浙圖

集 4056
香樹齋詩集十八卷
清嘉興錢陳群撰
清乾隆十六年(1751)刻本
十行十九字　左右雙邊　白口
18×13.3 釐米
浙圖　嘉圖　溫圖　平湖圖

集 4057
香樹齋詩續集三十六卷
清嘉興錢陳群撰
清乾隆十九年(1754)刻本
十行十九字　左右雙邊　白口
18×13.4 釐米
浙圖*　溫圖　嘉圖

集 4058
香樹齋文集二十八卷續抄五卷
清嘉興錢陳群撰
清乾隆(1736—1795)刻本
十行十九字　左右雙邊　白口
17.8×13.3 釐米
浙圖　溫圖

集 4059
香樹齋文集三十卷
清嘉興錢陳群撰
清乾隆(1736—1795)刻本
十行十九字　左右雙邊　白口
17.9×12.7 釐米
浙圖

集 4060
西原草堂文集四卷
清蔣恭棐撰
清乾隆(1736—1795)刻本
十行二十字　左右雙邊　白口
17.7×14.5 釐米
浙圖

集 4061
白蒲子詩編經鋤集六卷三以集六卷鴻干集五卷
清姜任修撰
清乾隆(1736—1795)刻本
缺經鋤集六卷
十行十九字　左右雙邊　白口
18.2×13.6 釐米
天一閣

集 4062
尊德堂詩鈔二十四卷
清胡國楷撰
清抄本
十二行十九字　無格
天一閣

集 4063
存研樓文集十六卷
清儲大文撰
清乾隆九年(1744)刻本

九行二十字　四周單邊　白口
19.3×12.9 釐米
浙圖

集 4064
存硯樓二集二十五卷
清儲大文撰
清乾隆十九年(1754)刻本
十一行二十三字　左右雙邊　白口
19.3×13.9 釐米
溫圖

集 4065
青立軒詩稾八卷
清宋華金撰
清乾隆十六年(1751)刻本
十行二十二字　四周單邊　白口
18.9×13.6 釐米
浙圖

集 4066
墨麟詩十二卷
清馬維翰撰
清刻本
十行二十二字　左右雙邊　粗黑口
17.6×12.4 釐米
嘉圖

集 4067
依歸草二卷二刻二卷
清張符驤撰
清康熙(1662—1722)刻本
九行二十字　四周單邊　黑口
19.8×13.3 釐米
浙圖

集 4068
陸堂詩集十六卷續集六卷
清平湖陸奎勳撰
清乾隆(1736—1795)小瀛山閣刻本
十一行二十一字　左右雙邊　白口
18.5×13.6 釐米
浙圖

集 4069
陸堂文集二十卷
清平湖陸奎勳撰
清乾隆四年(1739)小瀛山閣刻本
十一行二十四字　左右雙邊　白口
19×14.2 釐米
浙圖

集 4070
悟雪子詩草一卷
清平陽林東明撰
清抄本　清華文漪跋
溫圖

集 4071
歲寒堂存稿不分卷
清錢塘林璐撰
清康熙二十三年(1684)刻本
九行十二字　左右雙邊　白口
20.3×13.9 釐米
溫圖

集 4072
總督兩浙李憲臺澄清集二卷
清李衛撰
清雍正(1723—1735)刻本
十行二十二字　四周單邊　白口
20.8×13.8 釐米
天一閣

集 4073
式馨堂文集十五卷
清魯之裕撰
清康熙雍正間(1662—1735)刻本
九行二十二字　四周單邊　白口
18.5×11.4 釐米

浙圖

集 4074

硯思集六卷

清田同之撰

清乾隆七年(1742)刻本

十行十九字　左右雙邊　黑口

16×13.2 釐米

浙圖

集 4075

樊榭山房集十卷續集十卷

清錢塘厲鶚撰

清乾隆(1736—1795)刻本

十二行二十四字　四周單邊　白口

19.8×13.8 釐米

嘉圖

集 4076

樊榭山房集十卷續集十卷

清錢塘厲鶚撰

清乾隆(1736—1795)刻本　嘉興沈曾植批校並錄清翁方綱等評

浙博

集 4077

樊榭山房集十卷續集十卷

清錢塘厲鶚撰

清乾隆(1736—1795)刻武林繡墨齋印本

浙圖　寧圖　上虞圖

集 4078

樊榭山房續集十卷

清錢塘厲鶚撰

清乾隆(1736—1795)刻本　清乾隆五十七年(1792)秋紉錄清秀水錢載評點

海寧圖

集 4079

樊榭山房文集八卷

清錢塘厲鶚撰

清光緒七年(1881)岭南述軒刻本　斐仲錄清翁方綱、嘉興錢儀吉等批

十二行二十四字　四周單邊　白口

19.2×13.6 釐米

浙圖

集 4080

樊榭詩抄不分卷

清錢塘厲鶚撰

清計飴孫抄本

天一閣

集 4081

游仙集三卷

清錢塘厲鶚撰

清乾隆二十六年(1761)杭州鲍以文刻本

八行二十一字　左右雙邊　細黑口

13.7×10.2 釐米

浙圖

集 4082

游仙集三卷

清錢塘厲鶚撰

清蔣氏别下齋抄本

海寧圖

集 4083

遊仙百詠註三卷

清錢塘厲鶚撰　清汪鉽注

稿本　海寧管元耀跋並錄清海寧管庭芬跋

浙圖

集 4084

湘草四卷

清童天采撰　清羅世珍、周上治評

清康熙(1662—1722)刻本

九行二十字　四周雙邊　白口
18.8×13.3 釐米
浙圖

集 4085
小樹軒詩集八卷
清錢塘金虞撰
清乾隆五十四年(1789)刻本
十行二十一字　左右雙邊　白口
19.5×14 釐米
浙圖　溫圖

集 4086
非庵詩鈔二卷
清何文銓撰
稿本
八行二十字　無格
臨海博

集 4087
南堂詩鈔十二卷詞賦一卷
清施世綸撰
清雍正四年(1726)施廷翰刻本
存八卷　詩鈔一至八
十行十九字　左右雙邊　白口
18.3×13.9 釐米
浙圖

集 4088
觀瀾堂文集八卷詩集九卷
清古虞曹章撰
清康熙四十六年(1707)曹豐吉刻本
九行十八字　四周單邊　白口
19.5×14.5 釐米
浙圖

集 4089
寤硯齋集二卷
清戴晟撰
清乾隆(1736—1795)戴有光等刻本
九行二十字　左右雙邊　黑口
17.6×13 釐米
浙圖

集 4090
空明子詩集八卷文集二卷雜録一卷崇川節孝録六卷贈言一卷
清張榮撰
清康熙(1662—1722)刻本
十行二十一字　左右雙邊　黑口
16.7×11.7 釐米
浙圖

集 4091
散菴詩集三卷
清釋智慎撰
清康熙(1662—1722)刻本
十行二十字　四周雙邊　白口
21.5×15 釐米
浙圖

集 4092
松梧閣詩集一卷二集一卷三集一卷
清鄞縣李暾撰
清雍正七年(1729)刻本
存二卷　二集　三集
十一行十九字　四周單邊　白口
18×13 釐米
天一閣

集 4093
鹿沙集三卷
清劉家珍撰
清抄本
浙圖

集 4094
盧遵義文集二卷
清平湖盧生甫撰
胡氏霜紅簃抄本　平湖胡士瑩校

浙圖

集 4095

黃山紀游詩不分卷

清程瑞祊撰

清康熙(1662—1722)刻本

十行二十一字　左右雙邊　白口

17.7×14.3 釐米

浙圖

集 4096

槐江詩鈔四卷

清程瑞祊撰

清乾隆二年(1737)刻本

九行二十字　四周雙邊　白口

18.2×12.7 釐米

浙圖

集 4097

貢雲樓稿一卷

清德清蔡詒來撰

清抄本

浙圖

集 4098

客牕雜詠二卷

清姚江朱森昌撰

稿本

浙圖

集 4099

研堂詩十卷續稾二卷晚稾二卷拾遺一卷花外散吟一卷

清楊維坤撰

贈言三卷

清乾隆(1736—1795)刻本

九行二十一字　左右雙邊　黑口

18.6×13.3 釐米

浙圖

集 4100

玉池生稿五卷

清岳端撰

附二卷

清康熙三十五年(1696)岳氏紅蘭室刻本

紅蘭集一卷

蓼汀集二卷

出塞詩一卷

無題詩一卷

附雲笥詩一卷　清顧卓撰

識字軒詩一卷　清朱襄撰

八行十八字　左右雙邊　白口

19.1×13.4 釐米

浙圖

集 4101

玉池生稿十卷

清岳端撰

清康熙三十五年(1696)岳氏紅蘭室刻四十三年(1704)德普增刻本

存五卷

就樹堂集一卷

松間草堂集二卷

題畫絶句一卷

桃坂詩餘一卷

浙圖

集 4102

燕晉遊草一卷黃山草一卷

清黃元治撰

清康熙二十八年(1689)刻本

九行十八字　左右雙邊　白口

18.2×12.5 釐米

溫圖

集 4103

秋水吟一卷

清王悦撰

清康熙(1662—1722)刻本

九行十八字　左右雙邊　黑口

17×12.5 釐米

溫圖

集 4104

泉村集選一卷

清永嘉徐凝撰

清康熙二十四年(1685)刻本　清瑞安孫鏘鳴、瑞安孫詒讓跋

九行二十字　四周單邊　白口

17.8×12.6 釐米

溫圖

集 4105

絳雪集二卷

清永康吳宗愛撰

清抄本

浙圖

集 4106

心廬集一卷

清會稽董欽德撰

稿本

浙圖

集 4107

筠庵詩草擬存十卷文草擬存十五卷

清會稽陶及申撰

稿本

浙圖

集 4108

獵微閣詩集六卷碧摩亭集一卷

清許昌齡撰

清康熙(1662—1722)刻本

十一行二十一字　左右雙邊　白口

16.3×13.6 釐米

浙圖

集 4109

選冰雪集一卷

清鄞縣萬承勳撰

稿本

十四行二十八字　無格

天一閣

集 4110

冰雪集一卷

清鄞縣萬承勳撰

清抄本

十行十九字　無格

天一閣

集 4111

冰雪集五卷

清鄞縣萬承勳撰

清康熙五十四年(1715)刻本

十行十九字　四周單邊　黑口

17.5×13.7 釐米

天一閣

集 4112

恭壽堂編年文鈔二卷

清鄞縣萬承勳撰

稿本　清康熙六十一年(1722)金植跋

九行二十五字　無格

天一閣

集 4113

管村文鈔內編三卷

清鄞縣萬承勳撰

清徐氏煙嶼樓抄本

十行二十字　左右雙邊　黑口

19.1×14 釐米

天一閣

集 4114

勉力集□卷

清鄞縣萬承勳撰

稿本

存二卷　二至三

十二行二十四字　無格

天一閣

集 4115

蠹窗詩集十四卷

清張令儀撰

清雍正二年(1724)姚仲芝刻本

十行十九字　四周單邊　黑口

18×13.5 釐米

浙圖

集 4116

餘堂詩四卷

清楊兆涑撰

清雍正九年(1731)刻本

九行十九字　四周單邊　白口

16.8×12.4 釐米

衢博

集 4117

後村詩集四卷吴越遊草一卷

清王文治撰

清康熙(1662—1722)刻本

九行二十字　左右雙邊　黑口

17.2×13 釐米

浙圖

集 4118

後村雜著三卷

清王文治撰

清康熙四十七年(1708)挹香居刻本

九行二十一字　左右雙邊　黑口

17.5×12.2 釐米

浙圖

集 4119

夢樓詩集二十四卷

清王文治撰

清乾隆六十年(1795)食舊堂刻本

十一行二十四字　四周雙邊　白口

19×13.8 釐米

浙圖　紹圖　義烏圖

集 4120

之溪老生集八卷勸影堂詞三卷

清先著撰

清康熙(1662—1722)玉淵堂刻本

十一行二十一字　四周單邊　細黑口

17.8×13.8 釐米

杭圖

集 4121

蓬莊詩集五卷

清沈虹撰

清雍正(1723—1735)刻本

十行二十一字　左右雙邊　白口

18.8×14 釐米

浙圖

集 4122

宛委山人詩集十六卷

清山陰劉正誼撰

清刻乾隆四年(1739)增修本

十行十九字　左右雙邊　白口

16.9×12.2 釐米

紹圖*　天一閣

集 4123

字香亭梅花百詠一卷

清吴立撰　清吴本涵、吴本厚注

清康熙五十八年(1719)吴氏字香亭刻本

七行二十字　左右雙邊　白口

17.4×11.3 釐米

浙圖

集 4124

青峰集文卷四卷詩卷□卷

清會稽章世法撰

稿本　清蕭山毛奇齡題簽

浙圖

集 4125

竹園類輯十卷

清瑞安朱鴻瞻撰

清康熙(1662—1722)刻本

九行二十字　左右雙邊　白口

17.3×12.8 釐米

玉海樓

集 4126

紅雪軒稿六卷

清高景芳撰

清康熙五十八年(1719)高欽刻本

存一卷　一

七行十三字　四周單邊　白口

18×12.5 釐米

浙圖

集 4127

耐畊堂文集十六卷首一卷

清羅棨撰

清康熙(1662—1722)刻本

九行二十一字　左右雙邊　白口

17.5×12.7 釐米

浙圖

集 4128

沈子寱業一卷

清黄巖蔡礎撰

清咸豐九年(1859)李蓉卡抄本　清黄巖王棻跋

黄巖圖

集 4129

埜耕集三卷

清許士佐撰

清乾隆(1736—1795)刻本

九行十九字　左右雙邊　白口

17×13.6 釐米

浙圖

集 4130

西堂詩草一卷

清董章甬撰

稿本　清康熙五十八年(1719)趙嘉輯跋

八行二十字　無格

天一閣

集 4131

書巖集四卷

清鎮海薛士學撰

清康熙(1662—1722)刻本

十一行二十一字　左右雙邊　黑口

浙圖

集 4132

後甲集二卷

清山陰章大來撰

清康熙五十六年(1717)百可堂自刻本

十行十九字　四周單邊　黑口

18.3×13.5 釐米

浙圖　天一閣　寧海文

集 4133

虎丘百詠不分卷

清施於民撰

稿本

八行十八字　無格

天一閣

集 4134

若菴集五卷

清程庭撰

清康熙(1662—1722)刻本

十行十九字　左右雙邊　白口

17×13.4 釐米

浙圖

集 4135

鯖豆集四十卷

清毛德遴撰

稿本　清吴國光、王一辰跋
存三十七卷　一至三十七
八行二十字　無格
天一閣

集 4136
凌雪軒詩六卷外集一卷
清徐夔撰
清乾隆(1736—1795)刻本
存詩六卷
十行十九字　左右雙邊　白口
17.6×13.5 釐米
浙圖

集 4137
雲汀詩鈔四卷
清錢塘張賓鶴撰
清乾隆五十六年(1791)怡府刻本
八行十九字　四周雙邊　白口
18.5×14 釐米
天一閣

集 4138
北田詩臆不分卷
清嘉興江浩然撰
清乾隆十七年(1752)惇裕堂刻本
十一行二十字　四周單邊　白口
18.3×14.8 釐米
嘉圖

集 4139
北田詩臆一卷江湖客詞一卷
清嘉興江浩然撰
清乾隆十九年(1754)刻本
十一行二十字　四周單邊　白口
17.5×14.5 釐米
天一閣

集 4140
兀壺集一卷
清王石如撰
清康熙十五年(1676)手稿本
紹圖

集 4141
翼堂詩集二卷
清邱迥撰
清乾隆十四年(1749)刻本
八行十九字　左右雙邊　白口
16.9×11.5 釐米
浙圖

集 4142
桐乳齋詩集十二卷
清梁文濂撰
清乾隆十二年(1747)梁啓心等刻本
十行十九字　左右雙邊　白口
18.8×13 釐米
浙圖

集 4143
申椒集二卷繪心集二卷盟鷗草一卷炊香詞三卷紅萼詞二卷
清孔傳鐸撰
清康熙(1662—1722)刻本
存紅萼詞二卷
九行十九字　左右雙邊　白口
17.1×12.9 釐米
浙圖

集 4144
弇山集錄一卷
清山陰王霖撰
稿本
天一閣

集 4145
田居詩稿九卷
清仁和龔翔麟撰
清初刻本
十行十八字　左右雙邊　黑口

17.1×13.3 釐米
浙圖

集 4146
思誠堂集二卷
清吴玙撰
清乾隆三十四年(1769)趙熟典刻本
九行二十字　左右雙邊　白口
19.5×15.3 釐米
浙圖

集 4147
裕齋詩一卷詞一卷
清吴興潘世暹撰
清康熙二十四年(1685)刻本
八行十八字　四周單邊　白口
18.2×13 釐米
浙圖

集 4148
梅湖草堂近詩一卷
清汪之順撰
清抄本
浙圖

集 4149
牡丹詩一卷附錄一卷
清丁文衡撰
清乾隆(1736—1795)刻本
九行十八字　左右雙邊　白口
18.2×13.8 釐米
浙圖

集 4150
沈甸華先生文二卷
清仁和沈昀撰
清抄本
浙圖

集 4151
薇水亭集五卷
清海寧王澐撰
清管氏靜得樓抄本　海寧管元耀跋
浙圖

集 4152
堪齋集二卷
清錢嘏撰
清康熙(1662—1722)刻本
十行十九字　左右雙邊　白口
18.6×13.7 釐米
天一閣

集 4153
水西吟一卷
清丘綸撰
清康熙(1662—1722)刻本
十行十八字　左右雙邊　黑口
17.5×13.5 釐米
浙圖

集 4154
耕煙草廬全集不分卷
清王翬撰
清抄本　佚名批
浙圖

集 4155
自知集二卷
清姚廷謙撰
清雍正(1723—1735)刻本
十行十九字　左右雙邊　細黑口
16.8×13.4 釐米
天一閣

集 4156
弱水集二十二卷
清屈復撰
清乾隆七年(1742)刻本

十行二十一字　左右雙邊　白口
17.7×12.8 釐米
杭圖

集 4157
葯園詩藁二卷
清錢塘吴焯撰
清康熙(1662—1722)刻本
十行二十一字　左右雙邊　黑口
18.3×13.6 釐米
浙圖

集 4158
餘山先生遺書十卷
清姚江勞史撰
餘山先生行狀一卷
清錢塘桑調元撰
清乾隆三十年(1765)須友堂刻本
十一行二十字　四周單邊　白口
17.8×13.2 釐米
浙圖　嘉圖

集 4159
六經堂詩集六卷
清姚德奎撰
清康熙(1662—1722)刻本
十行二十二字　左右雙邊　白口
18.1×12.2 釐米
浙圖

集 4160
編苫吟一卷
清慈谿釋際叡撰
清康熙(1662—1722)刻本
九行二十字
19×13.7 釐米
寧圖

集 4161
豐川續集三十四卷
清王心敬撰
清乾隆十六年(1751)刻本
十行二十一字　四周雙邊　白口
20.4×13.5 釐米
浙圖

集 4162
頤齋居士蜀道集一卷
清胡期恒撰
清康熙(1662—1722)刻本
十一行二十一字　左右雙邊　黑口
17.5×13.6 釐米
浙圖

集 4163
匏邨詩稿不分卷
清毛端士撰
清康熙二十九年(1690)刻本
九行十八字　左右雙邊　白口
17.3×13.4 釐米
浙圖

集 4164
受書堂稿五十卷
清衢州周召撰
稿本
存八卷　六　九至十　二十三　二十五至二十八
浙圖

集 4165
廣昌何楚玉先生古今粹言偶刊二卷
清何復漢撰
清雍正(1723—1735)刻本
九行二十字　左右雙邊　白口
22.8×13.3 釐米
溫圖

集 4166
鬲津草堂七十以後詩一卷
清田霢撰

清乾隆(1736—1795)抄本
九行十九字　左右雙邊　黑口
溫圖

集 4167
施玉符二賦一卷
清施麟瑞撰
清抄本
浙圖

集 4168
白榆山人詩不分卷
清嘉興徐真木撰
清抄本
浙圖

集 4169
月波子新編不分卷
清屠端撰
清抄本　佚名批
浙圖

集 4170
南山堂近草不分卷
清鹽官祝定國撰
松卿詩草一卷
稿本
浙圖

集 4171
蜀中草一卷
清海寧朱昇撰
清抄本
浙圖

集 4172
客遊紀草不分卷
清徐洪嶧撰
清康熙(1662—1722)抄本
浙圖

集 4173
有懷堂文集四卷
清錢塘王道寧撰
清康熙(1662—1722)刻本
九行二十二字　四周雙邊　白口
19.1×12.9 釐米
浙圖

集 4174
東皋山房集詩一卷詠史詩一卷
清詹□□撰
清抄本
浙圖

集 4175
拗堂詩集八卷
清仁和景星杓撰
清乾隆(1736—1795)刻本
十行二十一字　左右雙邊　白口
18.2×13.7 釐米
浙圖

集 4176
荻齋初集一卷
清瑞安林齊鋐撰
清抄本
溫圖

集 4177
缶鳴詩集一卷
清黃巖王駉一撰
清初抄本
黃巖圖

集 4178
徐都講詩一卷
清上虞徐昭華撰
清抄本　清會稽王繼香校並跋
浙圖

集 4179

南村居士集十一卷

清王瑛撰

稿本

蜀裝集二卷

寫憂集二卷

蕉鹿吟二卷

後寫憂集一卷

蘆中吟一卷

硼上草二卷

秋山吟一卷

浙圖

集 4180

陸雪莊詩稿不分卷

清陸榮科撰

稿本

浙圖

集 4181

蜜香樓草三卷

清海寧陸棫撰

清抄本

浙圖

集 4182

據梧集十五卷小遊仙一卷

清管棆撰

清乾隆(1736—1795)刻本

十行二十一字　四周單邊　白口

17.5×13.4 釐米

浙圖

集 4183

觀文堂詩鈔賸稿八卷

清山陰金烺撰

清嘉慶十一年(1806)抄本　清金照跋

浙圖

集 4184

世宗憲皇帝御製文集三十卷目錄四卷

清世宗胤禛撰

交輝園遺稿一卷

清胤祥撰

清乾隆三年(1738)内府刻本

六行十六字　四周雙邊　白口

18.7×13.4 釐米

浙圖

集 4185

尹文端公詩集十卷

清尹繼善撰

清乾隆(1736—1795)刻本

九行二十一字　四周雙邊　白口

19.3×13.7 釐米

温圖　寧圖

集 4186

南陔堂詩集十二卷

清徐以升撰

清乾隆二十六年(1761)徐天柱刻本

十行十九字　小字雙行二十九字　左右雙邊　黑口

17×13.4 釐米

浙圖

集 4187

浣浦詩鈔十八卷

清錢塘范咸撰

清乾隆(1736—1795)刻本

十一行二十一字　左右雙邊　白口

18.6×12.4 釐米

浙圖

集 4188

虛白齋詩集八卷

清欽璉撰

清乾隆(1736—1795)刻本

十行二十一字　左右雙邊　白口

18.2×14.2 釐米
紹圖

集 4189
與我周旋集詩十二卷文二卷四六一卷雜體一卷附寧武府志序一卷
清魏元樞撰
年譜二卷
清乾隆五十八年(1793)清祐堂刻本
八行二十一字　四周單邊　白口
19.9×15.2 釐米
浙圖

集 4190
長谷詩鈔五卷石菴樵唱一卷
清嘉善柯煜撰
清抄本
浙圖

集 4191
己山先生文集十卷別集四卷
清王步青撰
傳一卷
清乾隆(1736—1795)敦復堂刻本
九行二十字　左右雙邊　白口
18.9×12.9 釐米
浙圖　溫圖

集 4192
培遠堂偶存稿十卷
清陳弘謀撰
清乾隆(1736—1795)刻本
九行二十字　四周雙邊　白口
17.7×12.9 釐米
浙圖　嘉圖

集 4193
培遠堂存稿十卷補編一卷
清陳弘謀撰
清乾隆(1736—1795)吳門刻本
九行二十字　四周雙邊　白口
17.7×12.5 釐米
浙圖

集 4194
松泉詩一卷
清汪由敦撰
稿本
浙圖

集 4195
松泉詩集二十六卷文集二十二卷
清汪由敦撰
清乾隆(1736—1795)汪承霈刻本
十一行二十一字　左右雙邊　白口
18×14 釐米
浙圖　浙大

集 4196
王艮齋詩集十卷文集四卷
清王峻撰
清乾隆(1736—1795)蔣棨刻本
存詩集十卷
九行十九字　左右雙邊　黑口
17.1×12.9 釐米
浙圖

集 4197
王艮齋文集四卷詩集十卷
清王峻撰
清乾隆十八年(1753)玉照堂刻本
九行十九字　小字雙行二十九字　左右雙邊　黑口
17.3×13 釐米
浙圖

集 4198
貞一齋集十卷詩説一卷
清李重華撰
清乾隆(1736—1795)刻本

缺一卷　一
十行十九字　左右雙邊　白口
17.2×13.8 釐米
溫圖

集 4199
綘跗閣詩稿十一卷
清秀水諸錦撰
清乾隆二十七年(1762)刻本
十一行二十三字　左右雙邊　白口
18.7×13.5 釐米
嘉圖

集 4200
生香書屋文集四卷詩集七卷恩光集三卷
清陳浩撰
清刻本
九行十八字　左右雙邊　白口
17×13.5 釐米
浙圖

集 4201
賜書堂詩鈔八卷
清會稽周長發撰
清乾隆(1736—1795)刻本
十行二十一字　左右雙邊　白口
18.3×13.5 釐米
浙圖　溫圖　紹圖

集 4202
海珊詩鈔十一卷補遺二卷
清烏程嚴遂成撰
清乾隆(1736—1795)刻本
十行十一字　四周雙邊　白口
19.4×14 釐米
嘉圖

集 4203
明史雜詠四卷
清烏程嚴遂成撰
清乾隆(1736—1795)刻本
十行二十一字　四周雙邊　白口
18.3×13.9 釐米
浙圖　溫圖　海寧圖

集 4204
江聲草堂詩集八卷
清金志章撰
清乾隆十九年(1754)刻本
十一行二十二字　左右雙邊　白口
19.3×14.3 釐米
浙圖

集 4205
芝庭詩稿十五卷文稿八卷
清彭啓豐撰
清乾隆(1736—1795)增刻本
存文稿八卷
十行十九字　左右雙邊　白口
18×13.8 釐米
嘉圖

集 4206
芝庭先生集十八卷
清彭啓豐撰
清乾隆六十年(1795)彭紹升刻本
十行二十字　左右雙邊　粗黑口
18×13.6 釐米
嘉圖

集 4207
小山詩鈔十一卷
清鄒一桂撰
清乾隆三十五年(1770)刻本
九行二十一字　左右雙邊　黑口
16.9×13.1 釐米
天一閣

集 4208
種松園集十一卷補編一卷
清湯大坊撰

清乾隆(1736—1795)刻本
九行二十字　四周單邊　白口
19.5×12.5 釐米
浙圖

集 4209
南華山房詩鈔六卷賦一卷南華山人詩鈔十六卷
清張鵬翀撰
清乾隆(1736—1795)刻本
十一行二十一字　左右雙邊　白口
18.8×13.9 釐米
浙圖　溫圖 *

集 4210
石幢居士吟稿二卷
清錢塘梁詩正撰
附梁公墓誌銘一卷
清吳錫麒撰
稿本
浙圖

集 4211
春及堂詩集四十三卷
清倪國璉撰
清乾隆(1736—1795)刻本
十行二十一字　左右雙邊　白口
18.7×13.1 釐米
浙圖

集 4212
質園詩集三十二卷
清會稽商盤撰
清乾隆(1736—1795)刻本
十行二十一字　四周單邊　白口
19×14 釐米
紹圖　溫圖 *

集 4213
陳太僕詩草一卷
清陳兆崙撰
稿本　清陳桂生跋
浙圖

集 4214
夕陽書屋詩初編四卷
清程盛修撰
清乾隆三十八年(1773)刻本
十行十九字　左右雙邊　白口
17.8×12.4 釐米
浙圖　海寧圖

集 4215
墨汀文錄不分卷
清會稽徐廷槐撰
附錄一卷
清抄本
十行二十五字　無格
浙大

集 4216
墨汀文補抄不分卷
清會稽徐廷槐撰
清抄本
十行二十四字　無格
浙大

集 4217
匊芳園詩鈔八卷
清何夢瑤撰
清乾隆十七年(1752)崔錕士等刻本
缺一卷　八
十行十九字　左右雙邊　細黑口
17.5×13.3 釐米
浙圖

集 4218
蘿村詩選六卷
清暨陽余楙棅撰
清乾隆(1736—1795)刻本
十二行二十四字　四周單邊　白口

19.6×13.6 釐米
浙圖

集 4219
柳漁詩鈔十二卷
清錢塘張湄撰
清乾隆(1736—1795)刻本
九行二十一字　四周單邊　黑口
15.9×11 釐米
浙圖

集 4220
瀛壖百詠一卷
清錢塘張湄撰
清乾隆七年(1742)刻本
十行十九字　四周單邊　黑口
16.8×12.5 釐米
浙圖

集 4221
駪征集三卷
清夏之蓉撰
清乾隆十五年(1750)刻本
十行十九字　左右雙邊　白口
18.6×13.6 釐米
浙圖

集 4222
半舫齋編年詩二十卷
清夏之蓉撰
清乾隆三十六年(1771)刻本
缺四卷　十七至二十
十行二十一字　左右雙邊　白口
17.6×13.2 釐米
浙圖＊　溫圖＊

集 4223
半舫齋古文八卷
清夏之蓉撰　清戴祖啓批點
清乾隆三十六年(1771)刻本
十行二十一字　左右雙邊　黑口
16.5×12 釐米
浙圖

集 4224
秋水齋詩十五卷
清張映斗撰
清乾隆十八年(1753)張守約等刻本
十一行二十一字　四周單邊　黑口
19.2×14.3 釐米
浙圖

集 4225
張渠西先生遺稿不分卷
清平陽張南英撰
清孫氏玉海樓抄本
溫圖

集 4226
泰和袁西埜時文稿不分卷
清袁宗聖撰
清乾隆四十六年(1781)敦本堂刻本
九行二十五字　四周單邊　白口
18.7×12 釐米
浙圖

集 4227
弢甫集十四卷
清錢塘桑調元撰
旌門錄一卷
清乾隆七年(1742)蘭陔草堂刻本
存弢甫集十四卷
十一行二十字　四周單邊　白口
18.5×14.4 釐米
浙圖　嘉圖

集 4228
弢甫集十四卷文集三十卷續集二十卷
清錢塘桑調元撰
清乾隆(1736—1795)蘭陔草堂刻修汲堂

續刻本
溫圖

集 4229
弢甫五嶽集二十卷
清錢塘桑調元撰
清乾隆(1736—1795)修汲堂刻本
嵩山集古今體詩二卷
華山集古今體詩三卷
泰山集古今體詩三卷
衡山集古今體詩五卷
恒山集古今體詩七卷
十一行二十字　四周單邊　白口
18.5×13.9 釐米
浙圖　嘉圖

集 4230
洞庭集二卷閩嶠集二卷
清錢塘桑調元撰
清乾隆(1736—1795)修汲堂刻本
十一行二十字　左右雙邊間四周單邊　白口
18.4×13.7 釐米
天一閣

集 4231
夢堂詩稿十五卷
清英廉撰
清乾隆(1736—1795)延福刻本
十行二十二字　四周雙邊　白口
18×13 釐米
浙圖

集 4232
閒中草一卷續編一卷
清慈溪沈經撰
清刻本
九行二十字　四周雙邊　白口
18.7×11.5 釐米
浙圖

集 4233
磊園編年詩删不分卷
清徐嵩高撰
稿本　清朱天明、鄭羽逵、方萬里跋
八行二十六字　無格
天一閣

集 4234
烏灡軒文集二卷
清吳中衡撰
清雍正(1723—1735)刻本
十行十九字　四周單邊　黑口
17.8×13.5 釐米
紹圖

集 4235
靜便齋集十卷
清仁和王曾祥撰
清乾隆二十八年(1763)刻本
十行二十一字　四周單邊　白口
18.9×12.2 釐米
浙圖　溫圖

集 4236
鹿洲初集二十卷
清藍鼎元撰
清雍正(1723—1735)刻本
九行二十字　左右雙邊　白口
18.7×14.2 釐米
溫圖　寧圖

集 4237
小山詩文全稿二十卷
清王時翔撰
清乾隆十一年(1746)王景元刻本
存詩餘四卷
十一行二十一字　左右雙邊　白口
18×13.9 釐米
浙圖

集 4238
彝門詩存一卷
清臨海侯嘉繙撰
稿本　清汪度跋　清吳廷康題款
十行二十一字　無格
臨海博

集 4239
半船集一卷
清臨海侯嘉繙撰
清洪濟煊抄本　清臨海黄瑞跋
臨海博

集 4240
六湖先生遺集十二卷
清蕭山張文瑞撰
清乾隆九年(1744)張氏刻本
十行十九字　左右雙邊　白口
18.2×13.6 釐米
浙圖

集 4241
古民雜識不分卷
清錢塘陳梓撰
稿本
浙圖

集 4242
無悔齋集十五卷
清錢塘周京撰
附録一卷
清乾隆十七年(1752)刻本
十一行二十二字　左右雙邊　白口
19.3×14.1 釐米
浙圖　杭圖

集 4243
朱文端公集四卷
清朱軾撰
清乾隆(1736—1795)刻本
九行二十四字　四周單邊　白口
19.7×14.4 釐米
浙圖

集 4244
馮兼山文集一卷
清臨海馮大位撰
清抄本　清樓秉詡跋
浙圖

集 4245
璇璣碎錦二卷
清萬澍撰
清乾隆五年(1740)江氏栢香堂刻本
十二行二十八字　四周雙邊　白口
20.9×14.2 釐米
浙圖

集 4246
鹿峰草一卷
清釋□□撰
清抄本
浙圖

集 4247
疎村集五卷
清海寧陸攀堯撰
清乾隆(1736—1795)刻本
十行二十一字　左右雙邊　白口
18.2×13.5 釐米
浙圖

集 4248
東齋詩存一卷
清□□撰
稿本
浙圖

集 4249
四焉齋文集八卷詩集六卷
清曹一士撰

清乾隆十五年(1750)曹錫端刻本

梯仙閣餘課一卷

清陸鳳池撰

十行二十一字　左右雙邊　白口

18.4×13.6 釐米

浙圖＊　溫圖

集 4250

蘭玉堂詩集十二卷續集十一卷

清平湖張雲錦撰

清乾隆(1736—1795)刻本

九行十九字　四周單邊　黑口

17.6×13.2 釐米

浙圖

集 4251

間間廬詩稿八卷

清海昌朱達撰

清抄本　佚名跋

浙圖

集 4252

詠歸亭詩鈔八卷

清李果撰

清乾隆十七年(1752)養雲亭刻本

十行十九字　左右雙邊　白口

17.5×13.5 釐米

浙圖　嘉圖

集 4253

斫桂山房詩存六卷抱珠軒詩存六卷一瓢齋詩存六卷詩話一卷

清薛雪撰

清乾隆(1736—1795)埽葉村莊刻本

十一行二十字　左右雙邊　白口

19.1×14.8 釐米

浙圖

集 4254

積山先生遺集十卷

清汪惟憲撰

清乾隆三十八年(1773)汪新刻本

十二行二十三字　左右雙邊　白口

19.5×13.4 釐米

浙圖

集 4255

御風蟫吟錄二卷

清楊溎撰

稿本　清乾隆八年(1743)韓嶼跋

九行二十五字　四周回文花邊　白口

26.7×15.9 釐米

天一閣

集 4256

固哉草亭詩一卷

清高斌撰

清乾隆五年(1740)自刻本

九行二十一字　四周雙邊　白口

18.5×13.4 釐米

浙圖

集 4257

固哉草亭文集二卷補遺一卷詩集四卷

清高斌撰

清乾隆二十四年(1759)高恒刻本

九行二十字　左右雙邊　白口

24.2×16.5 釐米

杭博

集 4258

陶人心語五卷續選二卷可姬傳一卷

清唐英撰

清乾隆(1736—1795)古柏堂刻本

八行十四字　小字雙行二十七字　四周雙邊　白口

20.2×14.5 釐米

浙圖

集 4259

離垢集不分卷

清華嵒撰

手稿本
浙圖

集 4260
百一草堂集唐初刻二卷二刻二卷三刻二卷
清柴才撰
清乾隆二十五年(1760)百一草堂刻本
缺一卷　三刻下
十行十九字　四周單邊　白口
16.9×12.8 釐米
浙圖

集 4261
百一草堂附刻二編二卷集唐三刻二卷
清柴才撰
清乾隆三十二年(1767)刻本
十行十九字　四周單邊　白口
17×12.9 釐米
嘉圖

集 4262
九畹續集二卷
清劉紹攽撰
清乾隆(1736—1795)刻本
九行十九字　四周雙邊　白口
15.5×12 釐米
浙圖

集 4263
春暉堂詩鈔四卷賦鈔一卷
清王丕烈撰
存樸齋詩鈔二卷
清王芳撰
清乾隆(1736—1795)刻本
存春暉堂詩鈔四卷
十行十九字　左右雙邊　白口
16.5×12.6 釐米
浙圖

集 4264
愛日堂吟稾十三卷附稾二卷
清仁和趙昱撰
清乾隆(1736—1795)刻本
十一行二十二字　四周單邊　黑口
19×13.5 釐米
浙圖　溫圖

集 4265
翡翠蘭苕集五卷排悶集四卷
清金惟駿撰
清乾隆八年(1743)刻本
九行十九字　左右雙邊　黑口
17.7×12.6 釐米
浙圖

集 4266
眺秋樓詩八卷
清高岑撰
清乾隆二十二年(1757)刻本
九行十九字　左右雙邊　白口
17.5×13.1 釐米
浙圖

集 4267
雪聲軒詩集十二卷
清高綱撰
清雍正(1723—1735)刻本
九行二十一字　左右雙邊　白口
20×13.7 釐米
浙圖

集 4268
恒齋文集十二卷
清李文炤撰
清乾隆(1736—1795)四爲堂刻本
十行二十字　四周雙邊　黑口
18.2×12.7 釐米
浙圖　嘉圖

集 4269
秋聲館吟稿一卷
清符之恒撰
清乾隆四年(1739)報恩禪院刻本
九行十九字　左右雙邊　白口
17.8×12.9 釐米
浙圖

集 4270
力本文集十三卷
清馬榮祖撰
清乾隆十七年(1752)石蓮堂刻本〔卷一至六配清抄本〕
八行十九字　左右雙邊　白口
18.4×13.9 釐米
浙圖

集 4271
寓舟詩集八卷
清秀水沈青崖撰
清乾隆(1736—1795)刻本
十一行二十二字　四周單邊　白口
18.6×13.5 釐米
浙圖

集 4272
樂善堂全集四十卷目錄四卷
清高宗弘曆撰
清乾隆(1736—1795)蘇州刻本
七行十八字　四周單邊　白口
20.2×14 釐米
浙圖　寧圖　嘉圖

集 4273
樂善堂全集定本三十卷
清高宗弘曆撰
清乾隆二十四年(1759)內府刻本
九行十七字　四周雙邊　白口
20.3×14 釐米
溫圖　玉海樓*

集 4274
樂善堂全集定本三十卷
清高宗弘曆撰
清乾隆(1736—1795)刻本
九行十七字　四周雙邊　白口
20×14 釐米
浙圖

集 4275
御製樂善堂集四卷
清高宗弘曆撰　清姚培謙注
清乾隆六年(1741)刻本
七行十八字　小字雙行二十七字　四周雙邊　白口
16.5×12 釐米
浙圖

集 4276
御製詩初集四十四卷目錄四卷
清高宗弘曆撰
清乾隆十四年(1749)內府刻本
九行十七字　四周雙邊　白口
20.1×13.9 釐米
浙圖　杭圖　寧圖　溫圖*

集 4277
御製詩二集九十卷目錄十卷
清高宗弘曆撰
清乾隆四十一年(1776)內府刻本
九行十七字　四周雙邊　白口
20×13.9 釐米
溫圖　寧圖

集 4278
御製詩三集一百卷目錄十二卷
清高宗弘曆撰
清乾隆(1736—1795)浙江刻本
九行十九字　四周雙邊　白口
19.7×13.2 釐米
浙圖　溫圖

集 4279

御製詩五集一百卷目錄十二卷

清高宗弘曆撰

清乾隆六十年(1795)内府刻本

九行十七字　四周雙邊　白口

尺寸不一

浙圖

集 4280

御製文初集三十卷

清高宗弘曆撰

清乾隆二十八(1763)内府刻本

九行十七字　四周雙邊　白口

19.2×14 釐米

浙圖　溫圖

集 4281

御製文初集三十卷

清高宗弘曆撰

清乾隆(1736—1795)刻本

九行十七字　四周雙邊　白口

19.2×14 釐米

浙圖

集 4282

御製詩餘集二十卷目錄二卷

清高宗弘曆撰

清嘉慶(1796—1820)内府刻本

九行十七字　四周雙邊　白口

尺寸不一

浙圖

集 4283

御製文二集四十四卷目錄二卷三集十六卷目錄二卷

清高宗弘曆撰

清抄本

浙圖

集 4284

御製文餘集二卷

清高宗弘曆撰

清嘉慶五年(1800)内府刻本

九行十七字　四周雙邊　白口

19.6×14 釐米

浙圖

集 4285

御製擬白居易新樂府不分卷

清高宗弘曆撰

清乾隆(1736—1795)内府刻本

五行十字　四周綠花邊　白口

13.5×9.1 釐米

嘉圖

集 4286

御製盛京賦一卷

清高宗弘曆撰　清鄂爾泰等注

清乾隆(1736—1795)内府刻朱墨套印本

七行十八字　四周雙邊　白口

19.8×13.3 釐米

浙圖

集 4287

緗庵内集十六卷外集八卷

清劉綸撰

清乾隆(1736—1795)用拙堂刻本

十一行二十一字　左右雙邊　白口

18.2×14.2 釐米

浙圖

集 4288

全韻梅花詩一卷

清仁和杭世駿撰

手稿本

浙圖

集 4289

道古堂文集四十六卷詩集二十六卷

清仁和杭世駿撰

清乾隆四十一年(1776)刻本
十行二十一字　左右雙邊　白口
18.7×13.1 釐米
紹圖

集 4290
道古堂文集四十六卷詩集二十六卷
清仁和杭世駿撰
清乾隆五十七年(1792)杭賓仁刻本
十行二十一字　左右雙邊　白口
18.5×13.3 釐米
浙圖　溫圖　義烏圖

集 4291
道古堂詩集二十六卷
清仁和杭世駿撰
清乾隆(1736—1795)刻本
十行二十一字　左右雙邊　白口
18.3×13.5 釐米
浙圖　寧圖 *

集 4292
嶺南集八卷
清仁和杭世駿撰
清乾隆(1736—1795)刻本
十行十九字　小字雙行三十一字　左右雙邊　白口
18.1×14.3 釐米
浙圖　溫圖

集 4293
隱拙齋文鈔六卷附詞科試卷一卷
清仁和沈廷芳撰
清乾隆十九年(1754)刻本
十行十九字　四周雙邊　白口
17.2×13.6 釐米
浙圖

集 4294
隱拙齋集二十二卷
清仁和沈廷芳撰
清乾隆二十二年(1757)則經堂刻本
十行二十一字　左右雙邊　白口
18.4×13 釐米
浙圖

集 4295
瓊臺稿不分卷
清天台齊召南撰
手稿本
天台圖

集 4296
松嶺偶集一卷瑞竹堂詞一卷
清天台齊召南撰
稿本
臨海博

集 4297
賜硯堂詩稿不分卷
清天台齊召南撰
稿本
臨海博

集 4298
緝齋詩稿八卷文集八卷
清蔡新撰
首一卷附錄二卷
清乾隆(1736—1795)刻本
九行二十一字　左右雙邊　白口
19.7×13.2 釐米
浙圖

集 4299
南莊類稿八卷
清黄永年撰
清乾隆(1736—1795)刻本
十行十九字　左右雙邊　白口
19×13.4 釐米
浙圖

集 4300

奉使集一卷靜子日記一卷

清黄永年撰

清乾隆(1736—1795)集思堂刻本

十行十九字　左右雙邊　白口

19×13.3 釐米

玉海樓

集 4301

岣嶁删餘文草一卷

清曠敏本撰

清乾隆(1736—1795)定性山房刻本

十行二十一字　左右雙邊　黑口

18.1×12.4 釐米

浙圖

集 4302

重修濰縣城隍廟碑記一卷

清鄭燮撰

手稿本

浙圖

集 4303

板橋集詩鈔三卷家書一卷題畫一卷詞鈔一卷小唱一卷

清鄭燮撰

清乾隆十四年(1749)刻本

行數字數不一　左右雙邊　白口

16.5×13.4 釐米

溫圖　天一閣

集 4304

板橋集六編六卷

清鄭燮撰

清乾隆(1736—1795)清暉書屋刻本

十行十九字　左右雙邊　白口

15.2×12.6 釐米

浙圖　平湖圖

集 4305

金東山文集十二卷

清金門詔撰

清乾隆(1736—1795)刻本

十行二十二字　左右雙邊　白口　無邊欄

19.6×14 釐米

浙圖

集 4306

鮚埼亭集三十八卷

清鄞縣全祖望撰

全氏世譜一卷年譜一卷

清鄞縣董秉純撰

清嘉慶九年(1804)史夢蛟刻本

十行二十一字　左右雙邊　白口

18×13.4 釐米

天一閣

集 4307

鮚埼亭集三十八卷

清鄞縣全祖望撰

年譜一卷全氏世譜一卷

清鄞縣董秉純撰

清嘉慶九年(1804)史夢蛟刻本　清黄紹第録清歸安嚴元照批校並跋

溫圖

集 4308

鮚埼亭集三十八卷鮚埼集外編五十卷經史問答十卷

清鄞縣全祖望撰

年譜一卷全氏世譜一卷

清鄞縣董秉純等撰

清嘉慶九年(1804)史夢蛟刻同治十一年(1872)印本〔經史問答乾隆三十一年(1766)董秉醇刻本〕　清光緒二十年(1894)移蓀仲子録清歸安嚴元照批校並跋　海寧張宗祥録諸家批評

浙圖

集 4309

結埼亭集三十八卷結埼集外編五十卷經史問答十卷

清鄞縣全祖望撰

年譜一卷全氏世譜一卷

清鄞縣董秉純撰

清嘉慶九年(1804)史夢蛟刻同治十一年(1872)印本〔經史問答乾隆三十一年(1766)董秉醇刻本〕 余嘉錫録清海昌吴騫、歸安嚴元照、趙彦偁等家批校並跋

浙圖

集 4310

結埼亭集三十八卷結埼集外編五十卷經史問答十卷

清鄞縣全祖望撰

年譜一卷全氏世譜一卷

清鄞縣董秉純撰

清嘉慶九年(1804)史夢蛟刻同治十一年(1872)印本〔經史問答配乾隆三十一年(1766)董秉醇刻本〕 慈溪馮貞群批注並跋

天一閣

集 4311

結埼亭集三十八卷

清鄞縣全祖望撰

清抄本 清鄞縣蔣學鏞批校並跋

缺五卷 二十九至三十三

十行二十字 左右雙邊 白口

18.5×13.6 釐米

天一閣

集 4312

結埼亭集四十九卷

清鄞縣全祖望撰

抄本

存二十四卷 一至五 二十至三十八

天一閣

集 4313

結埼亭集二十二卷

清鄞縣全祖望撰

清抄本

十一行二十四字 無格

天一閣

集 4314

全謝山先生結埼亭集十六卷外編五十卷

清鄞縣全祖望撰

清鴻慶堂抄本

十行二十二字 四周雙邊 白口

20.3×15 釐米

天一閣

集 4315

全謝山先生結埼亭集外編五十二卷

清鄞縣全祖望撰

清抄本

十行二十一字 無格

天一閣

集 4316

結埼集外編五十二卷目録一卷

清鄞縣全祖望撰

清抄本

九行二十五字

寧圖

集 4317

全謝山先生結埼亭集文外五十卷

清鄞縣全祖望撰 清鄞縣董秉純輯

清抄本

浙圖

集 4318

結埼亭外編不分卷

清鄞縣全祖望撰

清抄本
九行二十字　無格
天一閣

清別集類

集 4319
鮚埼亭詩集十卷
清鄞縣全祖望撰
清抄本
十行二十二字　左右雙邊　白口
18.7×13.5 釐米
天一閣

集 4320
鮚埼亭詩集不分卷
清鄞縣全祖望撰
清抄本
天一閣

集 4321
勾餘土音三十二卷
清鄞縣全祖望撰　清陳銘海補注
清抄本　清蔡氏墨澥樓校
浙圖

集 4322
勾餘土音三十二卷
清鄞縣全祖望撰　清陳銘海補注
清抄本
浙圖

集 4323
勾餘土音三卷
清鄞縣全祖望撰
清抄本
浙圖

集 4324
勾餘土音三卷
清鄞縣全祖望撰
清抄本　清鄭喬遷跋
天一閣

集 4325
鮚埼亭題跋十卷
清鄞縣全祖望撰
清抄本
存七卷　一至七
十二行二十二字　無格
天一閣

集 4326
謝山雜著不分卷
清鄞縣全祖望撰
清乾隆四十六年(1781)全祖述抄本
天一閣

集 4327
謙齋詩稿二卷補遺一卷
清嘉善曹庭樞撰
清乾隆(1736—1795)刻本
十行二十一字　左右雙邊　黑口
17.5×12.1 釐米
浙圖

集 4328
澄碧齋詩抄十二卷別集二卷
清仁和錢琦撰
清乾隆(1736—1795)刻本
十一行二十一字　左右雙邊　白口
17.8×13 釐米
浙圖

集 4329
嘉樹樓詩鈔四卷
清諸暨余文儀撰
清乾隆三十九年(1774)刻本
十二行二十四字　左右雙邊　白口
19.1×13.7 釐米
浙圖*　溫圖　紹圖

集 4330
最樂堂文集六卷
清喬光烈撰
清乾隆二十一年(1756)刻本
九行十九字　左右雙邊　白口
17×13.4 釐米
浙圖

集 4331
樂賢堂詩鈔三卷
清德保撰
清乾隆五十六年(1791)英和刻本
九行十九字　四周單邊　白口
17.9×13.7 釐米
溫圖

集 4332
卓山詩集十六卷
清帥家相撰
清嘉慶二年(1797)賜書堂刻本
九行十八字　左右雙邊　白口
18.7×14 釐米
浙圖

集 4333
隨園詩稿不分卷
清錢塘袁枚撰
手稿本
浙圖

集 4334
小倉山房詩文集三十四卷補遺二卷
清錢塘袁枚撰
清乾隆(1736—1795)刻本
十一行二十一字　左右雙邊　白口
18.3×14.9 釐米
溫圖

集 4335
小倉山房文集三十五卷外集八卷
清錢塘袁枚撰
清乾隆三十四年(1769)刻本
十一行二十一字　左右雙邊　白口
18.7×15 釐米
諸暨圖　義烏圖 *

集 4336
袁文箋正十六卷補注一卷
清錢塘袁枚撰　清石韞玉箋
清嘉慶十七年(1812)鶴壽山堂刻本
十行二十字　小字雙行三十字　左右雙邊　白口
18.6×14 釐米
溫圖

集 4337
袁文箋正十六卷補注一卷
清錢塘袁枚撰　清石韞玉箋
清嘉慶十七年(1812)鶴壽山堂刻本　佚名批校
存十三卷　四至十六
浙圖

集 4338
雙柳軒文集一卷詩集一卷
清錢塘袁枚撰
清乾隆(1736—1795)刻本
九行二十一字　左右雙邊　黑口
18.5×13.8 釐米
杭圖

集 4339
隨園續同人集不分卷文類四卷
清錢塘袁枚撰
清乾隆五十五年(1790)小倉山房刻本
缺一卷　文類三
十一行二十一字　左右雙邊　白口
15.7×12.8 釐米
嵊州圖

集 4340

小倉山房尺牘六卷

清錢塘袁枚撰

清乾隆五十四年(1789)隨園刻本

十一行二十一字　左右雙邊　白口

16.7×13 釐米

寧圖

集 4341

竹嘯軒詩鈔十八卷

清沈德潛撰

清乾隆十六年(1751)刻本

缺九卷　五至十三

十行十九字　左右雙邊　白口

17.5×14 釐米

溫圖

集 4342

竹嘯軒詩鈔十八卷

清沈德潛撰

清乾隆(1736—1795)刻本

十行十九字　小字雙行二十八字　左右雙邊　黑口

17.6×13.9 釐米

浙圖

集 4343

一一齋詩十卷

清沈德潛撰

清刻本

九行十八字　左右雙邊　黑口

16.2×13 釐米

浙圖

集 4344

歸愚文鈔十二卷續十二卷詩鈔十四卷黄山遊草一卷台山遊草一卷南巡詩一卷

清沈德潛撰

清乾隆(1736—1795)教忠堂刻本

十行十九字　左右雙邊　白口　書口下鐫"教忠堂"

17.3×13.1 釐米

浙圖　紹圖

集 4345

沈歸愚詩文全集七十四卷

清沈德潛撰

清乾隆(1736—1795)教忠堂遞刻本

歸愚詩鈔二十卷

詩鈔餘集十卷

詩餘一卷

歸愚文鈔二十卷

文鈔餘集八卷

説詩晬語二卷

浙江通省志圖説一卷

歸田集一卷

投贈一卷

矢音集四卷

八秩壽序詩一卷

九秩壽序詩一卷

黄山遊草一卷

台山遊草一卷

南巡詩一卷

自訂年譜一卷

浙圖*　溫圖　嘉圖　海寧圖*　平湖圖*　天一閣

集 4346

歸愚文續十二卷

清沈德潛撰　清錢塘厲鶚評

清乾隆(1736—1795)刻本

十行十九字　左右雙邊　白口

17×13.8 釐米

紹圖

集 4347

南香草堂詩集四卷

清仁和梁啓心撰

清乾隆(1736—1795)刻本

十行十九字　左右雙邊　黑口

18.7×13.3 釐米

浙圖

集 4348

瓠息齋前集二十四卷

清烏程凌樹屏撰

清乾隆(1736—1795)刻本

十行十九字　左右雙邊　黑口

17.6×13.4 釐米

浙圖

集 4349

增訂今雨堂詩墨注四卷

清仁和金甡撰　清洪鍾注

清乾隆三十四年(1769)金氏刻本

九行二十一字　四周雙邊　白口

19.2×13 釐米

浙圖

集 4350

玉芝堂文集六卷

清邵齊燾撰

清乾隆(1736—1795)刻本

十行二十字　左右雙邊　白口

18×12.9 釐米

浙圖

集 4351

竇光鼐文稿一卷

清竇光鼐撰

清抄本

天一閣

集 4352

水南灌叟遺稿六卷

清羅暹春撰

清乾隆四十八年(1783)二畝園刻本

八行二十一字　左右雙邊　白口　版心下鐫"二畝園"

17.7×12.5 釐米

天一閣

集 4353

迂齋學古編四卷

清法坤宏撰

清乾隆三十九年(1774)刻本

十行十九字　左右雙邊　白口

17.3×14.1 釐米

浙圖

集 4354

鳴春小草七卷茶山詩鈔十一卷

清錢維城撰

清乾隆四十一年(1776)眉壽堂刻本

十一行二十一字　四周單邊　白口

18.4×14.6 釐米

浙圖

集 4355

香雪文鈔六卷

清曹學詩撰

清乾隆(1736—1795)刻本

九行二十一字　左右雙邊　黑口

17.7×13.5 釐米

浙圖

集 4356

香雪文鈔十二卷

清曹學詩撰

清乾隆十六年(1751)刻本

九行二十一字　左右雙邊　黑口

17.7×13.7 釐米

浙圖

集 4357

重鐫香雪文鈔十二卷

清曹學詩撰

清乾隆二十六年(1761)刻本

九行二十一字　左右雙邊　黑口

17.6×13.8 釐米

温圖

集 4358

侯鯖集十卷

清李友棠撰

清乾隆(1736—1795)趙氏靜香閣刻本

十行二十一字　四周雙邊　黑口

18.9×14.6 釐米

溫圖

集 4359

馮孟亭文集五卷

清桐鄉馮浩撰

清抄本

浙圖

集 4360

緑溪全集八卷

清靳榮藩撰

清乾隆四十二年(1777)刻本

存七卷

初稿一卷

緑溪詩四卷

詠史偶稿一卷

緑溪詞一卷

九行二十一字　四周雙邊　黑口

18×13.5 釐米

浙圖

集 4361

梅崖居士文集三十八卷外集二卷

清朱仕琇撰

清乾隆二十四年(1759)刻本

九行二十五字　左右雙邊　黑口

20×14.4 釐米

浙圖

集 4362

梅崖居士文集三十卷首一卷外集八卷

清朱仕琇撰

清乾隆四十七年(1782)刻本

九行二十五字　左右雙邊　黑口

19.5×14 釐米

浙圖　寧圖

集 4363

梅崖居士文集三十卷首一卷外集八卷

清朱仕琇撰

清乾隆四十七年(1782)刻道光四年(1824)增修本

溫圖

集 4364

緑筠書屋詩鈔十八卷

清葉觀國撰

清乾隆五十七年(1792)刻本

十行二十一字　左右雙邊　白口

17.5×12.4 釐米

浙圖

集 4365

畬經堂文集八卷詩集六卷詩續集四卷

清朱景英撰

清乾隆(1736—1795)刻本

存詩集六卷

十一行二十一字　左右雙邊　白口

18.3×14.4 釐米

溫圖

集 4366

撵石齋詩集五十卷

清秀水錢載撰

清乾隆(1736—1795)刻本

十二行二十三字　小字雙行三十四字　左右雙邊　白口

20.1×14.4 釐米

浙圖　溫圖　嘉圖　諸暨圖

集 4367

十誦齋集六卷

清錢塘周天度撰

清乾隆四十八年(1783)刻本

十行二十一字　四周單邊　白口

18.8×13.8 釐米

浙圖

集 4368

清獻堂集十卷

清仁和趙佑撰

清刻本

九行二十字　左右雙邊　白口

19.9×13.2 釐米

溫圖

集 4369

梁山舟詩二卷

清錢塘梁同書撰

手稿本

浙圖

集 4370

梁山舟學士書集杜詩長卷一卷

清錢塘梁同書書

稿本　康有爲、鄞縣沙孟海等跋

杭圖

集 4371

癸卯入闈記一卷附書畫詩蔘石研屏歌一卷

清翁方綱撰

稿本

浙圖

集 4372

七言律詩鈔十八卷

清翁方綱撰

清乾隆四十七年(1782)復初齋刻本

九行二十一字　左右雙邊　粗黑口

20×15.5 釐米

嘉圖

集 4373

復初齋詩集七十卷

清翁方綱撰

清嘉慶(1796—1820)刻本　繆荃孫跋

缺八卷　六十三至七十

十一行二十一字　左右雙邊　白口

16.9×13.2 釐米

杭圖

集 4374

復初齋集外詩二十四卷

清翁方綱撰

清雲自在龕抄本　繆九疇校

浙圖

集 4375

復初齋文集三十五卷翁氏家事略記一卷

清翁方綱撰

清抄本　佚名校

浙圖

集 4376

小石帆著錄六卷

清翁方綱撰

清乾隆五十七年(1792)刻本

十行二十字　左右雙邊　白口

21×15.4 釐米

溫圖

集 4377

儷紫軒偶存不分卷

清萬廷蘭撰

清乾隆(1736—1795)刻本

十二行二十三字　四周單邊　白口

18.9×14.1 釐米

浙圖

集 4378

聽鍾山房集二十卷

清嘉善謝墉撰

清抄本

浙圖

集 4379

東墅存稿不分卷東墅少作一卷

清嘉善謝墉撰

清乾隆(1736—1795)刻本

九行二十五字　左右雙邊　白口

18.7×11.1 釐米

浙圖

集 4380

春雨詩鈔四卷

清錢塘黄大齡撰

清刻本

十行十九字　左右雙邊　白口

16.9×12 釐米

浙圖

集 4381

響泉集三十卷

清顧光旭撰

清乾隆四十年(1775)刻五十七年(1792)增刻本

十行十九字　左右雙邊　白口

17.4×13.6 釐米

嘉圖

集 4382

蓉林筆鈔四卷

清何子祥撰

清乾隆二十八年(1763)刻本

十行二十字　四周雙邊　白口

18.3×13.1 釐米

溫圖

集 4383

桐石草堂集九卷

清秀水汪仲鈖撰

清乾隆(1736—1795)刻本

十二行二十三字　四周單邊　白口

19.3×13.4 釐米

浙圖　嘉圖

集 4384

西莊始存稿三十九卷

清王鳴盛撰

清乾隆三十年(1765)自刻本

存十八卷　一至十八

十行十九字　左右雙邊　白口

18.5×14.3 釐米

浙圖

集 4385

紀曉嵐先生試帖詩鈔二卷

清紀昀撰

清清遠書樓抄本

浙圖

集 4386

古趣亭未定草七卷

清會稽范家相撰

稿本

天一閣

集 4387

古趣亭文集十四卷

清會稽范家相撰

稿本

存八卷　一至二　六至八　十　十三至十四

浙圖

集 4388

濟麓齋詩稿不分卷

清余永森撰

稿本

十行二十字　無格

玉海樓

集 4389

松靄詩稿九卷

清海寧周春撰

清抄本

海寧圖

集 4390

丁辛老屋集二十卷

清王又曾撰

清乾隆四十年(1775)刻本

十一行二十二字　左右雙邊　白口

20.2×13.4 釐米

溫圖

集 4391

春及堂初集一卷二集一卷三集一卷四集一卷蘭叢詩話一卷

清方世舉撰

南堂詩鈔一卷

清方世泰撰

清乾隆(1736—1795)方觀承刻本

十行十九字　小字雙行不一　左右雙邊　白口

18.7×14 釐米

浙圖

集 4392

江上怡雲集八卷

清丁廷彥撰

清乾隆(1736—1795)江上草堂刻本

十行十九字　左右雙邊　白口

17.3×12.6 釐米

浙圖

集 4393

强恕齋詩鈔四卷

清秀水張庚撰

清乾隆十七年(1752)刻本

十行二十一字　四周單邊　黑口

18.5×12.5 釐米

浙圖

集 4394

强恕齋文鈔五卷

清秀水張庚撰

拜魁紀公齋抄本

浙圖

集 4395

巢林集七卷

清汪士慎撰

清乾隆九年(1744)刻道光(1821—1850)金楷印本

十行十九字　小字雙行不一　左右雙邊　細黑口

16.2×11.5 釐米

浙圖

集 4396

睫巢集六卷

清李鍇撰

清乾隆六年(1741)洪肇楙刻本

十行二十一字　左右雙邊　白口

19.1×13.5 釐米

浙圖

集 4397

焦明詩不分卷

清李鍇撰

清抄本　清陳古銘、謝雪漁批校　慈溪馮貞群跋

十行二十七字　無格

天一閣

集 4398

冬心先生集四卷

清錢塘金農撰

清雍正十一年(1733)廣陵般若庵刻本

十行十八字　左右雙邊　白口

20.1×12.8 釐米

浙圖　浙博　天一閣

集 4399

冬心先生集四卷續集不分卷

清錢塘金農撰

清戴熙抄本
十行十八字　四周單邊　黑口
12.7×9.8 釐米
浙大

集 4400
沙河逸老小稿六卷嶰谷詞一卷
清馬曰琯撰
清乾隆二十三年(1758)馬曰璐刻本
十行十九字　四周單邊　白口
17.8×12.6 釐米
浙圖

集 4401
春鳧小稿十二卷
清錢塘符曾撰
清乾隆(1736—1795)刻本
缺一卷　十二
十行二十一字　左右雙邊　白口
19×13.1 釐米
浙圖

集 4402
于役河干稿八卷
清錢塘符曾撰
清乾隆(1736—1795)刻本
十行二十一字　四周單邊　白口
19.2×13.2 釐米
浙圖

集 4403
雲溪文集五卷首一卷
清儲掌文撰　清潘永季、任道南評
清乾隆三十六年(1771)儲氏在陸草堂刻本
九行二十二字　左右雙邊　黑口
18.6×14.1 釐米
浙圖

集 4404
青嶁遺稿二卷
清盛錦撰
清抄本
浙圖

集 4405
谿音十卷
清朱仕玠撰
清乾隆(1736—1795)刻本
十行十九字　左右雙邊　黑口
16.9×13.9 釐米
浙圖

集 4406
澄秋閣集四卷二集四卷三集四卷
清閔華撰
清乾隆十七年(1752)自刻本
十行十九字　小字雙行十九或二十八字　左右雙邊　白口
16.9×12.4 釐米
浙圖

集 4407
孟晉齋詩集二十四卷
清錢塘陳章撰
清乾隆(1736—1795)刻本
十行二十一字　四周單邊　黑口
17.9×12.6 釐米
浙圖

集 4408
蘇門山人詩鈔三卷
清張符升撰
清乾隆五十六年(1791)寄雲書屋刻本
九行十九字　左右雙邊　黑口
17.9×13.8 釐米
浙圖　溫圖

集 4409

柳洲遺藁二卷

清錢塘魏之琇撰

清乾隆(1736—1795)刻本

十二行二十四字　四周單邊　白口

19.5×13 釐米

浙圖

集 4410

古香堂詩稿八卷

清楊大琛撰

清乾隆(1736—1795)刻本

十行十九字　左右雙邊　白口

18×12.9 釐米

浙圖

集 4411

南坪詩鈔八卷

清張學舉撰

清乾隆(1736—1795)刻本

八行十九字　左右雙邊　白口

20.5×12.8 釐米

浙圖

集 4412

南坪詩鈔十四卷

清張學舉撰

清乾隆二十二年(1757)希賢堂刻本

十行十九字　左右雙邊　白口

16.6×13.8 釐米

浙圖

集 4413

木鳶集五卷

清朱受新撰

清乾隆(1736—1795)刻本

十行十九字　左右雙邊　白口

17.3×13.8 釐米

浙圖

集 4414

補瓢存稿六卷

清韓騏撰

清乾隆二十三年(1758)南蔭書屋刻本

八行十八字　左右雙邊　白口

16.8×11.9 釐米

浙圖　天一閣

集 4415

松桂讀書堂集十五卷

清姚培謙撰

清乾隆(1736—1795)刻本

存詩集八卷

十行十九字　左右雙邊　黑口

15.2×11.4 釐米

天一閣

集 4416

丁隱君手蹟詩稿一卷詩翰一卷

清錢塘丁敬撰

清乾隆二十九年(1764)手稿本

西泠印社

集 4417

硯林詩集四卷

清錢塘丁敬撰

清嘉慶(1796—1820)愛日軒刻本　錢塘丁輔之校並跋

十一行二十二字　左右雙邊　白口

16.8×14 釐米

浙圖

集 4418

陶陶軒詩稿十二卷

清鄞縣史榮撰

清嘉慶十四年(1809)陳權綠字山房抄本

竹西集二卷

竹西後集一卷

吾悔集一卷

會吟集一卷

會吟後集一卷
揮杯集一卷
岐亭詩韻唱和集一卷
清溪倦遊集一卷
讁讁集二卷
嚶其集一卷
九行二十二字　四周單邊　白口
24.4×17.4 釐米
天一閣

集 4419
陶陶軒詩稿十卷
清鄞縣史榮撰
清林璋風荷書屋抄本
竹西集一卷
竹西後集一卷
吾悔集一卷
會吟集一卷
岐亭集一卷
讁讁集一卷
揮杯集一卷
清溪倦游集一卷
嚶其集一卷
嚶其後集一卷
十行二十三字　無格
天一閣

集 4420
陶陶軒詩稿十卷
清鄞縣史榮撰
清雲溪抄本　題清蹇叟跋
存三卷
竹西後集一卷
會吟集一卷
岐亭詩一卷
九行二十二字　無格
天一閣

集 4421
排山小集八卷續集十二卷後集六卷
清錢塘朱楓撰
遺詩鈔一卷
清趙以文撰
青岑遺稿一卷
清朱棆撰
清乾隆(1736—1795)刻本
十行十九字　左右雙邊　白口
16.8×13.5 釐米
嘉圖

集 4422
吹萬閣詩鈔七卷
清顧詒祿撰
清乾隆(1736—1795)刻本　清南軒批校
缺一卷　七
十行二十一字　左右雙邊　白口
18.5×13.3 釐米
天一閣

集 4423
海峰文集八卷
清劉大櫆撰
清乾隆(1736—1795)醒園刻本
缺一卷　五
九行十九字　左右雙邊　白口
17.1×12.3 釐米
溫圖

集 4424
學福齋文集二十卷詩集三十七卷首一卷
清沈大成撰
清乾隆(1736—1795)刻本
十行二十一字　左右雙邊　黑口
16.7×12.6 釐米
浙大

集 4425
産鶴亭詩十一卷
清嘉善曹庭棟撰
清乾隆(1736—1795)刻本
十行二十一字　左右雙邊　黑口

17.3×12.2 釐米
浙圖

集 4426
幽貞實錄八卷
清黄圖珌、計雪香撰
清乾隆(1736—1795)刻本
十行十九字 左右雙邊 黑口
17.4×12.7 釐米
浙圖

集 4427
浣桐詩鈔六卷
清朱一蜚撰
清乾隆二十四年(1759)朱錦昌刻本
十行十九字 左右雙邊 黑口
16.3×11.9 釐米
浙圖

集 4428
好山詩四卷
清山陰吴修齡撰
清乾隆(1736—1795)刻本
十行十九字 左右雙邊 白口
16.8×12 釐米
浙圖 溫圖

集 4429
十笏齋詩八卷
清苕溪沈世楓撰
清乾隆三十年(1765)刻本
九行十九字 小字雙行二十九字 左右雙邊 白口
17.8×12.9 釐米
浙圖

集 4430
南漪先生遺集四卷
清仁和張熷撰
清乾隆(1736—1795)刻本 清鄞縣徐時棟跋
十行十九字 左右雙邊 白口
18.4×13.7 釐米
天一閣

集 4431
一葉齋詩鈔不分卷
清張藻撰
稿本
十行二十字 左右雙邊 白口
臨海博

集 4432
培遠堂詩集四卷
清張藻撰
清乾隆(1736—1795)刻本
十行十九字 左右雙邊 白口
17.7×14 釐米
溫圖

集 4433
丹橘林詩二卷
清吴楷撰
清乾隆(1736—1795)刻本
九行十九字 左右雙邊 細黑口
16.2×11.6 釐米
浙圖

集 4434
樸庭詩藁六卷
清吴爚文撰
清乾隆(1736—1795)刻本
十行十九字 四周單邊 白口
17.2×13 釐米
浙圖

集 4435
槐塘詩稿十六卷文稿四卷
清錢塘汪沆撰
清乾隆五十一年(1786)刻本

十行二十一字　左右雙邊　白口

18.6×14 釐米

浙圖

集 4436

柘坡居士集十二卷

清秀水萬光泰撰

清乾隆二十一年(1756)汪孟鋗刻本

十行二十三字　四周單邊　白口

19.4×13.5 釐米

浙圖

集 4437

雪莊漁唱一卷

清海寧許承祖撰

題詞一卷

清乾隆(1736—1795)刻本

九行二十一字　左右雙邊　黑口

16.8×11 釐米

浙圖

集 4438

芳蓀書屋存稿四卷制藝一卷

清吳瑛撰

清乾隆十八年(1753)刻本

八行二十字　左右雙邊　白口

20×12.7 釐米

溫圖

集 4439

萬壽衢歌樂章六卷

清彭元瑞等撰

清乾隆(1736—1795)武英殿活字朱墨套印本

十一行二十五字　四周雙邊　白口

19×12.8 釐米

浙圖

集 4440

恩餘堂經進初藁十二卷續藁二十二卷三藁十一卷策問存課二卷知聖道齋讀書跋尾二卷

清彭元瑞撰

清乾隆(1736—1795)刻本

八行十九字　四周雙邊　白口

22×14.9 釐米

溫圖

集 4441

忠雅堂詩集二十七卷補遺二卷銅弦詞二卷南北曲一卷

清蔣士銓撰

清乾隆(1736—1795)紅杏山房刻本

十二行二十四字　左右雙邊　黑口

21.5×15.4 釐米

溫圖

集 4442

爽籟山房集二卷

清仁和程之章撰

清乾隆二十四年(1759)自刻本

九行十九字　四周單邊　白口

18.4×13.3 釐米

浙大

集 4443

黄琢山房集十卷

清會稽吳璜撰

清乾隆四十二年(1777)刻本

十二行二十三字　左右雙邊　白口

18.8×13.7 釐米

浙圖

集 4444

勃海吟一卷

清仁和成城撰

清乾隆十六年(1751)刻本

十行十九字　四周單邊　白口

17.8×13.6 釐米
浙圖

集 4445
甌北詩鈔十三卷
清趙翼撰
清乾隆(1736—1795)刻本
十行二十一字　四周單邊　白口
18.3×13.5 釐米
浙圖

集 4446
測海集六卷
清彭紹升撰
清嘉慶二十四年(1819)刻本
十一行二十三字　左右雙邊　白口
18.9×14.1 釐米
溫圖

集 4447
樹經堂詠史詩集注八卷
清謝啓昆撰　清沈蘭徵注
清宣統三年(1911)聯唫草閣抄本
八行二十一字　四周單邊　白口
16.1×9.7 釐米
浙大

集 4448
香亭文稿十二卷
清吳玉綸撰
清乾隆六十年(1795)滋德堂刻本
九行二十一字　四周雙邊　白口
19.7×14.7 釐米
浙圖

集 4449
香聞遺集四卷
清薛起鳳撰
清乾隆三十九年(1774)刻本
十行十九字　左右雙邊　白口
18×13.7 釐米
浙圖

集 4450
荷塘詩集十六卷
清張五典撰
清乾隆(1736—1795)刻本
存十二卷　一至十二
九行十九字　左右雙邊　黑口
17.4×12.9 釐米
浙圖

集 4451
蘭韻堂詩集八卷
清平湖沈初撰
清乾隆(1736—1795)刻本
十行十九字　左右雙邊　白口
17.5×12.7 釐米
浙圖

集 4452
蘭韻堂御覽詩六卷經進文稿二卷詩集十二卷續集一卷文集五卷續集一卷西清筆記二卷
清平湖沈初撰
清乾隆至嘉慶(1736—1820)刻本
十行十九字　左右雙邊　白口
18.9×13.3 釐米
溫圖　平湖圖*

集 4453
悦親樓詩集三十卷
清海寧祝德麟撰
稿本　清張興載題款
十行二十一字　四周單邊　白口
19.7×13.4 釐米
杭圖

集 4454
悦親樓詩集三十卷
清海寧祝德麟撰

清嘉慶三年(1797)刻本　題清果山批校
十一行二十一字　四周單邊　白口
18.9×13.5 釐米
浙圖

集 4455
悦親樓賡雲集四卷
清海寧祝德麟撰
清乾隆四十一年(1776)刻本
十行二十一字　左右雙邊　白口
20×13.5 釐米
浙圖

集 4456
雨峰詩鈔不分卷
清齊翀撰
清乾隆(1736—1795)婺源齊學裘刻本
十行二十一字　四周雙邊　白口
17.1×11.5 釐米
浙圖

集 4457
白華前稿六十卷
清吳省欽撰
清乾隆(1736—1795)刻本
十行二十一字　左右雙邊　白口
17.9×13.2 釐米
浙圖　嘉圖　玉海樓

集 4458
白華前稿六十卷後稿四十卷年譜一卷
清吳省欽撰
清乾隆至嘉慶(1736—1820)刻本
十行二十一字　左右雙邊　白口
17.9×13.2 釐米
浙圖

集 4459
姚姬傳詩一卷
清姚鼐撰
稿本　清吳鼐等跋
浙圖

集 4460
紅豆村人詩稿十四卷
清錢塘袁樹撰
附素文女子遺稿一卷
清錢塘袁機撰
清乾隆(1736—1795)刻本
十一行二十一字　左右雙邊　白口
18.4×14.2 釐米
浙圖

集 4461
大雅堂初稿十五卷
清鄒方鍔撰
清乾隆二十七年(1762)刻本
十行十九字　左右雙邊　細黑口
17.3×13.5 釐米
浙圖

集 4462
大雅堂初稿文八卷補編一卷詩六卷續稿文八卷補編一卷詩十卷半谷居詩話二卷
清鄒方鍔撰
清乾隆(1736—1795)刻本
十行十九字　左右雙邊　細黑口
17.8×13.5 釐米
天一閣

集 4463
播琴堂詩集十二卷文集六卷
清金學詩撰
清乾隆(1736—1795)刻本
存十卷　詩集一至十
十行二十一字　左右雙邊　白口
15.7×11.8 釐米
浙圖

集 4464

海愚詩鈔十二卷

清朱孝純撰

清乾隆五十九年(1794)刻本

十行二十一字　左右雙邊　白口

17.9×12.6 釐米

浙圖

集 4465

冷香山館未定稿六卷詩鈔一卷

清王金英撰

清乾隆三十八年(1773)刻本

十行十九字　左右雙邊　白口

17.8×13.4 釐米

浙圖

集 4466

頤綵堂文集十六卷劒舟律賦二卷

清秀水沈叔埏撰

清乾隆(1736—1795)刻本

十行二十二字　四周雙邊　白口

19.2×13.2 釐米

浙圖

集 4467

雨春軒詩草十卷經進詩一卷

清姚頤撰

清乾隆(1736—1795)刻本

八行十七字　四周雙邊　白口

16.9×13 釐米

浙圖

集 4468

松厓詩鈔三十二卷

清管幹珍撰

清乾隆(1736—1795)大觀樓刻本

九行二十一字　四周雙邊　白口

19.6×14.1 釐米

嘉圖

集 4469

笠亭詩集十二卷

清海鹽朱琰撰

清乾隆三十八年(1773)樊桐山房刻本

十一行二十一字　左右雙邊　黑口

17.7×13.7 釐米

溫圖

集 4470

臺山文稿一卷

清羅有高撰

清抄本　清鄞縣徐時棟跋

天一閣

集 4471

竹葉庵文集三十三卷

清張塤撰

清乾隆五十一年(1786)自刻本

十二行二十四字　小字雙行三十六字　四周單邊　黑口

20.9×15.2 釐米

浙圖

集 4472

山木居士外集四卷

清魯仕驥撰

清乾隆四十七年(1782)刻五十五年(1790)增刻本

九行二十五字　左右雙邊　黑口

19×14.2 釐米

浙圖　溫圖

集 4473

山木居士外集四卷

清魯仕驥撰

清乾隆四十七年(1782)刻五十五年(1790)增刻嘉慶二年(1797)重修本　清潘蘭生跋

諸暨圖

集 4474

惜分軒詩鈔四卷

清顧葵撰

清乾隆(1736—1795)刻本

六行二十字　四周單邊　白口

19.6×11.3 釐米

浙圖

集 4475

西藏賦一卷

清和寧撰

清嘉慶二年(1797)刻本

八行二十字　四周雙邊　白口

21.3×15.5 釐米

玉海樓

集 4476

西藏賦一卷

清和寧撰

清抄本

浙圖

集 4477

惜分陰齋詩鈔十六卷

清李桑撰

清乾隆(1736—1795)刻本

八行十九字　四周雙邊　白口

19.1×13.1 釐米

溫圖

集 4478

龍莊先生詩稿不分卷

清蕭山汪輝祖撰

稿本　清王暐昌跋

浙圖

集 4479

采蘭堂詩文稿不分卷

清谷際岐撰

稿本

天一閣

集 4480

戴東原集十二卷

清戴震撰

覆校札記一卷

清段玉裁撰

清乾隆五十七年(1792)段氏經韻樓刻本

十行二十一字　左右雙邊　白口

18.3×13.1 釐米

溫圖　平湖圖

集 4481

有正味齋駢體文箋註九卷

清吳錫麟撰　清趙炳煃箋注

稿本

浙圖

集 4482

碧山棲詩稿三卷

清仁和孫傳曾撰

稿本　清錢塘丁丙跋

浙圖

集 4483

窺園吟藁二卷江上吟一卷

清喬億撰

清乾隆(1736—1795)刻本

十行十九字　左右雙邊　黑口

17.6×14.1 釐米

浙圖

集 4484

小獨秀齋詩二卷補遺一卷

清喬億撰

附錄一卷

清乾隆六年(1741)刻本

十行十九字　左右雙邊　白口

17.8×14.3 釐米

浙圖

集 4485

玉亭集十四卷雜説一卷

清檇李吳高增撰

清乾隆(1736—1795)刻本

九行二十字　左右雙邊　白口

18.2×12.8 釐米

滙圖　嘉圖

集 4486

寶閑堂集四卷詞一卷

清張四科撰

清乾隆(1736—1795)刻本

十行十九字　小字雙行十九或二十八字　左右雙邊　白口

18.5×14 釐米

浙圖

集 4487

庚寅詩稿不分卷

清孫世儀撰

稿本

十行十八字　四周雙邊　白口

19.2×13.4 釐米

天一閣

集 4488

萬吹樓詩稿不分卷

清胡蔚撰

稿本

浙圖

集 4489

淇竹山房集十卷

清吳應蓮撰

清乾隆六年(1741)刻本

九行二十字　左右雙邊　黑口

18.4×13 釐米

浙圖

集 4490

蘧廬生詩稿一卷

清申發詳撰

稿本　清董炆跋

浙圖

集 4491

古鹽官曲一卷

清海昌查岐昌撰

清王堉抄本

十一行二十六字　無格

海寧圖

集 4492

古鹽官曲一卷

清海昌查岐昌撰

清宣統二年(1910)抄本　海寧管元耀跋

十行二十字　無格

餘杭圖

集 4493

晦堂詩稿二卷

清嘉興許燦撰

稿本

浙圖

集 4494

銅鼓書堂遺稿三十二卷

清查禮撰

清乾隆五十三年(1788)查淳刻本

十二行二十二字　左右雙邊　白口

19.5×14.3 釐米

浙圖

集 4495

詩飄八卷

清書諴撰　清書達輯

清抄本

九行二十二字　無格

浙大

集 4496

陶篁村詩文稿不分卷

清會稽陶元藻撰

稿本　清光緒七年(1881)樊增祥跋

浙圖

集 4497

樓居小草一卷

清錢塘袁杼撰

清抄本

浙圖

集 4498

秋蟲吟一卷

清會稽童鈺撰　清王定勳注

清乾隆二十六年(1761)王定勳一野園刻本

九行十九字　四周單邊　白口

17.4×12.8 釐米

浙圖

集 4499

二樹詩略五卷

清會稽童鈺撰　清盧世昌批點　清團昇、嘉興許燦參評

清乾隆(1736—1795)王定勳一野園刻本

九行十九字　四周單邊　白口

17.4×12.8 釐米

浙圖

集 4500

璞巘詩鈔二卷

清會稽童鈺撰

清乾隆(1736—1795)刻本

十行十九字　左右雙邊　白口

16.6×12.6 釐米

浙圖

集 4501

二樹山人寫梅歌一卷續編一卷

清會稽童鈺撰　清蘇如溱評點

清乾隆(1736—1795)刻本

十一行十九字　四周單邊　黑口

17.2×12.8 釐米

浙圖　溫圖

集 4502

借庵詩一卷

清會稽童鈺撰

清乾隆十八年(1753)刻本

九行十九字　四周單邊　白口

16.5×11.5 釐米

上虞圖

集 4503

梅花百詠一卷

清會稽童鈺撰

清抄本

浙圖

集 4504

疏影樓題畫詩不分卷

清會稽童鈺撰

清宣統管元耀抄本　海寧管元耀跋

浙圖

集 4505

補刻摘句圖詩一卷

清會稽童鈺撰　清盧世昌批點

清壺隱居抄本

浙圖

集 4506

芝峰集一卷

清釋宗輝撰

清乾隆(1736—1795)刻本

九行十九字　四周單邊　白口

16.8×11.8 釐米

浙圖

集 4507

瑤華道人詩稿不分卷

清弘旿撰

稿本

溫圖

集 4508

瑤華道人詩稿二十八卷

清弘旿撰

稿本

六行十八至二十字　無格

溫圖

集 4509

水明山樓集四卷

清釋實懿撰

清乾隆(1736—1795)刻本

九行二十一字　左右雙邊　白口

18.5×12.7 釐米

浙圖

集 4510

𡟗隅集十卷

清趙文哲撰

清乾隆五十四年(1789)刻本

十行二十一字　左右雙邊　白口

17.5×13.7 釐米

浙圖

集 4511

守坡居士詩集十二卷

清宫去矜撰

清乾隆(1736—1795)頤志堂刻本

十行十九字　左右雙邊　白口

16.8×13.1 釐米

浙圖

集 4512

切問齋集十六卷

清陸燿撰

清乾隆五十七年(1792)暉吉堂刻本

九行二十字　左右雙邊　白口

19.7×14 釐米

浙圖

集 4513

浣青詩草八卷續草一卷

清錢孟鈿撰

清乾隆(1736—1795)刻本

九行二十字　四周單邊　白口

18×12.7 釐米

浙圖

集 4514

西溪詩存一卷

清釋觀我撰

清乾隆三十七年(1772)刻本

八行十九字　左右雙邊　黑口

18×12.6 釐米

天一閣

集 4515

聽月樓遺草二卷

清汪韞玉撰

清乾隆四十七年(1782)刻本

九行十九字　左右雙邊　白口

18.2×12.9 釐米

浙圖

集 4516

穫經堂初藁八卷

清汪浩撰

清乾隆六十年(1795)刻本

十行二十一字　左右雙邊　黑口

18.1×14.1 釐米

寧圖

集 4517

進士杜公詩稿一卷

清會稽杜堮撰

清紅遠書屋抄本

浙圖

集 4518

述職吟二卷

清劉秉恬撰

清乾隆四十九年(1784)刻本

八行十七字　四周雙邊　白口

20.3×11.8 釐米

浙圖

集 4519

鹿山老屋詩集十六卷

清錢世錫撰

清乾隆(1736—1795)刻本

十二行二十三字　小字雙行三十四字　左右雙邊　白口

19.6×14.6 釐米

浙圖

集 4520

春星草堂詩稿八卷

清海鹽吳熙撰

清乾隆(1736—1795)刻本

十一行二十一字　左右雙邊　黑口

17.8×11.8 釐米

浙圖

集 4521

學古集四卷詩論一卷牧牛村舍外集四卷

清仁和宋大樽撰

清嘉慶(1796—1820)刻本

缺外集四卷

九行十八字　左右雙邊　白口

17.2×13.3 釐米

溫圖

集 4522

蘆艇詩存一卷

清程昌期撰

稿本　許承堯、李佩秋跋

浙圖

集 4523

蘭陔詩集二卷

清海昌周大業撰

清乾隆五十五年(1790)抄本　清海寧周廣業校並跋

海寧圖

集 4524

蘭陔詩集四卷

清海昌周大業撰

清抄本　清道光二年(1822)海昌張駿跋　夏定域録清海寧周廣業校並跋

浙圖

集 4525

半山吟一卷

清海昌周大業撰

續半山吟一卷

清海寧周廣業撰

清嘉慶二十三年(1818)種松書塾抄本

十行二十字　左右雙邊　白口

17.5×13.5 釐米

天一閣

集 4526

蓬廬文鈔八卷

清海寧周廣業撰

清抄本

浙圖

集 4527

葉栗垞詩稿一卷

清東陽葉蓁撰

清抄本

九行二十一字　左右雙邊　白口
19.2×14.3 釐米
杭圖

集 4528
臨川集唐一卷
清柴杰撰
邗江雜誌詩餘不分卷
清柴才撰
清道光二十九年(1849)抄本
桐廬圖

集 4529
文選樓詩草一卷
清阮元撰
稿本　清朱爲弼跋
浙圖

集 4530
恭祝任母馬太安人八十壽序文一卷
清阮元撰
清泥金寫本
嵊州圖

集 4531
來鵠山房詩集二卷
清錢塘張炳撰
清張蔭樾抄本
浙圖

集 4532
還雲堂山臞公詩草不分卷
清會稽姚杰撰
清抄本
浙圖

集 4533
二研齋遺稿四卷
清餘姚諸重光撰
清乾隆五十三年(1788)刻本
存二卷　甲　乙
十一行二十一字　左右雙邊　白口
17.4×12.5 釐米
浙圖

集 4534
二研齋遺稿二卷
清餘姚諸重光撰
清抄本
浙圖

集 4535
楞伽山人近稿一卷題雜帖詩一卷
清王芑孫撰
稿本
浙圖

集 4536
獨學廬初稿詩八卷文三卷讀左巵言一卷漢書刊訛一卷
清石韞玉撰
清乾隆六十年(1795)長沙官舍刻本
十行十八字　左右雙邊　黑口
18.6×13.9 釐米
溫圖

集 4537
卷施閣詩二十卷文甲集十卷文乙集十卷
清洪亮吉撰
清乾隆(1736—1795)刻本
詩十一行二十一字　左右雙邊　黑口
文十一行二十二字　四周單邊　黑口
18.4×13.8 釐米
浙圖

集 4538
卷施閣詩二十卷文甲集十卷文乙集十卷
清洪亮吉撰
清乾隆六十年(1795)貴陽節署刻本
十一行二十二字　四周單邊　黑口

18.3×13.8 釐米
寧圖　溫圖＊　義烏圖

集 4539
李石農詩文稿一卷
清李鑾宣撰
清抄本
溫圖

集 4540
負暄集一卷
清洪梧撰
清抄本
浙圖

集 4541
晚學集八卷未谷詩集四卷
清桂馥撰
清道光二十一年(1841)刻本
缺未谷詩集四卷
十行二十一字　左右雙邊　黑口
17.5×13 釐米
溫圖

集 4542
樸谷齋文稿不分卷詩稿不分卷
清陳希曾撰
清抄本
浙圖

集 4543
烟霞萬古樓文集六卷
清秀水王曇撰
稿本
浙圖

集 4544
煙霞萬古樓文集六卷
清秀水王曇撰
清道光(1821—1850)刻本
十二行二十四字　四周單邊　黑口
10.7×8.1 釐米
溫圖

集 4545
九山類藁三卷詩文二卷近稿偶存一卷
清象山倪承天撰
稿本
十一行二十一字　無格
天一閣

集 4546
鐵如意齋詩稿一卷
清象山倪承天撰
稿本　清羅有高批校
十行十八字　無格
天一閣

集 4547
先甲集不分卷
清陳萊孝撰
清抄本
十二行字數不一　無格
天一閣

集 4548
在璞堂吟稿一卷
清方芳佩撰
清乾隆十五至十六年(1750—1751)刻本
九行十八字　左右雙邊　白口
18.1×13.5 釐米
浙圖　溫圖　天一閣

集 4549
在璞堂續稿一卷
清方芳佩撰
清乾隆(1736—1795)刻本
十行十九字　左右雙邊　白口
16.8×13.3 釐米
浙圖　溫圖

集 4550

南雷草堂詩集四卷

清歸安吳蘭庭撰

清乾隆三十五年(1770)刻本

十一行二十一字　四周雙邊　黑口

17.3×12.2 釐米

浙圖

集 4551

讀史偶吟二卷

清孫玉甲撰

清乾隆五年(1740)世濟堂刻本

十行十九字　左右雙邊　白口

18.6×13.2 釐米

浙圖

集 4552

棄餘詩草六卷

清餘姚張廷枚撰

清乾隆六十年(1795)張氏寶墨齋刻本

十行二十一字　左右雙邊　白口

17.3×12 釐米

浙圖

集 4553

棄餘詩草一卷

清餘姚張廷枚撰

清乾隆(1736—1795)張氏寶墨齋刻本

十行二十一字　左右雙邊　白口

17.5×12.7 釐米

浙圖

集 4554

草衣山人集四卷

清朱卉撰

清乾隆十五年(1750)刻本

九行十九字　左右雙邊　白口

17×11.8 釐米

浙圖

集 4555

香葉堂詩存不分卷

清羅聘撰

清抄本

浙圖

集 4556

晚翠堂詩鈔一卷

清戈地賓撰

清乾隆(1736—1795)刻本

十行十九字　左右雙邊　黑口

18.8×13.5 釐米

浙圖

集 4557

鈍齋詩存一卷

清錢塘李世衡撰

清乾隆九年(1744)學稼草堂刻本

八行十九字　左右雙邊　白口

17.1×10.2 釐米

浙圖

集 4558

蠡塘漁乃一卷續一卷

清海昌吳騫撰

清抄本

浙圖

集 4559

東潛文稿二卷

清仁和趙一清撰

清乾隆五十九年(1794)小山堂刻本〔卷二配清抄本〕　錢塘吳慶坻跋

十行二十二字　左右雙邊　白口

19.7×14.7 釐米

浙圖

集 4560

靜觀樓詩文集不分卷

清平陽黃雲岫撰

清乾隆元年(1736)刻本
十行二十一字　左右雙邊　黑口
18.1×13.8 釐米
溫圖

集 4561
慕橋詩集五卷
清瑞安林上梓撰
清乾隆十四年(1749)刻本
十行二十字　四周雙邊　白口
16.7×11.2 釐米
溫圖

集 4562
孱守齋遺稿四卷
清歸安姚世鈺撰
清乾隆十八年(1753)刻本
十行二十一字　小字雙行三十二字　左右雙邊　黑口
18.4×13.4 釐米
浙圖

集 4563
蕉雪詩鈔一卷
清鄭竺撰
稿本　清鄞縣蔣學鏞、顧梱、桂梅洲批注
十行二十一字　無格
天一閣

集 4564
野雲居詩稿二卷
清鄭竺撰
清鄭勛抄本　清慈谿鄭勛校　清秦瀛、海寧陳鱣跋
十行二十字　四周單邊　白口
16.5×11.8 釐米
天一閣

集 4565
曙林遺稿二卷
清會稽陶愈隆撰
清陶氏抄本
溫圖

集 4566
畊石山農集二卷
清嘉善朱兆封撰
清乾隆(1736—1795)抄本
十行二十四字
17.3×11.6 釐米
寧圖

集 4567
消瘦集十四卷
清周柯雲撰
清乾隆(1736—1795)抄本　清海寧周廣業跋
七行十九字　無格
天一閣

集 4568
述學三卷
清汪中撰
清嘉慶(1796—1820)汪氏自刻本　清文焯跋
九行二十一字　左右雙邊　白口
17.3×13.2 釐米
杭圖

集 4569
述學三卷
清汪中撰
清嘉慶(1796—1820)汪氏自刻本　葉德輝跋
浙圖

集 4570
述學內篇三卷外篇一卷
清汪中撰
清嘉慶二十年(1815)汪喜孫江都問禮堂刻本　葉德輝跋

十三行三十字　左右雙邊　白口

17.3×13.3 釐米

浙圖

集 4571

耘業堂遺稿二卷

清錢塘項溶撰

東園詩存二卷

清仁和陳張翼撰

清乾隆十年(1745)自刻本

九行二十一字　左右雙邊　白口

18×12.7 釐米

溫圖

集 4572

懷永堂詩存二卷

清平湖張逢年撰

清乾隆十八年(1753)刻本

九行十八字　左右雙邊　白口

16.9×11.6 釐米

嘉圖

集 4573

琴玉山房詩錄一卷

清瑞安蔡世禎撰

清抄本

溫圖

集 4574

梧野山歌二卷

清永嘉蔡家挺撰

清孫氏玉海樓抄本

溫圖

集 4575

崑岡詩鈔不分卷

清周元瑛撰

清乾隆三十七年(1772)自刻本

九行十八字　左右雙邊　白口

14.6×10.5 釐米

湖博

集 4576

與稽摘詩集摘鈔一卷

清吴翌鳳撰

清抄本

溫圖

集 4577

魯山木先生文鈔一卷

清魯士驥撰

清抄本　清姚鼐批　冒廣生跋

溫圖

集 4578

冬花庵燼餘稿二卷

清錢塘奚岡撰

清臥游居士抄本

九行十八字　左右雙邊　白口

17.3×12.5 釐米

天一閣

集 4579

兩當軒集二十卷

清黄景仁撰

攷異二卷

清黄志述撰

附録四卷

清光緒二年(1876)武進黄氏家塾刻本　慈溪馮君木批並跋

十一行二十字　四周單邊　黑口

17×12.8 釐米

天一閣

集 4580

夢符文稿不分卷

清楊與岑撰

稿本　清錢維喬、趙懷玉跋

九行十九至二十字　四周雙邊　白口

15.8×12.7 釐米

天一閣

集 4581

荔亭詩草不分卷

清仲□□撰

稿本

八行十七字　四周雙邊　白口

25.2×15.1 釐米

天一閣

集 4582

鶴峰詩草一卷

清山陰劉之連撰

清乾隆十五年(1750)刻本

八行十九字　四周單邊　黑口

17.5×12.9 釐米

浙圖

集 4583

紅鶴山莊近體詩二卷

清胡慎容撰　清蔣士銓、王金英評點

清乾隆二十二年(1757)刻本

十行十九字　左右雙邊　白口

17.7×13.2 釐米

浙圖

集 4584

話墮集三卷二集三卷三集三卷

清仁和釋篆玉撰

清乾隆十三年(1748)刻本

十行十九字　四周單邊　白口

17.8×13.7 釐米

浙圖

集 4585

聽雪齋詩鈔四卷

清嘉興薛廷文撰

清乾隆五十九年(1794)刻本

十行十九字　左右雙邊　白口

16.4×12 釐米

浙圖

集 4586

東理類稿九卷

清徐瑞撰

清乾隆(1736—1795)刻本

十行二十四字　四周雙邊　白口

18.5×13 釐米

浙圖

集 4587

蔗餘集四卷

清嘉興金陳登撰

清乾隆二十年(1755)刻本

八行十八字　左右雙邊　白口

18.2×14.3 釐米

嘉圖

集 4588

松溪文集不分卷

清汪梧鳳撰

清乾隆(1736—1795)汪氏不疎園刻本

八行十七字　左右雙邊　白口

18×12.9 釐米

浙圖

集 4589

介石堂集詩十卷古文十卷

清郭起元撰

清乾隆六年至十一年(1741—1746)刻本

九行十九字　左右雙邊　白口

17.5×12.8 釐米

浙圖

集 4590

補巢書屋詩集十卷

清嘉善錢夢鈴撰

清乾隆(1736—1795)查涉濟、查徵刻本

存五卷　六至十

十一行二十一字　左右雙邊　粗黑口

17.5×13.1 釐米
嘉圖

集 4591
潛齋遺集二卷
清平陽張綦毋撰
清孫氏玉海樓抄本
溫圖

集 4592
潛齋張綦毋先生詩一卷
清平陽張綦毋撰
清孫氏玉海樓抄本
溫圖

集 4593
潛齋張綦毋先生詩一卷
清平陽張綦毋撰
楊紹廉抄本
溫圖

集 4594
課餘錄一卷揚舲一卷嶺南集一卷續集一卷
清黄立世撰
清乾隆(1736—1795)刻本
九行十九字　左右雙邊　白口
15.8×11.1 釐米
浙圖

集 4595
綠蘿山莊文集二十四卷
清會稽胡浚撰
清乾隆八年(1743)刻本
十行二十二字　四周雙邊　白口
19.6×13.9 釐米
杭圖

集 4596
綠蘿山莊文集二十四卷
清會稽胡浚撰
清乾隆二十一年(1756)刻本
十行二十二字　四周雙邊　白口
20×13.3 釐米
浙圖

集 4597
松濤閣詩草五卷
清永嘉張元彪撰
柿園詩草一卷
清永嘉張正宰撰
清孫氏玉海樓抄本
溫圖

集 4598
張嘯山文鈔一卷
清永嘉張元彪撰
清孫氏玉海樓抄本
溫圖

集 4599
甌江朱東村遺稿一卷
清永嘉朱鏡物撰
清乾隆十九年(1754)刻本
九行十九字　左右雙邊　黑口
18.4×11.9 釐米
溫圖

集 4600
休休吟五卷
清秀水莊歆撰
清嘉慶十一年(1806)刻本
十行二十字　左右雙邊　白口
19.2×13.9 釐米
浙圖

集 4601
通介堂詩稿不分卷
清徐湛恩撰
清乾隆三十九年(1774)刻本
八行十八字　左右雙邊　白口

18.1×14.1 釐米

嘉圖

集 4602

浮鷗草一卷

清尹篤任撰

清乾隆三十七年(1772)刻本

八行二十字　四周雙邊　白口

18×12 釐米

浙圖

集 4603

握蘭主人詩草五卷

清周金紳撰

清乾隆二十一年(1756)含清艸堂刻本

九行二十字　左右雙邊　黑口

20×14.1 釐米

浙圖

集 4604

定羌吟二卷

清吳名琅撰

清乾隆四十四年(1779)養雲書屋刻本

八行十八字　四周雙邊　白口

14.4×11.1 釐米

浙圖

集 4605

懶雲樓詩草一卷

清山陰釋與宏撰

稿本　紹興李生翁等跋

紹圖

集 4606

茹古閣遺集不分卷

清嘉興李三才撰

清乾隆(1736—1795)刻本

九行十九字　左右雙邊　白口

17.9×13.5 釐米

嘉圖

集 4607

笏山詩集十卷

清申甫撰

清乾隆五十七年(1792)刻本

十一行二十一字　左右雙邊　黑口

18.1×14 釐米

浙圖

集 4608

粲花軒詩稿二卷

清錢塘陸建撰

清乾隆三十年(1765)隨園刻本

九行二十一字　左右雙邊　黑口

13.5×10.6 釐米

浙圖

集 4609

筱歈齋稿四卷

清仁和陸飛撰

清乾隆四十一年(1776)刻本

十一行二十一字　左右雙邊　白口

17.8×13.5 釐米

浙圖

集 4610

秋槎詩鈔五卷

清山陰孫大濩撰

清乾隆六十年(1795)刻本

十行二十一字　四周單邊　白口

18.5×13.2 釐米

浙圖

集 4611

羨門山人詩鈔十一卷

清歸安孫霖撰

清乾隆(1736—1795)刻本

十行二十一字　四周雙邊　白口

18.4×13.6 釐米

溫圖

集 4612

綠疇吟草四卷

清德清戴高撰

清乾隆(1736—1795)刻本

九行十九字　四周雙邊　黑口

17.7×12.5 釐米

浙圖

集 4613

應絃集一卷

清蕭山沈榮鍇撰

清抄本　清會稽宗稷辰跋

浙圖

集 4614

華海堂詩八卷

清張熙純撰

清乾隆(1736—1795)刻本

十行十九字　四周雙邊　白口

18.3×13.8 釐米

浙圖

集 4615

味雪樓詩草一卷別稿一卷

清宋鳴瓊撰

清乾隆五十六年(1791)宋鳴璜刻本

九行十九字　左右雙邊　白口

18×13.4 釐米

浙圖

集 4616

采芝山人詩存一卷

清汪亮撰

清乾隆(1736—1795)刻本

九行十九字　四周雙邊　白口

18.9×13.3 釐米

嘉圖

集 4617

四松堂集五卷

清敦誠撰

清嘉慶元年(1796)家刻本

十行二十一字　四周雙邊　白口

19.3×14.8 釐米

浙圖

集 4618

小通津山房詩稿一卷文稿一卷

清周錫瓚撰

群公投贈詩文一卷

清周世敬輯

稿本　清周世敬跋

浙圖

集 4619

春雨樓百花吟一卷

清鄞縣董秉純撰

清乾隆四十三年(1778)刻本

九行二十四字　四周雙邊　白口

19.7×11.9 釐米

浙圖　天一閣

集 4620

春雨樓文初刪稿不分卷

清鄞縣董秉純撰

清抄本

十行二十一字　無格

天一閣

集 4621

春雨樓文初刪稿不分卷

清鄞縣董秉純撰

清盧文炬敬遺軒抄本

存二卷　一至二

十二行二十五字　左右雙邊　白口

18×14.8 釐米

天一閣

集 4622

南野堂詩集七卷

清檇李吳文溥撰

清乾隆三十五年(1770)家刻本
十行十九字　左右雙邊　白口
13.1×10.2釐米
海寧圖

集4623
南野堂詩集六卷首一卷
清檇李吳文溥撰
清乾隆五十九年(1794)刻本
十行十九字　左右雙邊　白口
13.9×9.8釐米
浙圖　嘉圖

集4624
愛日樓詩一卷對松哦一卷
清瑞安林元炯撰
清乾隆二十年(1755)刻本
九行十九字　四周雙邊　白口
18.2×13釐米
溫圖

集4625
硯農文集八卷
清檇李陳元穎撰
稿本
九行二十一字　左右雙邊　白口
18.5×12.6釐米
嘉圖

集4626
補亭詩集十卷
清王晦撰
清乾隆(1736—1795)刻本
十行二十一字　左右雙邊　黑口
18.8×13.3釐米
天一閣

集4627
逗雨齋詩草十卷旎香詞一卷
清許肇封撰
清乾隆(1736—1795)刻嘉慶六年(1801)續刻本
八行二十一字　四周單邊　白口
18.3×11.8釐米
嘉圖

集4628
春雨樓集十四卷首一卷末一卷
清平湖沈彩撰
清乾隆四十七年(1782)刻本
九行十九字　左右雙邊　黑口
17.1×11.8釐米
浙圖

集4629
芙蓉山館詩不分卷
清楊芳燦撰
稿本
浙圖

集4630
伴梅草堂詩存不分卷
清顧楓撰
稿本　清盧筠校
十行二十字　四周單邊　白口
19.5×14.4釐米
天一閣

集4631
秋竹詩稿不分卷
清顧楓撰
稿本　清陳權、鄞縣徐時棟跋
八行二十字　無格
天一閣

集4632
天放集□□卷
清周因嚴撰
稿本
存三十卷　一至三十

天一閣

集 4633

䐶水殘山一卷

清湯遐齡撰

清乾隆(1736—1795)刻本

十行十九字　左右雙邊　黑口

14.7×10.4 釐米

浙圖

集 4634

南浦嬾鈔四卷

清蕭山韓綏之撰

清乾隆五十七年(1792)緘齋活字印本

八行二十字　四周雙邊　白口

22.1×12.5 釐米

浙圖

集 4635

石函集十卷

清秀水俞顯撰

清乾隆六十年(1795)俞氏歲寒書屋刻本

十行二十一字　左右雙邊　白口

17.2×13.4 釐米

浙圖

集 4636

胡石田偶存稿不分卷

清德清胡彦穎撰

清乾隆十五年(1750)學齋刻本　佚名批校

九行二十五字　四周單邊　白口

19.2×11 釐米

浙圖

集 4637

閒唫草堂集不分卷

清秀水楊柱撰

清乾隆(1736—1795)稿本

十行二十五字　無格

嘉圖

集 4638

是亦堂信心詩草五卷補刊二卷

清婺州杜鰲撰

清乾隆(1736—1795)刻本

八行十八字　左右雙邊　白口

15.9×11.2 釐米

浙圖

集 4639

蘭玉堂文集二十卷

清平湖張雲錦撰

清乾隆(1736—1795)刻本

十行十九字　四周單邊　黑口

17.6×12.6 釐米

浙圖

集 4640

楓園詩選一卷

清暨陽余鰲撰

清乾隆四十一年(1776)心遠堂刻本

十二行二十四字　四周單邊　白口

19.3×13.6 釐米

浙圖

集 4641

快雪樓独吟集五卷

清山陰余正葵撰

清乾隆六十年(1795)南澗大觀堂刻本

十二行二十四字　四周單邊　白口

19.2×13.5 釐米

浙圖

集 4642

後食堂詩存十卷

清張裕穀撰

清乾隆五十一年(1786)刻本

九行二十二字　左右雙邊　白口

16.9×13.4 釐米

浙圖

集 4643

邱至山古近體詩一卷

清邱學敏撰

清乾隆五十八年(1793)稿本

浙圖

集 4644

江遊草一卷

清馮念祖撰

稿本　清錢大昕評並跋

八行十八字　無格

海寧圖

集 4645

白蒓詩集十六卷附一卷

清張開東撰

清乾隆五十三年(1788)刻本

十行二十一字　四周單邊　白口

18.8×12.2 釐米

浙圖　嘉圖

集 4646

石帆詩鈔十卷

清嚴光祿撰

清乾隆五十九年(1794)刻本

十行十九字　左右雙邊　白口

16.5×12.6 釐米

浙圖

集 4647

苔碕小稿一卷

清錢塘陳宣撰

河中吟稿一卷

清錢塘吳壽宸撰

清乾隆(1736—1795)刻本

九行十九字　四周單邊　白口

16.7×11.3 釐米

浙圖

集 4648

愛竹居詩草四卷

清山陰王文淳撰

清乾隆八年(1743)刻本

存二卷　一至二

十行二十字　左右雙邊　白口

19.1×13.1 釐米

浙圖

集 4649

彝門詩存四卷文存一卷

清臨海侯嘉璠撰

附錄一卷

清抄本

浙圖

集 4650

海門初集十卷首一卷

清鮑臯撰

清乾隆(1736—1795)刻本

十行二十字　左右雙邊　白口

20×14.5 釐米

浙圖

集 4651

白雲集十七卷

清張賁撰

清乾隆(1736—1795)刻本

缺三卷　十五至十七

十行二十二字　四周單邊　白口

19.1×12.9 釐米

浙圖

集 4652

柳南文鈔六卷詩鈔十卷

清王應奎撰

清乾隆(1736—1795)刻本

十行二十一字　左右雙邊　白口

17.4×13.8 釐米

浙圖

集 4653

泳廣集一卷

清秀水鄭煜撰

清乾隆(1736—1795)刻本

十行二十一字　左右雙邊　白口

18.1×13.3 釐米

浙圖

集 4654

遠邨唫藁一卷

清錢塘陳鑑撰

清乾隆(1736—1795)刻本

十行十九字　左右雙邊　白口

16.2×11.5 釐米

浙圖

集 4655

遠邨唫藁一卷

清錢塘陳鑑撰

清乾隆(1736—1795)刻本　清錢塘丁丙跋　錢塘丁宣之題款

浙圖

集 4656

耋半呱聲一卷

清瑞安余學鯤撰

清乾隆(1736—1795)稿本

温圖

集 4657

澹澹軒詩稿不分卷

清瑞安胡玉峰撰

清乾隆五十九年(1794)林坰抄本

温圖

集 4658

歛齋存稿二十二卷

清錢塘王孫芸撰

稿本　清丁敬身、葉溶題款

浙圖

集 4659

雨花堂吟一卷

清永嘉釋無言撰

清乾隆三十九年(1774)刻本

九行二十字　四周雙邊　白口

19.9×14 釐米

温圖

集 4660

雨花堂吟一卷

清永嘉釋無言撰

清孫氏玉海樓抄本

温圖

集 4661

雪齋詩外三卷

清永嘉蔡弘勳撰

清乾隆十年(1745)刻本

八行十八字　左右雙邊　黑口

17.1×11.8 釐米

温圖

集 4662

澥陸詩鈔九卷

清顧于觀撰

清乾隆(1736—1795)刻本

九行十九字　左右雙邊　白口

16.2×12.7 釐米

浙圖

集 4663

蘭韞詩草四卷

清西泠徐裕馨撰

清乾隆五十六年(1791)刻本

九行二十字　四周雙邊　白口

18.2×13.1 釐米

寧圖

集 4664

蘇苑詩鈔寓遊集不分卷

清黄巖應溯穎撰

稿本

黄巖圖

集 4665

漁磯集不分卷

清黄巖應溯穎撰

稿本

黄巖圖

集 4666

燕京雜詠一卷

清臨海王玉生撰

稿本

黄巖圖

集 4667

劉萬資詩古文集不分卷

清劉培元撰

清抄本

温圖

集 4668

圃餘詩草二卷

清永嘉李鎮海撰

清抄本　清瑞安楊紹廉校

温圖

集 4669

文舟公稿不分卷

清永嘉谷廷桂撰

稿本

温圖

集 4670

采菊山人詩集十四卷

清鄞縣范從徹撰

稿本

天一閣

集 4671

夾鏡亭吟草一卷

清永嘉馬世俊撰

朱東村遺稿一卷

清永嘉朱鏡物撰

清乾隆二十七年(1762)刻本

八行二十字　左右雙邊　粗黑口

18×11.8 釐米

温圖

集 4672

古調自彈集十卷

清山陰沈冰壺撰

清抄本

浙圖

集 4673

居易齋詩文全集四卷

清海昌倪祖喜撰

清乾隆三十七年(1772)倪承謙抄本　清倪承謙跋

浙圖

集 4674

澹寧齋集十卷

清山陰楊際昌撰

清乾隆(1736—1795)刻本

十行二十一字　左右雙邊　白口

17.9×12.4 釐米

浙圖

集 4675

芥舟詩選一卷

清諸暨湯朝萊撰

清乾隆四十二年(1777)伴松居刻本

八行二十字　四周雙邊　白口

21.5×13.5 釐米

浙圖

集 4676

清素堂集十卷

清石鈞撰

清乾隆六十年(1795)刻本

十行十九字　左右雙邊　白口

17.4×13.8 釐米

溫圖

集 4677

夾鏡亭吟草一卷

清永嘉馬世俊撰

研經堂文集一卷

清永嘉周灝撰

清瑞安孫氏玉海樓抄本

溫圖

集 4678

三奇遊草一卷

清王陽開撰

清乾隆四十二年(1777)刻本

八行二十字　四周單邊　白口

18×12.4 釐米

浙圖

集 4679

楷癭齋遺稿不分卷

清錢塘黄樹穀撰　清汪觀輯

附録一卷

清黄庭、黄易撰

周氏都公鐘室抄本

浙圖

集 4680

邵景夫文稿不分卷

清邵鋒撰

稿本　慈溪馮貞群等跋

天一閣

集 4681

慈雲閣詩存一卷

清海昌朱逵撰

附武原女史陳筠齋詩一卷

清陳品閨撰

清乾隆(1736—1795)陳克鋐刻本

十行十九字　左右雙邊　白口

16.3×12.6 釐米

浙圖

集 4682

魚亭詩選二卷藻香館詞一卷

清汪韌撰

清乾隆四十三年(1778)刻本

九行二十二字　四周單邊　白口

17.8×12.5 釐米

浙圖

集 4683

百一集一卷附灘江送别詩一卷

清嘉善浦銑撰

清乾隆五十五年(1790)刻本

九行十九字　四周雙邊　白口

17.8×12.1 釐米

浙圖

集 4684

家園草一卷

清謝闇祚撰

清乾隆(1736—1795)刻本

八行十八字　左右雙邊　白口

16.7×12.4 釐米

浙圖

集 4685

七情賦一卷

清諸暨郭毓撰

清乾隆(1736—1795)刻本

九行二十字　四周單邊　白口

17.2×11 釐米

浙圖

集 4686

燕超堂詩稿二卷

清陸元溥撰

清乾隆(1736—1795)刻本

十行十九字　左右雙邊　白口

16.2×13.2 釐米

浙圖

集 4687

容齋詩集二十八卷補遺一卷古香詞一卷文鈔十卷

清茹綸常撰

清乾隆三十五年至嘉慶十三年(1770—1808)刻本

十行十九字　左右雙邊　白口

16×13.7 釐米

浙圖

集 4688

九曲山房詩鈔□□卷

清會稽宗聖垣撰

手稿本

存六卷　九至十　十三至十六

八行二十一字　四周雙邊　白口

18.5×11 釐米

紹圖

集 4689

題畫詩一卷

清會稽宗聖垣撰

清宗霈抄本　宗能述跋

浙圖

集 4690

樗菴偶存稿一卷

清鄞縣蔣學鏞撰

清抄本

十二行二十四字　無格

天一閣

集 4691

雨香小草一卷

清蕭應魁撰

清抄本

浙圖

集 4692

北墅金先生遺集一卷

清仁和金淳撰

清嘉慶(1796—1820)愛日軒刻本　潘椒坡跋

十一行二十二字　左右雙邊　白口

17.4×14.1 釐米

浙圖

集 4693

耕餘小稿一卷吳興遊草一卷梅谷續稿三卷

清平湖陸煊撰

清乾隆(1736—1795)刻本

九行十九字　左右雙邊　白口

16.5×12.3 釐米

浙圖

集 4694

越中名勝賦一卷

清山陰李壽朋撰

清乾隆(1736—1795)紹興刻本

十行二十字　左右雙邊　白口

17.1×13 釐米

紹圖

集 4695

西爽詩稿一卷

清蕭山來理寬撰

稿本　佚名朱筆跋

浙圖

集 4696

西泠印社閨詠十六卷

清錢塘陳文述撰

清光緒十三年(1887)西泠印社翠螺閣刻本　佚名批注

十行二十二字　四周單邊　白口

16.9×11.6 釐米

浙圖

集 4697

小空同山房詩鈔三卷

清山陰余應松撰

清抄本

浙圖

集 4698

梅花屋存藁十四卷

清會稽樊廷緒撰

清沈氏鳴野山房抄本

存十一卷　一至二　六至十四

十行二十五字　左右雙邊　黑口

17.6×13.8 釐米

天一閣

集 4699

治經堂集一卷

清朱錦琮撰

稿本　清吳山錫題識

浙圖

集 4700

菽原堂初集一卷

清海昌查揆撰

稿本

浙圖

集 4701

綺巖詩鈔一卷將麋集一卷廡傭集一卷懸匏詞一卷

清陸惠綢撰

清硯雲書屋抄本　清錢綬槃跋

浙圖

集 4702

竹影樓箋叢二卷

清道光二年(1822)海寧管庭芬抄本

九行二十字　無格

天一閣

集 4703

小信天巢詩草一卷

清海鹽陳石麟撰

稿本　清會稽宗聖垣跋

浙圖

集 4704

遊仙詩一卷

清錢塘吳顥撰

題詞一卷

清程尚濂等撰

清戴穗孫抄本　清錢塘戴穗孫跋

浙圖

集 4705

綠天亭詩集一卷文集一卷

清太平林之松撰

清抄本　清黄巖王詠霓校並跋　清黄巖楊晨跋

浙圖

集 4706

半硯閣詩存一卷

清程鎔撰

稿本　清金世福、清朱霈等跋

浙圖

集 4707

淥湖山莊詩草五卷

清紹興徐務本撰

稿本

浙圖

集 4708

寄亭詩稿一卷

清餘姚岑雯撰

稿本

浙圖

集 4709

味餘書室全集定本四十卷目錄四卷隨筆二卷

清仁宗顒琰撰

清嘉慶五年(1800)内府刻本

九行十七字　四周雙邊　白口

20×14 釐米

天一閣

集 4710

御製詩初集四十八卷目錄六卷

清仁宗顒琰撰

清嘉慶八年(1803)内府刻本

存三卷　十六至十八

九行十八字　四周雙邊　白口

19.8×14 釐米

溫圖

集 4711

御製全史詩四卷

清仁宗顒琰撰

清嘉慶(1796—1820)内府刻本

七行十八字　四周雙邊　白口

17.8×12.2 釐米

嘉圖

集 4712

茗柯文初編一卷二編二卷三編一卷四編一卷

清張惠言撰

清羅枚抄本

浙圖

集 4713

新坂土風一卷

清海寧陳鱣撰

稿本

天一閣

集 4714

白湖詩稿八卷文稿八卷時文一卷

清慈谿葉燕撰

清小隱山莊抄本

八行十六字　無格

天一閣

集 4715

桂馨堂集五卷

清嘉興張廷濟撰

清道光十九年(1839)自刻本

清儀閣雜詠一卷

竹田樂府一卷

竹里畫者詩一卷

竹里耆舊詩一卷

感逝詩一卷

十行十九字　左右雙邊　白口

17.5×13.5 釐米

溫圖

集 4716

鐵橋詩悔一卷

清烏程嚴可均撰

錢恂抄本

浙圖

集 4717

蘊愫閣詩集十二卷詩續集九卷琴竹山莊樂府二卷文集八卷別集四卷

清盛大士撰

嘯雨草堂集十卷

清盛徵璵撰

清道光元年至十二年(1821—1832)遞刻本

十一行二十二字　左右雙邊　黑口
18.2×14 釐米
溫圖

集 4718
聞妙香室詩十二卷詞一卷文十九卷經進集五卷黔記四卷
清李宗昉撰
清道光(1821—1850)自刻本
十一行二十四字　左右雙邊　黑口
19.5×14.6 釐米
溫圖

集 4719
梁茝林滄浪詩一卷
清梁章鉅撰
稿本
浙圖

集 4720
長真閣詩集七卷詩餘一卷
清席佩蘭撰
清抄本　清鎮海姚燮評注並補
八行二十四字　無格
天一閣

集 4721
今白華堂集六十四卷遇庭筆記一卷
清童槐撰
稿本　清阮元跋
十行二十二字　四周雙邊　白口
23.7×16.3 釐米
天一閣

集 4722
澄觀集四卷
清嘉興錢儀吉撰
胡氏霜紅簃抄本
浙圖

集 4723
北郭集四卷
清嘉興錢儀吉撰
胡氏霜紅簃抄本
浙圖

集 4724
衎石先生未刻稿不分卷
清嘉興錢儀吉撰
清光緒四年(1878)伯雲抄本　清楊象濟跋
十行二十字　四周單邊　白口
17×11.3 釐米
浙大

集 4725
是程堂集十四卷
清錢塘屠倬撰
清嘉慶十九年(1814)真州官舍刻本
十一行二十一字　左右雙邊　白口
19.7×13.6 釐米
浙圖　紹圖　溫圖

集 4726
雲左山房文鈔五卷
清林則徐撰
稿本
浙圖

集 4727
辛卯生詩四卷
清仁和吳衡熙撰
清道光九年(1829)刻本　清張叔未批注
十行二十一字　左右雙邊　黑口
17×13.5 釐米
天一閣

集 4728
花宜館詩續鈔一卷
清錢塘吳振棫撰

稿本
浙圖

集 4729
花宜館文略一卷
清錢塘吳振棫撰
稿本
浙圖

集 4730
稻齏集詩鈔一卷
清海寧陳沆撰
清乾隆(1736—1795)刻本
八行十八字　左右雙邊　黑口
17.8×11.8 釐米
浙圖　嘉圖

集 4731
稻齏二集詩鈔一卷
清海寧陳沆撰
清乾隆九年(1744)刻本
八行十八字　四周雙邊　黑口
17.7×12.6 釐米
浙圖

集 4732
研六室文鈔十卷
清胡培翬撰
清道光十七年(1837)涇川書院刻本
九行二十二字　左右雙邊　白口
17.9×13.1 釐米
溫圖

集 4733
柳東先生賸稿□□卷
清嘉興馮登府撰
稿本
存十二卷
石經閣詩鈔三卷
南埭山莊詩鈔一卷
海月江風集一卷
拜竹詩龕詩存二卷
勺園詩續集一卷
冷齋集一卷
月湖欸乃詞一卷
竹榭詞一卷
象山縣志凡例一卷
浙圖

集 4734
松崖漫稿一卷
清會稽宋松崖撰
稿本
浙圖

集 4735
經韻樓文稿不分卷
清段玉裁撰
清抄本
浙圖

集 4736
友古堂詩鈔一卷續一卷
清慈溪馮紹樞撰
清馮氏家抄本
浙圖

集 4737
樵經閣近抄一卷芥舟二集一卷鳧舟三集一卷
清秦行灃撰
稿本
浙圖

集 4738
瑤華閣詩草一卷詞草一卷
清錢塘袁壽撰
稿本
浙圖

集 4739

遊楚吳吟不分卷

清錢塘張雲璈撰

稿本　長興王修跋

浙圖

集 4740

沈氏群峰集八卷

清沈清瑞撰

清嘉慶元年(1796)鶴壽山堂刻本

十行二十字　左右雙邊　白口

18×14.2 釐米

浙圖

集 4741

含谿詩草二十卷

清王秉韜撰

清嘉慶元年(1796)刻本

十行十九字　左右雙邊　白口

17.6×13.1 釐米

浙圖

集 4742

聽雨齋詩集十二卷

清吳照撰

清乾隆五十九年(1794)南昌刻本

十行二十四字　四周單邊　黑口

20.1×14.8 釐米

浙圖

集 4743

傳書樓詩稿一卷題辭一卷

清汪金順等撰

清乾隆五十八年(1793)四勿齋刻本

八行十九字　左右雙邊　下黑口

17.4×11.4 釐米

浙圖

集 4744

澹仙詩鈔四卷詞鈔四卷賦鈔一卷文鈔一卷

清熊璉撰

清嘉慶二年(1797)茹雪山房刻本

九行十九字　四周雙邊　白口

15.7×11.6 釐米

浙圖　溫圖*

集 4745

維揚雲貞女史寄夫塞外書一卷

清茅雲貞撰

清嘉慶八年(1803)抄本

浙圖

集 4746

兹泉詩鈔一卷

清朱兆熊撰

清抄本

浙圖

集 4747

笠芸詩瓢十二卷

清長興周昱撰

清嘉慶十六年(1811)知不足齋刻本　長興王修跋

十行十九字　左右雙邊　黑口

17×13.5 釐米

浙圖

集 4748

內自訟齋古文稿十一卷

清富陽周凱撰

稿本

浙圖

集 4749

鹿城訊度張正宰文稿一卷

清永嘉張正宰撰

清逍遙居士抄本

溫圖

集 4750

墨雲軒詩稿一卷

清魯敬莊撰

稿本

八行二十四字　無格

紹圖

集 4751

太玉山房詩集一卷

清永嘉周灝撰

稿本

溫圖

集 4752

太玉山館詩一卷

清永嘉周灝撰

稿本

溫圖

集 4753

太玉山房文稿一卷

清永嘉周灝撰

稿本

溫圖

集 4754

張友伯信稿一卷

清張友伯撰

手稿本

杭圖

集 4755

快軒詩則摘鈔一卷

清林滋秀撰

清項氏水仙亭抄本

溫圖

集 4756

邁堂詩存十九卷

清李祖陶撰

稿本

浙圖

集 4757

鮑益齋詩草一卷

清寧海鮑謙撰

清抄本

浙圖

集 4758

修拙齋稿□卷

清海昌祝懋正撰

稿本

存二卷　五至六

浙圖

集 4759

二硯窩未定稿一卷書目畫目一卷

清鄭勳撰

稿本

十行二十三字　無格

天一閣

集 4760

二硯窩文一卷

清鄭勳撰

稿本

天一閣

集 4761

二硯窩詩稿偶存五卷詞一卷

清鄭勳撰

稿本　清鄞縣徐時棟跋

九行二十四字　無格

天一閣

集 4762

笠舫詩集□□卷隨筆一卷

清會稽王衍梅撰

稿本　清海鹽陳石麟題款　諸暨余重耀題簽

存十一卷
　　小楞嚴齋集一卷
　　小楞嚴齋詩鈔一卷
　　笠舫詩鈔一卷
　　己卯詩鈔一卷
　　癸酉詩鈔一卷
　　綠雪堂詩鈔一卷
　　綠雪堂詩鈔(小竹齋集)一卷
　　南海憐香集合一卷
　　乙丑詩鈔一卷
　　丙寅詩鈔一卷
　　笠舫隨筆一卷
浙圖

集 4763
旅逸續稿四卷定廬集四卷
　清山陰諸證撰
　清抄本
缺一卷　定廬集一
杭圖

集 4764
春草堂文約二卷
　清謝爲雯撰
　清道光三年(1823)刻本　清鄞縣徐時棟批校並跋
　十行二十四字　四周單邊　黑口
　19×12.6 釐米
天一閣

集 4765
一笑了然齋詩鈔不分卷
　清會稽茹藻撰
　稿本
浙圖

集 4766
玉甑山館詩鈔八卷文鈔一卷
　清瑞安林從炯撰
　清抄本
溫圖

集 4767
玉甑山館詩鈔八卷文鈔一卷
　清瑞安林從炯撰
缺詩鈔二卷　一至二
　清抄本
溫圖

集 4768
味義根齋詩待删草一卷
　清泰順董正揚撰
　稿本　清青田端木國瑚跋
溫圖

集 4769
味義根齋詩待删草一卷
　清泰順董正揚撰
　清孫氏玉海樓抄本
溫圖

集 4770
味義根齋集選一卷
　清泰順董正揚撰
　清孫氏玉海樓抄本
溫圖

集 4771
味義根齋詩稿一卷二集一卷
　清泰順董正揚撰
　清孫氏玉海樓抄本
溫圖

集 4772
對山樓詩詞稿不分卷
　清鄞縣王燾撰
　稿本
天一閣

集 4773
小東山草堂詩存一卷
　清永嘉張泰青撰

清永嘉雪蕉齋抄本
溫圖

集 4774
課餘吟草一卷
清鄭耀瑸撰
稿本　清王渥跋
九行二十字　左右雙邊　黑口
18.5×14 釐米
天一閣

集 4775
韋廬初集一卷續集一卷
清李秉禮撰
清乾隆五十六年(1791)刻本
十行十九字　左右雙邊　白口
19×13 釐米
浙圖

集 4776
韋廬初集一卷續集一卷
清李秉禮撰　清李憲喬輯
清嘉慶(1796—1820)刻本
十行十九字　左右雙邊　白口
19.2×13.5 釐米
溫圖

集 4777
韋廬續集一卷
清李秉禮撰
清抄本
溫圖

集 4778
思元齋集七卷
清裕瑞撰
清嘉慶七年(1802)至十七年(1812)自刻本
六行十四或十六字　四周單邊　白口
15.2×10 釐米
浙圖

集 4779
雪泉詩存四卷秋江倚櫂圖題詠一卷
清張楷撰
清乾隆五十九年(1794)刻本
十行十九字　左右雙邊　白口
16×11.9 釐米
浙圖

集 4780
翠娛軒集二卷
清蕭山張衢撰
清乾隆(1736—1795)刻本
九行二十字　四周雙邊　白口
18.3×12.7 釐米
浙圖

集 4781
勉益齋偶存稿不分卷
清裕謙撰
清文范閣抄本
浙圖

集 4782
小林詩鈔一卷
清慈谿虞廷寀撰
清抄本　清鄭喬遷校
十行二十二字　無格
天一閣

集 4783
瘦華盦詩稿一卷玉雪軒主草稿一卷銅缾瓦研之薖詞藁三卷桃花渡榜謳二卷藕欄閒話一卷
清鄞縣周世緒撰
稿本
天一閣

集 4784

瘦華盦留删詩草一卷二箪廬漫唱一卷

清鄞縣周世緒撰

稿本　清仇錫光跋

八行字數不一　四周單邊　白口

17.5×12.5 釐米

天一閣

集 4785

秋室遺文一卷南疆逸史跋一卷

清歸安楊鳳苞撰

清傅氏長恩閣抄本

浙圖

集 4786

毋自欺齋詩略一卷

清梁元撰

清抄本

溫圖

集 4787

狷齋詩二卷西江遊草一卷

清錢塘鄒志路撰

稿本

十一行十九字　無格

浙博

集 4788

唐宋舊經樓詩稿七卷

清孔璐華撰

清嘉慶二十一年(1816)刻本

九行十九字　四周雙邊　白口

19×12.7 釐米

浙圖

集 4789

鏡池樓吟稿四卷

清平湖陳文藻撰

稿本

浙圖

集 4790

臨嘯閣詞四卷

清朱駿聲撰

手稿本

浙圖

集 4791

傳經室文集不分卷

清朱駿聲撰

稿本

浙圖

集 4792

傳經室詩存四卷

清朱駿聲撰

稿本

浙圖

集 4793

傳經室詩存四卷

清朱駿聲撰

稿本　朱師轍校並跋

浙圖

集 4794

臨嘯閣詞四卷拾遺二卷

清朱駿聲撰

清抄本　朱師轍、邵瑞彭校並跋

浙圖

集 4795

友雲詩一卷

清長興臧吉康撰

清抄本　長興王修跋

浙圖

集 4796

友雲詩鈔十二卷

清長興臧吉康撰

清道光二十五年(1845)刻本
九行二十一字　左右雙邊　黑口
浙圖

集 4797
碧琅館詩草不分卷
清陳鶴撰
稿本　清道光四年(1824)張澹等題識
浙圖

集 4798
碧琅館詩草不分卷
清陳鶴撰
稿本　佚名評點
浙圖

集 4799
仙屏書屋初集詩錄十六卷後錄二卷
清黄爵滋撰
清道光二十六年(1846)翟金生泥活字印本
九行二十一字　左右雙邊　白口
17.4×12.6 釐米
浙圖　嘉圖

集 4800
瑞芍軒詩鈔二卷詞稿一卷
清許乃穀撰
清抄本
九行十九字　無格
浙大

集 4801
松寥山人詩集二卷
清張際亮撰
清抄本
浙圖

集 4802
佑啓堂詩稿十五卷
清景星撰
稿本　清龍汝霖等跋
浙圖

集 4803
定盦文集一卷餘集一卷
清仁和龔自珍撰
清道光七年(1827)自刻本
十二行二十四字　左右雙邊　白口
20×14.6 釐米
溫圖

集 4804
定盦文集一卷餘集一卷續一卷
清仁和龔自珍撰
清同治七年(1868)邠褎抄本　清邠褎跋　清鄞縣蔡鴻鑑題款
浙圖

集 4805
野航詩草一卷
清錢塘戴熙撰
清道光二年(1822)稿本　清魏謙升批點並跋　清雨乃批　清稚韋、高學沅跋
八行十八字　四周雙邊　白口
18×12.1 釐米
浙大

集 4806
冬熙室小集一卷
清錢塘戴熙撰
清道光五年(1825)稿本
十行十九字　四周單邊　黑口
14.7×9.9 釐米
浙大

集 4807

鹿牀小稿不分卷

清錢塘戴熙撰

清道光十年(1830)稿本　清魏謙升批並跋

八行十八字　四周單邊　黑口

14.9×9.9 釐米

浙大

集 4808

戊戌集一卷訪粵集二卷

清錢塘戴熙撰

清道光十九年(1839)稿本

九行十九字　四周單邊　白口

17.7×10.6 釐米

浙大

集 4809

清華集不分卷

清錢塘戴熙撰

清抄本

浙圖

集 4810

訪粵續集一卷

清錢塘戴熙撰

稿本　清龍啓瑞題詠　清張維屏校並跋

浙圖

集 4811

先文節公度歲百詠遺稿一卷

清錢塘戴熙撰

清戴穗孫抄本

浙圖

集 4812

勞崇光與岑毓英尺牘不分卷

清勞崇光撰

清末抄本

八行十八字　無格

浙大

集 4813

籀經堂集十四卷補遺二卷

清陳慶鏞撰

清同治十三年(1874)晉江龔氏活字印本

十二行二十四字　四周單邊　細黑口

19.5×13.2 釐米

溫圖

集 4814

太鶴山人文集□卷

清青田端木國瑚撰

稿本

存三卷　一至三

九行二十一字　無格

玉海樓

集 4815

太鶴山人初稿一卷

清青田端木國瑚撰

稿本　清山陰周星詒跋

九行二十字　四周雙邊　白口

17.7×12.1 釐米

玉海樓

集 4816

太鶴山人集□卷

清青田端木國瑚撰

稿本

存二卷　五　七

十二行字數不一　四周單邊　白口

21.4×14.8 釐米

玉海樓

集 4817

太鶴山人文集一卷

清青田端木國瑚撰

清抄本　佚名批校

溫圖

集 4818

邵位西遺詩一卷

清仁和邵懿辰撰

清同治七年(1868)孫詒讓抄本　清瑞安孫詒讓批點並跋

十行二十四字　左右雙邊　細藍口

19.2×11.6 釐米

浙大

集 4819

邵位西遺詩一卷

清仁和邵懿辰撰

清抄本

十行二十二字　左右雙邊　黑口

17.1×13.5 釐米

浙大

集 4820

邵位西遺文一卷

清仁和邵懿辰撰

清抄本

浙圖

集 4821

半巖廬文鈔一卷

清仁和邵懿辰撰

清抄本

溫圖

集 4822

復莊文稿不分卷

清鎮海姚燮撰

手稿本

九行字數不一　四周雙邊　白口

18.2×12.3 釐米

天一閣

集 4823

復莊駢儷文榷二編八卷

清鎮海姚燮撰

手稿本　清蔣敦復批校　清趙榮光跋

十行二十一字　左右雙邊　白口

17×13.3 釐米

天一閣

集 4824

復莊詩初稿不分卷

清鎮海姚燮撰

稿本

十二行字數不一　四周雙邊　白口

19.5×14.4 釐米

天一閣

集 4825

詩問稿一卷

清鎮海姚燮撰

稿本　清傅溓、葉廷枚跋

浙圖

集 4826

復莊詩詞不分卷

清鎮海姚燮撰

稿本　清曹德馨、余文填、潘德等跋

九行字數不一　四周單邊　白口

20×14.6 釐米

天一閣

集 4827

復莊文錄六卷

清鎮海姚燮撰

稿本　清曾峋批

杭博

集 4828

復莊詩詞選不分卷

清鎮海姚燮撰　清蔣敦復輯

清郭傳璞抄本

十行二十一字　四周雙邊　白口

20×14.6 釐米

天一閣

集 4829
西滬櫂歌一卷
清鎮海姚燮撰
稿本
十一行二十三字　左右雙邊　白口
17.6×13.2 釐米
天一閣

集 4830
紅犀館詩課□卷
清鎮海姚燮撰
稿本
存三卷　五至七
十一行二十三字　無格
天一閣

集 4831
簡侯詩一卷
清楊能格撰
稿本　清夏慶紱跋
浙圖

集 4832
祥止室詩鈔四卷
清桐鄉沈炳垣撰
稿本　清朱綬批校並跋　清顧翃跋
浙圖

集 4833
蟠實松貞齋詩課一卷
清桐鄉沈炳垣撰
稿本　清胡元照、胡肇秋跋
浙圖

集 4834
安遇齋古近體詩二卷蜀輶吟草一卷
清李德儀撰
乾清宫朝賀和詩一卷
清奕忻等撰
清抄本
浙圖

集 4835
孫琴西詩文稿一卷
清瑞安孫衣言撰
稿本
温圖

集 4836
孫琴西文稿一卷
清瑞安孫衣言撰
稿本
玉海樓

集 4837
孫琴西詩序跋稿一卷
清瑞安孫衣言撰
稿本　清瑞安孫詒讓評
玉海樓

集 4838
遜學齋文稿一卷
清瑞安孫衣言撰
稿本
温圖

集 4839
孫琴西娱老詞稿一卷
清瑞安孫衣言撰
稿本
玉海樓

集 4840
娱老隨筆叢稿不分卷
清瑞安孫衣言撰
稿本
温圖

集4841

燕臺集詩稿不分卷

清瑞安孫衣言撰

稿本

溫圖

集4842

春在堂雜詩一卷

清德清俞樾撰

稿本

玉海樓

集4843

方植之文鈔二卷

清方東樹撰

清抄本　諸暨余重耀跋

浙圖

集4844

樂蓮裳詩册一卷

清樂鈞撰

稿本

浙圖

集4845

綠榆庄唫草偶存二卷秘圖山館唫草一卷雪窗百詠一卷

清海寧陸以鏵撰

稿本　清方功熙等跋

杭圖

集4846

沈小詠詩稿不分卷

清沈天機撰

稿本

天一閣

集4847

武林紀遊一卷

清嘉興徐士燕撰

稿本　清朱錦、張昫跋

浙圖

集4848

籄莊先生詩草一卷

清鄞縣周籄莊撰

附一卷

稿本

天一閣

集4849

可笑人集一卷

清平陽顧苞育撰

稿本

溫圖

集4850

鮑雲樓先生詩稿一卷

清瑞安鮑作雨撰

稿本

溫圖

集4851

六吉齋詩鈔五卷

清瑞安鮑作雨撰

清抄本

溫圖

集4852

六吉齋詩鈔不分卷

清瑞安鮑作雨撰

清抄本

溫圖

集4853

鮑璞堂詩稿一卷

清瑞安鮑作瑞撰

稿本

溫圖

集 4854

蟄吟草一卷

清永嘉張應煦撰

稿本

溫圖

集 4855

馬鞍山人詩草不分卷

清平陽蘇椿撰

稿本

溫圖

集 4856

西峰山人詩麓一卷

清瑞安佘國鼎撰　清洪守一輯

清孫氏玉海樓抄本

溫圖

集 4857

郭氏人文錄三卷

清臨海郭協寅撰

清彝經室抄本　清黄巖王棻校評　清黄巖王詠霓跋

黄巖圖

集 4858

石齋文稿不分卷

清臨海郭協寅撰

清抄本

十行二十字　左右雙邊　白口

臨海博

集 4859

蘭江詩鈔一卷

清山陰周紀常撰

稿本

浙圖

集 4860

葉篔林詩稿一卷

清平陽葉嘉棆撰

清孫氏玉海樓抄本

溫圖

集 4861

尚志堂文集抄存一卷詩存一卷

清平陽葉嘉棆撰

清孫氏玉海樓抄本

溫圖

集 4862

叢桂社詩札三卷

清平陽吳乃伊輯

清道光八年(1828)稿本

溫圖

集 4863

誦芬書屋小藁六卷

清黄杞孫撰

稿本　清鎮海姚燮等跋

味譚室詩草一卷

古城行草一卷

晉卿小草三卷

清芬寮小草一卷

浙圖

集 4864

楓江草堂詩稾三卷楓江漁唱一卷清湘瑶瑟譜一卷

清長興朱紫貴撰

清光緒元年(1875)朱叔倫抄本　清會稽孫德祖跋

浙圖

集 4865

楓江草堂詩集七卷

清長興朱紫貴撰

清王氏述廬抄本

浙圖

集 4866

楓江草堂文集一卷

清長興朱紫貴撰

劉氏求恕齋抄本

浙圖

集 4867

拙宜園稿不分卷

清海鹽黄憲清撰

稿本

十行二十一字　四周單邊　白口

18.8×13.6 釐米

杭圖

集 4868

東林小一卷

清顧文彬撰

清抄本　清蘭士評

浙圖

集 4869

缾室詩卷一卷

清王景曾撰

稿本　清鎮海姚燮校評並跋

六行二十字　四周單邊　白口

20.5×13 釐米

天一閣

集 4870

運甓齋詩稿不分卷

清陳勱撰

稿本

天一閣

集 4871

劉燕庭詩稿不分卷

清劉喜海撰

稿本　清汪芑批並跋

十行二十二字　無格

杭圖

集 4872

訥齋未定稿二卷

清平世增撰

稿本

浙圖

集 4873

吴仲倫未刻文一卷

清吴德旋撰

清浮碧山館抄本

十一行字數不一　四周單邊　黑口

17.8×13.3 釐米

天一閣

集 4874

月齋文集八卷詩集四卷

清張穆撰

清咸豐八年(1858)刻本

十行二十二字　左右雙邊　白口

18×13.5 釐米

溫圖

集 4875

枕琴軒詩草不分卷

清崇恩撰

稿本　清陳森跋

浙圖

集 4876

香南居士集六卷

清崇恩撰

清嘉慶(1796—1820)自刻本

九行二十一字　四周雙邊　黑口

19.5×13 釐米

天一閣

集 4877

蓬萊閣詩錄四卷

清陳克家撰

清抄本　清錢塘張興烈跋

十行二十四字　無格

嘉圖

集 4878

應笠湖先生詩稿一卷

清海寧應時良撰

清抄本

浙圖

集 4879

嘯古堂文集四卷

清蔣敦復撰

稿本

浙圖

集 4880

桂辛山人詩稿一卷書學雅言一卷

清山陰楊鼎撰

稿本

浙圖

集 4881

重遠齋吟稿三卷

清山陰楊鼎撰

清抄本

浙圖

集 4882

董祐誠文鈔一卷

清董祐誠撰

清孫氏玉海樓抄本

溫圖

集 4883

且過居删後詩存十九卷

清施烺撰

清胡氏賽竹樓抄本　清餘姚胡傑人跋

浙圖

集 4884

蕉綠園吟草一卷

清永嘉張時樞撰

清道光二十五年(1845)稿本

溫圖

集 4885

聽松廬詩抄不分卷

清張維屏撰

清抄本　佚名批注

八行二十八字　無格

紹圖

集 4886

迎鑾小集二卷

清洪榜撰

清抄本

浙圖

集 4887

自怡軒稿二卷

清桐鄉陳春宇撰

稿本　清吳奕傳、岳洙傳跋

浙圖

集 4888

絳巖詩稿一卷

清海昌張廷琮撰

清抄本

浙圖

集 4889

秋籟閣詩四卷

清桐鄉朱珏撰

稿本

浙圖

集 4890

說巖古文殘稿一卷

清海昌朱承弼撰

稿本

浙圖

集 4891

說巖詩鈔一卷詞鈔一卷

清海昌朱承弼撰

清抄本

浙圖

集 4892

凝香詩鈔一卷

清海昌徐瑟撰

附行香子詞一卷

清海昌徐琴撰

清宣統三年(1911)管元耀抄本　海寧管元耀跋

浙圖

集 4893

秋園小草一卷詞一卷桓臺偶紀一卷

稿本

浙圖

集 4894

越俗蛩音二卷

清鴛湖范季存撰

清抄本

浙圖

集 4895

蒼山詩草一卷

清遂安毛雲孫撰

稿本

浙圖

集 4896

須江行草二卷

清遂安毛雲孫撰

稿本

浙圖

集 4897

學吟草二卷

清馮勉齋撰

稿本

浙圖

集 4898

錦江集一卷

清李萬青撰

清單廉泉抄本

浙圖

集 4899

應聘閩闈集一卷

清□□撰

稿本

浙圖

集 4900

方茶山先生遺詩一卷

清方體撰

清抄本　胡鏐跋

浙圖

集 4901

蓉洲詩鈔一卷

清四明顧祖訓撰

張氏約園抄本

浙圖

集 4902

蟾齋吟稿一卷

清慈溪鄭從風撰

蛟川竹枝詞一卷

張氏約園抄本

浙圖

集 4903

凝香集一卷鴛水集一卷餘霞集一卷

清董彬撰

稿本

浙圖

集 4904

夢華詩一卷

清吳興沈旡咎撰

蕉雲詩稿一卷補辛卯前詩一卷

清湯朝撰

清刻本

九行十九字　左右雙邊　黑口

15.8×12.7 釐米

浙圖

集 4905

夢髯文稿一卷

清張源撰

清抄本

浙圖

集 4906

金臺草一卷

清何承錕撰

清抄本

浙圖

集 4907

一鑑軒詩鈔一卷

清孝豐董以謙撰

清抄本

浙圖

集 4908

流麥山詩稿一卷

清高克謙撰

清抄本

浙圖

集 4909

古槐書屋詩文稿十四卷

清王樹英撰

稿本　清王存義跋

古槐書屋古今體詩二卷

古槐書屋詩鈔四卷

雲邑山水諸詠一卷

麗水山水諸詠一卷

桂一樓詩集四卷

删詩存草一卷

烟霞嘯客少時賦一卷

浙圖

集 4910

滇遊草一卷迴風草一卷

清張寶和撰

清抄本

浙圖

集 4911

三至軒吟草一卷

清杭郡吳晟撰

稿本　清鄭心一跋

浙圖

集 4912

搴香吟館遺稿二卷

清姚椿林撰

清抄本

浙圖

集 4913

富曉山公詩稿一卷

清紹興富□□撰

稿本
浙圖

集 4914
苕水再存集一卷
清錢塘陳□□撰
稿本　汪德振跋
浙圖

集 4915
怡山集二十四卷
清蕭山任以治撰
稿本
存十卷　一至十
浙圖

集 4916
落颿樓文稿三卷外稿一卷
清烏程沈垚撰
清抄本
浙圖

集 4917
四悔草堂詩鈔別存一卷
清山陰朱漱芳撰
清丁文蔚抄本
浙圖

集 4918
不櫛吟三卷續刻三卷
清會稽潘素心撰
清抄本
浙圖

集 4919
半梧樓吟草一卷
清蔣簡撰
稿本　清郭文瑞跋
浙圖

集 4920
嶺南遊草一卷
清仁和姚承憲撰
清抄本　清汪曾唯跋　臨海項士元跋
浙圖

集 4921
襄陵詩詞二卷玉詞一卷
清鄞縣孫家谷撰
稿本
十行字數不一　四周雙邊　黑口
18.5×12 釐米
天一閣

集 4922
襄陵詩草一卷附一卷
清鄞縣孫家谷撰
稿本
九行字數不一　四周單邊　白口
19.9×14.5 釐米
天一閣

集 4923
直庵詩鈔五卷
清瑞安朱方撰
稿本
溫圖

集 4924
秋圃詩稿一卷
清永嘉周建屏撰
清抄本
溫圖

集 4925
龍溪心古軒詩稿一卷
題清樂清不食肉者撰
稿本
溫圖

集 4926
張蘭畦詩稿一卷
清平陽張元啓撰
稿本
溫圖

集 4927
友十花樓課草一卷
清永嘉童冠儒撰
稿本
溫圖

集 4928
味道腴齋詩存一卷
清泰順董暐撰
稿本
溫圖

集 4929
味道腴齋詩存一卷
清泰順董暐撰
清稿本
溫圖

集 4930
卓廬初草文十六卷
清錢塘陳墉撰
清抄本
浙圖

集 4931
卓廬初草詩五卷
清錢塘陳墉撰
清抄本
浙圖

集 4932
茱香齋詩稿一卷
清永嘉黄漢撰
稿本
溫圖

集 4933
甕雲草堂詩稿五卷
清永嘉黄漢撰
清孫氏玉海樓抄本
溫圖

集 4934
甕雲草堂詩稿一卷
清永嘉黄漢撰
稿本
溫圖

集 4935
愛山居吟稿一卷
清孫煜撰
稿本
浙圖

集 4936
項果園詩稿不分卷
清永嘉項維仁撰
清抄本
溫圖

集 4937
耐廬野唱一卷
清瑞安蔡龍儕撰
稿本
溫圖

集 4938
耕讀亭詩鈔不分卷
清瑞安項傅梅撰
稿本
溫圖

集 4939

耕讀亭詩鈔七卷

清瑞安項傅梅撰

清抄本

溫圖

集 4940

那悉茗軒詩草一卷

清瑞安項傅梅撰

清抄本

溫圖

集 4941

張慶奎詩一卷

清瑞安張慶奎撰

稿本

溫圖

集 4942

清泉唫草一卷

清永嘉梁清泉撰

稿本

溫圖

集 4943

沈氏詩詞稿不分卷

清沈淞撰

清道光二十二年(1842)手稿本

八行二十一字　無格

浙大

集 4944

雪樵齋楹聯雜錄一卷

清永嘉王德馨撰

稿本

溫圖

集 4945

石門山房詩鈔一卷

清青田端木百祿撰

清抄本

溫圖

集 4946

石門山房賦鈔一卷

清青田端木百祿撰

清抄本

溫圖

集 4947

古香室遺稿一卷

清青田端木順撰

浣芳遺稿一卷

清會稽宗康撰

清抄本

溫圖

集 4948

己酉詩鈔一卷丙午詩鈔一卷

清永嘉徐步衢撰

清抄本

溫圖

集 4949

東山樓詩集八卷

清海寧曹宗載撰

清抄本

浙圖

集 4950

忍默恕退之齋詩鈔不分卷賦草一卷試律鈔一卷

清桐鄉沈寶禾撰

稿本　清張肇辰跋

浙圖

集 4951

藝香詩草略存一卷

清長興倪灃撰

稿本　長興王修跋

浙圖

集 4952

環龍居詩稿一卷

清長興施恩溥撰

清抄本　長興王修跋

浙圖

集 4953

晉遊草十一卷

清嘉興馬汾撰

清抄本　清馬熊跋

浙圖

集 4954

點易軒詩鈔六卷

清會稽葉樹滋撰

稿本

浙圖

集 4955

寄廬吟一卷晴窻雜詠一卷

清平湖時樞撰

稿本

浙圖

集 4956

難易居詩鈔一卷

清饒應坤撰

稿本　佚名校

浙圖

集 4957

苕溪詹丹林詩稿一卷

清苕溪詹丹林撰

稿本　清何灝等跋

浙圖

集 4958

燈清茶嫩草三卷

清苕溪沈蕉青撰

稿本　清孫麟趾、王宗慶、胡光戊等跋

浙圖

集 4959

槐蔭小庭詩草一卷鏡蓮賸筆一卷

清會稽朱敦毅撰

稿本　清吴受申等題款

浙圖

集 4960

唾餘吟館遺集二卷

清蕭山何鼎勳撰

稿本

浙圖

集 4961

雲悦山房偶存稿六卷紅樓夢戲詠一卷

清楊維屏撰

清抄本

浙圖

集 4962

帚珍齋詩存二十卷

清上虞沈奎撰

清抄本

浙圖

集 4963

紅芙吟館詩鈔一卷詩餘一卷

清錢塘嚴麗正撰

稿本

浙圖

集 4964

三樂軒吟草一卷

清瑞安釋小墨撰

清同治十二年(1873)釋定禪抄本
溫圖

集 4965
敬承堂刪存二卷
清海昌鍾峻撰
清敬承堂抄本
浙圖

集 4966
鷄牕續稾四卷
清海昌宋楗撰
稿本
浙圖

集 4967
積石齋詩初集五卷
清金聘撰
稿本
浙圖

集 4968
夢琴哭子詩一卷
清陳希恕撰
稿本　清沈烜、楊澥題款
浙圖

集 4969
西澗詩鈔一卷
清會稽陳志源撰
稿本
浙圖

集 4970
蔣雪齋吟草一卷
清瑞安蔣峰撰
稿本　姜雲湘校
溫圖

集 4971
耦秦樓初存稿一卷
清女史□□撰
清飛雲閣抄本
浙圖

集 4972
東崦草堂雜著一卷
清徐傅撰
稿本
浙圖

集 4973
梯雲山館初稿二卷
清海昌周毓芳撰
稿本　清蔣輝等跋
浙圖

集 4974
紅雪山房詩存七卷
清臨海劉暄之撰
稿本
浙圖

集 4975
心亭書屋存稿一卷
清海昌管徵麐撰
稿本　清海寧管庭芬跋
浙圖

集 4976
曹秋槎遺詩一卷
清瑞安曹應樞撰
清抄本
溫圖

集 4977
玉尺堂雜著不分卷
清殷兆鏞撰

稿本
浙圖

集 4978
然松閣詩鈔四卷
清顧槐三撰
稿本
浙圖

集 4979
荔園詩續鈔四卷
清海昌張駿撰
清抄本
浙圖

集 4980
笠舫詩文集不分卷
清會稽王衍梅撰
稿本
浙圖

集 4981
等閒集詩鈔一卷
清錢塘張敬謂撰
清光緒六年(1880)張預抄本
浙圖

集 4982
對花餘韻一卷
清周介玉撰
稿本　清楊蓉鏡跋
浙圖

集 4983
綠淨山莊詩十卷
清嘉興章溥撰
祝廷錫抄本　嘉興祝廷錫批跋　海寧張宗祥跋
浙圖

集 4984
知畏齋文稿一卷
清海昌查人漢撰
清抄本
浙圖

集 4985
陶寫山房雜詠二卷
清瑞安陳兆賓撰
稿本
温圖

集 4986
張夢羲遺稿一卷
清永嘉張夢羲撰
稿本
温圖

集 4987
脂雪軒詩鈔四卷
清瑞安胡玠撰
清抄本
浙圖

集 4988
鑑湖逸客吟稿一卷
清高穰雲撰
稿本
浙圖

集 4989
鑑湖逸客吟稿一卷補遺一卷
清高穰雲撰
清孫孝先抄本　清孫孝先跋
浙圖

集 4990
綠迦楠精舍詩草一卷
清仁和錢廷烺撰

稿本　清黄研香、黄鍾秀批注並跋　清單壯圖、李嘉賓等跋
浙圖

集 4991
荔龕詩存一卷
清岑應麟撰
稿本　清會稽陶濬宣跋
浙圖

集 4992
吟香室詩二卷
清陸擷湘撰
稿本　清李萬秋跋
浙圖

集 4993
沽上趨庭始存稿□卷
清邊浴禮撰
稿本　清湯瓛等跋
存二卷　三　六
浙圖

集 4994
健修堂詩錄二十二卷
清邊浴禮撰
清抄本　清曾國藩批注
存五卷　六至十
九行二十五字　無格
紹圖

集 4995
南窗唫草一卷
清平湖何晉槐撰
稿本
浙圖

集 4996
環筠唫館詩集一卷
清朱綬撰
稿本
浙圖

集 4997
吉祥止止齋詩稿三卷
清海昌朱恭壽撰
清抄本　佚名跋
浙圖

集 4998
長吟手稿不分卷
清桐鄉沈潮撰
稿本
浙圖

集 4999
暖春書屋詩刪三卷
清方俊撰
清建水縣儒宫抄本　清楊誠虚跋
浙圖

集 5000
竹里詩存八卷
清會稽王惠撰
清同治(1862—1874)王介臣、王枚臣刻本
八行十八字　四周雙邊　白口
18.7×12.7 釐米
浙圖

集 5001
東湖叢記一卷
清海寧蔣光煦撰
清孫氏玉海樓抄本
十行二十一字　左右雙邊　細藍口
19.3×11.8 釐米
浙大

集 5002

梨雲近稿不分卷

清海昌王蕚香撰

稿本

九行二十五字　無格

嘉圖

集 5003

緘石集一卷

清鎮海胡濱撰

清活字印本　佚名據存藁校補

18.7×13.4 釐米

浙圖

集 5004

恬養齋詩一卷

清嘉興張保衡撰

稿本　清朱康壽等跋

浙圖

集 5005

燼餘詩存一卷文存一卷

清謝寶鼎撰

清抄本

浙圖

集 5006

養素居詩集存一卷

清秀水董棨撰　清秀水董念棻輯

白華庵刼餘詩草附題一卷

清秀水董念棻撰

稿本

浙圖

集 5007

體親樓初稿二卷

清海昌張保祉撰

清抄本　清余楙、許仁傑跋

浙圖

集 5008

不律唫一卷

清蕭山蔡名衡撰

稿本

十行二十字　四周雙邊　白口

天一閣

集 5009

蔡詩船先生詩稿一卷

清蕭山蔡名衡撰

稿本

浙圖

集 5010

小柯亭詩集二十四卷

清蕭山蔡名衡撰

清抄本

存九卷　一至三　十三至十八

浙圖

集 5011

金庭散人賦梅花詩一卷

清湯擴祖撰

稿本

浙圖

集 5012

台蕩游草一卷

清瑞安項霽撰

丁立誠抄本

浙圖

集 5013

春星草堂詩二卷

清烏程吳鍾奇撰

稿本

浙圖

集 5014

暴麥亭稿六卷

清山陰高頌禾撰

稿本　清吳國俊、董曉等跋

臯聞館集四卷

東瀛集二卷

浙圖

集 5015

章鋆詩文稿不分卷

清鄞縣章鋆撰

稿本

浙圖

集 5016

望雲山館賦稿不分卷

清鄞縣章鋆撰

清末抄本　慈溪馮貞群跋

八行二十字　四周單邊　白口

18.5×12 釐米

天一閣

集 5017

詩農詩稿一卷

清張庭學撰

清徐氏煙嶼樓抄本

十行二十一字　左右雙邊　黑口

天一閣

集 5018

夏子松先生函牘一卷

清仁和夏同善撰

稿本

浙圖

集 5019

蘭忻集詩鈔三卷

清黄巖王蘭臯撰

清周耕墨抄本　清咸豐十年(1860)黄巖王棻跋

黄巖圖

集 5020

芝僧近稿雜録一卷

清桐鄉嚴辰撰

稿本

溫圖

集 5021

適園叢稿四卷

清袁學瀾撰

稿本　清亢樹滋等跋

適園詩草一卷

西山探桂集一卷

清寒會友詩一卷

文稿一卷

浙圖

集 5022

煙嶼樓詩初稿不分卷

清鄞縣徐時棟撰

稿本

十一行字數不一　四周單邊　白口

18.3×14 釐米

天一閣

集 5023

煙嶼樓編年詩集不分卷

清鄞縣徐時棟撰

稿本

十行字數不一　左右雙邊　黑口

19×14 釐米

天一閣

集 5024

煙嶼樓詩集十八卷

清鄞縣徐時棟撰

清徐氏煙嶼樓抄本

十行二十一字　左右雙邊　黑口

19×14 釐米

天一閣

集 5025

煙嶼樓詩集不分卷

清鄞縣徐時棟撰

清徐氏煙嶼樓抄本

十一行二十一字　四周單邊　白口

19×14 釐米

天一閣

集 5026

徐柳泉詩稿不分卷

清鄞縣徐時棟撰

稿本

十行二十一字　四周單邊　白口

18.2×14 釐米

天一閣

集 5027

幢橋詩稿十卷

清鄞縣徐時棟撰

清徐氏煙嶼樓抄本

十行二十一字　左右雙邊　黑口

19×14 釐米

天一閣

集 5028

謝城遺稿一卷

清烏程汪曰楨撰

劉氏求恕齋抄本　南潯劉氏求恕齋校

浙圖

集 5029

梅菴先生遺集不分卷

清黄巖王維祺撰　清黄巖王棻輯

清同治五年(1866)手稿本

黄巖圖

集 5030

梅菴先生遺集三卷

清黄巖王維祺撰　清黄巖王棻輯

清王氏家抄本

黄巖圖

集 5031

平嵐峰先生文稿一卷

清山陰平嵐峰撰

清平步青抄本　清山陰平步青跋

九行二十七字　無格

紹圖

集 5032

遲鴻軒詩續一卷文續一卷

清歸安楊峴撰

稿本

浙圖

集 5033

聊存鈔六卷

清王兆森撰

清抄本　清錢綏槼跋

浙圖

集 5034

啣薑集一卷後詠懷一卷

清秀水曹大經撰

稿本

浙圖

集 5035

么絃獨語一卷

清秀水曹大經撰

稿本　清秀水董念棻校並跋

浙圖

集 5036

二泉先生賦鈔不分卷

清鄭沅撰

清咸豐(1851—1861)范登倬抄本

衢博

集 5037

抱潛詩稿一卷

清陳元祿撰

稿本　清瑞安孫衣言、王鴻、沈兆麟等跋

浙圖

集 5038

樵隱昔寱二十卷

清山陰平步青撰

稿本

存七卷　十二至十八

浙圖

集 5039

越吟殘草一卷

清山陰平步青撰

清抄本

浙圖

集 5040

越吟殘草一卷

清山陰平步青撰

清安越堂抄本

浙圖

集 5041

霞外山人書翰一卷郵筒存檢一卷

清山陰平步青撰

稿本

浙圖

集 5042

補琴山房吟草七卷

清山陰陳錦撰

稿本　清孫文川跋

浙圖

集 5043

補勤詩存續編六卷懷歸集一卷

清山陰陳錦撰

稿本

浙圖

集 5044

補勤詩存二十四卷

清山陰陳錦撰

清抄本

浙圖

集 5045

荔村漫筆一卷

清譚宗浚撰

稿本

浙圖

集 5046

止菴筆語一卷

清譚宗浚撰

清稿本

浙圖

集 5047

黄漱蘭先生駢文一卷賦鈔一卷

清瑞安黄體芳撰

清光緒二十年抄本

溫圖

集 5048

埽雲仙館詩鈔四卷

清三衢詹嗣曾撰

清同治元年(1862)活字印本

20.4×14.7 釐米

浙圖

集 5049

寶芸齋詩草三卷

清葉名澧撰

稿本　佚名批評

浙圖

集 5050
顧廣譽劄記一卷
清平湖顧廣譽撰　清平湖顧鴻昇輯
稿本
十一行二十四字　無格
嘉圖

集 5051
餐花室詩稿五卷
清桐鄉嚴錫康撰
稿本
浙圖

集 5052
澤雅堂集一卷
清烏程施補華撰
稿本　清樊增祥跋
浙圖

集 5053
澤雅堂詩集四卷
清烏程施補華撰
稿本
浙圖

集 5054
澤雅堂詩二集十二卷
清烏程施補華撰
清抄本
湖博

集 5055
林屋紀游詩一卷
清趙宗建撰
稿本　清吳大澂等跋
嘉圖

集 5056
松夢寮文集三卷
清錢塘丁丙撰
清抄本
浙圖

集 5057
衍香居詩草三卷
清陳仁蔭撰
稿本　清慈谿張翊仍、慈谿張翊儁、錢其竑跋
浙圖

集 5058
麟洲詩草八卷
清慈谿張翊儁撰
稿本
舞象小草一卷
麻鞋草一卷
棄儒集一卷
續斷腸草一卷
冷齋清課一卷
驚濤集一卷
斷腸集一卷
春申江上錄一卷
天一閣

集 5059
見山樓詩草八卷
清慈谿張翊儁撰
稿本　陸廷黻、潘景鄭跋
浙圖

集 5060
見山樓詩選不分卷
清慈谿張翊儁撰
清光緒二十二年(1896)鴻墀抄本
天一閣

集 5061
桐華舸詩稿五卷殘明詠史詩一卷秋窗夜雨詞一卷
清鮑瑞駿撰

稿本　清□蓀跋
浙圖

集 5062
桐華舸詩稿一卷褒忠詞一卷
清鮑瑞駿撰
稿本　清管晏、周士澄、方小東等跋
浙圖

集 5063
聊復閒吟一卷
清海昌管鴻儒撰
稿本　清海寧管庭芬跋
浙圖

集 5064
芷湘吟稿不分卷
清海寧管庭芬撰
稿本
浙圖

集 5065
渟溪老屋自娱集二卷補遺七卷芷湘吟稿不分卷
清海寧管庭芬撰
稿本〔補遺配清管偉之抄本〕　海寧管元耀跋
海寧圖

集 5066
渟溪老屋題畫詩不分卷
清海寧管庭芬撰　海寧管元耀輯
清宣統三年(1911)管元耀抄本　海寧管元耀跋
浙圖

集 5067
秋心廢稾一卷皐廡偶存一卷淮浦閒草一卷
清江山劉履芬撰
稿本
浙圖

集 5068
聽雪軒詩存三卷
清海昌李善蘭撰
張宗祥抄本　海寧張宗祥跋
浙圖

集 5069
師經室詩存二卷
清海昌蔣仁榮撰
清光緒二十四年(1898)刻本　陳從周校並跋
18.5×13.4 釐米
浙圖

集 5070
樂壽堂詩稿九卷
清會稽施山撰
稿本　清王子壽評
缺四卷　一至四
浙圖

集 5071
北山文續鈔一卷
清黄巖姜文衡撰
清同治六年(1867)王棻抄本
黄巖圖

集 5072
石屋文稿二卷石屋文字一卷石屋雜著一卷
清仁和曹籀撰
稿本
浙圖

集 5073
讀唐史雜詠一卷
清瑞安張振夔撰
丁立誠抄本

浙圖

集 5074

曼殊沙盦三十六壺盧銘一卷

清慈谿葉金壽撰　清鄞縣郭傳璞注

清抄本

浙圖

集 5075

師竹齋主人信札一卷

清海鹽徐用儀撰

稿本

浙圖

集 5076

環碧主人賸稿一卷

清嘉興沈亨惠撰

稿本　清嘉興張鳴珂校並跋

六行十八字　白口

20.5×11.2 釐米

嘉圖

集 5077

補讀軒詩稿不分卷

清殷李堯撰

稿本

浙圖

集 5078

湘麋館遺墨粹存一卷

清會稽陶方琦撰

稿本　清樊增祥批

浙圖

集 5079

潩盧初稿四卷

清會稽陶方琦撰

稿本　清會稽孫德祖跋

浙圖

集 5080

陶湘麋學使詩文遺稿不分卷

清會稽陶方琦撰

稿本

浙圖

集 5081

陶方琦書札一卷

清會稽陶方琦撰

稿本

紹圖

集 5082

藝風老人遺札二卷

繆荃孫撰

手稿本

杭圖

集 5083

蔘綏閣詩鈔一卷潞舺詞一卷

清瑞安黄紹箕撰

稿本

玉海樓

集 5084

復安堂文稿不分卷

清海鹽朱福詵撰

稿本

浙圖

集 5085

梁文忠公書札一卷

梁鼎芬撰

稿本

杭圖

集 5086

越縵堂賸詩一卷

清會稽李慈銘撰

稿本
七行字數不一　四周單邊　白口
25.3×16.4釐米
紹圖

集5087
蘿菴游賞小志一卷白華絳跗閣詩一卷
清會稽李慈銘撰
清同治二年(1863)秋泉抄本　清秋泉跋
十行二十二字　四周雙邊　白口
12.9×10.2釐米
浙大

集5088
越縵堂駢體文四卷
清會稽李慈銘撰
清光緒三年(1877)刻虛霩居叢書本　清王積文批校並題款
十一行二十一字　左右雙邊　白口
15.9×12.6釐米
浙圖

集5089
越縵堂駢散文類鈔二卷補鈔一卷
清會稽李慈銘撰　楊越輯
稿本
浙圖

集5090
越縵堂雜著不分卷
清會稽李慈銘撰
清抄本
浙圖

集5091
李慈銘未刻稿不分卷
清會稽李慈銘撰
清抄本
浙圖

集5092
軿囊叢稿不分卷
清臨海葛詠裳撰
稿本
九行二十五字　四周單邊　白口
17.2×10.4釐米
杭圖

集5093
補松廬文稿六卷
錢塘吴慶坻撰
張宗祥抄本　海寧張宗祥跋
浙圖

集5094
補松廬詩錄一卷
錢塘吴慶坻撰
稿本
浙圖

集5095
補松廬詩六卷
錢塘吴慶坻撰
稿本
浙圖

集5096
補松廬雜文不分卷
錢塘吴慶坻撰
柯劭忞評
稿本
杭圖

集5097
拙怡堂文稿二卷
清會稽馬賡良撰
稿本　清會稽陶方琦、會稽陶濬宣、烏程施補華跋
九行二十二字　四周單邊　白口
17.5×10.5釐米

紹圖

集 5098
止軒文習初草四卷文蜕一卷
清會稽王繼香撰
稿本　清秀水沈景修等題簽
浙圖

集 5099
止軒集不分卷
清會稽王繼香撰
稿本
浙圖

集 5100
百悔辭不分卷
清會稽王繼香撰
稿本
浙圖

集 5101
醉吟草詩十五卷
清會稽王繼香撰
稿本　清翁同龢、會稽陶方琦題簽
浙圖

集 5102
醉吟草不分卷
清會稽王繼香撰
稿本
十二行二十五字　四周單邊　白口
17×13.1 釐米
浙大

集 5103
越雅堂詩文稿不分卷
清會稽王繼和撰
稿本
浙圖

集 5104
儀宋齋初稿二卷
清王采藻撰
稿本　清張仲遠校
浙圖

集 5105
稷廬信稿一卷
清會稽陶濬宣撰
稿本
紹圖

集 5106
沈景修信札一卷
清秀水沈景修撰
稿本
杭圖

集 5107
沈景修函牘一卷
清秀水沈景修撰
稿本
浙圖

集 5108
聲遠堂文鈔四卷
清王翼鳳撰
清隱秀堂抄本
浙圖

集 5109
詩稿一卷
清姚光憲撰
稿本
浙圖

集 5110
鳴秋小草二卷
清鄭子愚撰

清吳眷煊抄本　清吳眷煊跋
浙圖

集 5111
琴曹詩存一卷
清黄治撰
稿本
浙圖

集 5112
正氣齋詩稿不分卷
清山陰李榁撰
稿本
浙圖

集 5113
浮峰詩草一卷
清山陰周大榜撰
稿本
浙圖

集 5114
鐵石亭詩鈔□卷
清時慶萊撰
稿本
存一卷　一
浙圖

集 5115
函稿不分卷
清劉傳祺撰
稿本
浙圖

集 5116
沈韻樓先生詩存一卷
清海昌沈恕撰
張宗祥抄本　海寧張宗祥跋
浙圖

集 5117
小岎山館詩賸一卷
題小岎山人撰
稿本
浙圖

集 5118
秋江漁隱詩草一卷
清紹興章湘雲撰
稿本
浙圖

集 5119
就正草一卷
清山陰吳龍曾撰
稿本
浙圖

集 5120
芝秀軒詩稿一卷
題清芝秀軒主人撰
稿本　清麻維緒批校　清陸增祥跋
浙圖

集 5121
香坡詩草四卷
清抄本
浙圖

集 5122
春暉堂詩鈔一卷
清徐福辰撰
稿本
浙圖

集 5123
更生詩存四卷
清苕溪沈更生撰
稿本
浙圖

集 5124

紫珊詩稿一卷

清陳棻撰

稿本

六行十七至十九字　四周雙邊　白口

16.5×10.5 釐米

紹圖

集 5125

惟適草堂唫稿一卷

清李王熊撰

清暉書屋詩存一卷

清李豫康撰

清抄本

浙圖

集 5126

燒不盡草三卷

清錢塘包嘻撰

清抄本

浙圖

集 5127

雪香小草一卷

清山陰石友蘭撰

稿本

浙圖

集 5128

雙瑞竹館吟鈔一卷

清許傳霈撰

稿本　清宗湘文、陳昆、宗得福、張棣生跋

浙圖

集 5129

退思軒吟草一卷

清許傳霈撰

稿本

浙圖

集 5130

寄通齋詩草一卷

清王儀鄭撰

稿本

浙圖

集 5131

越吟草一卷越中吟一卷

清海昌張均撰

稿本

浙圖

集 5132

太霞山館詩抄一卷

清泰順董斿撰

稿本

溫圖

集 5133

夢若山房詩稿六卷

清嘉興朱棪撰

稿本

浙圖

集 5134

武烈公遺墨不分卷

清繆梓撰

稿本

浙圖

集 5135

碧梧軒詩鈔一卷

清會稽馬傳朱撰

清末抄本

浙圖

集 5136

枚卿詩稿不分卷

清孝豐許賡藻撰

清抄本　萬德懿跋
浙圖

集 5137
茶話軒詩集二卷
清永嘉陳舜咨撰　清樂清林大椿評
清抄本
浙圖

集 5138
古芬山館遺稿一卷
清仁和周芝沅撰
清抄本
浙圖

集 5139
五十學詩齋初稿一卷味詩草堂稿一卷
清海昌張兆棻撰
清抄本　清徐鳳銜跋
浙圖

集 5140
雙桐齋排律詩一卷
清鄞縣李維鏞撰
清衣德樓抄本
天一閣

集 5141
雙桐齋文稿一卷
清鄞縣李維鏞撰
清衣德樓抄本
天一閣

集 5142
翠微山房詩稿四卷
清永嘉金璋撰
清孫氏玉海樓抄本
溫圖

集 5143
望山草堂文稿不分卷
清泰順林鶚撰
清瑞安孫氏玉海樓抄本
溫圖

集 5144
葉吉臣遺稿不分卷
清葉吉臣撰
清稿本　龍游余紹宋批校
浙圖

集 5145
鳳研齋詩鈔一卷
清平陽陳乙撰
稿本
溫圖

集 5146
晟溪漁唱一卷
清歸安凌介禧撰
清抄本
浙圖

集 5147
荻廬唫草一卷求木唫草一卷關中遊草一卷聽風證月樓詩餘一卷
清平湖沈應奎撰
清末抄本
浙圖

集 5148
嵩少山人詩草□卷
清山陰吳淞撰
清末抄本
存五卷　一至四　卷六下
浙圖

集 5149

嵩少山人詩草三卷

清山陰吳淞撰

稿本

浙圖

集 5150

嵩少山人詩草一卷

清山陰吳淞撰

稿本

浙圖

集 5151

唫花室詩存一卷

清武林孫兆麟撰

清抄本

浙圖

集 5152

燭湖詩鈔一卷

清餘姚孫樹雲撰

清胡傑人家抄本　清餘姚胡傑人題詞　清會稽陶濬宣跋

浙圖

集 5153

忘憂草不分卷

清壽莊撰

稿本　題雪梅館主人題簽

浙圖

集 5154

白雲草堂續集不分卷

清鄒錫秬撰

清抄本

浙圖

集 5155

有不爲齋存稿一卷

清海昌倪鎔撰

清光緒十七年(1891)倪慶藻抄本

浙圖

集 5156

亢藝堂遺集摘鈔二卷

清會稽孫廷璋撰

清抄本

浙圖

集 5157

蘊珠室詩稿不分卷

清錢塘吳崇俊撰

稿本　清吳松英跋

浙圖

集 5158

會稽山齋文十二卷

清謝應芝撰

清抄本

存六卷　一至六

浙圖

集 5159

谿北詩藁□□卷

清慈谿戎金銘撰

稿本

存八卷　九至十六

浙圖

集 5160

存素堂詩稿四卷駢文四卷駢文續稿二卷

清衢州葉如圭撰

清抄本

浙圖

集 5161

九思堂詩稿續編七卷

清和碩醇親王奕譞撰

清抄本

浙圖

集 5162

琴詠樓詩酌二卷

清鎮海姚景夔撰

稿本　清王韜、陳樹滋等跋

八行二十一字　無格

天一閣

集 5163

琴詠詩文稿一卷

清鎮海姚景夔撰

稿本

浙圖

集 5164

問桃花館詩鈔不分卷

清錢塘鄒在衡撰

稿本　馬敘倫跋

浙圖

集 5165

倚琴閣詩草一卷詞一卷

清錢塘吳麟珠撰

倚琴女史事略一卷

清傅以綏撰

清抄本

浙圖

集 5166

古愚堂詩鈔十五卷

清黄巖王樂胥撰

稿本

浙圖

集 5167

金峩山館詩稿五卷

清鄞縣郭傳璞撰

稿本

蕉桐集删存一卷

吾豈集删存一卷

海粟集删存一卷附丁丑近作一卷

紅犀館詩課删存一卷

十行字數不一　四周雙邊　白口

19.3×13.3 釐米

天一閣

集 5168

金峩山館不分卷

清鄞縣郭傳璞撰

稿本

十行二十一字　四周雙邊　白口

19.4×13.4 釐米

天一閣

集 5169

金峩雜著不分卷

清鄞縣郭傳璞撰

稿本

十行二十一字　四周雙邊　白口

19.4×13.4 釐米

天一閣

集 5170

金峩山館詩集一卷

清鄞縣郭傳璞撰

稿本

十行二十一字　四周雙邊　白口

19.5×13.5 釐米

天一閣

集 5171

吾悔集一卷

清鄞縣郭傳璞撰

稿本

浙圖

集 5172

吾悔集一卷

清鄞縣郭傳璞撰

稿本

七行字數不一　四周花邊

27 × 17.5 釐米
天一閣

集 5173
瓊游速藻□卷
清鄞縣郭傳璞撰
稿本
存册二　册四
天一閣

集 5174
陳璚詩稿一卷
清陳璚撰
稿本　阮紹昌等跋
杭圖

集 5175
周季貺致傅節子尺牘一卷
清山陰周星詒撰
稿本　陳橋驛題款
杭圖

集 5176
拙尊園叢稾三編不分卷
清黎庶昌撰
清抄本
十行二十四字　左右雙邊　白口
20.5 × 15 釐米
天一閣

集 5177
遊富春江詩一卷
清仁和陳豪撰
靄如先生和原韻一卷
稿本
杭圖

集 5178
刦餘賸稿不分卷
清沈人俊撰
稿本　清烏程施補華、黄巖王棻、曹楞、嵇紹敏、孫家楨、季培蓉等跋
浙圖

集 5179
有餘地遺詩六卷有餘地韻語一卷
清邱孫錦撰
稿本
缺二卷　四至五
浙圖

集 5180
滇省十不平論一卷
清岑毓英撰
往來函牘不分卷
清劉琨等撰
清抄本
九行字數不一　無格
浙大

集 5181
楚遊草一卷
清餘姚潘朗撰
清胡傑人抄本　清餘姚胡傑人跋　清會稽陶濬宣題款
浙圖

集 5182
賸馥吟十種不分卷
清餘姚胡傑人撰
稿本
賸馥續吟不分卷
餘姚竹枝詞百詠不分卷
賸馥續吟招友詩不分卷
賸馥續吟招友三百律不分卷
賽竹樓叢書不分卷
陞科記事詩不分卷
三韓記事詩不分卷
二韓記事詩不分卷
策問不分卷

田臾頌不分卷
浙圖

集 5183
賸馥吟續編三卷賽竹樓詞鈔一卷
清餘姚胡傑人撰
稿本
浙圖

集 5184
賸馥續吟二卷
清餘姚胡傑人撰
稿本
浙圖

集 5185
小曝書亭學吟稿三卷
清嘉興朱裔昌撰
稿本
嘉圖

集 5186
翕園詩存二卷
清會稽陶在新撰
稿本　清會稽陶濬宣跋
浙圖

集 5187
寄槃詩稿一卷
清會稽陶在銘撰
稿本
十行字數不一　四周單邊　白口
20.5×12.5 釐米
紹圖

集 5188
山北鄉土集一卷
清慈谿范觀濂撰
清抄本
紹圖

集 5189
安蔬齋詩詞一卷
清黄恩綬撰
稿本
浙圖

集 5190
韞玉山館吟草一卷
清瑞安沈寶瑚撰
稿本　清蔡廣恒評
浙圖

集 5191
韞玉山館詩鈔四卷
清瑞安沈寶瑚撰
稿本　清蔡廣恒評
浙圖

集 5192
吟風嘯月軒詩藁四卷
清嘉善沈葆元撰
稿本　清錢維榦跋
杭圖

集 5193
揅雅堂詩鈔一卷
清錢塘張景祁撰
稿本
浙圖

集 5194
閩省近事竹枝詞一卷
題清三山樵叟撰　題清雲溪老漁續
清抄本
七行十六字　四周單邊　白口
12.7×8.4 釐米
浙大

集 5195

效颦草二卷

清紹興樊開周撰

清抄本

浙圖

集 5196

步梅詩鈔續編十三卷

清餘姚宋夢良撰

清胡傑人家抄本　清鄭涌題簽

浙圖

集 5197

姚州竹枝詞百詠一卷補遺一卷續補遺一卷

清餘姚宋夢良撰

清胡傑人家抄本　清餘姚胡傑人題詞

浙圖

集 5198

長木齋詩文草三卷

清羅淼撰

稿本

天一閣

集 5199

晚菘園詩稿一卷

清會稽杜悔隅撰

清光緒十四年(1888)抄本

八行十九字　四周雙邊　白口

21.5×11.6 釐米

紹圖

集 5200

映紅樓詩稿初存集三卷

清慈溪王定祥撰

稿本　梅調鼎批注

天一閣

集 5201

映紅樓詩稿初存集五卷

清慈溪王定祥撰

稿本

天一閣

集 5202

映紅樓詩鈔不分卷

清慈溪王定祥撰

稿本

浙圖

集 5203

映紅樓文稿不分卷

清慈溪王定祥撰

稿本

天一閣

集 5204

映紅樓文稿一卷

清慈溪王定祥撰

稿本

浙圖

集 5205

映紅樓詩稿寄傲集一卷扁舟集一卷江潭集一卷聊復吟一卷

清慈溪王定祥撰

稿本

天一閣

集 5206

扁舟集一卷

清慈溪王定祥撰

稿本

天一閣

集 5207

夢梨雲館詩鈔十六卷續鈔四卷

清符兆倫撰

稿本　宇濳評注
存十四卷　詩鈔五至十六　續鈔三至四
溫圖

集 5208
夢姍姍室畫虎集一卷
清忠滿撰
稿本
浙圖

集 5209
劍龍吟館雜存一卷
清紹興汪子清撰
稿本　清袁振蟾跋
浙圖

集 5210
青芙館全集十六卷
清山陰金鍾彦撰
稿本
浙圖

集 5211
逐業堂稿二卷
清臨海葉英元撰　清黄巖管世駿校
附蘭坪遺著不分卷
清吴銓撰
稿本
浙圖

集 5212
葉壎吟室文鈔不分卷
清黄巖管作霖撰
稿本
浙圖

集 5213
述古堂文稿不分卷
清慈溪馮一梅撰
稿本
天一閣

集 5214
硯雲詩稿不分卷
清慈谿王迪中撰
稿本
八行二十一字　無格
天一閣

集 5215
浮碧山館駢文二卷
清慈谿馮可鏞撰
稿本
八行二十字　無格
天一閣

集 5216
隱吾草堂詩稿二卷靜寄齋詩稿一卷
清秀水郭照撰
清光緒二十六年(1900)郭似壎抄本
八行二十一字　四周雙邊　白口
19×12.5 釐米
嘉圖

集 5217
白雲集不分卷
清嘉興張淮撰
稿本　清李承模、許祖昱跋
浙圖

集 5218
環翠軒南遊寄草二卷蟄居閒草一卷
清平焜撰
稿本
浙圖

集 5219
和葉艾庵白湖竹枝詞三十首一卷
清慈谿姚朝翽撰

稿本
天一閣

集 5220
會稽山人詩存一卷
清會稽唐福履撰
稿本　清陳昌沂、沈百墉跋
浙圖

集 5221
雙桂軒詩草一卷繡餘小草一卷
清山陰沈玫撰
稿本　清笪世基等跋
浙圖

集 5222
梅影盦詩稿一卷
清浣雲撰
稿本
浙圖

集 5223
一芝草堂初稿不分卷雜稿一卷
清餘杭吳懋祺撰
稿本
浙圖

集 5224
拙吾詩草不分卷
清仁和高鼎撰
稿本
浙圖

集 5225
香雪廬稿一卷
清海昌□□撰
稿本　清海寧管庭芬、姚仁瑛跋
浙圖

集 5226
浮塵集一卷刻檽集一卷
清王寶書撰
稿本
浙圖

集 5227
聽秋聲館遺詩一卷
清錢塘吳恩埰撰
稿本
浙圖

集 5228
寄菴遺稿一卷
清錢塘吳文塄撰
稿本　錢塘吳慶坻跋
浙圖

集 5229
小窗香雪詩鈔七卷
清曹學詩撰
稿本　許承堯跋
浙圖

集 5230
饗喜廬詩初集一卷
清德清傅雲龍撰
稿本
浙圖

集 5231
饗喜廬詩槀初集一卷
清德清傅雲龍撰
稿本　清沈芝田批並跋　清洪良品跋
浙圖

集 5232
饗喜廬文初集十八卷三集四卷
清德清傅雲龍撰

清光緒(1875—1908)寫刻樣本　清翁同龢題簽

浙圖

集 5233

饗喜廬雜鈔不分卷

清德清傅雲龍撰

稿本

浙圖

集 5234

素園詩草一卷

清詹嘉瑞撰

稿本

浙圖

集 5235

孫翼齋先生詩稿一卷

清瑞安孫詒燕撰

清抄本

温圖

集 5236

瘦吟廬詩草不分卷

清山陰沈焯撰

稿本　清會稽周師濂批校

十行字數不一　四周雙邊　白口

19.8×12.8 釐米

紹圖

集 5237

瘦吟廬詩草不分卷

清山陰沈焯撰

稿本

八行二十五字　四周雙邊　白口

20.1×10.5 釐米

紹圖

集 5238

椉艄漁唱自怡集一卷哀思集一卷孤憤集一卷

清台州馮芳撰

稿本

浙圖

集 5239

椉艄詩鈔一卷

清台州馮芳撰

清抄本

黄巖圖

集 5240

課餘小草一卷

清張秉銓撰

稿本

浙圖

集 5241

覆瓿集不分卷

清紀惠庵撰

稿本　清周悦讓、龔易圖跋

浙圖

集 5242

披荆集一卷飘蓬集一卷寄籬集一卷守株集一卷擬古樂府一卷鳩安山房吟草一卷

清江山毛以南撰

稿本　清朱家麒、郭炳儀、吴樹芳跋

浙圖

集 5243

還讀書齋詩存六卷

清海昌查爾穀撰

稿本

杭圖

集 5244
詠素齋古今體詩初草一卷
清高文琰撰
稿本
浙圖

集 5245
夢吟詩草一卷
清鄭思聰撰
稿本　清唐廼勤、韓柳文跋
浙圖

集 5246
三湖詩稿一卷
清笪四基撰
稿本　清山陰王綺跋
浙圖

集 5247
雁魚偶錄不分卷
清笪世基撰
稿本
浙圖

集 5248
轂音吟館詩稿十卷
清平湖張金圻撰
稿本
浙圖

集 5249
蘭修唫館初藁不分卷
清平湖張金圻撰
稿本
浙圖

集 5250
龍門草廬餘墨不分卷
清吳穎明撰
稿本
浙圖

集 5251
凌霞手稿不分卷
清歸安凌霞撰
稿本
浙圖

集 5252
巴俞歌辭一卷
清陳文中撰
稿本
浙圖

集 5253
周耕墨先生手抄文
清黄巖周耕墨撰
手稿本　清黄巖王棻跋　清黄巖王蜺校並跋
黄巖圖

集 5254
深詣齋詩鈔三卷
清黄巖黄鐎撰
清抄本　清黄巖王棻校評並跋
黄巖圖

集 5255
瘦梅香室詩抄二卷
清瑞安李縉雲撰
稿本
溫圖

集 5256
柔橋初集二十卷續集十四卷詩集九卷
清黄巖王棻撰
稿本
存初集十五卷　一至三　九至二十　續集

二卷　一至二　詩集六卷　一至四　八至九
九行二十一字　四周雙邊　白口
19.4×14 釐米

杭圖

集 5257
柔橋集一卷
清黄巖王棻撰
稿本
黄巖圖

集 5258
柔橋三集十六卷
清黄巖王棻撰
清抄本
浙圖

集 5259
稂軒雜錄一卷
清黄巖王棻撰
稿本
黄巖圖

集 5260
稂軒居士初集不分卷
清黄巖王棻撰
稿本
黄巖圖

集 5261
稂軒居士初集不分卷
清黄巖王棻撰
稿本
黄巖圖

集 5262
辯章三卷
清黄巖王棻撰
稿本　清黄巖王彦威、會稽徐元釗、錢塘丁立誠跋
黄巖圖

集 5263
娱園老人代撰書函手稿不分卷
清仁和許增撰
稿本
浙圖

集 5264
草莽閒吟四卷五石瓠齋文鈔一卷
清黄巖林孔哲撰
稿本
浙圖

集 5265
歲暮懷人絶句一卷
清紹興陳陔撰
稿本
浙圖

集 5266
蜀游詩草一卷
清紹興陳陔撰
稿本　清鍾兆霖跋
浙圖

集 5267
金石聲閣文集十六卷
清孫恩詒撰
稿本　清孫傳辰、姚延禧等跋
浙圖

集 5268
海鷗館詩存不分卷
清會稽黄霽棠撰
清抄本
九行二十一字　無格
紹圖

集 5269

湯憲詩一卷

清湯憲撰

稿本

浙圖

集 5270

芝竹山房詩集二卷

清沈青于撰

稿本　清顔海洲跋

浙圖

集 5271

痴蟲吟稿不分卷

清會稽鮑存曉撰

稿本　清鄭錫田跋

浙圖

集 5272

退思齋文稿一卷

清仁和陸元鼎撰

稿本

浙圖

集 5273

怡怡堂集一卷

清錢塘戴以恒撰

稿本

浙圖

集 5274

風雨對吟齋焚餘草一卷味閒詩詞偶存一卷也安雜著偶鈔一卷

清嘉興任瑞良撰

清抄本

缺也安雜著偶鈔一卷

浙圖

集 5275

吟香舫吟稿一卷

清平陽黄青霄撰

稿本

溫圖

集 5276

吟草一卷

清吴熙撰

稿本

浙圖

集 5277

悔無聞寓廬詩聽八卷

清餘杭褚維培撰

稿本

浙圖

集 5278

詒硯齋草稿一卷

清鄞縣陳政鍾撰

稿本

浙圖

集 5279

代耕堂詩集五卷

清徐恒林撰

稿本　清徐紹植跋

浙圖

集 5280

問夢樓吟草六卷醉墨軒游戲漫錄一卷

清瑞安陳兆麟撰

稿本

溫圖

集 5281

香草樓詩集二卷文集一卷

清平陽祝垚之撰

稿本
溫圖

集 5282
坐看雲起樓詩集六卷
清許國年撰
清光緒九年(1883)稿本　清吳大廷批
十一行二十一字　左右雙邊　白口
19×14 釐米
浙大

集 5283
雙清閣袖中詩本二卷擁翠詞稿一卷鷗館梅花百詠一卷
清朱福清撰
清光緒十九年(1893)稿本
九行二十一字　四周雙邊　白口
19×11.2 釐米
浙大

集 5284
西湖仝遊草一卷
海寧張光第撰
稿本
浙圖

集 5285
寶素軒自訂初稿十五卷
清錢塘周一鵬撰
稿本
天一閣

集 5286
果亭古今體詩稿不分卷
清鄞縣鄭爾毅撰
稿本
八行二十字　四周雙邊　白口
19.5×12 釐米
天一閣

集 5287
澹香吟館詩鈔一卷
清瑞安周鳴桐撰
稿本
溫圖

集 5288
澹香吟館詩鈔六卷
清瑞安周鳴桐撰
稿本
溫圖

集 5289
朱又笏先生遺文不分卷
清朱啓勳撰
清光緒(1875—1908)稿本
八行十八字　四周單邊　白口
13.9×9.4 釐米
浙大

集 5290
南遊剩草一卷
清平邦佐撰
稿本
浙圖

集 5291
欲寡過齋詩存四卷
清鄒澤撰
稿本
浙圖

集 5292
巢溪詩草一卷
清江紹華撰
稿本
七行二十字　四周雙邊　白口
18.5×10.8 釐米
天一閣

集 5293

山子詩鈔十卷

清烏程方燾撰

清抄本

浙圖

集 5294

笥岳詩剩二卷

清烏程方燾撰

抄本

浙圖

集 5295

華齋詩鈔一卷

清會稽王華齋撰

抄本

浙圖

集 5296

井字山人詩存四卷

清夏葆彝撰

清抄本　佚名校

浙圖

集 5297

停雲詩藁二卷

清仁和高如陵撰

稿本　清章鴻森、仁和高同雲跋

浙圖

集 5298

補盦文鈔五卷

清仁和高鵬年撰

稿本

浙圖

集 5299

補盦詩鈔編存十二卷

清仁和高鵬年撰

稿本

浙圖

集 5300

匏廬吟草二卷詞稿一卷

清仁和吳敬襄撰

稿本　朱宏晉批　清錢塘許劍青、胡念修跋

浙圖

集 5301

蘋齋賸稿一卷

清長興李祖庚撰

王氏詒莊樓抄本

浙圖

集 5302

笏谿草堂詩稿一卷

清胡公藩撰

稿本

浙圖

集 5303

學錦騈文□卷

清仁和高同雲撰

稿本

存一卷　二

浙圖

集 5304

春到廬詩鈔六卷

清錢塘戴穗孫撰

稿本

浙圖

集 5305

樨香樓尺牘一卷

清永嘉張應爔撰

稿本

溫圖

集 5306
繡餘吟一卷
清仁和張桂芬撰
稿本
浙圖

集 5307
漏甕稿不分卷
清會稽胡堃壽撰
稿本
浙圖

集 5308
青小樓詩稿一卷
稿本
浙圖

集 5309
寄傲樓詩二卷
清馮澍撰
稿本
浙圖

集 5310
青拜廬詩一卷
清錢塘吳淦撰
稿本
浙圖

集 5311
吟碧樓詩稿□卷
清紹興王椿齡撰
抄本
存三卷　三至五
浙圖

集 5312
蓬萊唱和草不分卷
清□□撰
稿本
浙圖

集 5313
止焚稿一卷
清歸安楊以貞撰
稿本　清光緒鄧心茂題簽
浙圖

集 5314
章江游草四卷
清瑞安王撫辰撰
稿本
溫圖

集 5315
省齋詩稿一卷
清青溪沈兆奎撰
稿本
浙圖

集 5316
黝曜室詩存一卷
清陳鼎撰
錢塘吳士鑑抄本
浙圖

集 5317
吟陸草堂詩四卷
清吳寶儉撰
清抄本
浙圖

集 5318
來青軒詩鈔十卷
清德清沈閬崑撰
清抄本　清蔣照跋
存一卷　一
浙圖

集 5319

來青軒詩鈔三卷

清德清沈閬崑撰

稿本

浙圖

集 5320

黃公度觀察尺素書一卷

清黃遵憲撰

稿本

浙圖

集 5321

養餘叢稿不分卷

清仁和張大昌撰

清抄本

浙圖

集 5322

秋江漁草詩集一卷

清會稽顧心田撰

稿本　清月峰跋

浙圖

集 5323

觀餘吟草□□卷

清仁和江藍撰

清光緒十八年(1892)手稿本　清仁和周元瑞批校

存一卷　一

餘杭圖

集 5324

倦庵吟草□□卷

清仁和江藍撰

清光緒十八年(1892)手稿本　清仁和周元瑞批校

存一卷　二

餘杭圖

集 5325

碧珊詩草一卷

稿本

浙圖

集 5326

招隱山房詩草不分卷

清戴啓文撰

稿本　清呂珣、陳世焜跋

浙圖

集 5327

愛影齋詩稿一卷

清陳憲撰

稿本

浙圖

集 5328

茜紅吟館詩存一卷

清歸安沈甲芳撰

稿本

浙圖

集 5329

琴仙女史吟稿一卷詞稿一卷

清顧玉英撰

稿本

浙圖

集 5330

綺窗吟草一卷

清錢塘申志廉撰

清抄本

浙圖

集 5331

朱衎廬先生遺稿八卷補編一卷

清海昌朱昌燕撰

張宗祥抄本

浙圖

集 5332

悔存齋詩集四卷

清海昌宋璉撰

稿本

海寧圖

集 5333

在山小草一卷

清海寧謝澧蘭撰　清吳榕園評

稿本

海寧圖

集 5334

正誼堂文集二十四卷

清鄞縣董沛撰

稿本

缺六卷　一至三　十二　十九　二十四

浙圖

集 5335

公餘百詠一卷

清山陰嚴本撰

稿本　費藎臣跋

浙圖

集 5336

繡餘吟草一卷

清會稽陳織僊撰

清抄本

浙圖

集 5337

芝仙賸草一卷

清陸蒨撰

清抄本

浙圖

集 5338

餐花仙館詩草四卷

清會稽沈祖壽撰

稿本

浙圖

集 5339

澹泊軒劫餘吟草一卷

清錢塘汪臯撰

稿本

浙圖

集 5340

錦霞閣詩集一卷

清包蘭瑛撰

清抄本

浙圖

集 5341

眠綠館雜集八卷

清歸安卜國賓撰

稿本　程思洛、孫興茅等跋

浙圖

集 5342

西湖詩存一卷

清會稽杜吉相撰

稿本

浙圖

集 5343

慈佩軒詩不分卷

清許德裕撰

稿本

浙圖

集 5344

寄龕文賡一卷

清會稽孫德祖撰

稿本
浙圖

集 5345
慕陔堂詩鈔一卷
清錢塘王麟書撰
清抄本　佚名校
浙圖

集 5346
甄花舍詩草二卷
清會稽張世政撰
稿本
浙圖

集 5347
洛思吟一卷
清沈金麒撰
稿本
浙圖

集 5348
櫟木菴詩草一卷詩話一卷文草一卷
鄞縣郭益謙撰
抄本
浙圖

集 5349
遠香閣詩鈔一卷
清仲耀政撰
稿本　佚名評點
浙圖

集 5350
紫荆花館詩詞合鈔一卷香葉舊草堂詩餘一卷
清沈兆琛撰
稿本
浙圖

集 5351
梅里雜詠一百首一卷
清王徵撰
稿本
浙圖

集 5352
附鈔雜體存稿二卷閒窗破睡五言八韻附鈔一卷
清菩蔭撰
稿本
浙圖

集 5353
止塵廬詩鈔一卷
清錢塘許劍青撰
稿本
浙圖

集 5354
聽松閣筆記不分卷
清抄本
浙圖

集 5355
小補蘿屋吟稿一卷
清山陰王綺撰
稿本　沈護棠跋
浙圖

集 5356
蓮峰吟藁一卷
清楊源撰
稿本　朱聖基跋
浙圖

集 5357
嘯夢軒吟箋一卷
清劉暈撰

稿本
浙圖

集 5358
入畫樓吟草一卷
清永嘉曾燮撰
稿本
溫圖

集 5359
半翁詩草一卷
清樂清鄭雲衢撰
稿本
溫圖

集 5360
頗宜茨室詩鈔一卷
清瑞安林駿撰
稿本
溫圖

集 5361
寒碧山房吟草一卷
清范慧蓮撰
清鴻遠書房抄本
浙圖

集 5362
尺蠖庵七言律詩偶存一卷
清程升撰
稿本
浙圖

集 5363
天香樓初集九卷
清黄巖蔡濤撰
稿本
存三卷　一至三
浙圖

集 5364
悟因氏偶存一卷
清曹永齡撰
稿本
海寧圖

集 5365
蒔花小築待删草□卷
清江峰青撰
稿本
存五卷　四至八
浙圖

集 5366
我醒子未定稿二卷
清四明崔鳳鳴撰
稿本
浙圖

集 5367
雲夢詩鈔一卷
清鍾幼田撰
稿本
浙圖

集 5368
意園詩集二卷
清會稽周錫榮撰
稿本
浙圖

集 5369
棲志浮雲不分卷
清嘉興姚文思撰
稿本
浙圖

集 5370
夢檞紐室詩存一卷
清李文紈撰

稿本
浙圖

集 5371
懶梅軒吟稿一卷
題清孅孅道人撰
稿本
浙圖

集 5372
雨華樓吟稿不分卷
清瑞安戴慶祥撰
稿本
溫圖

集 5373
龍坪吟草一卷
清瑞安姜湘雲撰
清抄本
溫圖

集 5374
女書癡稿一卷
清平陽錢蕙撰
清抄本
溫圖

集 5375
申甫先生文集不分卷
清項芳蘭撰
稿本
玉海樓

集 5376
花信樓文草選一卷詩草一卷策論一卷外集三卷
瑞安洪炳文撰
稿本
浙圖

集 5377
松月軒詩草二卷
俞梅撰
稿本　趙汝霖校　俞翁春批校
浙圖

集 5378
七十以外吟一卷
海寧鄒存淦撰
稿本
浙圖

集 5379
偶然吟稿一卷
仁和凌德明撰
清宣統二年(1910)手稿本
餘杭圖

集 5380
王風一卷
錢塘丁立誠撰
清抄本　清德清俞樾跋
浙圖

集 5381
筆峰吟草不分卷
清邱岡撰
稿本
浙圖

集 5382
聖和老人文鈔四卷
朱孔彰撰
稿本
浙圖

集 5383
元蓋寓廬偶存一卷
安吉吳昌碩撰

手稿本　清光緒八年(1882)徐康跋
西泠印社

集 5384
元蓋寓廬偶存一卷
安吉吳昌碩撰
手稿本　清光緒(1875—1908)馬瑞熙、歸安凌霞、譚仲義、鄞縣郭傳璞跋
西泠印社

集 5385
缶廬信札一卷
安吉吳昌碩撰
手稿本
西泠印社

集 5386
池上樓詩稿輯佚一卷
永嘉張之綱撰　張珍懷輯
稿本
浙圖

集 5387
一芒鞋一卷
釋智光撰
稿本
浙圖

詩文評類

集 5388
詩話十卷
明楊成玉輯
明弘治三年(1490)馮忠刻本
存八卷
劉貢父詩話一卷　宋劉攽撰
六一居士詩話一卷　宋歐陽修撰
司馬溫公詩話一卷　宋司馬光撰
後山居士詩話一卷　宋陳師道撰
東萊呂紫微詩話一卷　宋呂本中撰
竹坡老人詩話一卷　宋周紫芝撰
許彦周詩話一卷　宋許彦周撰
張表臣詩話一卷　宋張表臣撰
十行二十字　四周雙邊　黑口
19.5×12.8 釐米
天一閣

集 5389
名家詩法八卷
明黄省曾編
明蕭氏古翰樓刻本
白樂天金鍼集一卷
嚴滄浪詩體一卷
范德機木天禁語一卷
楊仲弘詩法一卷
詩家一指一卷
詩學禁臠一卷
沙中金集二卷
十行二十字　四周單邊　白口
19.9×13.3 釐米
天一閣

集 5390
歷代詩話五十七卷考索一卷
清嘉善何文焕編
清乾隆三十五年(1770)刻本
詩品三卷　梁鍾嶸撰
詩式一卷　唐釋皎然撰
二十四詩品一卷　唐司空圖撰
全唐詩話六卷　宋尤袤撰
六一詩話一卷　宋歐陽修撰
溫公續詩話一卷　宋司馬光撰
中山詩話一卷　宋劉攽撰
後山詩話一卷　宋陳師道撰
臨漢隱居詩話一卷　宋魏泰撰
竹坡詩話一卷　宋周紫芝撰
紫微詩話一卷　宋呂本中撰
彦周詩話一卷　宋許顗撰
石林詩話三卷　宋烏程葉夢得撰
唐子西文錄一卷　宋唐庚撰
珊瑚鈎詩話三卷　宋張表臣撰
韻語陽秋二十卷　宋葛立方撰

二老堂詩話一卷　宋周必大撰
白石道人詩説一卷　宋姜夔撰
滄浪詩話一卷　宋嚴羽撰
山房隨筆一卷　元蔣子正撰
詩法家數一卷　元楊載撰
木天禁語一卷　元范梈撰
詩學禁臠一卷　元范梈撰
談藝錄一卷　明徐禎卿撰
秇圃擷餘一卷　明王世懋撰
存餘堂詩話一卷　明朱承爵撰
夷白齋詩話一卷　明顧元慶撰
歷代詩話考索一卷　清嘉善何文焕撰
九行十八字　左右雙邊　黑口
14.5×10.1 釐米
浙圖　溫圖　紹圖　衢博

集 5391
文心雕龍二卷
梁劉勰撰
清抄本　佚名校
浙圖

集 5392
文心雕龍十卷
梁劉勰撰
明刻本
九行十七字　四周雙邊　白口
20.8×13.6 釐米
天一閣

集 5393
楊升菴先生批點文心雕龍十卷
梁劉勰撰　明楊慎批點　明梅慶生音注
明萬曆三十七年(1609)梅慶生刻本
九行十八字　左右雙邊　白口
20.4×14.8 釐米
浙圖

集 5394
楊升菴先生批點文心雕龍十卷
梁劉勰撰　明楊慎批點　明梅慶生音注
明萬曆三十七年(1609)梅慶生刻天啓二年(1622)重修本
浙大

集 5395
楊升菴先生批點文心雕龍十卷
梁劉勰撰　明楊慎批點　明梅慶生注
明天啓六年(1626)刻本
九行十八字　四周單邊　白口
20.8×14.9 釐米
浙圖

集 5396
楊升菴先生批點文心雕龍十卷
梁劉勰撰　明楊慎批點　明錢塘張墉、洪吉臣等參注
清康熙三十四年(1695)武林抱青閣刻本
九行十八字　四周單邊　白口
20.8×14.8 釐米
浙大

集 5397
文心雕龍十卷
梁劉勰撰　清黄叔琳注
清乾隆六年(1741)黄氏養素堂刻本
九行十九字　左右雙邊　白口
15.5×11.4 釐米
浙圖　寧圖

集 5398
文心雕龍十卷
梁劉勰撰　清黄叔琳輯注
清乾隆六年(1741)黄氏養素堂刻本　佚名錄清紀昀、汪桂等批校　蕭山單丕校
浙圖

集 5399
文心雕龍十卷
梁劉勰撰　清黄叔琳注

清乾隆六年(1741)黄氏養素堂刻本　清佚名録清黄丕烈、顧廣圻批校　清瑞安孫詒讓跋

浙大

集 5400

文心雕龍十卷

梁劉勰撰　清黄叔琳注

清乾隆六年(1741)黄氏養素堂刻本　平湖屈彊批

浙大

集 5401

文心雕龍十卷

梁劉勰撰　清黄叔琳注

清乾隆六年(1741)姚培謙刻本

九行十九字　左右雙邊　白口

15.5×11.4 釐米

溫圖　嘉圖　玉海樓

集 5402

文心雕龍十卷

梁劉勰撰　清黄叔琳注　清紀昀評

清道光十三年(1833)兩廣節署刻朱墨套印本　清瑞安孫詒讓校　清瑞安楊紹廉校

九行二十一字　左右雙邊　白口

21.2×15.3 釐米

溫圖

集 5403

文心雕龍十卷

梁劉勰撰　明楊慎批點　清張松孫輯注

清乾隆(1736—1795)自刻本

九行十八字　四周雙邊　白口

18.2×13.7 釐米

浙圖

集 5404

劉子文心雕龍二卷

梁劉勰撰　明楊慎、曹學佺等批點

註二卷

明梅慶生撰

明閔繩初刻五色套印本

九行十九字　四周單邊　白口

17.9×13.1 釐米

溫圖

集 5405

鍾嶸詩品三卷

梁鍾嶸撰

明刻本

十行二十字　左右雙邊　白口

17.3×13.5 釐米

天一閣

集 5406

詩品一卷

唐司空圖撰

清抄本

溫圖

集 5407

增修詩話總龜四十八卷後集五十卷

宋阮閲輯

明嘉靖二十四年(1545)月窻道人刻本

十一行二十二字　四周單邊　白口

17×13.3 釐米

浙圖　溫圖　天一閣

集 5408

增修詩話總龜四十八卷後集五十卷

宋阮閲輯

清穀玉堂抄本

浙圖

集 5409

增修詩話總龜十二卷

宋阮閱輯

清初抄本

浙圖

集 5410

唐詩紀事八十一卷

宋計有功撰

明嘉靖二十四年(1545)張子立刻本

十行二十一字　四周單邊　白口

19.6×13.4 釐米

天一閣

集 5411

唐詩紀事八十一卷

宋計有功撰

明嘉靖二十四年(1545)洪楩清平山房刻本　清佚名批校

18.9×13.6 釐米

浙圖

集 5412

唐詩紀事八十一卷

宋計有功撰

明崇禎五年(1632)毛氏汲古閣刻本

存二十二卷　二十四至二十五　三十七至五十六

八行十九字　左右雙邊　白口　版心下鐫"汲古閣"

19.1×13.5 釐米

天一閣

集 5413

碧溪詩話十卷

宋黄徹撰

清乾隆二十九年(1764)吳城抄本　清錢塘吳城跋

浙圖

集 5414

韻語陽秋二十卷

宋葛立方撰

明正德二年(1507)葛諶刻本

缺三卷　十一至十二　二十

十行二十字　左右雙邊間四周雙邊　白口

19.5×13 釐米

紹圖

集 5415

全唐詩話三卷

題宋尤袤撰

明正德二年(1507)秦昂刻本

九行十七字　四周雙邊　黑口

20.8×13.8 釐米

浙圖　天一閣*

集 5416

全唐詩話三卷

題宋尤袤撰

清乾隆三十九年(1774)刻本

十行二十一字　左右雙邊　白口

18.9×12.4 釐米

玉海樓

集 5417

晦庵先生詩話一卷

宋朱熹撰　明沈爚輯

明抄本

九行二十一字　四周單邊　白口

20.3×14.6 釐米

天一閣

集 5418

漁隱叢話前集六十卷後集四十卷

宋胡仔輯

清乾隆五年至六年(1740—1741)楊佑啓耘經樓刻本

十三行二十一至二十三字　左右雙邊　黑口

18.2×13.3 釐米
浙圖　杭圖　天一閣

集 5419
漁隱叢話前集六十卷後集四十卷
宋胡仔輯
清乾隆五年至六年(1740—1741)楊佑啓耘經樓刻本　清周雁石批校
溫圖

集 5420
苕溪漁隱叢話前集六十卷後集四十卷
宋胡仔輯
清刻本　佚名批注
十三行二十一至二十四字　左右雙邊　細黑口
18.3×13.2 釐米
紹圖

集 5421
古學鉤玄九卷
宋陳騤輯
明崇禎(1628—1644)刻本
缺四卷　六至九
九行十八字　四周單邊　白口
21×14.5 釐米
天一閣

集 5422
陳學士吟窓雜錄五十卷
題宋陳應行輯
明嘉靖二十七年(1548)崇文書堂刻本
缺十卷　四十一至五十
十二行二十字　左右雙邊　白口
18×13.3 釐米
天一閣

集 5423
林下偶談四卷
宋吳子良撰
清顧氏藝海樓抄本
浙圖

集 5424
林下偶談四卷
宋吳子良撰
清光緒二十一年(1895)王棻抄本　清黄巖王棻、黄巖王舟瑤跋
黄巖圖

集 5425
詩人玉屑二十卷
宋魏慶之輯
明謝天瑞刻本　佚名批校
十行二十二字　四周單邊　白口
20.5×12.8 釐米
浙圖

集 5426
詩人玉屑二十卷
宋魏慶之輯
明處順堂刻本
十一行二十一字　四周雙邊　白口
19.3×13 釐米
浙圖　溫圖*　浙大

集 5427
後村詩話十四卷
宋劉克莊撰
明抄本
存六卷　九至十四
十行十九字　四周雙邊　白口
18×13 釐米
天一閣

集 5428
精選古今名賢叢話詩林廣記十卷後集十卷
宋蔡正孫輯
明弘治十年(1497)張鼐刻本
十行二十字　小字低三字二十一字　四周單邊　白口

21.8×14.6 釐米
天一閣

集5429
精選古今名賢叢話詩林廣記十卷後集十卷
宋蔡正孫輯
明刻本
存五卷 一至五
八行十六字 左右雙邊 黑口
18.2×12 釐米
天一閣

集5430
精選詩林廣記四卷
宋蔡正孫輯
明刻本
九行二十字 四周雙邊 白口
19.8×13.3 釐米
浙圖

集5431
性學李先生古今文章精義一卷
元李淦撰
清抄本 清山陰沈復粲批並跋
十行二十字 無格
紹圖

集5432
吴禮部詩話二卷
元東陽吴師道撰
繆氏藕香簃抄本
浙圖

集5433
南溪筆錄群賢詩話前集一卷後集一卷續集一卷
明王恕輯
明正德五年(1510)程啓充刻本
九行十六字 四周單邊 白口
16.7×12.4 釐米
浙大

集5434
歸田詩話三卷
明錢塘瞿佑撰
明成化(1465—1487)刻本
十一行二十二字 四周雙邊 黑口
19.5×13.3 釐米
天一閣

集5435
西江詩法一卷
明朱權撰
明嘉靖十一年(1532)朱覲鍊刻本
十二行二十二字 四周雙邊 黑口
21.5×14.6 釐米
天一閣

集5436
詩學梯航一卷
明周敘撰
明抄本
十行二十字 四周單邊 白口
21.2×15 釐米
天一閣

集5437
松石軒詩評一卷
明朱奠培撰
明成化(1465—1487)刻本
九行十七字 四周雙邊 白口
17.5×13 釐米
天一閣

集5438
詩法五卷
明楊成輯
明嘉靖(1522—1566)刻本
缺二卷 一至二
九行十九字 四周雙邊 黑口

19×12.7 釐米
天一閣

集 5439
詩法源流三卷
明王用章輯
明嘉靖(1522—1566)刻本
九行十九字　四周單邊　白口
19.7×12.4 釐米
天一閣

集 5440
升菴詩話四卷
明楊慎撰
明嘉靖(1522—1566)刻本
九行二十字　四周雙邊　白口
19.1×13.2 釐米
天一閣

集 5441
四溟詩話四卷
明謝榛撰
清乾隆十九年(1754)耘雅堂刻本
十行二十字　左右雙邊　白口
19.8×14.1 釐米
浙圖

集 5442
冰川詩式十卷
明梁橋撰
明隆慶六年(1572)刻本
存五卷　六至十
十行二十字　左右雙邊　白口
19.1×13.7 釐米
浙圖

集 5443
冰川詩式十卷
明梁橋撰
明萬曆(1573—1620)刻本
十行二十字　左右雙邊　白口
19.9×13.4 釐米
浙圖　臨海博

集 5444
冰川詩式十卷
明梁橋撰
明刻本
九行二十字　四周單邊　白口
19×12.4 釐米
浙圖

集 5445
蓉堂詩話二十卷
明仁和姜南撰
明嘉靖二十六年(1547)洪楩刻本
十行二十一字　左右雙邊　白口
19.3×13.4 釐米
天一閣

集 5446
蓉堂詩話二十卷
明仁和姜南撰
清抄本
存六卷　一至六
浙圖

集 5447
豫章詩話六卷
明郭子章撰
明萬曆三十年(1602)吳獻台刻本
九行二十一字　四周雙邊　白口
21.7×14.9 釐米
天一閣

集 5448
詩藪内編六卷外編六卷雜編六卷續編二卷
明蘭溪胡應麟撰
明刻本
九行二十字　四周單邊　白口

20.7×14.8 釐米
浙圖

集 5449
詩藪內編六卷外編六卷雜編六卷續編二卷
明蘭溪胡應麟撰
明刻本
十行二十字　左右雙邊　細黑口
19.8×14.4 釐米
浙圖　浙大

集 5450
詩藪內編六卷外編六卷雜編六卷續編二卷
明蘭溪胡應麟撰
清抄本
缺四卷　外編五至六　續編一至二
浙圖

集 5451
湯霍林先生裒選大方家談文不分卷
明湯賓尹輯
明萬曆三十四年(1606)會稽尺波山房抄本
十行二十七字　無格
浙大

集 5452
木石居精校八朝偶雋七卷
明蔣一葵撰
明木石居刻本
八行十九字　四周單邊　白口
20.5×13.9 釐米
浙大

集 5453
詩話類編三十二卷
明王昌會輯
明萬曆(1573—1620)刻本
九行二十字　四周單邊　白口
22×14 釐米
杭圖

集 5454
新刊全相萬家詩法六卷
明汪彪撰　明汪廷祖繪圖
明書林翠坡刻本
八行十四字　四周單邊　白口
17×10.3 釐米
浙圖

集 5455
唐音癸籤三十三卷
明海鹽胡震亨撰
清順治十五年(1658)雙與堂刻本
十行十九字　左右雙邊　白口
20.2×14.9 釐米
浙圖　天一閣

集 5456
來集之先生詩話稿不分卷
清蕭山來集之撰
稿本
浙圖

集 5457
詩筏八卷
清陶開虞撰
清順治(1644—1661)金閶擁萬堂刻本
八行十九字　四周單邊　白口
12×19.5 釐米
浙圖

集 5458
載酒園詩話五卷皺水軒詞筌一卷
清賀裳撰
清初賀氏載酒園皺水軒刻本
十行二十一字　左右雙邊　白口
18×12.2 釐米
浙圖＊　天一閣＊

集 5459

圍爐詩話六卷

清吳喬撰

清初抄本　丁福保校　夏敬觀跋

浙圖

集 5460

而菴説唐詩二十二卷首一卷

清徐增撰

清康熙元年(1662)九誥堂刻富春堂印本

九行十九字　四周單邊　白口

19.3×15 釐米

衢博

集 5461

而菴説唐詩二十二卷首一卷

清徐增撰

清乾隆二十三年(1758)文茂堂刻本

九行二十一字　右雙邊左單邊　白口

19.3×14.3 釐米

浙圖

集 5462

歷代詩話八十卷

清歸安吳景旭撰

清抄本

浙圖

集 5463

呂晚邨先生論文彙鈔不分卷

清石門呂留良撰

清康熙五十三年(1714)呂氏家塾刻本

九行十八字　四周雙邊　黑口

17.8×11.8 釐米

浙圖

集 5464

五代詩話十二卷

清王士禛輯

清乾隆十三年(1748)養素堂刻本

九行十九字　左右雙邊　白口

14.8×11.2 釐米

浙圖

集 5465

五代詩話十卷

清王士禛輯　清鄭方坤删補

清乾隆十五年(1750)杞菊軒刻本

十一行二十一字　左右雙邊　白口

18.6×13.7 釐米

浙圖

集 5466

詩問四卷續三卷

清王士禛撰

清康熙(1662—1722)刻本

十行十九字　左右雙邊　白口

17.7×14.3 釐米

浙圖

集 5467

詩問二卷

清王士禛撰

清乾隆四十二年(1777)洪氏春暉草堂刻本

八行十八字　左右雙邊　細黑口

17.7×12.2 釐米

浙圖

集 5468

漁洋山人詩問二卷

清王士禛撰

清乾隆三十三年(1768)王祖肅刻本

然燈記聞一卷

清王士禛口授　清何世基述

律詩定體一卷

清王士禛撰

清乾隆二十二年(1757)刻三十三年(1768)重修本

漁洋山人詩問八行十八字　左右雙邊　白口

後二書九行十六字　四周單邊　白口
18.6×12.4 釐米
16.9×12.9 釐米
浙圖

集 5469
諧聲別部六卷
清王士禛撰　清喻端士輯
清乾隆五十四年(1789)刻本
18.9×12.7 釐米
浙圖

集 5470
漁洋詩話三卷
清王士禛撰
清雍正(1723—1735)刻本
九行十九字　左右雙邊　白口
14.4×11.3 釐米
嘉圖

集 5471
詩論二卷
清汪薇撰
清康熙(1662—1722)寒木堂刻本
十行十九字　四周雙邊　白口
17.2×13.5 釐米
杭圖

集 5472
讀書作文譜十二卷父師善誘法二卷
清唐彪撰
清康熙四十七年(1708)文盛敦化堂刻本
十一行二十五字　四周單邊　白口
20.8×15.6 釐米
浙圖

集 5473
讀書作文譜十二卷
清唐彪撰
清康熙(1662—1722)刻本
十一行二十五字　四周雙邊　白口
21.6×15.5 釐米
海寧圖

集 5474
汪文摘謬一卷
清葉燮撰
清抄本
浙圖

集 5475
柳亭詩話三十卷
清山陰宋長白撰
清康熙(1662—1722)天苗園刻本
十行二十一字　左右雙邊　白口
18.1×13.9 釐米
浙圖　溫圖　玉海樓

集 5476
靜志居詩話不分卷
清秀水朱彝尊撰
清抄本
浙圖

集 5477
水東草堂詩集一卷
清田需撰
清康熙六十年(1721)刻本
九行十九字　左右雙邊　黑口
16.4×12.9 釐米
浙圖

集 5478
聲調前譜一卷後譜一卷續譜一卷
清趙執信撰
清乾隆(1736—1795)趙氏因園刻本
十一行二十一字　四周單邊　白口
17.4×12.3 釐米
浙圖

集 5479

聲調前譜一卷後譜一卷續譜一卷

清趙執信撰

清乾隆(1736—1795)雅雨堂刻本

九行十九字　四周雙邊　白口

21×14.3 釐米

浙圖

集 5480

聲调前譜一卷後譜一卷續譜一卷談龍録一卷

清趙執信撰

清乾隆(1736—1795)雅雨堂刻本　蕭山單丕校並錄清嘉興馮柳東評及跋

浙圖

集 5481

聲調譜不分卷

清趙執信撰

清乾隆二十年(1755)香草室刻本

九行二十二字　四周雙邊　白口

18.4×13.5 釐米

浙圖

集 5482

説詩樂趣類編二十卷

清伍涵芬輯

清康熙四十年(1701)華日堂刻本〔序跋配抄本〕

九行二十二字　四周單邊　白口

18.3×12.6 釐米

浙圖

集 5483

鐵立文起前編十二卷後編十卷首一卷

清王之績撰

清康熙(1662—1722)刻本

十行二十字　四周單邊　白口

21×14.1 釐米

浙圖

集 5484

叩鉢齋應酬全書十六卷

清仁和李之渺　清汪建封輯　清會稽徐廷槐釋

清康熙(1662—1722)刻本

九行二十字　左右雙邊　白口

19.3×12.9 釐米

浙圖

集 5485

初白菴詩評三卷

清海寧查慎行撰　清海鹽張載華輯

詞綜偶評一卷

清海寧許昂霄撰　清海鹽張載華輯

清乾隆四十二年(1777)張氏涉園觀樂堂刻本

十二行二十三字　左右雙邊　黑口

18.2×13.9 釐米

浙圖

集 5486

野鴻詩的一卷

清黄子雲撰

清乾隆(1736—1795)長吟閣自刻本

九行十八字　左右雙邊　白口

20×14.2 釐米

浙圖

集 5487

全閩詩話十二卷

清鄭方坤輯

清杞菊軒抄本〔卷六配清乾隆十九年(1754)詩話軒刻本〕

浙圖

集 5488

榕城詩話三卷

清仁和杭世駿撰

清乾隆(1736—1795)刻本

十行二十一字　左右雙邊　白口

18.2×13 釐米

玉海樓

集 5489

宋詩紀事一百卷

清錢塘厲鶚、馬曰琯輯

清乾隆十一年(1746)厲氏樊榭山房刻本

十一行二十二字　小字雙行三十二字　左右雙邊　綫黑口

19.8×14.4 釐米

浙圖　溫圖　嘉圖　紹圖　上虞圖*　天一閣

集 5490

國朝詩話二卷

清山陰楊際昌撰

清乾隆二十三年(1758)刻本　清□伯嚴跋

十行二十一字　左右雙邊　綫黑口

17×13.5 釐米

浙圖

集 5491

詩法入門四卷

清游藝輯

清乾隆二十二年(1757)刻本

九行二十字　四周單邊　白口

15.2×10 釐米

寧圖

集 5492

詩學含英十四卷

清山陰唐文蔚輯

清乾隆(1736—1795)刻本

九行十三字　小字雙行二十六字　四周雙邊　白口

15.2×10.5 釐米

浙圖

集 5493

論文集鈔二卷

清高塘輯

清乾隆五十一年(1786)自刻本

九行二十五字　四周雙邊　白口

19.9×15.5 釐米

浙圖

集 5494

侯夷門詩一卷

清臨海侯嘉繙撰

清抄本　清李用儀跋

浙圖

集 5495

詩原一卷

清蔡家琬撰

清乾隆(1736—1795)聞喜堂刻本

九行十七字　四周單邊　白口

15.3×11.6 釐米

浙圖

集 5496

全浙詩話五十四卷

清會稽陶元藻撰

清嘉慶元年(1796)怡雲閣刻本

十行二十一字　四周雙邊　白口

19.5×14 釐米

玉海樓

集 5497

拜經樓詩話不分卷

清海昌吳騫撰

清周大輔鴿峰草堂抄本

浙圖

集 5498

彙纂詩法度鍼三十三卷首一卷

清徐文弼輯

清乾隆二十四年(1759)刻本

十行二十二字　左右雙邊　白口

17.6×13.3 釐米

溫圖

集 5499

彙纂詩法度鍼三十三卷首一卷

清徐文弼輯

清乾隆(1736—1795)芸生堂刻本

十行二十二字　小字雙行字數不一　左右雙邊　白口

17.8×13.3 釐米

浙圖

集 5500

藝苑名言八卷

清蔣瀾輯

清乾隆四十年(1775)蔣氏懷谷軒刻本

缺二卷　三至四

八行十六字　四周單邊　白口

10.9×8 釐米

溫圖

集 5501

朱飲山千金譜二十九卷三韻易知十卷

清朱燮撰

清乾隆五十五年(1790)治怒齋刻本

九行二十一字　左右雙邊　白口

17.8×13.4 釐米

浙圖

集 5502

遼詩話二卷

清海寧周春輯

清抄本

浙圖

集 5503

罨畫樓詩話八卷

清廖景文撰

清乾隆三十六年(1771)刻本

八行二十字　左右雙邊　黑口

15.6×10.6 釐米

溫圖

集 5504

賦話十二卷

清李調元撰

清乾隆(1736—1795)刻本

九行二十字　左右雙邊　白口

19.3×12.2 釐米

浙圖　溫圖

集 5505

全宋詩話十三卷

清鍾廷瑛輯

張宗祥抄本

浙圖

集 5506

古今詩話探奇二卷

清杭州蔣鳴珂輯

清乾隆(1736—1795)刻本

八行十八字　四周雙邊　白口

15.5×10.9 釐米

溫圖

集 5507

詩學指南八卷

清顧龍振撰

清乾隆(1736—1795)敦本堂刻本

十二行二十一字　左右雙邊　黑口

17.3×14.2 釐米

衢博

集 5508

續全唐詩話八十卷首十五卷末五卷

清嘉興沈丙巽輯

海寧張宗祥抄本　海寧張宗祥校並跋

浙圖

集 5509

詩苑雅談三卷

清錢塘羅以智撰

稿本

浙圖

集 5510

玉雨淙文話不分卷

清山陰平步青撰

稿本

浙圖

集 5511

倚劍詩譚不分卷

清太平黃濬撰

稿本

浙圖

集 5512

酌雅堂駢體文評語不分卷

清龔丙吉、卜鎔等評

稿本

浙圖

集 5513

復莊詩評不分卷

清會稽陶方琦撰

稿本

浙圖

集 5514

東嘉詩話不分卷

清瑞安孫鏘鳴撰

清抄本

溫圖

集 5515

蘇亭詩話六卷

清錢塘張道撰

清張預抄本

浙圖

集 5516

蛟川詩話四卷

清鎮海張懋延撰

清抄本

浙圖

集 5517

雪蕉齋詩話五卷

清永嘉王德馨撰

初稿本

缺二卷　四至五

溫圖

集 5518

雪蕉齋詩話五卷

清永嘉王德馨撰

稿本

缺二卷　四至五

溫圖

集 5519

炙硯瑣談一卷

清湯大奎撰

清抄本　佚名批注

浙圖

集 5520

松兆堂讀詩隨筆九卷

清丁紹恩撰

清抄本

浙圖

集 5521

城西雜記二卷

清錢塘蔣坦撰

抄本

浙圖

集 5522

清籟閣雜録一卷

清秀水鄭熊光輯

稿本

浙圖

集 5523

聽雨樓隨筆一卷

清□□撰

稿本

浙圖

集 5524

緝雅堂詩話二卷

清潘衍桐撰

清光緒十七年(1891)浙江使院刻本　仁和王存善批校

十行二十字　四周雙邊　黑口

17.3×11.7 釐米

浙圖

集 5525

金石三例十五卷

清盧見曾編

清乾隆二十年(1755)盧見曾刻本

金石例十卷　元潘昂霄撰

墓銘舉例四卷　明王行撰

金石要例一卷　清餘姚黄宗羲撰

十行二十二字　左右雙邊　白口

20.7×15.3 釐米

嘉圖　天一閣

集 5526

校補金石例四種十七卷

清李瑤編

清道光十二年(1832)李瑤泥活字印本

金石例十卷　元潘昂霄撰

墓銘舉例四卷　明王行撰

金石要例一卷　清餘姚黄宗羲撰

金石例補二卷　清郭麐撰

九行二十字　左右雙邊　粗黑口

21.7×15.1 釐米

溫圖

詞類

叢編

集 5527

詞苑英華四十五卷

明毛晉編

明末毛氏汲古閣刻本

花間集十卷　後蜀趙崇祚輯

草堂詩餘四卷　明題武林逸史輯

花菴絶妙詞選十卷　宋黄昇輯

中興以來花菴絶妙詞選十卷　宋黄昇輯

尊前集二卷

詞林萬選四卷　明楊慎輯

詩餘枕圖譜三卷　明張綖撰

少游詩餘一卷　宋秦觀撰

南湖詩餘一卷　明張綖撰

九行十九至二十字　左右雙邊　白口

17.9×12.2 釐米

浙圖＊　浙大

集 5528

詞苑英華四十五卷

明毛晉編

明末毛氏汲古閣刻清乾隆十七年(1752)印本

天一閣

集 5529

百家詞□□□卷

明抄本

存二十一卷

逍遥詞一卷　宋潘閬撰

半山詞一卷　宋王安石撰

初寮詞一卷　宋王安中撰

酒邊集二卷　宋向子諲撰

知稼翁詞一卷　宋黄公度撰
東浦詞一卷　宋韓玉撰
烘堂集一卷　宋盧炳撰
白石先生詞一卷　宋姜夔撰
蒲江詞藁一卷　宋盧祖皋撰
東澤綺語一卷　宋張輯撰
履齋先生詩餘一卷續集一卷　宋吳潛撰
白雪詞一卷　宋陳德武撰
鳴鶴餘音一卷　元虞集撰
蜕巖詞二卷　元張翥撰
竹窓詞一卷附録一卷　元沈禧撰
僑菴詩餘一卷附録一卷　明李楨撰
十行二十至二十二字　上下雙邊　白口
21×14.5釐米
紹圖

集5530
五代宋元詞十二卷
清初抄本
陽春集一卷　南唐馮延巳撰
丘文定公詞一卷　宋丘崈撰
草窓詞一卷　宋周密撰
圭塘長短句一卷　元許有壬撰
閑齋琴趣外篇五卷　宋晁元禮撰
和清真詞一卷　宋楊澤民撰
日湖漁唱一卷　宋四明陳允平撰
西麓繼周集一卷　宋四明陳允平撰
總書名編者擬
浙圖

集5531
宋元人詞四十五卷
清抄本
存三十三卷
張子野詞一卷　宋張光撰
演山詞一卷　宋黄裳撰
宣卿詞一卷　宋袁去華撰
西麓詞四卷　宋陳允華撰
雪坡詞一卷　宋姚勉撰
可齋詞六卷　宋嘉興李曾伯撰
潛齋詞一卷　宋淳安何夢桂撰
雙谿詞一卷　宋李綱撰
梁谿詞一卷　宋李綱撰
龍川詞一卷　宋永康陳亮撰
燕喜詞一卷　宋曹冠撰
文定公詞一卷　宋丘崈撰
草窗詞一卷　宋周密撰
玉笥山人詞集一卷　宋王沂孫撰
烘堂詞一卷　宋盧炳撰
晦庵詞一卷　宋李處全撰
樂齋詞一卷　宋向滈撰
信齋詞一卷　宋葛郯撰
澗泉詞二卷　宋韓淲撰
松隱詞三卷(原缺卷二至三)　宋曹勛撰
石湖詞一卷　宋范成大撰
和石湖詞一卷　宋陳三聘撰
貞居詞一卷　元錢塘張雨撰
拙庵詞一卷　元趙磻老撰
八行十八字　左右雙邊　白口
溫圖

集5532
歷代舊選詞彙函七十二卷
清抄本
花間集十卷　後蜀趙崇祚輯
尊前集二卷
樂府雅詞三卷拾遺二卷　宋曾慥輯
草堂詩餘四卷
唐宋諸賢絶妙詞選十卷　宋黄昇輯
中興以來絶妙詞選十卷　宋黄昇輯
陽春白雪八卷外集一卷　宋趙聞禮輯
絶妙好詞七卷　宋周密輯
樂府補題一卷
中州樂府一卷　金元好問輯
精選名儒草堂詩餘三卷　元鳳林書院輯
梅苑十卷　宋黄大輿輯
浙圖

集5533
詞學叢書二十三卷
清秦恩復編
清嘉慶道光間(1796—1850)享帚精舍刻本　錢蕈錄清秀水朱彝尊批校
樂府雅詞三卷拾遺二卷　宋曾慥輯　清嘉慶二十一年(1816)刻

陽春白雪八卷外集一卷　宋趙聞禮輯　清道光九年(1829)刻
詞源二卷　宋臨安張炎撰　清道光八年(1828)刻
日漁樵唱一卷補遺一卷續補遺一卷　宋四明陳允平撰　清道光九年(1829)刻
精選名儒草堂詩餘三卷　元鳳林書院輯　清嘉慶十六年(1811)刻
詞林韻釋一卷　宋□□輯　清嘉慶十五年(1810)刻

十行二十字　左右雙邊　白口
14.7×10.4 釐米
浙圖

集 5534
詞學叢書二十三卷
清秦恩復編
清嘉慶道光間(1796—1850)享帚精舍刻本　清瑞安孫衣言校點
浙大

集 5535
宋元詞選十三卷
吴興朱祖謀編
稿本
龍洲詞二卷補遺一卷校記二卷　宋劉過撰
淮海居士長短句三卷　宋秦觀撰
南湖詩餘一卷　宋張鎡撰
頤堂詞一卷　宋王灼撰
雲莊詞一卷　宋曾協撰
蘭軒詞一卷　元王旭撰
水雲邨詩餘一卷　元劉壎撰
浙圖

集 5536
四印齋所刻詞二十一種六十六卷
清王鵬運編
清光緒十四年(1888)王氏家塾四印齋刻本　吴興朱祖謀校
存七卷
陽春集一卷補遺一卷　南唐馮延巳撰
東山寓聲樂府一卷補鈔一卷　宋賀鑄撰
樂府指迷一卷　宋沈義父撰
南宋四名臣詞集一卷　清王鵬運輯
梅溪詞一卷　宋史達祖撰

十行二十字　左右雙邊　黑口
14.3×10.9 釐米
浙圖

集 5537
宋名家詞九十卷
明毛晉編
明崇禎(1628—1644)毛氏汲古閣刻本
存八十八卷
第一集
珠玉詞一卷　宋晏殊撰
六一詞一卷　宋歐陽修撰
樂章集一卷　宋柳永撰
東坡詞一卷　宋蘇軾撰
山谷詞一卷　宋黄庭堅撰
淮海詞一卷　宋秦觀撰
小山詞一卷　宋晏幾道撰
東堂詞一卷　宋毛滂撰
放翁詞一卷　宋山陰陸游撰
稼軒詞四卷　宋辛棄疾撰
第二集
片玉詞二卷補遺一卷　宋錢塘周邦彦撰
梅溪詞一卷　宋史達祖撰
白石詞一卷　宋姜夔撰
石林詞一卷　宋烏程葉夢得撰
酒邊詞二卷　宋向子諲撰
溪堂詞一卷　宋謝逸撰
樵隱詞一卷　宋毛幵撰
竹山詞一卷　宋蔣捷撰
書舟詞一卷　宋程垓撰
坦菴詞一卷　宋趙師俠撰
第三集
惜香樂府十卷　宋趙長卿撰
西樵語業一卷　宋楊炎撰
竹屋癡語一卷　宋高觀國撰
夢窗丙稿一卷丁稿一卷絶筆補遺一卷　宋四明吳文英撰
近體樂府一卷　宋周必大撰

竹齋詩餘一卷　宋黄機撰
金谷遺音一卷　宋石孝友撰
散花菴詞一卷　宋黄昇撰
和清真詞一卷　宋方千里撰
後村别調一卷　宋劉克莊撰
第四集
蘆川詞一卷　宋張元幹撰
于湖詞三卷　宋張孝祥撰
洺水詞一卷　宋程珌撰
歸愚詞一卷　宋葛立方撰
龍洲詞一卷　宋劉過撰
初寮詞一卷　宋王安中撰
龍川詞一卷補一卷　宋永康陳亮撰
姑溪詞一卷　宋李之儀撰
友古詞一卷　宋蔡伸撰
石屏詞一卷　宋黄巖戴復古撰
第五集
海野詞一卷　宋曾覿撰
逃禪詞一卷　宋楊無咎撰
空同詞一卷　宋洪瑹撰
介菴詞一卷　宋趙彦端撰
平齋詞一卷　宋洪咨夔撰
文溪詞一卷　宋李昴英撰
丹陽詞一卷　宋葛勝仲撰
孏窟詞一卷　宋侯寘撰
克齋詞一卷　宋沈端節撰
芸窗詞一卷　宋張榘撰
第六集
竹坡詞三卷　宋周紫芝撰
聖求詞一卷　宋吕濱老撰
壽域詞一卷　宋杜安世撰
審齋詞一卷　宋王千秋撰
東浦詞一卷　宋韓玉撰
知稼翁詞一卷　宋黄公度撰
無住詞一卷　宋陳與義撰
後山詞一卷　宋陳師道撰
蒲江詞一卷　宋盧祖皋撰
琴趣外篇六卷　宋晁補之撰
烘堂詞一卷　宋盧炳撰
八行十八字　左右雙邊　白口
18.7×14.5 釐米
浙圖＊　嘉圖＊　天一閣＊　浙大

集 5538
宋名家詞九十卷
明毛晉編
明崇禎(1628—1644)毛氏汲古閣刻清初味間軒印本
天一閣

集 5539
宋詞二家二卷
明抄本　清何焯校
珠玉詞一卷　宋晏殊撰
小山詞一卷　宋晏幾道撰
八行二十字　無格
浙大

集 5540
宋二家詞二卷
清抄本　張崟批校
澗泉詩餘一卷　宋韓淲撰
撫掌詞一卷　宋歐良撰
十行二十字　無格
浙大

集 5541
影宋典雅詞十四卷
清周氏鴿峰草堂抄本
西麓繼周集一卷　宋四明陳允平撰
燕喜詞一卷　宋曹冠撰
拙菴詞一卷　宋趙磻老撰
碎錦詞一卷　宋李好古撰
雙溪詞一卷　宋馮取洽撰
袁宣卿詞一卷　宋袁去華撰
文簡公詞一卷　宋程大昌撰
澹庵長短句一卷　宋胡銓撰
章華詞一卷
篁嵲詞一卷　宋劉子寰撰
巢令君阮户部詞一卷　宋阮閱撰
知稼翁詞一卷　宋黄公度撰
龍川詞一卷　宋永康陳亮撰
孏窟詞一卷　宋侯寘撰
十行十八字　左右雙邊　白口

17.5×13 釐米
天一閣

集 5542
宜秋館詩餘叢鈔八卷
宜秋館抄本　况夔笙批校　吳興朱祖謀重校
浮山詩餘一卷　宋仲幷撰
稼村樂府一卷　宋王義山撰
雲莊集一卷　宋曾協撰
漢濱詩餘一卷　宋王之望撰
青山詩餘一卷補遺一卷　宋趙文撰
芸菴詩餘一卷　宋李洪撰
臞軒詩餘一卷　宋王邁撰
總書名編者擬
浙圖

集 5543
彊邨所刻詞甲編十五卷
吳興朱祖謀編
清宣統三年至民國二年(1911—1913)朱氏自刻本　吳興朱祖謀校
存十一卷
後村長短句五卷　宋劉克莊撰
東坡樂府三卷　宋蘇軾撰
無住詞一卷　宋陳與義撰
臨川先生歌曲一卷補遺一卷　宋王安石撰
十一行二十一字　左右雙邊　黑口
浙圖

集 5544
四金人詞四卷
吳興朱祖謀編
稿本
拙軒詞一卷　金王寂撰
遯庵樂府一卷　金段克己撰
菊軒樂府一卷　金段成己撰
莊靖先生樂府一卷　金李俊民撰
浙圖

集 5545
百名家詞鈔五十三卷
清聶先、曾王孫編
清康熙(1662—1722)刻本
梅村詞一卷　清吳偉業撰
香嚴齋詞一卷　清龔鼎孳撰
寓言集一卷　清秀水曹溶撰
文江酬唱一卷　清李元鼎撰
柯齋詩餘一卷　清周綸撰
香膽詞一卷　清萬樹撰
課鵡詞一卷　清山陰吳秉鈞撰
粵游詞一卷　清吳之登撰
團扇詞一卷　清余蘭碩撰
探西詞一卷　清西湖邵錫榮撰
休園詩餘一卷　清鄭侠如撰
葯菴詞一卷　清山陰吕洪烈撰
一曲灘詞一卷　清徐來撰
紅橋詞一卷　清何五雲撰
螺舟綺語一卷　清王頊齡撰
松溪詩餘一卷　清王九齡撰
映竹軒詞一卷　清遂安毛際可撰
迦陵詞一卷　清陳維崧撰
東臯詩餘一卷　清劉壯國撰
藕花詞一卷　清陳見鑨撰
二鄉亭詞一卷　清宋琬撰
秋閒詞一卷　清王庭撰
南磵詞一卷　清何采撰
啄花詞一卷　清賈璚升撰
月聽軒詩餘一卷　清張淵懿撰
栩園詞一卷　清陳聶恒撰
蘭舫詞一卷　清趙維烈撰
守齋詞一卷　清山陰吕師濂撰
柳塘詞一卷　清沈雄撰
嘯閣餘聲一卷　清張錫懌撰
月團詞一卷　清烏程沈爾燝撰
棠村詞一卷　清梁清標撰
藝香詞一卷　清吳綺撰
棣華堂詞一卷　清馮瑞撰
東白詞一卷　清佟世南撰
萬青詞一卷　清趙吉士撰
浣初詞一卷　清周清原撰
横江詞一卷　清徐惺撰

夢花窓詞一卷　清江士式撰
容居堂詞一卷　清周稚廉撰
容齋詩餘一卷　清李天馥撰
楓香詞一卷　清宋犖撰
荔軒詞一卷　清曹寅撰
衍波詞一卷　清王士禛撰
百末詞一卷　清尤侗撰
碧巢詞一卷　清汪森撰
南溪詞一卷　清曹爾堪撰
攝閒詞一卷　清山陰吳秉仁撰
寒山詩餘一卷　清馮雲驌撰
綺霞詞一卷　清狄億撰
花影詞一卷　清張潮撰
峽流詞一卷　清仁和王晫撰
錦瑟詞一卷　清汪懋麟撰
九行二十字　四周單邊　黑口
18.6×14.1 釐米
浙圖

集 5546
詞學全書十六卷
清查繼培編
清乾隆十一年(1746)刻本　佚名批注
填詞名解四卷　清錢塘毛先舒撰
古今詞論一卷　清王又華撰
填詞圖譜六卷續集三卷　清西泠賴以邠撰　清查繼超增輯
詞韻二卷　清仲恒撰
九行二十字　四周單邊　白口
18×12.5 釐米
紹圖

集 5547
茶夢盦詞賸□□卷
清高望曾編
稿本　清同治六年(1867)高望曾跋
傳硯堂詞錄一卷　清張鴻撰
翠峰詞一卷　清劉禧延撰
錦瑟詞一卷　清潘犖撰
繡蝀庵詞鈔一卷　清汪藻撰
萍遊詞鈔一卷　清凌其楨撰
池上巢隱詞一卷　清許廣颺撰
百不如人室詞草一卷　清潘鍾瑞撰
桐花館詞一卷　清曹毓秀撰
江湖風雨詞一卷　清曹毓英撰
鷗夢詞一卷　清江山劉履芬撰
閑味軒詞一卷　清韓欽撰
芬陁利室詞選　清蔣劍人撰
浙圖

集 5548
思讀誤書室鈔校詞五種五卷
清翁之潤輯
清翁氏思讀誤書室抄本　清翁之缮跋
養一齋詩餘一卷　清李兆洛撰
思適齋詞一卷　清顧廣圻撰
萬松居士詞一卷　清秀水錢載撰
竹隣遺稿一卷　清金式玉撰
立山詞一卷　清張琦撰
浙圖

集 5549
浙西六家詞十卷
清仁和龔翔麟編
清康熙(1662—1722)龔氏玉玲瓏閣刻本
江湖載酒集三卷　清秀水朱彝尊撰
秋錦山房詞一卷　清秀水李良年撰
柘西精舍集一卷　清平湖沈皞日撰
耒邊詞二卷　清嘉興李符撰
黑蝶齋詞一卷　清平湖沈岸登撰
紅藕莊詞二卷　清仁和龔翔麟撰
十行二十字　左右雙邊　白口
17.4×12.6 釐米
浙圖

集 5550
浙西六家詞十卷附山中白雲詞八卷
清仁和龔翔麟編
清康熙(1662—1722)龔氏玉玲瓏閣刻本
溫圖

總集

集 5551
金奩集一卷
題唐溫庭筠撰

清抄本　清天台齊召南校並跋

浙圖

集 5552

花間集四卷

後蜀趙崇祚輯　明湯顯祖評

明刻朱墨套印本

八行十八字　四周單邊　白口

20×14.6 釐米

浙圖　溫圖　天一閣　浙大

集 5553

花間集四卷

後蜀趙崇祚輯　明湯顯祖評

明末刻本

八行十八字　四周單邊　白口

19.9×14.7 釐米

浙圖

集 5554

樂府雅詞三卷拾遺二卷

宋曾慥輯

清嘉慶道光間(1796—1850)秦氏享帚精舍刻詞學叢書本　吳興朱祖謀校並跋

十行二十字　左右單邊　白口

14.7×10.4 釐米

浙圖

集 5555

樵歌三卷

宋朱敦儒撰

樵歌校記三卷

清末刻本　吳興朱祖謀校

十一行二十一字　左右雙邊　黑口

14.7×10.9 釐米

浙圖

集 5556

樵歌三卷

宋朱敦儒撰

清光緒二十六年(1900)王氏家塾刻四印齋所刻詞本　李希聖校並跋　長興王修跋

十行十八字　四周單邊　白口

15×10.4 釐米

浙圖

集 5557

草堂詩餘五卷

宋何士信輯

清抄本　清乾隆十一年(1746)芷汀主人跋

九行二十字　無格

天一閣

集 5558

類編草堂詩餘四卷

明顧從敬編次

明嘉靖二十九年(1550)顧從敬刻本

十一行十九字　左右雙邊　白口

17×12.1 釐米

天一閣

集 5559

草堂詩餘五卷

明楊慎批點

明閔映璧刻朱墨套印本

八行十八字　四周單邊　白口

21.3×14.8 釐米

浙圖

集 5560

草堂詩餘九卷

明楊慎輯

明末刻本

缺三卷　三　七　九

八行十八字　四周單邊　白口

20.2×14.6 釐米

浙圖

集 5561

類選箋釋草堂詩餘六卷

明顧從敬輯

續選草堂詩餘二卷

明錢允治箋釋

類編箋釋國朝詩餘五卷

明錢允治輯　明陳仁錫釋

明萬曆四十二年(1614)刻本

九行二十字　左右雙邊　白口

22.5×14.2 釐米

浙圖　天一閣

集 5562

古香岑草堂詩餘四集十七卷

明末刻本

草堂詩餘正集六卷　明顧從敬輯　明沈際飛評

草堂詩餘續集二卷　題明長湖外史輯　明沈際飛評

草堂詩餘別集四卷　明沈際飛輯並評

國朝詩餘新集五卷　明錢允治輯　明沈際飛評

九行十九字　四周單邊　白口

22.7×13.7 釐米

浙圖*　杭圖*　溫圖　嘉圖*　紹圖*

集 5563

古香岑草堂詩餘四集十七卷

明末刻翁少麓印本

草堂詩餘正集六卷　明顧從敬輯　明沈際飛評

草堂詩餘續集二卷　題明長湖外史輯　明沈際飛評

草堂詩餘別集四卷　明沈際飛輯並評

國朝詩餘新集五卷　明錢允治輯　明沈際飛評

浙圖

集 5564

古香岑草堂詩餘四集十七卷

明末刻童湧泉印本

浙圖　天一閣

集 5565

草堂詩餘二卷

明武陵逸史輯

明末毛氏汲古閣刻本　俞伯批注

九行二十字或九行十九字　左右雙邊　白口

17.5×15.5 釐米

紹圖

集 5566

新刊古今名賢草堂詩餘六卷

明李謹輯

明嘉靖十六年(1537)劉時濟刻本

十行二十字　四周單邊　白口

18×13.6 釐米

天一閣

集 5567

花草粹編十二卷

明陳耀文輯

樂府指迷一卷

宋沈義父撰

明萬曆十一年(1583)自刻本

十行二十字　左右雙邊　白口

18.3×13.5 釐米

天一閣

集 5568

古今詞統十六卷雜説一卷

明仁和卓人月輯　明徐士俊評

徐卓晤歌一卷

明徐士俊、仁和卓人月撰

明崇禎(1628—1644)刻本

存十三卷　古今詞統一至八　十三至十六　雜説

九行二十字　四周單邊　白口

20.4×13.9 釐米

浙圖

集 5569

精選古今詩餘醉十五卷

明潘游龍輯

明崇禎(1628—1644)胡氏十竹齋刻本

八行十八字　四周單邊　白口

20.1×14 釐米

杭圖　嘉圖＊

集 5570

詞綜三十卷

清秀水朱彝尊輯　清汪森增輯

清康熙十七年(1678)汪氏裘杼樓刻本

缺一卷　三十

十行二十一字　左右雙邊　粗黑口

19.1×14.3 釐米

餘杭圖

集 5571

詞綜三十卷補遺六卷

清秀水朱彝尊輯　清汪森增輯

清康熙十七年(1678)汪氏裘杼樓刻三十年(1691)增刻本

浙圖　溫圖　嘉圖　海寧圖

集 5572

古今名媛百花詩餘一卷

清歸淑芬等輯

清康熙二十四年(1685)刻本

九行二十一字　左右雙邊　白口

17.5×11 釐米

杭圖

集 5573

古今詞選十二卷

清沈時棟輯

清康熙五十五年(1716)沈氏瘦吟樓刻本

九行二十字　左右雙邊　白口

17.8×12.1 釐米

浙圖　嘉圖＊

集 5574

絶妙好詞七卷

宋周密輯

清康熙三十七年(1698)高氏清吟堂刻小瓶廬印本

九行二十字　左右雙邊　黑口

18×12.7 釐米

浙大

集 5575

絶妙好詞七卷

宋周密輯

清雍正三年(1725)項絪群玉書堂刻本

存三卷　一至三

十行二十一字　四周單邊　細黑口

17.6×13.8 釐米

紹圖

集 5576

絶妙好詞箋七卷

宋周密輯　清查爲仁、錢塘厲鶚箋

清乾隆十五年(1750)查氏澹宜書屋刻本　清沈棠臣批點

九行二十一字　四周單邊　白口

17.8×12.7 釐米

浙大

集 5577

絶妙好詞箋七卷

宋周密輯　清查爲仁、錢塘厲鶚箋

續鈔二卷

清余集、徐楙輯

清道光九年(1829)徐楙刻本　清信甫批校

九行二十一字　四周單邊　白口

17.8×12.8 釐米

浙圖

集 5578

瑤華集二十二卷附二卷詞人姓氏爵里表一卷

清蔣景祁輯

清康熙二十五年(1686)天藜閣刻本

十行二十一字　左右雙邊　黑口

19.1×14.3 釐米

浙圖　嘉圖

集 5579

瑤華集二十二卷附録二卷

清蔣景祁輯

清康熙(1662—1722)刻本

十行二十一字　左右雙邊　黑口

19.3×13.7 釐米

浙圖

集 5580

情田詞三卷附試院懷舊詩一卷

清邵瓚撰

清乾隆十八年(1753)石帆花屋刻本

九行十九字　左右雙邊　白口

16.9×12.8 釐米

浙圖

集 5581

昭代詞選三十八卷

清蔣重光輯

清乾隆三十三年(1768)經鉏堂刻本

十行二十字　左右雙邊　黑口

16.9×13.2 釐米

浙圖　寧圖

集 5582

昭代詞選三十八卷

清蔣重光輯

清乾隆三十二年(1767)經鉏堂刻洞簫樓印本

浙圖

集 5583

梅里詞輯八卷

清嘉興薛廷文輯　清嘉興馮登府重輯

稿本

浙圖

集 5584

剪燈集十四卷後集六卷

清郭鳳詔輯

清郭氏壺天閣抄本　諸暨余重耀跋

浙圖

集 5585

宋詞三百首不分卷

吴興朱祖謀輯

稿本

浙圖

集 5586

吴波鷗語一卷

易順鼎撰

朱祖謀抄本　龍元亮題識

浙圖

集 5587

清杭郡詞輯二十卷

杭州鄭道乾輯

稿本

浙圖

别集

集 5588

珠玉詞一卷

宋晏殊撰

清光緒十四年(1888)汪氏刻宋名家詞本　吴興朱祖謀校

十一行二十一字　左右雙邊　黑口

15.5×11.9 釐米

浙圖

集 5589

小山詞一卷

宋晏幾道撰

清抄本　吳興朱祖謀批校

浙圖

集 5590

小山詞一卷

宋晏幾道撰

清光緒十四年(1888)汪氏刻宋名家詞本　吳興朱祖謀校

十一行二十一字　左右雙邊　黑口

15.5×11.9 釐米

浙圖

集 5591

淮海居士長短句三卷

宋秦觀撰

明刻本

十行二十字　四周單邊　白口

18.5×12.9 釐米

天一閣

集 5592

樂章集一卷

宋柳永撰

清光緒十四年(1888)汪氏刻宋名家詞本　吳興朱祖謀校

十一行二十一字　左右雙邊　黑口

15.5×11.9 釐米

浙圖

集 5593

清真詞二卷

宋錢塘周邦彥撰

清抄本　吳興朱祖謀校並錄明毛晉跋

浙圖

集 5594

華陽長短句一卷

宋張綱撰

清抄本　吳興朱祖謀校

浙圖

集 5595

無住詞一卷

宋陳與義撰

清抄本　長興王修跋

浙圖

集 5596

松坡詞不分卷

宋京鏜撰

吳氏雙照樓抄本　吳興朱祖謀批校

浙圖

集 5597

方舟詩餘一卷

宋李石撰

吳氏雙照樓抄本　吳興朱祖謀校並跋

浙圖

集 5598

稼軒長短句十二卷

宋辛棄疾撰　明李濂評

明嘉靖十五年(1536)王詔刻本

缺三卷　七至九

九行二十字　四周單邊　白口

18.2×12.4 釐米

天一閣

集 5599

稼軒長短句十二卷

宋辛棄疾撰

清光緒十四年(1888)王氏家塾刻四印齋所刻詞本　嘉興沈曾植批校

九行十六字　左右雙邊　白口

14.1×10.8 釐米

浙圖

集 5600

稼軒長短句十二卷

宋辛棄疾撰

清光緒十四年(1888)王氏家塾刻四印齋所刻詞本　海寧張宗祥批校

天一閣

集 5601

稼軒長短句十二卷

宋辛棄疾撰

清光緒十四年(1888)王氏家塾刻四印齋所刻詞本　吳興朱祖謀校並跋

浙圖

集 5602

白石道人歌曲四卷別集一卷詩説一卷

宋姜夔撰

清乾隆八年(1743)陸鍾輝刻白石道人四種本　鄭文焯校　清張祥舲跋

十一行十九字　左右雙邊　白口

18.4×11.5 釐米

嘉圖

集 5603

康範詩餘一卷

宋汪晫撰

吳氏雙照樓抄本　吳興朱祖謀校

浙圖

集 5604

杜清獻公集校注十八卷

宋黄巖杜範撰　清黄巖王棻、黄巖王蜺注

清同治十三年(1874)稿本　清黄巖王棻跋

黄巖圖

集 5605

中興以來花菴絶妙詞選十卷

宋黄昇輯

清抄本

十行二十字　無格

嘉圖

集 5606

夢窗詞四卷補遺一卷

宋四明吳文英撰

清光緒二十五年(1899)王鵬運四印齋刻本　佚名朱墨批校

十行二十字　左右雙邊　黑口

14.5×10.9 釐米

浙圖

集 5607

蓮社詞一卷

宋張掄撰

清抄本　吳興朱祖謀校

浙圖

集 5608

日湖漁唱一卷補遺一卷續補遺一卷

宋四明陳允平撰

清徐氏煙嶼樓抄本　清鄞縣徐時棟批校

天一閣

集 5609

蘋洲漁笛譜二卷集外詞一卷

宋周密撰

清乾隆四年(1739)抄本　清江昱批校並跋

九行十七字　無格

浙大

集 5610

草窗詞二卷

宋周密撰

清咸豐十一年(1861)曼陀羅華閣刻本

清瑞安孫衣言批校並跋
九行二十一字　左右雙邊　白口
16.1×11.9 釐米
浙大

集 5611
山中白雲詞八卷樂府指迷一卷
宋臨安張炎撰
附録一卷
清康熙六十一年(1722)曹炳曾城書室刻本
九行十九字　左右雙邊　白口
16.8×12.8 釐米
浙圖　紹圖

集 5612
山中白雲詞八卷
宋臨安張炎撰
清雍正四年(1726)刻本
九行十九字　左右雙邊　白口
16×11.2 釐米
諸暨圖

集 5613
玉田詞一卷
宋臨安張炎撰
清抄本　佚名朱墨批校
浙圖

集 5614
磻溪詞一卷
元丘處機撰
清抄本　吳興朱祖謀批校
浙圖

集 5615
天籟集二卷
元白樸撰
清王氏無求安居抄本
九行二十一字　四周單邊　黑口
15.1×9.5 釐米
天一閣

集 5616
無絃琴譜二卷拾遺一卷
元錢塘仇遠撰
清道光九年(1829)孫爾準刻本　清嘉興祝廷錫校
十行二十字　左右雙邊　白口
16×12.1 釐米
浙大

集 5617
楊升菴先生長短句四卷
明楊慎撰
楊升菴先生夫人樂府詞餘五卷
明黄峨撰
明刻本
九行二十字　左右雙邊　白口
20.5×14.5 釐米
浙圖

集 5618
楊升菴先生長短句三卷續集三卷
明楊慎撰
明嘉靖十六年(1537)李發刻本
存續集三卷
十行二十字　四周雙邊　白口
19.2×13.5 釐米
天一閣

集 5619
瓊靡集詞選一卷
明唐世濟撰
明崇禎十四年(1641)程尚刻本
八行十八字　四周單邊　白口
21×14.2 釐米
浙圖

集 5620

茗齋詩餘三卷

清海鹽彭孫貽撰

清抄本　佚名校

浙圖

集 5621

延露詞三卷

清海鹽彭孫遹撰

清抄本

浙圖

集 5622

二鄉亭詞不分卷

清宋琬撰

清抄本

浙圖

集 5623

范潞公集二卷詩選一卷

清鄞縣范光文撰

清抄本

浙圖

集 5624

衍波詞二卷

清王士禎撰

清抄本

浙圖

集 5625

浮玉詞初集二卷

清葉光耀撰

清康熙(1662—1722)刻本

九行二十一字　左右雙邊　白口

19.7×13.3 釐米

浙圖

集 5626

香嚴齋詞一卷

清龔鼎孳撰

詞話一卷

清康熙十一年(1672)徐釚刻本

十行十九字　四周雙邊　黑口

17.7×13.1 釐米

溫圖

集 5627

蒼梧詞十二卷

清董元愷撰

清乾隆二十六年(1761)刻本

九行二十字　左右雙邊　白口

19.1×13.1 釐米

浙圖

集 5628

蓉渡詞三卷

清董以寧撰

清康熙七年(1668)孫氏留松閣刻四家詩餘本

九行二十一字　左右雙邊　白口　版心下鐫"留松閣"

18.2×13.6 釐米

天一閣

集 5629

珂雪詞二卷補遺一卷

清曹貞吉撰

清康熙(1662—1722)刻本

存一卷　一

十行二十一字　左右雙邊　白口

17.5×12.7 釐米

浙圖

集 5630

羅村詞二卷

清羅坤撰

清康熙(1662—1722)半山園刻本

九行二十字　四周雙邊　白口
18.5×13.3 釐米
天一閣

集 5631
笠庵北詞一卷
清陸令貽撰
清康熙三十二年(1693)稿本
書名編者擬
浙圖

集 5632
新樂府詞二卷
清鄞縣萬斯同撰
清刻本　清許憇批校並跋
十行二十一字　左右雙邊　黑口
17.9×13.2 釐米
天一閣

集 5633
彈指詞二卷
清顧貞觀撰
清乾隆十八年(1753)顧氏刻本
九行十八字　左右雙邊　黑口
18.2×13.7 釐米
天一閣

集 5634
迦陵詞全集三十卷
清陳維崧撰
清康熙二十八年(1689)患立堂刻本
十二行二十二字　左右雙邊　黑口
17.7×13.9 釐米
上虞圖

集 5635
栩園詞棄稿四卷
清陳聶恒撰
清乾隆二十九年(1764)刻本
十行十九字　左右雙邊　黑口
15.8×13.4 釐米
天一閣

集 5636
玲瓏簾詞一卷
清錢塘吳焯撰
清雍正(1723—1735)刻本
十行十九字　小字雙行字數不一　左右雙邊　黑口
15.4×11.9 釐米
浙圖

集 5637
九畹齋詩餘不分卷
清陸瑤林撰
清康熙(1662—1722)刻本
八行十八字　左右雙邊
18.8×13.2 釐米
溫圖

集 5638
銅絃詞一卷
清蔣士銓撰
清抄本
浙圖

集 5639
紅櫚書屋詞集九卷
清孔繼涵撰
清乾隆二十九年(1764)四雨莊張氏刻本
存五卷　四至八
十二行二十四字　四周單邊　黑口
18.5×14.2 釐米
浙圖

集 5640
冬心先生自度曲一卷
清錢塘金農撰
清道光四年(1824)陳希恕影抄乾隆(1736—1795)刻本　清陳希恕跋

浙圖

集 5641

小波詞鈔一卷

清海寧陳沆撰

清乾隆十三年(1748)刻本

八行十八字　左右雙邊　黑口

17.5×11.9 釐米

浙圖

集 5642

琢春詞二卷

清錢塘江炳炎撰

清乾隆(1736—1795)刻本

存一卷　一

十行二十一字　四周單邊　白口

20×13.2 釐米

浙圖

集 5643

雪帷韻竹詞一卷

清仁和孫錫撰

清乾隆(1736—1795)刻本

八行十九字　四周單邊　白口

16.5×11.1 釐米

浙圖

集 5644

澗琴詞學一卷

清瑞安李飲冰撰　清林露評

清乾隆三十五年(1770)稿本

溫圖

集 5645

瀫水草堂詞集二卷

清陳希濂撰

稿本

十二行二十四字　無格

杭圖

集 5646

籽香堂詞三卷

清孫鼎煊撰

清乾隆(1736—1795)刻本

九行二十字　四周雙邊　白口

17×12 釐米

浙圖

集 5647

自怡軒詞五卷

清許寶善撰

清乾隆五十一年(1786)刻本

九行十六字　左右雙邊　白口

13.4×9.8 釐米

浙圖

集 5648

蘇甘廊詞集二卷

清山陰杜煦撰

稿本

浙圖

集 5649

香月亭詩餘不分卷

清錢孫鍾撰

稿本　張天方跋

浙圖

集 5650

莯庵詩餘一卷

清蕭山吳斐撰

清抄本

浙圖

集 5651

石舫園詞鈔不分卷

清海昌梁齡增撰

稿本

浙圖

集 5652
未免有情集一卷
清象山倪象占撰
清抄本
浙圖

集 5653
海門經義一卷
清李符清撰
清乾隆(1736—1795)石松齋刻本
九行二十五字　左右雙邊　白口
18×11.6 釐米
浙圖

集 5654
柯家山館詞三卷
清歸安嚴元照撰
清許氏娛園抄本　清仁和許增校並跋
浙圖

集 5655
棲碧詞一卷
清蕭山丁文蔚撰
稿本
浙圖

集 5656
求心館遺集一卷
清仁和黄承勳撰
稿本　清陳穆堂校
浙圖

集 5657
伴月香爐詞一卷
稿本
浙圖

集 5658
紫鴛詞一卷
清蔣敦復撰
稿本　清王瀚、朱燾、陳中等校
浙圖

集 5659
九曲漁莊詞二卷
清嘉興沈濤撰
稿本
十一行二十一字　左右雙邊　黑口
18.6×14.2 釐米
嘉圖

集 5660
海漚賸詞不分卷
清仁和倪稻孫撰
清嘉慶(1796—1820)沈鎡抄本
浙圖

集 5661
蘆中秋瑟譜不分卷
清仁和倪稻孫撰
清嘉慶二十三年(1818)沈鎡抄本　清沈鎡跋
浙圖

集 5662
夢隱詞不分卷酒邊花外詞一卷
清仁和倪稻孫撰
清嘉慶二十三年(1818)沈鎡抄本　清沈鎡跋
浙圖

集 5663
東甌草堂詞二卷
清山陰周星譽撰
清抄本
七行十二至十四字　四周單邊　白口
18×9.6 釐米
紹圖

集 5664

憶雲詞甲稿一卷乙稿一卷丙稿一卷丁稿一卷

清項鴻祚撰

清道光(1821—1850)刻本

十一行十九字　左右雙邊　白口

16.5×11.5 釐米

溫圖

集 5665

疎影樓詞五卷

清鎮海姚燮撰

稿本　清姚儒俠跋

十行二十一字　無格

天一閣

集 5666

娱老詞一卷

清瑞安孫衣言撰

盤阿草堂詞一卷

清瑞安孫鏘鳴撰

經微室詞存一卷

清瑞安孫詒讓撰

稿本

溫圖

集 5667

養一齋詞一卷

清潘德輿撰

清咸豐三年(1853)刻本　清潘亮彝校並跋

16.5×12.2 釐米

浙圖

集 5668

北道竹枝詞一卷湖路十八站地名竹枝詞一卷山路十一站地名竹枝詞一卷入京山湖路圖一卷

清包元嗣撰

附湖路題壁詩詞一卷山路題壁詩一卷

清包元嗣輯

清咸豐七年(1857)稿本

浙圖

集 5669

華簾詞鈔一卷

清仁和吳藻撰

清高保康抄本　楊志濂跋

浙圖

集 5670

修真館詞稿四卷

清戴綬尊撰

稿本　清徐炳煃、楊國鼎、夏鳳翔、徐方增跋

斜陽詞一卷

綉鴛詞一卷

珊夢詞一卷

聽雁詞一卷

十行二十一字　無格

天一閣

集 5671

唧唧唫一卷

清桐鄉張若齡撰

清蔡廷傑抄本

浙圖

集 5672

花間小集樂府□□卷

清錢塘王起撰

稿本　清潘鍾瑞等批注並跋

存一卷　三

浙圖

集 5673

淨綠軒詞六卷

清錢塘王起撰

稿本　清魏謙升、金繩武批校並跋　清

唐詠裳跋
浙圖

集 5674
硯香詞四卷補錄一卷
清錢塘王起撰
清南林書屋抄本
浙圖

集 5675
冰蠶詞一卷
清魯承齡撰
清抄本　佚名批
浙圖

集 5676
鏡海樓詩稿四卷文稿一卷
清海昌楊鳳翰撰
稿本　清薛時雨、海寧管庭芬、吴艾生跋
浙圖

集 5677
蝶影詞不分卷
稿本　清會稽陶方琦批
浙圖

集 5678
秋影樓詞草一卷
清秀水汪熙敬撰
稿本　敦樹榕跋
浙圖

集 5679
蠡龕遺稿不分卷
清會稽岑應麐撰
稿本　清會稽陶方琦批注並跋
浙圖

集 5680
量月樓詞初存一卷
清錢塘張預撰
清抄本
浙圖

集 5681
琳清仙館詞稿二卷
清會稽陶方琦撰
稿本
九行十九字　左右雙邊　白口
14.2×9.5 釐米
杭圖

集 5682
蘭當詞二卷補遺一卷
清會稽陶方琦撰
清甘大昕困學菴抄本
浙圖

集 5683
醉盦詞别集二卷
清會稽王繼香撰
稿本　清會稽李慈銘、仁和譚獻、會稽孫德祖等跋
浙圖

集 5684
醉盦詞幸草不分卷
清會稽王繼香撰
稿本
浙圖

集 5685
紫石詞鈔一卷
清瑞安項瓌撰
稿本　清瑞安孫衣言批
温圖

集 5686

癸辛詞不分卷

清瑞安項瓘撰

清同治(1862—1874)刻本　清瑞安孫衣言批點

十行二十字　左右雙邊　白口

18×12 釐米

溫圖

集 5687

鏡海樓詞稿一卷

清海昌楊鳳翰撰

稿本

浙圖

集 5688

東武犁音不分卷

清平湖賈敦艮撰

稿本　清張鴻卓、魏謙升等批校並跋

浙圖

集 5689

薲因館詞二卷夢花樓詞二卷棨綺樓詞一卷

清會稽王繼和撰

稿本

浙圖

集 5690

紫藤花館詞一卷

清徐達源撰

清抄本

浙圖

集 5691

薑露詞一卷

清萬釗撰

稿本　清仁和譚獻批　清錢塘張景祁批並跋　清黃家鼎跋　清嘉興張鳴珂題款　安吉吳昌碩題款

浙圖

集 5692

百尺樓詩餘集句三卷

清陳源世撰

稿本

詩餘春紅篇一卷

詩餘紅花篇一卷

詩餘花月篇一卷

浙圖

集 5693

水琴詞三卷縵雅堂駢文一卷

清山陰王詒壽撰

稿本

十行二十六至二十七字　四周單邊　白口

20.5×12.5 釐米

杭圖

集 5694

賁夢詞一卷

清仁和許增撰　杭州鄭道乾輯

鄭氏師儉堂抄本

浙圖

集 5695

原上草二卷

清李裕撰

焚餘草一卷

清李均撰

清抄本

浙圖

集 5696

雙翠軒詞稿一卷

清卓孝復撰

稿本

溫圖

集 5697

片玉詞考異二卷補遺一卷

清仁和譚獻撰

稿本
浙圖

集 5698
復堂詞錄六卷
清仁和譚獻撰
稿本
存二卷　三至四
浙圖

集 5699
復堂詞一卷
清仁和譚獻撰
稿本
臨海博

集 5700
七十二行花館詩餘一卷
清秀水汪守愚撰
稿本　清邵日濂、管俊、王景曾跋
浙圖

集 5701
蘋華詞一卷
清朱鏡清撰
稿本
八行二十字　四周雙邊　白口
17.7×10.5 釐米
浙大

集 5702
凝香室詩餘一卷
清葉澹宜撰
適廬詞草一卷
清葉翰仙撰
蘊香齋詞稿一卷
清葉靜宜撰
稿本　清嘉興張鳴珂批改並附手札
杭圖

集 5703
夢花樓未删稿一卷
清葉元堦撰
稿本
天一閣

集 5704
自賞音齋詞存一卷自賞音齋詞草二卷
清姚文玶撰
稿本　徐本立跋
十行二十字　無格
杭圖

集 5705
簫臺公餘詞一卷
清錢塘姚述堯撰
清末鴿峰草堂抄本
九行二十一字　四周單邊　白口
15.1×9.4 釐米
天一閣

集 5706
秋露詞一卷繡鴛詞一卷
清孫麟撰
清末鴿峰草堂抄本
九行二十一字　左右雙邊　黑口
16.69×11.6 釐米
天一閣

集 5707
蓮社詞二卷
清雷葆廉撰
清末鴿峰草堂抄本
九行二十一字　左右雙邊　黑口
16.5×11.5 釐米
天一閣

集 5708
師竹山房詩餘一卷
清仁和江藍撰

清光緒十八年(1892)手稿本　清仁和周元瑞批校並跋
餘杭圖

集 5709
存存集十六卷瓻賸一卷
清浙東余穀撰
稿本
天一閣

集 5710
袌碧齋詞□卷
清陳鋭撰
朱祖謀抄本
存一卷　三
浙圖

集 5711
花信樓詞稿一卷
瑞安洪炳文撰
稿本
溫圖

詞話

集 5712
樂府指迷一卷
宋臨安張炎撰
詞旨一卷
宋陸韶撰
清康熙(1662—1722)刻本　清楊希閔跋　丁蕓校並跋
十一行二十一字　左右雙邊　細黑口
18.8×14.3 釐米
溫圖

集 5713
楊升菴辭品四卷
明楊慎撰
明萬曆四十六年(1618)周懋宗刻本
九行二十字　四周單邊　白口
21.6×14.8 釐米
浙圖＊　天一閣＊

集 5714
楊升菴辭品四卷
明楊慎撰
明刻本
存二卷　三至四
九行二十字　左右雙邊　白口
19.4×13 釐米
天一閣

集 5715
渚山堂詞話三卷
明德清陳霆撰
清末繆氏藕香簃抄本
浙圖

集 5716
詞苑叢談十二卷
清徐釚撰
清康熙二十七年(1688)丁煒刻本
九行二十字　左右雙邊　白口
17.1×12.2 釐米
浙圖

集 5717
濯絳宧詞話一卷
江山劉毓盤撰
稿本
十行二十二字　無格
天一閣

詞譜

集 5718
詩餘圖譜三卷南湖詩餘一卷
明張綖撰
少游詩餘一卷
宋秦觀撰

明崇禎八年(1635)王象晉刻本
九行十八字 左右雙邊 白口
18.8×14.2 釐米
浙大

集 5719
詞譜四十卷
清王奕清等撰
清康熙五十四年(1715)内府刻朱墨套印本
八行二十一字 四周雙邊 白口
19.4×12.6 釐米
浙圖 浙大*

集 5720
記紅集三卷詞韻簡一卷
清吴綺、程洪輯
清康熙二十五年(1686)自刻本
九行二十字 四周雙邊 白口
20.5×14.2 釐米
平湖圖

集 5721
詞律二十卷
清萬樹撰
清康熙二十六年(1687)萬氏堆絮園刻本
九行二十一字 左右雙邊 白口
17.5×14.4 釐米
浙圖 寧圖 溫圖 平湖圖 衢博

集 5722
詞律二十卷
清萬樹撰
清康熙二十六年(1687)萬氏堆絮園刻本 清何焯跋
嘉圖

集 5723
詞律二十卷
清萬樹撰
清康熙二十六年(1687)萬氏堆絮園刻本 清錢塘張預批校 杭州鄭道乾跋
德清博

集 5724
詞律二十卷
清萬樹撰
清康熙二十六年(1687)萬氏堆絮園刻保滋堂印本
義烏圖 玉海樓

集 5725
詞譜二卷
清許寶善輯
清乾隆三十六年(1771)刻朱墨套印本
六行十六字 小字雙行字數不一 左右雙邊 白口
13×9.7 釐米
浙圖

集 5726
碎金詞譜十四卷續譜六卷
清謝元淮撰
清道光二十八年(1848)刻朱墨套印本
六行十五字 四周雙邊 白口
19×14.2 釐米
天一閣

詞韻

集 5727
詞韻一卷
清歸安鄭元慶輯
清二研齋抄本 清湘雲跋
浙圖

集 5728
學宋齋詞韻一卷
清吴烺、江昉、吴鏜、程名世輯
清乾隆(1736—1795)刻本
七行十八字 左右雙邊 細黑口

12.2×8.7 釐米
嘉圖

集 5729
學宋齋詞韻一卷
清吳烺、江昉、吳鏜、程名世輯
清道光二十年(1840)蓉楣抄本
浙圖

集 5730
榕園詞韻一卷發凡一卷
清海鹽吳寧撰
清乾隆四十九年(1784)冬青山館刻本
八行十八字　左右雙邊　粗黑口
15.7×11.9 釐米
浙圖　溫圖　嘉圖

集 5731
詞鏡平仄圖譜三卷
清西泠賴以邠撰　清查繼超輯
清乾隆四十八年(1783)林棲梧刻朱墨套印本
七行十八字　四周雙邊　白口
12.8×8.9 釐米
浙圖

集 5732
詞源約指不分卷
清蕭山任以治撰
稿本　海寧費寅跋
浙圖

曲類

諸宮調

集 5733
董解元西廂記三卷
明末刻會真六幻本
存一卷　下
十行二十字　四周雙邊　白口
22×16 釐米
浙圖

集 5734
董解元西廂四卷
明湯顯祖評
明刻朱墨套印本　清鎮海姚燮跋　清鄞縣徐時棟題款
八行十八字　左右雙邊　白口
20.5×14.9 釐米
浙圖

雜劇

集 5735
元曲選十集一百卷
明長興臧懋循編
論曲一卷
明黄巖陶宗儀等撰
元曲論一卷
明萬曆(1573—1620)刻本
甲集
破幽夢孤鴈漢宮秋雜劇一卷　元馬致遠撰
李太白匹配金錢記雜劇一卷　元喬吉撰
包待制陳州糶米雜劇一卷
玉清菴錯送鴛鴦被雜劇一卷
隨何賺風魔蒯通雜劇一卷
溫太真玉鏡臺雜劇一卷　元關漢卿撰
楊氏女殺狗勸夫雜劇一卷　元蕭德祥撰
相國寺公孫合汗衫雜劇一卷　元張國賓撰
錢大尹智寵謝天香雜劇一卷　元關漢卿撰
爭報恩三虎下山雜劇一卷
乙集
張天師斷風花雪月雜劇一卷　元吳昌齡撰
趙盼兒風月救風塵雜劇一卷　元關漢卿撰
東堂老勸破家子弟雜劇一卷　元秦簡夫撰
同樂院燕青博魚雜劇一卷　元李文蔚撰
臨江驛瀟湘秋夜雨雜劇一卷　元楊顯之撰
李亞仙花酒曲江池雜劇一卷　元石君寶撰
楚昭公疎者下船雜劇一卷　元鄭廷玉撰
龐居士誤放來生債雜劇一卷　元劉君錫撰

薛仁貴榮歸故里雜劇一卷　元張國賓撰
裴少俊墻頭馬上雜劇一卷　元白樸撰

丙集

唐明皇秋夜梧桐雨雜劇一卷　元白樸撰
散家財天賜老生兒雜劇一卷　元武漢臣撰
硃砂擔滴水浮漚記雜劇一卷
便宜行事虎頭牌雜劇一卷　元李直夫撰
包龍圖智賺合同文字雜劇一卷
凍蘇秦衣錦還鄉雜劇一卷
翠紅鄉兒女兩團圓雜劇一卷　元楊文奎撰
李素蘭風月玉壺春雜劇一卷　元武漢臣撰
呂洞賓度鐵拐李雜劇一卷　元岳伯川撰
小尉遲將鬬認父歸朝雜劇一卷

丁集

陶學士醉寫風光好雜劇一卷　元戴善夫撰
魯大夫秋胡戲妻雜劇一卷　元石君寶撰
神奴兒大鬧開封府雜劇一卷
半夜雷轟薦福碑雜劇一卷　元馬致遠撰
謝金吾詐拆清風府雜劇一卷
呂洞賓三醉岳陽樓雜劇一卷　元馬致遠撰
包待制三勘蝴蝶夢雜劇一卷　元關漢卿撰
説鱄諸伍員吹簫雜劇一卷　元李壽卿撰
河南府張鼎勘頭巾雜劇一卷　元孫仲章撰
黑旋風雙獻功雜劇一卷　元高文秀撰

戊集

迷青瑣倩女離魂雜劇一卷　元鄭德輝撰
西華山陳摶高臥雜劇一卷　元馬致遠撰
龐涓夜走馬陵道雜劇一卷
救孝子賢母不認屍雜劇一卷　元王仲文撰
邯鄲道省悟黄粱夢雜劇一卷　元馬致遠撰
杜牧之詩酒揚州夢雜劇一卷　元喬吉撰
醉思鄉王粲登樓雜劇一卷　元鄭德輝撰
昊天塔孟良盜骨雜劇一卷　元朱凱撰
包待制智斬魯齋郎雜劇一卷　元關漢卿撰
朱太守風雪漁樵記雜劇一卷　元庾天錫撰

己集

江州司馬青衫泪雜劇一卷　元馬致遠撰
四丞相高會麗春堂雜劇一卷　元王德信撰
孟德耀舉案齊眉雜劇一卷
包龍圖智勘後庭花雜劇一卷　元鄭廷玉撰
死生交范張雞黍雜劇一卷　元宫天挺撰
玉簫女兩世姻緣雜劇一卷　元喬吉撰
宜秋山趙禮讓肥雜劇一卷　元秦簡夫撰
鄭孔目風雪酷寒亭雜劇一卷　元楊顯之撰
桃花女破法嫁周公雜劇一卷　元王曄撰
陳季卿悮上竹葉舟雜劇一卷　元范子安撰

庚集

布袋和尚忍字記雜劇一卷　元鄭廷玉撰
謝金蓮詩酒紅梨花雜劇一卷　元張壽卿撰
鐵拐李度金童玉女雜劇(一名金安壽)一卷　元賈仲明撰
包待制智賺灰闌記雜劇一卷　元李行道撰
崔府君斷冤家債主雜劇一卷　元鄭廷玉撰
㑳梅香騙翰林風月雜劇一卷　元鄭德輝撰
尉遲恭單鞭奪槊雜劇一卷　元尚仲賢撰
呂洞賓三度城南柳雜劇一卷　元谷子敬撰
須賈大夫誶范叔雜劇一卷　元高文秀撰
李雲英風送梧桐葉雜劇一卷　元李唐賓撰

辛集

花間四友東坡夢雜劇一卷　元吳昌齡撰
杜蘂娘智賞金線池雜劇一卷　元關漢卿撰
王月英元夜留鞋記雜劇一卷　元曾瑞卿撰
漢高皇濯足氣英布雜劇一卷　元尚仲賢撰
兩軍師隔江鬬智雜劇一卷
馬丹陽度脱劉行首雜劇一卷　元楊景賢撰
月明和尚度柳翠雜劇一卷　元李壽卿撰
劉晨阮肇悮入桃源雜劇一卷　元王子一撰
張孔目智勘魔合羅雜劇一卷　元孟漢卿撰
玎玎璫璫盆兒鬼雜劇一卷

壬集

荆楚臣重對玉梳記雜劇一卷　元賈仲名撰
逞風流王焕百花亭雜劇一卷
秦修然竹塢聽琴雜劇一卷　元石子章撰
金水橋陳琳抱粧盒雜劇一卷
趙氏孤兒大報讐雜劇一卷　元紀君祥撰
感天動地竇娥冤雜劇一卷　元關漢卿撰
梁山泊李逵負荆雜劇一卷　元康進之撰
蕭淑蘭情寄菩薩蠻雜劇一卷　元賈仲名撰
錦雲堂暗定連環計雜劇一卷
羅李郎大鬧相國寺雜劇一卷　元張國賓撰

癸集

看錢奴買冤家債主雜劇一卷　元鄭廷玉撰
都孔目風雨還牢末雜劇一卷　元李致遠撰
洞庭湖柳毅傳書雜劇一卷　元尚仲賢撰
風雨像生貨郎旦雜劇一卷
望江亭中秋切鱠雜劇一卷　元關漢卿撰

馬丹陽三度任風子雜劇一卷　元馬致遠撰
薩真人夜斷碧桃花雜劇一卷
沙門島張生煮海雜劇一卷　元李好古撰
包待制智賺生金閣雜劇一卷　元武漢臣撰
馮玉蘭夜月泣江舟雜劇一卷
九行二十字　左右雙邊　白口
21.3×13.6 釐米
浙圖　天一閣＊

集 5736

古名家雜劇□□卷

明海寧陳與郊編
明刻本
存四卷
紫陽仙三度常椿壽一卷　明朱有燉撰
東華仙三度十長生一卷　明朱有燉撰
群仙慶壽蟠桃會一卷　明朱有燉撰
呂洞賓花月神仙會一卷　明朱有燉撰
十行二十一字　四周單邊或四周雙邊　白口
20×13 釐米
天一閣

集 5737

盛明雜劇二集三十卷

明沈泰編
明崇禎(1628—1644)刻本
風月牡丹僊一卷　明朱有燉撰
香囊怨一卷　明朱有燉撰
武陵春一卷　明許潮撰
蘭亭會一卷　明楊慎撰
寫風情一卷　明許潮撰
午日吟一卷　明許潮撰
南樓月一卷　明許潮撰
赤壁遊一卷　明許潮撰
龍山宴一卷　明許潮撰
同甲會一卷　明許潮撰
易水寒一卷　明餘姚葉憲祖撰
夭桃紈扇一卷　明餘姚葉憲祖撰
碧蓮繡符一卷　明餘姚葉憲祖撰
丹桂鈿合一卷　明餘姚葉憲祖撰
素梅玉蟾一卷　明餘姚葉憲祖撰
有情癡一卷　明徐陽輝撰
脱囊穎一卷　明徐陽輝撰
曲江春一卷　明王九思撰
魚兒佛一卷　明寓山居士撰
雙鶯傳一卷　清袁于令撰
不伏老一卷　明馮惟敏撰
虬髯翁一卷　明吳興凌濛初撰
英雄成敗一卷　明會稽孟稱舜撰
紅蓮債一卷　明陳汝元撰
絡冰絲一卷　明徐翽撰
錯轉輪一卷　明祁元孺撰
蕉鹿夢一卷　明車任遠撰
櫻桃園一卷　明王澹撰
逍遥遊一卷　明王應遴撰
相思譜一卷　明吳中情奴撰
九行二十字　左右雙邊　白口
20.5×14.3 釐米
浙圖

集 5738

李卓吾批點西厢記二卷

元王德信撰　明李贄評
明刻本
九行十九字　左右雙邊　白口
20.5×14.8 釐米
浙圖

集 5739

新校注古本西厢記五卷

元王德信撰　明王驥德校注

彙考一卷

明王驥德撰
明萬曆四十二年(1614)王氏香雪居刻本
存三卷　四至五　彙考
十行二十字　四周單邊　白口　書口下鎸“香雪居”
21.5×14.3 釐米
紹圖

集 5740

張深之先生正北西厢秘本五卷

元王德信、關漢卿撰　明張深之校正

明崇禎(1628—1644)刻本
九行二十字　四周單邊　白口
20.3×14.2 釐米
浙博

集 5741
張深之先生正北西厢秘本五卷
元王德信、關漢卿撰　明張深之校正
明崇禎(1628—1644)刻本　清鎮海姚燮跋
浙圖

集 5742
雲林别墅繪像妥註第六才子書六卷
元王德信、關漢卿撰　清金聖嘆評　清鄒聖脉妥註
清乾隆五十三年(1788)刻本
十一行十八字　四周單邊　白口
14×9.5 釐米
上虞圖

集 5743
西來意四卷
元王德信、關漢卿撰　清潘廷章評
前一卷後一卷
清康熙(1662—1722)刻本　佚名批校
九行二十字　四周單邊　白口
19.7×14.5 釐米
浙圖

集 5744
雅趣藏書一卷
清錢書撰
清康熙四十二年(1703)崇文堂刻朱墨套印本
九行二十五字　四周單邊　白口
21×13.3 釐米
浙圖＊　浙大

集 5745
貫華堂第六才子書八卷
元王德信撰
清乾隆十五年(1750)古吴三樂齋刻本
缺一卷　四
十行二十一字　四周單邊　白口
21.1×14 釐米
浙圖

集 5746
貫華堂註釋第六才子書六卷
元王德信撰　清金人瑞評
清初(1644—1722)刻本
十行二十八字　四周單邊　白口
19.8×12.7 釐米
浙圖

集 5747
增補箋註第六才子西廂記解釋八卷
元王德信撰　清金人瑞評
清康熙八年(1669)郁郁堂刻本
兩欄　下欄十行十六字　四周單邊　白口　版心下鐫"郁郁堂"
20.6×14 釐米
天一閣

集 5748
第六才子書西厢記八卷
元王德信、關漢卿撰　清金人瑞評
清刻聖嘆外書本　清題伯明批並跋
十一行二十四字　四周單邊　白口
18.1×13 釐米
浙圖

集 5749
誠齋雜劇□卷
明朱有燉撰
明刻本
存一卷
新編李亞仙花酒曲江池一卷

十行二十字　四周雙邊　黑口
18×11.2 釐米
天一閣

集 5750
四聲猿四卷
明山陰徐渭撰　題清潡道人評
明刻本
九行二十字　四周單邊　白口
20.7×14.7 釐米
浙圖

集 5751
四聲猿四卷
明山陰徐渭撰
明延閣刻本
九行二十字　四周單邊　白口
21.2×14.9 釐米
天一閣

集 5752
四聲猿四卷
明山陰徐渭撰　明袁宏道評點
明萬曆四十二年(1614)鍾人傑刻本
九行二十字　四周單邊　白口
21.4×14.8 釐米
天一閣

集 5753
昆侖奴一卷
明梅鼎祚撰
明萬曆四十三年(1615)劉雲龍刻本
九行二十字　四周單邊　白口
21.2×15 釐米
浙圖

集 5754
兩紗二卷附一卷
清蕭山來集之撰
清初來氏倘湖小築刻本
女紅紗塗抹試官一卷
禿碧紗炎涼秀士一卷
附小青娘挑燈閒看牡丹亭一卷
九行十八字　四周單邊　白口　版心下鐫"倘湖小築"
18×14 釐米
天一閣

集 5755
秋風三疊三卷
清蕭山來集之撰
清初來氏倘湖小築刻本
九行十八字　四周單邊　白口　版心下鐫"倘湖小築"
18×14 釐米
天一閣

集 5756
坦菴詞曲六種九卷
清徐石麒撰
清初(1644—1722)南湖享書堂刻後印本
坦菴詩餘甕吟四卷
坦菴樂府黍香集一卷
坦菴買花錢雜劇一卷
坦菴大轉輪雜劇一卷
坦菴拈花笑雜劇一卷
坦菴浮西施雜劇一卷
九行二十字　四周單邊　白口
18.1×13 釐米
浙圖

集 5757
吟風閣四卷
清楊潮觀撰
清乾隆二十九年(1764)楊氏恰好處刻本
九行十九字　四周雙邊　白口
17.3×13.1 釐米
嘉圖

集 5758
吟風閣四卷
清楊潮觀撰

清乾隆二十九年(1764)楊氏恰好處刻本
清鎮海姚燮批並跋
浙圖

集 5759
鉼笙館修簫譜四卷
清舒位撰
清道光(1821—1850)汪氏振綺堂刻本
卓女當爐一卷
樊姬擁髻一卷
酉陽修月一卷
博望訪星一卷
七行十七字　四周單邊　白口
17.9×15 釐米
紹圖

集 5760
復莊今樂府選□□卷
清鎮海姚燮編
稿本
附詳目一卷
海寧張宗祥編
存六百十三卷
衢歌
迎鑾新曲一卷　清錢塘厲鶚撰
康衢新樂府一卷　清呂星垣撰
浙江迎鑾詞二卷　清梁廷柟撰
太平樂事一卷　清曹寅、柳山居士撰
萬壽圖一卷
絃索
西厢四卷　金董解元撰
元雜劇
漢宮秋一卷　元馬致遠撰
陳摶高卧一卷　元馬致遠撰
黄粱夢一卷　元馬致遠撰
岳陽樓一卷　元馬致遠撰
青衫泪一卷　元馬致遠撰
任風子一卷　元馬致遠撰
薦福碑一卷　元馬致遠撰
竇娥冤一卷　元關漢卿撰
中秋切鱠一卷　元關漢卿撰
魯齋郎一卷　元關漢卿撰
玉鏡臺一卷　元關漢卿撰
蝴蝶夢一卷　元關漢卿撰
救風塵一卷　元關漢卿撰
謝天香一卷　元關漢卿撰
金線池一卷　元關漢卿撰
墻頭馬上一卷　元白樸撰
梧桐雨一卷　元白樸撰
兩世姻緣一卷　元喬吉撰
金錢記一卷　元喬吉撰
揚州夢一卷　元喬吉撰
風花雪月一卷　元吳昌齡撰
東坡夢一卷　元吳昌齡撰
玉壺春一卷　元武漢臣撰
老生兒一卷　元武漢臣撰
生金閣一卷　元武漢臣撰
麗春堂一卷　元王德信撰
倩女離魂一卷　元鄭光祖撰
王粲登樓一卷　元鄭光祖撰
傷梅香一卷　元鄭光祖撰
忍字記一卷　元鄭廷玉撰
後庭花一卷　元鄭廷玉撰
楚昭公一卷　元鄭廷玉撰
看錢奴一卷　元鄭廷玉撰
范張鷄黍一卷　元宮大用撰
留鞋記一卷　元曾瑞卿撰
度柳翠一卷　元李壽卿撰
張生煮海一卷　元李好古撰
羅李郎一卷　元張國寳撰
薛仁貴一卷　元張國寳撰
合汗衫一卷　元張國寳撰
秋胡戲妻一卷　元石君寳撰
曲江池一卷　元石君寳撰
魔合羅一卷　元孟漢卿撰
酷寒亭一卷　元楊顯之撰
瀟湘雨一卷　元楊顯之撰
東堂老一卷　元秦簡夫撰
趙禮讓肥一卷　元秦簡夫撰
柳毅傳書一卷　元尚仲賢撰
氣英布一卷　元尚仲賢撰
單鞭奪槊一卷　元尚仲賢撰
竹葉舟一卷　元范子安撰
風光好一卷　元戴善夫撰

趙氏孤兒一卷　元紀君祥撰
黑旋風一卷　元高文秀撰
鐵拐李一卷　元岳伯川撰
兒女團圓一卷　元楊文奎撰
灰闌記一卷　元李行道撰
救孝子一卷　元王仲文撰
燕青捕魚一卷　元李文蔚撰
勘頭巾一卷　元孫仲章撰
紅梨花一卷　元張壽卿撰
李逵負荊一卷　元康進之撰
竹塢聽琴一卷　元石子章撰
伍員吹簫一卷　元李壽卿撰
虎頭牌一卷　元李直夫撰
陳州糶米一卷
合同文字一卷
來生債一卷
小尉遲一卷
百花亭一卷
誶范叔一卷
硃砂擔一卷
桃花女一卷
碧桃花一卷
抱粧盒一卷
梧桐葉一卷
冤家債主一卷
謝金吾一卷
神奴兒一卷
貨郎旦一卷
馮玉蘭一卷
舉案齊眉一卷
連環計一卷
盆兒鬼一卷

明雜劇

悮入桃源一卷　明王子一撰
劉行首一卷　明楊景賢撰
還牢米一卷　明李致遠撰
城南柳一卷　明谷子敬撰
牡丹仙一卷　明朱有燉撰
對玉梳一卷　明賈仲名撰
金童玉女一卷　明賈仲名撰
蕭淑蘭一卷　明賈仲名撰
北邙説法一卷　明餘姚葉憲祖撰
團花鳳一卷　明餘姚葉憲祖撰
眼兒媚一卷　明會稽孟稱舜撰
桃花人面一卷　明會稽孟稱舜撰
死里逃生一卷　明會稽孟稱舜撰
花前一笑一卷　明會稽孟稱舜撰
脱囊穎一卷　明徐陽輝撰
有情癡一卷　明徐陽輝撰
魚兒佛一卷　明釋湛然撰
不伏老一卷　明馮惟敏撰
僧尼共犯一卷　明馮惟敏撰
漁陽弄一卷　明山陰徐渭撰
翠香夢一卷　明山陰徐渭撰
雌木蘭一卷　明山陰徐渭撰
曲江春一卷　明王九思撰
簪花髻一卷　明沈自徵撰
鴛鴦夢一卷　明葉小紈撰

清雜劇

通天臺一卷　清吳偉業撰
臨春閣一卷　清吳偉業撰
清平調一卷　清尤侗撰
弔琵琶一卷　清尤侗撰
讀離騷一卷　清尤侗撰
桃花源一卷　清尤侗撰
黑白衛一卷　清尤侗撰
鬱輪袍一卷　清黄兆森撰
夢揚州一卷　清黄兆森撰
飲中仙一卷　清黄兆森撰
藍橋驛一卷　清黄兆森撰
擬連厢詞一卷　清蕭山毛奇齡撰
買花錢一卷　清徐石麒撰
大轉輪一卷　清徐石麒撰
拈花笑一卷　清徐石麒撰
浮西施一卷　清徐石麒撰
夢花因一卷　題清鷗波亭長撰
一片石一卷　清蔣士銓撰
第二碑一卷　清蔣士銓撰
四絃秋一卷　清蔣士銓撰
昆明池一卷　清慈谿裘璉撰
集翠裘一卷　清慈谿裘璉撰
鑒湖隱一卷　清慈谿裘璉撰
旗亭館一卷　清慈谿裘璉撰
蘆花絮一卷　清唐英撰
北孝烈一卷　題清青霞寓客撰
圓香夢一卷　清梁廷柟撰

曲類

江梅夢一卷　清梁廷枏撰
花間九奏一卷　清石韞玉撰
青溪笑二卷　題清蓉鷗漫叟撰
牡蠣園一卷　題清雪樵居士撰
吟風閣四卷　清楊潮觀撰
修簫譜一卷　清舒位撰
列子御風一卷　清舒位撰
艶禪一卷　清王復撰
四時春一卷　清單瑶田撰
凌波影一卷　清海鹽黄燮清撰
孟蘭夢一卷　清嚴保庸撰
飲酒讀騷一卷　清仁和吳藻撰
園林午夢一卷　明李開先撰

院本

西厢記四卷　元王德信撰
西遊記四卷　元吳昌齡撰
琵琶記五卷　元瑞安高明撰
荆釵記三卷　明朱權撰
幽閨記三卷　元施惠撰
精忠記一卷　明姚茂良撰
三元記一卷　明沈受先撰
千金記一卷　明沈采撰
香囊記一卷　明邵璨撰
邯鄲記四卷　明湯顯祖撰
南柯記四卷　明湯顯祖撰
牡丹亭四卷　明湯顯祖撰　存一卷
紫釵記五卷　明湯顯祖撰
鸞鎞記一卷　明餘姚葉憲祖撰
金鎖記二卷　明單本撰
蕉帕記三卷　明單本撰
明珠記三卷　明陸采撰
懷香記一卷　明陸采撰
紅拂記一卷　明張鳳翼撰
祝髮記一卷　明張鳳翼撰
青衫記二卷　明顧大典撰
綄紗記二卷　明梁辰魚撰
種玉記二卷　明汪廷訥撰
獅吼記二卷　明汪廷訥撰
義俠記一卷　明沈璟撰
望湖亭一卷　明沈璟撰
翠屏山二卷　明沈璟撰
雙珠記二卷　明沈璟撰
鮫綃記二卷　明沈璟撰
綵毫記二卷　明鄞縣屠隆撰
曇花記六卷　明鄞縣屠隆撰　存二卷　五至六
水滸記一卷　明許自昌撰
四喜記二卷　明謝讜撰
金蓮記四卷　明陳汝元撰
節孝記一卷　明程文修撰
玉簪記一卷　明高濂撰
雙烈記二卷　明張四維撰
鳴鳳記四卷　明王世貞撰
分金記一卷　明葉良表撰
八義記一卷　明徐元撰
夢磊記二卷　明史槃撰
雙緣舫一卷　明史槃撰
春蕪記一卷　明汪錂撰
玉鏡臺二卷　明朱鼎撰
焚香記二卷　明王玉峰撰
龍膏記三卷　明楊珽撰
紅梨記三卷　明徐復祚撰
貞文詞三卷　明會稽孟稱舜撰
撮盒圓二卷　題明磊道人撰
想當然一卷　明盧柟撰
醉鄉記一卷　明孫鍾齡撰
燕子箋三卷　明阮大鋮撰
白兔記二卷　存一卷　上
綵樓記一卷　明汪錂撰
運甓記二卷　明吾丘端撰
錦箋記二卷　明秀水周履靖撰
投梭記一卷　明徐復祚撰
玉合記二卷　明梅鼎祚撰　存一卷　上
四賢記四卷　存一卷　四
節俠記二卷　明許三階撰
秣陵春五卷　清吳偉業撰
鈞天樂二卷　清尤侗撰
桃花扇二卷　清孔尚任撰
花筵賺四卷　清范文若撰
鴛鴦棒三卷　清范文若撰
夢花酣一卷　清范文若撰
西樓記二卷　清袁于令撰
珍珠衫一卷　清袁于令撰
鷫鸘裘二卷　清袁于令撰
醉月緣一卷　清薛旦撰
永團圓二卷　清李玉撰

一捧雪二卷　清李玉撰
牡丹圖二卷　清朱佐朝撰
漁家樂二卷　清朱佐朝撰
艷雲亭一卷　清朱佐朝撰
黨人碑一卷　清邱園撰
十五貫二卷　清朱㿥撰
聚寶盆一卷　清朱㿥撰
雙冠誥二卷　清陳二白撰　存一卷　下
櫻桃夢三卷　清海寧陳與郊撰
靈寶刀一卷　清海寧陳與郊撰
綰春園一卷　清沈嵊撰
息宰河三卷　清沈嵊撰
人天樂一卷　清黄周星撰
忠孝福二卷　清黄兆森撰
紅情言三卷　清嘉興王翃撰
詞苑春秋一卷　清嘉興王翃撰
醉菩提一卷　清張大復撰
長生殿六卷　清錢塘洪昇撰
玉門關一卷　題清青城山樵撰
布袋錦一卷　題清癯道人撰
新灌園二卷　清張鳳翼撰
長命縷二卷　明梅鼎祚撰
廣寒香四卷　清汪光被撰
陰陽判二卷　清海寧查慎行撰
雙奇會二卷　題清湖上逸人撰
紅梅記一卷　明周朝俊撰
香鞋記一卷　清石琰撰
酒家傭二卷　明陸弼、欽虹江撰
遊子鑒二卷　題清半隱主人撰
精忠旗一卷　明李梅實撰
青雀舫一卷　明徐陽輝撰
禱河冰一卷　清羅小隱撰
雙鴛祠一卷　清仲振履撰
桂花塔一卷　清左潢撰
珊瑚玦二卷　清周稚廉撰
元寶媒三卷　清周稚廉撰
雙忠廟三卷　清周稚廉撰　存二卷　中　下
芙蓉峽一卷　清林以寧撰
揚州夢二卷　清嵇永仁撰
玉尺樓五卷　清朱夰撰
旗亭記二卷　清金兆燕撰
一斛珠三卷　清程枚撰
拜針樓二卷　清王墅撰
珍珠塔一卷　清張愷勳撰
錦香亭一卷　清石琰撰
百花舫一卷　題清紫紅道人撰
晉春秋四卷　清蔡廷弼撰
量江記三卷　明佘翹撰
議大禮一卷　清劉暈展
灑雪堂二卷　明梅孝己撰
風流棒二卷　明萬樹撰
念八翻二卷　明萬樹撰
空青石二卷　明萬樹撰
綠牡丹二卷　明吳柄撰
畫中人二卷　明吳柄撰
西園記二卷　明吳柄撰
乞食圖二卷　清錢維喬撰
六如亭五卷　清張九鉞撰
花萼吟一卷　清錢塘夏綸撰
無瑕璧一卷　清錢塘夏綸撰
瑞筠圖一卷　清錢塘夏綸撰
廣寒梯二卷　清錢塘夏綸撰
杏花村一卷　清錢塘夏綸撰
南陽樂三卷　清錢塘夏綸撰
奈何天四卷　清蘭谿李漁撰　存三卷　一至三
玉搔頭三卷　清蘭谿李漁撰　存二卷　中　下
風箏誤二卷　清蘭谿李漁撰　存一卷　上
香祖樓四卷　清蔣士銓撰
臨川夢二卷　清蔣士銓撰　存一卷　下
冬青樹二卷　清蔣士銓撰
雪中人一卷　清蔣士銓撰
桂林霜二卷　清蔣士銓撰
夢中緣三卷　清張堅撰
懷沙記三卷　清張堅撰
玉獅墜二卷　清張堅撰
梅花簪三卷　清張堅撰
雙報應二卷　清嵇永仁撰　存一卷　上
報恩緣三卷　清沈起鳳撰　存二卷　中　下
伏虎韜四卷　清沈起鳳撰
地行仙五卷　清吳震生撰　存三卷　三至五
寒香亭五卷　清李凱撰

東海記一卷　清王曦撰
八寶箱一卷　清夏秉衡撰
馬上緣二卷　清吳梅岑撰
琵琶俠四卷　清董達章撰
魚水緣三卷　清周書撰
後一捧雪一卷　清胡雲坒撰
芝龕記六卷　清董榕撰
載花舲四卷　清徐沁撰
棲雲石三卷　清黄圖珌撰
雙仙記三卷　清崔應階撰
石榴記四卷　清黄振撰
鶴歸來一卷　清瞿頡撰
芙蓉樓四卷　清蕭山張衢撰
玉節記四卷　清蕭山張衢撰
千金壽一卷　清沈筠撰
繡帕二卷　清謝堃撰
十二金錢二卷　清謝堃撰
血梅記一卷　清謝堃撰
黄河遠一卷　清謝堃撰
蘭桂仙三卷　清左潢撰
仲氏紅樓四卷　清仲振奎撰
紅樓散套二卷　清吳鎬撰
陳氏紅樓五卷　清陳鍾麟撰
海烈婦二卷　清沈受宏撰
後七子四卷　清題擁書主人撰
合浦珠一卷　清題芙蓉山樵撰
續牡丹亭一卷　清題靜菴撰
雷峰塔一卷　清題岫雲詞逸撰
富貴神仙一卷　清鄭含成撰
影梅菴三卷　清彭劍南撰
香畹樓四卷　清彭劍南撰
茂陵絃三卷　清海鹽黄燮清撰
帝女花二卷　清海鹽黄燮清撰
桃谿雪二卷　清海鹽黄燮清撰
爛柯山一卷　清□□撰
名山志一卷　清□□撰
梅花樓一卷
綠華軒一卷
霄光劍一卷　明徐復祚撰
天宮寶一卷
鳳雛圓五卷
南樓夢一卷　清馮延年撰
情郵一卷　明吳炳撰
桐葉一卷
鴛鴦塚一卷　清沈玉亮撰
七子圓二卷
慈悲願一卷
翡翠園一卷　清朱㿥撰
蝴蝶夢一卷
盤陀山一卷
昇平寶筏一卷　清張照撰
丹鳳忠二卷
定心猿一卷
花神報一卷
千忠戮二卷　清李玉撰
情中義一卷

明散曲

六如曲一卷　明唐寅撰
擊節餘音一卷　明馮惟敏撰
山堂雜曲一卷　明馮惟敏撰
歸田小令二卷　明馮惟敏撰
山堂附錄一卷　明馮惟敏撰
江東白苧二卷　明梁辰魚撰
續江東白苧二卷　明梁辰魚撰
樂府詞餘一卷　明黄峨撰

國朝散曲

西堂樂府一卷　清尤侗撰
葉兒樂府一卷　清秀水朱彝尊撰
北樂府小令一卷　清錢塘厲鶚撰
道情十首一卷　清鄭燮撰
黍香集一卷　清徐石麒撰
漁鼓曲一卷　清顔孝嘉撰
棣蕚香詞二卷　清宋徵璧等撰
有正味齋曲二卷　清吳錫麒撰

要詞

夾竹桃一卷　明馮夢龍撰
掛枝兒二卷　明馮夢龍撰

浙圖＊　天一閣＊

集 5761

審音鑒古録不分卷

清王繼善編

清道光十四年(1834)自刻本

琵琶記

荆釵記
紅梨記
兒孫福
長生殿
牡丹亭
西厢記
鳴鳳記
鐵冠圖
續選西厢記
續選紅梨記
續選牡丹亭
續選長生殿
續選鐵冠圖

十行二十四字　四周雙邊　白口

24.1×15.2 釐米

浙圖

傳奇

集 5762

墨憨齋新曲十種二十卷

明末刻清乾隆五十七年(1792)重修本

墨憨齋新灌園傳奇二卷　明張鳳翼撰　明馮夢龍更定
墨憨齋詳定酒家傭傳奇二卷　明陸弼、欽虹江撰　明馮夢龍更定
墨憨齋重定女丈夫傳奇二卷　明張鳳翼、劉方撰　明馮夢龍更定
墨憨齋重定量江記二卷　明佘翹撰　明馮夢龍詳定
墨憨齋新訂精忠旗傳奇二卷　明李梅實撰　明馮夢龍詳定
墨憨齋重定雙雄記傳奇二卷　明馮夢龍撰
墨憨齋訂定萬事足傳奇二卷　明馮夢龍撰
墨憨齋重定夢磊傳奇二卷　明史磐撰　明馮夢龍詳定
墨憨齋新定灑雪堂傳奇二卷　明梅孝己撰　明馮夢龍竄定
墨憨齋重定西樓楚江情傳奇二卷　明袁于令撰　明馮夢龍重定

八行二十一字　左右雙邊　白口

19.9×13.6 釐米

浙圖

集 5763

繡刻演劇十本一百二十卷

明毛晉編

明末毛氏汲古閣刻本

存一百一卷

琵琶記二卷　元瑞安高明撰
荆釵記二卷　明朱權撰
香囊記二卷　明邵璨撰
浣紗記二卷　明梁辰魚撰
尋親記二卷　明□□撰
千金記二卷　明沈采撰
精忠記二卷　明姚茂良撰
鳴鳳記二卷　明王世貞撰
三元記二卷　明沈受先撰
八義記二卷　明徐元撰
西厢記二卷　明嘉興李日華撰
幽閨記二卷　元施惠撰
明珠記二卷　明陸采撰
玉簪記二卷　明高濂撰
紅拂記二卷　明張鳳翼撰
還魂記二卷　明湯顯祖撰　明碩園删定
紫釵記二卷　明湯顯祖撰
邯鄲記二卷　明湯顯祖撰
南柯記二卷　明湯顯祖撰
西厢記二卷　元王德信撰
春蕪記二卷　明汪錂撰
琴心記二卷　明孫柚撰
玉鏡臺記二卷　明朱鼎撰
懷香記二卷　明陸采撰
運甓記二卷　明吾丘端撰　存一卷　下
鸞鎞記二卷　明餘姚葉憲祖撰
玉合記二卷　明梅鼎祚撰
四喜記二卷　明謝讜撰
繡襦記二卷　明徐霖撰
焚香記二卷　明王玉峰撰
霞箋記二卷
西樓記二卷　清袁于令撰
投梭記二卷　明徐復祚撰
金雀記二卷
贈書記二卷
錦箋記二卷　明秀水周履靖撰
蕉帕記二卷　明單本撰

水浒記二卷　明許自昌撰
灌園記二卷　明張鳳翼撰
種玉記二卷　明汪廷訥撰
獅吼記二卷　明汪廷訥撰
義俠記二卷　明沈璟撰
白兔記二卷
殺狗記二卷　明徐㽔撰　明馮夢龍重訂
曇花記二卷　明鄞縣屠隆撰
龍膏記二卷　明楊珽撰
飛丸記二卷
東郭記二卷　明孫仁孺撰
節俠記二卷
雙珠記二卷　明沈鯨撰
四賢記二卷
九行十九字　左右雙邊　白口
20. 2×13. 2 釐米
浙圖＊

集 5764
六十種曲十二集一百二十卷
明毛晉編
明末毛氏汲古閣刻本
子集
雙珠記二卷　明沈鯨撰
尋親記二卷
東郭記二卷　明孫仁孺撰
金雀記二卷
焚香記二卷　明王玉峰撰
丑集
金釵記二卷　明朱權撰
霞箋記二卷
精忠記二卷　明姚茂良撰
浣紗記二卷　明梁辰魚撰
琵琶記二卷　元瑞安高明撰
寅集
西廂記二卷　明嘉興李日華撰
幽閨記二卷　元施惠撰
明珠記二卷　明陸采撰
玉簪記二卷　明高濂撰
紅拂記二卷　明張鳳翼撰
卯集
還魂記二卷　明湯顯祖撰
紫釵記二卷　明湯顯祖撰
邯鄲記二卷　明湯顯祖撰
南柯記二卷　明湯顯祖撰
西廂記二卷　元王德信撰
辰集
春蕪記二卷　明汪錂撰
琴心記二卷　明孫柚撰
玉鏡臺記二卷　明朱鼎撰
懷香記二卷　明陸采撰
綵毫記二卷　明鄞縣屠隆撰
巳集
運甓記二卷　明吾丘端撰
鸞鎞記二卷　明餘姚葉憲祖撰
玉合記二卷　明梅鼎祚撰
金蓮記二卷　明陳汝元撰
四喜記二卷　明謝讜撰
午集
三元記二卷　明沈受先撰
投梭記二卷　明徐復祚撰
鳴鳳記二卷　明王世貞撰
飛丸記二卷
紅梨記二卷　明徐復祚撰
未集
八義記二卷　明徐元撰
西樓記二卷　清袁于令撰
還魂記二卷　明湯顯祖撰　明碩園删定
繡襦記二卷　明徐霖撰
青衫記二卷　明顧大典撰
申集
錦箋記二卷　明秀水周履靖撰
蕉帕記二卷　明單本撰
紫簫記二卷　明湯顯祖撰
水滸記二卷　明許自昌撰
玉玦記二卷　明鄭若庸撰
酉集
灌園記二卷　明張鳳翼撰
種玉記二卷　明汪廷訥撰
雙烈記二卷　明張四維撰
獅吼記二卷　明汪廷訥撰
義俠記二卷　明沈璟撰
戌集
千金記二卷　明沈采撰
殺狗記二卷　明徐㽔撰　明馮夢龍訂

玉環記二卷　明楊柔勝撰
龍膏記二卷　明楊珽撰
贈書記二卷
亥集
曇花集二卷　明鄞縣屠隆撰
白兔集二卷
香囊集二卷　明邵璨撰
四賢集二卷
節俠集二卷
九行十九字　左右雙邊　白口
19.8×13.2 釐米
天一閣＊　浙大

集 5765
琵琶記三卷
元瑞安高明撰
明刻本
十行二十二字　四周單邊　白口
20.5×13.7 釐米
浙圖

集 5766
琵琶記三卷
元瑞安高明撰
釋義一卷
明羅懋登撰
明刻本
存二卷　上　釋義
十行二十二字　四周單邊　白口
21.3×13.9 釐米
浙圖

集 5767
琵琶記四卷
元瑞安高明撰
附錄一卷
明凌濛初刻朱墨套印本
八行十八字　四周單邊　白口
20.2×14.7 釐米
浙圖

集 5768
繪風亭評第七才子書琵琶記六卷
元瑞安高明撰　清毛宗崗評
清康熙五年(1666)吳郡大來堂刻本
八行十九字　左右雙邊　白口
19×13.5 釐米
紹圖

集 5769
繪風亭評第七才子書琵琶記六卷
元瑞安高明撰　清毛宗崗評
才子琵琶寫情篇一卷釋義一卷
清陳方平輯
清映秀堂刻三多齋印本
缺二卷　一至二
八行十九字　左右雙邊　白口
18×13.1 釐米
紹圖

集 5770
鏡香園毛聲山評第七才子書十二卷首一卷
元瑞安高明撰　清毛宗崗評
清張元振刻聚錦堂印本
存十二卷　首　一　三至十二
九行二十二字　四周單邊　白口
19.8×14.6 釐米
杭圖

集 5771
第七才子書六卷
元瑞安高明撰　清毛宗崗評
清乾隆四十九年(1784)幽蘭書屋孫林抄本
溫圖

集 5772
成裕堂繪像第七才子書六卷
元瑞安高明撰
清雍正十三年(1735)程氏成裕堂刻巾箱本

八行十六字　四周雙邊　白口
10×6.7 釐米
浙圖

集 5773
重校投筆記二卷
明邱濬撰　明羅懋登注
明刻清重修本
十一行二十字　四周單邊　白口
21.9×14.5 釐米
浙圖

集 5774
田水月嘯傲家園一卷
明山陰徐渭撰
明抄本
九行二十字　四周雙邊　白口
22×14 釐米
紹圖

集 5775
新編目連救母勸善戲文三卷
明鄭之珍編
明萬曆十年(1582)鄭氏高石山房刻本
十行二十四字　四周單邊　白口
20.3×13.5 釐米
浙圖

集 5776
繡襦記四卷
明薛近兖撰
明刻朱墨套印本
缺一卷　三
八行十八字　四周單邊　白口
20×14.6 釐米
天一閣

集 5777
櫻桃夢二卷
明海寧陳與郊撰
明萬曆四十四年(1616)刻本　清鎮海姚燮校並跋
九行十八字　四周單邊　白口
15.1×10.9 釐米
浙圖

集 5778
玉茗堂四種傳奇八卷
明湯顯祖撰
明末刻本
存六卷
湯義仍先生還魂記二卷
湯義仍先生紫釵記二卷
湯義仍先生南柯夢記二卷
十行二十一字　四周單邊　白口
20.2×14 釐米
浙圖*　杭圖*　天一閣*

集 5779
玉茗堂四種傳奇八卷
明湯顯祖撰　明長興臧懋循訂
明萬曆(1573—1620)刻本
存六卷
還魂記二卷
邯鄲記二卷
南柯記二卷
九行十九字　左右雙邊　白口
19×13.8 釐米
浙圖

集 5780
玉茗堂四種傳奇八卷
明湯顯祖撰　明長興臧懋循訂
明萬曆二十八年(1600)刻清乾隆二十六年(1761)吴郡書業堂重修本
存二卷
南柯記二卷
杭圖

集 5781

牡丹亭還魂記二卷

明湯顯祖撰

明萬曆(1573—1620)刻本

十行二十二字　四周單邊　白口

22.2×14.1 釐米

浙圖　天一閣

集 5782

牡丹亭還魂記二卷

明湯顯祖撰

明末刻清還德堂印本

十行二十二字　四周單邊　白口

21×13.2 釐米

浙大

集 5783

牡丹亭還魂記二卷

明湯顯祖撰　明沈際飛評點

明刻玉茗堂四種傳奇本

九行二十字　四周單邊　白口

20.5×14.5 釐米

天一閣

集 5784

玉茗堂還魂記二卷

明湯顯祖撰

清乾隆五十年(1785)冰絲館刻本

九行二十字　四周單邊　版心下鐫"冰絲館"

20.5×13.3 釐米

天一閣

集 5785

吴吴山三婦合評牡丹亭還魂記二卷

明湯顯祖撰　清陳同、談則、錢宜評

或問一卷

清吴儀一撰

清康熙三十三年(1694)刻本

兩欄　下欄十行二十字　四周單邊　黑口

20.5×14.1 釐米

浙圖　天一閣

集 5786

箋注牡丹亭不分卷

明湯顯祖撰　題笠閣漁翁箋注

清乾隆二十七年(1762)刻本

兩欄　上欄二十四行三十二字　下欄九行十七字　四周單邊　白口

23.3×15 釐米

天一閣

集 5787

新刻出像音註管鮑分金記四卷

明葉良表撰

明萬曆二十二年(1594)唐氏富春堂刻本

十行二十一字　四周花邊　白口

19.5×13.3 釐米

浙圖

集 5788

金蓮記二卷

明陳汝元撰

明萬曆(1573—1620)陳氏函三館刻本

十行二十字　四周單邊　版心下鐫"陳氏函三館"

20.8×14.6 釐米

天一閣

集 5789

玉茗堂批評紅梅記二卷

明周朝俊撰　明湯顯祖評

明刻本〔第十七折配劍嘯閣刻本〕

十行二十一字　四周單邊　白口

21×14 釐米

浙圖

集 5790

弄珠樓二卷

明王異撰　明魏苹華點校

明武林凝瑞堂刻本

十行二十二字　四周單邊　白口
21.1×14.4 釐米
浙圖

集 5791
張玉娘閨房三清鸚鵡墓貞文記二卷
明會稽孟稱舜撰
明崇禎(1628—1644)刻本
九行二十字　四周單邊　白口
20×14.2 釐米
浙圖

集 5792
筆未齋訂定二奇緣傳奇二卷
明許恒撰
明崇禎十六年(1643)筆未齋刻本
九行二十字　四周單邊　白口
21.4×14.4 釐米
浙圖

集 5793
遥集堂新編馬郎俠牟尼合記二卷
明阮大鋮撰
明末刻石巢傳奇四種本
九行二十字　四周單邊　白口
20.6×13.9 釐米
浙圖

集 5794
懷遠堂批點燕子箋二卷
明阮大鋮撰
清初刻本
九行二十四字　四周雙邊　白口
19.7×12.2 釐米
天一閣

集 5795
粲花齋新樂府八卷
明吳炳撰
明末兩衡堂刻本
綠牡丹傳奇二卷
療妬羹記二卷
畫中人傳奇二卷
西園記二卷
九行二十字　四周單邊　白口
18.8×14.5 釐米
浙圖　杭圖＊　天一閣＊

集 5796
情郵傳奇二卷
明吳炳撰
明崇禎(1628—1644)刻本
九行二十字　四周單邊　白口
19.9×14.2 釐米
浙圖　天一閣

集 5797
新編孔夫子周遊列國大成麒麟記二卷
明寰宇顯聖公撰
明長庚館刻本
九行二十一字　四周單邊　白口
22×14.5 釐米
浙圖

集 5798
眉樓載花船傳奇二卷
題明孤山放鶴人撰
清抄本
八行二十二字　四周雙邊　白口
20×13.7 釐米
天一閣

集 5799
曲波園刻傳奇四卷
清徐士俊撰
清初徐氏曲波園刻本
存二卷
香草吟傳奇二卷
九行二十字　四周單邊　白口
19.3×13.7 釐米
浙圖

集 5800

劍嘯閣鷫鸘裘記二卷

清袁于令撰

清初劍嘯閣刻本

十行二十字　四周單邊　白口

20.7×14.3 釐米

浙圖

集 5801

秣陵春傳奇二卷

清吳偉業撰

清初刻本

九行十九字　左右雙邊　白口

19.3×13 釐米

天一閣

集 5802

笠翁傳奇十種二十卷

清蘭谿李漁撰

清翼聖堂刻本

憐香伴傳奇二卷

風箏誤傳奇二卷

意中緣傳奇二卷

蜃中樓傳奇二卷

凰求鳳傳奇二卷

奈何天傳奇二卷

比目魚傳奇二卷

玉搔頭傳奇二卷

巧團圓傳奇二卷

慎鸞交傳奇二卷

九行二十一字或十一行二十二字　四周單邊　白口

19.5×13.3 釐米

浙圖　浙大

集 5803

笠翁傳奇十種二十卷

清蘭谿李漁撰

清刻本

十行二十四字　左右雙邊　白口

侍王府

集 5804

笠翁十種曲二十卷

清蘭谿李漁撰

清初刻本

憐香伴二卷

風箏誤二卷

意中緣二卷

蜃中樓二卷

凰求鳳二卷

奈何天二卷

比目魚二卷

玉搔頭二卷

巧團圓二卷

慎鸞交二卷

十一行二十二字　四周單邊　白口

22.2×14.7 釐米

浙圖　杭博

集 5805

一笠菴新編永團圓傳奇二卷

清李玉撰

清初刻本

九行二十字　四周單邊　白口

20.5×13.7 釐米

浙圖

集 5806

墨憨齋訂定人兽關傳奇二卷

清李玉撰

清初刻本

八行二十一字　左右雙邊　白口

20×14.2 釐米

浙圖

集 5807

紅情言二卷

清嘉興王翃撰

清初刻本

八行二十二字　四周單邊　白口

22×14.2 釐米

浙圖

集 5808
雙盃記二卷
清薛旦撰
明刻本
存一卷　下
兩欄　下欄十行二十字　四周單邊　白口
21×14.3 釐米
天一閣

集 5809
擁雙艷三種六卷
清萬樹撰　清山陰吳秉鈞等評
清康熙(1662—1722)萬氏粲花別墅刻本
吳梅跋
風流棒傳奇二卷
念八翻傳奇二卷
空青石傳奇二卷
九行二十字　四周單邊　白口
18.4×13.3 釐米
浙圖

集 5810
雙冠誥二卷
清陳二白撰
稿本
十行二十二字　四周雙邊　白口
20.5×14.7 釐米
天一閣

集 5811
揚州夢二卷
清嵇永仁撰
清刻本
九行十九字　左右雙邊　黑口
17.9×14 釐米
天一閣

集 5812
雙報應二卷
清嵇永仁撰
清刻本
九行十九字　左右雙邊　黑口
18.2×14 釐米
浙圖

集 5813
長生殿傳奇二卷
清錢塘洪昇撰
清康熙(1662—1722)刻本
兩欄　下欄十行二十字　四周單邊　黑口
20.9×14.3 釐米
浙圖

集 5814
桃花扇傳奇二卷
清孔尚任撰
清康熙(1662—1722)西園刻本
十行十九字　四周單邊　白口
19.7×13.5 釐米
嘉圖　浙大

集 5815
桃花扇傳奇二卷
清孔尚任撰
清康熙(1662—1722)刻本
十行二十字　四周單邊　白口　眉欄鐫評
16.5×12 釐米
嘉圖　天一閣*

集 5816
天宮寶傳奇二卷
清初太原王氏曲局抄本　清鎮海姚燮跋
浙圖

集 5817
情中義傳奇二卷
清初太原王氏曲局抄本
浙圖

集 5818

容居堂三種曲六卷

清周稺廉撰

清書帶草堂刻本

珊瑚玦傳奇二卷

新編元寶媒傳奇二卷

雙忠廟傳奇二卷

九行二十字　四周單邊　白口

19.1×13.6 釐米

浙圖

集 5819

傳奇十一種十九卷

清范希哲撰

清初刻本

存十卷

萬全記(一名富貴仙)二卷

十醋記(一名滿床笏)二卷

雙錘記(一名合歡錘)二卷

偷甲記(一名鴈翎甲)二卷

魚籃記(一名雙錯記)二卷

八行二十字　四周單邊　白口

19.4×12.1 釐米

浙圖

集 5820

蟠桃會□卷

清初四色抄本

存雪夜訪賢一折

八行二十一字　左右雙邊　白口

21.2×13.6 釐米

天一閣

集 5821

酒酣耳熱不分卷

清□□撰

清康熙(1662—1722)三十六峰堂抄本

八行五字　四周單邊　白口

17×10.2 釐米

浙大

集 5822

蝴蝶夢傳奇二卷

清樂清陳一球撰

清光緒十七年(1891)抄本　清樂清林啓亨、劉之屏跋

溫圖

集 5823

醉高歌傳奇三卷

清張雍敬撰

清乾隆三年(1738)靈雀軒刻本

九行二十二字　左右雙邊　白口　版心下鐫"靈雀軒"

19.5×13.3 釐米

天一閣

集 5824

寒香亭傳奇四卷

清李凱撰　清范梧評點

清乾隆五十年(1785)懷古堂刻本

九行二十字　左右雙邊　白口

12.3×9.1 釐米

浙圖　浙大

集 5825

鐙月閒情二十卷

清唐英撰

清乾隆嘉慶間(1736—1820)唐氏古柏堂刻本

轉天心二卷

天緣債二卷

英雄報一卷

巧換緣一卷

長生殿補闕一卷

十字坡一卷

梁上眼一卷

清忠譜正案一卷

蘆花絮一卷

三元報一卷

傭中人一卷

笳騷一卷

女彈詞一卷
虞兮夢一卷
梅龍鎮一卷
麪缸笑一卷
雙釘案二卷
九行二十字　小字雙行字數不一　四周雙邊　白口
20.3×13.3 釐米
衢博

集 5826
南陽樂傳奇二卷
清錢塘夏綸撰
清乾隆十年(1745)叠翠書堂刻本
九行二十字　四周單邊　白口
19.7×13.6 釐米
浙圖

集 5827
惺齋新曲六種十三卷
清錢塘夏綸撰
清乾隆十八年(1753)夏氏世光堂刻本
無瑕璧二卷
杏花村二卷
瑞筠圖二卷
廣寒梯二卷補一卷
南陽樂二卷
花萼吟二卷
兩欄　下欄十行二十字　四周單邊　白口
20.1×13.5 釐米
浙圖

集 5828
玉燕堂四種曲八卷
清張堅撰
清乾隆(1736—1795)刻本
夢中緣二卷
梅花簪二卷
懷沙記二卷
玉獅墜二卷
十行二十字　四周單邊　白口　眉欄鐫評
19.1×13.7 釐米
浙圖

集 5829
勸善金科十本二十卷
清張照等撰
清乾隆(1736—1795)内府五色抄本
八行二十一字　無格
浙大

集 5830
勸善金科十本二十卷首一卷
清張照等撰
清四色抄本
浙圖

集 5831
玉尺樓傳奇二卷
清朱夰撰
清乾隆(1736—1795)盧氏雅雨堂刻本
十行二十一字　左右雙邊　白口
18.6×13.6 釐米
浙圖

集 5832
潛莊删訂增補紫玉記二卷
清蔡應龍撰
清乾隆四年(1739)清夢山房刻本
十行二十字　四周單邊　白口
19.7×14 釐米
浙圖

集 5833
八寶箱傳奇二卷
清夏秉衡撰
清乾隆十四年(1749)清綺軒刻本
八行十九至二十字　四周單邊　白口
19.3×12.2 釐米
浙圖

集 5834

百寶箱二卷

清梅窗主人撰

清乾隆(1736—1795)刻本

九行二十字　四周雙邊　白口

17.2×10.7 釐米

浙圖

集 5835

地行仙二卷

清吴震生撰

清乾隆(1736—1795)武林田翠舍刻太平樂府本

九行二十字　四周單邊　白口

19.8×12.9 釐米

浙圖

集 5836

雨花臺傳奇二卷

清徐崑撰　清崔桂林評點

清乾隆(1736—1795)刻本

兩欄　下欄十行二十字　四周單邊　黑口

18.9×13.3 釐米

浙圖

集 5837

漁邨記二卷

題清妙有山人撰　清韓錫胙評點

清乾隆三十三年(1768)妙有山房刻本

兩欄　下欄九行二十一字　左右雙邊　白口

18.5×13 釐米

天一閣

集 5838

漁村記傳奇二卷

題清妙有山人撰　清韓錫胙評點

清乾隆三十四年(1769)刻本

九行二十三字　左右雙邊　白口

18.6×13.1 釐米

溫圖

集 5839

旗亭記二卷

清金兆燕撰

清乾隆二十四年(1759)盧氏雅雨堂刻本

十行二十一字　四周單邊　白口

18×14.3 釐米

浙大

集 5840

旗亭記二卷

清金兆燕撰

清乾隆(1736—1795)刻本

十行二十一字　四周單邊　白口

18×14.4 釐米

浙圖

集 5841

石榴記傳奇四卷

清黄振撰

清乾隆三十七年(1772)柴灣村舍刻本

九行十九字　四周雙邊　白口　眉欄鐫評

16×11.4 釐米

浙圖　天一閣

集 5842

紅雪樓九種曲十三卷

清蔣士銓撰

清乾隆(1736—1795)蔣氏紅雪樓刻本

冬青樹一卷

雪中人一卷

四弦秋一卷

一片石一卷

第二碑一卷

香祖樓二卷

空谷香二卷

桂林霜二卷

臨川夢二卷

九行二十二字　四周單邊　白口

16.5×13.2 釐米

浙圖　寧圖　溫圖　嘉圖*

集 5843

藏園九種曲十三卷

清蔣士銓撰

清乾隆(1736—1795)經綸堂刻本

香祖樓二卷

一片石一卷

雪中人一卷

空谷香二卷

第二碑一卷

冬青樹一卷

桂林霜二卷

臨川夢二卷

四絃秋一卷

九行二十二字　四周單邊　白口

18.2×13.1 釐米

溫圖

集 5844

看山閣樂府棲雲石二卷

清黄圖珌撰

清乾隆八年(1743)黄氏看山閣刻本

十行十九字　左右雙邊　黑口

17.8×13.5 釐米

浙圖

集 5845

魚水緣傳奇二卷

清周書撰

清乾隆二十六年(1761)博文堂刻本

八行二十字　左右雙邊　白口

19×11.5 釐米

天一閣

集 5846

魚水緣傳奇二卷

清周書撰

清乾隆二十六年(1761)博文堂刻本　佚名批注並跋

杭圖

集 5847

也春秋傳奇二卷

清紫樓逸老等撰

清乾隆二十四年(1759)刻本

八行二十四字　左右雙邊　白口

18.5×10.8 釐米

浙圖

集 5848

三星圓傳奇初集二卷二集二卷三集二卷四集二卷

清上虞王懋昭撰

清嘉慶十五年(1810)尺木堂刻本

九行二十字　四周雙邊　白口

19.4×13.5 釐米

浙圖

集 5849

桃花扇傳奇後序詳注四卷

清吳穆撰

清嘉慶二十一年(1816)刻本

存一卷　四

八行二十四字　左右雙邊　白口

19.6×12.4 釐米

天一閣

集 5850

茗雪山房二種曲四卷

清彭劍南撰

清道光六年(1826)彭氏茗雪山房刻本

存二卷

影梅菴傳奇二卷

九行二十二字　左右雙邊　白口

17.2×12.5 釐米

天一閣

集 5851

某心雪傳奇不分卷

清鎮海姚燮撰

稿本

浙圖

集 5852

補天石傳奇八種八卷

清周樂清撰

清靜遠草堂抄本　杜啓昆題識

宴金石一卷

走中原一卷

河梁歸一卷

琵琶語一卷

紉佩蘭一卷

碎金牌一卷

紞如鼓一卷

波弋香一卷

浙圖

集 5853

七子團圓不分卷

清凝輝堂抄本

浙圖

集 5854

砭真記二卷

題清少微山人撰

清抄本

浙圖

集 5855

拯西厢不分卷

清龍泉周冰鶴撰

清抄本　佚名批

浙圖

集 5856

桃谿雪二卷

清海鹽黄憲清撰

清咸豐二年(1852)刻本　清毛宗藩跋

九行二十二字　左右雙邊　白口

16.8×12.3 釐米

浙圖

集 5857

鏡圓記一卷

清章玄恩撰

清抄本

浙圖

集 5858

詩扇記傳奇二卷

清汪柱撰

抄本

浙圖

集 5859

富貴神仙二卷

題影園灌者撰

清抄本

浙圖

集 5860

樊榭記傳奇一卷

清抄本

浙圖

集 5861

鏡里花傳奇二卷

清抄本

十二行字數不一　無格

天一閣

集 5862

孤山夢詞不分卷

清抄本

浙圖

集 5863

照膽鏡一卷

清抄本

浙圖

集 5864

五福壽爲先二卷

清抄本

浙圖

集 5865

后尋親不分卷

清抄本

六行字數不一　無格

24.8×13.8 釐米

天一閣

集 5866

水巖宮傳奇不分卷

瑞安洪炳文撰

稿本　佚名評點

浙圖

集 5867

芙蓉孽樂府不分卷

瑞安洪炳文撰

稿本

浙圖

集 5868

懸嶴猿樂府一卷

瑞安洪炳文撰

清光緒三十年(1904)稿本

溫圖

集 5869

警黄鐘傳奇一卷

瑞安洪炳文撰

清光緒三十二年(1906)稿本

九行十九字　四周單邊　白口

18.7×13.3 釐米

溫圖

集 5870

普天慶樂府傳奇一卷古殷鑑傳奇二卷后懷沙傳奇二卷電球游傳奇三卷

瑞安洪炳文撰

清光緒三十二年(1906)稿本

九行二十二字　四周單邊　白口

18.7×13.3 釐米

溫圖

散曲

集 5871

二太史樂府聯璧四卷

明天啓三年(1623)刻本

存二卷

沜東樂府二卷　明康海撰

九行二十字　四周雙邊　白口

23.1×16 釐米

浙圖

集 5872

朝野新聲太平樂府九卷

元楊朝英輯

明刻本

十行二十字　四周雙邊　白口

20.1×13.4 釐米

天一閣

集 5873

朝野新聲太平樂府九卷

元楊朝英輯

清抄本

存八卷　一至八

浙圖

集 5874

新鐫古今大雅南宮詞紀六卷北宮詞紀六卷

明陳所聞輯

明萬曆三十三年(1605)陳氏繼志齋刻本

十行二十字　四周單邊　白口

21.5×14.3 釐米

天一閣

集 5875

鈔南宮詞紀不分卷

明陳所聞輯

明萬曆(1573—1620)抄本

十行二十字　四周雙邊　白口

20.8×14.6 釐米

天一閣

集 5876

白雪齋選訂樂府吴騷合編四卷衡曲麈譚一卷

明虎林張楚叔、張旭初輯

曲律一卷

明崇禎十年(1637)張師齡刻本

九行二十字　四周單邊　白口

20.3×14.5 釐米

浙圖＊　紹圖＊　浙大

集 5877

北曲聯珠集五卷

元張可久撰

明抄本　馬廉跋

十行二十字　四周單邊　白口

21×15 釐米

天一閣

集 5878

碧山樂府二卷拾遺一卷

明王九思撰

明正德十四年(1519)刻本

十行二十一字　四周單邊　白口

17.9×11 釐米

浙圖

集 5879

江東白苧二卷續二卷

明梁辰魚撰

明末刻本

八行十八字　左右雙邊　白口

20×12.2 釐米

浙圖

集 5880

秋水菴花影集五卷

明施紹莘撰

明末刻本

八行二十字　四周單邊　白口

19.4×13.1 釐米

浙圖

集 5881

自怡軒樂府五卷

清許寶善撰

清乾隆五十八年(1793)刻本

七行十六字　左右雙邊　白口

13.5×9.7 釐米

浙圖

集 5882

歸元恭先生萬古愁曲一卷

清歸莊撰　清程霖輯評

稿本　清臨海黄瑞題款

浙圖

集 5883

香消酒醒曲一卷

清鎮海姚燮撰

手稿本

十一行字數不一　左右雙邊　白口

17.8×13.4 釐米

天一閣

集 5884

桃花聖解盦樂府二卷

清會稽李慈銘撰

清李氏越縵堂抄本

浙圖

集 5885

錄本花情集十二卷首一卷

清同治十三年(1874)張葆顯抄本　清張葆顯跋

浙圖

集 5886

案頭餘事不分卷

清抄本

浙圖

集 5887

留有餘興不分卷

清抄本

浙圖

集 5888

花信樓散曲一卷

瑞安洪炳文撰

清宣統(1909—1911)稿本

溫圖

俗曲

集 5889

初陽山人漁鼓曲一卷

清顏鼎受撰

清乾隆三十四年(1769)刻本

十行二十字　左右雙邊　白口

18.5×14.2 釐米

紹圖

彈詞

集 5890

念一史彈詞註二卷

明楊慎撰　明吳如珩注

清乾隆六年(1741)玲瓏山館刻本

十行十九字　左右雙邊　白口

18.5×14.1 釐米

溫圖

集 5891

二十一史彈詞輯注十卷

明楊慎撰　清孫德威輯注

清康熙四十年(1701)刻本

十行二十字　小字雙行三十字　左右雙邊　黑口

17.2×13 釐米

溫圖　海寧圖

集 5892

廿一史彈詞註十卷

明楊慎撰　清張三異增定　清張仲璜注

明紀彈詞註一卷

清張三異撰　清張仲璜注

清雍正五年(1727)坦麟刻本

十一行二十一字　四周單邊　白口

18×13.8 釐米

浙圖　天一閣

集 5893

廿一史彈詞註十卷

明楊慎撰　清張三異增定　清張仲璜注

清乾隆五十一年(1786)張任佐刻本

十一行二十一字　四周單邊　白口

17×13.5 釐米

紹圖

集 5894

果報錄十二卷一百回

清海蘭濤撰

清活字印本

十三行二十字　四周雙邊　白口

16.6×11.7 釐米

溫圖

集 5895

繡傳果報錄十二卷一百回

清海蘭濤撰

清抄本

八行十八至二十字　無格

紹圖

集 5896

繡像倭袍傳十二卷一百回

清海蘭濤撰

清乾隆五十四年(1789)刻本

十一行二十二字　左右雙邊　白口

16.6×8.9 釐米

浙圖

集 5897

轘龍鏡十七卷

清乾隆三十一年(1766)集賢齋刻本

三欄　下欄十二行七字　四周單邊　白口

17×9.5 釐米

紹圖

集 5898

晝錦堂記十六卷

清抄本

天一閣

集 5899

晝錦堂記十六卷

清抄本

存十二卷　五至十六

浙圖

集 5900

鳳雙飛彈詞五十二卷五十二回

清抄本

十行二十三字　四周雙邊　白口

16.8×12 釐米

溫圖

集 5901

繡像玉連環八卷七十六回

清朱素仙撰

清抄本

浙圖

寶卷

集 5902

巍巍不動太山深根結果寶卷一卷

明刻本

四行字數不一　上下雙邊　經折裝

湖博

集 5903

苦功悟道卷一卷

明刻本

四行字數不一　上下雙邊　經折裝

湖博

集 5904

嘆世無爲卷一卷

明刻本

四行字數不一　上下雙邊　經折裝

湖博

集 5905

定國誌安邦中集二十八卷

清抄本

浙圖

集 5906

宋誌紀綱安邦後集十六卷

清抄本

浙圖

曲選

集 5907

盛世新聲十二卷

明正德十二年(1517)刻本

十二行二十四字　四周單邊　白口

19.8×13.5 釐米

天一閣

集 5908

詞林摘艷十卷

明張祿輯

明嘉靖四年(1525)刻本

存二卷　丙集　壬集

十行二十字　四周雙邊　黑口

18×12.5 釐米

天一閣

集 5909

詞林摘艷十卷

明張祿輯

明嘉靖三十年(1551)徽藩刻本

八行十八字　四周單邊　白口

臨海博

集 5910

雍熙樂府二十卷

明郭勛輯

明嘉靖四十五年(1566)荆聚刻本

十行二十字　四周雙邊　白口

20.1×14 釐米

天一閣　紹圖

集 5911

雍熙樂府二十卷

明郭勛輯

明嘉靖四十五年(1566)荆聚刻明末重修本

浙圖

集 5912

吴歈萃雅四卷

題梯月主人輯

明萬曆(1573—1620)刻本

存一卷　三

九行二十一字　四周單邊　白口

21.7×13.1 釐米

嘉圖

集 5913

詞林逸響四卷

明許宇輯

明天啓三年(1623)刻本

九行二十二字　四周單邊　白口

22.1×13.8 釐米

浙圖

集 5914

新鐫歌林拾翠六卷

明吴炳輯　題明西湖漫史點評

明崇禎(1628—1644)刻本

九行二十三字　四周單邊　白口

19.7×12.3 釐米

浙圖

集 5915

新刻出像點板時尚崑腔雜曲醉怡情八卷

題清菰蘆釣叟輯

清刻本

十行二十五字　四周單邊　白口

21.1×14 釐米

杭圖

曲譜

集 5916

太和正音譜十二卷

明朱權撰

明萬曆二十二年(1594)何鈁刻本　清朱苗孫批校並跋

八行二十字　左右雙邊　白口

20×13.1 釐米

浙圖

集 5917

詞隱先生北詞韻選□□卷

明沈璟撰　明沈自晉編

明祁氏遠山堂抄本

存七卷　八至九　十二　十四　十七至十九

浙圖

集 5918

一笠菴北詞廣正譜十八卷附南戲北詞正謬一卷

清徐慶卿撰　清李玉更定

清康熙(1662—1722)青蓮書屋刻本

六行二十五字　左右雙邊　白口

20.1×14 釐米

浙圖

集 5919

一笠菴北詞廣正譜十八卷附南戲北詞正謬一卷

清徐慶卿撰　清李玉更定

清康熙(1662—1722)青蓮書屋刻文靖書院印本

浙圖　浙大*

集 5920

舊編南九宮譜不分卷

明蔣孝輯

明嘉靖(1522—1566)刻本

十二行二十四字　四周單邊　白口

19.5×13.8 釐米

天一閣

集 5921

增定南九宮曲譜二十一卷附錄一卷

明沈璟撰

明刻三樂齋印本

七行十八字　四周單邊　白口

20.9×14.5 釐米

浙圖

集 5922

廣緝詞隱先生增定南九宮詞譜二十六卷

明沈璟撰　明沈自晉編

清順治十二年(1655)沈氏不殊堂刻本

八行十八字　四周單邊　白口

20.5×14.5 釐米

浙圖

集 5923

嘯餘譜十卷

明程明善輯

明萬曆(1573—1620)刻本

九行二十字　四周單邊　白口

21.1×15.1 釐米

浙圖

集 5924

嘯餘譜十一卷

明程明善輯

清康熙六十一年(1722)刻本

九行二十字　四周單邊　白口

20.2×15.2 釐米

溫圖

集 5925

吟香堂曲譜四卷

清馮起鳳撰

清乾隆五十四年(1789)吟香堂刻本

七行十四字　四周單邊　白口

20.8×15.2 釐米

衢博

集 5926

曲譜十二卷首一卷末一卷

清王奕清等撰

清康熙(1662—1722)内府刻朱墨套印本

八行二十一字　四周雙邊　白口

19×12.5 釐米

浙圖

集 5927

納書楹曲譜正集四卷續集四卷補遺四卷外集二卷納書楹玉茗堂四夢全譜八卷

清葉堂撰

清乾隆五十七年(1792)五十九年

(1794)葉氏納書楹刻本
六行十八字　四周雙邊　白口
18.8×14 釐米
嘉圖＊　諸暨圖　衢博＊

集 5928
納書楹西厢全譜二卷
清葉堂撰　清朱允倩校
抄本　朱師轍跋
浙圖

集 5929
納書楹西厢全譜二卷
清葉堂撰
張宗祥抄本　海寧張宗祥録清朱允倩校並跋
浙圖

集 5930
納書楹西厢記全譜三卷
清葉堂撰
清抄本
浙圖

集 5931
南北宮雜劇曲譜不分卷
清□□撰
清朗軒抄本
浙圖

集 5932
惠迪堂曲譜四卷
清徐璪輯
清抄本
浙圖

集 5933
宮調譜一卷
清蔣敦復撰
稿本
浙圖

集 5934
工尺曲譜不分卷
清□□編
清抄本
浙圖

曲律

集 5935
曲律四卷
明王驥德撰
明天啓四年(1624)方諸館刻本
存二卷　一至二
十行二十字　四周單邊　白口
20.5×14 釐米
天一閣

集 5936
度曲須知二卷絃索辨訛二卷
明沈寵綏撰
明崇禎十二年(1639)自刻清順治六年(1649)沈標重修本
八行二十二字　四周單邊　白口
19.9×12.4 釐米
浙圖　天一閣＊

集 5937
新編南詞定律十三卷首一卷
清呂士雄等撰
清康熙五十九年(1720)刻朱墨套印本
八行十八字　四周雙邊　白口
20.8×13.8 釐米
浙圖　衢博

集 5938
新定九宮大成南北詞宮譜八十一卷閏一卷總目三卷
清周祥鈺、鄒金生等輯
清乾隆十一年(1746)允祿刻朱墨套印本

〔總目上、卷一至二配清抄〕
缺二卷　總目中、下
七行十六字　四周雙邊　白口
22.3×15.5 釐米
浙圖

集 5939
新定九宫大成南北詞宫譜八十一卷閏一卷總目三卷
清周祥鈺、鄒金生等輯
清乾隆十一年(1746)允祿刻朱墨套印本〔序、總論、凡例、總目卷中、下配清抄本〕
七行十六字　四周雙邊　白口
22.4×15.7 釐米
浙圖

集 5940
樂府傳聲一卷
清徐大椿撰
清乾隆十三年(1748)豐草亭刻本
十行十九字　左右雙邊　白口
17.8×13.8 釐米
浙圖

集 5941
詞格備考二卷
清張心其輯
清抄本
浙圖

曲韻

集 5942
中州全韻二十二卷首一卷
清周昂輯
清乾隆(1736—1795)此宜閣刻本
八行二十字　左右雙邊　白口
21.3×12.3 釐米
浙圖

小説類

短篇

集 5943
虞初志七卷
明袁宏道評　明鄞縣屠隆點閲
明凌性德刻朱墨套印本
八行十九字　四周單邊　白口
21×14.5 釐米
天一閣

集 5944
虞初新志二十卷
清張潮輯
清康熙(1662—1722)刻本
九行二十字　四周單邊　白口
18.5×13.7 釐米
杭圖

集 5945
國色天香十卷
明吳敬所輯
清康熙(1662—1722)敬業堂刻本
十三行十六字　左右雙邊　白口
20.3×13.6 釐米
溫圖

集 5946
新評龍圖神斷公案十卷
明李贄評
清乾隆四十年(1775)書業堂刻本
九行二十字　四周單邊　白口
19.4×13.2 釐米
浙圖

集 5947
今古奇觀四十卷
題明抱甕老人輯

清乾隆五十二年(1787)文盛堂刻本(有圖)
十一行二十三字　四周單邊　白口
21×15 釐米
浙圖

集 5948
重鐫綉像今古奇觀四十卷
題明抱甕老人輯
清會成堂刻本(有圖)
十一行二十三字　四周單邊　白口
21×14.5 釐米
天一閣

集 5949
綠窗新話二卷
題皇都風月主人撰
明抄本
存一卷　上
十行二十字　四周單邊　白口
天一閣

集 5950
醉醒石十四回
題明東魯古狂生撰
明末刻本(有圖)
九行十九字　四周單邊　白口
20×13.8 釐米
浙圖

集 5951
美人書四卷
清徐震撰
清順治(1644—1661)刻本
存二卷
十行二十五字　四周單邊　白口
18.4×10.9 釐米
浙圖

集 5952
覺世名言十二卷三十八回
清蘭谿李漁撰　清杜濬評
清順治(1644—1661)刻本
九行十九字　四周單邊　白口
18.3×13 釐米
浙圖

集 5953
聊齋誌異十六卷
清蒲松齡撰　清王士禛評
清乾隆三十一年(1766)趙起杲青柯亭刻本
九行二十一字　左右雙邊　黑口
13×9.8 釐米
浙圖　嘉圖　浙大

集 5954
聊齋誌異十八卷
清蒲松齡撰　清王金範删定
清乾隆(1736—1795)刻本
九行二十字　四周單邊　白口
14×10.8 釐米
浙圖

集 5955
西湖拾遺四十八卷
清錢塘陳樹基撰
清乾隆五十六年(1791)自愧軒刻本
九行二十字　左右雙邊　白口
浙圖

集 5956
蜆斗薖樂府本事一卷
清山陰平步青撰
清楊氏安越堂抄本
浙圖

集 5957
小豆棚六卷
清曾衍東撰

稿本
溫圖

集 5958
節霞紀逸一卷
清會稽俞忠孫撰
稿本
天一閣

集 5959
劉碧鬟記一卷
清抄本
一名金閶卷石子記
17×15 釐米
紹圖

長篇

講史

集 5960
新刻按鑑編纂開闢衍繹通俗志傳六卷八十回
明周游撰　明王黌釋
明崇禎八年(1635)刻清書林古吳麟瑞堂重修本(有圖)
九行十八字　四周單邊　白口
19.6×13.4 釐米
浙圖

集 5961
東周列國全志二十三卷
明馮夢龍撰
清乾隆(1736—1795)刻本(有圖)
十二行二十六字　四周單邊　白口
22×15.4 釐米
嘉圖

集 5962
東周列國全志十八卷八十四回
明馮夢龍撰　清蔡昇評點
清乾隆五十年(1785)武林三餘堂刻本
十行二十四字　四周單邊　白口
21.4×14.7 釐米
浙圖

集 5963
東周列國全志二十三卷一百八回
明馮夢龍撰　清蔡昇評點
清咸豐四年(1854)書成山房朱墨套印本(有圖)
缺四卷二十回　卷二十至二十三(八十九至一百八回)
十二行二十六字　四周雙邊　白口
16.5×12 釐米
浙圖

集 5964
三國志一百二十回
明錢塘羅本撰
清初刻本(有圖)
存六十二回　五十九至一百二十
十行二十二字　四周單邊　白口
20.9×14.2 釐米
紹圖

集 5965
四大奇書第一種十九卷一百二十回首一卷
明錢塘羅本撰　清毛宗崗評
清初刻本(有圖)
十二行二十六字　四周單邊　白口
22×15 釐米
衢博

集 5966
四大奇書第一種六十卷一百二十回
明錢塘羅本撰　清毛宗崗評
清乾隆十七年(1752)姑蘇書業懷穎堂刻本(有圖)
十一行二十三字　四周單邊　白口
20.8×15 釐米

浙圖

集 5967

北史演義六十四卷

清杜綱撰　清許寶善評

清乾隆五十八年(1793)吳門甘朝士局刻本

九行二十字　左右雙邊　白口

19×14.2 釐米

浙圖

集 5968

新鐫批評出像通俗奇俠禪真逸史八集四十回

明方汝浩撰

清初爽閣刻本

九行二十二字　四周單邊　白口

20.9×14.3 釐米

浙圖　紹圖

集 5969

新鐫批評出像通俗演義禪真後史十集六十回

明方汝浩撰

明末金衙刻本(有圖)　佚名批

九行二十字　四周單邊　白口

20×13.9 釐米

浙圖

集 5970

四雪草堂重訂通俗隋唐演義二十卷一百回

清褚人穫撰

清康熙(1662—1722)文盛堂刻本(有圖)

十行二十字　四周單邊　白口

20.2×14 釐米

浙圖

集 5971

新鐫全像通俗演義隋煬帝艷史八卷四十回

題明齊東野人撰

明崇禎(1628—1644)人瑞堂刻本(有圖)

九行二十字　四周單邊　白口

20.5×14 釐米

浙圖

集 5972

新鐫全像通俗演義隋煬帝艷史八卷四十回

題明齊東野人撰　清不經先生評

清乾隆(1736—1795)刻本

九行二十字　四周單邊　白口

20.6×14.1 釐米

浙圖

集 5973

隋唐艷史插圖一卷

清乾隆(1736—1795)刻本

21×14.4 釐米

杭圖

集 5974

鐫李卓吾批點殘唐五代史演義傳八卷

明錢塘羅本撰　明李贄評

明末刻本(有圖)

存二卷　一至二

九行二十字　四周單邊　白口

20.6×13.4 釐米

嵊州圖

集 5975

新鐫玉茗堂批點按鑑參補北宋志傳十卷五十回

明熊大木撰　題明研石山樵訂正

清乾隆(1736—1795)刻本

十一行二十字　四周單邊　白口

20.4×13.8 釐米

浙圖

集 5976

飛龍傳六十回

清吳璿删定

清乾隆(1736—1795)刻本(有圖)
十行二十字　四周單邊　白口
18.7×12.7 釐米
溫圖

集 5977
鐫出像楊家府世代忠勇演義志傳八卷
明紀振倫校　題明烟波釣叟參訂
明萬曆三十四年(1606)卧松閣刻本
十行二十字　四周單邊　白口
21.8×14.3 釐米
浙圖

集 5978
第五才子書施耐菴水滸傳七十五卷七十回
元施耐菴撰　清金人瑞評
明崇禎(1628—1644)貫華堂刻本
八行十九字　左右雙邊　白口
19.9×14 釐米
浙圖

集 5979
評論出像水滸傳七十五卷七十回
元施耐菴撰　清金人瑞評
清順治十四年(1657)醉畊堂刻本
十一行二十四字　四周單邊　白口
21.1×15 釐米
溫圖

集 5980
第五才子書水滸傳七十五卷七十回
元施耐菴撰　清金人瑞評
清雍正十二年(1734)芥子園刻本
十行二十三字　左右雙邊　白口
12.5×9 釐米
浙圖

集 5981
水滸後傳八卷四十回論略一卷
明陳忱撰
清紹裕堂刻本
九行二十字　四周單邊　白口
18.6×13.7 釐米
浙圖

集 5982
岳武穆精忠傳六卷六十八回
明鄒元標編訂
清乾隆四十一年(1776)文光堂刻本
十二行二十八字　四周單邊　白口
18.2×11.2 釐米
浙圖

集 5983
國朝英烈傳十二集六十卷
明抄本
存十集五十卷　寅集至亥集卷十一至六十
九行十六字　四周雙邊　黑口
19.8×14.8 釐米
天一閣

集 5984
繡像雲合奇蹤五卷八十回
題明山陰徐渭撰
清初刻本
十行二十五字　四周單邊　白口
18×11 釐米
紹圖

集 5985
繡像京本雲合奇踪玉茗英烈全傳十卷八十回
題明山陰徐渭撰
清初刻本
十一行二十五字　左右雙邊　白口
13.5×10.1 釐米
溫圖

集 5986

新刻全像三寶太監西洋記通俗演義二十卷一百回

明羅懋登撰

明三山道人刻清初步月樓重修本

十二行二十五字　四周雙邊　白口

21.6×14.1 釐米

浙圖

集 5987

于少保萃忠全傳十卷四十回

明錢塘孫高亮撰

明末刻本

九行二十四字　四周單邊　白口

19.5×11.9 釐米

浙圖

集 5988

鐫于少保萃忠傳十卷七十回

明錢塘孫高亮撰　明秀水沈國元評

明刻本(有圖)

九行二十字　四周單邊　白口

20.1×14.4 釐米

浙圖

集 5989

新刻逸田叟女仙外史大奇書一百回

清吕熊撰

清康熙(1662—1722)釣璜軒刻本

十行二十二字　四周單邊　白口

19.7×13.8 釐米

浙圖

集 5990

臺灣外記三十卷

清江日昇撰

清康熙(1662—1722)求無不獲齋活字印本

十行二十三字　左右雙邊　白口

18×11.6 釐米

浙圖

集 5991

臺灣外志五十卷一百回

清江日昇撰

清康熙(1662—1722)薌楂書室抄本

九行二十二字　左右雙邊　白口

13.3×18.3 釐米

天一閣

人情

集 5992

臯鶴堂批評第一奇書金瓶梅一百回

題明蘭陵笑笑生撰

清康熙(1662—1722)影松軒刻本(有圖)

十行二十二字　四周單邊　白口

20.1×13.5 釐米

浙圖　嘉圖

集 5993

臯鶴堂批評第一奇書金瓶梅一百回

題明蘭陵笑笑生撰

清康熙(1662—1722)崇經堂刻本(有圖)

存九十五回　一至七十九回　八十五至一百回

十一行二十五字　四周單邊　白口

12.7×9.8 釐米

嘉圖

集 5994

儒林外史五十六回

清吳敬梓撰

清嘉慶二十一年(1816)藝古堂刻本

九行十八字　四周單邊　白口

12.7×9.5 釐米

浙圖

集 5995

增補儒林外史眉評不分卷

清童葉庚撰

清抄本

浙圖

集 5996

紅樓夢一百二十回

清曹霑、高鶚撰

清乾隆五十七年(1792)萃文書屋活字印本　清陳其泰批校並跋

十行二十四字　四周雙邊　白口

17×11.7 釐米

杭圖

集 5997

紅樓夢一百二十卷

清曹雪芹撰　清王希廉評

清道光十二年(1832)刻本　佚名録清惜馨詞客批校

十行二十二字　四周雙邊　白口

13.7×10 釐米

浙圖

集 5998

新評繡像紅樓夢全傳一百二十卷

清曹雪芹撰　清王希廉評

清道光十二年(1832)刻本　清蘇人等批點並録五色批　録清仁和沈謙紅樓夢賦、清江順詒紅樓夢竹枝詞、讀紅樓夢雜記、清苕溪漁隱鑒中人影、明齋主人偶評、清惜馨詞客題記

十行二十二字　四周雙邊　白口

13.7×10.1 釐米

浙圖

集 5999

紅樓夢論贊一卷

清涂瀛撰

附紅樓夢問答一卷

清王雪香撰

清抄本

浙圖

集 6000

紅樓夢賦一卷

清沈錫庚撰

清抄本

浙圖

集 6001

新鐫古本批評繡像三世報隔簾花影四十八回

清初刻本　清曹大鐵跋

十行二十四字　四周單邊　白口

19.7×14.3 釐米

浙圖

集 6002

雪月梅傳五十回十卷

清陳朗撰　清董孟汾評釋

清乾隆四十年(1775)德華堂刻本

十行二十一字　左右雙邊　黑口

19.2×13.7 釐米

溫圖　寧圖

集 6003

歧路燈一百八回

清李海觀撰

清抄本　吴仁政跋

浙圖

集 6004

蟫史二十卷蟫史繡像二卷

清屠紳撰

清嘉慶(1796—1820)刻本　雷瑨識

九行二十字　左右雙邊　白口

14.2×10.7 釐米

浙圖

集 6005

水石緣五卷

清李春榮撰

清抄本

浙圖

神怪

集 6006

平妖傳八卷四十回

明錢塘羅本撰　明馮夢龍補

清刻本(有圖)

十二行二十四字　四周單邊　黑口

19×13 釐米

紹圖

集 6007

西遊真詮一百回

明吳承恩撰　清山陰陳士斌詮解

清康熙(1662—1722)刻本

十一行二十四字　四周單邊　白口

21.5×14.8 釐米

浙圖　湖博

集 6008

新刻批評繡像後西遊記四十回

題清天花才子評點

清乾隆四十八年(1783)金閶書業刻本

十一行二十四字　四周單邊　白口

21×14.5 釐米

溫圖

集 6009

新刻鍾伯敬先生批評封神演義十九卷一百回

明陸西星撰　明鍾惺評

清康熙(1662—1722)刻學庫山房印本(有圖)

十一行二十四字　四周單邊　白口

20.4×13.5 釐米

浙圖

集 6010

新刻鍾伯敬先生批評封神演義二十卷一百回

明許仲琳撰　明鍾惺評

清乾隆四十七年(1782)維經堂刻本

十行二十四字　四周單邊　白口

12.2×9.2 釐米

浙圖

集 6011

初刻封神演義八卷一百回

明許仲琳撰

清乾隆四十三年(1778)經元堂刻本

十五行三十二字　四周單邊　白口

22.4×13 釐米

浙圖

集 6012

詮解封神演義一百回補遺一卷

清仁和俞景撰

稿本

浙圖

集 6013

新鐫批評出相韓湘子三十回

明錢塘楊爾曾撰

明天啓(1621—1627)刻金陵九如堂印本〔卷二十五至三十配清抄本〕(有圖)

十行二十二字　左右雙邊　白口

19.9×14.1 釐米

浙圖